V&R

Kritische Studien
zur Geschichtswissenschaft

Herausgegeben von
Helmut Berding, Jürgen Kocka, Paul Nolte,
Hans-Peter Ullmann, Hans-Ulrich Wehler

Band 175

Vandenhoeck & Ruprecht

Katholische Kirche
und Sozialwissenschaften 1945–1975

von

Benjamin Ziemann

Vandenhoeck & Ruprecht

Umschlagabbildung
Sozialinstitut des Bistums Essen, Abteilung Kirchliche Sozialforschung
aus: Kirche vor Ort: Zehn Jahre Bistum Essen, S. 128.
Verlag Hans Driewer, Essen; Foto: Vogler

Bibliografische Information der Deutschen Nationalbibliothek

Die Deutsche Nationalbibliothek verzeichnet diese Publikation in der Deutschen
Nationalbibliografie; detaillierte bibliografische Daten sind im Internet
über <http://dnb.d-nb.de> abrufbar.

ISBN 978-3-525-35156-7

Gedruckt mit Unterstützung des Förderungs-
und Beihilfefonds Wissenschaft der VG Wort

Inhalt

Vorwort

Die Fakultät für Geschichtswissenschaft an der Ruhr-Universität Bochum hat die vorliegende Studie im Sommersemester 2004 als Habilitationsschrift angenommen. Klaus Tenfelde, Lucian Hölscher und Wilhelm Damberg gaben mir in ihren Gutachten wichtige Hinweise. Helmut Berding und Hans-Ulrich Wehler danke ich für hilfreiche Hinweise zur Überarbeitung des Manuskripts. Der VG Wort danke ich für einen zügig und unbürokratisch gewährten Druckkostenzuschuss. Das Ministerium für Wissenschaft und Forschung des Landes NRW hat meine Forschungen mit der Verleihung eines Bennigsen-Foerder Preises unterstützt. Von der Zusammenarbeit mit Anja Kruke und Krunoslav Stojaković in dem damit geförderten Projekt über »Meinungsumfragen in der Konkurrenzdemokratie 1949–1990« habe ich enorm profitiert. Den Mitarbeiterinnen und Mitarbeitern der benutzten Archive bin ich für ihre professionelle Unterstützung und die stets unbürokratisch gewährte Akteneinsicht sehr zu Dank verpflichtet. Den zügigen Abschluss des Manuskripts erleichterte ein Stipendium der Alexander von Humboldt-Stiftung, der ich für diese Förderung von Herzen danke. An der University of York genoss ich die Großzügigkeit von Mark Ormrod, die Gesprächsbereitschaft von Franz-Josef Brüggemeier und Simon Ditchfield und besonders die Freundschaft von Richard Bessel.

Während der Arbeit an diesem Buch habe ich Unterstützung von Kollegen und Freunden bekommen, die mir zahllose Anregungen vermittelten, mir die Gelegenheit zur Vorstellung meines Projektes verschafften oder Teile des Manuskripts kommentierten. Mein Dank geht insbesondere an Ulrich Bröckling, Greg Eghigian, Gisela Fleckenstein, Moritz Föllmer, Norbert Frei, Andreas Gestrich, Martin H. Geyer, Heinz-Gerhard Haupt, Hans Günter Hockerts, Anja Kruke, Antonius Liedhegener, Hugh McLeod, Bob Moore, Daniel Morat, Holger Nehring, Johannes Platz, Heinz Reif, Joachim Schmiedl, Dirk Schumann, Hans-Peter Ullmann, Siegfried Weichlein und Bernd Weisbrod. Im Kreis der Bochumer Kollegen danke ich besonders Wilhelm Damberg, Peter Friedemann, Svend Hansen, Lucian Hölscher, Stefan-Ludwig Hoffmann, Christian Jansen, Jürgen Mittag, Sybille Steinbacher, Willibald Steinmetz und Rainer Walz für wichtige Gespräche. Martin H. Geyer und Michael Geyer haben mir in einem kritischen Moment mit Rat und Tat geholfen, wofür ich sehr dankbar bin.

7

Schließlich der Dank an jene Freunde, ohne die dieses Projekt weder begonnen noch zum Abschluss gekommen wäre: Josef Mooser, der mich zur Sozialgeschichte gebracht hat und zugleich mein Interesse an der katholischen Kirche weckte; Thomas Mergel, der mein Vorhaben vom Beginn bis zum Ende mit Enthusiasmus unterstützte; Thomas Kühne, dessen Freundschaft mir nicht nur in schwierigen Zeiten Mut machte; und Christine Brocks, die das gesamte Manuskript einer kritischen Lektüre unterzog und sich im alltäglichen Zusammenleben ihre Gelassenheit und Herzlichkeit bewahrte.

Sheffield, im August 2006   Benjamin Ziemann

Einleitung

Die vorliegende Studie befasst sich mit der Geschichte der katholischen Kirche in der Bundesrepublik im Zeitraum bis 1975. Sie tut dies aus einem ungewöhnlichen Blickwinkel, nämlich von der Schnittstelle zwischen katholischer Religion und Sozialwissenschaft. Der Blick richtet sich auf die Prozesse der Säkularisierung und der Verwissenschaftlichung. Gefragt wird nach den Verbindungen, die zwischen beiden bestanden. Das geschieht in der Hoffnung, sowohl zum Verständnis des Formwandels der Religion in der zweiten Hälfte des 20. Jahrhunderts beizutragen, als auch etwas von der Dynamik der anwendungsorientierten Sozialwissenschaften einzufangen und ihre zumeist ambivalenten Auswirkungen auf andere soziale Felder zu analysieren. Ein solches Vorhaben ist mit Konzepten, Begriffen und historiographischen Modellen aus zwei verschiedenen Traditionen konfrontiert, die es im Folgenden zu klären gilt. Vor allem aber sind der Sinn und die Verwendung der beiden Leitbegriffe Säkularisierung und Verwissenschaftlichung zu erläutern. Derartige Prozessbegriffe sind in den letzten Jahren oft aus kulturhistorischer Perspektive kritisiert worden, da sie zumindest implizit eine Zielgerichtetheit des historischen Prozesses und damit eine Teleologie suggerieren.

Eine solche Kritik ist vor allem gegen den modernisierungstheoretischen Begriff der Säkularisierung erhoben worden.[1] Er unterstelle fälschlicherweise, dass es eine kontinuierliche Geschichte des Niederganges der Religion, der Frömmigkeit oder bestimmter kirchlicher Handlungen wie Kirchgang oder Kommunion gegeben habe. Diese These ist aber nicht nur wegen der zyklischen Schwankungen problematisch, welche zumindest die Geschichte der katholischen Frömmigkeit und Kirchlichkeit im 19. und 20. Jahrhundert aufweist.[2] Es lässt sich zudem einwenden, dass solche Klagen über den Niedergang der Religion bereits seit dem Ende des 18. Jahrhunderts zum Kanon einer pessimistischen Selbstbeschreibung der christlichen Kirchen gehört, der zufolge die Kirchen ›früher‹ stets voller und die Moral der Gläubigen besser war.[3] Die soziologische Diskussion hat diese von Historikern kommenden Einwände ergänzt. Demnach lässt sich ›Säkula-

---

1 Vgl. *Nash*.

2 Vgl. v.a. *Liedhegener*, Christentum; *AKKZG*, Katholiken; international vergleichend *McLeod*, Secularisation.

3 Vgl. *Graf*, Dechristianisierung; *Hölscher*, Wandel.

risierung‹, verstanden als Prozess einer Abnahme oder eines gesellschaftlichen Funktionsverlustes von Religion weder empirisch nachweisen noch theoretisch gehaltvoll behaupten. Insbesondere Thomas Luckmann, einer der schärfsten soziologischen Kritiker des Säkularisierungskonzeptes, hat bereits 1962 die These aufgestellt, dass der unterstellte Relevanzverlust der Religion nur die kirchlich verfasste, nicht aber die diffus flottierende, hochgradig individualisierte und deshalb soziostrukturell »unsichtbare« Religiosität betreffe.[4] Das ist aber letztlich eine anthropologische Behauptung über den grundlegenden Bedarf des Individuums nach Transzendenz und Kontingenzbewältigung, die für die sozial- und gesellschaftsgeschichtliche Forschung zur Religion keine sinnvolle Perspektive eröffnet.[5]

Wenn hier trotz dieser Einwände am Begriff der Säkularisierung festgehalten wird, geschieht das auf der Grundlage einer Annahme, in der beinahe alle soziologischen Konzepte zur Beschreibung von Religion in der Moderne übereinstimmen. Sie gehen davon aus, dass funktionale Differenzierung ein wichtiges Strukturmerkmal moderner Gesellschaften ist, dessen Durchsetzung weitreichende Folgen für Kirche und Religion gehabt hat.[6] Unter funktionaler Differenzierung wird dabei eine Form gesellschaftlicher Differenzierung verstanden, in welcher nicht mehr Stände oder Klassen hierarchisch übereinander stehen. Vielmehr sind hier nicht aufeinander reduzierbare funktionale Felder oder Subsysteme der Gesellschaft wie Politik, Wissenschaft, Recht und Religion nebeneinander angeordnet. Die Durchsetzung funktionaler Differenzierung lässt sich bis weit in die frühe Neuzeit zurückverfolgen. Sie ist ein fundamentaler Vorgang der Gesellschaftsgeschichte der Moderne, und in dieser Diagnose stimmen, bei allen Unterschieden im Detail, die Klassiker der Soziologie wie Herbert Spencer, Max Weber und Georg Simmel mit modernen Vertretern des Faches wie Talcott Parsons, Pierre Bourdieu und Niklas Luhmann überein.[7]

Das ist für die Geschichte der katholischen Kirche deshalb von Belang, da sich dadurch ganz allgemein der gesellschaftliche Ort der Religon verändert hat. Sie lässt sich nicht mehr zwanglos als Spitze oder als eine alles überwölbende Repräsentanz der Einheit der Gesellschaft interpretieren, wie dies in der frühen Neuzeit üblich war. Seit der Romantik wissen wir, dass Differenzierung an die Stelle von Einheit trat – worauf manche Romantiker sogleich mit der Konversion zur katholischen Kirche reagierten. Religion und Kir-

---

4 Aus einer breiten Diskussion: *Bruce*, Religion; *Swatos/Christiano*, Secularization; *Petzoldt*; *Hunt*, S. 14–43; *Luckmann*, Problem; überarbeitet als *ders.*, Unsichtbare Religion.

5 *Tyrell*, Religionssoziologie, S. 439–451.

6 Vgl. *Tschannen*, S. 402–407. Dieser Diskussionsstand wird allerdings nicht rezipiert bei *Brown*, Secularisation.

7 Vgl. *Tyrell*, Differenzierungstheorie; *Kneer*; *Schimank*; *Luhmann*, Gesellschaft, S. 707–776; *Nassehi*.

chen fanden sich in der Gesellschaft nunmehr aber als Gleiche unter Gleichen wieder. In diesem Sinne lässt sich, und hier folge ich einem Vorschlag der Systemtheorie Niklas Luhmanns, unter Säkularisierung eine Herausforderung des religiösen Systems und seiner Organisation ›Kirche‹ verstehen, die sich aus der voranschreitenden funktionalen Verselbstständigung und damit der religiösen Neutralisierung von Politik, Wirtschaft, Massenmedien, Wissenschaft und Erziehung ergibt.[8] Zu den Folgen dieser Entwicklung zählt zunächst die nicht mehr gegebene Integration der verschiedenen Teilsysteme durch Religion, weshalb die Gesellschaft aus der Sicht der Kirche als ›säkularisiert‹ erscheint. Hinzu kommt die voranschreitende Differenzierung von Rollenmustern, welche zur Privatisierung religiösen Entscheidens führt, mit Folgen für die Arbeitsprogramme und innere Strukturierung der Organisation Kirche.[9] Schließlich wirft die aus der funktionalen Differenzierung herrührende Steigerung der Komplexität im Verhältnis zur gesellschaftlichen Umwelt einen erhöhten Deutungs- und Spezifizierungsbedarf auf. Die Kirche und insbesondere die Theologie können darauf mit dem Import von ›Säkularisaten‹ reagieren. Dabei handelt es sich um ›weltliche‹, zum Beispiel soziologische Deutungsmuster und Analyseinstrumente. Es bleibt dann aber eine offene Frage, ob die Identität der Kirche angemessen gewahrt werden kann.[10] Auf diese Weise als eine Untersuchung der internen Herausforderungen sowie der Reaktionen und Strategien der kirchlichen Organisation verstanden, lässt sich der Säkularisierungsbegriff als ein gehaltvoller Ansatz zur Beschreibung religiösen Wandels rehabilitieren.[11]

Es ist ein für das Verständnis dieses Konzeptes entscheidender Punkt, Säkularisierung nicht als eine quasi automatische Anpassung der Religion an funktionale Differenzierung misszuverstehen. Es geht nicht um einen direkten kausalen Zusammenhang, sondern um Optionen, über welche die Kirche angesichts der Beobachtung von Folgen funktionaler Differenzierung entscheiden konnte.[12] Global gesehen, gab es auf den Plausibilitätsverlust einer mit dem Code Heil/Verdammnis arbeitenden Offenbarungsreligion vor allem zwei Reaktionen. Zum einen eine die Gnadenwirkung und Weltzugewandtheit des Glaubens inflationierende Zivilreligion, zum anderen einen gegen die funktional differenzierte Gesellschaft opponierenden Fundamentalismus, der aus dieser Ablehnung der Moderne die Stärke und

---

8 Vgl. *Luhmann*, Funktion, S. 225–271; *ders.*, Religion, S. 278–319; *Krech*, Religionssoziologie, S. 62ff.; *Pollack*, Chiffrierung, S. 126–139; *Hahn*, Säkularisierung.

9 Zu diesem Thema u.a. *Tyrell*, Religionssoziologie, S. 439–451; *Ebertz*, Forschungsbericht; *Luhmann*, Organisierbarkeit.

10 Zu diesem wenig diskutierten Problem: *Luhmann*, Funktion, S. 248–260; *Hochschild*, Aufklärung.

11 Dies gegen *Morris*, in seiner Kritik an den provozierenden Thesen von *Brown*, Death.

12 Zur Soziologie beobachtender Systeme vgl. *Luhmann*, Gesellschaft, S. 120–128.

Überzeugungskraft der Religion neu zu begründen suchte. Es gehört zu den Charakteristika des Verhältnisses von Religion und Gesellschaft gerade in der Zeit nach 1945, dass beide Optionen möglich waren. So gesehen, handelt es sich bei der Säkularisierung um Konsequenzen, die aus der Beobachtung von Folgen funktionaler Differenzierung gezogen werden. Deshalb konnte sich die Durchsetzung solcher Konsequenzen, gemessen an dem langen historischen Vorlauf dieses Differenzierungsmodells, erst spät und in einem relativ kurzen Zeitraum wie in den drei Jahrzehnten von 1945 bis 1975 vollziehen. Dazu bedurfte es allerdings eines Instrumentariums zur Beobachtung der Folgen funktionaler Differenzierung. Und genau an dieser Stelle kommen die Sozialwissenschaften und die Frage der Verwissenschaftlichung ins Spiel. Es ist eine Grundannahme dieser Studie, dass erst die Auseinandersetzung mit dem Methodeninstrumentarium der empirischen Sozialwissenschaften es der katholischen Kirche erlaubt hat, Einblick in die Dynamik funktionaler Differenzierung zu erhalten und damit ›Säkularisierung‹ und ihre Folgen zu beobachten. Von der Statistik bis zur Psychologie waren daher sozialwissenschaftliche Methoden, um eine optische Metapher zu gebrauchen, ein Fernglas, mit dem sich bis dahin entfernt scheinende gesellschaftliche Phänomene mit hohem Auflösevermögen beobachten ließen.

Säkularisierung und Verwissenschaftlichung waren, so gesehen, zwei Seiten derselben Medaille. Was aber ist mit dem Begriff der Verwissenschaftlichung gemeint, und welche konzeptionellen Annahmen verbinden sich damit? Der Historiker Lutz Raphael hat in einem viel diskutierten Aufsatz von der »Verwissenschaftlichung des Sozialen« als einer Signatur der Geschichte des 20. Jahrhunderts gesprochen und diese ganz konkret als »dauerhafte Präsenz humanwissenschaftlicher Experten, ihrer Argumente und Forschungsergebnisse in Verwaltungen und Betrieben, in Parteien und Parlamenten bis hin zu den alltäglichen Sinnwelten sozialer Gruppen, Klassen oder Milieus« definiert.[13] Die Frage nach Prozessen der Verwissenschaftlichung hat dabei zwei fundamentale Ziele. Zum einen soll sie dazu beitragen, die Wissenschaftsgeschichte der Sozialwissenschaften aus der Ecke des orchideenhaften Spezialistentums herauszuholen und für die allgemeine Geschichte fruchtbar zu machen. Keine Geschichte der Verwissenschaftlichung kann dabei auf detaillierte Kenntnisse und Beschreibungen der Kernbegriffe, Arbeitsweisen, Institutionen und Anwendungsfelder der daran beteiligten Disziplinen verzichten. Ohne Wissenschaftsgeschichte gibt es keine Geschichte der Verwissenschaftlichung.[14] Das zweite Ziel dieses Konzepts geht jedoch über die Analyse der Anwendung der Sozialwissenschaften hinaus. Hier geht es um Einblicke in die Wechselbezie-

---

13 *Raphael*, Verwissenschaftlichung, Zitat S. 166; vgl. *Szöllösi-Janze*.
14 Dies betont zu Recht *Galassi*, S. 17. So auch die vorliegenden Arbeiten zur Geschichte der Verwissenschaftlichung des Sozialen. Vgl. *Kaufmann*, Science; *Lengwiler*; *Weischer*.

hungen zwischen der Wissenschaft und anderen Subsystemen der Gesellschaft und damit um die Frage, ob, wie und vor allem mit welchen Folgen sozialwissenschaftliche Kategorien, Erhebungstechniken und Reformvorschläge in die routinemäßigen Praktiken kirchlichen Handelns vordrangen und damit das ›Soziale‹ veränderten.[15] Dieser aus der Perspektive der Wissenschaftsgeschichte gestellten Frage entspricht im übrigen das Interesse mancher Religionshistoriker, welche – aus ihrer Sicht – die Wechselwirkungen zwischen der Religion und anderen gesellschaftlichen Feldern als ein wichtiges Thema der modernen Religionsgeschichte definieren.[16]

Vor allem die soziologische Wissenschaftsforschung hat sich um eine genauere Klärung von Dimensionen der Verwissenschaftlichung bemüht. Dabei lassen sich »primäre« und »sekundäre« Verwissenschaftlichung sowie »Verwissenschaftlichung der Gesellschaft« unterscheiden.[17] Mit Blick auf die katholische Kirche meint primäre Verwissenschaftlichung die sozialwissenschaftliche Thematisierung und Bearbeitung von Aspekten der Kirche, die bislang ohne die Hilfe der Sozialwissenschaften behandelt wurden. Dieser Vorgang ist oft mit der Ausbildung neuer wissenschaftlicher Disziplinen und der Institutionalisierung von Forschungsressourcen verbunden, wie das etwa im Rahmen des soziographischen Ansatzes während der 1950er Jahre durch die Gründung von Fachzeitschriften und den Aufbau verschiedener pastoralsoziologischer Institute geschah. Mit dem Aufbau solcher Ressourcen vollzieht sich zugleich eine Grenzziehung gegenüber dem alltagspraktischen Wissen kirchlicher Akteure. In der Auseinandersetzung mit einem Pastoralsoziologen ist ein Pfarrer nur ein ›Laie‹, selbst wenn er darauf beharrt, die sozialen und religiösen Verhältnisse in seiner Pfarrei aufgrund jahrelanger Beobachtung genau zu kennen.[18]

Die Dimension der ›Verwissenschaftlichung der Gesellschaft‹ beschreibt dagegen die Diffusion sozialwissenschaftlichen Wissens in andere gesellschaftliche Bereiche und die dort ausgelösten Effekte. Während die Wissenschaft sich in der ersten Dimension neue Handlungsfelder gewissermaßen vereinnahmt, beschreibt die zweite Dimension die Abgabe wissenschaftlichen Wissens in die Gesellschaft. Oft, aber nicht zwangsläufig kommt es dabei auch zur Ausbildung neuer akademisch gebildeter Berufsbilder, welche die praktische Anwendung der neuen Wissensformen tragen. Die Verwissenschaftlichung der katholischen Kirche, so wird sich zeigen, führte erst während der 1970er Jahre und damit relativ spät zu einem solchen Vor-

15 Vgl. *Weingart*, Wahrheit; *ders.*, Verwissenschaftlichung.
16 *Graf*, Euro-Gott, S. 241f.
17 *Weingart*, Verwissenschaftlichung; *Galassi*, S. 17–19; *Beck/Bonß*; *Raphael*, Verwissenschaftlichung.
18 *Weingart*, Verwissenschaftlichung; vgl. *Ziemann*, Institutionalisierung; Kap. 2.2.

dringen sozialwissenschaftlich geschulter Akademiker in die Seelsorge.[19] Der Begriff der »sekundären« Verwissenschaftlichung schließlich beschreibt eine spätere Phase des Prozesses, in dem die Gutachten und Pläne sozialwissenschaftlicher Experten sich mit den Spuren früherer oder konkurrierender Intervention in die kirchliche Praxis auseinandersetzen müssen.[20]

Alle Dimensionen des Prozesses der Verwissenschaftlichung beruhen darauf, dass wissenschaftliches Wissen sich im Hinblick auf seinen Wahrheitsgehalt legitimiert und diesen mit Hilfe aufwändiger, methodisch kontrollierter Test- und Prüfverfahren zu begründen versucht. Darin besteht ein gravierender Unterschied zu den in der katholischen Kirche vor dem Einsetzen der Verwissenschaftlichung gebräuchlichen Wissensformen, die sich an Geschichte und Herkommen, an theologischen Aussagen und an kirchlichen Normen oder Dogmen orientierten. Jede in die katholische Kirche eingeführte sozialwissenschaftliche Methode musste sich erneut mit dem Einwand auseinandersetzen, ob sie nicht zu einer Aushöhlung und Delegitimierung des tradierten Ensembles von katholischen Normen und Werten beitrage und damit die Verkündigung der christlichen Botschaft unnötig verdunkele und behindere, anstatt sie zu befördern. Verwissenschaftlichung war damit nicht nur ein Kampf um Werte, sondern zugleich eine Herausforderung für die katholische Theologie, die sich darum bemühen konnte und musste, mit sozialwissenschaftlichem Wissen kompatible Reflexionen zu entfalten.[21]

Dies sind bereits einige Hinweise darauf, dass die Frage nach Prozessen der Verwissenschaftlichung eine historische Perspektive eröffnet, die der Geschichte der katholischen Kirche in der Bundesrepublik keineswegs äußerlich ist. Dieser Befund lässt sich vertiefen, wenn man einige der wichtigsten Themen Revue passieren lässt, welche die Geschichte der katholischen Kirche von 1945 bis 1975 und die daran interessierte Historiographie nachhaltig bestimmt haben. Für den Zeitraum von 1945 bis in die frühen 1950er Jahre bestimmt das Bild der Kirche als einer »Siegerin in Trümmern« die Wahrnehmung. Sie hatte den Krieg organisatorisch weitgehend intakt überstanden, und sei durch ihre Resistenz gegenüber dem Nationalsozialismus auch moralisch unbelastet gewesen. So habe die Kirche vielen Menschen in der ›Zusammenbruchsgesellschaft‹ der Nachkriegszeit zur Stabilisierung gedient und deshalb einen großen Zulauf verzeichnet. Die Welle der Rechristianisierung spiegelte sich in überfüllten Kirchen ebenso wie in einer großen Zahl von Konversionen und Wiedereintritten in die Kirche.[22] Diese Wahrnehmungen und Beschreibungen basieren jedoch im

---

19 Vgl. Kap. 4.4; *Ziemann*, Dienstleistung, S. 389f.
20 *Beck/Bonß*; *Raphael*, Verwissenschaftlichung, S. 178f.
21 *Weingart*, Verwissenschaftlichung, S. 227–229; vgl. Kap. 3.1, 4.1, 5.1, 6.1, 7.
22 Vgl. *Köhler/van Melis*; *Köster*.

Kern auf Daten der kirchlichen Statistik, welche die erste Phase der Verwissenschaftlichung der katholischen Kirche prägte. Erst das Netz der Kategorien und Daten des statistischen Diskurses schuf die Voraussetzung dafür, dass die Katholiken nach 1945 den Anspruch einer Rechristianisierung der Gesellschaft öffentlichkeitswirksam vertreten konnten.[23]

In den fünfziger Jahren knüpften sich dann große Hoffnungen an die Aktivierung der Laien für das Apostolat in der Gesellschaft. Dabei gab es konkurrierende Optionen. Die erste war der Wiederaufbau des von den Nationalsozialisten zerschlagenen Netzes der katholischen Vereine und Verbände, der sich trotz mancher Bedenken rasch und umfassend vollzog und 1952 mit der Gründung des Zentralkomitees der deutschen Katholiken als Koordinations- und Spitzengremium seinen Abschluss fand.[24] Auf der anderen Seite stand die vor allem im Klerus nicht geringe Zahl der Befürworter einer Bündelung der Laienaktivität im Rahmen der Katholischen Aktion, welche die Laien in den so genannten Naturständen (Frauen, Männer, Jungfrauen, Jungmänner) auf pfarrlicher Ebene organisierte. Dieser Weg zur Aktivierung und hierarchischen Einbindung der Laien war bereits in den zwanziger Jahren diskutiert worden. In der Bundesrepublik waren es bis in die sechziger Jahre hinein viele Mitarbeiter der Generalvikariate und katholische Studenten, die das Modell befürworteten. Eine praktische Umsetzung der ›Katholischen Aktion‹ fand allerdings praktisch nirgendwo statt. Sie prägte die intellektuellen Leitbilder der katholischen Eliten weit mehr als die kirchliche Praxis.[25]

Beide Optionen für ein verstärktes Laienengagement in der Kirche stießen allerdings auf das Problem, das bereits seit Ende der vierziger Jahre Zweifel daran vernehmbar waren, ob der im Zahlenbild der Kirchenbesucher gespiegelte Aufschwung tatsächlich eine dauerhafte Mobilisierung der Laien erlauben würde. Denn die mit Hilfe soziographischer Erhebungstechniken durchgeführten Analysen brachten bald Aufschluss darüber, wie wenig kirchliche Beteiligung in den tragenden Schichten der modernen Erwerbsgesellschaft tatsächlich verbreitet war. Die breite Strömung der so genannten ›missionarischen‹ Seelsorge forderte deshalb, die in bürokratischer Routine erstarrten Strukturen der »papiernen« Seelsorge zugunsten einer »lebendigen« Pastoral aufzubrechen, welche die sozialen Kontexte der Laien als Voraussetzung ihres Handelns reflektierte. Die Soziographie als sozialwissenschaftliche Methode war so mit einer einflussreichen Reform-

---

23 Vgl. Kap. 1.

24 Vgl. *Großmann*; exemplarisch an Hand der Jugendvereine *Ruff*.

25 Vgl. *Damberg*, Laien; *ders.*, Abschied, S. 128–131, 139–152; *Schmidtmann*. So enthält die einschlägige Akte zur Katholischen Aktion im Bistum Münster 1939–1964 nur wenige Blatt Papier. Eine direkte praktische Erprobung des Konzeptes hat hier nie stattgefunden! BAM, GV NA, A-101-261.

strömung in der Kirche der späten vierziger und der fünfziger Jahre eng verbunden und lieferte entscheidende Bausteine für deren Problemperzeption und Handlungsstrategien.[26]

Spätestens mit seinem Abschluss erwies sich das Zweite Vatikanische Konzil (1962–1965) sehr rasch als eine Schlüsselzäsur für die katholische Kirche in der Bundesrepublik. Dies galt nicht nur für die vieldiskutierte und mit dem Übergang zum Gebrauch der Landessprache in der Messe auf den ersten Blick sinnfällige Liturgiereform, sondern auch und zumal für die Rezeption sozialwissenschaftlicher Erkenntnisse und Methoden, bei der das Konzil eine Schrittmacherfunktion übernahm. Seit dem »Syllabus Errorum« von 1864, der Verdammung aller ›Irrtümer‹ des Liberalismus und der Moderne, und dem Ersten Vatikanum 1870/71 hatte sich die katholische Kirche in eine »Fundamentalopposition« gegen die Entwicklungstendenzen der modernen, funktional differenzierten Gesellschaft gestellt. Die »sondergesellschaftliche Formierung der Katholiken« in einem eigenen, möglichst hermetisch geschlossenen ›Milieu‹ sollte sie vom sozialen Wandel abschotten und eine auf Entdifferenzierung beruhende Identität strukturell verbürgen.[27] Das Zweite Vatikanum war bemüht, diese antimoderne Einstellung durch eine komplexere Einschätzung und eine Öffnung zur säkularen ›Welt‹ zu ersetzen. Insbesondere die hierfür zentrale Pastoralkonstitution »Gaudium et Spes« forderte zu diesem Zweck die Berücksichtigung einer durch die Soziologie zur Verfügung gestellten »Fremdperspektive« im kirchlichen Selbstverständnis.[28] In diesem Sinne haben all jene Priester, Theologen und Soziologen, die sich vor 1965 um die Einbringung soziologischen Sachverstandes in die Kirche bemühten, dem Anliegen des Konzils vorgearbeitet. Die Auslegung der Konzilsdokumente entwickelte sich deshalb auch zu einem Feld, auf dem progressive und traditionalistische Strömungen um Berechtigung und Grenzen der Verwissenschaftlichung der Kirche stritten. Deren historische Untersuchung kann deshalb zur Wirkungsgeschichte des Konzils als der »eigentlichen Zukunftsaufgabe« der Katholizismusforschung vieles beitragen.[29]

Die Rezeption des Konzils überlagerte sich allerdings mit der Politisierung und Polarisierung, die im Gefolge von Unruhe und Protest seit dem Essener Katholikentag im September 1968 auch die katholische Kirche prägte. Die Proteste in Essen und der praktisch zeitgleich entflammte Streit um die ›Pillenenzyklika‹ »Humanae Vitae« machten nicht nur ein inner-

---

26 Zitat: [Wilhelm Heinen] 5.6.1948 an Pfarrer Gerards in Aachen: HAEK, Seelsorgeamt Heinen, 56; vgl. *Fischer*, Pastoral, Bd. 1; Kap. 2.2.
27 *Kaufmann*, Forschung, S. 12; *Weber*, Ultramontanismus; *Blaschke*, Katholizismus.
28 *Klinger*, Aggiornamento, Zitat S. 184.
29 *Kaufmann*, Forschung, S. 21; vgl. *ders.*, Einschätzung.

kirchliches Konfliktpotenzial sichtbar, welches die Kirche in der Folgezeit intensiv beschäftigte. Die erkennbar wachsende Diskrepanz zwischen vielen Laien und der Kirchenleitung in dogmatischen und kirchenpolitischen Fragen machten die Form und das Ausmaß innerkirchlicher Partizipation der Laien zum Thema. Die Diskussion um »Möglichkeiten, Grenzen, Gefahren« der »Demokratie in der Kirche« – so der Titel einer 1970 publizierten Broschüre von Joseph Ratzinger und Hans Maier – rückte deshalb in der innerkirchlichen Agenda weit nach vorne.[30] Dies war der Kontext für die erstmalige breite Anwendung der demoskopischen Umfrageforschung in der Kirche, die im Frühjahr 1970 mit der Verteilung eines Fragebogens der so genannten Synodenumfrage an alle westdeutschen Katholiken über 16 Jahre einen Höhepunkt erreichte. Die erregte Debatte um die Berechtigung innerkirchlicher Demokratie ging mit der Anwendung der demoskopischen Methode als Technologie einer demokratischen Öffentlichkeit einher.[31]

Die von 1972 bis 1975 in Würzburg tagende Synode der Bistümer in der Bundesrepublik bemühte sich in der Folge um eine Beruhigung der polarisierten innerkirchlichen Konfliktzonen, was ihr zu einem gewissen Maße nicht zuletzt wegen ihres parlamentarischen Verhandlungsstiles auch gelang. Die eigentliche Aufgabe der Synode lag allerdings darin, die Texte des Konzils auf allen Ebenen kirchlichen Handelns, von der Katechetik über die Erwachsenenbildung bis hin zum Verhältnis von Kirche und Massenmedien, in praktische Beschlüsse umzusetzen.[32] Ein Thema war in diesem Zusammenhang die Neuordnung pastoraler Strukturen und die Frage, ob das tradierte territoriale, auf die Pfarrgemeinde bezogene Modell überholt sei. Das war nicht nur wegen veränderter pastoraler Ziele und Methoden, sondern auch wegen des zu dieser Zeit Besorgnis erregenden Priestermangels ein wichtiges Problem. Die in der Synode gefassten Beschlüsse zu diesem Thema sind jedoch nicht ohne den Vorlauf von Versuchen zu einer grundlegenden organisatorischen Strukturreform zu verstehen, welche seit 1967 beinahe alle westdeutschen Bistümer diskutierten. In der weitläufigen Debatte über die Notwendigkeit und Ziele kirchlicher Planung waren diese Reformversuche allerdings untrennbar mit der Anwendung organisationssoziologischer Methoden und daher mit einer weiteren Facette der Verwissenschaftlichung verbunden.[33]

30 *Ratzinger/Maier*; vgl. *Großbölting*, Kontestation; *ders.*, Suchbewegungen; *Damberg*, Feldhaus.
31 Vgl. Kap. 3; *Ziemann*, Polls.
32 Vgl. *Plate*; Gemeinsame Synode, 2 Bde.
33 Vgl. Kap. 4.

In den siebziger Jahren setzte schließlich eine Entwicklung ein, welche die katholische Kirche weit über das Ende dieser Dekade hinaus prägen sollte. Angesichts der anhaltenden Konflikte und der weithin beachteten Arbeit der Synode geschah das aber weitgehend unbemerkt von der Öffentlichkeit. Im Zuge der Ausweitung und Differenzierung des Sozialstaates vollzog sich ein »historisch einmaliger Expansionsprozess« der Caritas, der sich am eindringlichsten an deren Personalstatistik ablesen lässt. Von 1970 bis 1980 stieg die Zahl der hauptberuflich angestellten Mitarbeiter um rund 48% von 190 000 auf 283 000, womit der katholische Wohlfahrtsverband zu einem der größten privaten Arbeitgeber in Westeuropa avancierte.[34] Dies war ein auch für die Kirchengeschichte bedeutsamer Vorgang. Zum einen verschob sich damit das Gewicht von der Seelsorge im herkömmlichen religiös-geistigen Sinn des Begriffs zu einem sekundären Sektor, in dem Hilfeleistungen für Personen erbracht werden. Zum anderen ging die Expansion der Caritas einher mit einer Ausweitung von Angeboten für die psychosoziale Beratung im weitesten Sinne. Diese Beratungsangebote aber beruhten auf therapeutischen Techniken aus verschiedenen Spielarten der Psychotherapie und Gruppendynamik, deren Akzeptanz und Durchsetzung in der Kirche schließlich auch Rückwirkungen auf die Praxis der Seelsorge im traditionellen Verständnis des Begriffs hatte. Die mit der Expansion der Caritas einhergehende Ausbreitung psychologischer Konzepte markiert damit die vorerst letzte Facette der Verwissenschaftlichung der katholischen Kirche.[35]

Wie diese Bemerkungen verdeutlichen sollen, war die Beziehung zwischen katholischer Kirche und Sozialwissenschaften in all ihren Phasen und Facetten mit zentralen Aspekten und Zeitproblemen der Kirchengeschichte im Zeitraum von 1945 bis 1975 eng verbunden. Das Erkenntnisinteresse dieser Studie zielt aber auf den Nachweis der Verbindungen von Säkularisierung und Verwissenschaftlichung. Dazu ist jeweils der Kontext und die Entstehungskonstellation der Anwendung sozialwissenschaftlicher Konzepte zu prüfen. Wenn Verwissenschaftlichung mehr als die Anwendung bestimmter Methoden ist, muss des weiteren nach den – intendierten und unintendierten – Folgen der Verwendung sozialwissenschaftlichen Wissens gefragt werden. Dabei geht es um mögliche Rationalitätseffekte und Erfolge, die nach den je unterschiedlichen Erfolgskriterien zu bestimmen sind. Denn die Erwartungen und Ziele der beteiligten Sozialwissenschaftler, Theologen und Praktiker waren andere als die der Bischöfe und Bistumsverwaltungen und die der kirchlich aktiven Laien, soweit sich deren Einstellung aus den Quellen rekonstruieren lässt. Inwieweit ließ sich, so ist also zu fragen, die Kirche darauf ein, die Sozialwissenschaften zur Beob-

---

34 *Gabriel*, Caritas, S. 444; vgl. auch *Ziemann*, Dienstleistung, S. 376–382.
35 Vgl. Kap. 5; *Ziemann*, Gospel.

achtung funktionaler Differenzierung zu verwenden, und welche Konsequenzen zog sie daraus? Nutzte die Kirche wissenschaftliche Erkenntnisse, um ihre hierarchisch geprägten Strukturen an die Imperative funktionaler Differenzierung anzupassen? Welche Angebote der Sozialwissenschaften wurden intensiv aufgegriffen und welche Methoden blockierte der kirchliche Apparat? Gab es Zusammenhänge zwischen Misserfolgen bei der Anwendung einer Methode und dem Übergang zu einer anderen, die mehr Erfolg bei der Reform von Kirche und Pastoral zu versprechen schien?

Wie bereits betont, setzte sich Verwissenschaftlichung nicht im Selbstlauf durch, sondern erfolgte oft im Zuge von innerkirchlichen Reformbestrebungen, Auseinandersetzungen oder Konflikten. Kontext und Implikationen solcher Konflikte sind eine weitere Fragestellung dieser Studie. Welche innerkirchlichen Konflikte begleiteten und beeinflussten die Verwissenschaftlichung? Kam es im Zuge der Verwissenschaftlichung zu einer Politisierung und politischen Instrumentalisierung der Wissenschaft? Lässt sich mit Blick auf die insbesondere seit den späten sechziger Jahren zunehmende Zahl und Intensität der Konflikte noch von einem kohärenten Prozess der Verwissenschaftlichung sprechen? Oder handelte es sich nur um eine taktische Nutzung einzelner soziologischer Methoden aus macchiavellistischen Motiven des Machterhalts?

Mit einem Blick über das Jahr 1975 hinaus ist ferner nach der Irreversibilität der Verwissenschaftlichung zu fragen. Nimmt man die Möglichkeit einer gewissermaßen ›fundamentalistisch‹ gegen funktionale Differenzierung protestierenden Haltung als kirchliche Handlungsoption ernst, ist zu fragen, ob das konservative Rollback seit dem Ende der siebziger Jahre, dass sich in etwa mit dem Beginn des Pontifikats von Johannes Paul II. 1978 datieren lässt, nicht zu einem Zurückdrängen der Impulse des Konzils und damit auch zu einer Entwissenschaftlichung der Kirche geführt hat? Im Zusammenhang damit stellt sich schließlich eine bereits von vielen Kritikern einzelner Etappen in der Anwendung der Sozialwissenschaften gestellte Frage: Trug Verwissenschaftlichung wirklich dazu bei, die Möglichkeiten und Optionen der Kirche im Umgang mit gesellschaftlicher Komplexität zu steigern? Ließ sich damit der Glaube in einer Weise inkulturieren, die ihn angesichts der Folgen funktionaler Differenzierung auf eine neue und tragfähige Weise für die Laien attraktiv machte? Oder war vielmehr das Gegenteil der Fall, und es verringerte sich mit der Anwendung der Sozialwissenschaften und der Anpassung an Differenzierung die Chance, den derart womöglich rationalisierten und ›verwässerten‹ katholischen Glauben in einer mit der Tradition kompatiblen Form zu verkündigen?

Schließlich ist nach den Schlussfolgerungen zu fragen, welche diese Befunde für die Gesellschaftsgeschichte der Bundesrepublik aufwerfen. Viele in den letzten Jahren erschienene Forschungsbeiträge zur Geschichte der

Nachkriegszeit haben die drei Jahrzehnte von 1945 bis 1975 in teilweise sehr plakativer Form als eine einzigartige »Erfolgsgeschichte« (Axel Schildt) porträtiert. Unter Stichworten wie »Liberalisierung« oder »Zivilisierung« beschreiben sie die Überwindung der durch den Nationalsozialismus eingeprägten autoritären Einstellungen in der Bevölkerung und die tiefgreifende Demokratisierung der politischen Kultur seit den frühen sechziger Jahren.[36] An vielen dieser Beiträge ist zum einen die Emphase und hohe normative Wertladung problematisch, mit welcher die Überwindung der Hinterlassenschaft des Nationalsozialismus in sehr optimistischer Weise dargestellt wird. Zum anderen ist eine starke Tendenz erkennbar, Religion und Kirche als ein Thema der bundesrepublikanischen Geschichte in einer modernisierungstheoretischen Perspektive zu marginalisieren. Fragwürdig ist ferner, ob die Zeitgeschichte sich tatsächlich derart auf die Nachgeschichte vergangener Probleme fokussieren sollte, und ob sie damit nicht Erkenntnischancen zur Selbstaufklärung über die Ambivalenz und das inhärente Risikopotenzial der modernen Gesellschaft verschenkt. In diesem Sinne greift die vorliegende Studie die von Hans Günter Hockerts erhobene Forderung auf, Zeitgeschichte vornehmlich als »Vorgeschichte heutiger Problemkonstellationen« zu begreifen und damit auf die Hintergründe, Kontexte und ambivalenten Folgen der Dynamik der modernen Gesellschaft zu fokussieren.[37] In dieser Perspektive wird es möglich, die andauernde Relevanz zu erkennen, welche die Geschichte der katholischen Kirche in der Bundesrepublik auch nach dem Abschmelzen des konfessionellen Milieus in den fünfziger Jahren besaß.

Der zeithistorische Forschungsstand zur Verwissenschaftlichung des Sozialen ist für die Zeit seit 1945 momentan noch äußerst lückenhaft und disparat. Nur zu Teilaspekten wie der Durchsetzung der empirischen Sozialwissenschaft, der Bedeutung der Soziologie für die Selbstbeschreibung der bundesrepublikanischen Gesellschaft und zur Auswirkung der Demoskopie auf die Politik der Volksparteien liegen substanzielle Studien vor.[38] Auch zur Anwendung und den Folgen psychologischer Konzepte in verschiedenen Handlungsfeldern gibt es erst einige wichtige Beiträge.[39] Eine befriedigende Studie zur katholischen Rezeption der Psychoanalyse steht allerdings noch aus.[40]

Die Forschungslage für die Geschichte der katholischen Kirche in der Bundesrepublik hat sich dagegen in den letzten Jahren erheblich verbessert. Die 1997 erschienene Pionierstudie von Wilhelm Damberg hat am Bei-

---

36 Vgl. *Schildt*, Ankunft; *Herbert*, Liberalisierung; *Jarausch*; *Thomas*; *Frese/Paulus*, und viele Beiträge in diesem Band.
37 *Hockerts*, S. 124.
38 Vgl. *Weischer*; *Nolte*; *Kruke*. Als Forschungsbericht vgl. *Ziemann*, Soziologie.
39 *Platz*; *Rosenberger*; für die DDR der instruktive Aufsatz von *Eghigian*.
40 *Cremerius*, Rezeption, behandelt nur die protestantische Theologie.

spiel des Bistums Münster erstmals eine breite Schneise durch die kirchliche Nachkriegsgeschichte geschlagen und außer grundlegenden Fragen der pastoralen Strategie und der diözesanen Verwaltung auch die Jugendarbeit und Schulpolitik umfassend behandelt. Seitdem sind weitere wichtige monographische Studien zur Sozialgeschichte katholischer Familien, zu den katholischen Studierenden und zu den Jugendverbänden gefolgt.[41] Außer diesen durchweg auf eine breite Auswertung des archivalischen Quellenmaterials gestützten Studien liegen zudem die wichtigen historischen Interpretationen der Religionssoziologen Karl Gabriel und Michael Ebertz vor.[42] Sowohl die historischen als auch die soziologischen Beiträge lassen aber eine gewisse konzeptionelle Unsicherheit im Hinblick darauf erkennen, welche Sozialform die katholische Religion nach dem »Abschied vom Milieu« angenommen hat, der sich im Verlauf der sechziger Jahre zu einer unabweisbaren Notwendigkeit für die kirchlichen Akteure entwickelte.[43] Demgegenüber wird hier vorgeschlagen, die Probleme bei der Inkulturation des katholischen Glaubens nicht mit dem Konzept des sozialmoralischen Milieus, sondern aus der Perspektive der Kirche als Organisation, ihrer pastoralen Strategien und ihrer inneren Strukturprobleme zu analysieren. Alle diese Facetten organisierter Religion entwickelten sich in engem Zusammenhang mit Aspekten der Verwissenschaftlichung.[44] Die einzige Studie, die solche Fragen bislang aus einem ähnlichen Blickwinkel aufgegriffen hat, ist die wissenssoziologische Studie von Georg Kamphausen über den Einfluss sozialwissenschaftlicher Modelle auf kirchliches Handeln und Sprechen.[45]

In methodischer Hinsicht ist es für eine Geschichte der Verwissenschaftlichung besonders wichtig, den Wissenstransfer, also die Übertragung von Kategorien, Fragestellungen und Theorien aus dem Bereich der Wissenschaft in den kirchlichen Kontext angemessen nachzuvollziehen. Die neuere Wissenschaftsforschung hat dabei die besondere Bedeutung von Metaphern als denjenigen Sprachformen herausgearbeitet, welche die interdiskursive Platzierung von wissenschaftlichen Konzepten in anderen Systemen ermöglichen und beschleunigen. Metaphern wirken als »messengers of meaning«, welche wissenschaftliche Sinnformen plausibilisieren können, ohne dass deren Anwender dazu die ›Anstrengung des Begriffs‹ (Hegel) auf sich nehmen müssten. Metaphern können dabei verschiedene Funktionen übernehmen. Als Mittel der Illustration erhöhen sie die Überzeugungskraft wissenschaftlicher Argumente. Bei ihrer heuristischen Verwendung ermögli-

41 Vgl. *Damberg*, Abschied; *Rölli-Allkemper*; *Schmidtmann*; *Ruff*.
42 Vgl. u.a. *Gabriel*, Aufbruch; *ders.*, Katholiken; *Ebertz*, Erosion.
43 So der Titel von *Damberg*, Abschied.
44 Vgl. auch *Ziemann*, Dienstleistung.
45 *Kamphausen*. Deskriptiv und mit kulturprotestantischem ›bias‹ belastet ist dagegen die Studie von *Feige*.

chen sie es, eine neue Perspektive auf einen bereits bekannten Gegenstand zu eröffnen. Konstitutive Metaphern schließlich transformieren frühere Bedeutungen und Konnotationen eines Sachverhalts nicht nur, sondern ersetzen sie durch fundamental neue. Diese Funktionen von Metaphern bei der Verwissenschaftlichung lassen sich in unterschiedlicher Intensität auch in der katholischen Kirche beobachten. Dabei gab es auch Aspekte der Verwissenschaftlichung wie etwa die Beobachtung der öffentlichen Meinung durch die Demoskopie, denen es an einer überzeugenden Metaphorik mangelte und die auch deshalb in der katholischen Kirche nur eine vergleichsweise geringe Durchschlagskraft aufwiesen.[46]

Mit der Betonung der narrativen Bedeutung von Metaphern in wissenschaftlichen Diskursen lässt sich nicht nur eine Brücke zu den Fragen und Ansätzen der Begriffsgeschichte und historischen Semantik schlagen. Vielmehr wird zugleich die Aufmerksamkeit für die Spezifik der innerkirchlichen und theologischen Diskurse geschärft. Denn zu deren Charakteristika gehört es, dass sie mit Metaphern und Gleichnissen vor allem aus dem Neuen Testament, das wie die gesamte Bibel ein »Wörterbuch unverblasster Metaphern« darstellt, geradezu gespickt waren. In dieser Perspektive lässt sich die Verwissenschaftlichung der katholischen Kirche auch, überspitzt formuliert, als Austausch von pastoralen Leitmetaphern durch andere beschreiben.[47] Verwissenschaftlichung ist immer auch ein Prozess der Neubeschreibung und Verfremdung sozialer Zusammenhänge durch die ›Brille‹ – um eine optische Metapher aufzugreifen – eines spezifischen Begriffsapparates. Ein anschauliches Beispiel dafür bietet die Geschichte der britischen Sozialanthropologie von Henrika Kuklick. Bei den ›Wilden‹, die Forscher wie Bronislaw Malinowski und andere in ihren Studien beschrieben haben, handelte es sich um die Angehörigen der englischen Arbeiterklasse. Das Kategoriensystem der Anthropologie diente auch dazu, die fremdartigen und aus Sicht der Oberschichtakademiker ›unzivilisierten‹ Unterschichten im eigenen Land zu beschreiben und zu verstehen.[48] In vergleichbarer Weise hat Callum G. Brown darauf hingewiesen, dass Statistiken über den Kirchenbesuch nicht in erster Linie als ›objektive‹ Widerspiegelung des Grades an Kirchlichkeit zu interpretieren sind. Zunächst einmal sind sie wichtige Bausteine eines Diskurses, in dem die Grenzen der kirchlichen Religion abgesteckt und die Bedeutung von »Säkularisierung« für die kirchliche Selbstbeschreibung verhandelt wird.[49] Neben eine diskursanalytische Re-

---

46 *Maasen/Weingart*; *Brown*, Metaphor; *Maasen*, Metaphors; zu den Funktionen: *Maasen/ Mendelsohn/Weingart*, S. 2; als historische Fallstudie *Sarasin*.

47 Zur Begriffsgeschichte und Metapherntheorie als Überblick: *Bödeker*; *Landwehr*; klassisch: *Weinrich*; *Lakoff*; zu theologischen Metaphern vgl. *Buntfuß*; *Söhngen*, Zitat S. 71.

48 Vgl. *Kuklick*.

49 *Brown*, Secularisation, S. 38, 42.

konstruktion der die Verwissenschaftlichung tragenden Sprachformen und Kategoriensysteme tritt hier also eine strukturanalytische Betrachtung der Strategien und Formen kirchlicher Pastoral und Organisationsbildung. Die vorliegende Studie greift damit die Unterscheidung von »Semantik« und »Gesellschaftsstruktur« als wichtige Differenz auf.[50]

Als Quellengrundlage steht – mit einigen charakteristischen Lücken – eine breite Spanne unveröffentlichter und veröffentlichter Materialien zur Verfügung. Die archivalische Überlieferung besteht vornehmlich aus den Beständen einer ganzen Reihe von Bistumsarchiven.[51] Aus arbeitsökonomischen Gründen war eine ohnehin illusorisch scheinende Vollständigkeit der Recherche nicht angestrebt. Die Archivstudien haben sich auf einige Bistümer im Westen und Süden der Bundesrepublik konzentriert, vor allem Münster, Paderborn und München-Freising, deren Vorreiterrolle bei der Rezeption der Humanwissenschaften bereits die zeitgenössische Literatur diskutierte. Darunter ragen die sehr dicht überlieferten und vorzüglich erschlossenen Quellenbestände im Bistumsarchiv in Münster hervor. Zugleich sind in diesem Archiv außer den Unterlagen der verschiedenen Abteilungen des Generalvikariates auch Akten aus dem organisatorischen Vorfeld der Kirche wie von einzelnen Verbänden, der Bistumszeitung und der Katholischen Akademie Franz-Hitze-Haus vorhanden.[52]

Der Aussagegehalt des von den Bistumsverwaltungen hinterlassenen Schriftgutes ist differenziert zu bewerten. Anders als es die Vorstellung einer bürokratisch geregelten ›Priesterkirche‹ zu suggerieren scheint, ist die alltägliche Routine der in den Generalvikariaten tätigen Geistlichen keineswegs von einer umfassenden Verschriftlichung aller Abläufe geprägt, wie sie etwa die staatliche Verwaltung kennzeichnet. Viele Überlegungen und Absprachen wurden mündlich diskutiert und – wenn überhaupt – nur in kurzen Notizen und Ergebnisprotokollen niedergelegt. Insbesondere die meist nach dem Zweiten Weltkrieg neu errichteten Seelsorgeämter, von denen viele Initiativen zur Anwendung der Sozialwissenschaften ausgingen, haben – wiederum mit der Ausnahme von Münster – oftmals nur eine sehr karge Überlieferung hinterlassen.[53] Hinzu kommt, dass wohl manch ei-

---

50 Vgl. *Stäheli*; *Luhmann*, Struktur; *Landwehr*.

51 Die Akten des seit 1966 bestehenden Sekretariats der Deutschen Bischofskonferenz sind nicht zugänglich. Briefliche Auskunft des Sekretariats der Deutschen Bischofskonferenz vom 4.9.2000.

52 Die noch in der Registratur befindlichen Akten des Erzbischöflichen Ordinariates München und Freising sind wegen der Ordnung nach dem Pertinenzprinzip für eine an Lernprozessen und Verwendungskontexten interessierte Analyse kaum ergiebig.

53 So etwa im Erbischöflichen Archiv Paderborn; frdl. Auskunft von Herrn Gerhard Sander. Eine weitere Ausnahme bildet der allerdings nur bis 1955 reichende Bestand »Seelsorgeamt Heinen« im HAEK.

ner der Ordinariatsräte spezielle Vorgänge und Überlegungen in privat geführten Handakten bündelte, die nach seinem Ausscheiden aus dem Dienst
nicht archivalisch gesichert wurden.[54] Die vorhandenen Bischofsnachlässe
enthalten dagegen vor allem normative Quellen wie Predigten und Ansprachen.[55]

Daneben wurde ein breites Spektrum von veröffentlichten Quellen kon-
sultiert. Dazu zählt zunächst das von katholischen Soziologen, Psychologen und humanwissenschaftlich interessierten Theologen verfasste monographische Schrifttum. Des weiteren ist die große Fülle der im Rahmen
der kirchlichen Sozialforschung entstandenen und als ›graue Literatur‹ vorliegenden Untersuchungsberichte und Handreichungen zu nennen. Diesen
lassen sich vor allem die thematischen Schwerpunkte, die Strategien und
die Ergebnisse der empirischen Arbeit entnehmen. Besonderes Augenmerk
galt der intensiven Auswertung der einschlägigen Fachzeitschriften, da sich
die primäre Verwissenschaftlichung vor allem in diesem Medium vollzogen
hat.[56] Das dabei berücksichtigte Spektrum von Periodika umfasst soziologische bzw. religionssoziologische Fachorgane, wobei vor allem die in den
Niederlanden redigierte Zeitschrift »Social Compass« als Forum der internationalen Diskussion von Konzepten und Ergebnissen herausragende Bedeutung hatte. Daneben sind die Zeitschriften für die allgemeine kirchliche
und theologische Diskussion – prominent etwa die »Herder-Korrespondenz« – zu nennen, die sozialwissenschaftliche Ansätze aus dem Blickwinkel gesamtkirchlicher Fragen thematisierten. Eine Fülle von praxisnahen
Informationen und Diskussionen enthalten die seelsorgspraktischen Fachzeitschriften. Außer den Pastoralblättern einzelner Bistümer ist hier vor
allem die »Lebendige Seelsorge« zu nennen. Mit ihren schließlich mehr als
7 500 Abonnenten war sie in der Zeit von 1950 bis 1975 das mit Abstand
auflagenstärkste Periodikum dieser Art im deutschen Sprachraum.[57] Dieser
Zeitschriftentyp erreichte die in der Pfarrseelsorge tätigen Geistlichen auf
breiter Front und stand ihnen, zumindest auf der Ebene der Pastoralblätter,

54 Vgl. *Urban*, Nachlässe, S. 20; *Braun*, Überlieferung, bes. S. 94. Die Problematik der
Sicherung von Nachlässen gilt noch schärfer für alle nicht in Diensten der kirchlichen Ver-
waltung stehenden Personen. Dies gilt z.B. für die Nachlässe von Ludwig Neundörfer und
Albrecht Beckel, über deren Existenz bzw. Verbleib mir keine Informationen vorliegen. Eine
Ausnahme bildet der umfangreiche, allerdings für unser Thema kaum ergiebige Nachlass von
Walter Dirks im AsD.

55 Eine Überlieferung des Instituts für christliche Sozialwissenschaften in Münster liegt
im dortigen Universitätsarchiv nicht vor. Im Institut selbst sind nur Ordner mit Seminarunterlagen von Joseph Höffner und Wilhelm Weber vorhanden. Prof. Dr. Karl Gabriel danke
ich für die freundliche Genehmigung zur Einsicht.

56 Vgl. *Galassi*, S. 21.

57 Zahl: LS Jg. 26, 1975, S. 1; Gespräch mit Dr. Alfons Fischer, dem Mitbegründer und
langjährigen Schriftleiter der Lebendigen Seelsorge, am 30.6.1999.

auch als Forum für die Diskussion eigener Anliegen, Vorschläge und Kritikpunkte offen.

Der Aufbau dieser Untersuchung folgt der in der Wissenschaftsforschung entwickelten Überlegung, dass die Ausdifferenzierung, Durchsetzung und Rezeption von sozialwissenschaftlichen Konzepten in hohem Maße durch einzelne Methoden und ihre empirischen Instrumente erfolgt. Methoden sind variable Programme, mit denen die für die Wissenschaft zentrale Unterscheidung wahr/falsch in eine zeitliche Sequenz von Arbeitsschritten überführt werden kann. Sie leisten damit eine »Transformation von Evidenzen und Erfahrungen in Probleme«, und behalten ihre Plausibilität so lange, wie eine Problemlösungskapazität als gegeben unterstellt werden kann. Im Zuge der Verwissenschaftlichung entschied darüber letztlich die Kirche als Empfängerin des Expertenwissens. Die ›Wahrheit‹ der sozialwissenschaftlichen Angebote war so gesehen eine »Konstruktion des Verwenders«.[58] Wie bereits vorn angedeutet, war jede der zur Anwendung kommenden Methoden mit einem zentralen Sachproblem der katholischen Kirche nach 1945 gekoppelt. Erst die Diskussion und Anwendung bestimmter Methoden ermöglichte es überhaupt, viele dieser Probleme im innerkirchlichen Diskussionszusammenhang zu artikulieren.

Die Studie setzt ein mit den Bemühungen zur Etablierung einer kirchlichen Statistik (Kap. 1). Sie greift dafür zunächst bis in die frühe Neuzeit zurück, in der sich ein an der Orthopraxie orientiertes Verständnis von katholischer Frömmigkeit durchgesetzt hat. Dieses war die Voraussetzung dafür, eine statistische Quantifizierung der Kirchlichkeit in Angriff zu nehmen. Die flächendeckende Erhebung und Dokumentation von Zahlen über wichtige Parameter der ›aktiven‹ Kirchlichkeit half um 1900 zunächst, einen administrativen Rückstand gegenüber den Protestanten aufzuholen, die über einen solchen Datenkranz bereits seit der Mitte des 19. Jahrhunderts verfügten. Schon in der Weimarer Republik verstanden viele Katholiken das Auf und Ab der Zahlen als eine »Schicksalskurve« (Johannes Schauff).[59] In der Bundesrepublik vertiefte sich das bald zur Wahrnehmung einer umfassenden Krise, welche zugleich die Frage nach den Ursachen nachlassender Kirchenbindung aufwarf. Diesem Bedürfnis versprach die Soziographie abzuhelfen, die bald nach dem Zweiten Weltkrieg ihre Karriere begann (Kap. 2). Das Schichtungsbild der Kirchenbesucher und dessen Rückführung auf soziostrukturelle Fakten sollte einen Hebel zur kausalen Beeinflussung und Bekämpfung der Entkirchlichung vermitteln. Diese Untersuchungsstrategie analysierte das aktive Kirchenvolk als Produkt der Differenzen zwischen den sozialen Schichten, drang aber noch nicht zu den

---

58 *Luhmann*, Wissenschaft, S. 362–468, Zitate S. 427, 438; vgl. *Beck/Bonß*.
59 *Schauff*, S. 191ff.

Einstellungen, Hoffnungen und Motivlagen der Kirchenmitglieder vor. Wissenschaftliche Kompetenz dafür beanspruchte die demoskopische Umfrageforschung, deren Anwendung Ende der 1960er Jahre in der großen ›Synodenumfrage‹ kulminierte (Kap. 3). Ihr methodisches Instrumentarium hob die Resonanz kirchlicher Dogmen und Praktiken bei den Gläubigen sowie deren ›kognitive Dissonanz‹ auf die Ebene binnenkirchlicher Wahrnehmung. Doch auch dieser Ansatz konnte dort nicht weiterhelfen, wo sich der kirchliche Apparat selbst als dysfunktional und als eine Ursache der Unzufriedenheit erwies. Beim Versuch einer Reform kirchlicher Strukturen konnte die Organisationssoziologie analytische Werkzeuge bereitstellen (Kap. 4). Dieses Unterfangen setzte allerdings eine Bereitschaft zur Erneuerung des hierarchischen Apparates voraus, die weder bei den Bischöfen noch bei den Laien an der ›Basis‹ vorhanden war. Auch, aber nicht nur aus diesem Grund schien es sinnvoll, die Reform der Kirche beim einzelnen Priester und Gläubigen als Individuen und bei der persönlichen Kommunikation in der kleinen Gruppe neu zu beginnen. Für diesen Zweck erwiesen sich psychologische Konzepte der Therapie und der Gruppendynamik als hilfreich, die in der Kirche bereits seit längerer Zeit kritisch diskutiert worden waren (Kap. 5).

Im Bild des sozialen Raumes gesprochen, wird auf diese Weise eine spiralförmige Suchbewegung nachvollzogen, welche die Bedingungen kirchlicher Stabilität in verschiedenen Anläufen zu erkunden hofft und dabei von außen, der Organisationsgrenze, bis in die Innenwelt des einzelnen Gläubigen vordringt. Der erste Schritt nahm seinen Ausgang vom Rand, der Grenze der Kirche zu den Anders- und Unkirchlichen. Die Suche führte von dort aus bis in das Zentrum, zur kirchlichen Organisation selbst und zu den Personen, die diese in professioneller Arbeit tragen. Dort angekommen, wurde die weitere Erforschung des kirchlichen Raumes jedoch blockiert und zugleich in andere Bahnen gelenkt. Auch weil sich der Zugang über die sozialen Muster der Kirche als eines Kollektivs erschöpft hatte, kam es nun zu einem wissenschaftlichen Rück- und Ausgriff auf den einzelnen Menschen als Mitglied der Kirche. Spätestens zu diesem Zeitpunkt war das Stadium der ›sekundären‹ Verwissenschaftlichung erreicht. Bei diesem hat sich nicht nur ein »therapeutisches Interventionsmodell« bis in die katholische Kirche hinein ausgebreitet. Zugleich war die wissenschaftliche Deutung und Beratung mit so vielen Methoden und auf so vielen Ebenen eingeführt, dass Gutachten regelmäßig auf die Thesen früherer Experten stießen.[60]

60 *Raphael*, Verwissenschaftlichung, S. 178f.; vgl. *Ziemann*, Dienstleistung.

1. Zählbare Frömmigkeit:
Die Statistik des Kirchenbesuchs

»Wie gern renommieren manche mit ihren hohen Zahlen! Und wie kommt die Rechnung oft zustande?« (Johannes Chrysostomus Schulte O.M. Cap. 1928)[1]

Obwohl die vorliegende Studie sich mit der Verwissenschaftlichung der katholischen Kirche seit 1945 beschäftigt, muss dieses Kapitel weit in die frühe Neuzeit zurückgreifen. Denn die bis in die Bundesrepublik reichende Beharrungskraft des statistischen Diskurses, um dessen praktische Anwendung in der Kirche es hier geht, ist nicht ohne den langen Vorlauf zu verstehen, den die Formierung eines an der Orthopraxie orientierten Kirchenverständnisses seit dem 16. Jahrhundert hatte. Erst seit 1900 überformte die Anwendung statistischer Methoden dieses Frömmigkeitskonzept, das weniger den rechten Glauben als vielmehr das fromme Tun prämiert. Unter Statistik wird dabei im Folgenden die Aggregation von Daten für administrative Zwecke verstanden. Sie ist zu unterscheiden von den komplexen mathematischen Methoden der Korrelation und Regression, die erst nach dem Zweiten Weltkrieg für statistische Zwecke genutzt wurden.[2]

Die statistische Aggregation von quantifizierbaren Momenten des Sozialen ist im Prinzip in jedem humanwissenschaftlichen Kontext anwendbar. Wie keine zweite Methode ist die Statistik deshalb grundlegend für den Kampf um »Klassifikationssysteme«, der zugleich ein »Kampf um das Monopol auf legitime Repräsentation der Sozialwelt« ist.[3] In Tabellen und Diagrammen werden taxonomische Ordnungen sichtbar, die Ganzheiten herstellen, zusammenführen und objektivieren. Der statistische Ansatz neutralisiert Wechselbeziehungen zwischen den Dingen und den Bewegungen im sozialen Raum und schafft damit durchschnittliche, homogene Objekte, die für jeden erwünschten praktischen Zweck zur Verfügung stehen.[4] Er ermöglicht die administrativen Routinen des Umgangs mit aggregierten Einheiten, die unter Absehung von Zufälligkeiten als Vertreter eines Durchschnitts behandelt werden können. Keine Form des bürokratischen

---

1 *Schulte*, Sakramentenempfang, S. 237.
2 Vgl. grundlegend *Desrosières*, S. 12ff., 178–188; *Porter*.
3 *Bourdieu*, Leçon, S. 53.
4 *Weaver*, S. 537, spricht von »disorganized complexity« als Voraussetzung statistischer Methoden.

Zugriffs auf die soziale Realität kann deshalb die Statistik entbehren. Deren Durchsetzung markiert daher die erste wichtige Phase der »Verwissenschaftlichung des Sozialen«.[5]

Der statistische Diskurs ist aber nicht nur für die Praxis von bürokratischen Organisationen bedeutsam. Er verfügt zugleich über eine hohe symbolische Qualität, denn »Zahlen sind suggestiv«.[6] Die einzelnen Daten sind zwar immer Bestandteil eines verzweigten Netzes von Parametern und Indikatoren, das die Sozialwelt einzufangen sucht. Durch die wiederholte öffentliche Diskussion und Inanspruchnahme verdichtet sich jedoch die Aufmerksamkeit auf einzelne Messziffern, die dann als weithin gültige Repräsentation des Pegelstandes der sozialen Krise gelten können. In der Wachstumsrate etwa spiegelt sich der Zustand einer ganzen Volkswirtschaft. Auf diese Weise wird die Statistik zu einem wichtigen Mittel der gesellschaftlichen Selbstbeschreibung.[7] An die auf ein symbolisches Datum zugespitzte statistische Modellierung können dann politische Auseinandersetzungen und soziale Schuldzuweisungen anschließen, welche die Zahl affirmieren, um ihre Relevanz streiten oder auf andere quantitative ›Fakten‹ verweisen. Probleme werden sichtbar gemacht, und damit zugleich andere Zugänge verdeckt oder in das Zwielicht der ›ungenauen‹ und arbiträren qualitativen Beschreibung gehüllt.

1.1. Formierung der Frömmigkeit:
Die Akzentuierung der Orthopraxie seit dem 16. Jahrhundert

In der katholischen Kirche erfüllt die Statistik eine spezifische Funktion, indem sie die äußeren Grenzen des von der Kirche bestimmten religiösen Feldes markiert sowie seine innere Homogenität bestimmbar macht. Damit wird das Ausmaß und die Form kirchlicher Bindung in einer Form dokumentiert, die über die formalrechtliche und für den Glaubensvollzug wenig besagende Kirchenmitgliedschaft weit hinausgeht.[8] Mit Hilfe der Statistik werden alle jene Katholiken sichtbar, »auf die man rechnen kann«, womit sie einen wichtigen »kirchenpolitischen« Zweck erfüllt.[9] Eine solche diskursive Festlegung ist keineswegs selbstverständlich oder voraussetzunglos. Um die statistische Messung kirchlicher Handlungen in der katholischen Kirche als

---

5 *Raphael*, Verwissenschaftlichung, S. 171ff.
6 *Fuchs*, Frömmigkeit, S. 305.
7 Dazu *Tanner*; allgemein *Luhmann*, Gesellschaft, S. 879–893.
8 LThK, 3. Aufl., Bd. 6, Sp. 11–14, s.v. Kirchenmitgliedschaft.
9 *Sieken*, S. 71.

notwendig erscheinen zu lassen, musste zunächst klar sein, was im Einzelnen als ein spezifisch ›katholischer‹ Beweis von Glaubens- und Kirchentreue gelten konnte. War ein solcher Kanon kirchlicher Handlungen etabliert, ließen sich diese im Prinzip auch numerisch erfassen. Daran konnten bürokratische Abläufe anschließen, welche diese Aufgabe umsetzten. Erst wenn sich solche Normen der quantitativ definierten Orthopraxie als eine Routine etabliert hatten, war die Einführung eines statistischen Kalküls denkbar.

Wie hier zu zeigen ist, verweist die katholische Statistik kirchlicher Handlungen, die um 1900 intensiv diskutiert wurde, auf einen doppelten Vorlauf, den der katholischen Konfessionalisierung seit dem 16. Jahrhundert und auf den Ultramontanismus seit dem 19. Jahrhundert. Erst die nachreformatorische Kirche geriet wegen der Pluralität der Konfessionen »unter Konkurrenzdruck« und war deshalb gezwungen, festumrissene Standards abzugrenzen und zu definieren. Im Zuge der katholischen Konfessionalisierung formulierte die Kirche jedoch nicht nur klare Kriterien für die Rechtgläubigkeit. Sie unternahm zugleich den Versuch, deren Verbindlichkeit durchzusetzen und damit die Glaubenspraxis substanziell zu verändern. Auch manche kirchlichen Organisationsmuster gewannen an Spezifik und Komplexität. Wichtig war insbesondere, dass lutherische, reformierte und katholische Kirchenleitungen gleichermaßen versuchten, ein geregeltes Verfahren der schriftlichen Kommunikation zwischen kirchlichen Behörden und örtlichen Pfarreien durchzusetzen.[10] Bestimmte Formen der Glaubenspraxis wurden prämiert. Und institutionalisierte Muster schriftlicher Kommunikation überprüften periodisch, ob die Gläubigen sie einhielten. Damit war ein verbindliches Modell der Orthopraxie definiert.

Die spätmittelalterliche Frömmigkeit war ein noch wenig geregeltes sowie regional und lokal ausgesprochen uneinheitliches religiöses Feld. Den Gläubigen stand es frei, unter den vielen von der Kirche verwalteten Heilsgütern, den populären Heiligen, den Sakramenten und Benediktionen, den Gottesdiensten und Messämtern nach eigenem Gutdünken zu wählen. Sie konnten dabei gleichermaßen himmlisches Heil und weltlichen Trost erhoffen, magisches Handlungswissen und kirchenreligiöses Glaubenswissen in synkretistischer Manier vermengen.[11] Diese Mannigfaltigkeit der Formen, mit denen man Zugang zum Seelenheil erlangte, wurde angesichts der reformatorischen Herausforderung zu einem Problem. Für dieses bot das Konzil von Trient (1545–1563) Lösungen an. Ihre Durchsetzung war allerdings gerade

---

10 *Reinhard*, Sozialdisziplinierung, Zitate S. 45; zur Konfessionalisierung vgl. *v. Dülmen*, Kultur, Bd. 3, S. 108–137; *Reinhard*, Konfessionalisierung; *Schilling*, Abhandlungen, S. 504–540, 646–699; *Schnabel-Schüle*, Konfessionalisierungsforschung; *Schmidt*, Konfessionalisierung; als regionale Fallstudien zur katholischen Konfessionalisierung v.a. *Becker*, Kurköln; *Holzem*, Religion; *Lang*, Mergentheim.

11 Vgl. *v. Dülmen*, Kultur, Bd. 3, S. 55–78.

auf dem Lande ein bis in das späte 18. Jahrhundert reichender langwieriger Prozess.[12] Die tridentinische Erneuerung griff in die Bauweise der Kirchen und in Besoldung und Lebensstil der Pfarrer ebenso ein wie in das Alltagsleben der Gläubigen, in die katechetische Unterweisung im Glauben oder in tradierte Frömmigkeitsformen wie Bruderschaften oder Prozessionen. Im Zentrum der disziplinierenden Reform stand aber die Regelung der eucharistischen Kultpraxis in der sonntäglichen Messe und ihrem Kern, der heiligen Kommunion. Schließlich war das angemessene Verständnis der Eucharistie der zentrale Streitpunkt zwischen den Konfessionen und ihren jeweiligen Bekenntnisschriften gewesen.[13] Das Trienter Konzil hatte mit seinen Thesen zur Realpräsenz und zur Transsubstantiationslehre gegen die Reformatoren Stellung bezogen und mit dem ›Missale Romanum‹ von 1570 eine einheitliche liturgische Regelung für die gesamte katholische Kirche getroffen.[14]

Die Festlegung auf das Latein als alleinige Kultsprache zog eine wichtige Grenzlinie zu den reformatorischen Gottesdiensten. Beinahe ebenso bedeutsam war aber die »christologische Reduktion« auf das Hochamt als Kern der katholischen Sonntagsheiligung, welche die Kirche im Zeichen der Konfessionalisierung gegenüber dem bislang üblichen Arrangement an Kultformen vollzog. Denn zuvor war die Messe nur »ein Bestandteil des kultischen Ablaufs« am Sonntag gewesen, der daneben auch Chorgebete, Prozessionen und Exorzismen und andere rituelle Ereignisse umfasste.[15] Dies privilegierte eine zentrale Kulthandlung und räumte mit einer in der mittelalterlichen Kirche an diesem Punkt bestehenden »Unübersichtlichkeit« auf. Damit verband sich die Festlegung auf ein Verständnis des Gottesdienstes, das nun die persönliche Teilnahme des gesamten Kirchenvolkes zwingend voraussetzte. Das war ein Bruch mit der vorreformatorischen Praxis der heiligen Messe, welche als eine »Gedächtnisfeier auf den Tod Christi« die Anwesenheit der Gläubigen nicht unbedingt erforderte, sondern ihr Gelingen allein der gültigen Messlesung als einer magischen Handlung verdankte.[16] Die eucharistische Frömmigkeit sollte also intensiver werden. Darauf zielte auch die Propagierung eines häufigeren Kommunionempfangs. Das Osterfest bildete den Höhepunkt des kollektiven Gottesdienstes im Jahreslauf, und viele der nachtridentinischen Kirchenordnungen und Diözesanstatuten machten den Gläubigen den Empfang der Osterkommunion zur Pflicht.[17]

---

12 Zur Periodisierung *Holzem*, Religion, S. 455–470; zur tridentinischen Dogmatik *Schmidt*, S. 26ff.; *Meyer*, S. 247–264.

13 *Becker*, Kurköln; zur Eucharistie *Hartmann*, S. 111–119.

14 *Holzem*, Religion, S. 383; *v. Dülmen*, Kultur, Bd. 3, S. 118f.

15 *Becker*, Kurköln, Zitat S. 151; vgl. *Scribner*, S. 77ff.

16 Vgl. *v. Dülmen*, Kultur, Bd. 3, Zitate S. 71, 61.

17 *Becker*, Kurköln, S. 166–170.

Sonntäglicher Messbesuch und Osterkommunion zählten zu der seit dem 16. Jahrhundert fixierten klassischen Fünfzahl der Kirchengebote, in deren öffentlich sichtbarer Erfüllung sich das tridentinische Ideal katholischer Frömmigkeit manifestierte. Zudem mussten die Feiertage geheiligt, die Fastentage und Abstinenzgebote beachtet und zumindest einmal jährlich, in der Regel zu Ostern, die Beichte abgelegt werden.[18] Vor allem Messbesuch und Osterkommunion als Pflichten eines Katholiken setzten einen hohen normativen Maßstab. Um ihn durchzusetzen, bedurfte es umso mehr einer auf lange Sicht ausgeübten Kontrolle und Disziplinierung, als die Konzentration auf das passive »Hören« und »Zuschauen« in der Messe aus der Sicht der Gemeinde »keinen zwingenden Grund für disziplinierte und vollständige Anwesenheit« ergab.[19] In den ländlichen Pfarrgemeinden des Fürstbistums Münster dauerte es bis in das 18. Jahrhundert, bis eine umfassende Teilnahme an der sonntäglichen Messe gesichert war. Dazu musste sich die gesamte Gemeinde regelmäßig, pünktlich und vollständig, d.h. über die gesamte Dauer des Gottesdienstes, in der Kirche einfinden. Das Auslaufen aus der Kirche und das Herumstehen im Kirchhof war lange eine weit verbreitete Praxis. Bis zur Habitualisierung dieser Verhaltensweise sanktionierte die geistliche Gerichtsbarkeit des Sendgerichtes Verstöße. Erst als diese Kirchenzucht sich durchgesetzt hatte, war »Unkirchlichkeit« nicht nur klar definiert, sondern auch zu einer »Angelegenheit für Außenseiter« geworden.[20] Bei regionalen Unterschieden zumeist bis zum Ende des 17. Jahrhunderts, und damit bereits wesentlich früher als die Definition der Unkirchlichkeit, war die Verpflichtung zur Osterkommunion als gängige Praxis durchgesetzt, welche der Pfarrer anhand der Beichtzettel kontrollierte.[21]

Nicht nur neue Frömmigkeitsnormen sollten durchgesetzt werden, sondern auch Verfahren der schriftlichen Kommunikation, mit denen sich der flächendeckende Vollzug dieser Vorgaben kontrollieren ließ. Das zentrale Instrument dafür war eine vebesserte Visitationspraxis.[22] Die periodische Visitation der Pfarrer und Pfarreien durch den Bischof oder dessen Beauftragte war bereits in der mittelalterlichen Kirche bekannt, blieb dort allerdings wegen der durch zahlreiche Exemtionen ausgehöhlten bischöflichen Amtsgewalt wirkungslos. Erst im Gefolge der Reformation und der tridentinischen Reformen wurde die Visitation zu einem effektiven Mittel

---

18 Vgl. *Wetzer u. Welte*, Bd. 5, Sp. 161–164; LThK, 3. Aufl., Bd. 5, Sp. 1513. Formalrechtlich wurde die Sonntagspflicht erst mit dem CIC von 1918 Kirchengesetz; vgl. *Troxler*, S. 163–169, 183.

19 *Holzem*, Religion, S. 393.

20 Ebd., S. 383–398, Zitat S. 397; vgl. *Lang*, Mergentheim, S. 164; *Becker*, Kurköln, S. 148–166; *Schmidt*, S. 78f.

21 *Holzem*, Religion, S. 296–310; *Becker*, Kurköln, S. 167f.; *Lang*, Mergentheim, S. 162.

22 Vgl. *Lang*, Quellen; *ders.*, Erforschung; *Becker*, Kurköln, S. 1–29.

der bürokratischen Kontrolle lokaler Seelsorge und Kirchlichkeit ausgebaut. Damit war ein formalisiertes und verschriftlichtes Verfahren vorhanden, um die Durchsetzung der geforderten Orthopraxie zu kontrollieren. Stand im 16. Jahrhundert noch die Kontrolle von Qualifikation und Amtsführung der Geistlichen im Vordergrund, dienten die Visitationsprotokolle im 17. und 18. Jahrhundert mehr der Datensammlung über die baulichen und finanziellen Gegebenheiten der Pfarrei. Im 19. Jahrhundert gewannen die Visitationsberichte den Charakter einer pessimistischen Beschreibung der moralisch-sittlichen Zustände in den Unterschichten überall dort, wo Bevölkerungswachstum, Zunahme unehelicher Geburten und wachsende Armut überkommene dörfliche Strukturen in Bewegung brachten.[23] Die auf der Auswertung der Beichtzettel basierende Dokumentation der Teilnahme an der Osterkommunion war ein durchgängiger Bestandteil der Visitationsprotokolle, und zwar bis in das 20. Jahrhundert hinein. Diese Feststellung der kirchlichen Verhältnisse fiel leicht, wenn es nur eine verschwindend geringe Zahl von Pfarrangehörigen gab, die ihrer Osterpflicht nicht nachkamen.[24] Dennoch hatten diese Angaben mehr den Charakter einer begründeten qualitativen Schätzung. Sie waren keine strikt quantitative Erhebung, die auf diözesaner oder gar überdiözesaner Ebene auf einem exakten einheitlichen Frageschema beruhte.[25]

Die frühneuzeitliche Konfessionalisierung verankerte das Modell eines frommen Menschen in der katholischen Kirche, der nicht durch moralische und sittliche Eigenschaften oder durch die Qualität seines Glaubenswissens, sondern zuerst und vor allem durch »praktische Glaubenshandlungen« ein sichtbares »Mitglied seiner Konfession« war und sich damit von den Protestanten unterschied.[26] Diese Festlegung auf ein demonstratives, die äußeren Werke favorisierendes Frömmigkeitskonzept geriet seit dem Ende des 18. Jahrhunderts vor allem im Westen und Süden Deutschlands in die Defensive. In den gebildeten Schichten des städtischen Bürgertums führte die voranschreitende Ausdifferenzierung autonomer Handlungsbereiche und Wissenskomplexe dazu, dass Glaube und Frömmigkeit ihre umfassende Gültigkeit für die Lebensführung verloren und zu einer partikularen Sinnprovinz herabsanken. Die Reformideen der katholischen Aufklärung und der von ihnen geprägte liberale Klerus der ersten Hälfte des 19. Jahrhunderts versuchten, die Kirche an diese Folgen des sozialen Wandels anzupassen. Ritualisierte Formen sichtbarer Frömmigkeit sollten zugunsten einer

---

23 *Lang*, Kirchenvisitationen, bes. S. 268; *Phayer*, Religion, S. 171f., 179, 206.

24 *Lang*, Mergentheim, S. 161ff.; *Becker*, Kurköln, S. 168; für das 19. Jh.: *Phayer*, S. 29ff., 247; für das 20. Jh.: *Heilbronner*, Achillesferse, S. 235f.; Visitationsformulare und -berichte in: BAE, K 406, K 544.

25 *Dietrich*, Kirchenbindung, S. 42; *Fassl*, S. 139, 142f.

26 So *v. Dülmen*, Kultur, Bd. 3, S. 121.

verinnerlichten Frömmigkeit und der Wortverkündigung zurücktreten, an die Stelle einer mechanischen Bußpraxis eine reflexive moralische Persönlichkeitsbildung rücken.[27]

Gegen diese Adaption an die beobachtbaren Tendenzen der Säkularisierung bzw. der funktionalen Differenzierung formierte sich seit den 1820er Jahre eine kircheninterne Gegenströmung in Gestalt des Ultramontanismus. Dessen integralistisches und fundamentalistisches Weltbild war eine Reaktion auf die dreifache Herausforderung, als welche die katholische Aufklärung in geistiger, die Französische Revolution in politischer und die Säkularisation der geistlichen Besitztümer in materieller Hinsicht verstanden wurde. Der Klerus initiierte und steuerte den Ultramontanismus maßgeblich. Er konnte seine Ziele jedoch nur durch die religiöse und politische Mobilisierung jener breiten Schichten des katholischen Volkes erreichen, die sich durch die rapide voranschreitende Modernisierung benachteiligt fühlten. Dabei wirkten drei Prozesse zusammen.[28] Der erste war die schlagkräftige Organisation ultramontaner Geistlicher und Laien in konventikelhaften Gruppierungen. Sie waren der Ausgangspunkt für die gezielte Agitation gegen liberale Theologen und Bischöfe sowie die schrittweise Durchsetzung der neoscholastischen Dogmatik in den Universitätsfakultäten und Priesterseminaren.[29] Dazu kam zweitens die organisatorische Verdichtung der kirchlichen Bürokratie auf Bistumsebene, mit der sich zugleich die in den Vereinen organisierten Laien erfassen und aktivieren ließen.[30] Der dritte Faktor war die breite Beteiligung an populären Kult– und Frömmigkeitsformen wie der Heiligenverehrung, dem Herz-Jesu-Kult und dem Wunderglauben sowie vor allem den großen zentralen Wallfahrten, die – angestoßen durch das spektakuläre Massenereignis der Ausstellung des Heiligen Rocks in Trier 1844 – seit der Jahrhundertmitte einen immensen Aufschwung erlebten.[31] Die umfassende Mobilisierung der katholischen Bevölkerung zugunsten des ultramontanen Ordnungsmodells fand ihren Abschluss im Kulturkampf der 1870er Jahre. Ein jeder Katholik musste sich nun entscheiden, ob er ein ›guter Katholik‹ sein wollte, und dieses Bekenntnis zu einer ultramontanen konfessionellen Identität zerstörte die Homogenität anderer sozialer Bindungen, wie das Beispiel des katholischen Bürgertums im Rheinland zeigt. Die Erfahrung des Kulturkampfes vertiefte

27 Vgl. dazu v.a. *Schlögl*, Glaube; *Mergel*, Klasse, S. 70–94; *Götz v. Olenhusen*, Ultramontanisierung, S. 47ff.; zur katholischen Aufklärung: *v. Dülmen*, Religion und Gesellschaft, S. 124–171.

28 Vgl. *Nipperdey*, Bürgerwelt, S. 410–415; *Weiss*; *Weber*, Ultramontanismus; *Blessing*, Staat, S. 84–98, 132–145, 181–195. Eine umfassende Darstellung des Ultramontanismus steht bis heute aus.

29 *Burkard*; *Schulte-Umberg*, S. 185–326; *Götz v. Olenhusen*, Ultramontanisierung.

30 *Ebertz*, Modernisierungsprozesse; *ders.*, Herrschaft.

31 *Mooser*, Volksreligion; *Busch*; *Blackbourn*; *Sperber*, S. 39–98.

und zementierte den Graben zwischen dem katholischen Milieu und der protestantischen Mehrheitskultur des Deutschen Reiches.[32]

Im Gefolge des Kulturkampfes wurde die ultramontane Frömmigkeitsnorm als verbindlich durchgesetzt, welche mehr von »festumschriebenen Andachtsformen« und von »guten Werken« bestimmt war als von der »persönlichen Begegnung des Christenmenschen mit Gott«.[33] In diesen Werken symbolisierte sich die Geschlossenheit des Katholizismus und seine Machtposition angesichts der starken kirchenfeindlichen Strömung in Politik und Gesellschaft. Als der Geistliche und Zentrumsabgeordnete Paul Majunke auf dem Katholikentag des Jahres 1876 eine erste Bilanz des noch andauernden Kulturkampfes zog, wies er unmissverständlich auf diesen Zusammenhang hin. Jener Versuch, die Katholiken »auszurotten«, habe vielmehr im Gegenteil dazu geführt, dass der Katholizismus zu einer »ganz ungeahnten Macht emporgewachsen« sei. Als ebenso schlagende wie leicht quantifizierbare Belege dafür führte er nicht nur die »Resultate der politischen Wahlen« sowie die gestiegene Verbreitung katholischer Tageszeitungen und Vereine an. Der im Volke dominierende »Geist der Kirchlichkeit« zeige sich auch darin, dass die Kirchen in kleinen und großen Orten »fast alle überfüllt« seien. So habe der »Kirchenbesuch noch an Frequenz gewonnen«, und viele Männer seien erstmals nach langen Jahren wieder im Beichtstuhl erschienen.[34]

Im letzten Drittel des 19. Jahrhunderts war daher ein Beobachtungsschema fest etabliert, dass die Wirksamkeit kirchlicher Normen und die Stabilität des katholischen ›Turmes‹ an den momentanen Pegelstand quantifizierbarer Werte knüpfte, in denen sich kirchentreues Handeln in der Frömmigkeit und im organisatorischen Vorfeld des Milieus manifestierte. Dieser zur Routine gewordenen Form der Klassifikation entsprach allerdings noch keine bürokratische Technik, mit welcher sich die Stärke der katholischen Bataillone umfassend und vergleichend bestimmen ließ. Mit der Massenhaftigkeit der ultramontanen Mobilisierung kontrastierte der lückenhafte und disparate Charakter der schriftlichen Dokumentation ihres Ausmaßes ganz erheblich. Das galt für die eingespielte Praxis der Visitationsprotokolle mit ihren stets nur lokalen und punktuellen Informationen, von denen es keine aggregierten Zusammenstellungen gab. Es traf aber auch auf eine Reihe weiterer Arten von schriftlichen Aufzeichnungen zu, die im späten 19. Jahrhundert Angaben über die Zahl der Osterkommunikanten oder Kirchenbesucher festhielten.

Hier sind zunächst die Pfarr- bzw. Seelenbeschriebe zu nennen. Dabei handelt es sich um Aufzeichnungen der Pfarrer über das kirchlich-religiöse

---

32 *Mergel*, Klasse, S. 253–282.
33 *Weiss*, Ultramontanismus, S. 858.
34 Zit. nach *Heinen*, Bd. 2, S. 75–82, S. 79–81.

Leben ihrer Gemeinde. Sie wurden im altbayerischen Raum seit dem Ende des 18. Jahrhunderts zunächst noch sporadisch, später aber regelmäßig wiederkehrend angefertigt. Mit ihrer normativen Beobachtung und Bewertung des Verhaltens der Gläubigen sind sie heute eine wichtige Quelle der mentalitätsgeschichtlichen Forschung.[35] Den Pfarrbeschreibungen vergleichbar sind die ebenfalls in einigen altbayerischen Diözesen für die Zeit vom späten 19. Jahrhundert bis nach dem Zweiten Weltkrieg überlieferten Seelsorgeberichte, welche zum Teil recht ausführliche Ausführungen über das soziale Leben in der Pfarrgemeinde sowie eine ungefähre Angabe über die Gottesdienstbesucher und die zumeist geringe Zahl der zu Ostern nicht Kommunizierenden enthalten. Im Bistum Passau etwa mussten diese Berichte nach einer Anordnung des Ordinariates seit 1893 jährlich nach Ostern erstattet werden.[36] Ihnen gingen die so genannten »status animarum-Berichte« voraus, die allerdings nur quantitative Angaben über die Bevölkerung der Pfarrei enthielten. Unter »communicantes« war die Zahl derjenigen Pfarrangehörigen gemeint, die bereits die Erstkommunion empfangen hatten. Es »wurde als selbstverständlich vorausgesetzt«, dass jeder diese einmal im Jahr empfing.[37]

Außer diesen Dokumentationen, welche die bischöfliche Behörde veranlasste, gab es andere, in denen Stadt- oder Gemeindepfarrer Angaben über die Kirchlichkeit zum persönlichen Gebrauch oder zur Information ihres Nachfolgers festhielten. Dabei verfolgten sie zum einen das Ziel, die Wirksamkeit ihrer eigenen pastoralen Arbeit und die ungebrochene Frömmigkeit ihrer Gemeinde zu dokumentieren. Gerade in der Zeit des intensiven Konfliktes zwischen ›Glauben‹ und ›Unglauben‹, wie ihn der Kulturkampf der 1870er Jahre für den Ultramontanismus darstellte, diente eine quantifizierende »Heerschau« der Gläubigen aber auch dem Nachweis der generellen Unbezwingbarkeit der katholischen Kirche.[38] Beide Aspekte zeigen sich etwa im Quellentypus der Pfarrchronik. Beispielhaft sei hier die Chronik des Krefelder Stadtoberpfarrers Laurenz Huthmacher genannt. Während des Kulturkampfes notierte er dort nicht nur die Zahl der Erstkommunikanten und der ausgeteilten Osterkommunionen in der gesamten Stadt, sondern auch die Zahl derjenigen Katholiken aus Krefeld, die mit einer Wallfahrt nach Kevelaer gegen die Bedrängnis der Kirche protestierten.[39] Andere Pfarrer hielten die Zahl der Kommunikanten im pfarrlichen Verkündbuch fest, das die wö-

---

35 *Hörger*, Frömmigkeit, S. 126; *Blessing*, Staat, S. 348, Anm. 244; *Jockwig*, S. 306; LThK, 1. Aufl., Bd. 2, Sp. 108 s.v. Beichtzettel; als Beispiel für die Auswertung: *Phayer*, Religion.

36 *Blessing*, Staat, S. 349, 367f.; Oberhirtliches Verordnungsblatt für die Diözese Passau Jg. 1893, S. 25f.; vgl. *Rutz*, S. 292–298.

37 *Jockwig*, S. 209.

38 Vgl. *Mooser*, Volk, S. 266.

39 *Kastner*, Aufzeichnungen, S. 169f., 172, 176ff.; vgl. *Schmitz*, Pfarrchronik, S. 212, 214f.; *Noll*, S. 444ff.

chentlichen Gottesdienste und oberhirtliche Verordnungen dokumentierte, oder im Direktorium, dem Kalender der Messfeiern.[40]

Diese Unterlagen lassen bei genauer Lektüre erkennen, dass in den beiden letzten Jahrzehnten des 19. Jahrhunderts selbst in Gebieten mit traditionell intensiver Kirchlichkeit wie dem ländlichen Bayern eine steigende Zahl von Männern den Kirchenbesuch vernachlässigte und der Osterkommunion fernblieb.[41] Allerdings gab es vor der Einführung der kirchlichen Statistik nur vereinzelt Versuche, die in den Visitations- und Seelsorgeberichten enthaltenen Angaben über die kirchliche Teilnahme zu einem aktuellen Gesamtbild auf Dekanats- oder Bistumsebene zusammenzufassen. Die Kölner Stadtdekanate nahmen eine solche Zusammenstellung 1867 auf Anordnung des Bischofs hin vor. Das Bistum Mainz setzte 1875 die Angaben zum österlichen Sakramentenempfang für die Stadt Mainz mit der dortigen Entwicklung seit 1847 in Beziehung.[42] Aggregierte Daten über Strukturmuster der katholischen Kirche vermittelten im 19. Jahrhundert sonst nur die Diözesanschematismen. Deren Erhebungsschema umfasste aber vornehmlich Angaben zur Zahl der Priester, der Gläubigen und der Pfarreien.[43] Am Beginn des 20. Jahrhunderts enthielten manche Schematismen auch äußerst detaillierte Angaben über das dichte Netz der katholischen Vereine. Auf Schätzungen basierende Zahlen zur Statistik der kirchlichen Handlungen gab es nur vereinzelt.[44]

1.2. »Prunken mit den Konvertiten«: Die Genese der Statistik aus dem konfessionellen Konflikt

Die seit der Wende vom 19. zum 20. Jahrhundert intensiv diskutierte Einführung einer kirchlichen Statistik konnte an eine Frömmigkeitsform anknüpfen, für welche die vollständige Erfüllung bestimmter kirchlicher Handlungen zentrale Bedeutung hatte. Über den Erfolg eines solchen Projekts war damit jedoch noch keineswegs entschieden. Die Durchsetzung der katholischen Kirchenstatistik beruhte vielmehr auf einer spezifischen, zeitbedingten Konstellation. In dieser traf das Bemühen um eine kritische

40 *Mönch*, Statistik, S. 358f.; *Hörger*, Strukturen, S. 110; LThK, 1. Aufl., Bd. 3, Sp. 345 s.v. Direktorium.

41 *Blessing*, Staat, S. 193ff., 247f.

42 *Herres*, Gesellschaft, S. 383f.

43 *Liese*, Statistik, S. 102f. Dies gilt auch für Handbücher, welche die kirchliche Statistik im Titel führen. Vgl. z.B., durch die Neuumschreibung der Mainzer Bistumsgrenzen 1821 veranlasst: Kirchliche Statistik.

44 *Michl*, S. 15; *Mooser*, Vereinswesen; *Blessing*, Staat, S. 307.

katholische Würdigung und Adaption der Moralstatistik auf die spezifische Zuspitzung des konfessionellen Konfliktes im wilhelminischen Deutschland, wie sie sich insbesondere in der Debatte um die sittlich-kulturelle ›Inferiorität‹ der Katholiken zeigte. Erst vor dem Hintergrund dieser Auseinandersetzungen gab es eine Bereitschaft im deutschen Episkopat, die Statistik für administrative Zwecke zu nutzen und zu institutionalisieren.[45]

Der Aufbau einer kirchlichen Statistik war zunächst das Ziel einer kleinen Gruppe von Geistlichen. Diese konnten auf die Unterstützung einiger einflussreicher Zentrumspolitiker wie Matthias Erzberger, Adolf Gröber, Felix Porsch und Karl Trimborn rechnen, die sich aber nicht persönlich in der Öffentlichkeit für dieses Anliegen engagierten.[46] Die Initiative ging von dem Kirchenhistoriker und päpstlichen Hausprälaten Paul Maria Baumgarten aus, der in Rom als Privatgelehrter tätig war. Zusammen mit dem Trierer Dompropst Franz Jakob Scheuffgen brachte er auf dem Osnabrücker Katholikentag des Jahres 1901 einen Antrag ein, der die Errichtung eines nationalen »Bureaus für kirchliche Statistik« mit Dringlichkeit unter anderem wegen der Bedeutung gesicherter Zahlen über die Erfolge der Missionsarbeit befürwortete. Obwohl der Katholikentag diesen Vorschlag unterstützte, fand er zunächst kein weiteres Echo.[47] Allerdings nahm bald darauf Hermann A. Krose SJ mit Baumgarten Kontakt auf, um die Sache weiter zu verfolgen.[48] In Krose (1867–1949) fand die kirchliche Statistik nicht nur ihren entschiedensten öffentlichen Unterstützer. Der 1891 in den Jesuitenorden eingetretene Priester war durch die Herausgabe eines 1908 erstmals erschienenen »Kirchlichen Handbuchs« und seine langjährigen Beiträge zu diesem statistischen Kompendium auch praktisch in entscheidender Weise engagiert.[49] Das Motiv für die wissenschaftlich-statistische Ausbildung hatte Krose ursprünglich jedoch nicht im Hinblick auf die kirchlichen Handlungen gefunden. Es war vielmehr das Interesse für Fragen der Moralstatistik, das ihn seit 1899 zu ersten Veröffentlichungen und direkt anschließend

---

45 Grundlegend für die Abläufe bis zur Errichtung der Kölner Zentralstelle ist ein Manuskript des ersten Leiters der Kölner Zentralstelle: [H.-O. Eitner], Die Zentralstelle für kirchliche Statistik im katholischen Deutschland, Ms. 1922: DBK, Referat Statistik. Die Kölner Akten zur Vorgeschichte und zur Arbeit der Zentralstelle sind im Juli 1941 bei einem Brand des dortigen Generalvikariates zerstört worden. Aktennotiz v. 23.12.1941: HAEK, Gen. I, 32.12, 6; Tätigkeitsbericht der Zentralstelle für 1941: EAF, B2–49–28; *Becker*, Religion, geht auf die katholische Statistik nicht ein.

46 Diese Namen nennt Eitner, Zentralstelle, S. 2: DBK, Referat Statistik; zu Trimborn: *Stehkämper*, Marx, Bd. III, S. 181.

47 Der Teilnachlass von Baumgarten in Freiburg enthält keine Unterlagen hierzu: *Arnold*, Kulturmacht, S. 27, Anm. 54; zu Baumgarten: *Baumgarten*, Kurie, S. 3–85; *Betz*; zu Scheuffgen: *Monz*, Lexikon, S. 398; vgl. Verhandlungen 1901, S. 138ff., 143f., 277f., 469.

48 *Baumgarten*, Erinnerungen, S. 359f.

49 Zur Biographie vgl. *Ziemann*, Krose.

zum Fachstudium der Statistik bei Richard Böckh und Georg v. Mayr geführt hatte.[50] Diese Wahl war gerade für einen Katholiken keineswegs selbstverständlich, zumal nicht um die Jahrhundertwende. Denn zu diesem Zeitpunkt lag es bereits zwei Jahrzehnte zurück, dass die Moralstatistik als eine »Modewissenschaft« gelten konnte.[51]

Der belgische Mathematiker Adolphe Quételet hatte die Moralstatistik seit 1830 begründet. Aus der Zusammenfassung und Vergleichung quantitativen Materials über die Häufigkeit und durchschnittliche Verteilung von Selbstmorden, Heiraten und Verbrechen wollte er weitreichende Annahmen über die Regel- und Gesetzmäßigkeit der sozialen Handlungen des Menschen ableiten. Die damit verbundenen deterministischen Annahmen fanden ihren plastischen Niederschlag in der Konstruktion eines ›homme moyen‹, in dem sich die Normalverteilung der sozialen Phänomene widerspiegelt. Die deutsche Rezeption der Moralstatistik seit den 1860er Jahren konzentrierte sich von Beginn an auf das in dieser Forschungsrichtung enthaltene Problem der menschlichen Willensfreiheit, während die mathematischen Implikationen und Probleme nur wenig Aufmerksamkeit fanden. Daraus ergab sich eine weitverzweigte Auseinandersetzung über das Verhältnis von statistisch dokumentierbarer Kausalität und menschlicher Freiheit, die zu den »großen, aber vergessenen Debatten der deutschen Sozialwissenschaften des 19. Jahrhunderts« gehört.[52]

Vor allem in der Zeit von 1860 bis 1880 beteiligten sich daran zahlreiche Philosophen, Theologen und Nationalökonomen.[53] Nur wenige von ihnen wie Adolf Wagner oder den Statistiker Ernst Engel folgten dabei einer fatalistischen Interpretation der Thesen von Quételet. Die Mehrheit der Teilnehmer schloß sich den etwa von Gustav Schmoller vorgetragenen Argumenten an, der die methodisch unkontrollierte Umdeutung statistisch konstruierter Wahrscheinlichkeitswerte zu einer individuellen psychologischen Neigung für bestimmte Verhaltensweisen scharf kritisierte.[54] Einen vorläufigen Abschluss der Debatte brachte 1882 die Schrift des baltischen Theologen Alexander v. Oettingen, der moralstatistisches Material für die Begründung einer lutherischen Sozialethik heranzog. Quantitativ belegbare Regelmäßigkeiten in den moralischen Handlungen führte er nicht auf das Wirken einer äußeren sozialen Gesetzmäßigkeit, sondern auf die als Handlungsursache fungierende innere Willensentscheidung des Einzelnen zurück.[55] Katholische Kritiker der Moralstatistik konnten sich den durch v.

---

50 *Krose*, Moral, S. 177; *ders.*, Sittlichkeit, S. 561.
51 Vgl. *Boehme*, S. 32–88, Zitat S. 173.
52 *Dreitzel*, S. 81; *Oberschall*, S. 82–91.
53 Vgl. die Übersicht bei *Oettingen*, S. 20–40.
54 *Porter*, S. 167–171, 177–192; *Boehme*, S. 89–95; *Krose*, Moral, S. 174–176.
55 *Oettingen*, S. 794ff.; *Boehme*, S. 111–141.

Oettingen vorgebrachten Einwänden gegen einen sozialen Determinismus durchaus anschließen. Dazu dürfte vor allem dessen Kirchenbild beigetragen haben, das ein traditionales Verständnis von Kirchlichkeit favorisierte.[56] Noch 1901 fand das katholische ›Staatslexikon‹ scharfe Worte gegen die »materialistischen Folgerungen« der Anhänger Quételets, welche zu einer »Beschönigung moralischer Vergehen« führen musste, wenn sie das Verbrechen als eine »Frucht der Umstände« betrachteten.[57]

Ein weiteres Argument der katholischen Kritik zielte auf die konzeptionelle Einseitigkeit der Moralstatistik. Denn diese vernachlässige die »sittlich guten Handlungen«, welche das »Prädikat frei« in besonderem Maße verdienten, sich aber der »Beobachtung« und der quantifizierenden »Berechnung« entzögen. Wer zähle schließlich die täglich »von frommen Lippen zum Himmel« emporsteigenden Gebete, die »in aller Stille« gespendeten Gaben oder die caritativ tätigen katholischen Orden und Vereine?[58] Gerade Krose wies in methodischer Hinsicht zudem auf die »ceteris paribus« Klausel hin, gegen die in vielen moralstatistischen Arbeiten leichtfertig verstoßen werde. Wenn man etwa die unehelichen Geburten bei verschiedenen Bevölkerungsgruppen oder gar Nationen miteinander vergleiche, müsse man sicherstellen, dass hinreichend große Kontrollgruppen gewählt würden, die in rechtlicher und sozialer Hinsicht unter »gleichen Existenzbedingungen« zu leben hätten.[59]

Noch 1910, unmittelbar nach der Einführung regelmäßiger Kirchenbesucherzählungen, motivierte ein badischer Pfarrer die kirchliche Skepsis gegen die Statistik mit der moralstatistischen »Verbrechertheorie« und ihren die Moral nivellierenden Durchschnittsziffern.[60] Dieser mentale Vorbehalt wird für viele Geistliche gegolten haben, zumal Pius XII. noch 1953 in einer Ansprache vor Statistikern den mahnenden Hinweis erneuerte, dass das Gesetz der ›großen Zahl‹ nichts gegen die »Entscheidungsfreiheit der einzelnen« besage.[61] In wissenschaftlicher und institutionenpolitischer Hinsicht war die neuerliche Reaktivierung der Moralstatistik im Katholizismus seit 1900 jedoch eine notwendige Durchgangsstation auf dem Weg zur statis-

---

56 *Oettingen*, S. 610ff.

57 Staatslexikon, 2. Aufl., Bd. 5, Sp. 522–529, hier Sp. 525f.; vgl. *Krose*, Moral, S. 176f.; *Baumgarten/Krose*, Ecclesiastical Statistics, S. 270; für die katholische Kritik der Moralstatistik *Haas*, sowie die Schrift des thomistischen Theologen *Gutberlet*, S. 43–102; vgl. *Bautz*, Bd. 2, Sp. 404.

58 *Werneke*, S. 30f.; vgl. *Krose*, Sittlichkeit (1899), S. 480; *ders.*, dass. (1900), S. 6; *ders.*, Religion und Moralstatistik, S. 7.

59 *Krose*, Sittlichkeit (1899), S. 545ff., Zitat S. 547; *ders.*, dass. (1900), S. 99. Bezogen auf die gerade eingeführte kirchliche Statistik noch *J.B.*, Statistik, S. 87.

60 *J.B.*, Statistik, S. 85.

61 Ansprache v. 11.9.1953: *Utz/Groner*, Bd. I, S. 959.

tischen Zentralstelle.[62] Das geschah dort, wo sich der innerkirchliche Reformdiskurs über die Ursachen der katholischen ›Inferiorität‹ mit der Ausbeutung dieses Themas für die Zwecke konfessioneller Polemik verband. Mit seiner weit über die Görres-Gesellschaft hinaus Aufsehen erregenden Beschwörung des katholischen Bildungsdefizits hatte Georg v. Hertling 1896 eine selbstkritische Debatte über die tiefgehende Distanz der Katholiken gegenüber der Moderne in Wissenschaft und Erwerbsleben angestoßen, die zugleich eine Besinnung auf den Stellenwert und das Selbstverständnis des katholischen Bürgertums im Ultramontanismus implizierte.[63] In der Atmosphäre intensiven konfessionellen Konflikts um 1900, in dem sich auf beiden Seiten Bedrohungsangst und kulturelles Überlegenheitsgefühl mischten, bot der Disput über den Zusammenhang von Konfession und Leistungsfähigkeit in der bürgerlichen Gesellschaft ein willkommenes Stichwort für weitere Polemiken. Dabei ist schwerlich zu belegen, dass Hermann Krose den »Anfang« gemacht hatte, als er seit 1899 moralstatistische Daten über uneheliche Geburten, Kriminalität, Selbstmord und Ehescheidungen in mehreren Veröffentlichungen zusammenstellte.[64]

Denn die Debatte um die konfessionelle ›Ausschlachtung‹ des bei v. Oettingen und anderen Autoren angeführten Zahlenmaterials hatte kurz vor der Jahrhundertwende bereits eine solche Intensität und fachliche Verwirrung erreicht, dass ein protestantischer Autor eine »Zeitschrift für Religions-, kirchliche, konfessionelle und Moral-Statistik« als ein »wirkliches Bedürfnis« bezeichnen konnte. Das avisierte Themenfeld zeigt dabei die Breite und konzeptionelle Verknüpfung des moralstatistischen Diskurses zu dieser Zeit an.[65] Krose selbst verwies auf verschiedene protestantische Flugschriften und Vorträge in Versammlungen des Evangelischen Bundes, in denen die »moralische Inferiorität« der Katholiken zum Thema gemacht wurde. Von der Kriminalität abgesehen, ergab seine Auswertung des Materials allerdings einen eindeutigen »Vorrang« der Katholiken auf sittlichem Gebiet.[66] Mit solchen exakt anmutenden Beweismitteln ließ sich die wirtschaftliche Unterlegenheit anschaulich in eine ethische »Superiorität« ummünzen. Durch die Einführung dieses Schlagwortes versuchten vor allem integralistische Kräfte, der in der bürgerlichen Selbstkritik katholischer Rückständigkeit enthaltenen Spitze

---

62 Diese Verbindung von Moral- und Kirchenstatistik wird nicht gesehen bei *Krech/Tyrell*, Religionssoziologie, S. 27ff.

63 *Mooser*, Bürger, S. 169–196; *Baumeister*, S. 39–71.

64 *Baumeister*, S. 73–83; Zitat: *Müller-Dreier*, S. 399.

65 *Feyerabend*, S. 34–53, Zitat S. 39.

66 *Krose*, Sittlichkeit (1899); *ders.*, dass. (1900), Zitate S. 1, 99; *ders.*, Moralstatistik; vgl. *Nathusius*, Unsittlichkeit; *Schulze*, Sittlichkeit, S. 24f. Für die moralstatistische Herleitung konfessioneller Polemik von katholischen Autoren z.B. *Hammerstein*, S. 98–103, 109–123. Zu diesem Jesuiten und apologetischen Schriftsteller vgl. *Bautz*, Bd. 2, Sp. 510–511.

gegen den Ultramontanismus ihre Schärfe zu nehmen.[67] Eine entschiedene Reaktion des Evangelischen Bundes, der um die Jahrhundertwende mit über 150 000 Mitgliedern den konfessionellen Kampf gegen den Ultramontanismus orchestrierte, konnte allerdings nicht ausbleiben. Verschiedene Broschüren des Bundes unterzogen die Thesen von Krose einem eingehenden Gegenbeweis. Daraus ergab sich eine diametral entgegengesetzte Feststellung, welche, »die richtige Berechnungsart« vorausgesetzt, insgesamt eine günstige sozialmoralische Stellung der Protestanten zeigte. Und das obwohl diese, mit ihrer »höheren Aktivität« dem »männlichen Charakter« entsprechend, bei Selbstmord und Kriminalität naturgemäß nur schlechte Ergebnisse vorweisen konnten.[68] Aus diesem Karussell methodisch oberflächlicher und einseitiger moralstatistischer Konfessionspolemik hatte Krose jedenfalls frühzeitig den Schluss gezogen, dass nur eine sorgfältige und umfassende Kenntnis und Sichtung der statistischen Unterlagen durch katholische Wissenschaftler eine Verwendung im »Interesse der Apologetik« erlaube.[69]

Der sachliche und personelle Zusammenhang zwischen dem intensiven konfessionellen Konflikt um die Jahrhundertwende und der Etablierung einer kirchlichen Statistik ist aber nicht nur bei den Debatten um die Moralstatistik zu greifen. Eine solche Beziehung gab es auch unmittelbar bei dieser selbst, da die evangelischen Kirchen in Deutschland über eine lange Praxis der Erhebung von Daten über die Kirchlichkeit ihrer Mitglieder verfügten. Bereits die Erweckungsbewegung des Vormärz und die von Johann Heinrich Wichern initiierte Innere Mission hatten die Erhebung statistischer Daten gefordert, um die entkirchlichten Bevölkerungsmassen anhand eines zutreffenden Lagebildes wieder zurückgewinnen zu können. Seit 1862 erhoben die evangelischen Landeskirchen im Rahmen der Eisenacher Kirchenkonferenz jährlich Zahlen über die Kirchenaustritte und Scheidungen, den Abendmahlsbesuch und anderes mehr. Mit diesem Datenmaterial ließen sich administrative Bedürfnisse wie etwa der rationelle Einsatz der Finanzmittel für den Aufbau von seelsorgerischen Strukturen befriedigen. Vor allem in den rasch wachsenden Großstädten war das nötig geworden. Statistische Unterlagen dienten aber auch apologetischen Zwecken, wie etwa bei dem mit Wohlgefallen registrierten Überhang an Konversionen vom Katholizismus.[70]

Genau an diesen beiden Punkten setzten all jene Befürworter einer statistischen Zentralstelle für die katholische Kirche an, die sich seit dem Beschluss des Osnabrücker Katholikentages wissenschaftlich und publizistisch

---

67 So noch 1928 mit Berufung auf moralstatistische Daten: *Neher/Neher*, S. 94; vgl. *Mooser*, Bürger, S. 196–205.

68 *Forberger*, Zitate S. 87, 90; *Müller-Dreier*, S. 399–402.

69 *Krose*, Sittlichkeit (1899), S. 561.

70 *Hölscher*, Möglichkeiten, S. 42ff.; *ders.*, Einleitung; *Troschke*; Statistik, kirchliche, in: RGG, 3. Aufl., Bd. 6, S. 338–341.

zu Wort meldeten. Zum einen hoben sie die große Bedeutung einer geregelten Statistik für jede moderne Verwaltungstätigkeit im Staat und in anderen Organisationen hervor, zumal in einer Zeit, in der »alles in Zahl und Ziffer ausgerechnet und dargestellt wird«.[71] Gerade auf diesem Gebiet hätten die evangelischen Landeskirchen mit ihrer statistischen Kommission und der Veröffentlichung aller Daten seit 1873 in einem ›Kirchlichen Jahrbuch‹, welches der Elberfelder Pfarrer Johannes Schneider herausgab, einen großen Vorsprung erzielt. Im Wettlauf der Konfessionen seien hier die Katholiken diejenigen, die dieses Beispiel schnell »nachahmen« müssten.[72] Eine geordnete Statistik sei nicht nur administrativ unverzichtbar, sondern diene auch dem Ansehen der Kirche in der öffentlichen Meinung. Ähnlich wie die 1903 bzw. 1904 begründeten Zeitschriften »Hochland« und »Allgemeine Rundschau« sei statistische Zentrale in der Lage, zur »Außerkurssetzung der Münze von der katholischen Inferiorität« beizutragen.[73]

Über administrative Vorzüge und Erfordernisse hinaus schien eine nachholende Modernisierung der statistischen Arbeit aber vor allem deshalb notwendig, um Positionsgewinne der eigenen Kirche möglichst genau registrieren zu können. In der aufgeheizten Atmosphäre des konfessionellen Konfliktes war bereits das elementare quantitative Verhältnis zwischen der evangelischen und der katholischen Bevölkerung ein äußerst sensibles und argwöhnisch beobachtetes Thema. Darüber gibt ein gedrucktes Rundschreiben anschaulich Auskunft, das der Freiburger Erzbischof Thomas Nörber 1901 an seinen Pfarrklerus versandte. Danach seien statistische Publikationen, welche ein »numerisches Anwachsen der protestantischen Konfessionsangehörigen feststellen«, der »Aufmerksamkeit« des Klerus nicht entgangen. Gegen diese »Proselytenmacherei« sei in Seelsorge und Katechese die geeignete »Gegenwehr« zu ergreifen, auch wenn die Katholiken sonst »die religiösen Empfindungen der Protestanten« stets schonten.[74] Erste Bemühungen um eine statistische Regulierung dieses Verhältnisses hatten sich an dem Problem der Mischehen entzündet, das seit den Kölner Wirren der 1830er Jahre intensiv debattiert wurde und wie kein zweites die Viru-

---

71 Germania, 2.9.1904; *Baumgarten*, Statistik, S. 9 (dazu die positiven Rezensionen: Stimmen aus Maria-Laach Bd. 71, 1906, S. 461; Archiv für katholisches Kirchenrecht Jg. 85, 1905, S. 810f.; Theologische Revue Jg. 5, 1906, Sp. 59; Literarische Rundschau für das katholische Deutschland Jg. 31, 1905, Sp. 333); *Krose*, Konfessionsstatistik und kirchliche Statistik, S. 285.

72 Zitat: Kölnische Volkszeitung, 12.9.1904; vgl. dass., 3.4.1905; *Braekling*, S. 365, 407ff.

73 Dieses Motiv in: Augsburger Postzeitung, 1.3.1905 (Zitat); Kölnische Volkszeitung, 8.1.1905; *Krose*, Errichtung, S. 833f.; Denkschrift des Zentralkomitees der Katholikentage an die Fuldaer Bischofskonferenz, o.D. [1907]: EAF, B2-49-15.

74 Erzbischof Thomas Nörber 26.12 1901 an den Seelsorgeklerus: EAF, B2-47-57. Nörber bezog sich offenbar auf einen am 15.11.1894 an alle Pfarreien versandten Fragebogen über das »Wachstum des Protestantismus in der Erzdiözese Freiburg.« EAF, B2-49-25.

lenz konfessioneller Gegensätze im 19. Jahrhundert veranschaulicht.[75] Die Fuldaer Bischofskonferenz hatte bereits 1885 die Notwendigkeit einer Erhebung über die Zahl der Mischehen diskutiert. Für die Diözese Freiburg ist die Umsetzung dieses Vorhabens mit Hilfe eines Fragebogens dokumentiert, den alle Pfarrämter seit 1886 jährlich ausfüllen mussten. Konkrete Schlussfolgerungen scheinen daraus jedoch weder im badischen Erzbistum noch in der Bischofskonferenz gezogen worden zu sein.[76] Das lag daran, dass die Angaben in allen Jahren »stark lückenhaft« und deshalb »für eine wissenschaftliche Verarbeitung unbrauchbar« waren, wie der in Freiburg für die Statistik zuständige Mitarbeiter des Ordinariates festhielt. Erhebliche Unsicherheit in der pastoralen und publizistischen Auswertung folgte daraus, auch wenn man hoffte, den ›Mischehen‹ anhand einer Statistik besser entgegentreten zu können.[77]

Doch es war nicht nur die Mischehe als eine Zone konfessioneller Reibungen und Spannungen, an welcher das Interesse an einer Statistik ansetzte. Oftmals aus Mischehen resultierend, aber als eigenständiges Problem klar profiliert waren die Konversionen. Wie in einem Brennspiegel bündelten sich im Übertritt zu einer anderen Konfession die ambivalenten Zukunftserwartungen, die den kirchlichen Glauben um 1900 im Deutschen Reich prägten. Ein spektakuläres und zeitgenössisch intensiv diskutiertes Beispiel dafür ist etwa die Sozialwissenschaftlerin und Frauenrechtlerin Elisabeth Gnauck-Kühne, die seit 1894 die Frauengruppe im Evangelisch-Sozialen Kongress aufgebaut hatte und 1900 zum Katholizismus konvertierte.[78] Welchen hohen Stellenwert die Frage der Konversionen für die Befürworter der Statistik hatte, zeigte eine Denkschrift von Hermann Krose, die dieser 1905 im Auftrag des Zentralkomitees der Katholikentage bei der Fuldaer Bischofskonferenz einreichte. Den Nutzen einer statistischen Zentralstelle beschrieb Krose zunächst im Hinblick auf die »klare Erkenntnis«, welche die Ordinariate damit über den Stand des kirchlichen Lebens gewännen, und das durch eine »so zeitgemäße Neuerung« erzielbare öffentliche Ansehen. Als ein konkretes, »im Interesse der Verteidigung der Kirche (…) dringendes Bedürfnis« nannte Krose sodann, dem »Prun-

75 *Bendikowski.*

76 Protokoll der Konferenz vom 5./6.8.1885: *Gatz*, Akten, Bd. I, S. 655. Die folgenden Protokolle geben keinen Hinweis auf eine weitere Diskussion dazu. Vgl. Erzbischof Köln 9.12.1886 an den Erzbischof von Freiburg, und weitere Materialien in: EAF, B2-49-29a; ebd., B2-49-30; Zählbögen in: ebd., B2-49-103. Eine staatliche Mischehenstatistik wurde in Preußen erstmals 1885 veröffentlicht: *Bendikowski*, S. 227. Das Bistum Mainz erfasste seit 1898 auch ›Mischehen‹ und Konversionen, aber nicht die Kommunikanten in einer Statistik; KH Bd. 3, 1910/11, S. 275ff.

77 Statistische Ausarbeitung von Adolf Rösch, 29.12.1913: EAF, B2-49-20; vgl. *Liedhegener*, Christentum, S. 217f.; Germania, 2.9.1904; *Michl*, S. 11; *Szillus*, S. 13–34; zu dieser Hoffnung *Baumgarten*, Statistik, S. 21f.

78 *Baumann*, Frauenemanzipation, S. 96ff.; vgl. *Graf*, Alter Geist, bes. S. 187.

ken der Protestanten mit den alljährlich veröffentlichten höheren Zahlen der Konvertiten« entgegentreten zu können. Bei »glaubensschwachen Katholiken« werde dadurch die »Zuversicht« zerstört, und Protestanten würden vom Übertritt »zur wahren Kirche abgelenkt«.[79] Und in der Tat führte das protestantische Schrifttum die höhere Zahl der Konversionen zu den evangelischen Landeskirchen als einen unwiderlegbaren Positionsgewinn an.[80]

Am Beispiel der Konversionen wird aber auch eine Ambivalenz des statistischen Diskurses sichtbar, welche die vollständige Umsetzung der seit 1901 diskutierten Pläne für eine statistische Zentralstelle noch einige Jahre verzögerte. Bereits Krose selber musste die Befürchtung aufgreifen, dass durch die Veröffentlichung der Konversionsstatistik für kleinräumige Einheiten »Unannehmlichkeiten« für Betroffene oder Pfarreien entstehen könnten. Deshalb sollten nur aggregierte Zahlen publiziert werden. Aber auch dann durfte die »feste Überzeugung« nicht trügen, dass die Zahlen wirklich einen für die katholische Kirche positiven Befund ergäben.[81] Wie ein Echo auf diesen Gedanken klingen Bemerkungen des protestantischen Statistikers Johannes Schneider, in denen er offen zugab, die Zahl der Konversionen zum Katholizismus nicht hinreichend dokumentieren zu können. Auf katholischer Seite hättte man aber wohl längst eigene Daten vorgelegt, wenn damit tatsächlich »zu prunken wäre«.[82] Beide Gründe waren maßgeblich dafür, dass die Fuldaer Bischofskonferenz 1908 ausdrücklich den Verzicht auf die Veröffentlichung von Konversionszahlen beschloss, als die eigentliche statistische Arbeit mit der provisorischen Zentralstelle in Breslau einsetzte.[83] Der Furcht vor einer neuerlichen Polemik über die Zahl der Konvertiten musste sich auch Krose beugen, der im ersten Band seines »Kirchlichen Handbuchs« noch die Daten bis 1906 abgedruckt hatte. Erst mit dem Abflauen konfessionellen Streits im Zeichen des ›Burgfriedens‹ schien es der Fuldaer Bischofskonferenz 1917 möglich, den Weg für die Publikation der katholischen Konversionsstatistik frei zu machen.[84]

---

79 Zit. n. *Krose*, Kirchliche Statistik in Deutschland, S. 351f. Diese Denkschrift lag in den herangezogenen Archivalien nicht vor. Nicht nur in diesem Punkt wohl weitgehend identisch aber die neuerliche Denkschrift dess., o.D. [Juni 1915]: EAF, B2-49-15; vgl. *Krose*, Errichtung, S. 834; Kölnische Volkszeitung, 12.9.1904. Zum damaligen Stand der staatlichen Religionsstatistik vgl. *Knöpfel*.

80 Vgl. z.B. *Feyerabend*, S. 69f.

81 Ebd.

82 Kirchliches Jahrbuch Bd. 39, 1912, S. 352; ähnlich *Pieper*, S. 228; vgl. *Baumgarten*, Erinnerungen, S. 363f.

83 Ordinariat Freiburg an Stadtdekan Konstantin Brettle 10.12.1908: EAF, B2-49-29a; *Eitner*, S. 513.

84 KH Bd. 1, 1908, S. 122–133; KH Bd. 3, 1910, S. 274f.; *Eitner*, S. 513f. Noch 1911 wurde ein Antrag Kroses zur Veröffentlichung der Konversionen abgelehnt: *Gatz*, Akten, Bd. III, S. 182, 277.

Die Veröffentlichung der Daten über die aktive kirchliche Teilnahme war auch das entscheidende Hindernis für eine rasche Umsetzung der 1901 vom Katholikentag ausgesprochenen Empfehlung. Eine kleine Gruppe von Geistlichen um Krose und Baumgarten, zu denen etwa der Missionsschriftsteller Anton Huonder SJ zählte, befürwortete hinter den Kulissen deren Einsatz für die Errichtung eines zentralen statistischen Amtes. Die »Ecclesia discens« müsse die »docens« vorantreiben, formulierte ein namentlich nicht genannter katholischer Gelehrter dieses Anliegen brieflich. Seit Ende 1904 unterstützte auch ein von dem Trierer Rechtsanwalt und lokalen Zentrumspolitiker Robert Brüning in das Leben gerufenes Komitee dieses Ziel.[85] Dabei war allen Beteiligten klar, dass der für die angestrebte reichsweite Erhebung nötige Apparat nur vom Episkopat errichtet werden konnte. Einen gewissen administrativen Vorlauf gab es nur in der Erzdiözese Freiburg, wo man seit 1905 die Zahl der Kirchenbesucher und Osterkommunikanten in den Stadtdekanaten Mannheim, Freiburg und Karlsruhe, seit 1909 im gesamten Bistum festgestellt hatte.[86] Scheitern musste demnach der 1907 in einer Denkschrift niedergelegte Plan des Zentralkomitees der Katholikentage, aus eigenen Mitteln und solchen des Volksvereins, der eine Zählung der sozialen Vereine wünschte, eine statistische Zentralstelle in Berlin zu errichten. Damit reagierte das Zentralkomitee auf einen 1905 von der Fuldaer Bischofskonferenz gefassten Beschluss, die ein solches Amt noch dem Eintreten »privater Kreise« überlassen wollte. Und auch den neuerlichen Vorstoß des Zentralkomitees lehnte man in Fulda ab, zeigte sich 1907 aber immerhin bereit, eine private Erhebung von den Pfarrern ausführen zu lassen.[87]

Skepsis gegenüber einer Veröffentlichung von Statistiken hegte vor allem der kirchlich wie politisch konservativ eingestellte Breslauer Kardinal Georg Kopp, obwohl er Hermann Krose seine generelle Unterstützung für dessen Anliegen mehrfach brieflich signalisierte. Leitend dafür war ein Verständnis von Statistik, das in dieser nur ein sekundäres »Hilfsmittel der Verwaltung« und nicht eine eigenständige Wissensform sah. Zur Auflösung dieser Bedenken schlug Krose vor, die Frage der Veröffentlichung dem Ermes-

85 *Baumgarten*, Erinnerungen, S. 365, Zitat S. 363; Germania, 6.1.1905; Kölnische Volkszeitung, 22.1.1905; *Brüning*, Statistik; *Zenz*, S. 36f.; Brüning verfasste den Beitrag Konfession und Unterrichtswesen, in: KH Bd. 6, 1916/17, S. 157–189.

86 Ord. Freiburg 10.3.1910 an provisorische ZSt, 22.10.1915 an ZSt: EAF, B2-49-15; Ord. Freiburg an Stadtdekanat Karlsruhe 10.3.1909: EAF, B2-49-16; *Rieder*, Statistik (1909), S. 238; *Rösch*, S. 339ff.

87 Zitat: Eitner, Zentralstelle, S. 3f.: DBK, Referat Statistik; *Gatz*, Akten, Bd. III, S. 80, 93, 103; Denkschrift des Zentralkomitees o.D. [1907]: EAF, B2-49-15; zum Zentralkomitee *Fricke*, Lexikon, Bd. 4, S. 182–193. Der Nachlass von Clemens Graf Droste zu Vischering, der die Denkschrift des Zentralkomitees bei den Ordinariaten einsandte, enthält dazu keine Unterlagen; briefliche Mitteilung des Westfälischen Archivamtes v. 3.9.2002.

sen der einzelnen Ordinariate zu überlassen.[88] Immerhin unterstützte Kopp den Aufbau einer provisorischen statistischen Zentralstelle, die seit 1909 an seinem Bischofssitz in Breslau angesiedelt war. Ein Sekretär von Kopp entwarf zusammen mit Krose einen ersten Zählbogen, den im selben Jahr alle deutschen Pfarreien erhielten. Die in den meisten Diözesen auch aggregierte und ausgewertete Erhebung wurde allerdings nur für einzelne Sprengel publiziert. Parallel dazu hatte Krose seinen seit 1906 verfolgten Plan für ein jährliches ›Kirchliches Handbuch‹ umgesetzt, das allerdings noch keine Daten zu den kirchlichen Handlungen enthalten konnte. Es war auch die allgemein positive Reaktion auf den ersten Band, der die Errichtung der Breslauer Stelle beschleunigte.[89] Aber erst der Tod von Kopp im März 1914 machte den Weg für eine Zentralstelle frei, welche die Sammlung und Publikation einer offiziellen kirchlichen Statistik aller deutschen Diözesen durchführen sollte. Nach einem Beschluss der Fuldaer Bischofskonferenz vom August 1915 nahm sie unverzüglich in Köln ihre Arbeit auf.[90]

1.3. Arbeit am potemkinschen Dorf der Frömmigkeit: Die Kölner Zentralstelle für kirchliche Statistik

Mit der kirchlichen Statistik stand ein methodisches Instrumentarium zur Verfügung, dessen Nutzen nach Meinung der damit befassten Experten wie der Fuldaer Bischofskonferenz vor allem in der kirchlichen Verwaltung auf Diözesanebene lag. Anders als die unregelmäßige Visitation oder die von »vorgefassten Meinungen« geprägten Berichte der Pfarrer vermittelten die tabellarischen Auflistungen die Möglichkeit, im vergleichenden Zugriff auf einzelne Regionen, Dekanate und Pfarreien des Bistums »Übelstände« zu erkennen und für Abhilfe zu sorgen. Ebenso wie die Mitarbeiter der Generalvikariate konnte aber auch der einzelne Pfarrer auf quantitative Zusammenhänge aufmerksam werden, die für die Seelsorge wichtig waren, ob im

88 *Krose*, Kirchliche Statistik in Deutschland, S. 352f. (Zitat); Kardinal Kopp an die deutschen Ordinariate 1.3.1909: EAF, B2-49-15; *Baumgarten*, Erinnerungen, S. 366; zu Kopp vgl. *Morsey*, Kopp. Über die Motive von Kopp für diese Zurückhaltung gab es keine Klarheit; Krose an Felix v. Hartmann 6.4.1914: HAEK, Gen. II, 32.12, 4.

89 Eitner, Zentralstelle, S. 4ff.: DBK, Referat Statistik; *Stehkämper*, Marx, Bd. III, S. 181; *Gatz*, Akten, Bd. III, S. 129; *Baumgarten*, Erinnerungen, S. 366ff.; Dr. C. Künstle an Ord. Freiburg 10.12.1908: EAF, B2-49-29a; zur Reaktion u.a. PBl. Jg. 43, 1909, Sp. 187; PBl. Jg. 44, 1910, Sp. 89; Rez. v. P.M. Baumgarten, in: Hochland Jg. 7, 1909/10, Bd. 1, S. 367f.

90 Eitner, Zentralstelle, S. 5f.: DBK, Referat Statistik; *Gatz*, Akten, Bd. III, S. 242; Felix v. Hartmann 27.8.1915 an Ord. Freiburg: EAF, B2-49-15.

zeitlichen Längsschnitt oder im Vergleich mit umliegenden Pfarreien.[91] In der Statistik spiegelten sich die »Tatsachen«, ihre »Ursachen« sowie deren »Zusammenhänge« mit anderen Parametern.[92] Ob sich der erhoffte pastorale Nutzen allerdings wirklich einstellte, war von der praktischen Umsetzung und Verwertung der Statistik abhängig. In ihrer Zurichtung auf administrative Zwecke und in ihrer praktisch nicht vorhandenen Mathematisierung markierte die kirchliche Statistik nur einen graduellen Unterschied zu den älteren bürokratischen Erfassungsmustern. Erst Franz Groner, der seit 1950 die Kölner Zentralstelle leitete, wies darauf hin, dass die Auszählung und Klassifikation von Fakten auch dem »westlichen Wissenschaftsideal« entspreche.[93]

Der entscheidende Unterschied zu älteren Erhebungstechniken lag in der flächendeckenden Erfassung und Veröffentlichung von Zahlenmaterial über einzelne Gebietseinheiten. Die Statistik der Kölner Zentralstelle erfasste alle Diözesen des Deutschen Reiches bzw. der Bundesrepublik.[94] Jedes Jahr musste jeder der 1922 rund 9350 Pfarreien und 1500 sonstigen Seelsorgebezirke sowie jedes der rund 700 Dekanate einen Zählbogen ausfüllen.[95] Das dabei verwendete Frageformular wies insgesamt eine hohe Konstanz auf, auch wenn die Zahl der Fragen zwischen anfänglich 54 und dem Tiefstand von 38 Fragen 1919 schwankte.[96] Die beiden ersten Frageblöcke zielten auf die im Pfarrbezirk wohnenden Geistlichen sowie die katholische und nichtkatholische Wohnbevölkerung. In den drei folgenden Abschnitten ging es um die Zahl der standesamtlichen und kirchlichen Trauungen, die Taufen ehelicher und unehelicher Kinder und die kirchlichen Beerdigungen. Sodann wurden die Kommunionen erhoben, in der Gesamtzahl eines Jahres, der Zahl der in kirchlichen Anstalten und Klosterkirchen sowie der zu Ostern ausgegebenen. Darauf folgte die Angabe der Kirchenbesucher an zwei Zählsonntagen in der vorösterlichen Fastenzeit und im September, wobei der Pfarrer 1962 selbstständig einen Mittelwert zu bilden hatte, sowie die Zahl der Über- und Austritte. Im Zeichen des mangelnden Priesternach-

---

91 *Krose*, Nutzen, S. 37f. (Zitate); *F. Groner*, The Office of Ecclesiastical Statistics for Catholic Germany. Its Influence on the Pastoral Ministry, in: Lumen Vitae Jg. 6, 1951, S. 242–250, S. 249; Beschluß der Fuldaer Bischofskonferenz v. 17.–19.8.1915; »Gedanken über die Erhebung der jährlichen kirchlichen Statistik« (Ms.), o.Verf., o.D. [1915?]: EAF, B2-49-15.

92 *Krose*, Kirchliche Statistik in Deutschland, S. 346.

93 *Groner*, Office, S. 249; zu Groner vgl. *L. Roos*, Glaube und Kirchlichkeit in der spätliberalen Gesellschaft – In memoriam Franz Groner, in: Jb. f. Christl. Sozialwissenschaften Jg. 34, 1993, S. 267–270.

94 *Müller*, Neugestaltung, S. 81.

95 Eitner, Zentralstelle, S. 10: DBK, Referat Statistik. Mit den für die Unterlagen der Pfarrer bestimmten Exemplaren verschickte die Zentralstelle jährlich 24 000 Zählbögen des Typs »A«; *Sieken*, S. 24.

96 Die hohe Zahl für 1915 lag an einer Rubrik »Ordensstatistik«, die alsbald ausgeschieden und direkt über die Orden erhoben wurde. *Sieken*, S. 25.

wuchses findet sich auf dem Zählbogen des Jahres 1962 noch eine Erhebung der Theologiestudenten aus dem Pfarrbezirk.[97]

Bei der laufenden Bereitstellung gerade des Zahlenmaterials zur Wohnbevölkerung sollte dem Pfarrer die Führung einer Pfarrkartei behilflich sein. Diese umfasste alle katholischen Familien der Gemeinde mit Angaben über die Form der Eheschließung und die Zahl der Kinder. Reiter in verschiedenen Farben sollten es dem Pfarrer erlauben, Problemfälle im Blick zu behalten und Hausbesuche vorzubereiten. Damit konnte die Kartei auch der Spezifizierung von Hinweisen aus dem statistischen Zählbogen dienen. Die Pfarrkartei war vor dem Ersten Weltkrieg in der Caritas-Arbeit eingeführt worden und sollte dem Pfarrer im Zeichen einer extrem starken Binnenwanderung auch bei einer hohen Fluktuation in seiner Gemeinde Ansatzpunkte für eine gezielte Pastoration geben.[98] Seit 1919 waren alle Pfarrer gehalten, eine Pfarrkartei zu führen und sich dabei zur Entlastung von Schreibarbeit möglichst der Mithilfe geeigneter Laien zu bedienen. Die Kölner Zentralstelle entwickelte ein einheitliches Formular, um den Wildwuchs verschiedener Typen von Karten einzudämmen. Ein Großstadtpfarrer wie Maximilian Kaller, dessen Gemeinde St. Michael in Berlin gegen Mitte der zwanziger Jahre 17 000 Seelen umfasste, verfügte zur Führung der Kartei über ein eigenes Pfarrbüro, dessen sechs Mitarbeiterinnen sich dabei einer Schreibmaschine und eines Vervielfältigungsapparates bedienten.[99]

Das Frageraster und Dispositiv des statistischen Diskurses war starr und kaum Gegenstand von Kontroversen. Auseinandersetzungen gab es zum einen über die Einführung der Kirchenbesucherzählung, die erst 1918 nach einem Beschluss der Fuldaer Bischofskonferenz erfolgte.[100] Ein Pfarrer aus Karlsruhe, wo man diesen Wert bereits seit 1905 erhob, forderte nicht nur die Einführung eines reichsweit einheitlichen Termines dafür, sondern zusätzlich auch die Zählung an einem hohen Feiertag wie etwa dem Ostersonntag. Denn der »Besuch an solchen Tagen« zeige doch, »dass von vielen sonst lauen Kreisen das religiöse Band nicht zerrissen werden will.«[101] Das Ordinariat Freiburg schloss sich 1915 diesem Wunsch an. Schließlich habe sich die Zählung in der Erzdiözese seit Jahren auch in den großen Städten bewährt. Auf jeden Fall sei eine solche Zählung wertvoller als reine Schätzungen, die »leicht einem unbegründeten Optimismus Raum geben«. Mit

97 Nach den Formularen für das jeweilige Stichjahr in: 1909 und 1915 (Entwurf und gedruckte Fassung): EAF, B2-49-15; 1919: *Michl*, S. 21; 1925: *Sieken*, S. 16ff.; 1943: BAM, GV NA A-101-174; 1946: DAL, 552B; 1962: BAOS, 03-55-01-02; ZSt an Ord. Freiburg 20.10.1915: EAF, B2-49-15.

98 *Kammer*; *Drexler*; *Spielbauer*, Pfarrkartei; Materialien in: EAF, B2-47-69.

99 Ebd.; *Gatz*, Akten, Bd. III, S. 316; *Kaller*, Laienapostolat, S. XIf., 53ff.

100 *Gatz*, Akten, Bd. III, S. 277; KH Bd. 14, 1926/27, S. 319.

101 Pfr. Isemann 6.2.1913 an Stadtdekanat Karlsruhe: EAF, B2-49-15.

dieser Meinung stand die Erzdiözese Freiburg jedoch allein. Auch die Kölner Zentralstelle hielt eine solche Zählung zu diesem Zeitpunkt noch für undurchführbar.[102] Eine andere, ebenfalls vom Freiburger Ordinariat wiederholt erhobene Forderung betraf die nach Geschlechtern getrennte Zählung der Osterkommunionen. Das war eine in vielen badischen Pfarreien und auch in einigen Großstädten übliche Praxis, welche die Kölner Zentralstelle aber nicht generell umsetzte, und zwar vermutlich aus Gründen der Praktikabilität und wegen des erhöhten Arbeitsaufwandes.[103] Bestimmte Themen waren zwar Gegenstand von Erhebungen, die allerdings zunächst nicht veröffentlicht wurden. Das galt etwa für die seit Ende der sechziger Jahre mehr als verdoppelte Zahl an Weltgeistlichen, die ihren Beruf aufgaben. Franz Groner hatte nur »gerüchteweise erfahren«, dass man in Rom darüber Daten sammelte, deren Ergebnisse selbst ihm als dem Leiter der dafür zuständigen kirchlichen Stelle allerdings nicht zugänglich waren.[104]

In der Praxis war gerade die Zählung der Kirchenbesucher und Kommunikanten ein erhebliches Problem. Eine vom Sekretariat der Deutschen Bischofskonferenz eingesetzte »Arbeitsgruppe Statistik«, welche die Arbeit der Kölner Zentralstelle 1977 in ein Referat bei der Bischofskonferenz überführte, hielt lapidar fest: »Auf eine Zählung der Kommunionen und derer, die ihrer Osterpflicht nachgekommen sind, wird verzichtet, weil dadurch keine aussagekräftigen Zahlen ermittelt werden.«[105] Um den Hintergrund dieser Feststellung zu verstehen, die den Schlussstrich unter eine 60 Jahre praktizierte Vorgehensweise zog, ist ein genauerer Blick auf die bei der Zählung kirchlicher Handlungen eingeschlagene Vorgehensweise nötig. Dabei soll zwischen technischen Schwierigkeiten und solchen der hierarchischen Kirchenorganisation sowie Hindernissen unterschieden werden, die aus dem Selbstverständnis ultramontaner Frömmigkeit resultierten.

Jeder Gemeindepfarrer musste die Zahl der Jahres- bzw. Osterkommunionen sowie der Kirchenbesucher an den zwei Zähltagen jährlich in den »Zählbogen A« eintragen. Diese Angaben überprüfte und aggregierte der Dechant in einem »Zählbogen B«, und dann nochmals die Diözesanverwaltung beim Übertrag für das gesamte Bistum in den Bogen »C«. Bei diesem Prozedere waren oftmals fehlende oder erkennbar falsche Angaben auf Pfarrebene oder fehlerhafte Additionen festzustellen, welche die Kölner

---

102 Ord. Freiburg an ZSt 22.10.1915, ZSt an Ord. Freiburg 20.10.1915: EAF, B2-49-15.

103 Ebd.; Ord. Freiburg 10.3.1909 an Stadtdekanat Karlsruhe: EAF, B2-49-16; Ord. Freiburg 1.5.1922 an ZSt: EAF, B2-49-28; *Baumann*, Gedanken, S. 57; *Rüstermann*, S. 103.

104 Franz Groner an das Institut für Soziologie der Universität Innsbruck, 11.1.1972: HAEK, Dep. DBK, Allgemeine Auskünfte 1972–1973; vgl. *Siefer*, Priester, S. 76f.; KuL Jg. 24, 1969, Nr. 24, S. 5.

105 Abschlußbericht der AG Statistik, 19.10.1977: BAOS 03-55-01-02; in KH Bd. 29, 1976/86, gibt es keine Information über den Grund für den Wegfall der Kommunionzählung.

Zentralstelle in zeitraubenden Rückfragen aufklären musste, aber prinzipiell auch konnte.[106] Eine gravierende Verzerrung der Zahlenwerte setzte allerdings schon vorher ein, nämlich bei den technischen Problemen der Zählung selbst. Das Kölner Ordinariat hielt 1921 fest, dass der »Wert einer jeden Statistik« ganz wesentlich »von der Vollständigkeit und Zuverlässigkeit des Urmaterials« abhänge. Im gleichen Jahr hielt ein bayerischer Statistiker die Durchführung der Kirchenbesucherzählung für »zu problematisch, um je brauchbare Ergebnisse liefern zu können.«[107] Der erste Leiter der Zentralstelle stimmte dem zumindest im Hinblick auf die erste Zählung zu, und dementsprechend wurden die Ergebnisse dieser Zählung erst rückwirkend für die Jahre seit 1923 im »Kirchlichen Handbuch« veröffentlicht.[108]

Diese technische Problematik der Zählung hatte verschiedene Facetten. Zur Debatte stand zunächst die genaue Definition eines Kirchenbesuchers, wobei kirchliche und praktische Kriterien zu berücksichtigen waren. Jede Person, die bis zur Opferung in die Kirche eintrat, konnte nach kanonischem Verständnis als Messbesucher gelten. Dementsprechend ließen sich am einfachsten all jene zählen, welche bis zu diesem Zeitpunkt die Kirche betraten, unter Abzug jener, welche sie vorzeitig wieder verließen. Eine gewissenhafte Ausübung des Zählamtes vorausgesetzt, das zumeist der Küster versah, konnte man dann mit hinreichend genauen Zahlen rechnen.[109] Jene immerhin 24% der Messbesucher, die 1962 in der Stadt St. Ingbert erst bis zum Beginn der Predigt und damit verspätet eintraten, zählten trotzdem noch ›mit‹, auch wenn der soziographische Diskurs sie deshalb schon zur »Randpfarrei« rechnete. Eine während der fünfziger Jahre in einer Wiener Pfarrei durchgeführte Sonderzählung ergab allerdings, dass gut 30% aller Teilnehmer nach der Opferung gekommen oder vor der Kommunion gegangen waren. Rund ein Drittel der Messbesucher hatte also im kirchenrechtlichen Verständnis keine gültige Messe gefeiert.[110]

Was aber hatte mit jener sowohl um 1900 wie in den 1950er Jahren nicht geringen Zahl der »Lauen« unter den Männern zu geschehen, deren Kirchgang sogar nur bis vor die Tür des Gotteshauses reichte, wo sie rauchend das Ende der Messe abwarteten?[111] Der in eine rheinische Dorfpfarrei versetzte

---

106 Eitner, Zentralstelle, S. 8f.: DBK, Referat Statistik.

107 Entwurf eines Erlasses über kirchliche Statistik, o.D. [1921]: HAEK, Gen. I, 32.12, 6; *Michl*, S. 22.

108 Bericht der ZSt für 1918: EAF, B2–49–15; KH Bd. 14, 1926/27, S. 319.

109 So die Empfehlung von *Sieken*, S. 71f., der bis 1926 Mitarbeiter der Kölner Zentralstelle war.

110 Gebietsmission St. Ingbert, S. 57; E. *Bodzenta*, Religiöse Praxis. Eine Bestandsaufnahme in österreichischen Stadtpfarren, in: WW Jg. 13, 1958, S. 85–96, S. 91.

111 *Hürten*, Katholiken, S. 20; *Wimmer*, Handbuch, S. 183; *Hahn*, Wort, S. 376; Notiz Willi Fries o.D. [1960]: EOM, Pastorale Planungsstelle, Ordner Menges I.

Studentenseelsorger Robert Grosche wandte sich 1932 in der von ihm herausgegebenen Kirchenzeitung an die Männer seiner Gemeinde:

»Im übrigen sind sogar diejenigen mitgezählt worden, die, obwohl sie eine religiöse Belehrung besonders notwendig haben, die Zeit während der Predigt zu einem Spaziergang über den Kirchhof benutzen, nicht um an den Gräbern ihrer Verstorbenen zu beten, was zu dieser Zeit auch falsch wäre, sondern um in der freien Natur ein Rauchopfer darzubringen, für das die Zeit vor dem Hochamt anscheinend nicht mehr gelangt hat.«[112]

Was Grosche hier in ironischem Tonfall ansprach, war ein dem statistischen Diskurs immanentes Problem. Mit seiner quantifizierenden Exaktheit implizierte er eine möglichst reinliche und exakte Scheidung der ›kirchlichen‹ von den ›unkirchlichen‹ Katholiken. Diese Funktion des Zählens wurde allerdings unscharf, wenn die von der Kölner Zentralstelle geübte Praxis vorsah, alle Eintretenden zählen zu lassen, ohne die Verweildauer nochmals zu prüfen. Für diese Entscheidung dürften vornehmlich praktische Gründe maßgeblich gewesen sein. Denn gerade in großen städtischen Gemeinden, wo man offenbar in den zwanziger Jahren oftmals die nach dem Ende des Gottesdienstes herausströmenden Menschen erhob, ließ sich deren Zahl nicht immer genau bestimmen.[113] Wie das Freiburger Ordinariat 1915 feststellte, erfasste man dort bei der Zählung am Ende des Gottesdienstes zumindest schätzungsweise auch die außerhalb der Kirche stehenden Personen.[114] Diese Praxis gab die präzise Markierung des Feldes der Kirchlichkeit zugunsten der Feststellung einer möglichst maximalen Ausdehnung dieses Feldes auf, um die These einer unerschütterlichen Behauptungskraft des katholischen ›Turmes‹ aufrecht zu erhalten.

Eine vergleichbare Problematik gab es bei der Zählung der Osterkommunionen. Diese erfolgte zumeist anhand der in der Osterzeit ausgegebenen Kommunionzettel. Trotz einer Kanzelankündigung, dass jede Person nur ein solches Andenken mitnehmen möchte, wurden damit in der Praxis all jene doppelt gezählt, welche mehrfach kommunizierten. Diese Erhöhung der Werte durch die Mehrfachzählung derselben Person war im übrigen auch bei der Erfassung der Kirchenbesucher ein nicht gelöstes Problem. In Pfarreien des Ruhrgebietes betrug dieser Wert noch gegen Mitte der sechziger Jahre rund 5%.[115] Wiederum vor allem in den Großstädten konnten die Pfarrer nur mit großen Schwierigkeiten und auch dann ohne genaues Resul-

112 Zit. nach *Goritzka*, S. 119f.

113 ZSt 18.1.1956 an die Ordinariate: DAL, 552B; ZSt 15.1.1969 an die Ordinariate: EBAP, Kirchliche Statistik 1968–1969; KH Bd. 22, 1943, S. 312; *Sieken*, S. 72; *Pipberger*, S. 22.

114 Ord. Freiburg 22.10.1915 an ZSt: EAF, B2–49–15.

115 *Sieken*, S. 62; Statistische Ausarbeitung von Adolf Rösch, 29.12.1913: EBAP, B2-49-20; *Rösch*, S. 339; *Bergmann*, Strukturprobleme, S. 41f.; *Pipberger*, S. 22; zum Problem der ›twicers‹ in englischen Zählungen *McLeod*, Victorian City, S. 25, 37, 237.

tat versuchen, die Zahl der Osterkommunikanten zu bestimmen. Die Verteilung von Beichtzetteln, mit denen man zumindest in Dörfern und kleinen Städten bessere Resultate erzielte, praktizierten nur einige süddeutsche Diözesen. Um genauere Werte zu erhalten, propagierte Hermann Krose die Benutzung eines Beichtzählers durch die Geistlichen. In Verbindung mit der Frage nach dem letzten Beichttermin hätte dieser Zähler auch die Möglichkeit geboten, die offenbar nicht geringe Zahl der in der Osteroktav zwischen Palmsonntag und Weißem Sonntag mehrmals kommunizierenden Gläubigen festzustellen. Aber obwohl ihm der Beichtzähler das »einzige Mittel der Feststellung der Osterkommunionen in den Großstädten« zu sein schien, setzte sich dieses technische Hilfsmittel nicht durch.[116]

Die eigentlichen Schwierigkeiten der statistischen Erfassung kirchlicher Bindungen lagen jedoch nicht in technischen Problemen, sondern waren in der hierarchischen Organisation der Kirche sowie im Selbstverständnis ultramontaner Frömmigkeit begründet. Bereits 1919 veröffentlichte die Fuldaer Bischofskonferenz eine Erklärung, um allerorten »entstandene Bedenken zu zerstreuen«, nach der die kirchliche Statistik »ausschließlich zu statistischen Zwecken benutzt wird.«[117] Mit dieser banal anmutenden Feststellung reagierte man auf massive Bedenken des Pfarrklerus gegenüber dieser wissenschaftlichen Klassifizierungstechnik. Dahinter verbarg sich nicht nur Unverständnis über den Sinn dieser neuen pfarramtlichen Tätigkeit und Unwille über den damit verbundenen Zeitaufwand. Immerhin bewirkte dieser nicht nur in den ersten Jahren nach ihrer Einführung, dass viele Zählbögen »äußerst oberflächlich« ausgefüllt waren oder reine Schätzungen enthielten.[118] Während die Pfarrer in den zwanziger Jahren noch den »Mut« haben sollten, eine nicht durchgeführte Erhebung im Zählbogen »zu bekennen«, forderte man sie in den sechziger Jahren auf, in diesem Fall einfach eine geschätzte Zahl einzusetzen.[119] Trotz aller Mahnungen, die »ordnungsgemäße Beantwortung« der Fragen »zum Gegenstand des priesterlichen Berufsethos zu machen«, empfanden viele Pfarrer die Zählbögen weiterhin als eine »Belästigung« und füllten sie nur »entsprechend oberflächlich« aus.[120]

---

116 *Sieken*, S. 62; *Michl*, S. 98; KH Bd. 6, 1916/17, S. 445f. (Zitat); Ord. Freiburg an ZSt. 22.10.1915: EAF, B2-49-15.
117 *Gatz*, Akten, Bd. III, S. 316. Das Ordinariat Freiburg erhoffte sich von der Veröffentlichung dieser Erklärung keinen Effekt für den Wahrheitsgehalt der Statistik, und betonte im übrigen sein »Recht und die Pflicht«, aufgrund der Zahlen seelsorglich zu reagieren. Ord. Freiburg an ZSt 26.9.1919: EAF, B2-49-15.
118 ZSt 1.8.1919 an FBK: EAF, B2-49-15. Beispiele für Schätzungen in: EAF, B2-49-18.
119 ZSt an Ord, Freiburg 10.3.1922: EAF, B2-49-15; Verordnung des GV Köln 10.3.1922: *Corsten*, S. 476 (Zitat); Zahlreiche Beispiele für die 1960er Jahre in: BDA, Gvs B 17, III.
120 *Ritter*, Religionssoziologie, S. 78.

Weitaus problematischer als die Scheu vor administrativer Arbeit war jedoch die vor behördlicher Überwachung. Viele Pfarrer vermuteten, die im Zählbogen festgehaltenen Angaben könnte die Bistumsverwaltung dazu benutzen, um sich ein vergleichendes »Urteil über das seelsorgliche Wirken der Pfarrer« zu bilden und dann mit spezifischen Anweisungen zu reagieren. Jedenfalls war das der Grund für die von der Kölner Zentralstelle »einwandfrei festgestellte Tatsache, dass Pfarrer wissentlich falsche Angaben« machten, um »nicht in schlechtes Licht« zu geraten.[121] In Köln vermutete man zu Recht, dass für diese im Pfarrklerus weit verbreitete »Vogelstraußpolitik« nicht allein die Scheu vor einer kirchenamtlichen Kritik seiner seelsorglichen Tätigkeit maßgeblich war. Denn würde man die Zählungen »gewissenhaft« vornehmen und nicht einfach schätzen, müssten »manchem Pfarrer« über die Realität des pastoralen Erfolges »die Augen aufgehen«, und »eben deshalb« geschehe genau das nicht.[122]

Damit war in relativer Offenheit ein Problem der katholischen Kirchenstatistik angesprochen, das sonst zu den Tabuzonen des statistischen Diskurses zählte. Aus diesem Grund spiegelt sich die Tatsache, dass die kirchlichen Zählungen bereits von den Zeitgenossen »in ihrer Richtigkeit angezweifelt« wurden, auch nur punktuell in den Quellen.[123] Wie seine Entstehungsgeschichte verdeutlicht hat, zielte der Aufbau des statistischen Instrumentariums keineswegs darauf ab, in schonungsloser Genauigkeit eine umfassende Bestandsaufnahme der tatsächlichen kirchlichen Praxis zu leisten. In der Konkurrenzsituation des konfessionellen Konfliktes entstanden, sollte der Zahlenapparat vielmehr die innere Geschlossenheit und Stabilität der traditionellen katholischen Frömmigkeitsmuster belegen. Aus diesem Grund kam es nur ausnahmsweise und dann fast immer nur in »nicht für die Öffentlichkeit« bestimmten Berichten dazu, dass die daraus resultierenden Mängel der Erhebung angesprochen wurden, obwohl sie den kirchlichen Statistikern durchaus bekannt waren.[124] So notierte der Dekan im badischen Villingen in einer ausführlichen Auswertung der bislang vorliegenden Zahlen 1923, dass

121 ZSt 1.8.1919 an FBK: EAF, B2-49-15.

122 Dr. Eitner, Aus der kirchlichen Statistik der Erzdiözese Köln (Ms., 26.11.1920): HAEK, Gen. II, 32.12, 4; vgl. die Mahnung zur »Objektivität« beim Ausfüllen des Bogens: *Heinz*, S. 253.

123 Groner an Kardinal Frings 4.12.1951, Zusammenfassender Bericht über die Erhebungen der Zentralstelle für Kirchliche Statistik Deutschlands über das kirchliche Leben in Deutschland: HAEK, NL Frings, 833.

124 Vgl., mit einem Hinweis auf die ungenaue Zählung der Osterkommunionen B. Scholten, Bericht über die Mission in Marl, 11.1.1957: BAM, GV NA, A-201-260; Franz-Xaver Kaufmann bestätigt, dass Franz Groner ihm in einem persönlichen Gespräch das Wissen um die Ungenauigkeit der Kirchenbesucherzahlen bekannt habe (mdl. Mitteilung v. 27.9.2000); Groner hielt die Zählung der Jahreskommunionen noch für am zuverlässigsten; vgl. *ders.*, Seelsorge und Statistik, in: Im Dienst der Seelsorge Jg. 10, 1956, Nr. 2, S. 23f.

ohne die Bestimmung des Anteils der kommunionpflichtigen Bevölkerung eine genaue Prozentuierung der Angaben nicht möglich sei. Nur einmal war nach denen gefragt worden, die keine Osterkommunion empfingen. Und dabei werde »bekanntlich« stets zu wenig angegeben. Erst wenn man die Zahl verdopple, werde man der »Wahrheit näher kommen«.[125] Auch dem katholischen Wahlstatistiker Johannes Schauff kam es 1928 »etwas unwahrscheinlich« vor, dass bayerische Bistümer wie etwa Regensburg nach Abzug der nicht verpflichteten Kinder zu diesem Zeitpunkt noch eine Beteiligung an der Osterkommunionen von nahezu 100% melden konnten.[126]

In den fünfziger Jahren wurde bei der Neubesetzung von Pfarrstellen sichtbar, dass der Amtsvorgänger »übermäßig große Zahlen« der Kirchenbesucher und Kommunikanten »einfach in Bausch und Bogen geschätzt« hatte, während sein Nachfolger mit realistischen Angaben nunmehr auf kritische Nachfragen des Dechanten zu antworten hatte.[127] Als gegen Ende der sechziger Jahre die Zahl der praktizierenden Katholiken zurückging, weigerte sich schließlich eine wachsende Zahl städtischer Gemeindepfarrer, weiterhin als Kulissenschieber im potemkinschen Dorf der Statistik tätig zu sein. Da diese »keinen Rückschluss auf die wirkliche Zahl der Kommunikanten« zuließ, verzichteten sie einfach auf die Zählung.[128] Das von der ›Arbeitsgruppe Statistik‹ eingeläutete Ende der Kommunionzählung war damit in der Praxis vorweggenommen.

Nicht nur bei der Erhebung des statistischen Materials, sondern mehr noch bei dessen Auswertung und Verbreitung machten sich die geringen personellen Ressourcen der Kölner Zentralstelle negativ bemerkbar. Diese konnte neben dem Leiter erst seit 1920 einen Sekretär und einen Lehrjungen beschäftigen. Darüber hinaus halfen zeitweise Studenten der Staatswissenschaften aus, welche über Grundkenntnisse der Statistik verfügten.[129] In den fünfziger Jahren beschäftigte die Zentralstelle sechs Personen.[130] Das wichtigste Medium für die Verbreitung der gesammelten Daten war das seit

125 J.N. Schatz, Konfessionsstatistik im Kapitel Villingen, 23.4.1923: EAF, B-2-49-15.

126 *Schauff*, S. 138f.; im Bistum Regensburg z.B. zählte man 1923 75%, im Bistum Passau 76.5% Osterkommunikanten: KH Bd. 12, 1924/25, S. 567, 569.

127 Ludger Kruse, Pfarrer in Warburg-Neustadt, 7.11.1956 an das GV (Zitat): EBAP, Kirchliche Statistik 1945–1961; Dechant Kauff aus Mönchengladbach 24.4.1954 an das GV: BDA, Gvs B 17, I.

128 Ord. München an ZSt 4.12.1969 (Zitat), Franz Groner 12.12.1969 an Ord. München 12.12.1969; Hans-Georg Mähner 29.4.1975 an ZSt: HAEK, Dep. DBK, Korrespondenz Diözese München 1950–1977; Stadt-Dekanat Freiburg an Ord. Freiburg 3.3.1975: ebd., Korrespondenz Erzdiözese Freiburg 1950–1977.

129 Eitner, Zentralstelle, S. 7: DBK, Referat Statistik; Joseph Sauren an Kardinal Bertram, 8.8.1923: HAEK, Gen. I, 32.12, 6. Zu den Kosten der Zentralstelle, die entsprechend der Seelenzahl auf die Bistümer umgelegt wurden, vgl. EAF, B2-49-27.

130 *Groner*, Office, S. 243.

1927 nicht mehr von Krose, sondern von der Zentralstelle selbst herausge-
gebene »Kirchliche Handbuch«. Dessen Verkauf hatte sich zunächst eher
schleppend gestaltet.[131] Allerdings war die verkaufte Auflage kein zuverläs-
siges Indiz für das Interesse an den im Handbuch dargestellten Ergebnissen
der kirchlichen Statistik. Denn diese wurden auch in Artikeln der Tagespresse diskutiert, die das Periodikum als eine »Gewissenserforschung« des
Katholizismus lobte.[132] Die Kernzahlen der kirchlichen Statistik waren in
der katholischen Öffentlichkeit weithin bekannt.

Außer dieser öffentlichen Diskussion des Zahlenmaterials gab es Bemühungen um eine Aufbereitung der Daten für den internen Gebrauch der
Generalvikariate. In der Erzdiözese Freiburg setzten diese unmittelbar mit
der reichsweiten Zählung der Kirchenbesucher 1909 ein, wobei es zunächst
nur um eine dekanatsweise Auflistung und Zusammenstellung ging. Nach
Berücksichtigung »aller zur Schätzung des religiösen und sittlichen Zu-
standes« vorliegenden Messziffern erstellte das Generalvikariat daraus eine
Rangliste der Kirchlichkeit aller Städte und Dekanate im Bistum. Als für
das Stichjahr 1915 erstmals die Daten aller deutschen Bistümer vorlagen,
konnte das Freiburger Ordinariat ferner auflisten, auf welchem Platz das
eigene Bistum jeweils in den verschiedenen Rubriken lag.[133] Nachdem die
kirchliche Statistik für eine Reihe von Jahren erhoben worden war, ließen
sich zudem Zeitreihen bilden, die Auf- und Abwärtstrends sichtbar machten. Zeitgenössische Beobachter hielten dabei – wie die heutige sozialhis-
torische Forschung – die Osterkommunionen für einen »guten Maßstab«
des religiösen Lebens. Aber der mit Abstand »am meisten« interessierende
Gegenstand der kirchlichen Statistik war in den zwanziger Jahren die Entwicklung der konfessionsverschiedenen Ehen.[134]

Anfang der fünfziger Jahre regte die Kölner Zentralstelle an, dass in jedem Bistum ein gehörloser oder aus sonstigen Gründen nicht voll einsetz-
barer Geistlicher eine besondere publizistische Verwertung der Zahlen für
den jeweiligen Sprengel vornehmen sollte. Doch angesichts des bereits zu
diesem Zeitpunkt spürbaren Priestermangels fand sich nicht überall jemand
für diese Tätigkeit.[135] Trotz ihrer beschränkten personellen Möglichkeiten

---

131 Tätigkeitsbericht der ZSt für 1928/29: EAF, B2-49-28; KH Bd. 24, 1952/56, S. VI.

132 Vgl. u.a. Badischer Beobachter, 27.9.1927 (Zitat), Freiburger Tagespost, 27.9.1927: EAF,
B2-49-35. Zu diesem im Zusammenhang der Statistik des öfteren gebrauchten Ausdruck auch:
Eine lehrreiche Statistik, in: Münsterisches Pastoralblatt 1914, S. 109f.; *Schindler*, S. 53.

133 Ergebnisse der kirchlichen Statistik vom Jahre 1911 für die Erzdiözese (o.D., Ms.),
Aktennotiz Adolf Rösch 12.12.1916 und weitere Berichte: EAF, B2-49-20.

134 Verschiedene Berichte ebd.; Aufstellung o.D. [1923] (Zitat), Kirchliche Statistik des
Jahres 1924 (Ms., o.D.): EAF, B2-49-35.

135 ZSt an die Ord. 22.1.1952: BAOS, 03-55-01-02; Ord. Limburg an ZSt 17.4.1952:
DAL, 552B; GV Paderborn an ZSt 12.5.1952: EBAP, Kirchliche Statistik 1945–1961.

versuchten auch die Leiter der Kölner Zentralstelle verschiedentlich, den bischöflichen Behörden Anhaltspunkte über die wesentlichen Ergebnisse und Tendenzen zu vermitteln. Dazu dienten außer den jährlichen Tätigkeitsberichten gesonderte Zusammenstellungen für die einzelnen Bistümer, die Heinrich-Otto Eitner Anfang der zwanziger Jahre und Franz Groner Mitte der fünfziger Jahre den Ordinariaten zukommen ließen. Dabei handelte es sich allerdings nur um Manuskripte von wenigen Seiten, deren Text- und Tabellenteil die Kerndaten auflistete.[136] Aber auch ohne diese Hilfe gab es viele Generalvikare, welche das Kirchliche Handbuch »eifrig studieren« und angesichts der nach 1945 länger werdenden Abstände zwischen den Bänden stets die neuesten Zahlen haben wollten.[137] Bereits in den zwanziger Jahren teilten viele Pfarrgeistliche ihrer Gemeinde die örtlichen Zahlen in der Kirchenzeitung oder von der Kanzel mit.[138] Auch Dechanten oder Dekanatskonferenzen diskutierten die statistischen Befunde.[139] Und gerade in der durch steigende Kirchenaustritte gekennzeichneten Krisensituation um 1970 wollten diözesane Seelsorger oder Pfarrgemeinderatsvorsitzende, welche in ihren Gremien über die Besorgnis erregende »religiöse Situation« referieren mussten, nicht auf die Anhaltspunkte der neuesten Kölner Daten verzichten.[140]

Der mathematische Abstraktions- und Differenzierungsgrad aller Bemühungen um eine Auswertung des mühevoll gewonnenen Materials blieb gering. Erst für das Stichjahr 1954 erhielten die Ordinariate eine Auswertung, welche die Teilnahmequoten nach den verschiedenen Ortsgrößenklassen differenzierte. Aber dass die »fortschreitende religiöse Säkularisation (…) sich am meisten in den großen Städten« zeigte, war für einen erfahrenen Seelsorger »keine neue Feststellung«, »wohl aber die Größe der Differenz«.[141]

136 ZSt an Ord. Freiburg 9.8.1921 und verschiedene Tätigkeitsberichte der ZSt: EAF, B2-49-15; dass.: EAF, B2-49-28; ZSt an Generalvikar Tuschen 24.2.1954: EBAP, Kirchliche Statistik 1945–1961.

137 Generalvikar Joseph Teusch an Franz Groner 3.11.1962: HAEK, Dep. DBK, Korrespondenz Erzdiözese Köln; vgl. das Referat des Generalvikars Ferdinand Buchwieser auf der Dekanatskonferenz des Erzbistums München und Freising, 30.11.1949: *Hürten*, Akten Faulhaber, S. 516f.

138 KH Bd. 17, 1930/31, S. 349.

139 Jakob Clement an Kardinal Frings 20.3.1963: HAEK, Gen. II, 32.12, Zugang 452/89, Ordner 103; *Goritzka*, S. 172.

140 Diözesanlandseelsorger der Erzdiözese Köln an ZSt 15.2.1973 (Zitat): HAEK, Dep. DBK, Allgemeine Auskünfte 1972–1973; W. Drummer an ZSt 6.3.1973: ebd., Statistische Auskünfte 1966–1967; A.H. aus Vechta 3.5.1971 an die Redaktion von »Kirche und Leben«: BAM, Schriftleitung KuL, A 205.

141 Vgl. z.B. Kirchliche Statistik der Diözese Eichstätt nach zivilen Gemeinde-Größen-Klassen für das Jahr 1954, Ms.: HAEK, Dep. DBK, Zählbogen-Korrespondenz; Ord. Freiburg an ZSt. 9.3.1957 (Zitat): ebd., Korrespondenz Erzdiözese Freiburg 1950–1977. Eine Veröffentlichung dieser Zahlen erfolgte erst im KH Bd. 25, 1957/61, S. 501f., 522f.

Zwei zentrale Werte wie die über Kirchenbesucher und Kommunikanten wurden durchweg in einer rohen Form veröffentlicht, die sich auf die Gesamtzahl aller im jeweiligen Gebiet lebenden Katholiken bezog. Dabei war den Bearbeitern der Statistik durchaus bewusst, dass zur Spezifizierung dieser Angaben eine Berücksichtigung der regional und zeitlich schwankenden Altersdifferenzierung in der Bevölkerung nötig gewesen wäre. Durch die damit mögliche Einrechnung des Anteils der noch nicht kommunionpflichtigen Kinder sowie die überschlägige Schätzung der durch Alter und Krankheit Verhinderten könnte sich zwar ein »optischer Gewinn« ergeben, aber nur auf »Kosten der Zuverlässigkeit« des Datenmaterials.[142] Nur ganz punktuell nutzte man eine Differenzierungschance, die sich aus dem gesonderten Nachweis der Kommunionen in Kloster-, Anstalts- und Wallfahrtskirchen auf dem Zählbogen ergab. Denn damit war unterscheidbar, ob Veränderungen die an solchen Orten häufig kommunizierenden Personen ebenso betrafen wie diejenigen Pfarrangehörigen, die tendenziell eher unregelmäßige Kommunikanten waren. So ließ sich der »religiöse Niedergang« in den Bistümern Köln und Trier nach dem Ersten Weltkrieg präzise auf die zweite Gruppe eingrenzen, während sich bei den Gläubigen mit intensiver Kirchenbindung nur ein »Stillstand«, aber kein Rückgang zeigte.[143]

Der hochgradig normative und kontrafaktische Charakter der kirchlichen Statistik zeigt sich schließlich bei jenem Thema, bei dem direkte kausale Schlussfolgerungen aus dem Gesetz der ›großen Zahl‹ gezogen wurden. Dabei handelt es sich um die so genannten ›Mischehen‹, die als Einbruchstelle konfessioneller Pluralität in das nach außen abgeschottete ultramontane Milieu besondere Aufmerksamkeit fanden. Bereits 1913 klagte ein Geistlicher in Baden darüber, dass die konfessionsverschiedenen Ehen den »schwärzesten Punkt« der ganzen Religionsstatistik darstellten.[144] Diese Dramatisierung diente allerdings kaum der konkreten Suche nach pastoralen Gegenmaßnahmen, auch wenn das »Kirchliche Handbuch« darüber klagte, dass solche Verbindungen die geringste Geburtenziffer, eine »bedeutend gesteigerte Selbstmordfrequenz« und sogar eine höhere Scheidungsfrequenz als rein protestantische Ehen hätten.[145] Die in diesem Messwert symbolisierte Dissidenz vieler Katholiken diente vielmehr auf abstrakte Weise zur Beschwörung des relativen Verlustes an Geschlossenheit und Reproduktionsfähigkeit,

---

142 KH Bd. 24, 1952/56, S. 357 (Zitat); *Rösch*, S. 343; *Michl*, S. 98. Zu den statistischen Folgen von differierenden Altersstrukturen vgl. *Liedhegener*, Christentum, S. 49, 565–567.

143 Mitteilungen der ZSt an die Bischöfe, 25.4.1922: EAF, B2-49-28. Eine nur punktuelle Nutzung dieser Differenz noch bei *Liedhegener*, Christentum, S. 221f.

144 *Weichlein*, Bindung, S. 385; Statistische Ausarbeitung von Adolf Rösch, 29.12.1913 (Zitat): EAF, B2-49-20.

145 KH Bd. 6, 1916/17, S. 405; zu diesem Nachweis: *J. David*, Mischehen im Lichte der Zahlen, in: StdZ Bd. 145, 1949/50, S. 59–68, S. 62.

den der katholische Volksteil deshalb erleiden musste. Dafür konnte die statistische Modellierung des Zusammenhanges zwischen der regionalen Konfessionsstruktur der Bevölkerung und der Zahl an ›Mischehen‹ genutzt werden. Bereits vor Einführung der Statistik war bekannt, dass die Häufigkeit gemischter Ehen mit der konfessionellen Durchmischung der Bevölkerung einer Region anstieg, in homogen protestantischen oder katholischen Gegenden dagegen tendenziell auf niedrigem Niveau verblieb.[146]

Bereits 1916 entwickelte der Freiburger Ordinariatsmitarbeiter Martin Keller eine statistische »Normalzahl« der konfessionsverschiedenen Ehen, um einem von ihm empfundenen »Mangel in der Statistik« abzuhelfen. Denn mit dieser »Formel« berechnete er nicht das hinlänglich bekannte Verhältnis von rein katholischen Trauungen zu den konfessionell gemischten, sondern die Relation beider mit der »katholischen und nichtkatholischen Bevölkerung«. Aufgrund der Konfessionsstruktur Badens ergab sich für das Verhältnis von konfessionsgleichen zu -verschiedenen Ehen ein rechnerischer Wert von »1 : 0,71«. Der tatsächliche Wert war zwar von 1909 = 0,265 auf 1915 = 0,577 angestiegen, lag damit aber immer noch deutlich unter dem rein rechnerisch erwartbaren Verhältnis.[147] Der Kirchenstatistiker Franz Groner verfeinerte diesen Kausalschluss in den fünfziger Jahren zu einer Formel, mit der sich die »theoretische Mischehenquote« berechnen ließ. In der Ableitung $x = 100 \cdot 2b/a$ stand »a« für den Anteil der Katholiken und »b« für den der Nichtkatholiken an der Wohnbevölkerung eines begrenzten Gebietes. In dieser Gleichung spiegelte sich für Groner ein »Gesetz«, nach dem die »Natur« dazu neige, »Minderheiten aufzusaugen«. Deshalb würden die Katholiken »mit Notwendigkeit aufgerieben«, wenn sie nicht »spezielle Abwehrkräfte« entfalten könnten. Genau deshalb solle man im übrigen in Ländern mit katholischer Mehrheit die ›Mischehe‹ nicht bekämpfen, sondern fördern![148] Aber noch Anfang der sechziger Jahre vermittelte die in der Bundesrepublik bis dahin nicht ausgeschöpfte mathematische Maßzahl auch die Gewissheit, dass die Bemühungen zur Abwehr der ›Mischehe‹ trotz deren steigender Zahl bislang wirkungsvoll gewesen waren. Zugleich ließ sich trotz »freier Entscheidungen« eines jeden handelnden Individuums beobachten, dass die Bereitschaft zum Eingehen einer Mischehe einen »Habitus-Charakter« in sich trug. Dieser an die Ha-

---

146 *Bendikowski*, S. 220; KH Bd. 1, 1908, S. 135.

147 Michael Keller an das Ord. Freiburg 3.8.1916: EAF, B2-49-20; vgl. *Pipberger*, S. 17; *Weichlein*, Bindung, S. 386.

148 *F. Groner*, Zur Frage der religiös-gemischten Ehen, in: Kölner PBl. Jg. 11, 1959, S. 120–130, Zitate S. 123; *ders.*, Grundlagen zur Diskussion über die Mischehe, in: PBl. für die Diözesen Aachen etc., Jg. 16, 1964, S. 358–372, hier S. 363; zur Herleitung der Formel aus der Verteilung potentieller Ehepartner vgl. *ders.*, Recherches, S. 126f.; vgl. *Weyand*, S. 55; *Rölli-Allkemper*, S. 190–194.

bitus-Theorie des Thomas von Aquin anschließende Begriff machte klar, dass das Problem der rationalen Kontrolle des einzelnen Katholiken weitgehend entzogen war. Dieser Umstand ermöglichte zwar überhaupt erst seine mathematische Kalkulation, führte aber auch dazu, dass nur einmalig und punktuell ergriffene Maßnahmen gegen die konfessionsverschiedene Ehe wirkungslos bleiben mussten.[149]

1.4. Zwischen Hoffen und Bangen:
Die Zementierung der Krise in Zahlen

Mit dem durch die Zentralstelle für kirchliche Statistik in Köln verwalteten Apparat verfügte die katholische Kirche in Deutschland über ein Instrumentarium zur Erfassung kirchlicher Bindungen, das für geraume Zeit einzigartig in Europa war. Erst nach dem Zweiten Weltkrieg wurden in Belgien, Österreich und England vergleichbare Institutionen aufgebaut.[150] In der Schweiz ließen sich kontroverse Beurteilungen der Gottesdienstfrequenz unter Pfarrgeistlichen bis Ende der fünfziger Jahre nicht klären, da genaue Unterlagen fehlten. Erst die dann in größeren Städten durchgeführten soziographischen Studien schufen hier Klarheit. In den Niederlanden führte die katholische Kirche erst 1956 ein zentrales Erhebungsformular ein, dessen Daten durch das Katholiek Sociaal-Kerkelijk Institut (KASKI), das zentrale soziologische Forschungsinstitut der niederländischen Bistümer, ausgewertet werden.[151]

Auf den mit der Kölner Zentralstelle erreichten administrativen Einbau der Statistik in den kirchlichen Apparat folgte aber zu keinem Zeitpunkt deren intensive Nutzung für Zwecke der pastoralen Arbeit. Zwar war dieses Ziel der Gegenstand von verbalen Beteuerungen, nach denen der statistische Nachweis von »Schäden« im religiösen Leben dem Klerus den Ansporn »zu erhöhtem Eifer der seelsorglichen Arbeit« geben werde, wie es 1933 hieß.[152] Aber dazu hätte es nach Meinung der Statistiker und der Geistlichen

---

149 *Groner*, Grundlagen, S. 360; *ders.*, Zur Frage, S. 126f. (Zitat); KH Bd. 24, 1952/56, S. 345. Groner führte den Begriff des ›Habitus‹ zu Recht auf Thomas von Aquin zurück. Vgl. *Nickl*, S. 36–53.

150 *Houtart*, Soziologie, S. 40; *H. Krose*, Kirchliche Statistik, in: Staatslexikon (5. Aufl.), Bd. 3, Freiburg 1929, Sp. 380–383, Sp. 382; LThK (2. Aufl.), Bd. 9, Sp. 1022f.; *Zulehner*, Krise, S. 11.

151 Ebd.; *Altermatt*, Moderne, S. 283f.; *J. Poeisz*, The Organization of the Statistics of the Church, in: SC Jg. 14, 1967, S. 255–257; *Goddijn*, Pfarrsoziologie, S. 27.

152 Protokoll der FBK vom 1.6.1933: *Stasiewski*, Akten, Bd. 1, S. 208; Franz Groner (Hg.), Kirchlich-Statistischer und Religionssoziologischer Informationsdienst Nr. 3 (Dezem-

des klaren Aufweises kausaler Zusammenhänge bedurft. Derartige Schlüsse wurden allerdings nur äußerst selten gezogen. So ließ sich die bereits in der Zwischenkriegszeit beobachtete geringere Kirchlichkeit in den Städten 1954 als eine »fast mit mathematischer Genauigkeit« erschließbare und nur für die Großstädte des Ruhrgebietes nicht zutreffende Proportion formulieren: »Je mehr Einwohner eine Stadt hat, desto schlechter sind die Verhältniszahlen der kirchlichen Betätigungen.«[153] Aber bereits wenig später zeigten sich auch auf dem Land unübersehbare Signale für eine schwindende Kirchlichkeit. Auf die mit Notwendigkeit anschließende Frage, warum das so sei, und welche Gegenmittel es gäbe, blieb die Antwort vage. Man müsse wohl vom »Nachlassen einer im positiven Sinn ›sozialen Kontrolle‹ in den Dörfern« ausgehen, ohne dass Gegenmittel erkennbar waren.[154]

Selbst dort, wo das statistische Material einen Kausalschluss zuzulassen schien, bot dieser noch keinen auf spezielle Probleme zugeschnittenen Ansatzpunkt für kirchliches Handeln. Ein Beispiel dafür ist die seit 1900 kontinuierlich abnehmende Geburtenziffer in Deutschland, die sich auch in der sinkenden Gebürtigkeit katholischer Ehen niederschlug. Ein badischer Dechant bezeichnete das bereits 1923 als »den wundesten Punkt der kirchlichen Statistik« und verband diese mit dem bevölkerungspolitischen Diskurs um den Niedergang der deutschen ›Volkskraft‹, der sich seit dem Ersten Weltkrieg intensiviert habe. Immerhin meinte dieser Beobachter noch, eine allgemeine Maßregel dagegen aufstellen zu können, dass »derartige Pönitenten« durch die Maschen pastoraler Kontrolle schlüpfen konnten. An großen Beichttagen müssten sich die Beichtväter vorher über ihre Fragen und Vorsätze absprechen, denn: »Der Leichtsinn im Sündigen kommt vielfach her vom Leichtsinn im Absolvieren«.[155] Einer der Bearbeiter der Statistik im Freiburger Ordinariat hatte zu selben Zeit als Ursachenerklärung für die sinkende Geburtenzahl nur eine »Gehorsamskrisis« anzubieten, ohne jedoch Lösungen vorschlagen zu können.[156]

ber 1954), S. 22f.: HAEK, Seelsorgeamt Heinen, 11; vgl. Die Erzdiözese Freiburg während der Jahre 1922–1946.

153 Franz Groner (Hg.), Kirchlich-Statistischer und Religionssoziologischer Informationsdienst Nr. 3 (Dezember 1954), S. 19: HAEK, Seelsorgeamt Heinen, 11; vgl. *Kleindienst*, S. 243f.

154 *E. Scharl*, Bricht der Glaube im katholischen Landvolk zusammen?, in: Klerusblatt Jg. 44, 1964, S. 107f.

155 J.N. Schatz, Konfessionsstatistik im Kapitel Villingen, 23.4.1923: EAF, B-2-49-15. Schatz verwies auf die »wohl allen bekannt[e]« Tabelle in *Faßbender*, S. 814 über den rapiden Rückgang der Geburtenziffer seit 1900. In diesem Kontext steht auch *Krose*, Geburtenrückgang; *Leclerc*; vgl. KH Bd. 19, 1935/36, S. 222–228; *Richter*, Eugenik, S. 31–54.

156 Statistische Aufstellung, o. Verf. [vermutlich Geistlicher Rat Ludwig Wilhelm Körner], o.D. [1923]: EAF, B2-49-35. Körner hatte einen Bericht in der Augsburger Postzeitung v. 17.9.1927 über eine Tagung der Deutschen Statistischen Gesellschaft dort angestrichen, wo

Die kausalanalytische Unschärfe der Statistik zeigt sich auch in einer Notiz von Joseph Teusch, mit der dieser 1964 seine Ausführungen zur »Ehemoral« der Katholiken untermauern wollte. Der Kölner Generalvikar hatte sie vermutlich im Geistlichen Rat vorgetragen, der aus den Mitgliedern des Domkapitels und den ›wirklichen‹, d.h. nicht nur ehrenhalber ernannten ›Geistlichen Räten‹ bestand. Dieses in den meisten deutschen Diözesen wöchentlich tagende Gremium beriet den Bischof und hatte damit erheblichen Einfluss auf die Diözesanverwaltung.[157] Anhand der im Kirchlichen Handbuch verfügbaren Daten über die relative Gebürtigkeit in katholischen, evangelischen und gemischt-konfessionellen Ehen konnte Teusch für die Nachkriegszeit eine tendenzielle Nivellierung auf das niedrigere Niveau der beiden letzteren feststellen. Als Ursachen machte Teusch die »Zersetzung der öffentlichen Sittlichkeit« und der moralischen Begriffe durch die Massenmedien aus, wofür er exemplarisch den das inzestuöse Begehren behandelnden Film »Das Schweigen« von Ingmar Bergman (1963) nannte. Hinzu komme die »schleichende« Entkirchlichung. Letztlich aber bedinge das eine das andere. »Praktizierte schlechte Ehemoral immunisiert gegen sakramentales Leben.«[158]

Wo man solche tautologischen Schlussfolgerungen scheute, mündete die Auswertung der Statistik alsbald in die Klage ein, dass die gesammelten Daten für konkrete pastorale Problemlösungen eine »viel zu unzureichende Beurteilungsgrundlage« abgeben würden. Das geschah etwa im Seelsorgerat des Bistums Münster, der 1968 gleich in seiner zweiten Sitzung die Seelsorge an den »der Kirche Entfremdeten« auf der Grundlage einer Ausarbeitung über die »Statistik des Kirchenbesuchs« von 1953–1966 diskutierte. Verschiedene Teilnehmer wünschten genauere Erhebungen vor allem über die »jugendlichen Fernstehenden« und Hinweise auf die je nach Lebensphase verschiedenen Gründe für die ›Abständigkeit‹. Diese konnte der statistische Ansatz allerdings ebensowenig bieten wie eine genaue Beurteilung der subjektiven Einstellungen zur Relevanz und Berechtigung der Kirchengebote in der älteren und jüngeren Generation.[159] Eine Ursachenanalyse über die Welle von Kirchenaustritten um 1970 schien ohnehin unnötig. Die

die engen Grenzen kausaler Herleitung aus der Statistik hervorgehoben wurden: ebd. Zur Diskussion um die Geburtenstatistik auch *Breitenstein*, Bevölkerungsgliederung, S. 284ff.

157 LThK, 3. Aufl., Bd. 4, Sp. 396f.; LThK, 2. Aufl., Bd. 4, Sp. 624f.

158 Aktenvermerk Teusch 2.3.1964: HAEK, Gen. II, Zugang 452/89, Ordner 103; vgl. KH Bd. 25, 1957/61, S. 550. *Heintz*, S. 249, brachte gegen die Unterstellung einer Abhängigkeit des Geburtenrückgangs von den »Gesetzen der Natur« (KH Bd. 23, 1944/51, S. 288) den »freien Willen« des Menschen vor. Als Beispiel für kausale ad-hoc Erklärungen vgl. den Vortrag von Heinrich Tenhumberg in der Pastoralkonferenz des Dekanates Vreden 8.7.1970: BAM, GV NA, A-201-24.

159 Bischof Josef Höffner an die Mitglieder des Seelsorgerates 28.11.1967, Protokoll der Sitzung v. 12.3.1968: BAM, GV NA, A-101-376; vgl. *Weber*, Statistik.

Bistumspresse vermutete hinter entsprechenden Berichten der Tagespresse eine »gesteuerte Kampagne«.[160] Auch für die sinkende Zahl der Kirchenbesucher machten in der Kirchenkrise der siebziger Jahre allzu rasch gebildete ad-hoc Erklärungen die Runde, anstatt wie in den evangelischen Kirchen eine differenzierte Motivanalyse auf der Basis von Meinungsumfragen in Angriff zu nehmen. So führte Otto B. Roegele (1920–2005), seit 1949 als Chefredakteur und später Herausgeber des »Rheinischen Merkur« einer der wichtigsten katholischen Publizisten und Journalisten in der Bundesrepublik, den »drastisch« anmutenden Schwund der Messbesucher in erster Linie auf die »Verunsicherung« und wachsende Unzufriedenheit zurück, die sich im Kirchenvolk aufgrund der entsprechend dem Konzil geänderten liturgischen Praxis ausgebreitet habe.[161]

Charakteristisch für den statistischen Diskurs war des weiteren die Scheu, das Zahlenmaterial zur Grundlage für pastorale Programme zu machen, deren Befürwortung implizit oder explizit eine Auseinandersetzung mit der bislang üblichen Praxis erforderlich gemacht hätte. Im Argumentationsrahmen der quantifizierten Kirchlichkeit waren die Grenzen des Sagbaren dort gezogen, wo die Berufung auf die Zahlen mit dem Aufweis von negativen Entwicklungen in eine Kritik nicht an der Glaubensschwäche der Katholiken, sondern an den seelsorglichen Strategien der Kirche eingemündet wäre. Beispielhaft für die damit verbundenen rhetorischen und metaphorischen Strategien ist ein Vortrag von Franz Groner, in dem er 1954 die Befunde der Düsseldorfer Statistik vor dem Klerus der Stadt ausbreitete. Am Ende seiner Ausführungen wies der Leiter der Kölner Zentralstelle ausdrücklich darauf hin, dass diese »missverstanden« seien, wenn man darin »auch nur ein Wort der Kritik an den kirchlichen Leistungen« in der Stadt erblicken würde. Denn der Statistik stünde »kein Recht zu einer solchen Kritik zu«. Aus dem Studium der Zahlen könne man nur die Kenntnis von »Entwicklungslinien« ziehen, um wenn möglich mit den gesellschaftlichen Entwicklungskräften arbeiten zu können, die in ihrer Stärke »einem Fluss ähnlich« seien. Groner bemühte das Bild von einem Schwimmer, der versuchen müsse, »sich geschickt vom Strome tragen zu lassen«, wenn er das andere Ufer des Flusses erreichen wolle. Und so schien nach seiner Meinung auch die »zunehmende Diasporasituation der Stadt« eine »tragende Kraft zu besitzen«. So habe die Fronleichnamsprozession des Jahres 1953 »in höherem Maß einen Bekenntnischarakter« getragen als in Städten mit einem intakten »katholischen Milieu«. An die Stelle der Verluste in der Quantität rücke die »Chance«, zu einer »Steigerung in der Qualität« des kirchlichen

---

160 Widersprüche und Ungereimtheiten. Kirchenaustritte werden dramatisiert und hochgespielt: KuL Nr. 36, 6.9.1970.
161 *Roegele*, Verwirrung, S. 7–20, Zitate S. 7, 15.

Lebens zu gelangen.[162] Dieser passiven Rhetorik des statistischen Diskurses entsprach die Tatsache, dass die Bistümer seine Angaben mit unmittelbarem praktischem Gewinn nur in der diözesanen Personalplanung mit dem Ziel der Pflege und Erhaltung des Ist-Zustandes einsetzten.[163] Als ein Entscheidungskriterium für die organisationsinterne Reformulierung von Seelsorgestrategien war die Kirchenbesucherstatistik ohnehin viel zu unspezifisch. Denn mit ihr wurden nicht Informationen über das »alles Seiende transzendierende« Medium des Glaubens spezifiziert, sondern schematisierte Wahrheiten über quantitative Zusammenhänge.[164]

Die praktische Funktion und Wirkung der Statistik in der Kirche und dem zum Milieu verfestigten Katholizismus ist daher nicht im pastoralen Bereich zu suchen. Der katholische »Zahlenglaube« war vielmehr »typisch für eine Sozialform in der Defensive« gegen die Einflüsse der modernen Gesellschaft. Und es war dieser Zusammenhang, in dem die Statistik »Konstanz in Zeiten tiefgreifenden Wandels« vermitteln sollte. Ihre wichtigste symbolische Funktion lag dabei in der »Nachweisbarkeit öffentlicher Wirksamkeit« des katholischen Glaubens.[165] Diese Deutung muss allerdings durch die Berücksichtigung eines strukturellen Problems ergänzt werden. Denn es gehörte zu den spezifischen Merkmalen des statistischen Diskurses, dass er gerade diese Leistung letztlich von Beginn an nicht durchgreifend erbringen konnte. Vielmehr führte die Ambivalenz des Diskurses dazu, dass ein an der öffentlich sichtbaren Orthopraxie orientiertes Kirchenbild von Beginn an problematisch war. In den vielfältigen Darstellungsformen der »Sprache der Statistik« wurde gerade das als uneindeutig und krisenhaft erfahrbar, was mit Hilfe des Zahlenmaterials als quantitativ eindeutig und im kirchlichen Sinne positiv hingestellt werden sollte.[166] Und diese Problematik verschärfte sich noch mit der voranschreitenden Beobachtung einer ›Säkularisierung‹ im Zahlenbild. Aber bereits ganz zu Beginn, in den Debatten um die Einführung der kirchlichen Statistik war dieses Problem bei jenen Stimmen sichtbar, die eine Erhebung der Konversionszahlen an die Voraussetzung knüpften, dass sich auf jeden Fall ein für die katholische Kirche positives Saldo ergeben würde.[167]

---

162 Franz Groner (Hg.), Kirchlich-Statistischer und Religionssoziologischer Informationsdienst Nr. 3 (Dezember 1954), S. 22f.: HAEK, Seelsorgeamt Heinen, 11.
163 Vgl. u.a. Seelsorgereferat im Ord. Würzburg 2.8.1974 an ZSt: HAEK, Dep. DBK, Korrespondenz Diözese Würzburg 1950–1978.
164 *Luhmann*, Funktion, S. 312f.
165 So die zutreffende Deutung in dem wichtigen Aufsatz von *Weichlein*, Bindung, S. 388f.
166 Die Sprache der Statistik, in: Jahrbuch 1927 für die Katholiken Mannheims, S. 59f.
167 Vgl. oben, Anm. 82; H.-O. Eitner 15.8.1917: HAEK, Gen. II, 32.12, 4; Michael Keller an Ord. Freiburg 3.8.1916: EAF, B2-49-20.

Die Uneindeutigkeit und Ambivalenz des statistischen Diskurses hatte eine Reihe von Facetten. Dazu gehörte zunächst die Unerreichbarkeit einer Übereinstimmung darüber, in welchem der vielen quantitativen Parameter die entscheidenden Gesichtspunkte für eine Beurteilung der Homogenität des katholischen Milieus zu finden seien. Hermann Krose hatte zwar gewarnt, nie eine einzelne Messgröße der kirchlichen Statistik »für sich allein« zu nehmen.[168] Doch diese Mahnung hatte keine ernsthafte Chance, unter den mit der kirchlichen Statistik befassten Seelsorgern und Laien Gehör zu finden. Denn der Erwartungshorizont des katholischen Milieus veränderte sich, und deshalb waren jeweils bestimmte Zahlen mit besonderer Aufmerksamkeit rezipiert und symbolisch aufgeladen. Retrospektiv lässt sich für Zwecke der sozialhistorischen Forschung an Hand der zeitgenössisch gebräuchlichen Katechismen ein »Milieustandard« rekonstruieren und mit quantitativen Indikatoren operationalisieren.[169] Aber selbst angesichts der zentralen Bedeutung der Kirchengebote gab es in der Kirche keineswegs eine längerfristig verbindliche Übereinstimmung darüber, welche Momente der Orthopraxie als besonders bedeutsam für die Festigkeit des katholischen ›Turmes‹ und die Bestimmung eines ›guten‹ Katholiken zu gelten hatten.

Es entsprach der Genese der katholischen Statistik aus dem konfessionellen Konflikt, dass zunächst nicht die Zahl der Kommunionen oder Kirchenbesucher, sondern die ›Mischehen‹ im Zentrum der Aufmerksamkeit standen. Ein Pfarrer aus Frankfurt gab eine in den zwanziger Jahren weit verbreitete Einstellung wieder, als er die ›Mischehen‹ als das »traurigste Kapitel« der gesamten Kirchenstatistik bezeichnete. Gerade in den Großstädten sei aufgrund eines Gefühls der »Minderwertigkeit« gegenüber dem protestantischen Partner eine sinkende kirchliche Praxis des katholischen Teils zu beobachten. Damit werde die ›Mischehe‹ zu einem »Friedhof des religiösen Lebens«.[170] An diesem Punkt stand auch die »heikle Frage« zur Debatte, wie die in konfessionsverschiedenen Ehen geborenen Kinder zu erziehen seien.[171] In den dreißiger Jahren interpretierten manche Autoren die steigende Häufigkeit der ›Mischehen‹ nicht mehr nur als eine Einbruchstelle der Säkularisierung, sondern auch im bevölkerungspolitischen Sinne. Durch die geringere Geburtenzahl ergebe sich für die Kirche »auch vom völkischen Standpunkt« ein Problem. Die ›Mischehe‹ erschien dem Freiburger Priester Bernhard Welte als eine »offene Wunde«, aus der sich das »katholische Volk Tropfen für Trop-

---

168 *Krose*, Sittlichkeit in Ziffern, S. 154.
169 *AKKZG*, Katholiken, S. 609–616, 624–628.
170 *Pipberger*, S. 17, 27f.; vgl. *Kaller*, Laienapostolat, S. 22; ders., Großstadtpfarrei, S. 13; *Baumann*, Gedanken, S. 54 (»Friedhof des Großstadtkatholizismus«); Ord. Freiburg an das Stadtdekanat Freiburg 25.3.1926: EAF, B2-47-52; Sonntagsgruß an unsere Kranken 2 (1914), Nr. 2: EAF, B2-47-69.
171 *Weichlein*, Bindung, S. 385.

fen ausblutet«.[172] In der Bundesrepublik sind solche Dramatisierungen einer eher nüchternen Beschreibung dieses pastoralen Problems gewichen. Aber zur Kontrolle des kirchlichen Feldes ist die Statistik der ›Mischehen‹ immer noch nützlich. Bevor der Kolping-Verband der Gesellenvereine 1966 auch Frauen als Mitglieder zuließ, führte er eine Erhebung über die konfessionsverschiedenen Eheschließungen der Mitglieder durch.[173]

In der Endphase der Weimarer Republik avancierte auch die Wahlstatistik zu einem wichtigen Gegenstand quantifizierender Selbstvergewisserung der deutschen Katholiken. In diesem Sinne sind vor allem die Abhandlungen zum Wählerschwund der Zentrumspartei zu interpretieren, die Johannes Schauff 1928 vorgelegt hat. Vor dem Hintergrund des dramatischen Rückgangs an Zentrumswählern in der Reichstagswahl dieses Jahres machte der junge Wirtschaftswissenschaftler seine Überlegungen dem Vorstand des Zentrums in einer Denkschrift über die »Schicksalskurve der Zentrumspartei« zugänglich. Dabei wies Schauff nicht nur auf den kontinuierlichen Rückgang der Zentrumsstimmen seit 1874, sondern auch auf den beträchtlichen Überhang weiblicher Wähler hin, ohne den die aktuellen Einbußen noch weitaus dramatischer ausgefallen wären.[174] Ähnliche Interessen verfolgte eine 1928 begonnene Darstellung des preußischen Landtagsabgeordneten und KAB-Verbandssekretärs Bernhard Letterhaus.[175] Auch wenn beide Texte nur ein geringes Echo in der Führungsspitze des Zentrums fanden, sind sie ein Beleg für die Einbeziehung der Wahlstatistik in den quantifizierenden Diskurs über die Homogenität des katholischen Milieus gegen Ende der Weimarer Republik.

Die Zahl der Kirchenbesucher und Osterkommunikanten gehörte von Beginn an zu den zentralen Parametern der kirchlichen Statistik. Dabei konnten die ersten genaueren Analysen in den zwanziger Jahren noch nüchtern konstatieren, dass der seit 1916 erkennbare Rückgang der Kommunionen sich regional erheblich unterschied und es auch Bistümer gab, in denen die Zahl nach dem Ende des Weltkrieges wieder anstieg. Zudem registrierten die Statistiker – aus gleich zu behandelnden Gründen – seit der Etablierung der Statistik eine stetig steigende Zahl von Jahreskommunionen als positives Faktum.[176] Wilhelm Marx sah sich aber bereits 1929 gezwungen, als Beleg für die »Verwilderung des katholischen Lebens« auf den in rhei-

---

172 Tätigkeitsbericht der ZSt für 1935/36: EAF, B2-49-28; *Welte*, S. 397f., 400.

173 *Wirtz*, S. 164, 201.

174 *Schauff*, S. VIIIf., 191–204. Zu Schauff vgl. *Schneider*.

175 B. Letterhaus, Wählervolk und Zentrumspartei. Eine wahlstatistische Untersuchung (Ms., 1933): KfZG, Materialien KAB, G VI 2. Ebenfalls als eine »Schicksalskurve« bezeichnete die Ergebnisse dieser Studie: Verbandszentrale der kath. Arbeitervereine Westdeutschlands an Kardinal Schulte 10.2.1933: HAEK, Gen. I, 32.12, 6.

176 ZSt, Der Kommunionempfang in Deutschland in den Jahren 1909–1920 (Ms., 1922): EAF, B2-49-28; Statistik des kirchlichen Lebens der Jahre 1911 und 1925 (Ms., o. Verf., o.D.): EAF, B2-49-35.

nischen Städten zu beobachtenden Rückgang der Osterkommunionen zu verweisen.[177] Doch das bedeutsamere Faktum blieb die im Reich seit 1924 insgesamt ansteigende Zahl der Kommunikanten, die 1935 ihren absoluten Höhepunkt erreichte. Dieser Wert bildete fortan auch den Bezugspunkt für eine relativierende Bewertung des neuerlichen Anstieges, der bei den Kommunikanten und Kirchenbesuchern in den ersten Jahren nach 1945 verzeichnet werden konnte.[178] Es geht demnach nicht darum, einer »unhistorischen Verfallsperspektive« zu folgen, nach der früher »alle Menschen fromm« und »die Kirchen voll« waren.[179] Derartige Behauptungen über den Niedergang der Religion müssen vielmehr als Konstruktion religiöser Beobachter entschlüsselt werden, welche die Statistik als Referenzpunkt nutzten.

Zu einer zentralen Größe im Zahlenbild der kirchlichen Statistik entwickelten sich diese Formen der Kirchlichkeit allerdings erst seit Mitte der 1960er Jahre mit dem beschleunigten Rückgang beider Werte. Das Kölner Generalvikariat addierte zu diesem Zeitpunkt das Saldo des seit 1935 eingetretenen Rückgangs. Und im Seelsorgerat des Erzbistums bildete der von 1968 bis 1972 zu konstatierende Schwund an Kirchenbesuchern um mehr als ein Viertel den wichtigsten Anhaltspunkt für eine »Krise«, bei der es nach Auffassung des Referenten nicht nur um »Anpassungsprozesse« oder um einen Formwandel des religiösen Verhaltens ging, sondern »um die religiöse Krise schlechthin«.[180] Da diese rückläufige Tendenz »keine vorübergehende Erscheinung« blieb, sondern auch in den folgenden Jahrzehnten anhielt, verfestigte sich die daran anschließende Krisenwahrnehmung, sorgte zuweilen sogar für einen Überdruss am »Krisengerede«. »Leiden, Erfolglosigkeit, Rückgang, Gegenwind«, das waren und sind wohl immer noch die zur Perzeption der praktizierten Kirchlichkeit passenden Vokabeln.[181] Das illustriert auch die Geschichte eines Pfarrers am Rande einer namentlich nicht bekannten Großstadt, der vor den leeren Bänken seiner Kirche in Tränen ausbrach. Auch andernorts waren die Pfarrer »bestürzt und bedrückt« über den starken Rückgang des Kirchenbesuchs.[182] Vor dem Deutungshori-

---

177 Wilhelm Marx an Michael Buchberger 5.4.1929: *Stehkämper*, Marx, Bd. III, S. 366.

178 [Josef Frings], Einiges zur Situation der katholischen Kirche in Deutschland Herbst 1953 bis Sommer 1954, o.D. [1954]: BAM, GV NA, A-101-206; Zusammenfassender Bericht über die Erhebungen der ZSt, 4.2.1951: HAEK, NL Frings, 833; vgl. KH Bd. 24, 1952/56, S. 464f.

179 *Graf*, Dechristianisierung, S. 34.

180 Aktennotiz Josef Teusch 11.4.1964 mit hdschriftl. Ergänzungen o.D. [1967]: HAEK, Gen. II, Zugang 452/89, Ordner 103; *H. Steinbach*, Die geistig-gesellschaftlichen Ursachen für die zunehmende Entfremdung von der Kirche und dem christlichen Glauben, in: PBl. für die Diözesen Aachen etc., Jg. 24, 1972, S. 72–80, S. 73, 78.

181 IKSE, Bericht Nr. 101, 1986, S. 3.

182 *F. Groner*, Neueste Statistiken und ihre Bedeutung für die Seelsorge, in: Pastoralblatt für die Diözesen Aachen etc. Jg. 39, 1987, S. 374–378, S. 378; Zitat: Aktenvermerk o.Verf. [Edbert Köster OFM], o.D. [November 1968]: BAM, GV NA, A-101-336.

zont des statistischen Diskurses war die seit Ende der sechziger Jahre »vielbeschworene« Krise der Kirche eine »Gottesdienstkrise«.[183]

Ein mit den Zahlen der Osterkommunionen und Kirchenbesucher vergleichbarer Ablauf zeigt sich im Hinblick auf die Austrittsbewegung, dem sichtbarsten Zeichen für einen endgültigen Bruch mit der Kirche. Für die Weimarer Republik lässt sich deren geringe Zahl mit dem Hinweis auf die Mischehen erklären, als deren Ergebnis sich der Entschluss zum Austritt entwickelte.[184] Die von 1926 bis 1932 und dann seit 1937 in noch größerem Umfang steigende Zahl der Kirchenaustritte verschaffte diesem Wert erstmals eine gewisse Aufmerksamkeit in der Beobachtung der quantifizierbaren Kirchlichkeit. Allerdings entstand dieses Interesse in einem politischen Kontext. Nach dem Ende der Weimarer Republik zog Konrad Algermissen Bilanz, der Leiter des apologetischen Dezernates im Volksverein. Dieses hatte sich seit 1919 dem Kampf gegen die Kirchenaustrittskampagnen der proletarischen Freidenkerverbände gewidmet. In einem Bericht an Kardinal Bertram interpretierte er die Austrittsbewegung als Indiz für eine weitergehende »Kirchenentfremdung«, die das »katholische Denken (…) unterwühlen« könne.[185] Die Statistik bekam in diesem Kontext eine »hohe apologetische Bedeutung«.[186] Auch unter dem Eindruck der massiven Kirchenaustrittskampagne, die das NS-Regime seit 1936 gegen die katholische Kirche entfachte, dokumentierte die Kölner Zentralstelle den begrenzten Erfolg dieser Bemühungen in verschiedenen Sonderauswertungen der Austrittsstatistik.[187] Breitere und nachhaltige Aufmerksamkeit erreichten die Kirchenaustrittszahlen erst gegen Ende der sechziger Jahre. Nun beschäftigten negative »Tendenzmeldungen« über dieses Thema sowohl eine breitere Öffentlichkeit als auch die kirchlichen Gremien, aber differenzierte Erkenntnisse über die Motive zu diesem Schritt lagen nicht vor.[188]

Zur Ambivalenz des statistischen Diskurses zählte jedoch nicht nur die unterschiedliche Akzentuierung der Frage, welcher der Indikatoren eines kirchlich erwünschten Verhaltens als zentral gelten konnte oder sollte.

---

183 *Troxler*, S. 250.

184 *N. Greinacher*, The development of applications to leave the church and the transfer from one church to another, and its causes, in: SC Jg. 8, 1961, S. 61–72, S. 71.

185 Algermissen an Bertram 31.3.1933: *Stasiewski*, Bd. 1, S. 40ff.; vgl. *Algermissen*, Pastorallehren; *Klein*, S. 253–272; [?] *Rieker*, Gründe und Fragen der Kirchenaustrittsbewegung, in: Theologie und Glaube Jg. 21, 1929, S. 53–68.

186 KH Bd. 17, 1930/31, S. 348.

187 ZSt, Kirchenaustritte im Jahre 1937 in der Erzdiözese Köln: EAF, B2-49-28; *v. Hehl*, S. 136ff.; *Hürten*, S. 272–298.

188 Zitat: Protokoll der Dechantenkonferenz v. 4.5.1971: BAM, GV NA, A-201-396; Protokoll der Dechantenkonferenz v. 24./25.5.1971: BAOS, 03-09-51-02; *Zulehner*, Krise, S. 11; Warum sie ihre Kirche verlassen, in: Ruhrwort, 20.9.1969; HK Jg. 24, 1970, S. 472–474; *O. Mauer*, Kirchenaustritte, in: Diakonia Jg. 2, 1971, S. 145–150.

Auch für sich genommen zeigten sich bei der Interpretation einzelner Indikatoren Uneindeutigkeiten und Differenzierungsbemühungen, welche die Distinktions- und Aussagekraft der Zahl verwässerten. Ein Beispiel dafür sind die im Zeitraum von 1915–1927 in statistischen und theologischen Erörterungen verschiedentlich erwähnten Andachtskommunionen. Mit diesem Begriff, der als Gegensatz zu der seit dem 4. Laterankonzil 1215 geltenden österlichen »Pflichtkommunion« zu verstehen ist, sind alle außerhalb der Osterzeit ausgeteilten Kommunionen gemeint.[189] Die Zunahme und besondere Erwähnung dieser Form der Kommunionausteilung ist im Zusammenhang der ›Eucharistischen Bewegung‹ zu sehen, die auf eine Initiative von Pius X. zurückging. In einer Reihe von Dekreten, insbesondere dem am 20. Dezember 1905 ergangenen über den ›täglichen Empfang der hl. Kommunion‹, hatte er sich zum Fürsprecher einer intensiven eucharistischen Frömmigkeitspraxis gemacht. In vielen deutschen Diözesen führte dies zu einem seit Einsetzen der Kölner Statistik messbaren, erheblichen Anstieg der Jahreskommunionen.[190] Ein Grund für die emphatische Befürwortung und den Ausbau der kirchlichen Statistik war diese Sichtbarmachung des Effektes der Eucharistischen Bewegung jedoch nur vereinzelt.[191]

Die häufigere Kommunion schlug sich unmittelbar im Anstieg der Andachtskommunionen nieder. Auf diesen versuchten einige Vertreter der kirchlichen Statistik mit der Akzentuierung des Unterschiedes von Andachts- und Osterkommunionen zu reagieren. Denn bei den »jetzt so häufigen Andachtskommunionen« habe eine Gesamtzahl der Osterkommunionen »keinen Wert mehr«. Stattdessen solle man lieber diejenigen feststellen, welche ihre Osterpflicht gar nicht erfüllt hatten.[192] Aus demselben Grund ging man zur selben Zeit in den Städten der Erzdiözese Freiburg zur Ausgabe von Beichtzetteln über, mit welcher man die Osterkommunionen exakt erfassen wollte.[193] Der von den Vertretern der ›Eucharistischen Bewe-

---

189 *Browe.* In theologischen Lexika wird der Begriff »Andachtskommunion« nicht geführt.

190 *Denzinger*, S. 924–926; vgl. *Jedin*, Handbuch, S. 416–420; *Liedhegener*, Christentum, S. 221. Eine ausführliche Darstellung der Rezeption und Umsetzung dieses Dekretes bleibt Desiderat der Forschung. Vgl. zeitgenössisch: *Hättenschwiller*; *Schulte*, Sakramentenempfang; *Witz*.

191 So der Kösliner Pfarrer *Piontek*, Kommunionempfang; *ders.*, Die eucharistische Bewegung im Deutschen Reiche, in: Germania, 16.12.1916. Die Zahl der täglich kommunizierenden Personen wurde vereinzelt in den Visitationsprotokollen notiert. *Wolf*, S. 206.

192 *Liese*, Statistik, S. 111; so die Vorgehensweise bei *Rüstermann*, S. 104.

193 Ord. Freiburg 22.10.1915 an ZSt: EAF, B2-49-15; zu dieser Unterscheidung auch: Ergebnisse der kirchlichen Statistik vom Jahre 1911, o.D., o.Verf.: EAF, B2-49-20. Eine Verzerrung des Bildes durch die häufige und frühe Kinderkommunion, die auch auf ein Dekret von Pius X. zurückging, beklagte J.N. Schatz, Konfessionsstatistik im Kapitel Villingen, 23.4.1923: EAF, B-2-49-15.

gung‹ selbst nicht verwendete Begriff ›Andachtskommunion‹ hatte dabei zumindest implizit auch einen kritischen Unterton. Denn darin schwangen die zunächst offenbar weit verbreiteten Vorurteile gegen einen häufigeren Empfang der Eucharistie mit, der bei vielen ›Betschwestern‹ und anderen »frommen Seelen« nur auf »Eitelkeit« und »Frömmelei« basierte, während gerade die Männer sich davor scheuten, »neben diesen ›Quiseln‹ an der Kommunionbank zu knien«.[194]

Andere Differenzierungsversuche verwiesen in gewisser Weise schon auf den komplexeren Ansatz des soziographischen Diskurses, wie sich zumindest bei den Daten über die Kirchenbesucher und Kommunikanten frühzeitig andeutete. Noch vor der Errichtung der Kölner Zentralstelle bekundete ein badischer Pfarrer 1910, dass der religiöse Zustand einer Pfarrei dann als besser zu gelten habe, wenn die Frauen im Schnitt vier Mal und die Männer »mindestens« zwei bis drei Mal im Jahr kommunizierten, als wenn viele Frauen das wöchentlich, die Männer jedoch nur zu Ostern täten. Ohne die häufige Kommunion »frommer Frauenspersonen irgendwie gering einschätzen« zu wollen, müsste bei der Kommunionzählung aus diesem Grund nach Geschlechtern unterschieden werden.[195] Mit diesem ›disclaimer‹, der rhetorischen Ableugnung einer ungleichen Wertung, situierte sich der Verfasser in dem seit 1900 intensiv geführten Diskurs über die Notwendigkeit einer intensiveren pastoralen Versorgung und ›Bearbeitung‹ der Männer in der Männerseelsorge, die ein altbayerischer Kooperator 1904 als ein »schwarzes hartes Brot« bezeichnete. Dieser Diskurs ist als eine Reaktion auf die im 19. Jahrhundert sichtbar gewordene Feminisierung und Familiarisierung der Frömmigkeit zu verstehen.[196] Immerhin ergab eine entsprechend differenzierende Zählung in einer Großstadtpfarrei 1927, dass nur 6,2% der Kommunionen außerhalb der österlichen Zeit an verheiratete Männer, aber 30,3% an Frauen ausgeteilt wurden, während der Rest auf Schulkinder sowie »Jünglinge« und »Jungfrauen« entfiel.[197] In ähnlicher Weise verlangte ein Pfarrer, die in Orten mit Klosterniederlassung äußerst zahlreichen Kommunionen genau zu wägen und nicht etwa als einen »Erfolg der Pfarrseelsorge buchen zu wollen.«[198]

Auch nach 1945 gab es eine Reihe von Stimmen, welche allein den Kirchenbesuch der berufstätigen Männer als das eigentliche statistische Kri-

194 Diese Bedenken lassen sich nur indirekt aus der apologetischen Literatur erschließen. Vgl. *Schilgen*, Zitate S. 38, 41, 68, 75; *Springer*, bes. S. 46–48; *Bierbaum*; *Hättenschwiller*, S. 56f.

195 *J.B.*, Statistik, S. 87.

196 Zitat: *Hausberger*, Landleute, S. 280; vgl. *Busch*, S. 269–279; *Mooser*, Volksreligion, S. 150; *McLeod*, Unglaube; *Götz v. Olenhusen*, Erscheinungen.

197 *Rüstermann*, S. 104.

198 *Piontek*, Kommunionempfang, S. 173, mit der Forderung, die Kommunionen von Ordensangehörigen auf dem Zählbogen gesondert auszuweisen.

terium zur Beurteilung der »Abständigen« gelten lassen wollten. Denn die Kinder in Konfessionsschulen würden schließlich geschlossen zur Kommunionbank geführt, und die Frauen praktizierten traditionell intensiver. Mit der aus diesen beiden Gründen immer noch hohen Gesamtzahl der Kommunikanten solle man sich deshalb nicht »täuschen«.[199] Eine der Nivellierungstendenz der ›großen Zahl‹ zuwiderlaufende Differenzierung der Kirchenbesucher ergab sich auch durch die Anwendung der Unterscheidung von äußerer Gewohnheit und innerer Einstellung auf die praktizierenden Katholiken. Zwar war es in der Zwischenkriegszeit weitgehend unstrittig, dass der äußeren Kirchlichkeit »in der Regel« auch eine entsprechende Gesinnung entsprach.[200] Dennoch ließ sich der Messbesuch in einer industriellen Großstadt wie Dortmund als »besonders wertvoll« verstehen, da die gezählten Teilnehmer nicht wie in kleineren Gemeinden aus dem Zwang sozialer Kontrolle kämen, sondern aus eigener »Überzeugung«.[201]

Von Beginn an oszillierte der statistische Diskurs im Angesicht der kirchlichen Praxis und der vor dieser Folie eingeschätzten pastoralen Situation zwischen Hoffen und Zagen, zwischen einer Beschwörung der Mängel und einem Lobpreis der pastoralen Erfolge. Er verfehlte damit das ihm aufgegebene Ziel, die katholische Kirche sowohl vor »gefährlichen Täuschungen« als auch vor einem »ungerechtfertigten Pessimismus« zu bewahren.[202] Bereits die ersten Auswertungen der Statistik waren von dieser Ambivalenz geprägt, welche die Zahlen, »so wenig erfreulich« sie sich zeigten, doch als »einen hoffnungsvollen Ausblick in die Zukunft« interpretierte.[203] Auch wenn das »von der Statistik entworfene Bild« im Dortmund der späten zwanziger Jahre »düster« war, mussten die Katholiken »Optimisten bleiben wie der Heiland einer war«.[204] Dieses Schwanken zwischen den Extremen blieb auch in der Zeit nach dem Zweiten Weltkrieg dominant, als der »Strudel« einer »Wachstumskrise der Menschheit« bereits die Kirche erfasste. Dennoch galt es, den seelsorglichen »Optimismus« als eine »allgemeine Regel« des Apostolats aufrecht zu erhalten.[205] Auch in den fünfziger Jahren

---

199 *Stonner*, Versuche, S. 59; »*Ein Laie*«, Die Ursachen der heutigen Ungläubigkeit, in: Der Seelsorger Jg. 22, 1951/52, S. 389–393, S. 389 (Zitat); *R. Müller-Erb*, Über den Schwund des eucharistischen Lebens, in: LS Jg. 12, 1961, S. 1–14, S. 1. Auch in der Soziographie wurden die Schulkinder deshalb z.T. getrennt gezählt: *J. Spielbauer*, Die Münchener Mission 1960, in: Paulus Jg. 32, 1960, S. 97–121, S. 98.

200 *Krose*, Nutzen der kirchlichen Statistik, S. 35.

201 *Baumann*, Gedanken, S. 56.

202 *Krose*, Errichtung, S. 831.

203 *Rösch*, S. 345; Ergebnisse der kirchlichen Statistik vom Jahre 1911, o.D., o.Verf.: EAF, B2-49-20.

204 *Baumann*, Gedanken, S. 60f.

205 *F.X. v. Hornstein*, Optimismus und Pessimismus in der Seelsorge, in: Anima Jg. 5, 1950, S. 239–245, S. 244.

stand in der Ausdeutung des Zahlenbildes ein »leichter, aber stetiger Rückgang« bei einigen Werten ein »erfreuliches Voranschreiten« auf anderen gegenüber. Dabei hob Kardinal Frings, der den ersten Teil seines Berichtes auf
der Fuldaer Herbstkonferenz 1956 unter das Motto »Was die Zahlen sagen«
gestellt hatte, als positive Zeichen neben den steigenden Exerzitien auch
die »tröstlich« wirkende Zahl der caritativen Anstalten und der 244 katholischen Zeitungen hervor.[206]

Erst seit den sechziger Jahren löste sich die Ambivalenz des statistischen
Diskurses allmählich auf. Denn im Verlauf dieser Dekade wurde es offensichtlich, dass »die Statistik, was die Zahl angeht«, alle an der Orthopraxie
und damit auch an der »Rückgewinnung der sog. ›Abständigen‹« orientierten
Seelsorger »noch auf lange Jahre hinaus entmutigen« musste.[207] Viele Pfarrer waren »bestürzt und bedrückt« über den negativen Trend. Daran konnte auch die Korrektur falscher Angaben in der Presse unter Hinweis auf das
›Kirchliche Handbuch‹ nichts mehr ändern.[208] Die Beobachtung der Zahlen
war fortan der Ausgangspunkt des Diskurses über die Kirchenkrise, insofern diese als eine Krise der Orthopraxie konzipiert war. Deshalb konnte der
statistische Diskurs auch nicht mehr ein Gefühl der Konstanz in Zeiten des
gesellschaftlichen Wandels vermitteln. Das musste ein württembergischer
Pfarrer bereits Anfang der sechziger Jahre erleben, obwohl er sogar drei anstatt der pro Jahr üblichen zwei Kirchenbesucherzählungen durchgeführt
hatte. Doch da sich die Bewohner seiner Gemeinde am Sonntag nicht mehr
wie in »früherer Zeit« in der Kirche einfanden, sondern mit dem Auto über
das Land fuhren, ergab sich stets das »gleiche unbefriedigende« Ergebnis.[209]

An der »Säkularisierung« als Ursache nachlassender Besucherzahlen führte kein Weg mehr vorbei.[210] Vor diesem Hintergrund kann man es sogar als
»etwas Erfreuliches« werten, dass die Menge der gezählten Kirchenbesucher im Zuge des Individualisierungsprozesses nicht mehr völlig mit den
»praktizierenden« Katholiken identisch ist, da sich bei vielen Katholiken die
»Einstellung zur Sonntagspflicht« geändert hat. Diese Entwicklung spiegelt
sich in der wachsenden Zahl unregelmäßiger Kirchenbesucher wider. Aus

206 Kardinal Frings am 27.–29.9.1956, Ms.: BDA, Gvs B 17, III; gedruckt in: HK Jg. 11,
1956/57, S. 72–78; vgl. auch P.J. Wiederhold M.S.C., Milieumission und ihre Anwendbarkeit
auf deutsche Verhältnisse, Referat in Marl, 10.–13.1.1953: BAM, GV NA, A-201-265.

207 Ernst Tewes, Thesen zu einem Seelsorge-Konzept, Seelsorge-Konferenz am 20. März
1964 im Ordinariat München: OEM, Hefter Seelsorgeamt.

208 Zitat: Aktenvermerk o.Verf. o.D. [November 1968] über die Kontaktmission in Marl:
BAM, GV NA, A-101-336; vgl. den Leserbrief von *J. Teusch*, Die Zahl der Kirchgänger, in:
FAZ, 29.4.1964.

209 Pfarrer Dangelmaier aus Lautern an Ord. Rottenburg 29.12.1964: HAEK, Dep. DBK,
Korrespondenz Diözese Rottenburg 1950–1976.

210 *Groner*, Neueste Statistiken, S. 378.

deren Vorhandensein lässt sich aber nur in sehr optimistischer Lesart folgern, dass auch bei einer Teilnahmefrequenz von 16,5% im Jahr 2000 von »30 bis 40 Prozent praktizierender Katholiken« auszugehen sei.[211] Die kirchliche Statistik kleidet diese Tendenz in den nüchterner formulierten Befund eines mit jeder neuen Alterskohorte voranschreitenden Wandels vom »habituellen« zum »stärker wahlorientierten« Teilnahmeverhalten, ohne dessen Umfang quantifizieren zu wollen.[212]

Mit der Zementierung der Krise im Zahlenbild der kirchlichen Statistik hat diese auch endgültig ihre Prägung durch den konfessionellen Konflikt abgestreift. Bereits Ende der zwanziger Jahre warnte Hermann Krose vor dem »Prunken mit Zahlenerfolgen« auf katholischer Seite.[213] Dieses noch vereinzelte Eingeständnis eigener Blößen war 1973 dem Gefühl ökumenischer Verbundenheit gewichen, als die seit 1922 in München aktive und seit langem in der Aufbereitung des örtlichen Zahlenmaterials tätige Schwesterngemeinschaft der ›Heimatmission‹ die aktuellen Befunde vorlegte. Der parallele Abdruck von Zahlen aus der evangelischen Kirche sollte nicht zu der Frage »wer ist besser?« führen. Vielmehr sollte es die Einsicht darüber wecken, dass »Begegnungen mit Gott und konsequente Nachfolge hüben wie drüben (...) heute gleichschwer« seien.[214] Der zuständige Direktor der Heimatmission beschrieb die Lage bei der Vorstellung der Zahlen »mit dem Stichwort ›Rezession‹.«[215] In den inzwischen jedes Jahr zu Weihnachten wiederkehrenden Presseberichten über die »immer gleiche Geschichte«, also die nur bei diesem Anlass gefüllten Kirchen, sind die beiden christlichen Kirchen in trauter Eintracht vereint.[216]

Seit den fünfziger Jahren diskutierte die pastorale Literatur das »gewohnheitsmäßige Versäumen der Sonntagsmesse« als ein »Problem der Seelsorge«. Insbesondere in den mit dem soziographischen Diskurs verknüpften Erörterungen über die Chancen einer ›missionarischen Seelsorge‹ gab es Überlegungen, das Modell der Orthopraxie in einem weiteren, nicht mehr allein auf die quantifizierbare Frömmigkeit beschränkten Sinn zu verstehen.[217] Außerhalb der missionarischen Seelsorge trafen Überlegungen zu

211 *Herr*, S. 93f.

212 IKSE, Kirchliche Statistik 2001, S. 94f.

213 *Krose*, Sittlichkeit in Ziffern, S. 154.

214 *Katholische Heimatmission* (Hg.), Münchener Statistik, Vorbemerkung, o. Pag.; vgl. *Häring*, Macht, S. 231; *Schurr*, Seelsorge, S. 26.

215 Entkirchlichung in der Großstadt. Münchener Statistik 1974, in: HK Jg. 29, 1975, S. 428–430, S. 430.

216 Der Tagesspiegel, 24./25.12.2000; Frohe Botschaft für die Gemeinden: Kirchen voll wie selten: Der Tagesspiegel, 27.12.2002; vgl. *T. Sternberg*, Was die Statistik über Katholiken weiß, in: FAZ, 8.12.1999.

217 *A. Ryckmans*, Das Gewohnheitsmäßige Versäumen der Sonntagsmesse als Problem der Seelsorge, in: Anima Jg. 6, 1951, S. 249–253; vgl. Kap. 2.2.

einer Relativierung des Sonntagsgebotes jedoch frühzeitig auf entschiedene Ablehnung, auch wenn es vermehrt eine Einsicht darüber gab, dass der Kirchenbesuch »nicht mehr das einzige Maß aller religiösen Dinge« sei und als einziges Kriterium eine Fassade nur »scheinbarer Frömmigkeit« erzeuge.[218] Aber gerade angesichts der »drückende[n] Sorge« vieler Priester wegen des andauernden Rückganges praktizierender Katholiken scheint es eher ein Akt der Verzweiflung gewesen zu sein, wenn der Essener Bischof Hengsbach 1966 in einem Brief an alle Bistumsangehörigen die Zahlung der Kirchensteuer als ein »bewusstes Zeichen der Zugehörigkeit zur Kirche« interpretierte und diese Steuer dafür ungeachtet ihrer automatischen Erfassung als eine an die »Urkirche« gemahnende Form »freiwilliger Gaben« interpretierte. Eine solche Äußerung verblieb innerhalb des statistischen Diskurses, obwohl Hengsbach hervorhob, »dass die Statistik über den Glauben und die Bereitschaft zum persönlichen Handeln im Alltag wenig aussagen kann«.[219] Der Problemdruck wachsender Entkirchlichung vermehrte eher noch die Pflichten der Orthopraxie, die dem Laien auferlegt wurden. Der Seelsorgerat des Bistums Münster verabschiedete im November 1968 Empfehlungen zur »Sorge um die der Kirche Entfremdeten«, die den Begriff des »praktizierenden Christen« neu interpretierten. Neben der Teilnahme an der Eucharistie seien auch das »Apostolat« der »Weltverantwortung« und die Caritas »unabdingbare Kennzeichen christlichen Verhaltens«.[220]

Eine weitergehende Problematisierung des Sonntagsgebotes stieß als »Selbstprotestantisierung« des Katholizismus auf Ablehnung. Aus der in der theologischen Diskussion nach dem Zweiten Weltkrieg insbesondere von Karl Rahner eingeführten Einsicht, dass die »innere Zustimmung« über den »Wert eines religiösen Aktes« entscheide, folge noch lange nicht, dass die »äußere Bekundung des Glaubens« damit »unwichtig« oder gar »minderwertig« sei.[221] Franz Groner überlegte angesichts der überwiegenden Nichtbefolgung des Sonntagsgebotes, nach anderen »Vorschriften« dieser Art zu suchen. Dennoch blieb die Furcht vor einem »Spiritismus« bestehen, der die christliche Religion als eine »rein geistige Sache« interpretiere. In der Konsequenz musste der in der Orthopraxie sichtbare »Integrationsschwund« der katholischen Kirche Groner zu der Überlegung führen, die schwindende Reichweite des kirchlich bestimmten Feldes als ein unabänderliches Faktum anzuerkennen.[222] Aus der Tatsache, dass mehr als die Hälfte der Katholiken

---

218 *Wimmer*, S. 183.

219 Brief an alle Katholiken im Bistum Essen 1.11.1966: BAM, GV NA, A-101-219.

220 Im Dienst der Seelsorge Jg. 23, 1969, Nr. 2, S. 40.

221 Der Welt nicht gleichförmig. Die Katholiken zwischen Ghetto und Mimikry, in: WW Jg. 8, 1953, S. 885–897, S. 886; zur theologischen Diskussion vgl. *Rahner*, Sakramente, S. 362; *Meyer*, S. 460–484.

222 *Groner*, Integrationsschwund, S. 237.

nicht mehr praktiziere, schloß Joseph Ratzinger bereits 1958 auf die Notwendigkeit eines Verzichts auf den bisherigen breiten »Aktionsradius« der Kirche, der eine »Selbsttäuschung« einschließe. Die »Selbstabgrenzung« des Christlichen müsse bis hin zur »kleinen Herde« vollzogen werden, um die Aufgabe der Glaubensverkündigung um so »realistischer« angehen zu können.[223] Trotz der bei vielen Kirchenmitgliedern verbreiteten »Einwände« gegen das Sonntagsgebot hielt daher auch die von 1972 bis 1975 tagende Würzburger Synode in ihrem Beschluss zum Gottesdienst an der verpflichtenden Bedeutung des Sonntagsgebotes fest.[224] Demnach ist es nicht mehr in jedem Einzelfall eine »schwere Sünde«, aber immer noch eine »ernsthafte Verfehlung gegen Gott und die Gemeinde«, wenn ein katholischer Christ die Feier der Eucharistie »ohne ernsthaften Grund« versäumt. Allein in der Aufzählung jener Umstände, die eine Entpflichtung rechtfertigen, deutet sich eine gewisse Relativierung dieses Maßstabes kirchlicher Bindung an.[225]

In der Kulturzeitschrift ›Hochland‹ sprach ein Beobachter 1928 von einem weit verbreiteten »latenten Irrtum, als enthalte der Begriff der Kirche oder Katholizität eine zahlenmäßigen Wesenszug«. Kaum mehr als zehn Jahre nach der Etablierung der Kölner Zentralstelle hatte sich in Anlehnung an deren Daten eine »popularisierte Statistik« durchgesetzt, »mit deren Hilfe die Anbeter der großen Zahl ihren Kult propagieren«.[226] Die Genese der institutionellen Praxis des statistischen Diskurses und dessen Durchsetzung in der Selbstbeschreibung des Katholizismus vollzogen sich in kurzer Zeit. Sie sind allerdings nicht verständlich ohne einen langen frömmigkeitsgeschichtlichen Vorlauf. Die Konfessionalisierung seit dem 16. Jahrhundert und der Ultramontanismus des 19. Jahrhunderts formierten und prämierten ein Modell kirchlicher Beteiligung, das die öffentlich sichtbare Handlung, die Orthopraxie, weitaus höher schätzte als den rechten Glauben, die Orthodoxie. Aber die Möglichkeit einer umfassenden Quantifizierung dieses Modells wurde erst in dem Moment aktualisiert, als sich um 1900 die konfessionellen Spannungen im Streit um die Mischehen und die Übertritte zu einer anderen Konfession symbolisch verdichteten. Die Statistik versprach, Geschlossenheit und Festigkeit dort mit Exaktheit darzustellen, wo im konfessionellen Konflikt ein eindeutiges Profil der katholischen Kirche

223 *J. Ratzinger*, Die neuen Heiden und die Kirche, in: Hochland Bd. 51, 1958/59, S. 1–11, S. 5.

224 *H. Fleckenstein*, Für und wider die Sonntagsmeßpflicht, in: Sein und Sendung Jg. 6, 1974, S. 50–58, S. 53; *Troxler*, S. 240ff.

225 Gemeinsame Synode, Bd. I, S. 187–225, Zitat S. 200; zur Position des II. Vatikanum vgl. *Troxler*, S. 216ff.; *Herr*, S. 93, sieht in dieser veränderten Semantik einen der Gründe für die gewandelte Einstellung der Gläubigen zur Sonntagspflicht.

226 *Fuchs*, Frömmigkeit in Ziffern, S. 305; vgl. *M. Helm*, Wie sieht es in unseren Pfarreien aus?, in: LS Jg. 3, 1952, S. 65–69, S. 65.

vonnöten war. Das geschah im Kontext moralstatistischer Debatten und Polemiken, welche die große Bedeutung dieses Ansatzes bei der ›Verwissenschaftlichung des Sozialen‹ nachhaltig unterstreichen.[227] Die Berufung katholischer Autoren auf den konservativen Lutheraner v. Oettingen zeigt zugleich, dass der statistische Diskurs den konfessionellen Graben übersprang und auf beiden Seiten dazu beitrug, ein traditionelles, an den Kasualien orientiertes Verständnis von Kirchlichkeit zu konservieren.

Die Praxis des statistischen Diskurses löste jedoch die in der Kirche an ihn gerichteten Erwartungen nicht ein. Statt in der Darstellung kirchlicher Bindung eindeutige Belege für die Konstanz der im 19. Jahrhundert entstandenen Priesterkirche zu vermitteln, unterstützte die Ambivalenz des Geflechtes von Zahlen und das mit ihm einhergehende Schwanken zwischen Hoffen und Zagen einen pastoralen Diskurs, der zwischen selbstgenügsamem Optimismus und einer Beschwörung der Mängel oszillierte. Erst der irreversible Rückgang der wichtigsten Indikatoren seit den sechziger Jahren löste diese Ambivalenz auf und machte die Statistik zum sichtbaren und viel diskutierten Gradmesser der Kirchenkrise. Das Zahlenmaterial der Kölner Zentralstelle, in dem das kirchliche Leben wie in einem Brennspiegel gebündelt wird, ist seitdem die Ursache einer durch das Klassifizierungsmodell der Statistik selbst produzierten Enttäuschung darüber, dass der einst hoch angelegte Maßstab nie wieder erreicht werden wird. Ungeachtet der andauernden Zementierung des Krisenbefundes im Zahlenbild steht eine Relativierung des daran gekoppelten Modells der Kirchlichkeit jedoch bis in die Gegenwart nicht zur Debatte. Immer noch provoziert die jährliche Veröffentlichung der Zahlen wie ein Reflex Überlegungen zur Neuordnung pastoraler Strukturen, obwohl der statistische Diskurs für pastorale Strategien von Beginn an zu wenig komplex war.[228]

227 Vgl. am Beispiel des Diskurses über den Suizid *Baumann*, Recht, S. 202–226. Auch Hermann Krose hatte über den Selbstmord publiziert; vgl. *ders.*, Selbstmordhäufigkeit.

228 Vgl. z.B. Entwicklung wird auch andere Bistümer erreichen. Domkapitular Pohner zur kirchlichen Jahresstatistik, in: Kirchenzeitung für das Bistum Hildesheim, 7.1.2001; Gespräch mit Hans-Werner Eichelberger am 18.12.2002. Zur Relativierung der Statistik bereits im Weimarer Protestantismus, etwa durch Karl Barth, vgl. *Hölscher*, Möglichkeiten, S. 39.

2. Auf der Suche nach der sozialen »Wirklichkeit«: Soziographie

Der Begriff der Soziographie ist heute selbst Kennern der Geschichte der empirischen Sozialforschung kaum noch geläufig. Es ist ein Ansatz, der nie über ein klares epistemologisches Profil verfügte und gerade deshalb in verschiedene Richtungen ausgelegt werden konnte. Dabei haben vom Ende des 19. Jahrhunderts bis in die 1960er Jahre hinein viele Sozialforscher im deutschsprachigen Raum ›Soziographie‹ als Label für die Beschreibung ihrer Arbeit verwendet. Auch deshalb konnte Hans Zeisel bereits 1933 im Anhang zu der berühmten Studie über die »Arbeitslosen von Marienthal«, die er zusammen mit Marie Jahoda und Paul F. Lazarsfeld verfasste und die selbst ein herausragendes Beispiel dieses Ansatzes ist, einen Beitrag zur »Geschichte der Soziographie« veröffentlichen.[1] Mit dem soziographischen Ansatz werden überschaubare soziale Einheiten beschrieben und in ein gesellschaftliches Kräftefeld und Bedingungsgefüge hineingestellt. Auf diese Weise lassen sich die sozialen Ursachen analysieren, welche auf bestimmte Handlungsformen oder Organisationsmuster begünstigend oder hemmend einwirken. Die Soziographie erlaubt damit die Spezifizierung von kausalen Annahmen und Wirkungszusammenhängen, welche im statistischen Diskurs unbestimmt blieben oder gar nicht darstellbar waren.

Im engeren Sinne ist die Soziographie eine spezifische Technik der empirischen Sozialforschung. Das innere Gefüge und die besonderen Merkmale von räumlich lokalisierbaren Sozialgefügen wie einer Siedlung, einem Dorf, einer Stadt werden erhoben und deskriptiv beschrieben. Das kann in quantifizierbarer Form geschehen, muss es aber nicht. Keineswegs handelt es sich bei der Soziographie um eine im Kern statistisch-quantifizierende Form der Sozialforschung. Mit der Verwendung statistischer Erhebungsverfahren macht es der soziographische Zugriff möglich, quantifizierbare Parameter bestimmten Sozialmerkmalen zuzuordnen. Aber neben der Quantifizierung ist die auf eigener Beobachtung basierende qualitative Beschreibung eine zweite grundlegende Arbeitsform der Soziographie. Sie kann durch empirische Arbeitstechniken wie Fragebogen, Interviews oder Zählungen in beliebiger Kombination ergänzt werden.[2]

---

1 Vgl. *Zeisel.*
2 Vgl. die Darstellung von *Zeisel.*

Der soziographische Zugriff auf die soziale Realität konzentriert sich ganz auf konkrete Sozialgefüge, die für analytische Zwecke isolierbar sind. Er operiert deshalb mit dem Schema Teil-Ganzes, ohne für die Prozesse und Strukturen der übergeordneten Sozialwelt eine differenzierte Begrifflichkeit anzustreben. Wie eine von Max Horkheimer bereits 1956 ausgearbeitete Kritik festhielt, ist es nur eine heuristische Fiktion der Soziographie, dass eine »moderne Stadt« eine »in sich geschlossene Einheit bildet«.[3] Mit der Beobachtung und Beschreibung von sozialen Zusammenhängen ›vor Ort‹ knüpft der soziographische Ansatz an die Deutungsroutinen und klassifikatorischen Schemata der dort lebenden Akteure an. Er systematisiert und schematisiert die ›spontane Soziologie‹ des Alltagsbewusstseins. Ein mit expliziten Hypothesen arbeitender Vertreter der empirischen Sozialforschung wie René König wies bereits 1952 darauf hin, dass es »wissenschaftslogisch« gesehen eine »reine Beschreibung« von Fakten gar nicht geben kann. Für die Formulierung von Erkenntniszielen müsse auch die Soziographie auf die Soziologie zurückgreifen.[4] Allerdings kann die soziographischer Arbeit zugrunde liegende Soziologie in der Praxis weitgehend implizit bleiben. Dieses Spezifikum der Soziographie macht sie auch in der Sozialwissenschaft fernstehenden Kontexten zum Türöffner für die Beschäftigung mit soziologischen Fragen und Problemstellungen. Es erleichtert zugleich den Einstieg in die praktische soziographische Arbeit, die auch ohne große professionelle Vorkenntnisse betrieben werden kann. Die Soziographie ist offen für weitreichende Möglichkeiten der Professionalisierung und Institutionalisierung soziologischer Arbeit, setzt diese aber nicht von vornherein zwingend voraus.

2.1. Milieukenntnis und Sozialforschung: Soziographie und »sociologie religieuse« in Frankreich und Deutschland

Der soziographische Ansatz setzte sich in der westdeutschen katholischen Kirche von 1945 bis in die fünfziger Jahre hinein durch. Im Zuge dieses Prozesses sind verschiedentlich Genealogien entworfen worden, mit denen die Neuartigkeit und hermeneutische Fremdheit einer soziologischen Betrachtung der Religion in der Kirche durch ihre Einbettung in eine lange und ehrenwerte Tradition gemildert werden sollte. Ein Beispiel dafür ist die in der soziographischen Literatur der fünfziger Jahre wiederholt anzutreffende Berufung auf

---

3 Institut für Sozialforschung, S. 133–150, Zitat S. 139.
4 *König*, Sozialforschung, S. 26.

Heinrich Swoboda, der mit seinem zuerst 1909 erschienen Buch über »Groß-stadtseelsorge« einen »Anfang zur Soziologie der Pfarrei gemacht habe«.[5] In der Tat situierte sich der Wiener Pastoraltheologe mit seinem Thema, den negativen Auswirkungen der Urbanisierung auf die Pfarrorganisation, und seinem zentralen Vorschlag, der Verringerung der Seelenzahl pro Pfarrei durch gezielte Abpfarrungen, inmitten des soziographischen Diskurses. Aber eine genaue Lektüre seines Werkes macht deutlich, dass sein Kategoriengerüst und sein methodischer Zugriff auf die soziale Wirklichkeit zutiefst vom statistischen Diskurs geprägt war. Dazu gehörte etwa der wiederholte Hinweis auf die Mischehen als der großen sittlichen Gefahr des urbanen Lebens für die Katholiken, die Gewichtung solcher Risiken mit Hilfe moralstatistischen Zahlenmaterials und die Forderung nach der gründlichen Führung des ›status animarum‹ als des wichtigsten pastoralen Hilfsmittels, das dem Seelsorger in der Großstadt zur Verfügung stünde.[6] Stärker soziographisch argumentierte dagegen eine Abhandlung des Pastoraltheologen Wilhelm Schwer aus dem Jahr 1921. Für ihn war die Großstadtseelsorge »nichts weniger als ein bloßes Zahlenproblem und Rechenexempel«, sondern müsse vielmehr die Stadt als ein »soziologisches Gebilde in den Mittelpunkt der Betrachtung« stellen.[7]

Ein anderes, prominentes Beispiel für die Tendenz zu innerkirchlichen Genealogien der Soziographie zeigt das »mit großem Beifall« aufgenommene Hauptreferat über »Soziologie und Seelsorge« von Joseph Höffner auf der De-chantenkonferenz des Bistums Münster 1953.[8] Höffner (1906–1987) lehrte zu diesem Zeitpunkt Christliche Sozialwissenschaften in Münster und leitete das gleichnamige, dort angesiedelte Institut. Von 1962 bis 1969 war er Bischof von Münster, von 1969 bis zu seinem Tod Erzbischof von Köln. Er wird uns in all diesen Funktionen im Verlauf dieser Studie noch öfter begegnen. Dabei ist schon jetzt auf die bemerkenswerte Wandlung hinzuweisen, die Höffner im Verhältnis zu den Sozialwissenschaften vollzogen hat. In den fünfziger Jahren war er ein entschiedener Fürsprecher der Anwendung soziographischer Methoden in der Kirche. Spätestens seit dem Abschluss des Konzils 1965 zeigte sich jedoch eine zunehmende »Skepsis« mit Blick auf die vom Konzil avisierte Modernisierung der Kirche, die nur »Gärung und Unsicherheit« in der Kirche freizusetzen schien und die Entkirchlichung nicht aufhielt. Diese Enttäuschung scheint auch seine Einstellung zur Anwendung der Sozialwissenschaften beeinflusst zu haben, zumal in den innerkirchlichen Konflikten mit Vertretern einer ›linken‹, sozialwissenschaftlich inspirierten

5 *N. Monzel*, Soziologie der Pfarrei. Ein Literaturbericht über vier Jahrzehnte (1909–1949), in: LS Jg. 3, 1952, S. 156–160, S. 156f.; *Höffner*, Industrielle Revolution, S. 9.

6 *Swoboda*, S. 117f., 139, 202, 205, 214, 254–258, 267–278, 388f., 443; vgl. *Bautz*, Bd. 11, Sp. 309–312.

7 *Schwer*, S. 64.

8 Protokoll der Dechantenkonferenz v. 25.-27.5.1953: BAM, GV NA, A-101-381.

Theologie, gegen die Höffner seit den späten sechziger Jahren verschiedentlich Stellung bezog.[9]

1953 war davon noch nichts zu spüren. Höffner begann sein Referat mit der Bemerkung, es könne »befremden«, den seelsorglichen Dienst am »Aufbau des Corpus Christi Mysticum« mit der »nicht zu Unrecht« als »Tochter des Positivismus« verdächtigten Soziologie in Verbindung zu bringen. Aber in ihrer empirischen Anwendung als »Religionssoziographie« diene diese Wissenschaft doch nur der Milieukenntnis als einem alten Anliegen der Seelsorge. Das habe bereits in dem Wort »Ich bin der gute Hirte und kenne die Meinen« (Joh. 10,14) prägnanten Ausdruck gefunden, das allerdings oft nur im Sinne der persönlichen Kenntnis des einzelnen Menschen gedeutet werde. Demgegenüber würden die vier Evangelien davon zeugen, dass Jesus ein hervorragender Kenner der religiösen und sozialen Spannungen in Palästina gewesen sei.[10] Mit der Metapher vom ›guten Hirten‹ positionierte Höffner die Soziographie inmitten eines seit dem Tridentinum gebräuchlichen pastoralen Diskurses, der den Pfarrer als paternalistisch-fürsorglichen Wohltäter und Aufseher der ihm anvertrauten ›Pfarrkinder‹ verstand.[11] Der spezifisch wissenschaftlich-methodische Einsatz und damit das Neue der Soziographie wurde auf diese Weise camoufliert. Nur vor diesem Hintergrund konnte Höffner auch die Behauptung aufstellen, dass die bewährten Arbeitstechniken »Hausbesuch, Pfarrkartei und Religionsstatistik mitten« in soziographische Fragen hineinführen würden.[12] Mit dem Hinweis, die bisherige kirchliche Statistik sei »zu global« und in ihrer mangelnden sozialen Differenzierung »wenig aufschlussreich«, knüpfte Höffner an bereits in der Weimarer Republik einsetzende Versuche an, die Pfarrkartei für eine nach Altersgruppen und Berufsschichten aufgeschlüsselte Analyse der Pfarrei zu benutzen und damit über den statistischen Diskurs hinauszugelangen.[13]

Einen anderen Traditionsstrang soziographischer Arbeit in Deutschland, der nach 1945 in der kirchlichen Sozialforschung Anwendung fand, stellen die Arbeiten von Ludwig Neundörfer dar. Neundörfer (1901–1975) kam

---

9 Vgl. *Lettmann; Damberg,* Abschied, S. 236–256, Zitat S. 255; Kap. 2.3, 6.

10 Protokoll der Dechantenkonferenz v. 25.-27.5.1953: BAM, GV NA, A-101-381.

11 Ebd.; RGG, 3. Aufl., Bd. 2, S. 1619, weist darauf hin, dass die Aussage »Ich bin der gute Hirte« hier »nicht eigentlich bildliche Rede« sei, sondern ein Hinweis darauf, dass Jesus dieser Name zu Recht zukomme. Aber in dem von Höffner angesprochenen Kontext ist das tertium comparationis die Milieukenntnis als eine Eigenschaft des Hirten. Vgl. LThK, 3. Aufl., Bd. 5, Sp. 155–160; *Pfliegler,* Pastoraltheologie, S. 3f.; *Schöllgen,* Grundlagen, S. 400f., verwendete diese Metapher als Argument für die Berechtigung des »Pfarrprinzips«.

12 Ebd.; ähnlich: o.Verf., Seelsorgliche Untersuchung der soziologischen Struktur Wesels vom März 1956. Konferenzvortrag auf der 1. Pastoralkonferenz am 20.2.1957: BAM, Kommissariat Niederrhein, A 4; *M. Pfliegler,* Die Pfarre als Mitte und Einheit der seelsorglichen Planung, in: Der Seelsorger Jg. 30, 1959/60, S. 241–247, 307–311, S. 241; *G. Ermecke,* Lebendige Seelsorge und Pastoralsoziologie, in: LS Jg. 3, 1952, S. 129–131, S. 129.

13 Ebd.; vgl. *Mertens; Wimmer,* S. 180ff.; *Weber,* Statistik; *Wothe,* S. 69–79.

aus der katholischen Jugendbewegung. Er hatte bis 1933 im hessischen Kultusministerium, danach als Stadt- und Sozialplaner in Heidelberg soziographische Arbeitstechniken entwickelt, zu denen vor allem die Erhebung sozialstatistischer Daten auf Haushaltsebene und die räumliche Kartierung von Sozialmerkmalen zählte. Trotz seiner weltanschaulichen Gegnerschaft zum NS-Regime wurde er von diesem mit erheblichen Ressourcen für die praktische Sozialforschung ausgestattet. Die dabei entwickelten Methoden wandte er als Leiter des Soziographischen Instituts der Universität Frankfurt auch nach 1945 in der kirchlichen Sozialforschung an.[14]

Zu diesen deutschen Traditionslinien traten die Einflüsse der französischen ›sociologie religieuse‹, welche in vielerlei Hinsicht ein der Soziographie ähnliches Programm verfolgte.[15] Der Kanonist Gabriel Le Bras (1891–1970) hatte 1931 einen epochemachenden Aufsatz veröffentlicht, in dem er das Programm einer quantifizierenden und regional differenzierenden Langzeitanalyse der Kirchlichkeit in Frankreich entwarf. Bereits beim Beginn der empirischen Arbeit entwarf Le Bras seine in der Folge nur unwesentlich modifizierte Typologie von Stufen der Kirchlichkeit. Dabei unterschied er neben den gänzlich kirchenfernen Personen die nur an den Lebenswenden Geburt, Hochzeit und Beerdigung praktizierenden »conformistes saisonniers«; die den Kirchenbesuch und die Osterpflicht erfüllenden »pratiquants« sowie die »devots«, die darüber hinaus Mitglieder in Standesvereinen waren und regelmäßig kommunizierten.[16] Seit Anfang der dreißiger Jahre begann Le Bras eine Gruppe von Mitarbeitern aufzubauen, die dieses religionssoziologische Interesse in das Forschungsprogramm einer historischen Langzeitbetrachtung der Entchristlichung Frankreichs überführten. Nicht nur das Forschungsprogramm von Le Bras, sondern auch das von Fernand Boulard (1898–1977), dem Nationalseelsorger der christlichen Landjugend J.A.C., besaß eine sozialgeographische und sozialökologische Ausrichtung. Boulard legte seit 1945 wichtige Studien zur Säkularisierung ländlicher Regionen vor. Seit 1954 trieb er im Auftrag des Episkopats die Arbeit an einer Serie von empirischen Erhebungen zur sozialen und religiösen Struktur der französischen Bistümer voran.[17]

Nach 1945 kam es zu einer Präzisierung des quantifizierenden Instrumentariums. Jacques Petit, ein Schüler von Le Bras, arbeitete mit einer Gruppe von Klerikern seit 1946 in Pariser Pfarreien daran. In der deutschen

---

14 *Ziemann*, Suche, S. 413.

15 Von »études sociographiques« sprach z.B. *Pin*, Dix ans, S. 218.

16 *Le Bras*, Statistique, S. 430f.; vgl. die Sammlung seiner wichtigsten Arbeiten in *ders.*, Études, S. 229, 463f.; zur Biographie: *Bautz*, Bd. 4, Sp. 1297–1300; für eine vergleichbare Typologie von Pfarreien *Pin*, Vocation, S. 575.

17 Exemplarisch: *Boulard*, Problèmes; *Le Bras*, Études, S. 72–99; vgl. *Cholvy/Hilaire*, S. 167–170.

Kirchensoziographie war die Methode später als ›differenzierte Kirchen-besucherzählung‹ bekannt. Durch die Verteilung von Fragezetteln an die Messbesucher konnte Petit diese nach Adresse, Alter, Geschlecht und Beruf aufschlüsseln. Bereits die Wiedergabe der ersten Ergebnisse durch Le Bras konzentrierte sich auf einen auch in der Folge stets als zentral herausgestell-ten Befund, nämlich die »désertion des ouvriers« aus der Kirche und die im Vergleich damit relativ gute Praxis der Mittelschichten.[18] Allerdings blieb der primäre Ansatz von Le Bras und Boulard zur Erklärung religiöser Pra-xis die historische Tradition und die geographische Konstellation. Jeglicher Einfluss der Klassenlage wurde nach ihrer Ansicht durch die spezifische re-gionale Ausformung eines Berufsmilieus gebrochen und differenziert.[19] Erst der Jesuitenpater Émile Pin konzentrierte sich Mitte der fünfziger Jahre in seiner Studie über eine Gemeinde in Lyon ganz auf ein stratifikatorisches Erklärungsmodell, das die Abhängigkeit der Kirchlichkeit von der Lebens-lage und der Soziokultur sozialer Klassen in den Vordergrund rückte und daraus die höhere Kirchlichkeit des Bürgertums ableitete.[20]

Ein breiteres Publikum in Deutschland lernte das französische Pro-gramm der ›religiösen Soziologie‹ kennen, als ein zu diesem Zeitpunkt 24 Jahre alter Priester aus Freiburg es 1955 in seiner fortan vielzitierten pasto-raltheologischen Dissertation »Soziologie der Pfarrei« vorstellte. Der Ver-fasser, Norbert Greinacher, ist in verschiedenen Etappen eine der Schlüs-selfiguren der Verwissenschaftlichung der katholischen Kirche gewesen. Von 1958 bis 1962 leitete er das neugegründete Pastoralsoziologische Insti-tut in Essen, das in dieser Zeit eine wichtige Funktion bei der Verbreitung des soziographischen Ansatzes hatte. Nach einem Forschungsaufenthalt in Wien lehrte Greinacher von 1967 bis 1969 in Münster, ab 1969 dann als Professor für Praktische Theologie in Tübingen. Seit den späten sech-ziger Jahren stand er verschiedentlich im Mittelpunkt von Kontroversen, in denen er öffentlichkeitswirksam als Kritiker der kirchlichen Hierarchie auftrat. Dabei setzte er stets sein Renommee als Sozialwissenschaftler und Theologe zugunsten innerkirchlicher Reformbestrebungen ein.[21]

Greinacher war 1952/53 beim Studium in Paris mit der Mission de France und einigen Arbeiterpriestern in Kontakt gekommen und hatte Freundschaft mit Yvan Daniel geschlossen, der zusammen mit Henri Go-din das Wort von Frankreich als einem ›Missionsland‹ geprägt hatte. Seine mit einem Vorwort von Gabriel Le Bras versehene Studie mochte mancher

18 *Le Bras*, Études, S. 601f. (Zitat); *Desroche*, S. 49f.; *Greinacher*, Soziologie der Pfarrei, S. 108–120 ; Kap. 2.3.
19 *Boulard*, Wegweiser, S. 32–56, 102ff.
20 *Pin*, Classes sociales; vgl. *Terrenoire*, S. 166–171.
21 *Greinacher*, Soziologie der Pfarrei; vgl. Kap. 2.3, 3.3, 4.3., 6.

interessierte Beobachter »in der Hand jedes Pfarrers wünschen«.[22] Denn sie informierte nicht nur über Ziele und Notwendigkeit des soziographischen Forschungsprogramms unter den spezifischen deutschen Bedingungen. Zugleich machte sie nochmals klar, dass unter Soziographie keineswegs nur die sozial geschichtete Quantifizierung der Kirchenbesucher mit Hilfe der von Jacques Petit erfundenen Zählkarten zu verstehen sei. Greinacher lehnte sich eng an das französische Vorbild an, da bei ihm auch die historische Untersuchung der im Pfarrarchiv enthaltenen Visitationsprotokolle sowie das »systematische Interview« zu den wichtigen Arbeitstechniken zählten.[23]

Einen wissenschafts- und ideengeschichtlichen Anknüpfungspunkt für die Durchsetzung soziographischer Konzepte im deutschen Katholizismus bot schließlich die spezifische Tradition der katholischen Soziallehre, und zwar positiv wie negativ: Positiv insofern, als einige namhafte Moraltheologen und Sozialethiker nach 1945 für eine unbefangene Rezeption und Diskussion soziologischer Einsichten in der Kirche plädierten und entsprechende Konzepte in verschiedenen Publikationen vorstellten. Neben den bereits erörterten Anstößen von Joseph Höffner sind hier vor allem die Theologen Werner Schöllgen, Nikolaus Monzel, Gustav Ermecke, Jakob David und Adolph Geck zu nennen.[24] Der in Bonn lehrende Moraltheologe Schöllgen (1893–1985) war von Goetz Briefs zum Interesse an der Soziologie geführt worden. Er griff dabei ganz ähnlich wie Häring und Höffner den neutestamentlichen Begriff des ›Kairos‹ als den entscheidenden Fingerzeig für »Recht und Notwendigkeit der Pastoralsoziologie« auf.[25] Dieser im profanen Sinne als ›rechte Zeit‹ oder ›Gelegenheit‹ übersetzbare Terminus fordert im Neuen Testament zu Umkehr, Glaube und Nachfolge Christi auf (v.a. Mk 1, 15–20). Für Schöllgen bündelte sich darin die für den christlichen Glauben spezifische Überzeugung, dass der Mensch »berufen« sei, »Gottes Auftrag zu einer bestimmten Stunde zu erfüllen«. Genau an diesem historischen Moment, in welcher die »Schicksalsaufgabe« der »Bewäh-

22 *A. Geck*, Die Entwicklung der im Dienste der sozialen Pastoral stehenden Religionssoziographie in Deutschland von 1952 bis 1956, in: Kölner PBl. Jg. 9, 1957, S. 49–54, Zitat S. 52; Pfarrer Werner Becker 8.8.1956 an KISIF: KDC, 21, 4291; *Moltmann*, S. 56–64, S. 58.

23 *Greinacher*, Soziologie der Pfarrei, S. 101–107, 255–260.

24 Monzel, Geck und Ermecke organisierten auch 1952 das erste Treffen der deutschen Sektion der 1946 gegründeten »Conférence internationale de Sociologie religieuse«, die vornehmlich katholische Soziologen versammelte. Gustav Ermecke, 28.2.1952: BAM, Franz-Hitze-Haus A 196.

25 *W. Schöllgen*, Recht und Notwendigkeit der Pastoralsoziologie im Urteil der Theologie, in: Anima Jg. 12, 1956, S. 16–24; *ders.*, Soziologie und Pfarrseelsorge, in: ebd. Jg. 10, 1955, S. 162–169; vgl. *J. Höffner*, Soziologie und Seelsorge, in: Trierer Theologische Zeitschrift Jg. 65, 1956, S. 217–228, S. 218f.; *B. Häring*, Der biblische Begriff »kairós« in seiner Bedeutung für die Pastoralsoziologie, in: Theologie der Gegenwart Jg. 2, 1959, S. 218–223; LThK, 3. Aufl., Bd. 9, Sp. 204 s.v. Schöllgen.

rung« zu leisten sei, komme die »christliche Soziologie« zu ihrem Recht. Denn diese nehme die Gegenwart als eine für das Handeln des Christen gegebene Situation in den Blick. Dafür müsse sie, so Schöllgen, mit Hilfe »profaner« Soziologie als ›Wirklichkeitswissenschaft‹ (Hans Freyer) bzw. als ›Gegenwartswissenschaft‹ (René König) arbeiten, wofür nicht zuletzt die amerikanischen Methoden der ›case studies‹ und der Meinungsumfragen in Betracht kämen.[26] Die »Eigengesetzlichkeit des Gesellschaftlichen« sei dabei vorbehaltlos anzuerkennen.[27]

Im Gegensatz zu den bislang genannten Theologen hatte Adolph Geck (1898–1987) bei Goetz Briefs und Leopold v. Wiese eine umfassende Ausbildung in betriebssoziologischen und sozialpsychologischen Methoden erhalten und darüber von 1928 bis 1938 mehrere Monographien publiziert. Erst nach dem Entzug seiner Dozentur für Soziologie an der Technischen Hochschule Berlin 1938 begann Geck das Studium der Theologie und wurde zum Priester geweiht. Seit 1948 war er Direktor des Katholisch-Sozialen Instituts der Erzdiözese Köln in Bad Honnef. In vielen Beiträgen forderte Geck die Bündelung sozialwissenschaftlicher Erkenntnisse unter dem Dach einer »sozialen Pastoral«.[28] Mit ihrer Hilfe sollten die Seelsorger sich von dem nunmehr unzeitgemäßen »Individualismus« in der Heilssorge und Verkündigung lösen, wie er in dem Motto »Rette Deine Seele« Ausdruck gefunden habe. Nach dem Ende der weitreichenden sozialen Einbettung der Kirche stünde die Seelsorge nunmehr einer »säkularisierten und verzivilisierten Gesellschaft« gegenüber, in der insbesondere der moderne Industriebetrieb einen »religionsfernen Raum« darstelle. Diese unmissverständliche Markierung einer Differenzierungserfahrung löste Geck allerdings dahingehend auf, dass er insbesondere für die Pfarreien ein »organisch gegliedertes« Sozialleben als Ziel postulierte, mit dem sich die atomisierenden Folgen der Differenzierung auffangen lassen sollten.[29]

An diesem Punkt zeigt sich jedoch, dass die kirchliche Soziallehre auch einen negativen Anknüpfungspunkt für die Akzeptanz soziographischer Ansätze darstellte. Dies geschah genau in dem Maße, in dem ihr eine wachsende Zahl von Katholiken die Fähigkeit zur Orientierung über die soziale Realität der modernen Gesellschaft absprach. Eine solche Sicht kontrastiert mit gängigen Deutungen, die gerade für die Zeit nach 1945, auch

26 Schöllgen verwies u.a. auf Apg. 1,7; 2. Tim. 4,1–8; Mt. 16,2–3. *Schöllgen*, Christliche Soziologie, Zitat S. 413f.; LThK, 3. Aufl., Bd. 5, Sp. 1129–1131 s.v. Kairos.

27 *Schöllgen*, Grundlagen, S. 29 (Zitat), 66, 170ff., 233, 238, 373.

28 Vgl. aus der Fülle der Beiträge *A. Geck*, Erkenntnis und Heilung des Soziallebens. Zum Aufbau der Sozialwissenschaft, in: Soziale Welt Jg. 1, 1949/50, S. 3–12; *ders.*, Entwicklung; vgl. *Bernsdorf*, S. 171f.; *Klein*, S. 390.

29 *A. Geck*, Die moderne Seelsorgslage im Licht der Sozialwissenschaften, in: Theologie und Glaube Jg. 48, 1958, S. 423–443, Zitate S. 431–433.

als Reaktion auf die nationalsozialistische Diktatur, eine Renaissance und hohe Geltungskraft des Naturrechtsdenkens als einer bestimmten Zuspitzung der katholischen Soziallehre konstatieren. Für manche Politikfelder wie die Reform der Sozial- und Rentenversicherung oder die Ehe- und Familienpolitik ist das zweifellos zutreffend.[30] Aber ein skeptischer Beobachter wie Gustav Gundlach SJ konstatierte bereits seit Mitte der fünfziger Jahre ein deutlich schwindendes Interesse am normativen Charakter dieser Ordnungsvorstellungen.[31] Nach Verkündigung der Sozialenzyklika ›Mater et magistra‹ 1961 empfand Gundlach sogar, »die Soziallehre der Kirche stehe vor den Trümmern ihrer praktischen Geltung«, weil bei vielen Katholiken der »Wert der Soziallehre der Kirche zu Gunsten einer rein pastoralen Behandlung der Probleme gesellschaftlichen Lebens erschüttert« worden sei.[32]

Ein Gespür für die nachlassende Geltungskraft der kirchlichen Sozialverkündigung entwickelte sich jedoch nicht nur bei deren Vertretern. Gerade die Kritik der fehlenden empirischen Trennschärfe bei der Beurteilung sozialer Sachverhalte wurde auch von außen an die Soziallehre herangetragen. Dabei vertraten neben dezidierten Fürsprechern der Soziographie auch Vertreter des linken Spektrums im deutschen Katholizismus wie die »Frankfurter Hefte«, Praktiker der katholischen Sozialarbeit und richtungspolitisch eher neutrale Beobachter wie die Redaktion der »Herder-Korrespondenz« wiederholt eine im Kern übereinstimmende Meinung. Sie monierten, dass die Soziallehre mehr sein müsse als eine »Sozialphilosophie«, bislang aber nicht über erste »Ansätze dazu hinausgekommen« sei, die »neuen Entwicklungen des gesellschaftlichen Lebens« zu berücksichtigen.[33] 1954 bezog sich die »Herder-Korrespondenz« erneut auf die andauernden »Klagen über die Unwirksamkeit der christlichen Gesellschaftslehre«. In diesem Sinne referierte man Ausführungen des in Löwen lehrenden Moraltheologen Jacques Leclercq (1891–1971), der die normative Deduktion von Sozialgebilden im Sinne der Soziallehre zugunsten einer empirischen, für die pastorale Praxis ergiebigen Soziologie zurückdrängen wollte. Vor der »Wirklichkeit« der soziologischen Fakten, fügte die Redaktion der »Herder-Korrespondenz« zur

---

30 *Stegmann/Langhorst*, bes. S. 798–813; *Rölli-Allkemper*, S. 71–78, einschränkend S. 153ff.
31 *Rauscher*, Soziallehre, S. 23–26.
32 Gustav Gundlach an Heinrich Tenhumberg 27.2.1962 (erstes Zitat): BAM, GV NA, A-0-737; ders. an dens. 30.12.1961 (zweites Zitat, Hervorhebung im Original): BAM, GV NA, A-201-245.
33 Vgl. u.a. *Brockmöller*, Industriekultur, S. 228 (Zitat); Zehn Jahre, o.Pag.; HK Jg. 3, 1948/49, S. 83ff.; HK Jg. 11, 1956/57, S. 210; FH Jg. 3, 1948, S. 901. Gerade die Frankfurter Hefte hatten bereits in ihrem Editorial klargestellt, dass die »Welt«, auf die man sich beziehe, »nicht etwa ›das Religiöse‹« sei, sondern »die ganze, vielschichtige, reiche, arme Wirklichkeit«; FH Jg. 1, 1946, Heft 1, S. 2.

Zerstreuung von Bedenken hinzu, »sollten die Christen keine Angst haben. Denn die Tatsachen können die christliche Soziallehre nur bestätigen.«[34]

Damit war implizit ein Problem angesprochen, das die Herleitung und damit auch die Akzeptanz des soziographischen Ansatzes über die Konkurrenz zur Soziallehre hinaus beeinflusste. Seine Vertreter behandelten es stets mit großer Entschiedenheit, um aufkommende Bedenken rasch zu zerstreuen. Ihnen war bewusst, dass die soziologische Einbettung kirchlichen Handelns in den gesellschaftlichen Kontext die Gefahr des »Soziologismus« nach sich zog, also der »Verabsolutierung« dieses Gesichtspunktes durch die »Erklärung aller Gegebenheiten und Zusammenhänge vom Gesellschaftlichen her«.[35] Um den »Heiligen Geist« nicht völlig durch die »Sozialforschung« zu verdrängen, galt es zwischen der Scylla eines »völlig weltfremd und weltflüchtig« werdenden »Monophysitismus« und der Charybdis eines »Nestorianismus« zu manövrieren, wo der Geistliche nur ein »Funktionär und Propagandist« sei.[36] Die Antwort lag in einer eindeutigen und entschiedenen Absage an jeden soziologischen Determinismus. Hinzu kam die Feststellung, dass die Soziographie nur über den »natürlichen Teil« des religiösen Aktes, nicht aber über den »übernatürlichen« urteilen könne und wolle, dessen Verständnis allein dem gläubigen Menschen vorbehalten bleibe.[37]

Das war nur als kirchenpolitische Absichtserklärung eine klare Aussage. Ihre wissenschaftstheoretischen Implikationen blieben wohl mit Bedacht eher verschwommen, konnten es in der empirischen Arbeit allerdings auch bleiben. Denn sie verband sich mit der Zurückhaltung aller an der Soziographie interessierten Kreise, die ihrer Arbeit nur eine »bescheidene Stellung« als »Hilfswissenschaft« im Apostolat einräumen wollten oder sie gar als »Dienerin« der Offenbarung konzipierten.[38] Es waren ›kritische‹ katholische Pastoraltheologen, die Ende der siebziger Jahre eine solche Verhältnisbestimmung von Theologie und Sozialwissenschaften als »ancilla-Paradigma« bezeichneten.[39] Wissenschaftsgeschichtlich ist diese bereitwillige verbale Unterordnung allerdings weniger aufschlussreich als die Frage, ob und in welcher Form soziologisch erarbeitetes und geprüftes Wissen in die alltägliche Arbeit der Kirche eingeführt werden sollte. Linus Grond OFM, Generalsekretär der internationalen Föderation katholischer Sozialforschungsinstitute (FERES), hat diese praktische Zweckbestimmung der kirchlichen Sozialforschung 1953 in die fortan vielzitierte Formel vom »Thermome-

---

34 HK Jg. 9, 1954/55, S. 345–347; vgl. *Moews*, S. 147f.

35 *Häring*, Soziologie der Familie, S. 40–53, Zitat S. 229; LThK, 2. Aufl., Bd. 9, Sp. 932f. s.v. Soziologismus; *Schöllgen*, Grundlagen, S. 328–335.

36 *W. Schöllgen*, Der Heilige Geist und die Sozialforschung, in: LS Jg. 7, 1956, S. 221–224, S. 223.

37 *Greinacher*, Soziologie der Pfarrei, S. 255–259, Zitat S. 256.

38 *Boulard*, Wegweiser, S. 89, 93; *Greinacher*, Soziologie der Pfarrei, S. 19.

39 *Mette/Steinkamp*, S. 166–168 (Zitat); *Feige*, S. 37–40.

ter der Kirche« gekleidet. An dieser Metaphorik – andere Autoren verwendeten, als Gegensatz zu »Heilmittel« verstanden, die Begriffe »Spiegel« oder »Instrument« – lässt sich zugleich das mechanistische Selbstverständnis dieses Ansatzes erkennen.[40] Denn die Frage danach, in welcher Form die vom ›Thermometer‹ gemessene Temperatur in die Arbeit der Kirche eingeführt und zu deren Steuerung nutzbar gemacht werden sollte, lag außerhalb der Grenzen des soziographischen Diskurses. In die bürokratischen Routinen des kirchlichen Apparates griff dieser Ansatz nicht ein. Ein Thermostat, das Abweichungen und Störungen korrigierbar machen würde, war nicht vorgesehen. Die mit diesem Modell in der Kybernetik der fünfziger Jahre bereits hinlänglich ausgearbeitete und präsente Vorstellung eines systematischen Rückkopplungseffektes blieb außen vor.[41]

Insgesamt zeigt die wissenschaftsgeschichtliche Traditionsbildung der katholischen Soziographie ein vielgestaltiges und keineswegs scharf konturiertes Bild. Unter der Flagge des soziographischen Ansatzes konnten sich divergierende soziologische, kirchenpolitische und theologische Traditionen und Positionen versammeln. Das Spektrum reichte dabei bis hin zu Vertretern der Neuscholastik als einer entschieden antimodernen und gegen den Rationalismus eingestellten theologischen Position. Es gab kaum verbindliche Festlegungen über den genauen Zuschnitt des methodischen Instrumentariums und die damit verfolgten Erkenntnisziele. Einigkeit herrschte nur über das emphatische Bekenntnis, mit den Mitteln der empirischen Sozialforschung etwas über die soziale ›Wirklichkeit‹ und ihre Rückwirkungen auf Kirche und Glauben aussagen zu wollen. Ob dabei eher mit quantifizierenden oder mit qualifizierenden Ansätzen gearbeitet werden sollte, war von sekundärer Bedeutung gegenüber der Forderung, dass die mit diesem Instrumentarium arbeitenden Personen über eine auf eigener lebensgeschichtlicher Erfahrung basierende Milieukenntnis verfügen mussten. Dieser Zuschnitt des soziographischen Ansatzes sollte sich erst ändern, als sich dieser sich mit dem Programm der ›missionarischen Bewegung‹ verband und dann seit Mitte der 1950er Jahre sehr rasch in feste wissenschaftsorganisatorische Formen eingefügt wurde.

40 *L. Grond*, Das »Thermometer« der Kirche. Aufgaben einer kirchlichen Sozialforschung, in: WW Jg. 8, 1953, S. 85–94; vgl. G.H.L. Zeegers 14.11.1950 an Erzbischof Lorenz Jaeger: KDC, 21, 2771. Daneben waren medizinische Vergleiche verbreitet, welche die Soziographie als »Diagnose« kennzeichneten, der die »Therapie« auf dem Fuße folgen müsse. Solche Metaphern konnten jedoch nicht nur an eine lange Tradition in der Seelsorge anknüpfen, sondern waren bei der Propagierung humanwissenschaftlicher Konzepte ubiquitär verbreitet. Vgl. *Fischer*, Soziographie, S. 4; *W. Suk*, Die soziale Wirklichkeit als Gegebenheit der Seelsorge in der Pfarre St. Johannes von Nepomuk, in: Der Seelsorger Jg. 26, 1955/56, S. 472–495, S. 495; *Brown*, Definition, S. 76–95.

41 Klassisch dazu: *Ashby*, S. 42–72, 198–201.

2.2. Von der »papiernen« zur »lebendigen« Seelsorge: Hoffnungen auf eine »missionarische Bewegung«

Der soziographische Ansatz kam seit Anfang der fünfziger Jahre in vielen westdeutschen Diözesen zum Einsatz. Seine beinahe flächendeckende Verbreitung machte ihn zum wichtigsten Türöffner für das Vordringen soziologischer Konzepte in der katholischen Kirche der Bundesrepublik. Die organisatorischen Anlässe und Impulse für seine Anwendung waren vielfältig. Letztlich lassen sie sich jedoch auf zwei Kontexte zurückführen, in denen die Nutzung soziographischen Wissens seit dem Ende des Zweiten Weltkrieges plausibel und unabdingbar schien. Bei dem einen handelte es sich um die Verarbeitung einer als höchst ›real‹ empfundenen sozialgeschichtlichen Umwälzung mit weitreichenden Folgen. Der andere hatte dagegen eher den Status eines gedanklichen Konstruktion, die sich aus der projektiven Übertragung der religiösen Verhältnisse Frankreichs ergab.

Den ersten Impuls für die Anwendung soziographischen Wissens vermittelte die mit der Flucht und Vertreibung seit 1945 einhergegangene Bevölkerungsverschiebung. Mit der Vertreibung von rund 12 Millionen Deutschen aus Mittel- und Südosteuropa und den ehemaligen deutschen Ostgebieten im Gefolge des Zweiten Weltkrieges und der Flucht aus der SBZ/DDR verband sich eine dramatische Umgestaltung der konfessionellen Landkarte Deutschlands. 1950 war jeder sechste Katholik in der Bundesrepublik ein Vertriebener. Zum gleichen Zeitpunkt lebten nur 12% aller westdeutschen Katholiken, jedoch 33,6% der Vertriebenen unter ihnen in Diasporakreisen, in denen weniger als ein Drittel der Bevölkerung der katholischen Konfession angehörte.[42]

Der Zustrom der Vertriebenen brach nicht nur gewachsene Vergemeinschaftungsformen auf und schürte soziale Konflikte. Es prallten auch unterschiedliche Frömmigkeitsformen sowie gegensätzliche Interpretationen des christlichen Glaubens aufeinander und zwar gerade im ländlichen Raum. Der Anblick verschwenderisch gefeierter und angesichts der materiellen Not der Flüchtlinge im selben Dorf frivol anmutender Bauernhochzeiten ließ einen Beobachter fragen, ob solche Landwirte nicht mit jedem Kirchgang »eine Sünde« begingen. Seiner Meinung nach hatte die Kirche bislang zuviel »Wert auf den Kirchenbesuch« gelegt, das moralisch »richtige Handeln« dagegen nicht ausreichend betont.[43] Bereits die Zeitgenossen werteten das gegenseitige Unverständnis für die aufbrechenden sozialen und religiösen Differenzen als ein wichtiges Indiz dafür, dass sich Abgründe oder gar

---

42 *Menges*, Konfessionszonen, S. 4ff.; *Connor*, S. 403–405; *Buscher*.

43 Vgl. u.a. A. Heise an die Bischöfliche »Kanzlei« in Münster 8.12.1946: BAM, GV NA, A-101-40; *Connor*, S. 406.

eine »Krisis auf Leben und Tod« hinter dem in quantitativer Hinsicht noch intakten Erscheinungsbild des von »Gewohnheitschristen« geprägten Milieukatholizismus zeigten. Damit widersprachen sie dem Bild, das die Kölner Statistik und die in der unmittelbaren Nachkriegszeit oft beschworenen Zahlen der Konversionen und Rücktritte vom Zustand der Frömmigkeit zeichneten.[44] Das Regelsystem des um die Orthopraxie zentrierten statistischen Diskurses war in den Augen vieler Beobachter durch die neue soziale Situation entwertet worden.

In einem oft zitierten und intensiv diskutierten Aufsatz fasste der Publizist Otto B. Roegele 1948 diesen Befund mit Blick auf die Vertriebenen dahin zusammen, dass »das Fassadenhafte im religiösen Bild des Dorfes (...) jetzt erst als solches offenbar« werde. Ein »eigentlich christliches Lebensgefühl« fehle, und stattdessen herrsche ein »grausamer Traditionalismus« vor. Unter diesen Voraussetzungen sei eine Weiterführung der gewohnten »Erhaltungs-Seelsorge« der »Selbstmord der Kirche«. Diese müsse einem »missionarischen Geist« weichen, der in einer »funktionalen Seelsorge« auch etwas riskieren wolle.[45] Roegeles Deutung verwies nicht nur auf das Programm einer missionarischen Seelsorge. Sie war auch kirchenpolitisch brisant, indem sie etwa das im Streit um Schul- und Familienpolitik vernehmliche Pochen auf die »konfessionellen Besitzstände« als durch die Substanz des Glaubens nicht gedeckt und damit irreal entlarvte.[46] Für die Wagenburgmentalität des Milieukatholizismus schien es aber verdächtig, wenn ein Katholik »dem Gegner willkommene Waffen« in die Hände zu geben schien.[47]

Einen dramatischen Akzent im Hinblick auf die seelsorglichen Konsequenzen der Vertreibung hatte ebenfalls 1948 der Jesuitenpater und päpstliche Berater Ivo Zeiger mit seiner Festellung gesetzt, dass Deutschland »im echten Sinn Missionsland« geworden sei.[48] Diese Feststellung wurde im folgenden vor allem im Kontext der ›missionarischen Bewegung‹ diskutiert, die sich um eine Adaption französischer Pastoralkonzepte bemühte. Aber bereits eine so kontrovers diskutierte Stellungnahme wie die von Roegele musste die Suche nach verläßlichen Maßstäben nach sich ziehen. Denn dass die »Beurteilung der reli-

---

44 *F.X. Arnold*, Die Heimatvertriebenen und die katholische Seelsorge, in: Anima Jg. 6, 1951, S. 238–249, 366–373, Zitate S. 240, 244; vgl. *Köhler/Bendel*; *Damberg*, Abschied, S. 109f.

45 *O.B. Roegele*, Der deutsche Katholizismus im sozialen Chaos. Eine nüchterne Bestandsaufnahme, in: Hochland Jg. 41, 1948/49, S. 205–33, Zitate S. 221, 231.

46 Ebd., S. 228; *ders.*, Verbotenes oder gebotenes Ärgernis?, in: Hochland Jg. 41, 1948/49, S. 542–557, S. 542.

47 *R. Hacker*, Ist der deutsche Katholizismus wirklich so schlecht?, in: Bayerisches Klerusblatt Jg. 29, 1949, S. 59–61, S. 60.

48 *I. Zeiger*, Um die Zukunft der katholischen Kirche in Deutschland, in: StdZ Bd. 141, 1947/48, S. 241–252, S. 245; *Köhler/Bendel*, S. 207–209. Bereits 1936 hatte der Philosoph Josef Pieper diesen Ausdruck gebraucht; vgl. Auf dem Weg, S. 37f., auch zur Rezeption.

giösen, moralischen und sozialen Lage des heutigen Dorfes« gerade in den Anfangsjahren der Bundesrepublik »zwischen breiten Extremen« schwankte, lag nicht zuletzt im »Mangel an wissenschaftlich hieb- und stichfestem Tatsachenmaterial« begründet. Erst mit diesem ließ sich, so sahen es jedenfalls die Fürsprecher der Soziographie, durch eine »Wolke von Pessimismus, Optimismus und Gleichgültigkeit« hindurch zu »nüchternen, beweisbaren Erkenntnissen« vordringen.[49] Jene Autoren, die sich mit dem durch die Vertriebenen ausgelösten Umbruch in der Sozialform katholischer Religion auseinandersetzten, befürworteten deshalb auch eine »viel genauere Bestandsaufnahme der kirchlichen Wirklichkeit«, und zwar »besonders der soziologischen Struktur in den Pfarreien«. Das Programm einer empirisch-soziographischen Analyse der Vergesellschaftungsmuster und Frömmigkeitskulturen im deutschen Katholizismus war implizit bereits in dem ernüchternden Blick hinter die Fassaden der zählbaren Kirchlichkeit enthalten, den die mit dieser Situation befassten Seelsorger und Laien vor allem von 1946 bis 1950 taten.[50]

Eine breitere Diskussion und auch Umsetzung soziographischer Wissensformen und Klassifizierungsstrategien fand im Kontext der ›missionarischen Bewegung‹ statt. Hinter diesem Begriff sammelte sich eine durchaus heterogene Strömung von Theologen, Pfarrern und Volksmissionaren, die – durchaus im Einklang mit vielen Erkenntnissen der Diskussion um die Folgen der Vertreibung – einen umfassenden pastoralen Neubeginn forderten. Im Kern einte sie vor allem die Gewissheit, dass die Verkündigung des katholischen Glaubens sich nicht länger mit der in den Vorkriegsjahren geübten Routine zufriedengeben könne, welche die Stabilität der Strukturen des Milieukatholizismus zur Voraussetzung gehabt habe. Schließlich sei nach 1945 endgültig die »fast völlige Auflösung jenes Traditionskatholizismus« zu beobachten, »der bis zum ersten Weltkrieg in Deutschland der geschichtliche Träger der Kirche« gewesen war.[51]

Entscheidend für die Sachverhaltsaussagen und Handlungsstrategien der missionarischen Bewegung war zunächst aber weniger die Beobachtung der deutschen Situation als vielmehr ein Kopiervorgang, der eine bestimmte Sicht des Katholizismus in Frankreich sowohl als Schreckbild wie auch als Vorbild für eine »missionarische Seelsorge« auf die deutschen Verhältnisse übertrug.[52]

---

49 So mit Bezug auf die durch Roegele ausgelöste Diskussion Georg Kliesch, 14.7.1950, Testbogen zur Soziographie des Dorfes: EBAP, GA, Kirchliche Statistik, Beiakte zu 1945–1961.

50 *S. Augsten*, Der restaurative Charakter der kirchlichen Arbeit seit 1945, in: LS Jg. 2, 1951, S. 14–24, Zitat S. 24; *E. Scharl*, Influence des évacués et des réfugiés sur la vie religieuse rurale catholique, in: Lumen Vitae Jg. 6, 1951, S. 199–204, S. 204; *Pollet*, S. 112.

51 Referat des Kölner Prälaten Robert Grosche auf der Tagung von 400 Vertretern der Laienbewegung in Altötting 1950: HK Jg. 5, 1950/51, S. 2–7, Zitat S. 3.

52 Für die Rezeption zusammenfassend *Benz*, Missionarische Seelsorge. Als Überblick, aus der Feder eines zeitgenössischen Akteurs, *Fischer*, Pastoral, Bd. 1.

Den gerade für die Soziographie folgenreichen Auftakt zu missionarischer Arbeit hatte 1926 die Gründung einer Christlichen Arbeiterjugend »Jeunesse Ouvrière Chrétienne« (JOC) markiert, für die das von Abbé Joseph Cardijn geschaffene belgische Vorbild leitend war. Auch die französische JOC zielte auf die Rechristianisierung der jugendlichen Arbeiterschaft. Gegen die sozialistische Mobilisierung der Arbeiterjugend setzte sie das Modell einer in kleinen Gruppen vorangetriebenen Transformation des privaten Lebens, einer ›révision de vie‹. Dazu gehörte vor allem eine Untersuchung und Beurteilung der eigenen Lebenswelt gemäß dem von Cardijn geprägten Grundsatz ›Sehen-Urteilen-Handeln‹.[53] Der ›Jocist‹ sollte das ihn umgebende Milieu am Arbeitsplatz und im Wohnviertel beobachten und seine Eindrücke in einem Notizbuch festhalten. Danach sollte er in der Debatte mit den Kameraden seiner lokalen JOC-Gruppe das Gesehene im Lichte der christlichen Weltanschauung beurteilen und entsprechend handeln. In der Praxis konkretisierte sich dieses Programm in Enquêten, die jeweils mit einer Mobilisierungskampagne verbunden waren. Lokale Sektionen untersuchten die Lebens- und Arbeitsbedingungen oder das Freizeitverhalten junger Arbeiter, und die Ergebnisse publizierte und diskutierte man in den Spalten der Mitgliederzeitschrift.[54] Die Christliche Arbeiterjugend CAJ, der deutsche Ableger der JOC, griff dieses Vorgehen in den fünfziger Jahren verschiedentlich auf. So befragten ihre Mitglieder vor kurzem eingestellte Lehrlinge nach ihren Erlebnissen und Eindrücken im Betrieb, und im Bergbau tätige Werkstudenten der katholischen Theologie fertigten auf Anregung des Duisburger Gebietskaplans der CAJ, Julius Angerhausen, Erfahrungsberichte über ihre Praktika an.[55]

Es waren denn auch zwei Priester der JOC, Henri Godin und Yves Daniel, welche den Akzent für die weitere Diskussion über die Entchristlichung Frankreichs setzten. Bereits seit den späten zwanziger Jahren hatte ein wachsender Strom von Stellungnahmen den Topos des entchristianisierten Hexagons beinahe zum Allgemeinplatz innerkirchlicher Diskussion werden lassen. In der Frage des inzwischen erreichten Umfangs der Entkirchlichung fügten die beiden Autoren mit ihrem Buch »La France, pays de mission?«, das bald nach seinem Erscheinen 1943 eine Auflage von 120 000 Exemplaren erreichte, den bisherigen Diskussionen und den Enquêten der JOC wenig Neues hinzu, sondern systematisierten und popularisierten

---

53 *Albert*, S. 65–68; *Dèbes/Poulat*, S. 31–56. François Houtart, der in globalem Horizont arbeitende belgische Religionssoziologe, ist über die Tätigkeit in der JOC zur Soziologie gekommen. *Nesti*, S. 93ff.

54 *Pierrard u.a.*, S. 47–52; *Richou*, S. 175–185.

55 Protokoll der Konferenz der Pastoralsoziologen des rheinisch-westfälischen Raumes, 25.2.1959: ARedBo, Ordner Soziologische Untersuchungen.

dieses Material.[56] Dennoch verankerte dieses Werk wie kein zweites den Befund eines weitgehend entchristlichten Missionslandes auf der Agenda der innerkirchlichen Diskussion in Frankreich und Deutschland, war seine Wirkung »kaum [zu] überschätzen«.[57] Dazu trug wohl vor allem die Entschiedenheit bei, mit welcher Godin den dauerhaften Misserfolg einer rein pfarrlichen Seelsorge und der Katholischen Aktion im städtischen Arbeitermilieu konstatierte. Stattdessen plädierte er für den Aufbau von autonomen Priestergemeinschaften, welche inmitten der Arbeiterschaft tätig sein und sich an deren Lebensverhältnisse anpassen sollten.[58]

Dieses Modell verkörperte die 1943 von Godin gegründete »Mission de Paris«, deren Priester allerdings noch keiner manuellen Arbeit nachgingen, sondern sich auf ihre seelsorgliche Tätigkeit beschränkten. Aus dieser und anderen Priestergruppen ging jedoch in den folgenden Jahren die Bewegung der ›Arbeiterpriester‹ hervor.[59] Deren gemeinsames Charakteristikum bestand in der Entschiedenheit, mit der sie bereit waren, ihre priesterliche Lebensform ganz aufzugeben, um die als entscheidendes Hindernis der gewöhnlichen Pfarrseelsorge verstandene Habitusdifferenz zu den Arbeitern zu überbrücken. Die rund 100 Arbeiterpriester bezogen ihr Quartier in den Arbeiterwohnheimen der Banlieue von Paris und von anderen Industriestädten. Sie legten den Ornat ab, nahmen eine reguläre Arbeit in Fabriken und Werften auf und entschieden selbst, ob und wann sie gegebenenfalls mit der Austeilung von Sakramenten unter ihren Arbeitskollegen beginnen wollten. Einige Arbeiterpriester beteiligten sich als Mitglieder oder gar Funktionäre in der sozialistischen und kommunistischen Gewerkschaftsbewegung und an deren Streikaktionen. Die große mediale Aufmerksamkeit für ihr Engagement führte auf dem Höhepunkt des Kalten Krieges zu massiven Bedenken in weiten Teilen des französischen Episkopats, so dass 1953 auch auf Druck aus dem Vatikan eine scharfe Reglementierung ihrer Tätigkeit erfolgte, die faktisch einem Verbot gleichkam.[60]

Die deutsche Rezeption dieses radikalen pastoralen Experiments in der missionarischen Bewegung betonte die deutlich gewordenen »Grenzen« einer »absolutierenden Milieubetrachtung«. Dabei zollte man dem Bemühen

---

56 *Godin/Daniel*; deutsche Übersetzung als: *Godin/Michel*; vgl. *Fouilloux*, S. 185–194, Zahl S. 192.

57 Zur Rezeption u.a. *Benz*, S. 17–19, Zitat S. 17; *Cholvy/Hilaire*, S. 121–125. *Boulard*, Problèmes, I, S. 113f., 116–124, 137–142, widersprach für ländliche Gebiete aufgrund seiner eigenen Studien der These von Godin, erkannte die Berechtigung seines Appells aber an.

58 *Godin/Daniel*, S. 54–59, 129–140, 154–157; *Godin/Michel*, S. 243ff.

59 Eine weitere Wurzel lag in den Erfahrungen und der Vernetzung jener Geistlichen, die seit Anfang 1943 heimlich die französischen Zwangsarbeiter in Deutschland seelsorglich betreuten. Vgl. *Poulat*, S. 246–375.

60 Vgl. *Siefer*, Arbeiterpriester, S. 66–107, 198–202, 219–232, Zitat S. 70f.; *Arnal*.

um eine »Inkarnation« des Glaubens, womit nicht nur die habituelle Anpassung an die sozialen Voraussetzungen der Seelsorge, sondern auch das besondere persönliche Engagement und die Suche nach neuen Arbeitsformen gemeint war, durchaus Respekt. In der Praxis habe dies jedoch zu einer weitgehenden »Naturalisation auch der Priester« geführt, und damit – um in der zeitgenössischen Begrifflichkeit zu reden – zu einer Art von praktiziertem ›Soziologismus‹.[61] Ungeachtet der politischen Spannungen, welche die Arbeiterpriester im französischen Katholizismus auslösten, betonten viele Stellungnahmen aus deutscher Sicht ihre »ehrfurchtsvolle Hochachtung« vor deren »Idealismus« und »Glaubenseifer« und empfahlen sie deshalb zur Nachahmung.[62] In Frankreich war die ›religiöse Soziologie‹ in den Streit um die Arbeiterpriester hineingezogen worden, da man sie als eine der intellektuellen Grundlagen dieser Bewegung ansah. In der Bundesrepublik berührte die Ablehnung der politischen Engagements der Arbeiterpriester dagegen nicht die missionarisch-soziographischen Implikationen und Voraussetzungen ihres Experiments.[63] Und deren Forderung, »Formen der Seelsorge« und des Gottesdienstes zu finden, die »*bleibend* angepasst sind«, war weithin unbestritten.[64]

Daher stand im Mittelpunkt der deutschen Rezeption dieser Entwicklungen der mit den Befunden des Buches von Godin und Daniel verbundene »Schock« sowie der Umstand, dass der französische Katholizismus in Verbindung damit »eine religiöse Soziologie als Methodenlehre zu entdecken« begann.[65] In diesem Zusammenhang wurden die 1945 publizierten Forschungen von Fernand Boulard über die Entchristlichung des ländlichen Frankreich vielfach als eine »Ergänzung« der Thesen von Godin verstanden. Dazu trug die Tatsache bei, dass sich die von beiden Autoren verwendete Typisierung eines Dreierschemas von Zonen der Christlichkeit auffällig ähnelte, auch wenn Boulard nur Teile des ländlichen Frankreich als wirklich entchristianisiert ansah.[66] Die missionarische Bewegung in Deutschland ko-

61 *K. Delahaye*, Missionarische Seelsorge, in: Kölner PBl. Jg. 12, 1960, S. 146–151, Zitat S. 147; *A. Geck*, Die französische Arbeiterpriester-Bewegung in der Krise, in: Seelsorgehilfe Jg. 5, 1953, S. 338–344, S. 341f; *Greinacher*, Soziologie der Pfarrei, S. 42–46.

62 *Geck*, Arbeiterpriester, S. 339 (Zitat); *Delahaye*, S. 147; *A. Stonner*, Pastoraler Ertrag einer Frankreichreise, in: Kölner PBl. Jg. 9, 1957, S. 284–290, 328–335, S. 287f.; *Benz*, S. 44–54.

63 *F. Heer*, Die Arbeiterpriester in Frankreich. Ursprung und Hintergründe, in: Hochland Jg. 46, 1953/54, S. 326–341, S. 339; *Schurr*, Seelsorge, S. 50.

64 *Schöllgen*, Grundlagen, S. 270 (Hervorhebung im Original).

65 *L.H. Parias*, Apostel für eine neue Ernte? Entwicklung, Situation und Probleme des französischen Katholizismus, in: WW Jg. 9, 1954, S. 409–420, S. 417; *K. Scholl*, Ist Frankreich noch ein christliches Land?, in: Hochland Jg. 46, 1953/54, S. 164–173; *Schurr*, Seelsorge, S. 47–49.

66 *F. Hillig* SJ, Zählt Frankreich noch als christlicher Faktor?, in: StdZ Bd. 140, 1947, S. 36–43, S. 38.

pierte den von Henri Godin plakativ zugespitzten Befund auf die Verhältnisse rechts des Rheins, wobei sie auch an das von Ivo Zeiger 1948 geprägte
Wort von Deutschland als einem »Missionsland« anknüpfen konnte.

Auch wenn ›Missionsland‹ nach einer Weile zu einem »Modewort« her-
absank und sein Gebrauch deshalb sukzessive zurückging, verlor der Begriff »seinen erregenden Ernst« im Hinblick auf die Notwendigkeit einer
Neuorientierung der Seelsorge nicht. Denn dabei ging es nicht um eine
»mechanische Übertragung« von »fertigen Rezepten« aus Frankreich, sondern um die Aneignung wesentlicher »Erkenntnisse und Grundsätze« und
ihrer Adaption für die deutschen Verhältnisse, selbst wenn hier die »Entchristlichung« vielleicht »noch nicht so weit vorangeschritten« war.[67] Das
damit verfolgte Ziel einer Erneuerung der Pastoral beschrieben die weitgehend synonym verwandten Begriffe der ›missionarischen‹, ›erobernden‹
oder »lebendigen« Seelsorge, im Kontrast zur bislang nur ›bewahrenden‹
oder »papiernen« Arbeit des Pfarrers verstanden. Diese Semantik implizierte zunächst ein Abgehen von der gewohnten Routine der pastoralen
›Versorgung‹. Stattdessen sollte der Akzent auf die »lebendige Aussprache«
nicht nur mit den Gläubigen, sondern auch unter den Pfarrern selbst gesetzt
werden. Durch diese Vertiefung der direkten Interaktion schien es nicht
nur möglich, die ritualisierten Formen der Arbeit in einer behördenartigen
Organisation aufzubrechen und die diözesane Koordinierung der Seelsorge voranzubringen, sondern auch »die Mutlosigkeit« zu beheben, die nach
1945 »alle« in der Seelsorge Tätigen »zu erfassen droht[e]«.[68] Eine weitere an
die missionarische Seelsorge geknüpfte Hoffnung bestand darin, das »Wer-
bende, Hilfreiche, Beglückende« der christlichen Botschaft freilegen und
besser begreiflich machen zu können.[69] Der missionarische Impetus konkretisierte sich insbesondere im Wissen darum, »dass nicht nur die Zwanzig
oder Dreißig« der »wohlbehüteten Herde« der »cura animarum« anvertraut
seien.[70] Zur rhetorischen Bestärkung dieses Vorhabens bot sich das Gleichnis von dem einen verlorenen Schaf unter hundert an, dem man nachgehen
müsse (Lk 15, 3–7). Und »welche Dringlichkeit« musste dieses Anliegen erst
haben, wenn es nun nicht nur um *eines*, sondern gar um »50, 60 oder noch
mehr verlorene Schafe« ging.[71]

Die damit verbundenen Implikationen werden an der Reaktion auf einen
Duisburger Dechanten deutlich, der 1960 einen Bericht des Pastoralsozio-

---

67 *Benz*, S. 120–138, Zitat S. 120f.

68 [Wilhelm Heinen] 5.6.1948 an Pfarrer Gerards in Aachen: HAEK, Seelsorgeamt Heinen, 56.

69 *Delahaye*, S. 147.

70 So die Grundsatzerklärung im Editorial »Das inhaltliche Anliegen«, in: LS Jg. 2, 1951,
S. 1; vgl. *Brockmöller*, Industriekultur, S. 68.

71 *Greinacher*, Soziologie der Pfarrei, S. 53.

logischen Instituts Essen zum Priesternachwuchs einer ätzenden Kritik unterzog. Das »Gespenst des Priestermangels« schien ihm durch die dort angewandten statistischen »Syllogismen« keineswegs plausibel dargestellt. Der aus dem ländlichen Milieukatholizismus des Münsterlandes stammende »einfache Pastor« versuchte durch eine »simple Kopfrechenaufgabe«, die »mit Rechenschiebern« erarbeiteten Befunde der Soziographie ad absurdum zu führen. Dabei kritisierte er besonders, dass man anstelle des neutraler klingenden Begriffs ›Priester*mangel*‹ umstandslos »das Wort Priesternot« eingesetzt habe, »als wenn in der Zahl alle Priesternot beschlossen läge«.[72] An dieser Polemik ist erneut erkennbar, dass die Bewertung des missionarischen Anliegens soziographischer Arbeit nicht nur von den dabei erhobenen ›Tatsachen‹ oder deren subjektiver Einschätzung, sondern auch von der semantischen Zuspitzung der Befunde abhängig war. Die Stellungnahme des Instituts konzentrierte sich auf nur einen einzigen Punkt. Wenn man – wie das der Dechant getan hatte – eine Relation von 2500 Seelen pro Geistlichen für das Bistum Essen als ausreichend erachte, sei das allein vor dem Hintergrund einer »bewahrenden Seelsorge« plausibel, die sich »nur um die 30 bis 40% Katholiken kümmert«, welche noch »von selbst« in die Kirche kämen. Dagegen mache sich eine missionarische Seelsorge »wirklich ernstlich Sorge« um die nicht Praktizierenden, und damit sei eine solche Zahl bei weitem »zu viel für einen Pfarrseelsorger«.[73]

Noch in dieser distanzierten Formulierung wird der Anspruch deutlich, den der soziographische Diskurs in seiner Verbindung mit dem missionarischen Anliegen erhob. Denn er bezweckte nichts weniger als die »Eroberung und Wiedergewinnung der Verlorenen«, die es zu einer »persönlichen Entscheidung« zu »bekehren« galt. Damit war letztlich eine neuerliche christliche Durchdringung der Gesellschaft avisiert.[74] Der soziographische Ansatz unterschied sich darin vom statistischen Diskurs, der auch in einer »diasporaähnlichen Situation« weiterhin auf eine Einkapselung der praktizierenden Katholiken setzte. Franz Groner hatte diese Vorstellung 1954 exemplarisch in einem Vortrag vor dem Düsseldorfer Pfarrklerus zum Ausdruck gebracht, als er mit einem »bildhaften Ausdruck« aus der militärischen Strategie von »›Igelstellungen‹ des Katholizismus« und von »Oasen« der »katholische[n] Mentalität« sprach, die es angesichts sinkenden Einflusses praktizierter Kirchlichkeit organisatorisch aufzubauen gelte.[75] In der

72 Dechant Bernhard Burdewick, Pamphlet zum Bericht Nr. 6 (Ms.), 25.10.1960 an Bischof Hengsbach: BAE, GV 82 14 12, Bd. 1; vgl. PSI, Bericht Nr. 6: Priesternachwuchs und Klerus im Bistum Essen (Februar 1960), S. 83.

73 PSI 25.1.1961 an Joseph Krautscheidt: ebd.

74 Robert Grosche, in: HK Jg. 5, 1950/51, S. 4.

75 Kirchlich-Statistischer und Religionssoziologischer Informationsdienst Nr. 3 (Dezember 1954), Zur kirchlichen Statistik der Stadt Düsseldorf, S. 17–23, Zitat S. 20: HAEK, Seelsorgeamt Heinen, Nr. 11.

prägnanten militärischen Bilderwelt des pastoralen Diskurses war das Ziel der Soziographie dagegen nicht länger die »Schützengraben-Defensive«, sondern das »Klima einer Generalmobilmachung«.[76]

Im soziographischen Diskurs war deshalb auch eine Nähe zu triumphalistischen Hoffnungen auf eine Rechristianisierung erkennbar, welche nicht nur beim deutschen Episkopat vor allem in den ersten Nachkriegsjahren verbreitet waren.[77] In einem markanten Unterschied dazu setzte die Soziographie allerdings die Notwendigkeit voraus, sich von den »traditionellen Täuschungen« über die pastorale Situation frei zu machen und zu einer genauen Untersuchung der »Brennpunkte« zu gelangen, die für die im Sinne des »Säkularismus« geprägte »Meinung der Masse« maßgeblich waren.[78] Missionarische Seelsorge wollte »gewiss keinen Pessimismus verbreiten«, aber die »Augen öffnen« und die »alarmierenden Zeichen« sehen, und nicht länger so tun, »als ob alles in schönster Ordnung wäre«. Schließlich könne das »Absinken des religiösen Lebens« dadurch »nicht behoben« werden.[79] Während in der Naherwartung eines gestiegenen Einflusses christlicher Glaubenshaltungen Übereinstimmung bestand, tat sich in der Bereitschaft zu einer schonungslosen Analyse der tatsächlichen Situation, welche unmittelbar in pastorale Schlussfolgerungen einmünden sollte, eine erhebliche Differenz auf.

Das missionarische Anliegen der soziographisch informierten und inspirierten Seelsorge rekurrierte in den fünfziger Jahren regelmäßig auf bestimmte bildhafte Vorstellungen zur Beschreibung der sozialen »Strukturen« – bereits dieser Terminus stieß bei Vertretern der Soziallehre auf entschiedene Abwehr – und der modernen Gesellschaft im Ganzen. Zwar war es das erklärte Anliegen der Pfarrsoziographie, und hierbei bezog man sich auf eine Formulierung von Theodor W. Adorno, »die Härte dessen, was ist, zum Bewusstsein [zu] erheben«.[80] Noch vor jeder empirischen Arbeit waren jedoch Metaphern der sozialen Ordnung in Gebrauch, welche das Wissen um die zur Untersuchung anstehenden Probleme und damit auch die Praxis der Soziographie prägten und strukturierten. Dies zeigt sich etwa bei dem Redemptoristen Viktor Schurr, neben seinem Ordensbruder Bernhard Häring einer der wichtigsten Vertreter der missionarischen Seelsorge und zugleich mit diesem ein entschiedener Fürsprecher der Soziographie. Schurr

---

76 *J. Sommer/K. Wührer* OFMCap., Seelsorgeamt und Volksmission, in: Paulus Jg. 35, 1963, S. 19–24, S. 20.

77 *Löhr*, bes. S. 26–31.

78 *A. Fischer*, Katholisches Ghetto oder christliche Weltdurchdringung, in: LS Jg. 1, 1950, S. 78–86, S. 80, 85.

79 Bernhard Scholten CSsR an Heinrich Tenhumberg 15.12.1957: BAM, GV NA, A-201-265.

80 *B. Häring*, Pfarrsoziographie und missionarische Seelsorge, in: Paulus Jg. 27, 1955, S. 17–26, S. 18; vgl. *Ziemann*, Missionarische Bewegung, S. 422.

bezog sich auf das oft benutzte Bild vom Fischteich, das auf eine Äußerung von Joseph Cardijn zurückging und in der missionarischen Seelsorgebewegung in Frankreich weit verbreitet war:[81]

»Wenn in einem Fischteich das Wasser verdorben ist, genügt es nicht, dem Wasservölkchen Arzneien zu verabreichen. Das Übel sitzt nicht in ihnen, sondern im Wasser, in ihrem Lebenselement. Dieses muss saniert werden. (…) Wir haben in der Vergangenheit mit vielerlei Arzneien die seelischen Schwächen der Christen individuell kuriert. Das Übel ließ sich nicht bannen. Es stieg. Der Grund? Es geht nicht um eine noch so große Anzahl von Einzelfällen, sondern um einen umfassenden soziologischen Vorgang: die Umwelt, in der wir leben und uns bewegen, ist vergiftet worden.«[82]

Mit dieser aggressiven Metaphorik hatte sich Schurr weit von der beschaulichen Vorstellung des ›guten Hirten‹ entfernt, die Josef Höffner verwandt hatte. Für Schurr zeigte sich in der ›Vergiftung‹ eine entchristianisierte soziale »Umwelt« bzw. ein »Milieu«, das die Einstellung der Menschen »stärkstens« bestimme.[83] Mit dem Begriff des Milieus verband die missionarische Seelsorge die Vorstellung einer Gesellschaft, die in unterschiedliche Felder oder Teilsysteme zerfallen ist.[84] Vor allem die Massenmedien, die Freizeit und der Konsum galten als exemplarische und wirkmächtige Beispiele für Einflusssphären, welche je unterschiedliche Verhaltensanforderungen stellten und damit das Handeln der Individuen determinierten. Daneben gab es bei vielen Theologen, Pfarrern und kirchlichen Soziographen eine räumlich geprägte Vorstellung gesellschaftlicher Differenzierung. Ihr zufolge war die Einsicht unabweisbar, dass die alte Einheit von Pfarr- und Wohnortgemeinde aufgesprengt sei. Das pastorale Handeln müsse diesen Einflüssen Rechnung tragen, die sich unter anderem in der Sozialfigur des Pendlers manifestierten, der Interessen, Einstellungen und Verhaltenweisen aus seinem Arbeitsort in die Wohngemeinde mitbrachte.

Dem Befund einer eigenständigen Gesellschaftswelt in der missionarischen Seelsorge lag eine Vorstellung sozialer Differenzierung zu Grunde, die sich als Dekomposition bezeichnen lässt, als die Zerlegung eines kompakten Ganzen in voneinander getrennte Teile.[85] Als pastorale Strategie blieb die Milieuseelsorge jedoch nicht bei der Einsicht in die »Milieu-Abhängigkeit des Einzelnen« stehen. Aus dem »Tertium Comparationis« der

---

81 *Ducos*, S. 18; *Michonneau*, S. 113.

82 *Schurr*, Seelsorge, S. 57; Schurr verwendete ebd., S. 366 auch das weniger aggressive, allerdings nirgendwo aufgegriffene Bild vom Wasserrohrbruch, bei dem das Schöpfen mit dem Eimer nicht mehr helfe.

83 Ebd., S. 16, 58f.

84 Zum Folgenden *Ziemann*, Missionarische Bewegung, S. 423–427.

85 Vgl. *Tyrell*, Diversität.

›Vergiftung‹ des Teiches konnten weitergehende Schlussfolgerungen gezogen werden. Das missionarische Anliegen der Soziographie erstreckte sich so auch auf die ›Reinigung‹ des Wassers, für die das Bild unter expliziter Berufung auf seinen metaphorischen Charakter in die Aquaristik verschoben wurde. Schließlich konnte die Abhilfe nicht »gleichsam mechanisch geschehen wie Filtern und Schlammabsaugen im Aquarium«, sondern bedurfte der aktiven menschlichen Partizipation in Gestalt einer in »missionarischem Geist« geschulten »Elite«. Mit Blick auf die Veränderung des Milieus erscholl deshalb der »Ruf nach dem apostolischen Laien«.[86]

Ihren wichtigsten praktischen Einsatzort fand die Idee einer missionarischen Pastoral seit den fünfziger Jahren in der neuartigen Praxis der soziographisch informierten und angeleiteten Gebietsmission.[87] Dabei handelte es sich um eine Weiterentwicklung der traditionellen Volksmission, die seit der Mitte des 19. Jahrhunderts periodisch in allen Pfarreien durchgeführt worden war. Es waren vor allem Redemptoristenpatres, welche dieses Konzept seit 1953 propagierten und gegen mancherlei Widerstände flächendeckend in der Bundesrepublik durchsetzten. Die Kernidee der Gebietsmission war die Fokussierung auf ein über die einzelne Pfarrei hinausreichendes Gebiet, dessen soziale und kirchliche Struktur vor der eigentlichen Predigtmission mit soziographischen Methoden erforscht und dokumentiert werden sollte. Und dabei sollten die Laien eigenverantwortlich beteiligt sein. Das Ziel dieser soziographischen Arbeit bestand darin, Ansatzpunkte für eine Strategie der Wiederverchristlichung in den soziologischen Strukturen des Raumes auszumachen und damit auf eine mittel- und langfristige Milieuänderung hinzuarbeiten. Die neue Missionsform markierte damit zugleich einen Bruch mit der traditionellen Strategie der Höllenpredigt, welche auf die moralische Erschütterung des individuellen Gläubigen gesetzt hatte. Stattdessen ging es nunmehr um die soziostrukturell angepasste Einpflanzung eines neuen kollektiven Glaubensgeistes.[88]

Die Praxis der Gebietsmission seit den frühen fünfziger Jahren stieß auf mannigfache Hemmnisse und Widerstände, von denen nicht zuletzt die Skepsis des Pfarrklerus und unterschiedliche Konzeptionen der beteiligten Ordensgemeinschaften zu nennen sind. Als das Kernproblem schälten sich jedoch frühzeitig die hohen Erwartungen im Hinblick auf sichtbare Erfolge heraus, welche ein auf Wiederverchristlichung zielendes Missionskonzept beinahe unweigerlich nach sich zog. Gerade die fortlaufende Anwendung soziographischer Mittel musste den missionarischen Optimismus nach ei-

---

86 P. *Gail*, Milieuseelsorge – nur ein Modewort?, in: Kölner PBl. Jg. 13, 1961, S. 84–91, 116–120, S. 87.

87 Zum Folgenden vgl. ausführlich *Ziemann*, Missionarische Bewegung, S. 427–436.

88 Ebd.

ner gewissen Zeitspanne erlahmen lassen, wenn der erwartete Erfolg an quantifizierbarer Kirchlichkeit ausblieb. Im Erleben der in der soziographischen Arbeit tätigen Praktiker und Volksmissionare waren vor allem die verschwindend geringen Erfolge der im Umfeld des Eucharistischen Weltkongresses 1960 in München durchgeführten Gebietsmission ein wichtiger Einschnitt. Ihre praktische Vorbereitung und die Durchführung der soziographischen Erhebungen hatte bereits Anfang 1957 eingesetzt, mehr als drei Jahre vor der eigentlichen Predigtmission. Die Ergebnisse der differenzierten Kirchenbesucherzählungen untermauerten jedoch das Bild einer weithin entchristlichten Stadt.[89]

Auch wenn die Praxis der Gebietsmissionen mit soziographischer Vorbereitung noch bis Ende der sechziger Jahre fortgeführt wurde, gab das Münchener Ereignis Anlass zum Versuch einer Neubestimmung des Begriffs der ›missionarischen‹ Seelsorge. In diesem Sinne sind die »Thesen zu einem Seelsorge-Konzept« zu interpretieren, die der Münchener Ordinariatsrat Ernst Tewes 1964 auch mit Blick auf das ›aggiornamento‹ zur Diskussion stellte, welches das zu diesem Zeitpunkt noch nicht abgeschlossene Konzil forderte. In diesem Sinne hob er als Notwendigkeit hervor, dass die Verkündigung künftig »mit ›Welt‹ angefüllt« sein müsse, wozu auch die Soziographie und die Beobachtung und Kenntnis des »weltimmanenten Glaubens« einer wachsenden Zahl von Katholiken gehöre. Da die Statistik »noch auf lange Jahre hinaus entmutigen würde« – was eine deutliche Anspielung an die Befunde der Münchener Mission war –, müsse man den Begriff der »missionarischen Seelsorge« nun »in einem umfassenderen Sinne« gebrauchen, als eine selbstreflexive Qualität seelsorgerischen Handelns. Dieses müsse wissen, dass die »Beobachter« der Kirche »eine sehr große und regulative Rolle« für deren eigenes Sprechen spielen würden. Jeder Redner auf dem Konzil und in der Kirche generell stünde deshalb in einem »geheimen Dialog« mit der säkularen Welt.[90]

Tewes führte das Programm einer soziographischen Tatsachenfeststellung noch explizit als eine konkrete Form der vom Konzil geforderten Öffnung zur ›Welt‹ an. Sein Vorschlag zur Reformulierung der missionarischen Seelsorge wies jedoch bereits über die Grenzen des soziographischen Diskurses hinaus. In dessen Zentrum stand schließlich der Versuch, die beobachtbare Intensität der kirchlichen Teilnahme, soweit sie sich in institutionell fest definierten Formen zeigte, bestimmten Sozialmerkmalen zuzuordnen. Auf diese Weise sollten sozial determinierte Regelmäßigkeiten erkennbar und gegebenenfalls durch ›missionarisches‹ Handeln korrigierbar werden. Te-

89 Die Münchener Volksmission 1960, in: HK Jg. 14, 1959/60, S. 439–443.
90 Ernst Tewes, Thesen zu einem Seelsorge-Konzept, 20.3.1964: EOM, Registratur, Hefter Seelsorgeamt; vgl. *Ziemann*, Missionarische Bewegung, S. 437f.

wes koppelte den Begriff ›missionarisch‹ dagegen von seiner Verbindung mit einem klar definierten Kanon vorgeschriebener Handlungsformen ab. Seine Ergänzung und partielle Ersetzung durch den Begriff des ›Dialogs‹ mit der säkularen Umwelt der Kirche verwies vielmehr bereits auf das für den demoskopischen Diskurs charakteristische Vorhaben, Fremdbeobachtungen systematisch in die innerkirchliche Kommunikation einzuführen. Und in diesem Kontext trat an die Stelle der Begriffe ›Mission‹ und ›missionarisch‹ das Konzept des ›Dialogs‹.[91]

2.3. Katholische Sozialforschung: Institutionalisierung und Spezialisierung

Die Anfertigung einer Pfarrsoziographie konnte im Prinzip jeder interessierte Gemeindepfarrer selbst vornehmen, sofern er bereit war, sich in die Anfangsgründe dieser Materie einzulesen. Seit den frühen fünfziger Jahren unterstützten in der pastoralen Literatur abgedruckte Arbeitspläne ein solches Vorhaben.[92] Wie der Leiter des diözesanen Seelsorgeamtes in Mainz 1957 erfuhr, machten es die in der Literatur abgedruckten Zählkarten und Erläuterungen »leicht«, eine normale differenzierte Kirchenbesucherzählung in einem begrenzten Raum »ohne weitere Anleitung« in Angriff zu nehmen.[93] Noch zu diesem Zeitpunkt konnte es so scheinen, als ob mehr einführende Darstellungen zu Sinn und Vorgehensweise des soziographischen Ansatzes vorhanden wären als Berichte über tatsächlich »bereits durchgeführte Untersuchungen«. Das lag aber auch daran, dass bis dahin viele Untersuchungen an ganz verschiedenen Stellen der Bundesrepublik von »Amateuren« vorgenommen worden waren, die ihre Ergebnisse nicht publizierten. Gleiches galt für jene Ordensgeistlichen, die für eine Gebietsmission mit soziographischer Voruntersuchung ihr eigenes Schema erarbeitet hatten.[94]

Aus Sicht mancher Ordensgeistlicher bestand ohnehin zunächst eine Spannung zwischen der Nutzung der Soziographie im Rahmen der missionarischen Seelsorge und ihrer professionell-routinemäßigen Durchführung

---

91 Vgl. Kap. 3.4.

92 *Greinacher*, Soziologie der Pfarrei, S. 127–254; *C. Halfes*, Kennen Sie Ihre Pfarrei?, in: LS Jg. 3, 1952, S. 132–141.

93 Dietmar Westemeyer an Domkapitular J. Schwalbach 8.3.1957: AredBo, Ordner Soziologische Untersuchungen. Westemeyer verwies auf *Greinacher*, Soziologie der Pfarrei, S. 108–112, 297–306.

94 *W. Menges*, Pfarrsoziographische Forschung in Deutschland, in: LS Jg. 10, 1959, S. 65–69, Zitat S. 65; Franz Mühe OMI an Bernhard Scholten 21.9.1956: AredBO, Ordner Soziologische Untersuchungen.

durch eigens dafür gegründete Forschungsinstitute. So formulierte Bernhard Häring entschieden, dass die Soziographie »ihren Sinn und ihr Daseinsrecht« dann verliere, wenn sie zum »Mechanismus« werde. Schließlich sei eines ihrer Ziele die Überwindung einer »für die Seelsorge unheilvollen« Routine und die Einpflanzung einer »missionarischen Unruhe« bei Seelsorgern und Gemeinden.[95] Eine Diskussion der Volksmissionare im September 1955 unterschied noch zwischen »rein-wissenschaftlicher« und »missionarischer« Soziographie. Bei letzterer zählten weniger die empirischen Ergebnisse einer Erhebung, als vielmehr die unter Beteiligung von Laienhelfern durchgeführte Erhebung selbst und ihre Rückwirkung auf den Untersuchungsgegenstand. Ein Beispiel dafür war etwa die soziographische Vorbereitung der Volksmission im Pfälzer Wald durch Hermann Josef Kahseböhmer um 1960. In einer solchen Anordnung, die dem Konzept des ›action research‹ ähnelte, diente die sozialforscherische Arbeit nur als Mittel zu dem Zweck, eine in Lethargie verfallene Gemeinde wieder aufzurütteln und für eigene apostolische Aktivität zu motivieren.[96] Bald darauf gründete Kahseböhmer jedoch selbst ein Institut zur Durchführung soziographischer Arbeiten, und Häring stieß mit seiner anfänglich vertretenen Kritik an einer institutionalisierten kirchlichen Sozialforschung bald selbst innerhalb seines eigenen Ordens nicht mehr auf Resonanz. Ein Pfarrseelsorger und seine Laienmitarbeiter, so etwa die Auffassung von Viktor Schurr, konnten eine »vereinfachte Pfarrsoziologie« anwenden, sollten ansonsten aber die »Resultate der Experten« auswerten.[97]

Eine Reihe von Diözesen führten im Verlauf der fünfziger Jahre soziographische Erhebungen noch ohne Mithilfe eines Forschungsinstitutes durch. So beurlaubte das Bistum Aachen einen Kaplan und Schüler von Nikolaus Monzel für einige Monate, um zur Vorbereitung der ersten Diözesansynode, die 1953 stattfand, soziographisches Datenmaterial über die räumliche Untergliederung des Bistumssprengels zusammenzustellen.[98] Auch im Bistum Fulda waren es Überlegungen im Vorfeld einer Diözesansynode, welche Bischof Adolf Bolte und seine Mitarbeiter auf den Gedanken brachten, einige

95 *Häring*, Pfarrsoziographie und missionarische Seelsorge, S. 18f.

96 Walter Menges, Bericht über den Werkkurs für Volksmissionare in Fürstenried, 13.–16.9.1955: KDC, 21, 2724; *Golomb*, Ergebnisse, S. 207, 213.

97 *Schurr*, Seelsorge, S. 111; vgl. die gegen Häring gerichtete Begründung der Notwendigkeit institutionalisierter Sozialforschung in: KASKI, Memorandum Nr. 32 (1956): Religionssoziologische Forschung im Dienste der Volksmissionen durchzuführen von dem Internationalen Katholischen Institut für Sozialforschung (Bibliothek des KDC).

98 Materialien in: BDA, Gvs, E 1, I und II; Teildruck: Erste Diözesansynode, S. 122–162. Noch im Frühjahr 1969 führte die Diözese nach Absprache mit den Regionaldekanen in allen Gemeinden eine differenzierte Kirchenbesucherzählung durch; vgl. *G. Giesen*, Hoher Anteil der Männer unter den Kirchenbesuchern. Interessante Ergebnisse differenzierter Zählungen in Aachen, in: Mann in der Kirche Jg. 26, 1969, S. 108–110.

als typisch ausgewählte Dekanate soziographisch zu »durchleuchten«. Unter der Anleitung eines in Fulda lehrenden Moraltheologen arbeitete ein rund dreißig Personen zählender Helferkreis aus Laienmitarbeitern der Katholischen Aktion ein Jahr lang an der Erhebung, Zusammenstellung und Auswertung des Datenmaterials.[99] Seit 1958 lief in der Diözese Würzburg ein Programm zur Durchführung von Pfarrsoziographien im Rahmen der Katholischen Aktion an. Dabei untersuchten eigens dafür gebildete Ausschüsse von Laien ihre Gemeinde auf soziologisch definierbare Ansatzpunkte für bestimmte Arbeitsformen der Katholischen Aktion.[100] Im Bistum Osnabrück war es der Referent für Erwachsenenbildung, Bernhard Schomakers, der seit 1960 soziographische Erhebungen in verschiedenen Städten und Diasporagebieten der Diözese durchführte und anregte. Das nachhaltige Interesse von Schomakers für diesen Ansatz ist auch daran ablesbar, dass er auf einer Jahrestagung des Bonifatiusvereins für die kirchliche Sozialforschung warb und regelmäßig an Arbeitstreffen katholischer Pastoralosoziologen teilnahm.[101] In den Bistümern Mainz und Speyer war es dagegen die Arbeit der Sozialen Seminare, in deren Kontext seit Ende der fünfziger Jahre verschiedentlich soziographische Erhebungen durchgeführt wurden.[102]

Solche und viele andere Initiativen und Projekte machten den soziographischen Ansatz seit 1950 in weiten Teilen der westdeutschen Kirche bekannt.[103] Mittelfristig ergaben sich die entscheidenden Impulse und Voraussetzungen für die flächendeckende Verbreitung der Soziographie allerdings erst durch den Aufbau institutionalisierter Forschungsressourcen. Dieser vollzog sich seit Anfang der fünfziger Jahre mit der Gründung von Instituten, die sich teilweise oder gänzlich der kirchlichen Soziographie und Sozialforschung widmeten.[104] Zur ersten Kategorie zählt das Institut für Christliche Sozialwissenschaften (ICSW), das Joseph Höffner 1951 an der Universität Münster gründete und in der Folge leitete.[105] Höffner setzte sich aktiv für eine bessere Vernetzung der katholischen Soziographen ein, und viele seiner Studenten im Fach Christliche Sozialwissenschaft übten sich praktisch in dieser Methode. Angesichts der vielfältigen Tätigkeit Höffners in der Lehre, For-

---

99 *Scholz*, S. 3; zu Scholz vgl. *Bautz*, Bd. 20, Sp. 1297–1303.

100 *Menges*, Pfarrsoziographische Forschung, S. 67.

101 Bernhard Schomakers an Bischof Wittler 12.9.1961: BAOS, 07-31-50; *Schomakers*, Bedeutung, S. 11–16.

102 *N. Greinacher*, Chronik der wichtigsten pastoralsoziologischen Bemühungen im deutschen Sprachgebiet seit 1945, in: Concilium Jg. 1, 1965, S. 227–231, S. 227.

103 Weitere Hinweise in *Geck*, Entwicklung, S. 53ff.

104 Die Gesellschaft für christliche Öffentlichkeitsarbeit wird in Kap. 3.3 behandelt. Zwar führte sie auch soziographische Analysen durch, ihre Gründung erfolgte jedoch im Kontext des demoskopischen Diskurses.

105 Zum Folgenden vgl. ausführlich *Ziemann*, Institutionalisierung.

schung und Politikberatung war die kirchliche Soziographie hier immer nur ein Themenfeld unter vielen. Das gleiche gilt für das Soziographische Institut an der Universität in Frankfurt unter der Leitung von Ludwig Neundörfer.

Des weiteren wurden im Kontext des soziographischen Ansatzes drei Institute aufgebaut, die sich in der Praxis beinahe ausschließlich mit empirischen Untersuchungen für kirchliche Zwecke beschäftigten. In der Reihenfolge der Gründung war das zunächst das 1951 gegründete »Katholische Internationale Soziologische Institut für Flüchtlingsfragen« (KISIF) in Königstein/Ts., ein Ableger der kirchlichen Sozialforschungseinrichtung KASKI, die in Den Haag unter der Leitung von George H.L. Zeegers stand. Das räumlich im Komplex der Königsteiner Anstalten zur Flüchtlingsseelsorge angesiedelte KISIF widmete sich zunächst Fragen der Vertriebenen, war dann aber vor allem mit Erhebungen im Rahmen von Gebietsmissionen betraut. Das Institut bestand letztlich nur aus Walter Menges, einem Schüler von Neundörfer, der die wissenschaftliche Arbeit durchführte, und einer Sekretärin. Wegen chronischer Finanzprobleme kam die Arbeit des Instituts Anfang der sechziger Jahre zum Erliegen.[106]

Als zweites ganz der kirchlichen Soziographie gewidmetes Institut ist das Pastoralsoziologische Institut des Erzbistums Paderborn und des Bistums Essen (PSI) zu nennen, das 1958 zeitgleich mit dem Essener Bistum entstand. Der Münsteraner Bischof Michael Keller hatte 1950 die Initiative zu dieser Bistumsgründung aufgrund einer Situationsanalyse der pastoralen Lage am Südrand seines Sprengels ergriffen, die selbst soziographischen Überlegungen verpflichtet war. Insbesondere der pastoralen Situation der Arbeiterschaft und der Arbeiterseelsorge galt sein Augenmerk, und die pastoralen Strukturen in einem industriellen Ballungsgebiet bildeten in der Folge auch einen Schwerpunkt der Arbeit des PSI. Für dessen Leitung konnte mit Norbert Greinacher ein einschlägig ausgewiesener Geistlicher gewonnen werden, dem zwei ausgebildete Fachsoziologen als wissenschaftliche Mitarbeiter zur Verfügung standen.[107]

Als drittes Institut ist das seit Anfang der sechziger Jahre von Hermann Josef Kahseböhmer aufgebaute »Sozialteam« zu nennen, das in Form eines eingetragenen Vereins in Landstuhl/Pfalz und später auch in Adelsried bei Augsburg tätig war. Vor allem die dort von Ottfried Selg geleitete Außenstelle führte eine Fülle von Auftragsarbeiten für die Diözesen Augsburg, Speyer und Würzburg in der Pfarrsoziographie, Erwachsenenbildung und der kirchlichen Raumplanung durch. Obwohl die Institute in Frankfurt, Münster, Königstein, Essen und Adelsried bzw. ihre Leiter regelmäßige Kontakte pflegten, blieb die Zersplitterung der Forschungsinstitutionen im Vergleich mit den Niederlanden oder mit Österreich ein wichtiges Charakteristikum

106 Ebd.
107 Ebd.

der katholischen Kirchensoziographie in Deutschland. Eine Ursache dafür war vor allem die in den fünfziger Jahren noch stark ausgeprägte »Diözitis«. Diese erschwerte die koordinierte Wahrnehmung neuer überdiözesaner Aufgaben in der Kirche und begünstigte die Beharrungskraft existierender Organisationen wie etwa der Kölner Zentralstelle für kirchliche Statistik.[108]

Die doppelte Problemlage der notwendigen Rücksichtnahme auf bestehende Institutionen sowie auf knappe Geldressourcen bestimmte auch noch die seit Mitte der sechziger Jahre anlaufende Diskussion über die Notwendigkeit, auf Bundesebene ein kirchliches »Pastoralinstitut« zu errichten. Allerdings kamen nunmehr zwei weitere Gesichtspunkte hinzu, welche den Aufbau einer zentralen Anlaufstelle für pastoralsoziologische Fragen und Untersuchungen verhinderten. Die am Österreichischen Seelsorgeinstitut in Wien und dem ›Pastoraal Instituut van de Nederlandse Kerkprovinz‹ orientierten Überlegungen für ein bundesdeutsches Pastoralinstitut sahen von Beginn an vor, für Zwecke der pastoralen Planung auf die Ergebnisse empirischer Sozialforschung zurückzugreifen. Neben dem von Redemptoristen getragenen »Institut für missionarische Seelsorge« in St. Georgen bei Frankfurt waren es vor allem die Arbeitsgemeinschaft der Bischöflichen Seelsorgeämter bzw. ihrer Leiter und die Konferenz der deutschsprachigen Pastoraltheologen, die sich im Kontakt mit der Deutschen Bischofskonferenz nachhaltig für diese Konzeption einsetzten, um im postkonziliaren Umbruch eine bessere Koordinierung und reflektiertere Umsetzung pastoraler Konzepte zu ermöglichen.[109] Wissenschaftsorganisatorisch schien es Ende der sechziger Jahre ausgemacht, dass eine »Rückkehr zum Autodidaktentum der Frühphase kirchlicher Sozialforschung« nicht mehr möglich war, nicht zuletzt wegen des schrittweisen Übergangs »von der rein darstellenden Soziographie« zu komplexeren Verfahren wie der »Motiv- und Einstellungsforschung«.[110]

Maßgebliche Diskussionsgrundlage bis in die Beratungen der seit 1972 tagenden Würzburger Synode hinein war ein 1968 vorgelegtes Gutachten der Konferenz deutschsprachiger Pastoraltheologen, eines lockeren Netzwerkes der an den Universitäten lehrenden Theologen dieser Fachrichtung.

---

108 So Erzbischof Jaeger an G.H.L. Zeegers, 30.12.1950, dessen Begriffsprägung aufnehmend: KDC, 21, 2771.

109 Vgl. die Empfehlung namhafter katholischer Pastoralsoziologen in einem Papier »Pastoralsoziologische Empfehlungen« (Ms.), das auf ein vom Institut für missionarische Seelsorge organisiertes Treffen in München vom 9.-11.6.1965 zurückging: AredBo, Ordner Soziologie; Ergebnisprotokoll eines Treffens im Katholischen Büro Düsseldorf, 19.6.1971, sowie weitere Materialien: BAM, GV NA, A-0-979.

110 O.Verf., Stellungnahme zum Aufbau einer kirchlichen Sozialforschungsstelle in Nordrhein-Westfalen, von Hengsbach 1.2.1968 an die anderen Bischöfe in NRW übersandt. Dieser Versuch von Hengsbach, die Lasten für das PSI auf mehrere Bistümer zu verteilen, stieß in Münster und offenbar auch in den übrigen Bistümern auf keine Resonanz. BAM, GV NA, A-101-219.

Der Münchener Erzbischof Julius Kardinal Döpfner, seit 1965 Vorsitzender der Deutschen Bischofskonferenz und in dieser Funktion eine wichtige Integrationsfigur des deutschen Katholizismus im postkonziliaren Umbruch, hatte es in seiner Eigenschaft als Vorsitzender der Pastoralkommission der Bischofskonferenz angefordert. Im Zusammenhang des Pastoralinstitutes sah es vor, ein eigenständiges ›Katholisches Institut für kirchliche Sozialforschung‹ in der Bundesrepublik aufzubauen. Zur Legitimierung dieses Vorhabens konnte man sich auch auf die Konzilsdokumente berufen. Schließlich wies das Dekret über die Hirtenaufgabe der Bischöfe »Christus Dominus« explizit darauf hin, dass das »heutigen Erfordernissen« angepasste Apostolat nicht mehr nur die »geistlichen und moralischen«, sondern auch die »sozialen, demographischen und wirtschaftlichen Verhältnisse der Menschen berücksichtigen« müsse. Aus diesem Grund hatte es »eindringlich empfohlen«, zu deren Studium auf »pastoralsoziologische Institute« zurückzugreifen.[111] Das auf die deutsche Situation zugeschnittene Gutachten forderte deshalb, dass ein »reines Forschungsinstitut« die »profane Gesellschaft« beschreiben, empirische Erhebungen über den Zustand der Kirche und den aktuellen Zustand der Kirchlichkeit sowie Planungsarbeiten durchführen sollte. Mit der Frage nach der »Bedeutung von religiösen Einstellungen« auch jenseits des »kirchlich gebundenen« Verhaltens, wofür Skalen- und Motivanalysen herangezogen werden sollten, wies das Gutachten schon substanziell über die bisher praktizierten Konzepte der Kirchensoziographie hinaus.[112]

Diese Überlegungen stießen auf Zustimmung nicht nur in der Deutschen Bischofskonferenz, sondern auch in derjenigen Sachkommission der Synode, die sich mit der »Ordnung pastoraler Strukturen« beschäftigte. Auch dort, bei den entschiedenen Befürwortern einer sozialwissenschaftlich informierten Pastoralplanung, setzte allerdings die Finanzierbarkeit deutliche Grenzen für die Umsetzung dieser Ideen. Stattdessen plädierten die Mitglieder der Kommission dafür, von den bereits bestehenden »Miniinstituten« in Adelsried, Essen und Köln auszugehen und diese besser zu koordinieren. Da half auch der Einwand von Norbert Greinacher wenig, welcher zu Recht darauf hinwies, dass man allein mit den in jüngster Zeit von der DBK und einzelnen Bistümern an nichtkirchliche sozialwissenschaftliche Forschungsinstitute vergebenen Aufträgen ein neues kirchliches Institut problemlos ausfinanzieren könne und dann zugleich über einen Stamm von Fachleuten verfüge, die mit den spezifischen Fragen der Kirchensoziologie vertraut seien.[113]

111 Christus Dominus, Nr. 17: *Rahner/Vorgrimler*, S. 257–285, S. 267f.

112 KDPT, Gutachten über die Gründung 1. eines zentralen deutschen Pastoralinstitutes 2. eines Institutes für kirchliche Sozialforschung in Deutschland, 8.7.1968, Notiz von Ernst Tewes über ein Treffen der DBK-Pastoralkommission am 14./15.6.1968: BAM, GV NA, A-0-979.

113 Sachkommission IX der Synode, Protokoll der Sitzung vom 18./19.2.1972 (Zitat): BAM, Synodalbüro A 54; Memorandum des Beirates der KDPT, Zweiter Entwurf, Ms., o.D. [1971], gez. Norbert Greinacher: BAM, GV NA, A-0-979.

In den weiteren Beratungen blieb die Kostenfrage ebenso präsent wie die Interventionen all jener kirchlichen ›Hauptstellen‹, die wortreich »bestürzt« darüber waren, durch den Aufbau eines zentralen Pastoralinstitutes künftig überflüssig zu werden.[114] In einer Stellungnahme wies Hermann-Josef Spital, der Seelsorgedezernent des Bistums Münster, auf die Problematik einer neuen Institution hin, die »bald ein Eigengewicht beanspruchen und das Durcheinander der Konzeptionen« in der pastoralen Praxis »noch weiter vermehren« würde. Speziell im Bereich der kirchlichen Sozialforschung fehle es zudem nicht an »Analysen«, sondern »vielmehr an Leuten, die die Konsequenzen aus den Analysen ziehen«. Dabei handelte es sich für Spital um eine Aufgabe, die man den Pfarrgeistlichen nicht allein überlassen könne. Gerade dieses Desiderat habe ihn in Kontakt zu Josef Scharrer und seiner ›Gesellschaft für christliche Öffentlichkeitsarbeit‹ gebracht, mit deren Hilfe Spital einen mittelfristigen, zu wirklichen »Strukturänderungen« führenden »Lernprozess« in Gang setzen wollte.[115] Ähnliche Bedenken hatte Anfang der sechziger Jahre bereits Bischof Hengsbach im Hinblick auf das Essener Institut artikuliert und dem PSI deshalb ein Kuratorium aus Pfarrern und Dechanten zugeordnet.[116]

Ein weiteres Hindernis für die Umsetzung dieser Pläne für ein deutsches Pastoralinstitut, das nicht nur speziell dessen pastoralsoziologischen Zweig betraf, waren unter den Bischöfen verbreitete Bedenken gegen die öffentliche Wirksamkeit der universitären Pastoraltheologen. Als wichtigen Anlass dafür sahen diese das seit 1970 in 27 Faszikeln erscheinende »Pastorale«. Dabei handelte es sich um eine »Handreichung für den pastoralen Dienst«, die von der Konferenz der Pastoraltheologen mit einer Empfehlung des Vorsitzenden der Bischofskonferenz veröffentlicht wurde. Im Namen der nordrhein-westfälischen Bischöfe polemisierte Joseph Höffner gegen diese amtliche Beglaubigung des ›Pastorale‹ für die seelsorgliche Praxis. Damit erhalte die »Privatarbeit einiger Theologen« eine »unangemessen hohe Autorität«. Diese und vielleicht noch weitere Interventionen führten dazu, dass die Bischofskonferenz ihre Unterstützung des ›Pastorale‹ 1972 zurückzog.[117] Es erscheint als ein konsequenter Abschluss dieser Auseinandersetzungen um den angemessen

---

114 Prälat Alexander Stein, Kirchliche Hauptstelle für Männerseelsorge und Männerarbeit an Tenhumberg 11.3.1975 (Zitat), und weitere Materialien zu den Beratungen: BAM, GV NA, A-0-979.

115 Hermann-Josef Spital an Heinrich Tenhumberg 18.6.1971: ebd.

116 Aktenvermerk Hengsbach 4.10.1962 für den Generalvikar, Aktennotiz Krautscheidt 5.12.1962: BAE, GV 82 14 12, Bd. 1.

117 Joseph Höffner an Döpfner 20.4.1970 (Zitat), Antwort vom 25.4.1970: BAM, GV NA, A-101-141; vgl. Ergebnisprotokoll der Sitzung von Beirat und Hauptkommission der KDPT 14./15.10.1972: BAM, GV NA, A-0-978; vgl. Willy Bokler, Zentrales Deutsches Pastoralinstitut, 2.5.1972; Laurenz Böggering an Heinrich Tenhumberg und Reinhard Lettmann 30.5.1972 BAM, GV NA, A-201-45

Ort pastoraltheologischer und -soziologischer Beratung und Planung in der deutschen Gesamtkirche, in welcher Form das ›Pastoralinstitut‹ letztlich realisiert wurde. Im Zuge der organisatorischen Neuordnung der Deutschen Bischofskonferenz schuf diese 1975/76 eine »Kirchliche Zentralstelle für pastorale Grundfragen«, die der Plenarkonferenz der Bischöfe direkt zugeordnet war. Dabei handelt es sich um eine mit nur wenigen hauptamtlichen Mitarbeitern besetzte »Inspirations- und Impulsstelle«, die »grundsätzlich projektgebunden« Arbeitsaufträge der Bischöfe übernimmt.[118] Auf diese Weise ist die Position des legitimen Sprechers für die Verbreitung humanwissenschaftlicher Impulse in der Pastoral der deutschen Kirche so konzipiert worden, dass sie mit dem Bischofskollegium praktisch identisch war.

Gemessen an einer außeruniversitären Großforschungseinrichtung der Soziologie in der Bundesrepublik wie der Sozialforschungsstelle Dortmund waren die disparaten und nicht überall dauerhaften Ansätze zur organisatorischen Institutionalisierung einer katholischen Pastoralsoziologie eine vernachlässigbare Größe. Anderseits hatte – von der kommerziellen Markt- und Meinungsforschung abgesehen – die Institutionalisierung der empirischen Sozialforschung zumindest bis Mitte der sechziger Jahre generell nur einen begrenzten Umfang erreicht. Gerade die außeruniversitären Institute litten unter der steten Abwanderung ihrer besten Forscher an die Universitäten.[119] Somit kam den katholischen Instituten innerhalb der deutschen Soziologie auch in quantitativer Hinsicht eine gewisse, allerdings nicht allzu große Bedeutung zu. Ihr Beitrag zur Verbreitung soziologischer Fragestellungen, Ansätze und Wissensformen in der katholischen Kirche in Deutschland und damit zu deren Verwissenschaftlichung ist ohnehin kaum zu überschätzen. Es waren vor allem die ›Miniinstitute‹ in Frankfurt, Münster, Essen, Königstein und Landstuhl bzw. Adelsried, durch deren Aktivitäten ein sukzessive wachsender Kreis von Theologen, Ordens- und Weltgeistlichen, Ordinariatsmitarbeitern und Funktionären katholischer Verbände mit der Soziologie in Kontakt kamen. Damit lernten sie eine Disziplin kennen, die 1955 noch als eine »unbekannte Wissenschaft« apostrophiert werden konnte.[120] Nur die seit 1950 erscheinende, auflagenstarke Seelsorgezeitschrift »Lebendige Seelsorge« hat über die direkte fachsoziographische Belehrung durch einschlägige Artikel und die eher kontinuierliche Einnahme einer an der sozialen ›Wirklichkeit‹ orientierten Perspektive wohl eine vergleichbare Wirkung erzielt.[121]

---

118 DBK, betr. Kirchliche Zentralstelle für pastorale Grundfragen, 26.8.1975: ebd.; Gemeinsame Synode, II, S. 247–250.

119 *Kern*, S. 229–239; *Weischer*.

120 *H. Pross*, Die unbekannte Wissenschaft, in: FH Jg. 10, 1955, S. 713–723.

121 Vgl. Aktennotizen von Domdekan Engelbert Löhr vom 28.3. und 3.4.1957: DAL, 203 G, Gebietsmission 1957–1958. Auch Franz Groner identifizierte die ›Lebendige Seelsorge‹ mit dem soziographischen Ansatz; vgl. *ders.*, L'etat, S. 118.

Mit dem Scheitern der Pläne für ein zentrales Institut zur kirchlichen Sozialforschung sind zugleich die Bemühungen zum dauerhaften Aufbau eigener katholischer Forschungsressourcen an ein Ende gelangt, welche den Zeitraum von 1950 bis 1975 prägten. In dieser Phase erbrachten die kleineren Institute eine Reihe von Leistungen für die katholische Sozialforschung. Erstens sorgten sie für den im katholischen Milieu nötigen ›Stallgeruch‹ der Soziographen, der nötig schien, um eine kirchenkritische Forschung zu verhindern. Eine zweite Leistung vor allem der Institute in Essen und Königstein war ihre Funktion als Durchlaufstelle für die pastoralsoziologische Qualifizierung eines breiteren Personenkreises, der überwiegend in kirchlichen Diensten arbeitete. Drittens ist die Multiplikatorfunktion zu erwähnen, welche die Institutsmitarbeiter für die Verbreitung des soziographischen Ansatzes neben ihren zahlreichen Veröffentlichungen in Pastoralblättern und Seelsorgezeitschriften auch direkt durch Vorträge und Schulungskurse erbrachten. Im Zuge des Aufbaus der Institute fand – viertens – auch eine engere Vernetzung aller an der Anwendung der kirchlichen Soziographie interessierten Personen statt. Schließlich wurden im Verlauf dieser Treffen auch Ansätze zur technischen Standardisierung soziographischer Arbeit unternommen. Das betraf insbesondere die im Zusammenhang einer differenzierten Kirchenbesucherzählung nötigen Routinen.[122]

Auf der Angebotsseite der soziographischen Methode waren es die fünf von den Instituten erbrachten Leistungen, welche zu ihrer Durchsetzung im kirchlichen Raum beitrugen. Allerdings gelang es nicht, im Zuge der Institutionalisierung kirchlicher Forschungseinrichtungen die Ausbildung und Professionalisierung eines Stammes umfassend qualifizierter katholischer Pastoralsoziologen durchzusetzen. Noch zu Beginn der sechziger Jahre war der dafür in Frage kommende Personenkreis zu klein, wie sich etwa 1962 in Essen zeigte. Der abwanderungswillige Greinacher hatte selbst drei mögliche Nachfolger benannt, da es sehr »schwierig« sei, einen »ausgebildeten, erfahrenen Religionssoziologen« zu finden. Neben Walter Menges kamen für ihn nur noch zwei Niederländer, Osmund Schreuder OFM und Walter Goddijn OFM, ein führender Mitarbeiter des KASKI, in Betracht. Nach Absagen von Menges und Goddijn übernahm schließlich Egon Golomb die Leitung des PSI.[123] Bereits seit Mitte der sechziger Jahre war dann absehbar, dass der Aufbau kircheneigener Forschungsressourcen nicht mit der vom universitären Wissenschaftsbetrieb in der Soziologie ausgehenden Sogwirkung konkurrieren konnte. Das zeigte sich in der Wahrnehmung von Franz Hengsbach zunächst daran, dass das PSI und seine Mitarbeiter

122 *Ziemann*, Institutionalisierung.
123 Greinacher an Hengsbach 17.7.1962 (Zitat), Krautscheidt an dens. 13.8.1962: BAE, GV 82 14 12, Bd. 1.

»fast mehr mit anderen wissenschaftlichen Instituten als mit seinem eigentlichen Auftraggeber«, dem Bistum Essen, kommunizierten. Mit der 1964 erfolgenden Umgruppierung des PSI zur Abteilung »Kirchliche Sozialforschung« im »Sozialinstitut« Essen reagierte Hengsbach darauf und trieb die Einbindung der Soziologen in die Bildungs- und Pastoralarbeit des Bistums voran Zugleich wollte er ein weiterhin im Klerus bestehendes »Misstrauen« gegen den Namen und das Fach Soziologie ausräumen.[124]

Solche unter den Geistlichen verbreiteten Vorbehalte verweisen erneut auf die ambivalente Situation katholischer Pastoralsoziologen im kirchlichen Dienst. Deren Versuch der Einbettung in die nationale und internationale ›scientific community‹ der Religionssoziologen war deshalb nicht nur eine schiere wissenschaftliche Notwendigkeit, wenn man methodisch auf der Höhe der Zeit bleiben wollte. Sie erfüllte zudem die sozialpsychologische Funktion, die in der Arbeit der kirchlichen Sozialforschung auftretenden Rollenkonflikte und Statusprobleme ausgebildeter Fachsoziologen auszubalancieren.[125] Solche Rollenkonflikte waren allerdings kein Spezifikum kirchlicher Sozialforschung, sondern in der anwendungsorientierten Soziologie weit verbreitet. Das traf insbesondere für den »practitioner« und den »researcher« zu, die beiden von den Institutsmitarbeitern ausgefüllten Rollen. Der nur kurzfristig involvierte »consultant« war und ist dagegen in der katholischen Kirche meist ein Mitarbeiter eines privatwirtschaftlichen Institutes.[126]

Als dauerhafte Problemlösung bot sich schließlich die Abwanderung in die universitäre Wissenschaft an, die um 1970 der immense Bedarf an Soziologieprofessoren insbesondere an den Fachhochschulen erleichterte.[127] In der Konsequenz führte das seit 1970 zur Verlagerung der religionssoziologischen Forschung an die Universitäten und zur personellen Auszehrung der kirchlichen Sozialforschung. Beispielhaft dafür stehen etwa die noch vor 1970 endgültig erfolgte Auflösung des Königsteiner Instituts und die

124 Franz Hengsbach an Lorenz Jaeger 7.12.1964: EBAP, GA, Kirchliche Statistik 1962–1967; Jahresbericht über die Tätigkeit des PSI im Jahre 1963: BAE, GV 82 14 12, Bd. 1. Der Terminus »Pastoralsoziologie« hatte dagegen etwa im Verständnis von Jakob David die Funktion gehabt, eine Position »deutlicher Distanzierung« zur universitären ›Religionssoziologie‹ zu markieren. Protokoll der Konferenz der Pastoralsoziologen des rheinisch-westfälischen Raumes am 25.2.1959: ARedBo, Ordner Soziologische Untersuchungen.

125 A. Holl, Socio-Religious Research in Europe, in: SC Jg. 17, 1970, S. 461–468, S. 467.

126 Vgl. zu dieser Unterscheidung, vor dem Hintergrund einer reichen praktischen Erfahrung und Versuchen zur Etablierung einer professionellen Berufsethik in den USA: Angell.

127 Die Zahl der Professorenstellen für Soziologie stieg allein von 1960 = 35 auf 1970 = 190; Lepsius, S. 18. Außer Greinacher wurden auch die Fachsoziologen Egon Golomb, Walter Menges und Philipp v. Wambolt von 1972–1975 Hochschulprofessoren. Ursula Boos-Nünning, von 1969–1971 wissenschaftliche Mitarbeiterin am PSI, promovierte 1971 mit einer aus dieser Tätigkeit hervorgegangenen Arbeit. Sie bekam sofort eine Stelle als akademische Rätin in Düsseldorf, bevor sie 1981 Professorin in Essen wurde.

1975 vollzogene Rückstufung des Essener Instituts auf eine Referentenstelle in der Bistumsverwaltung. Nur die privatwirtschaftlich arbeitenden Institute ›Sozialteam e.V.‹ und ›Gesellschaft für christliche Öffentlichkeitsarbeit e.V.‹ arbeiteten auch nach 1975 in gewohntem Umfang.[128] Dabei handelte es sich im übrigen um eine Entwicklung, die auch katholische Sozialforschungsinstitute in anderen westeuropäischen Ländern betraf.[129] Nicht die methodische Stagnation der Pastoralsoziologie brachte deshalb ihren institutionellen Ausbau zum Erliegen.[130] Entscheidend war vielmehr die parallel verlaufende rasante Expansion der akademischen Soziologie, vor deren Hintergrund die ambivalente Stellung der kirchlichen Sozialforscher von diesen als unhaltbar empfunden werden musste und konnte.

2.4. Aufklärung und veränderte Selbstbeschreibung

Im Unterschied zur Statistik gab es im soziographischen Diskurs eine hinreichend spezifizierte Vorstellung davon, dass die Anwendung dieser Methode einen praktischen Nutzen für das kirchliche Handeln haben und damit folgenreich und wirksam sein würde. In gewisser Hinsicht diente die Propagierung soziographischer Themen und Einsichten ja dazu, die Notwendigkeit einer Neuorientierung pastoralen Handelns angesichts der veränderten gesellschaftlichen Realitäten gerade mit Blick auf die Möglichkeit eines solchen Handelns zu betonen. Die Soziographie sollte nicht im Dienste bestimmter innerkirchlicher Interessen eingesetzt werden, sondern als ein das missionarische Interesse erst ermöglichender und hinreichend legitimierender Diskurs. Und dafür war es notwendig, die »Bedeutung soziologischer Untersuchungen« an ihren »Erfolgen« aufzuzeigen.[131] In diesem Zusammenhang gab es Hoffnungen und konkrete Vorschläge für engere und weitere, für direkte und indirekte positive Folgen der soziologischen Arbeit. So glaubten einige Soziographen etwa, dass Untersuchungsergebnisse direkt für eine »soziologisch ›gezielte‹ Predigt« verwertet werden könnten, da durch Radio, Film

128 Gespräch mit Egon Golomb am 2.10.2002; vgl. Kap. 3.
129 In den Niederlanden erfolgte bereits seit 1960 eine partielle Verlagerung der Kirchensoziologie an die Universitäten, obwohl das KASKI weiterhin das größte Institut dieser Art in Europa war; *Vugt/Son*, S. 19–24; vgl. Die allgemeine Politik von FERES, 13.10.1970: BAM, FHH A 232. Zum insgesamt prekären Personalstand der kirchlichen Institute in Europa um 1970 vgl. *Holl*, Research, S. 463.
130 Diese These bei *Matthes*, Religion, S. 105.
131 Oskar Simmel SJ, Schriftleitung »Stimmen der Zeit«, an Joseph Fichter SJ 2.1.1955: Loyola University, Special Collections, Joseph. H. Fichter Papers, Box 13, Folder 14.

und Fernsehen geprägte Städter »anders angesprochen« werden müssten als früher. Auch eine veränderte Arbeiterseelsorge, eine weitblickende Pfarrplanung, eine Koordinierung der Seelsorge auf Stadtebene oder Änderungen in den Gottesdienstzeiten wurden als mögliche Resultate genannt.[132] Doch die Soziographen sahen eine mögliche Nutzanwendung des Kausalschemas nicht nur für solche punktuellen Eingriffe. Langfristig hofften sie sogar, mit »intensivster Forschung« bis zur »Aufdeckung von Gesetzlichkeiten« vorzudringen, mit denen sich ein umfassendes Bild der Beeinflussung der Kirche durch die moderne Gesellschaft zeichnen ließe.[133]

Zugleich war bereits ein Wissen darum vorhanden, dass die Folgen soziologischer Arbeitsergebnisse keineswegs immer den beim Beginn der Arbeit aufgestellten Zielsetzungen entsprechen mussten, es also neben intendierten auch unintendierte Wirkungen gab. Ohnehin schälte sich bald die Erkenntnis heraus, dass jeder soziologische Befund erst in die Sprache der Pastoral »übersetzt« werden müsse, um dort hilfreich sein zu können. Andererseits konnten aber selbst nach wissenschaftlichen Kriterien eher »unbedeutende« Studien in der Lage sein, einen beträchtlichen Beitrag zur Arbeit des Seelsorgers zu leisten, indem sie etwa auf die »Vielschichtigkeit der sozialen Situationen« hinwiesen, mit denen dieser es zu tun habe. Das war vor allem eine Warnung davor, nach einer Untersuchung stets sofort auf direkt anwendbare »Direktiven« zu hoffen, da die Soziologie gewöhnlich »mehr Probleme aufwirft als sie löst«.[134] In diesem Verständnis lässt sich die Einführung humanwissenschaftlicher Überlegungen als ein Mittel zur Steigerung der Komplexität kirchlicher Arbeit und damit als deren Irritation deuten, ohne dass bereits Formen absehbar gewesen wären, mit denen diese Komplexität gebunden werden konnte. Schließlich gab es aber auch einzelne Stimmen, die der Soziographie von vornherein jede pastorale Wirkung absprachen. So vertrat etwa Bernhard Hanssler, der geistliche Direktor des Zentralkomitees der deutschen Katholiken, bereits 1958 die Auffassung, dass die soziographischen Analysen letztlich nur ein »Spiegel« seien, in den der Seelsorger »einen flüchtigen Blick wirft«. Während es jedoch für viele Katholiken zum »Lebensinhalt« geworden zu sein schien, in den »Spiegel der Theorie und der Analyse zu schauen«, käme es vielmehr darauf an, eine

---

132 *E. Bodzenta/W. Suk*, Kirchliche Sozialforschung – Hilfe der Seelsorge, in: Der Seelsorger Jg. 26, 1955/56, S. 439–447, S. 445; *N. Greinacher*, Die Soziologie im Dienste der Seelsorge, in: Oberrheinisches PBl. Jg. 61, 1960, S. 196–204, S. 203.

133 *E. Bodzenta*, Religiöse Praxis. Eine Bestandsaufnahme in österreichischen Stadtpfarreien, in: WW Jg. 13, 1958, S. 85–96, S. 89; vgl. *Greinacher*, Soziologie im Dienste der Seelsorge, S. 204.

134 *F. Houtart/J. Remy*, Die Anwendung der Soziologie in der pastoralen Praxis – heutiger Stand, in: Concilium Jg. 1, 1965, S. 209–226, S. 210f.; *R. Ritter*, Die soziologische Vorbereitung von Volksmissionen, in: Civitas Bd. 1, 1962, S. 188–209, S. 193.

»große religiöse Leidenschaft« neu zu entfachen, um die Idee der katholischen Aktion tatsächlich zu verwirklichen.[135]

Wenn im Folgenden nacheinander die direkten und indirekten Wirkungen der Soziographie behandelt werden, geschieht das im Wissen um den explorativen und nur analytischen Charakter dieser Unterscheidung, da viele indirekte Wirkungen inhaltlich direkt auf intendierte Effekte bezogen waren. An erster Stelle ist die aufklärende Wirkung der Zerstörung von Illusionen zu nennen, welche insbesondere viele Pfarrseelsorger noch über den quantifizierbaren Zustand der Kirchlichkeit in ihrer Gemeinde oder ihrem Bistum hegten. Mit dem potemkinschen Dorf des Zahlenapparates der Kölner Zentralstelle hatte man sich jahrzehntelang über die Dichte und über die schwindende gesellschaftliche Fundierung der kirchlich organisierten Massenfrömmigkeit hinweggetäuscht. Selbst wenn zentrale quantifizierbare Parameter wie der Kirchenbesuch einen deutlichen Abwärtstrend aufwiesen, fand sich noch stets ein anderer wie etwa die Zahl der absolvierten Exerzitien, der »tröstlich« zu wirken vermochte.[136] Mit dem im Rahmen des soziographischen Ansatzes produzierten Datenmaterial konnte dieser selbstgenügsame und am Status quo orientierte Diskurs aufgesprengt werden, eine Wirkung, die sich sowohl direkt als auch ex negativo aufzeigen lässt. Die Soziographen kritisierten die mangelnde soziale Differenzierung der Kölner Statistiken direkt als einen gravierenden Mangel. Mit einer pauschalen »Kopfzählung«, die man dann »vielleicht noch freigiebig nach oben aufrundet, um bei einer vorgesetzten Stelle gut dazustehen«, sei »gar nichts gewonnen«. Denn die Frage sei, wer genau den Gottesdienst besuche, und dahinter stehe die »viel wichtigere Frage«, welche bestimmten sozialer Gruppen ihm fernblieben.[137] Zudem müssten neben Gottesdienstbesuch und Osterkommunion auch andere Formen der religiösen Teilnahme und weitere soziale Merkmale einbezogen werden. Bereits 1953 hatte Joseph Höffner vor den Dechanten des Bistums Münster an der Statistik kritisiert, sie sei »zu global«, gebe etwa »keinen Aufschluss über die Struktur der Familie«, die Zahl der berufstätigen verheirateten Frauen und einen daraus womöglich folgenden »Funktionsverlust« der Familie.[138]

Des weiteren monierten insbesondere die Volksmissionare, dass die bisherigen Statistiken über die tatsächliche Situation der praktizierten Frömmigkeit hinwegtäuschen und damit vor allem eine beruhigende Funktion

---

135 *Hanssler*, S. 10f.

136 Ein eindringliches Dokument dafür ist der Jahresbericht von Kardinal Frings vor der Fuldaer Bischofskonferenz, 27.–29.9.1956, insbes. der erste Teil: Was die Zahlen sagen: BDA, Gvs, B 17, III.

137 *Neundörfer*, Methoden, S. 35 (Zitat); Menges an Zeegers 12.9.1953: KDC, 21, 4289.

138 Höffner, Protokoll der Dechantenkonferenz v. 25.–27.5.1953 (Zitat): BAM, GV NA, A-101-381; *ders.*, Industrielle Revolution, S. 12.

erfüllen würden. So sprach Bernhard Häring 1956 von den »beschönigten Statistiken«, deren »sanfte Auswertungen« nur dazu taugen würden, »die Kämpfer für das Reich Gottes einzuschläfern«. Im Gegensatz dazu charakterisierte Häring das Anliegen der Soziographie dahingehend, »Mut« zu entwickeln, um die vorhandenen »Alarmsignale« zu hören.[139] Aufgrund dieser unumgänglichen Charaktereigenschaft war die Soziographie im übrigen – wie die missionarische Seelsorge insgesamt – auch als eine ›männliche‹ Wissenschaft konzipiert. Denn der »männliche Erziehertyp« gebe seine »Impulse in die Welt hinein«, ohne sich darum zu kümmern, von wem oder »wie sie aufgenommen werden«. Hingegen sei der »frauliche Erzieher« damit zufrieden, das ihm von anderen anvertraute »zu bewahren und pflegen«.[140] Und genau diesen selbstgenügsamen pastoralen Stil wollten die Volksmissionare auch im Hinblick auf die quantifizierbare Frömmigkeit durchbrechen. So notierte Bernhard Scholten 1957 im Hinblick auf die Statistiken, dass der Klerus in Bocholt noch »in Zahlen schwelgt«, während ihm bereits genaue Unterlagen über das »allgemeine Absinken des religiösen Lebens« zur Verfügung ständen. Aber für Scholten stand fest, dass den Seelsorgern dieser »Schock nicht erspart bleiben« könne.[141]

Ähnlich wie im Falle der französischen ›sociologie religieuse‹ wohnte den Befunden des soziographischen Diskurses ein sich selbst verstärkender Appell zu einer Anpassung der seelsorglichen Arbeit an die geänderte gesellschaftliche Situation inne. Das ergab sich nicht nur daraus, dass diese nunmehr schärfer als zuvor wahrgenommen wurde. Hinzu kam, dass das ›deviante‹ Fehlverhalten der Abständigen nun nicht mehr auf deren individuelle moralische Defizite zurückgeführt wurde, sondern auf den vom gesellschaftlichen Differenzierungsprozess ausgehenden Wandel. Zur Semantik der »religiösen Krise«, welche seit Anfang der sechziger Jahre den Befunden des soziographischen Diskurses wie ein Schatten folgte, gehörte auch, der ursprünglichen Bedeutung des Wortes entsprechend, die Möglichkeit der Entscheidung für die Chancen einer »aufgeschlossenen Seelsorge«, die zu »mutiger Bewältigung« dieser Situation führen könne.[142] Nach beinahe zehnjähriger Arbeit in der Gebietsmission rechnete das Sozialteam den Entkirchlichungstrend im Bistum Speyer bis in das Jahr 2000 hoch und kam zu dem – aus heutiger Sicht zutreffenden – Schluss, dass dann mehr als

139 *Häring*, Pfarrsoziographie und missionarische Seelsorge, S. 25; vgl. *Bodzenta*, Religiöse Praxis, S. 85f.

140 *J. Auer*, Missionarisches Christentum. Eine seelsorgerliche Besinnung auf Prinzipielles, in: Kölner PBl. Jg. 9, 1957, S. 307–316, S. 311.

141 Bernhard Scholten 15.12.1957 an Tenhumberg: BAM, GV NA, A-201-265; *S. Augsten*, Das Heilige Jahr und die Welt von heute, in: LS Jg. 1, 1950, S. 1–7, S. 2f.

142 *W. Dreier*, Religiöses Leben im Ruhrrevier (Zitate), in: Echo der Zeit Nr. 20 v. 19.5. 1963.

vier Fünftel aller Katholiken nicht mehr kirchlich gebunden sein würden. Wolle man nicht dem milieutypischen »Selbstbetrug« oder der »Resignation« Raum geben, dürfe man die »innerkirchlichen Pastoralstrukturen« nicht mehr länger als »unveränderlich ausgeben«. Aber obwohl die »gesellschaftlichen Strukturen« nicht mehr »stützend die Seelsorge abdecken« würden, wie bisher in der typischen Dorfpfarrei, dürfe man die Idee der Volkskirche nicht aufgeben. Eine »resignierende Flucht« in die so genannte »Gemeindekirche« sei »soziologischer Relativismus und Verrat an der Pastoral.«[143] Spätestens mit solchen Bemerkungen war auch in der katholischen Kirche die Phase der ›sekundären‹ Verwissenschaftlichung erreicht, in der wissenschaftliche Expertisen sich mit den Interventionen anderer Wissenschaftler auseinandersetzen mussten, Gutachten auf Gegengutachten stießen.[144]

Das Verlangen nach weitergehenden Umbauten in den Seelsorgestrukturen verwies bereits auf Versuche, unter Zuhilfenahme organisationssoziologischer Konzepte an der Optimierung des kirchlichen Apparates und einer vorausschauenden Planung des pastoralen Ressourceneinsatzes zu arbeiten.[145] Erste Ansätze in dieser Richtung erfolgten jedoch noch im Rahmen des soziographischen Diskurses, und zwar weitgehend in derjenigen Form, welche das französische Vorbild der ›sociologie religieuse‹ mit dem Akzent auf die Raumgebundenheit sozialer Prozesse geprägt hatte. Exemplarisch sei das hier – als zweite direkte Folge soziographischer Arbeit – am Beispiel des Erzbistums Paderborn dargestellt. Unter den Mitarbeitern des dortigen Seelsorgeamtes hatte es seit den fünfziger Jahren ein reges Interesse an neuen, soziologisch unterbauten Formen der pastoralen Praxis gegeben. Als nach dem Weggang von Franz Hengsbach 1959 Alois Nüschen die Leitung des Seelsorgeamtes übernahm, verdichtete sich dort das Bemühen um eine »Überwindung der Kluft, die zwischen Welt und Kirche, zwischen Gläubigen und Ungläubigen, zwischen Kirchentreuen und ›Abständigen‹ besteht.« Anlass dafür bot etwa die zweifelsohne soziographisch informierte »Tatsache«, dass in den Großstädten »nur noch 20% der Arbeiter kirchlich gebunden sind.« Ein entscheidender Wendepunkt bei der Bündelung und Konkretisierung dieser Ansätze war die Diözesankonferenz des Jahres 1959, bei welcher anstelle des terminlich verhinderten Viktor Schurr dessen Ordensbruder Bernhard Häring das Hauptreferat übernahm. Daneben sprach Nüschen selbst über »Gebietsseelsorge und Gebietsseelsorger«.[146]

---

143 *Sozialteam*, Entwicklung der Kirchlichkeit, Zitate S. 20, 22f.; zur »Gemeindekirche« vgl. Kap. 4.3.

144 *Raphael*, Verwissenschaftlichung, S. 178f.

145 Vgl. dazu Kap. 4.

146 O. Verf. [Alois Nüschen] an Erzbischof Jaeger 17.3.1959 (Zitat); ders. an Viktor Schurr 8.3.1959: EBAP, GA, Diözesan-Konferenzen 1957, 1959, 1962; vgl. Bericht Diözesankonferenz 1959, S. 11–29, 30–38.

Mit dieser Dechantenkonferenz war der Startschuss zu einer Initiative gefallen, welche das von Fernand Boulard konzipierte Modell einer ›pastorale d'ensemble‹ bzw. »Ganzheits-Seelsorge« in den sozialräumlichen Einheiten der ›zones humaines‹ in die pastorale Wirklichkeit Westfalens hineinkopierte. Über diese direkte konzeptionelle Anleihe hinaus blieb das Vorhaben auch insofern im Rahmen des soziographischen Ansatzes, als keine strukturelle Veränderung der »Personal- und Gemeindeseelsorge« intendiert war.[147] Die Verantwortlichen folgten nur dem soziologischen Vorschlag, zwischen Dekanat und Bistum die »Seelsorgezone« als eine neue »intermediäre Struktur« aufzubauen. In diesem Sinne berief das Erzbistum Paderborn zunächst 1960 einen Gebietsseelsorger für die im Kreis Meschede gelegenen Pfarreien. Neben der Arbeit in seiner eigenen Pfarrei sollte dieser jüngere Geistliche des Weihejahrgangs 1952 die »soziologischen und seelsorglichen« Verhältnisse der Region erkunden und die Erkenntnisse überpfarrlich verbreiten und pastoral umsetzbar machen. Da er die Situation der Jugendlichen in einer im Umbruch zur industriellen Erwerbsarbeit stehenden Region als besonders drängende Frage empfand, gab er darüber eine Studie beim Essener PSI in Auftrag. Offenbar waren die Resultate der Arbeit des Gebietsseelsorgers ermutigend genug, um alsbald drei weitere Geistliche mit dieser Funktion zu versehen.[148]

Eine Reihe von Arbeitstagungen des Seelsorgeamtes führte dann 1965 zu der Entscheidung, dieses Modell durch die Schaffung von sieben »Seelsorgebezirken« zu komplettieren und damit dem »Motiv der Angleichung kirchlicher Seelsorgsmethoden an die modernen Verhältnisse«, nunmehr im Sinne der vom Konzil gestellten Aufgaben, weiter zu folgen. Die Arbeitsweise der neugeschaffenen und auf fünf Jahre berufenen Bezirksdekane war nicht von vornherein genau umschrieben, sondern sollte sich in der Praxis entwickeln. Wie selbstverständlich nannte der Beschluss jedoch die »pastoralsoziologische Erschließung des Bezirkes« als ihr erstes Aufgabenfeld. An den geschätzten Gesamtkosten von rund 200 000,– DM scheiterte je-

147 So rückblickend Alois Nüschen, Struktur und Aufgabenstellung des Seelsorgeamtes heute, Referat auf der Sitzung des Priesterrates am 1.3.1967: EBAP, GA, Seelsorgeamt 1945–1969; vgl. als Teilübersetzung eines Textes von Boulard: Ganzheits-Seelsorge, in: Im Dienst der Seelsorge Jg. 17, 1963, Nr. 2, S. 1–3. Dessen Konzept wurde sonst zumeist als ›Gemeinschafts-Seelsorge‹ übersetzt, was mehr dem in der deutschen katholischen Kirche gepflegten Gemeinschaftsdiskurs entsprach als dem Wortsinn. Vgl. *L.H.A. Geck*, »Gemeinschafts-Seelsorge« durch »Seelsorge der vereinten Kräfte« im Versuch der Seelsorge-Planung, in: Kölner PBl. Jg. 13, 1961, S. 322–332, 354–364, S. 322.
148 Raumgerechte Seelsorge, in: Im Dienst der Seelsorge Jg. 19, 1965, Nr. 4, S. 1–3, Zitat S. 3. Dabei handelte sich um einen Auszug aus: *Bodzenta u.a.*, Regionalplanung; Ernennungsschreiben des Generalvikars vom 20.4.1960 (zweites Zitat), Wilhelm Kuhne 30.6.1961 an das Generalvikariat, und weitere Materialien: EBAP, GA, Gebietsseelsorger 1958–1969; vgl. PSI, Bericht Nr. 21, 22, 22 A (1962).

doch der Plan, in jedem der Bezirke ein ausgewähltes Dekanat durch das ›Sozialteam‹ soziographisch durchleuchten zu lassen. Deshalb wickelten die Mitarbeiter des statistischen Amtes im Generalvikariat diese Arbeit in Eigenregie ab.[149]

Eine dritte direkte Wirkung soziographischer Arbeit bestand darin, den kirchlichen Akteuren langfristig mit Erfolg eine basale Einsicht in das irreversible Voranschreiten des gesellschaftlichen Differenzierungsprozesses und damit in eine Entwicklung zu vermitteln, die auf fundamentale Weise die soziale ›Wirklichkeit‹ und damit auch die Religion und das kirchliche Handeln prägte. Vermutlich empfanden viele kirchliche Akteure diese Tatsache noch in den sechziger Jahren nicht als ähnlich bedrohlich und schmerzlich wie die sinkende Tendenz der Kirchlichkeit, über welche die Soziographie ebenfalls unmissverständlich aufklärte. Für die Gesamtdynamik des Prozesses der Verwissenschaftlichung war jene Folge allerdings bedeutsamer als diese, da auch alle in der Folgezeit angewandten Methoden direkt oder indirekt an diesen Sachverhalt anschlossen. Jeder Seelsorger musste sich demnach klar darüber werden, dass die »moderne Gesellschaft keine einfach überschaubare Einheit mehr ist, sondern ein dynamischer, außerordentlich differenzierter« Komplex. Konkret hieß das für die Kirche, dass sie nicht mehr in einer »bäuerlich-bürgerlichen« Welt agierte, deren »Mittelpunkt der Kirchturm war«, sondern in der »in 10 000 Berufe und zahllose Organisationen zerfallenden technischen Gesellschaft, die keine gemeinsame, ordnende Mitte mehr hat.«[150] Solche Formulierungen atmen auch den Geist der konservativen Kulturkritik der fünziger Jahre. Aber die dahinter stehende soziologische Einsicht setzte sich mittelfristig als Wissensform in der Kirche durch und bestimmte deren Problemdefinitionen und Praktiken. Und bei aller Vielfältigkeit und Widersprüchlichkeit der Ergebnisse, welche die Soziographie bei ihren empirischen Arbeiten zutage förderte, blieb als zentraler analytischer Befund unbestritten, dass die Kirche in der Gegenwart ihr Anliegen in einer »Glaube und Religion gegenüber indifferenten Arbeitsgesellschaft« verkündete.[151]

Ein konkretes Beispiel für die Umsetzung dieser Einsicht in die pastorale Arbeit bietet die Auseinandersetzung um verbandspolitische Strategien zur

149 Vorschlag zu einem Plan für die Bezirkseinteilung, 23.7.1965 (Zitat), und weitere Materialien in: EBAP, GA, Seelsorgsbezirke (Regionen) 1965–1969; Aktennotiz Theodor Wilmsen 7.2.1969, ders. an Dechant Henkel 17.2.1969: EBAP, GA, Kirchliche Statistik 1968–1969.

150 *Bodzenta/Suk*, Sozialforschung, S. 441.

151 *Greiner*, Katholiken, S. 109. Greiner war als Referent für Soziologie bei der Herder-Korrespondenz tätig und für deren seit 1954 erscheinende ›Soziographische Beilage‹ verantwortlich. *Goldschmidt u.a.*, Soziologie, S. 255. Zu den Befunden soziographischer Arbeit vgl. *Ziemann*, Suche, S. 424–427.

Erfassung der dörflichen Bevölkerung in den fünfziger Jahren. Maßgeblich war hier vor allem ein Referat von Ludwig Neundörfer zur Situation auf dem Land aus soziographischer Sicht, mit dem er 1953 eine Tagung des Zentralkomitees über »Kirche und Landvolk« einleitete. Neundörfer zeigte auf, dass das Dorf nicht mehr als eine durch die landwirtschaftliche Produktion oder gar nur durch den ›Bauern‹ bestimmbare, undifferenzierte soziale Einheit verstanden werden dürfe. Vielmehr seien die ländlichen Regionen inzwischen in hohem Maße durch in der Stadt arbeitende Erwerbstätige und die Evakuierten und Vertriebenen geprägt. Charakteristisch für die ländliche Lebensform seien nur noch die spezifische »Wohnform« und die große Bedeutung einer nicht über den Markt vermittelten »Intimwirtschaft«.[152] Diese Thesen und Befunde über die Entbäuerlichung des Dorfes lieferten entscheidende Anstöße dafür, den seit 1951 mit der Proklamation der Katholischen Landvolkbewegung eingeschlagenen Weg weiterzuverfolgen. Dabei hatte man die Idee eines bäuerlichen Berufsverbandes explizit verworfen. Stattdessen bestimmte man als Angelpunkt der Organisation die dörfliche Lebenswelt bzw. das ländliche »Milieu«, das durch die genannten Charakteristika geprägt sei.[153]

Im Gegensatz dazu stand der Gedanke einer berufsständischen Ordnung als Leitbild der Landvolkarbeit. Er wurde nur in einigen Diözesen stark akzentuiert, vor allem im Bistum Münster.[154] Ein Grund dafür ist auch in der soziologischen Ausrichtung von Heinrich Tenhumberg zu sehen, der im dortigen Generalvikariat für die Landseelsorge zuständig war. Auch Tenhumberg (1915–1979) wird uns in dieser Studie noch mehrmals begegnen. Als Bischof von Münster und Vorsitzender der Pastoralkommission der DBK war er seit Ende der sechziger Jahre eine zentrale Figur im deutschen Episkopat. Nicht nur in den zum Teil heftigen Konflikten innerhalb seines Bistums, sondern auch im Kontext der Gesamtkirche nahm Tenhumberg stets eine um Ausgleich bemühte Position ein. Er hatte frühzeitig erkannt, dass sich die Kritik der linkskatholischen Strömung nicht durch administrative Maßnahmen erledigen ließ. Die im innerkirchlichen Umbruch seit 1968 aufgeworfenen Probleme besaßen für eine Tenhumberg eine sachliche Berechtigung auch dann, wenn er die Position der Kirchenkritiker der Sa-

152 HK Jg. 8, 1953/54, S. 91ff.; *Neundörfer*, Soziale Situation, Zitate S. 33, 35. Neben Neundörfer wurde v.a. die Studie von *Wurzbacher/Pflaum* in diesem Sinne rezipiert. Vgl. z.B. *D. Westemeyer*, Zur Planung der zeitgemäßen Volksmission, in: Im Dienst der Seelsorge Jg. 10, 1956, S. 20–23, S. 21.

153 *Kliesch*, S. 66f., 97ff.; *Schurr*, Seelsorge, S. 36–38, 111f.; *E. Scharl*, Die Bedeutung des Milieus für die Seelsorge, in: PBl. für die Diözesen Aachen etc. Jg. 17, 1965, S. 278–282.

154 *Damberg*, Abschied, S. 203–207; *E. Scharl*, Organisationsformen der Katholischen Landvolkbewegung in der Bundesrepublik, in: Das Dorf Jg. 9, 1957, S. 129–136.

che nach nicht teilen konnte.[155] In der Landseelsorge der fünfziger Jahre orientierte sich Tenhumberg nicht an der Soziographie, sondern an der von Leopold v. Wiese ausgearbeiteten formalen Soziologie, die ihm die Möglichkeit zu »sozialethischen Wertungen« offen zu lassen schien. Bei der mit diesem Rüstzeug in Angriff genommenen »Wesensschau« des Dorfes stand es für Tenhumberg außer Frage, dass die »landwirtschaftliche Betätigung und Bodenverbundenheit der Bevölkerung« immer noch dessen »Charakter« bestimme.[156] Deshalb hingen die bei der Organisierung der Landbevölkerung eingeschlagenen Strategien davon ab, welche soziologische Situationsanalyse der dörflichen Sozialstrukturen als zutreffend unterstellt wurde.

Eine vierte direkte Wirkung soziographischer Arbeit bestand in der Möglichkeit, an Hand der Ergebnisse von differenzierten Kirchenbesucherzählungen zu einer Kategorisierung von Typen der Kirchlichkeit vorzudringen und damit den Erkenntnisgewinn dieses Instrumentariums für die Zwecke seelsorglicher Urteilsbildung auszuschöpfen. An dieser Stelle zeigten sich allerdings rasch die Grenzen der nutzbringenden Verwertbarkeit der Soziographie, insofern diese ein starres, quantifizierendes Dispositiv der Datenerhebung verwendete. Denn in der Praxis erwies sich, dass daraus eine Schablonisierung soziologischer Erkenntnis folgte, welche die Standardargumente des soziographischen Diskurses in einer schnell als ermüdend empfundenen Weise trivialisierte und ihn damit seines ursprünglich avisierten Reformpotentials beraubte. Die Typenbildung ging in in drei Richtungen vor, räumlich differenzierend im Hinblick auf die Pfarrei, vertikal differenzierend entlang sozialer Schichten sowie zeitlich differenzierend durch die Zuordnung von Befunden auf bestimmte Phasen des Lebenslaufes. Und in allen drei Hinsichten handelte es sich im Kern um die Übernahme von Deutungsmodellen, welche bereits die französische ›sociologie religieuse‹ mit hinreichender Ausführlichkeit vorbuchstabiert hatte.

Mit Blick auf die Typologisierung von Pfarreien etwa lehnten sich die Soziographen an die zuerst von Gabriel Le Bras entworfene Schematisierung verschiedener Intensitätsstufen der Kirchlichkeit an. Fernand Boulard und Émile Pin überführten dieses Schema in die Unterscheidung von drei verschiedenen Typen von Pfarreien: christliche, indifferente und missionarische.[157] So bestand der wesentliche Ertrag einer in den fünfziger Jahren vielfach als wegweisend empfundenen Studie zu einer Wiener Pfarrei letztlich darin, dass die Pfarrei nach diesem Dreierschema als »indifferent« einem der Typen zugeordnet wurde.[158] Andere Autoren hielten bei der Suche nach Kriterien für genaue

---

155 Vgl. *Mussinghoff*; *Damberg*, Abschied; Kap. 3.3, 4, 5.2.
156 *Tenhumberg*, Grundzüge, S. 21f.
157 *Boulard*, Problèmes, I, S. 108–127; *Pin*, Vocation, S. 573–576.
158 *Suk*, Wirklichkeit, S. 494.

»Grenzziehungen« unter den ›Abständigen‹ daran fest, dieses Merkmal auf einzelne Personen zuzurechnen. Unter Berufung auf eine Typologie von Joseph Fichter, welche das von Le Bras überkommene Schema geringfügig modifizierte, operierten die deutschen Soziographen dann mit der kategorialen Unterscheidung von Angehörigen der »Kernpfarre«, »Durchschnittskatholiken«, »Randkatholiken« und »schlummernde[n] Katholiken.[159] Genau dasselbe traf für jenes Schema zu, das verschiedene Lebensphasen unterschied. Auch die daraus gebildete, vielzitierte These einer »Verkindung«, »Vergreisung« und »Feminisierung« der Kirche war eine direkte Übernahme von Befunden, die andere Forscher zuvor in Frankreich erhoben und typisiert hatten.[160] Dasselbe galt schließlich für jene Variante, welche den quantitativen Befund primär auf das Schichtungsbild der kirchlich Aktiven projizierte und die ›Abständigkeit‹ deshalb in erster Linie in der Arbeiterklasse lokalisiert sah.[161]

Bereits 1963 stellte François Houtart deshalb die keineswegs nur rhetorisch gemeinte Frage, ob man nicht an einem »kritischen Punkt der pastoralen Sozialforschung angelangt« sei. Zwar seien soziographische Erkenntnisse relativ rasch und umfassend ein »Teil des geistigen Rüstzeugs« eines jeden Katholiken geworden. Aber damit war es eben auch »keine Neuigkeit« mehr, wenn ein Pfarrer bei der Untersuchung seiner Pfarrei herausfand, dass der »kleine Mittelstand besser praktiziert als die Arbeiter«. Und was könne es noch für eine Bedeutung für die »pastorale Orientierung« dieses Pfarrers haben, ob nun »11,25 Prozent oder 13,75 Prozent« der Arbeiter in seiner Gemeinde »praktizierende Christen« seien.[162] Zur gleichen Zeit zogen manche Pfarrer auch praktische Konsequenzen daraus, dass der soziographische Diskurs mit der Typologisierung von Quantitätsstufen der Kirchlichkeit sein Potential zur methodisch geordneten Reduktion von Komplexität ausgereizt hatte. Ein Beispiel dafür ist die Kölner Stadtmission des Jahres 1964, deren vorbereitender Ausschuss die soziologischen »Gegebenheiten« in der Stadt berücksichtigen wollte. Da eine gründliche Untersuchung durch ein »Fachinstitut« aber nicht möglich erschien, sichteten die Mitglieder einfach die vorliegenden Untersuchungsergebnisse der Institute in Essen und Königstein aus anderen Großstädten. Da sich eine »weitgehende Übereinstimmung« im Hinblick auf die zentralen Befunde

159 *Westemeyer*, Wege, S. 34; *Pfliegler*, Pfarre, S. 242–245; *Bodzenta*, Typologie; *Fichter*, Parish, S. 9–79; *A. Nüschen*, Sorge um die Fernstehenden, in: Im Dienst der Seelsorge Jg. 23, 1969, Nr. 2, S. 33–38, S. 33.

160 Die »Feminisierung« war letzlich ein Ergebnis der männlichen Erwerbsarbeit in der Alterskohorte von 20–60 Jahren und ließ sich daher auch als ein Effekt der Altersstruktur verstehen. Vgl. *Greinacher*, Entwicklung der religiösen Praxis, S. 225; *Boulard*, Wegweiser, S. 150.

161 *Ziemann*, Suche, S. 427–429, 435f.

162 *Houtart*, Soziologie, S. 81f.; vgl. o.Verf., o.D. [1968], Stellungnahme zum Aufbau einer kirchlichen Sozialforschungsstelle in Nordrhein-Westfalen: BAM, GV NA, A-101-219.

zeigte, folgerte die Vorbereitungsgruppe, dass »diese Erscheinungen auch in Köln nicht anders sind«, und übernahm die Ergebnisse einfach.[163] Das Bistum Passau zog dagegen erst Anfang der siebziger Jahre, nach der Berufung eines neuen Beauftragten für die Gebietsmissionen, die Konsequenz aus der dort über die Jahre angewachsenen Unzufriedenheit mit der soziographischen Missionsvorbereitung. Gemessen an den großen Erwartungen hatte die Auszählung der Ergebnisse neben ihrem schematischem Charakter auch deshalb für Unmut gesorgt, weil sie regelmäßig erst lange nach Durchführung der Predigtmission erfolgte. Als Reaktion darauf fand eine methodische »Entlastung« der Soziographie statt, die fortan nicht mehr auf die soziale Schichtung zielte, sondern auf den »subjektiven Grad der Identifikation mit Glauben und Mission«. Damit waren die Erhebungen im Bistum Passau, die zunächst weiterhin mit einfachen Einreißzetteln erfolgten, fortan im Rahmen des demoskopischen Diskurses situiert.[164]

Im Verlauf der sechziger Jahre stieß der soziographische Diskurs daher an immanente Grenzen seiner Fähigkeit, in nicht-trivialer Weise etwas ›Wahres‹ über die soziale Wirklichkeit der Kirche und der bundesrepublikanischen Gesellschaft im allgemeinen auszusagen. Dessen ungeachtet gingen bis dahin und noch darüber hinaus weitere Wirkungen von ihm aus, die sich als unintendiert und indirekt bezeichnen lassen. Zunächst einmal führte die praktische Anwendung von soziographischen Methoden eine neue Weise der Klassifizierung von religiösen Zusammenhängen in die katholische Kirche ein, deren Kategoriengerüst dort traditionell dominante Diskurse zurückdrängte. Dies betraf insbesondere die »dogmatisch-mystische« und die rechtliche Sicht auf die Kirche, aber auch sittlich-moralische und damit letztlich moraltheologische Argumentationsmuster. Joseph Höffner hatte diese Implikationen bereits 1953 am Beispiel der Pfarrei erläutert, indem er darauf hinwies, dass eine dogmatisch-ekklesiologische ebenso wie eine rein kirchenrechtliche Sicht etwa der Stellung des Pfarrers in seiner Gemeinde den dort tatsächlich wirksamen »Spannungen und Konfliktmöglichkeiten« nicht gerecht würde. In Anlehnung an eine Kritik des belgischen Religionssoziologen Jacques Leclercq hatte Höffner eine solche formalrechtliche Form des Aussagens mit dem Terminus »Juridismus« charakterisiert und als ungenügend zurückgewiesen.[165]

Ein Beispiel für die tendenzielle Auflösung moralischer Diskurse bietet etwa die Volksmission, in deren Kontext die Soziographie am häu-

---

163 B. *Wegener*, Vorbereitung einer Stadtmission nach soziologischen Gesichtspunkten, in: PBl. für die Diözesen Aachen etc. Jg. 16, 1964, S. 144–153, S. 144.

164 *Knobloch*, S. 126–128, 136–138, Zitat S. 136.

165 Protokoll der Dechantenkonferenz v. 25.-27.5.1953: BAM, GV NA, A-101-381; *J. Leclercq*, Soziologie und Juridismus, in: Dokumente Jg. 8, 1952, S. 315–328; *Suk*, Wirklichkeit, S. 472.

figsten angewendet wurde. Im Zentrum der herkömmlichen Volksmission stand die »Höllenpredigt«, welche die Gläubigen zum Bekenntnis im Beichtstuhl und damit zur Rettung ihrer Seele aufrief. Dem einzelnen Missionar bot das die Gelegenheit, unter Aufbietung all seines theatralischen Könnens durch die »Wucht der Bilder«, durch »brutalen Existenzialismus« und durch »schaudererregende Satanologie« von der Kanzel herab sein Publikum zu fesseln und mitzureißen.[166] Solche Spätformen des ultramontanen Frömmigkeitsstiles mit seinem dramatisierenden Gestus waren auch in den fünfziger Jahren noch in Gebrauch. So beklagte sich ein Pfarrer aus Bad Pyrmont über die 1959 von Redemptoristenpatres in seiner Gemeinde durchgeführte Volksmission. Diese hatte durch »manche Sentimentalitäten und Stillosigkeiten«, über welche sich insbesondere »religiös gebildete Katholiken« bei ihm beschwert hatten, die von ihm intendierte »Formung der Gemeinde zurückgeworfen«.[167]

Zu den Zielen, welche die soziographisch angeleitete Gebietsmission ausdrücklich verfolgte, gehörte die Zurückdrängung einer solchen als zu »moralistisch« und mit »viel zu viel Gebot« argumentierenden Missionspredigt.[168] Es entsprach dem vom sozialen Bedingungsgefüge ausgehenden Ansatz dieser Missionsform, die auf das individuelle Seelenheil abzielende psychologische Grundanordnung der ›Höllenpredigt‹ durch eine als zeitgemäßer und realistischer empfundene Ansprache zu ersetzen. Das machte eine mehr »induktive«, »in die Umwelt« des jeweiligen Missionsgebietes eingepasste Art der Predigt nötig. Gegenüber der »gefühlsbetonten« Anlage des herkömmlichen Missionsstiles musste es dieser daran gelegen sein, dort anzuknüpfen, wo die Zuhörer der Predigt mit »ihren Problemen und Bedürfnissen, ihrem Bangen und Fürchten« standen«.[169] Auch der Beichtvater sollte diesen »religionssoziologischen« Gegebenheiten Rechnung tragen und die durch das ›vergiftete‹ Milieu verführten »Schwachen« in der Großstadt »milder beurteilen«. Auf diese Weise wurde der moralische aufgeladene Code ultramontaner Frömmigkeit umgangen, der die subjektive Entscheidung zwischen Verdammnis und Heil grell kontrastierte. Ihn ersetzte eine weitaus nüchternere Semantik, welche von dem soziographischen Gedanken der Milieuprägung des Einzelnen ausging.[170]

---

166 E. *Kretz* CSsR, Ein Wort zur Höllenpredigt, in: Paulus Jg. 25, 1953, S. 165–172, S. 165.

167 Pfarramt Bad Pyrmont 16.1.1960 an Generalvikariat Paderborn: EBAP, GA, Volksmission 1959. Für die bereits in der Weimarer Republik einsetzende Kritik an diesem »Schimpfen und Donnern« vgl. *Schulte*, Laienbriefe, S. 89.

168 Ende der Volksmission?, S. 72; L. *Wißkirchen*, Volksmission heute und ihre Vorbereitung in der Pfarrei, in: Paulus Jg. 23, 1951, S. 81–89, S. 85f.

169 *Schurr*, Seelsorge, S. 349–356, Zitate S. 351, 353.

170 *Häring*, Praktische Durchführungen, S. 238, 240; vgl. *Ziemann*, Codierung.

Mit dieser Zurückdrängung moralisch aufgeladener Argumentationsmuster verband sich die Einübung eines neuen Denkstils, den die Klassifizierungsmuster des soziographischen Diskurses den Seelsorgern und kirchlich Aktiven nahelegten. Eine genaue Kenntnis des sozialen Umfeldes in seiner Gemeinde hatte stets zum Handwerkszeug eines jeden Pfarrers gehört. In diesem Sinne konnte etwa der Stadtpfarrer im badischen Ettlingen 1951 im Rückblick auf sein Leben festhalten, er habe »die sozialen Verhältnisse und Gesetze« besser gekannt »als manche Dinge der Theologie«.[171] Aber der spezifische Blickwinkel und das Kategoriengerüst, mit dem ein Pfarrer bis in die frühen fünfziger Jahren sein soziales Umfeld gewöhnlich beurteilte, war durch die Zuschreibung von sozialmoralischen Qualitäten und Defiziten auf einzelne Personen oder Personengruppen geprägt. Auch Anfang der fünfziger Jahre waren noch Urteile über einen »Mangel an Opferkraft« oder den »sittlichen Verfall« selbst dann in Gebrauch, wenn die Pfarrer bereits in soziographischer Absicht danach gefragt wurden, welche »soziale Schicht« im Hinblick auf ihre »Kirchentreue« wohl die »stabilste« sei.[172]

Mit der flächendeckenden Propagierung, Verbreitung und Anwendung soziographischer Erhebungsmethoden schliffen sich solche sozialmoralischen Bewertungsmuster mittelfristig ab. Ein um Realitätstauglichkeit bemühtes Wissen ersetzte sie, das sich über die grundlegende Abhängigkeit religiöser Praxis und religiöser Einstellungen von der Dynamik einer zunehmend differenzierten Gesellschaft und über die Existenz von Klassen und Schichten als sozialökonomisch bestimmten Großgruppen informierte. Das schlug sich etwa in den Berichten nieder, welche die Pfarrer nach Abschluss einer Gebietsmission an das Generalvikariat einsandten. Der bisher benutzte »bescheidene Fragebogen« mit einigen statistischen Informationen über die abgelegten Beichten und den Besuch der Standespredigten genügte nicht mehr. Stattdessen erarbeiteten die Missionare ein umfassendes Frageschema zu einem qualitativen und quantitativen Datenkranz, der von Informationen über die soziale, wirtschaftliche und demographische Struktur der Gemeinde zur umfassenden Erhebung der religiösen Verhältnisse vordrang. Mit der Benutzung dieses Schemas wandelte sich der turnusgemäße Missionsbericht zu einer kleinen Einführung in die örtliche soziale Schichtung, Berufstätigkeit und Pendelwanderung sowie deren Folgen für die praktizierte Frömmigkeit der Gemeindemitglieder.[173] Eine wichtige indirekte Folge des soziographischen

171 Zit. bei *Rauh-Kühne*, S. 141.

172 Umfrage Bottrop 1951/51, Fragebogen, Antwort Kaplan Heinrich Kaiser 19.12.1951: BAM, GV NA, A-201-260; vgl. *Ziemann*, Suche, S. 434f.

173 Die Soziographie der Pfarrei für die Volksmission, o.D. [1954], o.Verf. (Zitat), Seelsorgeamt Paderborn, Referat Landseelsorge und ländliche Bildungsarbeit an die Pfarrämter 20.7.1956: ARedBO, Ordner Soziologische Untersuchungen; vgl. Pfarramt Rönkhausen an Erzbischöfliches Generalvikariat Paderborn 20.7.1960: EBAP, GA, Volksmission 1960–1961.

Diskurses lag in der »Einübung« des an empirischen Fakten orientierten »Tatsachenblicks«.[174] Die Soziographie erbrachte damit einen grundlegenden Beitrag zur Überwindung sozialromantischer Denkmuster, mit denen die Mehrzahl der kirchlichen Akteure bislang – falls überhaupt – die sie umgebende Gesellschaft wahrgenommen hatte.

Allerdings finden sich hier auch Belege für die »paradoxen Synthesen von Antimodernität und Modernität«, welche für den Katholizismus der fünfziger Jahre typisch waren.[175] Beispielhaft dafür sind etwa die Formen, mit denen die Soziographie die Wirkungen urbaner Lebensformen auf die Glaubenspraxis thematisierte. Auf der einen Seite bemühten sich einige Protagonisten der Soziographie darum, zum Abbau der massiven »Vorurteile« beizutragen, die bei vielen Seelsorgern über die pauschal als negativ qualifizierten Folgen der Großstadt auf die religiöse Substanz der Katholiken bestanden. Gegenüber undifferenzierten Schlagworten wie der »Vermassung« oder »Vereinzelung« wiesen sie anhand soziologischer Erkenntnisse auf die Freiheitschancen hin, die sich aus der städtischen Lebensweise für das Individuum ergeben würden, und unterstützen eine »positive Wesensbestimmung« der Großstadt.[176] Mitarbeiter der soziographischen Institute versuchten, die weit verbreitete, aber »mehr verschleiernde als erklärende Formel« vom »kirchenentfremdenden Einfluss des städtischen Milieus« in einen komplexeren Erklärungsansatz zu überführen. Im Zuge dieser Bemühungen legten sie auch konkrete Pläne dafür vor, wie etwa durch die Aufwertung der Zentralkirchen eine sinnvolle Anpassung an die spezifisch großstädtische Seelsorgslage erfolgen könnte.[177]

Auf der anderen Seite flossen auch in die soziographische Arbeit methodisch unkontrollierte Klischeevorstellungen und Wertungen ein, welche auf die anhaltende Persistenz traditioneller Gemeinschaftsvorstellungen im deutschen Katholizismus verwiesen. Ein prägnantes Beispiel dafür ist die Studie von Alfons Weyand, welche er für das ICSW im Vorfeld der Gebietsmission in Marl 1955/56 anfertigte. Diese rasch wachsende Stadt galt als pastorale Problemzone des Bistums Münster und erfuhr deshalb beson-

174 Vgl. *Bonß*.

175 *Graf*, Selbstmodernisierung, S. 49.

176 *J. David*, Der Mensch der Großstadt und unsere Seelsorge. Einige Erwägungen aus soziologischer Sicht, in: Der Männerseelsorger Jg. 15, 1965, S. 193–204, Zitate S. 194f., 197; *H. Ostermann SJ*, Großstadt zwischen Abfall und Bekehrung. Ergebnisse einer Befragung kirchentreuer Männer, in: PBl. für die Diözesen Aachen etc. Jg. 15, 1963, S. 206–213, 235–242; *ders.*, Chancen der Großstadtseelsorge, in: ebd. Jg. 16, 1964, S. 162–168; *F. Houtart*, Die Kirche und die Großstädte, in: WW Jg. 11, 1956, S. 733–753, S. 741.

177 *W. Menges*, Pastorale Soziologie und städtische Seelsorge, in: Anima Jg. 12, 1957, S. 148–153, Zitat S. 149; *E. Golomb*, Seelsorgsplanung in der Großstadt, in: Trierer Theologische Zeitschrift Jg. 72, 1963, S. 129-149.

dere Aufmerksamkeit. Aus seinem Datenmaterial hob Weyand vornehmlich jene Befunde hervor, welche für die horizontale Mobilität der erst kürzlich zugewanderten Einwohner als wichtigsten Faktor der Entkirchlichung zu sprechen schienen.[178] Ein solches Ergebnis war jedoch methodisch und auch den Befunden nach keinesfalls zwingend, wie eine 1969 im Seminar von Höffners Nachfolger Wilhelm Weber am ICSW erarbeitete Methoden- und Ideologiekritik der Studie zu Recht hervorhob. In der Präsentation und Auswertung der Kirchenbesucherzählungen gingen deskriptive, normative und klischeehafte Elemente sowie zur Erklärung störender Befunde gebildete »ad-hoc-Hypothesen« kunterbunt durcheinander. Leitender Gesichtspunkt war dabei die in den lang tradierten Gemeinschaftsvorstellungen des deutschen Katholizismus fundierte »Verwurzelungs-Ideologie« Weyands. Nach dieser stützten nur Sesshaftigkeit und dauernde Vergemeinschaftung kirchliche Teilnahme, während »städtisches Leben« und »vor allem« die damit verbundene horizontale Moblität dem religiösen Leben per se schade.[179]

»Stetigkeit in der religiösen Praxis setzt auch Stetigkeit in den übrigen Lebensbereichen voraus«. Was Weyand derart als Ergebnis seiner Studie formulierte, in der er sich bemühte, nur »die Tatsachen sprechen zu lassen«, war tatsächlich die Artikulation eines einflussreichen innerkirchlichen Diskurses.[180] Dieser ging von der Prämisse aus, dass nur ein »verwurzelter‹ Mensch« ein guter Katholik sein könne, weshalb der ortsansässige kleine Selbständige, der Bauer, Handwerker oder auch der beamtete Lehrer als soziales »Leitbild« favorisiert war. Im Gegenzug unterstellt diese Sichtweise, dass die Auflösung dieser Voraussetzung durch großstädtisches Leben oder horizontale Mobilität das religiöse Leben »zersetzt«.[181] Allerdings war die klischeehafte Reproduktion solcher Stilisierungen über die ›Entwurzelung‹ kein Privileg der katholischen Soziographie in der Bundesrepublik. Denn auch Arbeiten der französischen Pastoralsoziologie und die einflussreichen Darstellungen von Wilhelm Brepohl über das durch »Dissoziierung« im Zuge der Ost-West-Wanderung geprägte ›Ruhrvolk‹ waren zeitgenössische Bezugspunkte, auf welche Weyand zurückgriff.[182] Ein nüchterner Beobachter wie Joseph H. Fichter SJ, der vor dem Hintergrund der in den USA typischen Vergesell-

---

178 *Weyand*, bes. S. 79, 81, 145–157, 205f.; in diesem Sinne wird die Studie bei *Damberg*, Abschied, S. 181–184, rezipiert.

179 So die detaillierte Ausarbeitung eines Studenten: Materialien zu A. Weyand: ICSW, Ordner Prof. Weber, WS 1969/70, Ausgewählte Fragen der Kirchensoziologie.

180 *Weyand*, S. 201, 206.

181 So im Abschied von dieser Vorstellung kritisch: [Anonymisiert], Einige Antworten auf die Fragen des Bischofs von Osnabrück, 13.4.1967: BAOS, 03-04-21-03, Bd. II; vgl. *Joos*, Arbeiterschaft, S. 5 (»zersetzt«); Belege aus der Schweiz: *Altermatt*, Moderne, S. 285.

182 *Virton*, S. 87–91; *Brepohl*, S. 137–161, Zitat S. 139.

schaftungsmuster argumentierte, beurteilte die Möglichkeiten einer »restoration of community« dagegen bereits 1955 ausgesprochen skeptisch.[183]

Die Ambivalenz der soziographischen Aufklärung über die ›Realitäten‹ der modernen Industriegesellschaft zeigt sich auch in einem anderen Punkt. Im Rahmen des soziographischen Diskurses hatte sich rasch ein Konsens darüber herausgebildet, die Zusammenhänge von sozialer Lage und kirchlichem Verhalten nicht mehr in sozialmoralischen Kategorien, sondern mit dem Konzept der sozialen ›Schichtung‹ als einem Bündel von Merkmalen wie Erwerbsarten, berufsspezifische Qualifikation sowie die soziale Stellung im Betrieb zu analysieren.[184] Dieses Vorgehen korrespondierte mit einem bestimmten Ausschnitt des Rasters an sozialen Merkmalen, das bei einer differenzierten Kirchenbesucherzählung erhoben werden konnte. Allerdings wurde die mögliche Vielfalt der Fragestellungen alsbald auf eine Perspektive hin enggeführt, die keineswegs zufällig exakt dem in der ›sociologie religieuse‹ erarbeiteten Problembestand entsprach. Einführungen in die missionarische Seelsorge konzentrierten sich deshalb darauf, die Arbeiterseelsorge als dasjenige Feld herauszustellen, welches besonders intensiver Aufmerksamkeit bedürfe. Sobald die ersten zusammenfassenden Auswertungen soziographischer Befunde vorlagen, ließ sich als Begründung dafür anführen, dass es meistens die gelernten und ungelernten Arbeiter waren, welche relativ zu ihrem Anteil an der Gesamtbevölkerung die geringste Teilnahmequote aller Berufsgruppen aufwiesen.[185]

Es war allerdings nicht nur der empirische Befund, der es zwingend machte, das Augenmerk vor allem auf die ›Abständigkeit‹ der Arbeiterklasse zu legen und aufgrund dieser ›wissenschaftlich‹ belegten Tatsache die Forderung nach pastoralen Konsequenzen zu erheben. Noch bevor Ergebnisse für die Bundesrepublik vorlagen, verwies etwa Norbert Greinacher auf die Erhebungen in Frankreich. Und »konstanter Grundfaktor« aller dort angefertigten Studien war die große Diskrepanz zwischen den »beruflich-sozialen Schichten«. Das Schaubild aus einer Erhebung von Yvan Daniel, nach welchem Bergarbeiter 45% aller Männer im nordfranzösischen Kohlerevier von Lens stellten, aber nur 2,55% aller Praktikanten, war für Greinacher so »sehr sprechend«, das die daraus abzuleitende These keiner weiteren

183 Joseph H. Fichter an »Father Meyer« 1.2.1955: Loyola University, Special Collections, Joseph H. Fichter Papers, Box 1, Folder 9.

184 Vgl. z.B. die Stellungnahme des Münsteraner Diözesan-Präses der KAB, Wilhelm Wöste, Gedanken zu einem Schwerpunkt-Programm der Arbeiterseelsorge, o.D. [Januar 1958]: BAM, GV NA, A-0-768. Einen Hinweis auf die Prägung von Wöste durch soziographisches Datenmaterial gibt ders., Standort und Selbstverständnis der KAB, Referat auf dem Verbandstag in Essen 1959: BAM, GV NA, A-0-767.

185 *Schurr*, Seelsorge, S. 158–166; *N. Greinacher*, Kirche und Arbeiterschaft, in: Oberrheinisches PBl. Jg. 62, 1961, S. 73–82, S. 75f.; *ders.*, Seelsorge und Arbeiterschaft, in: Kölner PBl. Jg. 12, 1960, S. 391–397; *Weyand*, Tab. 40, S. 113.

Worte bedurfte.[186] Im Grunde war der zentrale Befund einer kirchlich ›abständigen‹ Arbeiterschaft bereits in den Analysen und pastoralen Strategien der ›sociologie religieuse‹ und der missionarischen Seelsorge in Frankreich vorgeformt und als hinreichend konturiertes Problem auf die kirchliche Agenda gesetzt. Es genügte der Hinweis darauf, dass Pius XI. an Cardijn geschrieben habe: »Es ist der große Skandal des 19. Jahrhunderts, dass die Kirche die Arbeiterklasse verloren hat.«[187]

Wohl fehlte es auch unter Befürwortern soziographischer Ansätze nicht an Kritik an einer solch allzu schematischen Sicht der Arbeiterklasse, an Forderungen nach weiteren »Untersuchungen mit Allgemeingültigkeit« und auch an Versuchen zu einer Präzisierung und Differenzierung des empirischen Befundes.[188] Aber insbesondere in der katholischen Arbeiterbewegung blieben das ›berühmte‹ Papstwort und der damit verbundene quantifizierbare Befund präsent und boten Munition für den Relevanznachweis einer zeitgemäßen Arbeiterseelsorge.[189] Die langfristigen Folgen dieser Zuspitzung des soziographischen Diskurses auf den ›Verlust‹ der Arbeiterschaft zeigten sich noch Anfang der siebziger Jahre im Rahmen der Würzburger Synode. Dort sorgte die These von der besonderen Kirchenferne der industriellen Arbeiterschaft für heftige Kontroversen, die sich vor allem an der vieldiskutierten Synodenvorlage über »Kirche und Arbeiterschaft« entzündeten. Diese exponierte das Thema bereits einleitend unter Berufung auf das »weltbekannt« gewordene Papstwort als einen »fortwirkenden Skandal«. Zur inhaltlichen Begründung berief sich die Vorlage sodann vor allem auf die Ergebnisse »kirchensoziologische[r] Untersuchungen«, um die tiefe Entfremdung der Arbeiter von der Kirche als ein besonderes pastorales Problem zu akzentuieren.[190] Einer durch ein päpstliches Diktum und die empirische Sozialwissenschaft doppelt beglaubigten Feststellung ließ sich nur dann ernsthaft entgegentreten, wenn man die Legitimität des soziographischen Sprechens von beiden Seiten her erschütterte. Diesem Ziel diente zum einen der Hinweis darauf, dass es sich nur um ein »angebliches

---

186 *Greinacher*, Soziologie der Pfarrei, S. 55f.; *Daniel*, Aspects, S. 116f. Diese Studie bildete auch die Hauptquelle für entsprechende Überlegungen im wissenschaftlichen Ausschuss des Schwerpunktprogramms Arbeiterseelsorge. Protokoll der Sitzung am 7.11.1959: BAM, GV NA, A-0-770; vgl. *Damberg*, Abschied, S. 215–222; *Isambert*, Christianisme, S. 43–48.

187 Zit. bei *Greinacher*, Seelsorge und Arbeiterschaft, S. 391.

188 *M. Pfliegler*, Rez. von Schurr, Seelsorge, in: Der Seelsorger Jg. 28, 1957/58, S. 178–181, S. 180; Josef Paulus, Geistlicher Direktor des ZdK, Gedanken zu einem Schwerpunktprogramm für Arbeiterseelsorge, o.D. [1959] (Zitat): BAM, GV NA, A-0-768; *W. Menges*, Entwicklung und Stand der religionssoziologischen Forschung in Deutschland, in: SC Jg. 6, 1959, S. 122–134, S. 132f.

189 Wilhelm Wöste, Standort und Selbstverständnis der KAB, Referat auf dem Verbandstag in Essen 1959: BAM, GV NA, A-0-767.

190 Als Berichterstatter fungierte übrigens Wilhelm Wöste. Vgl. Gemeinsame Synode, Bd. 1, S. 313–64, Zitate S. 327, 348; *Plate*, S. 212–228.

Papstwort« handele, das tatsächlich »unauffindbar« geblieben sei.[191] Auf der anderen Seite versuchten Kritiker wie Anton Rauscher die Glaubwürdigkeit des empirischen Befundes dadurch zu entkräften, indem sie von der Warte eines neuen, weiter ›fortgeschrittenen‹ sozialwissenschaftlichen Diskurses aus argumentierten. Das geschah im Anschluss an die Synode durch Berufung auf die Befunde der demoskopischen Erhebungen in deren Vorfeld, nach denen von einer besonderen Kirchenferne der Arbeiter keine Rede sein könne.[192] Allerdings ließ sich der Synodenbeschluss, der in der Folgezeit als wichtiger Referenzpunkt für die Notwendigkeit einer intensivierten Betriebsselsorge diente, dadurch nicht mehr aus der Welt schaffen. So hatte, wie ein journalistischer Beobachter die paradoxen Folgen des Synodenbeschlusses und damit der Soziographie in diesem Punkt prägnant festhielt, die Kirche »den Arbeiter kurz vor dessen Aufnahme ins Angestelltenverhältnis« entdeckt.[193] Die Soziographie führte den Schichtungsbegriff in der katholischen Kirche in jener kurzen Spanne der fünfziger und frühen sechziger Jahre ein, als noch nicht die Dominanz einer marxistischen ›Klassen‹-Terminologie die Rezeption soziologischer Konzepte sozialer Ungleichheit unmöglich machte.

Soziographische Erhebungen einzelner Landkreise und Städte wurden auch nach 1970 angefertigt und in Manuskriptform publiziert, etwa von den noch bestehenden Instituten in Essen und Adelsried. Aber das Interesse an der Soziographie und ihrem hauptsächlichen Instrument, der differenzierten Kirchenbesucherzählung, nahm seit 1970 rapide ab.[194] Das lag nicht nur daran, dass der soziographische Diskurs in seinen empirischen Befunden redundant geworden war. Seit Ende der sechziger Jahre konnte man auch die Fähigkeit zur Einübung und eigenständigen Anwendung des ›Tatsachenblicks‹ bei den meisten Gemeindepfarrern und kirchlich aktiven Laien als gegeben unterstellen. Trainingskurse über »Pfarranalysen« und Arbeitshefte mit dem Frageraster für die wichtigsten Daten unterstützten sie dabei.[195]

Mit der Soziographie verbreitete sich erstmals eine über die statistische Aggregation von Daten hinausgehende Form der empirischen Sozialwis-

191 So die kritische Stellungnahme zur 2. Fassung der Vorlage »Kirche und Arbeiterschaft«, die Wilhelm Weber für den Bund Katholischer Unternehmer am 10.10.1975 an Bischof Tenhumberg sandte: BAM, GV NA, A-0-737.

192 *Ecker*; *A. Rauscher*, Soziale und politische Orientierungen der Katholiken, in: K. Forster (Hg.), Befragte Katholiken, S. 242–257, S. 251; vgl. dazu aus dem Blickwinkel der KAB die Antikritik bei *Prinz*, S. 368f., unter Berufung auf die Erhebung des KISIF im Vorfeld der Münchener Gebietsmission 1960.

193 Hannes Burger in der Süddeutschen Zeitung vom 23.11.1974, und weitere Pressestimmen in: BAM, Synodalbüro A 59; vgl. *Schobel*, S. 128–133.

194 *Prokosch*; Gespräch mit Hans-Werner Eichelberger am 18.12.2002.

195 Kirchliches Amtsblatt für die Diözese Münster 1970, S. 121; *J. Schwermer*, Pfarrbeschreibung und Pfarrstatistik in: Theologie und Glaube Jg. 59, 1969, S. 310–319.

senschaft in der katholischen Kirche. Für Frankreich ist die enorm große Bedeutung der ›sociologie religieuse‹ für die pastoraltheologischen Denkformen und die pastorale Praxis des Katholizismus der späten vierziger und fünfziger Jahre verschiedentlich betont worden.[196] Für die Bundesrepublik der fünfziger und sechziger Jahre lässt sich ein annähernd vergleichbarer Befund konstatieren, wenn man die während dieser beiden Dekaden erzielte Breite soziographischer Arbeit bedenkt. Dabei sind in der Intensität und Tiefe der Beschäftigung mit dem neuen Ansatz deutliche regionale Schwerpunkte im nordwestdeutschen Raum und in der Erzdiözese München-Freising erkennbar. Aber zumindest im Zuge der Durchführung von Gebietsmissionen dürften alle westdeutschen Diözesen in diesem Zeitraum in Kontakt mit soziographischen Erhebungstechniken und Fragestellungen gekommen sein. Mitarbeiter in den bischöflichen Seelsorgeämtern, Geistliche in den missionierenden Orden, Dechanten und Gemeindepfarrer sowie viele Laien in den Pfarrgemeinden und postkonziliaren Räten setzten sich mit der Soziographie auseinander und versuchten sie anzuwenden. Insbesondere die Mitarbeiter der pastoralsoziologischen Institute bemühten sich um eine Vernetzung des an diesen Fragen interessierten Personenkreises.

Eine entscheidende Differenz zu Frankreich bestand aber an der Spitze der kirchlichen Hierarchie, im Bischofskollegium. Die französischen Bischöfe hatten dem Klerus 1954 ein umfängliches »Directoire pastoral en matière sociale« an die Hand gegeben. Dieses enthielt nicht nur Analysen und Anweisungen zur Auseinandersetzung mit sozialen Problemen in der französischen Gegenwartsgesellschaft. Es rief die Pfarrer zugleich »nachdrücklich« dazu auf, sich hinreichend über die sozialen Lebensverhältnisse der Gläubigen zu informieren und sich dazu der »exakten religiösen Soziographie« zu bedienen.[197] Eine vergleichbar koordinierte Initiative der deutschen Bischöfe ist nicht zu verzeichnen. Diese konnten sich ebenfalls nicht über die Notwendigkeit und Finanzierung eines zentralen soziographischen Forschungsinstitutes der katholischen Kirche verständigen, obwohl solche Pläne Anfang der fünfziger und erneut Ende der sechziger Jahre intensiv diskutiert wurden. Damit war nicht nur ein hemmender Faktor für die weitere Ausbreitung und Intensivierung der Soziographie gesetzt. Es war wohl vor allem diese fehlende oberhirtliche Beglaubigung und Autorisierung des soziographischen Diskurses, die seinen im Vergleich mit Frankreich weitaus geringeren Stellenwert in der zeitgenössischen Selbstwahrnehmung des bundesdeutschen Katholizismus und auch in der dazu vorliegenden Historiographie erklärt.

Der soziographische Diskurs öffnete, metaphorisch gesprochen, methodisch und konzeptionell die Kirchentüren. Der statistische Diskurs war ge-

---

196 *Albert*, S. 70ff.
197 HK Jg. 9, 1954/55, S. 235–238, Zitat S. 236.

wissermaßen an der Innenseite der Kirchentüre situiert und versuchte dort unter Abstraktion von jeglicher sozialer Spezifizierung alle diejenigen numerisch zu erfassen, die in das Gebäude eintraten. Dagegen interessierte sich die Soziographie dafür, von welchen Orten aus – in räumlicher, sozialer und vor allem stratifikatorischer Hinsicht – sowohl diejenigen Gläubigen gekommen waren, welche man im Gottesdienstraum antreffen konnte, als auch diejenigen, deren Erscheinen man hätte erwarten können. Die zentrale Operation der Soziographie bestand im Kern darin, die Zusammensetzung der Gottesdienstgemeinde als einen Reflex der die Kirche umgebenden sozialen Strukturen zu verstehen und die entsprechenden kausalen Wirkzusammenhänge zu erforschen. Damit war eine konzeptionelle Öffnung und ein inhaltliches Interesse an Problemen und Strukturen der modernen, säkularen Gesellschaft verbunden, das vor dem Hintergrund der soziokulturellen Abschottung des ultramontanen Milieukatholizismus von der Moderne einem Quantensprung gleichkam. In gewisser Hinsicht wiesen die programmatischen Forderungen der Protagonisten soziographischen Wissens auf das Zweite Vatikanum und insbesondere dessen Pastoralkonstitution »Gaudium et Spes« voraus. In diesem Text wird ein Perspektivenwechsel vollzogen, der die »Fremdperspektiven« der modernen Gesellschaft systematisch in das Selbstverständnis der Kirche einzuführen versucht und ihre gleichberechtigte Anerkennung postuliert. Das geschieht unter Rückgriff auf soziologische Einsichten und durch die Anerkennung der Notwendigkeit, die Perspektive der Soziologie in der kirchlichen Pastoral zu berücksichtigen. Vertreter der französischen und belgischen Pastoralsoziologie wie etwa François Houtart haben diese Ausrichtung von »Gaudium et Spes« durch ihre Arbeit am Text mitbestimmt.[198]

Zusammen mit dieser Feststellung müssen jedoch auch die Ambivalenzen pointiert werden, mit welchen die Soziographie den Katholizismus auf dem Weg in die Anerkennung der modernen Welt und der pastoralen Adaption an diese Verhältnisse anleitete und begleitete. Eine erste Ambivalenz ist im Hinblick auf die erkenntnisleitende Metaphorik festzustellen. Auf der einen Seite legten das Kategoriengerüst und das Frageraster des soziographischen Diskurses allen gläubigen Katholiken eindringlich nahe, nicht mehr länger die Augen vor den Gegebenheiten der gesellschaftlichen Umwelt und deren Auswirkungen auf die Intensität des praktizierten Glaubens zu verschließen. Andererseits war die zur Begründung und Legitimierung der Soziographie verwendete Rhetorik mit ihren eindringlichen Metaphern der Vergiftung und bakteriellen Verseuchung durch eben jene Umwelt ein Zeichen dafür, wie sehr auch noch die Protagonisten der Soziographie die säkulare Gesellschaft als moralisch defizient abqualifizierten. Allerdings verlo-

---

198 So die Interpretation von *Klinger*, Zitat S. 184; vgl. *Nesti*, Houtart, S. 105f.

ren sich die Spuren dieser Metaphorik seit Ende der fünfziger Jahre wei-
testgehend. Dies ist als ein Indiz dafür zu werten, dass es vornehmlich zur
Ablösung überkommener Sinnmuster in der Kirche einer starken Sprache
mit entsprechenden konstitutiv wirksamen Metaphern bedurfte, welche alte
Bedeutungen durch neue ersetzen konnten.[199]

Diese Ambivalenz zeigt sich auch auf der Ebene der Problemdeutungen.
Leitend für die katholische Soziographie in der Bundesrepublik war das
emphatische Verlangen danach, zur sozialen Wirklichkeit vorzudringen
und das pastorale Handeln an den dabei gewonnenen Erkenntnissen auszurichten. Andererseits handelte es sich nicht nur bei der erkenntnisleitenden
Metaphorik und bei den praktischen pastoralen Konzepten wie der Gebietsmission, sondern auch bei der Identifizierung der Arbeiterschaft als einer
besonders wirkmächtigen Krisenzone um die nur wenig veränderte Kopie
von Problemchiffren und Deutungen, die im französischen Katholizismus
entwickelt worden waren und zunächst einmal dort Gültigkeit besaßen. Im
innerkirchlichen Diskurs der Bundesrepublik konnte die Berufung auf den
›missionarischen‹ Impetus der sociologie religieuse als ›progressiv‹ gelten, bis
seit Mitte der sechziger Jahre die Niederlande als Modellfall eines ›linken‹
Katholizismus gepriesen wie bekämpft wurde. Aber ob die Strategien aus
Frankreich auch wirklich die bundesdeutsche Wirklichkeit trafen, prüfte
und diskutierte niemand ernsthaft.

Ambivalent blieb schließlich auch die praktische Verwendung der Beob-
achtungstechniken, mit denen der soziographische Diskurs materiell an der
Klassifizierung und Regulierung des Sozialen in der Kirche beteiligt war.
Mit der Zählkarte für die differenzierte Kirchenbesucherzählung stand der
Soziographie ein Erkenntnismittel zur Verfügung, das weitaus komplexere
Fragestellungen erlaubte als die simplen Erhebungen des statistischen Diskurses. Im Zuge der genuin soziographischen Kombination dieser Technik
mit anderen wie der teilnehmenden Beobachtung, dem freien und strukturierten Interview und der Auswertung historischer Quellen und aktueller
amtlicher Statistiken ließen sich Einsichten in die Dynamik und die sozialen
Konturen der Religion gewinnen, die jedem Vergleich mit den internationalen Standards der empirischen Sozialforschung gewachsen waren.[200] In der
bundesrepublikanischen Kirchensoziographie wurde die Breite des soziographischen Ansatzes jedoch auf die beinahe alleinige Benutzung der Zählkarte enggeführt. Bereits mittelfristig führte dies zu einer Trivialisierung
der Soziographie und einer weitgehenden Redundanz und Austauschbarkeit
ihrer empirischen Erkenntnisse. Ursächlich dafür war jedoch weder die an-

---

199 Im Sinne von *Maasen/Mendelsohn/Weingart*, S. 2.

200 Beispielhaft dafür ist die bis heute mit Gewinn zu lesende Studie von *Schreuder*, Kirche im Vorort.

gebliche »Klerikalisierung« der bundesdeutschen Gesellschaft noch die »völlige Indienstnahme« der Soziographie durch kirchliche Auftraggeber.[201]

Das quantifzierende Dispositiv der Kirchensoziographie ergab sich vielmehr im Zuge eines Aushandlungsprozesses, den die Ressourcenknappheit der beteiligten Institute ebenso beeinflusste wie das Interesse kirchlicher Amtsträger an einer prestigeträchtigen, ›modernen‹ Form anwendungsorientierter Sozialforschung. Letztlich lässt sich – auch im Vergleich mit Frankreich – die Reduktion der Soziographie auf eine Technik zur Quantifizierung von Kirchlichkeit nicht angemessen verstehen, wenn sie nicht vor dem Hintergrund des langen Vorlaufes eines Kirchenbildes gedeutet wird, das um die klar definierte Orthopraxie zentriert war. Auch wenn der soziographische Diskurs manche der kirchlichen Statistik immanente Selbsttäuschung offen kritisierte und damit zu einer anderen Form des Aussagens gelangte, blieb er letztlich in dem an eindeutigen Parametern der Kirchlichkeit wie dem Messbesuch orientierten Kategoriengerüst des statistischen Diskurses gefangen. Ein Indiz dafür ist nicht zuletzt, dass das quantifizierende Dispositiv der Soziographie nur ganz vereinzelt auf Kritik stieß, und dann jeweils im Zusammenhang von Berechnungen über die Zahl der vorhandenen Priester.[202] Nur vor dem Hintergrund dieser Auswirkungen des statistischen Diskurses auf die Soziographie ist auch die Enttäuschung zu deuten, welche sich in der ›missionarischen‹ Seelsorge spätestens seit 1960 auf Grund des Ausbleibens zählbarer Erfolge breit machte. Angesichts der immensen Erwartungen, die man unter den Protagonisten einer ›missionarischen‹ Pastoral auf eine Wiedergewinnung der Massen für das praktizierte Christentum gehegt hatte, muss man hier von einer selbstproduzierten Enttäuschung sprechen.

---

201 Dies unterstellt *Kehrer*, S. 2, als Kontext der vieldiskutierten Intervention von *Luckmann*, Neuere Schriften.

202 M. Pfliegler, Bedeutung und Grenzen einer Statistik der Seelsorge, in: Der Seelsorger Jg. 28, 1957/58, S. 8–18, S. 11–14.

3. »Repräsentation« und Politisierung
im postkonziliaren Konflikt: Umfrageforschung

»Die 80 Millionen zur Vorbereitung der Synode (Christ und Welt 49/4.12.1970) wären besser für caritative Aufgaben verwendet worden als für statistische Spielereien, Demoskopien, Synodalbüros. Diese Summe, z.B. in die Hände Dom Helder Camaras gelegt, hätte viel Not gelindert. So dient sie nur dazu, ein in der Zeit der Glaubenskrise gewagtes Unternehmen mit Theaterdonner über die Bühne zu bringen.«[1]

Unter der Umfrageforschung oder Demoskopie werden hier all jene Forschungstechniken verstanden, die auf dem seit Mitte der dreißiger Jahre in den USA entwickelten Verfahren der Auswahl einer ›repräsentativen‹ Stichprobe (Quota-Sample oder Random-Sample) basieren, um Meinungen, Einstellungen, Motive oder auch Verhaltensweisen empirisch zu erheben. Jede Frage nach den Wirkungen des demoskopischen Diskurses hängt in hohem Maße davon ab, worin dessen Spezifika gesehen werden. Genau das wird aber in der Soziologie und Kommunikationswissenschaft seit langem außerordentlich kontrovers diskutiert.[2] Der wichtigste Grund dafür liegt darin, dass die Demoskopie als Forschungstechnik nicht nur in einem ihrer wichtigsten Anwendungsfelder, der Politik, von Beginn an mit dem Begriff der ›Öffentlichkeit‹ verknüpft worden ist. Je nach Lesart des Interpreten handelt es sich bei der Meinungsforschung demnach um eine Technologie zur genauen Bestimmung oder aber zur Konstruktion der öffentlichen Meinung. Und bei dieser geht es um ein Konzept, das in manchen Lesarten immer noch hochgradig normative Konnotationen und Implikationen aufweist.[3]

Hier sind insbesondere die Überlegungen von Jürgen Habermas und Pierre Bourdieu einschlägig, und nicht zufällig sind beide als entschiedene Kritiker der Umfrageforschung hervorgetreten. Insbesondere für Habermas ist die Öffentlichkeit in ihrer von ihm als ›klassisch‹ apostrophierten Gestalt, wie sie sich seit dem Ende des 18. Jahrhunderts in der spätabsolutistischen Gesellschaft herausgebildet hat, ein Forum des rationalen, vernunftgeleiteten Austausches von Meinungen und Argumenten. Damit verbindet sich

---

1 A.R. aus Recklinghausen an die Redaktion von ›Kirche und Leben‹ 13.12.1970: BAM, Schriftleitung KuL, A 230.
2 Vgl. u.a. *Keller*, Archäologie; *Herbst*; *Kruke*, Demoskopie; *dies.*, Deutungshoheit.
3 Als nützliche Einführung vgl. *Spichal*.

die sozialtheoretische Vorstellung eines Konsenses, der im Forum der Öffentlichkeit erzielt werden kann, solange eine hinreichende Informiertheit
der dort debattierenden Akteure und hinreichende Zeit für die Klärung der
Positionen vorhanden ist.[4] Vor diesem Hintergrund erscheint die Demoskopie als eine Technik, die direkt zur Aushöhlung und Entleerung eines derart normativ aufgeladenen Konzeptes von Öffentlichkeit beigetragen hat. In
dem uninformierten, beliebigen ›Meinen‹ und ›Raunen‹, das die Umfragen
wiedergeben, spiegele sich demnach nicht die öffentliche Meinung. Diese werde damit vielmehr sozialpsychologisch ›kleingearbeitet‹ und zu einer
Schwundstufe aufgeklärter Partizipation reduziert.[5]

Noch schärfer und entschiedener haben Pierre Bourdieu und seine Schüler diesen Zusammenhang seit Anfang der siebziger Jahre beschrieben. Ihren
Analysen zufolge führt die routinemäßige Anwendung der Demoskopie nur
zu einer »Rationalisierung der Demagogie«. Bei deren Etablierung wirken
Journalisten, Demoskopen und Politiker unheilvoll zusammen, indem sie
die beliebigen Stichworte des demoskopischen Materials weitererzählen und
dessen Themen zum eigentlichen Gegenstand der Politik überhöhen. Im
Hinblick auf die Verwissenschaftlichung der Politik handelt es sich in dieser
Sicht um einen »illegitimen Transfer« wissenschaftlichen Ansehens, denn die
Hochrechnungen der Ergebnisse vor Wahlen, mit deren Exaktheit die Insti-
tute ihr öffentliches Prestige gewinnen, hätten mit den sonstigen Umfragen
methodisch nichts gemein. Ähnlich wie bei Habermas moniert Bourdieu,
dass Umfragen keine ›Meinungen‹ erfragen, da nur ein sehr geringer Teil der
Befragten sich vor dem Ausfüllen des Fragebogens überhaupt ein substanti-
elles Urteil zum jeweiligen Thema gebildet hat.[6] Er reproduziert damit ein
Argument, das bereits Kritikern der Meinungsforschung in den fünfziger
Jahren geläufig war, denen zufolge man »vernünftigerweise [!] keine Meinung haben kann ohne ein Mindestmaß an Kenntnis und Bildung«.[7]

Habermas und Bourdieu operieren beide mit der Unterscheidung von
Kritik und Affirmation, um die Effekte der Meinungsumfragen für die
Struktur der Öffentlichkeit zu beurteilen, wobei sie jeweils die Seite der
Kritik privilegieren. Die Benutzung dieses Schemas ist historisch verständ-
lich, da es in den fünfziger und sechziger Jahren vielen Stellungnahmen
zur Demoskopie zugrunde lag, auch innerhalb der katholischen Kirche.[8]
Allerdings kann man heute erkennen, dass diese Unterscheidung für ein re-

4 *Habermas,* Strukturwandel.

5 *Habermas*, Strukturwandel, S. 343–359.

6 *Bourdieu*, Public Opinion; *Champagne*, S. 518, 525.

7 *H. Krüger*, Grenzen der Meinungsforschung, in: Der christliche Sonntag Jg. 8, 1956,
Nr. 6, S. 45f.

8 Für Habermas war insbesondere jene Kritik der Umfrageforschung von Bedeutung, die
Wilhelm Hennis 1957 mit einem polemischen Essay munitioniert hatte, der sich gegen die

alistisches und theoretisch gesichertes Verständnis von Öffentlichkeit nicht hinreicht. Auf der einen Seite ist der Einwand wohl unabweisbar, dass auch durch die sanfte Kraft des »zwanglosen Zwangs des besseren Arguments« all jene exkludiert werden, die sich – aus welchen Gründen immer – nicht an dieser Form des vernünftigen und öffentlichen ›Diskurses‹ beteiligen können oder wollen.[9] Aus diesem Grund ist es nur eine Illusion anzunehmen, im Medium der Öffentlichkeit komme es vornehmlich darauf an, Konsens zu erzielen. Und es ist ferner eine extrem unrealistische Annahme, gerade vor dem Forum der massenmedialen Öffentlichkeit den unverstellten Austausch der ›wahren‹ Beweggründe und Motive zu erwarten.[10]

Um die historische Bewertung des Effektes von Meinungsumfragen im Kontext der Verwissenschaftlichung nicht von vornherein durch die Hereinnahme normativer Stellungnahmen zu präjudizieren, wird hier versucht, die Spezifik des demoskopischen Diskurses vornehmlich anhand der Unterscheidung von Operation und Beobachtung zu entschlüsseln. Im Kontext der katholischen Kirche heißt das, die operative Durchführung religiöser Kommunikation von all jenen Fällen zu unterscheiden, wo – von welcher Position aus auch immer – solche Operationen nur beobachtet werden. Es macht einen Unterschied, ob man betet, in der Bibel liest, eine Predigt hört oder in der heiligen Messe kommuniziert, oder ob man den Vollzug dieser Operationen von außen beobachtet, und zwar unabhängig davon, ob man zu einem anderen Zeitpunkt selbst an ihnen teilnimmt oder nicht. Im Sinne dieser Unterscheidung erweist sich die Öffentlichkeit als eine Vielzahl von Beobachtern, welche den operativen Vollzug der Religion von außen verfolgen. Das hat Konsequenzen für das Verständnis der Bedeutung, welche Öffentlichkeit für Systeme wie die Politik oder die Religion hat. Denn aus deren Perspektive lassen sich der Öffentlichkeit Informationen über das eigene Operieren entnehmen, die nicht auf direkter Selbstbeobachtung in der Form basieren, wie sie ein einfacher Spiegel ermöglicht. In der Öffentlichkeit lässt sich vielmehr beobachten, wie andere Beobachter das System beobachten, und es ist genau diese Funktion eines Spiegels ›zweiter Ordnung‹, welche die Meinungsforschung mit ihren Erhebungstechniken auf neuartige Weise darstellbar macht. Die Demoskopie ist eine Technik, mit der sich die latenten Beobachtungen eines anonymen Publikums[11] provozieren und damit manifest darstellen las-

plebiszitäre Entleerung der repräsentativen Demokratie durch Umfragen richtete. Vgl. *Hennis*; eine wichtige Replik bei *Schmidtchen*, Befragte Nation, bes. S. 218–224; vgl. Kap. 3.3.

9 Zitat: *Habermas*, Theorie, Bd. 1, S. 52f.

10 *Luhmann*, Realität, bes. S. 82–84. Die Hypostasierung einer ›kritischen‹ Öffentlichkeit bei *Hodenberg* ist theoretisch und sachlich haltlos.

11 Es sei hier darauf hingewiesen, dass die Anwendung der Demoskopie in der katholischen Kirche an keiner Stelle mit der theologischen Konzeption des »anonymen Christen«

sen.[12] In dieser Perspektive lässt sich insbesondere die parallele Karriere verstehen, welche die Demoskopie seit 1945 in so unterschiedlichen Kontexten wie der Wirtschaft (als Marktforschung), der Politik (als Meinungsforschung) und den Massenmedien (als Leser-, Hörer- und Zuschauerforschung) erlebt hat. Es bleibt den folgenden Abschnitten vorbehalten zu prüfen, ob, in welcher Form und mit welcher Intensität auch die katholische Kirche von den Möglichkeiten Gebrauch gemacht hat, die sich damit für die Selbstreflexion und Selbstbeobachtung einer religiösen Organisation ergeben.

3.1. Ambivalente Kategorien:
»Statistik-Moral« oder Mittel zur Behebung der ›Vertrauenskrise‹

Die katholische Auseinandersetzung mit dem demoskopischen Diskurs war von Ambivalenzen geprägt. Ein Teil der vorhandenen Vorbehalte bezog sich auf die spezifische Technik der Demoskopie, den Fragebogen, der im Zuge der Aufbereitung und Darstellung des Datenmaterials alle zu jenem Subjekt führenden Spuren gezielt verwischte, welches die gestellten Fragen ursprünglich beantwortet hatte. Ein anderer Punkt, den viele Katholiken kontrovers beurteilten, war die mit der Umfrageforschung verbundene Verschiebung latenter Ansichten und Beobachtungen in den Bereich des Manifesten sowie die moralischen Folgen und Implikationen, welche diese Form des Aussagens haben konnte. Und schließlich stand ganz generell die spezifische Position zur Debatte, welche die ›Öffentlichkeit‹ als ein beobachtendes Publikum in und außerhalb der Kirche mit ihrer hierarchischen Organisationsstruktur haben konnte. Damit war auch das Problem der Responsivität angesprochen, also die Frage, ob und in welchem Umfang man auf das demoskopisch induzierte Meinungsklima selbst dann reagieren konnte, sollte oder gar musste, wenn es gegenüber der Kirche oder den von ihr verkündeten Lehrmeinungen und Dogmen ›kritisch‹ eingestellt war oder abweichende Auffassungen vertrat.[13]

Im Grunde waren das jedoch Fragen, die insgesamt auf katholische Vorbehalte im Umgang mit der ›Öffentlichkeit‹ als einem Strukturprinzip verweisen, das in unterschiedlichen Kontexten der modernen, funktional differenzierten Gesellschaft zur Geltung kommt. Wie in einem Brennspiegel

in Verbindung gebracht wurde, die Karl Rahner in den sechziger Jahren entwickelt hat. Vgl. dazu *Röper.*

12 Zu diesem Verständnis von Öffentlichkeit *Luhmann,* Politik, S. 274–318; zur Kommunikationslatenz: *Bellers.*

13 Zum Begriff der Responsivität vgl. *Ziemann,* Opinion Polls.

verdeutlicht das eine pastoraltheologische »Umfrage« aus der Weimarer Republik, die erklärtermaßen »nicht« auf einer »exakt wissenschaftlichen Erhebungsmethode« beruhte. Darin unterschied sie sich ganz bewusst von anderen Vorläufern und Frühformen der modernen Meinungsforschung wie etwa der 1912 von Adolf Levenstein veröffentlichten ›Arbeiterfrage‹, die auf das Frageraster und Möglichkeiten der statistischen Kalkulation von Antworten gezielt reflektierte.[14] Der Kapuzinerpater Chrysostomus Schulte hatte im Vorfeld der 1931 in Münster abgehaltenen Volksmission die Leser des dortigen Kirchenblattes dazu aufgerufen, vier Fragen über die Mission nach eigenem Ermessen zu beantworten. Er hatte bei der Veröffentlichung dieses Aufrufes noch keine »literarische Verwendung« im Sinn, sondern griff nur die während der Missionsvorbereitung diskutierte Idee auf, mit der Befragung das »Interesse« der Gläubigen an der Mission zu wecken. Während der Verfasser der Umfrage das Ziel einer »ehrlichen Aussprache« vor Augen hatte, stieß diese auf massive Bedenken bei einigen Geistlichen, welche fürchteten, dass die »Laien« durch eine solche Umfrage »nur zur Kritik erzogen« würden.[15]

Gegenüber diesem Einwand beharrte Schulte darauf, dass eine solche Aussprache »befreiend« oder wie ein »Ventil« wirken könne, mit dem man die Kritik an »rechter Stelle« anbringen könnte. Zudem sei es verfehlt, wenn die Kirche weiterhin »Vogel Strauß« spielen und die »wahre Situation« nicht erfassen wolle, wodurch sie sich dem »Volke« gegenüber nur weiter entfremde. Zur Legitimation dieses Anliegens verwies Schulte nicht nur auf das Vorgehen der Apostel, welche angesichts des Murrens der griechischen Juden über die schlechte Versorgung ihrer Witwen eine Versammlung einberufen und deren Klagen Raum gegeben hatten (Apg. 6). Er berief sich auch auf die große »Aufmerksamkeit«, welche man im Episkopat den Katholikentagen entgegenbringe, die zeitgenössisch das repräsentative öffentliche Forum des organisierten Laienkatholizismus waren.[16] Schließlich machte der Kapuzinerpater noch auf einen Zusammenhang aufmerksam, bei dessen Berücksichtigung erst eine angemessene Würdigung der von ihm provozierten Meinungsäußerungen möglich sei. Obwohl es sich zweifellos um subjektiv gefärbte und oft übertriebene »Stimmungen« handele, dürften Kirche und Klerus »nicht achtlos an ihnen vorübergehen«, sondern müssten vielmehr »mit ihnen rechnen«. Zur Unterstützung seiner These, dass die Kirche auch die Einstellungen der einfachen Katholiken kennen und berücksichtigen müsse, verwies Schulte auf eine Stimme

---

14 *Schulte*, Laienbriefe, Zitat S. 5; aus diesem Grund steht die Arbeit von Schulte nicht im »Kontext der frühen Meinungsforschung«, wie *Liedhegener*, Gottessuche, Zitat S. 330 in seiner quantifizierenden Sekundärauswertung unterstellt. Zu Levenstein und seiner Umfrage vgl. *Beier*.

15 *Schulte*, Laienbriefe, S. 5f., 9.

16 Ebd., S. 10; vgl. *Mooser*, Volk.

aus den Einsendungen zu seiner Umfrage. Ein Diplomingenieur hatte dort festgestellt, dass die Menschen seit dem Ende des Weltkrieges »zu größerer Selbständigkeit aufgestiegen« seien und »daher auch in religiösen Fragen mehr selbständige Urteile« hätten als früher.[17]

In den polaren Entgegensetzungen, welche die Umfrage von Schulte und seine klerikale Kritik aufriefen, bündelten sich bereits wesentliche Kategorien, die zur Diskussion des demoskopischen Diskurses bis in die siebziger Jahre hinein in der katholischen Kirche in Gebrauch waren. Der Befürchtung, damit momentane Stimmungen und Übertreibungen notorischer Querulanten zu evozieren, stand der Impetus gegenüber, nur mit dieser anonymisierenden und abstrahierenden Form ein ›ehrliches‹ Angebot zur Diskussion innerkirchlicher Probleme machen zu können. Während die einen hofften, mit der Befragung eine Technik zur realitätsadäquaten Erfassung der aktuellen kirchlichen ›Situation‹ in den Händen zu halten, warnten die anderen vor einer Lawine überzogener ›Kritik‹, welche genau dadurch unnötigerweise losgetreten würde. Und schließlich hatte Schulte auch bereits eine Begründung dafür zur Hand, warum ›Meinungen‹ als eine spezifische Verbindung von Information und deren Bewertung für die Kirche relevant sein mussten. Denn aus der gestiegenen ›Selbstständigkeit‹ des Urteils folgte, dass die Kirche mit den Erwartungen ihrer Mitglieder als einem bedingenden Faktor für künftiges Handeln rechnen und sie deshalb antizipieren musste. Wie die Antworten auf seine Fragen belegten, hatte die ›kognitive Dissonanz‹ zwischen den stereotypen Wahrheiten des Katechismusglaubens und der Lebenswirklichkeit im Münster der späten Weimarer Republik noch kein substanzielles Ausmaß erreicht.[18] Aber auch dort konnte man das »Pochen und Lärmen der ungläubigen und neuheidnischen Welt um sich herum«, also das polyphone ›Rauschen‹ einer komplexen Umwelt bereits »wenigstens aus der Ferne« vernehmen. Und Schultes Umfrage war ein erster, an methodischen Fragen gänzlich uninteressierter und deshalb kaum als ›demoskopisch‹ zu bezeichnender Versuch, die von diesem ›Rauschen‹ ausgehende Irritation in selektive Informationen und ›Fakten‹ zu überführen, welche in der Kirche diskutiert werden konnten.[19]

Mit der seit Ende der dreißiger Jahre entwickelten Technik der Meinungsbefragung mit dem ›quota‹-Verfahren machte die westdeutsche Öffentlichkeit im Zuge der alliierten Besatzungsherrschaft Bekanntschaft. Vor allem die Opinion Survey Section der amerikanischen Militärregierung OMGUS konfrontierte die deutsche Bevölkerung mit einer Reihe von

---

17 Ebd., S. 87.

18 In diesem Sinne auch die Sekundärauswertung durch *Liedhegener*, Gottessuche, S. 369f.

19 *Schulte*, Laienbriefe, S. 11; zum Begriff des ›Rauschen‹ oder ›Noise‹ in der Systemtheorie vgl. *Luhmann*, Wissenschaft, S. 287ff.

Umfragen zu den verschiedensten politischen Themen. Damit wollte sie die andauernde Verbreitung nationalsozialistischer Überzeugungen kontrollieren und die Erfolge bei der Umerziehung zu den Werten der westlichen Zivilisation messen.[20] In diesem Kontext verstanden die Amerikaner die Demoskopie emphatisch als eine demokratische Wissenschaft. Im Spiegel der Umfragen ließ sich der Fortschritt zu einer demokratischen politischen Kultur nicht nur in quantifizierender Form beobachten. Mit der repräsentativen Stichprobe schien die Demoskopie überhaupt erstmals in der Lage zu sein, dem Volk als dem politischen Souverän der Demokratie selbst eine angemessene Stimme zu verleihen, sein Wollen und Empfinden unverzerrt von den Einflüssen der Massenmedien und politischen Parteien sichtbar zu machen.[21] Die amerikanischen Besatzer führten aber nicht nur eigene Umfragen durch. Seit 1949 bestand die Reactions Analysis Branch des US-Hochkommissars (HICOG), welche auch deutsche Mitarbeiter in der Technik der Umfrageforschung schulte. Eine Reihe von ihnen gründete alsbald eigene Institute wie das »Deutsche Institut für Volksumfragen« (DIVO, 1951) oder arbeitete in kommerziellen Instituten unter deutscher Leitung. Seit Ende der vierziger Jahre überzogen verschiedene Meinungsforschungsinstitute die Bundesrepublik fortlaufend mit einem in Frequenz und Themenbreite immer dichteren Netz von Umfragen.[22]

Auf diese Weise waren bald auch Themen wie Glaube, Religion und Kirche Gegenstand von Meinungsumfragen, deren Ergebnisse Widerhall in den Zeitungen fanden. Bereits im Vorfeld des Bochumer Katholikentages von 1949 publizierten etwa die »Ruhr-Nachrichten« die Ergebnisse einer Umfrage unter 1000 Katholiken des westfälischen Ruhrgebiets, welche das Bielefelder Institut Emnid in ihrem Auftrag durchgeführt hatte. Schon in der Überschrift fokussierte man die Aufmerksamkeit auf interessant erscheinende Ergebnisse wie die Tatsache, dass nur »38,5% der Befragten« regelmäßige Kirchenbesucher seien, oder dass »Christen der Tat«, die sich am Arbeitsplatz zu ihrem Glauben bekennen, »weithin unbekannt« waren.[23] Ergebnisse demoskopischer Untersuchungen zu Fragen des Gottesglaubens oder der kirchlichen Trauung fanden Beachtung in katholischen Zeitschriften wie dem »Hochland« oder der »Herder-Korrespondenz«. Technische Probleme etwa der genauen Operationalisierung des Themas im Fragebogen wurden dabei angesprochen. Aber negative Konsequenzen für die generelle Anwendbarkeit der Methode auf religiöse Fragen zeichneten

---

20 Vgl. u.a. *Braun/Articus*.

21 *Keller*, S. 167–174; *Kruke*, Demoskopie, Kap. 2.

22 Ebd.

23 Ruhr-Nachrichten v. 31.8.1949, Sonderbeilage; vgl. WAZ vom 13.3.1953, Waren Sie letzten Sonntag in der Kirche?

sich deshalb nicht ab.[24] Auch im Rahmen des soziographischen Diskurses stieß eine »Erhebung der Bewusstseinslage« mit »demoskopischen Unternehmungen« auf Zustimmung. Denn erst auf diese Weise könne man die Umrisse einer »bis in die Seelen der Christen hinein zu einem Raum der Gottlosigkeit« gewordenen Welt erfassen.[25] Kaum etwas deutete Anfang der fünfziger Jahre darauf hin, dass die Rezeption demoskopischer Methoden im deutschen Katholizismus auf grundsätzliche Hindernisse stoßen würde.

Da änderte sich schlagartig seit 1953. Noch bevor die deutsche Übersetzung des zweiten Bandes des Kinsey-Reports auf den Markt kam, der das »sexuelle Verhalten der Frau« behandelte, warnte die »Herder-Korrespondenz« ihre Leser vor diesem Werk, dessen Folgen durchaus mit denen »einer stark wirkenden Droge« zu vergleichen seien. Damit war der Auftakt zu einer Flutwelle von Stellungnahmen katholischer Autoren gemacht, die in der kritischen Diskussion über die beiden Studien zum Sexualleben der Amerikaner einen besonderen Akzent setzten.[26] Was war geschehen? Alfred C. Kinsey war von Haus aus eigentlich ein Zoologe, der sich vor allem mit taxonomischen Studien über Gallwespen beschäftigte. Seit 1938 hatte er mit einigen Mitarbeitern eine großangelegte Erhebung über das Sexualverhalten von Männern und Frauen durchgeführt, deren erster, die Männer betreffender Band 1948 erschien. Kinsey und drei andere Interviewer hatten rund 12 000 Personen einer detaillierten Befragung unterzogen, die sich auf ein sehr breites Spektrum sexueller Praktiken bezog und damit sowie mit der Größe ihres Samples Neuland betrat. Kinsey erfasste und quantifizierte nicht nur Vorkommen und Häufigkeit des vor-, außerund ehelichen Geschlechtsverkehrs bei seinen Probanden, sondern auch Praktiken der Selbstbefriedigung, Verkehr mit Prostituierten, mit gleichgeschlechtlichen Partnern sowie mit Tieren. Das mit vielen Tabellen gespickte und rund 800 Seiten starke Werk erhob den selbstbewussten Anspruch, die praktische Behandlung von Fragen der Sexualerziehung, -therapie und -beratung erstmalig mit einer umfassenden »accumulation of scientific fact« zu versorgen, welche von »questions of moral value and social custom« getrennt sei. Die Wissenschaft müsse jene Grenzen überwinden, die »religious evaluation, social taboo and formal legislation« bisher einem genauen Studium des menschlichen Sexualverhaltens gezogen hätten.[27]

24 K. *Schaezler*, Eine brennende Frage, in: Hochland Jg. 43, 1950/51, S. 250–262; Kirche oder Standesamt? Ergebnisse einer Meinungsforschung in Österreich, in: HK Jg. 10, 1955/56, S. 204f., 212f.

25 *Zangerle*, S. 88; vgl. B. *Häring*, Eine alamierende Erkenntnis aus der Soziographie, in: Paulus Jg. 26, 1954, S. 9–11; Kap. 2.4.

26 Der Kinsey-Bericht, in: HK Jg. 8, 1953/54, S. 475–482, Zitat S. 475.

27 *Porter/Teich*, S. 2; *Morantz*, S. 566ff.; ferner die hagiographische Biographie von *Gathorne-Hardy*, S. 100–150, 165–268; ebenso hagiographisch: *Bullough*, S. 172–185; *Kinsey*, Male, Zitat S. 3; *ders.*, Female, hier zit. nach der dt. Ausgabe: *Kinsey*, Frau.

Ein breite wissenschaftliche Kritik nahm umgehend genau diese methodischen Ansprüche des Werkes von Kinsey in den Blick. Sie bezog sich außer auf die Interviewtechnik vor allem auf die Repräsentativität des von ihm zusammengestellten Samples, das, wie in früheren Studien zum Thema auch, aus Freiwilligen bestand. Diese hatte er überwiegend an Colleges im Nordosten der USA rekrutiert, weshalb Angehörige der Unterschichten und Afroamerikaner deutlich unterrepräsentiert waren. Andererseits hatte Kinsey auf die Grenzen des Samples selbst hingewiesen, und es bestand kein Zweifel daran, dass seine Studie in technischer Hinsicht allen bisherigen weit überlegen war.[28] Auch äußerst kritische Beobachter kamen wider Willen zu der Feststellung, dass Kinsey nicht zu den »Scharlatanen oder Pfuschern« zählte.[29] Es waren nicht seine methodischen Aspekte, aufgrund derer das Werk von Kinsey umstritten war. In dieser Hinsicht gingen weitaus stärkere Einflüsse von den Bänden zum ›American Soldier‹ aus, die auf den Arbeiten einer Forschergruppe um Samuel Stouffer im Auftrag der US Army während des Zweiten Weltkrieges basierten. Immerhin entwickelte Stouffer im Zuge dieses Großprojektes, das die Kampfmotivation der Soldaten messen und verbessern sollte, zum Beispiel die seitdem bei Motivanalysen weithin gebräuchliche ›Guttman-Skala‹.[30]

Aber es war nicht der ›American Soldier‹, der »als Symbol für den Durchbruch« der Meinungsforschung als einer Form des »›social research‹ (…) gelten« kann, und es war auch nicht der Kontext »staatlicher Sozialplanung und gesellschaftlicher Informationsbeschaffung«, welcher die wichtigsten Impulse für die Anwendung der neuen Methodik des quota-Verfahrens vermittelte.[31] Zu solchen Zwecken ist die Demoskopie immer wieder benutzt worden. Aber der wichtigste Kontext für den Durchbruch der Meinungsforschung sind letztlich nicht Formen staatlicher Planung, sondern die voranschreitende Dynamik des modernen Individualisierungsprozesses und die ihm inhärenten Ambivalenzen. Das quota-Verfahren dient der wissenschaftlichen Modellierung eines individuellen, über alle Wahlfreiheiten verfügenden Subjekts in der modernen Konsumgesellschaft, unabhängig davon, ob nun die Individualisierung positiv als Liberalisierung befürwortet oder vielmehr ihre negativen Konsequenzen zum Gegenstand einer ›moralischen Panik‹ werden. Dies gilt für die Markt- und Konsumforschung im engeren Sinne und in der Beobachtung politischer Präferenzen, aber auch im Bereich der Umfragen zu religiösen oder sozialen Themen.

---

28 *Kinsey*, Male, S. 5, 75–102; *ders.*, Frau, S. 34–38; vgl. *Friedeburg*, S. 2–4.
29 HK 8 (1953/54), S. 476.
30 *Platt*, S. 24–26.
31 So *Raphael*, Verwissenschaftlichung, S. 177, der den Kinsey-Report nicht erwähnt.

Es galt zumal für die Anwendung des quota-Verfahrens in der Sexualwissenschaft, insbesondere im Hinblick auf die mit einem enormen Apparat von rechtlichen Regeln und moralischen Normen kontrollierte Sexualität der Frau.[32] Kinsey unterstellte, dass jede Frau über die Freiheit verfüge,
die Befriedigung ihres Sexualtriebes in beliebigen individuellen Kombina-
tionen zu vollziehen. Dass keine einzige der von ihm interviewten Frauen
»in allen Aspekten den Durchschnittstyp« vertrat, schien ihm die »wichtigste Tatsache« in dem ihm vorliegenden Material zu sein. Der sexuelle
Konsum ließ sich statistisch modellieren, aber als Typ nicht auf eine Person
zuschreiben.[33] Die Umfrageforschung erlaubt methodisch die Disaggregie-
rung großer Kollektive in kleine und kleinste Untergruppierungen und damit die Sichtbarmachung der subjektiven Präferenzen des Einzelnen. Ihr
Aufstieg hat es damit ermöglicht, die Freiheit eines individuellen Subjekts
im Konsum zu repräsentieren und beobachtbar zu machen, und dabei von
allen Besonderheiten der Person und allen auf sie einwirkenden sozialen
Restriktionen abzusehen. Und genau in diesem Kontext und aus diesem
Grund markiert der Kinsey-Report eine tiefe Zäsur in der Verwissenschaftlichung des Sozialen im 20. Jahrhundert.

Dieser Zusammenhang wird noch deutlicher, wenn man den für die Zustimmung ebenso wie für die massive Kritik entscheidenden Angelpunkt
des Berichts bedenkt. Dieser lag in der Selbstverständlichkeit begründet, mit
welcher Kinsey im Rahmen des demoskopischen Diskurses beanspruchte,
aufgrund humanwissenschaftlicher Kompetenz die Position eines legitimen Sprechers für den Intimbereich der menschlichen Sexualität einzuneh-
men. Die Irritation und Zumutung, die diese Studie im Kontext des zeitgenössischen Diskurses über Sexualität darstellte, ging von seinem impliziten
»Menschenbild«[34] aus, und es war diese interdiskursive Verknüpfung mit der
Regulierung von Sexualität, welche immense Folgen nicht nur für deren
Verwissenschaftlichung, sondern auch für die katholische Rezeption der De-

32 Lawrence Birken hat den Aufstieg der Sexualwissenschaft zu Recht vor dem Hintergrund der Ideologie des Konsumerismus gedeutet. Seine Studie greift aber sachlich und zeitlich dort zu kurz, wo sie diesen Wandel mit einer strukturellen Veränderung im gesellschaftlich dominanten Produktionsregime verknüpft, das Frauen und Kinder als Konsumenten
freisetzt; vgl. *Birken*, S. 113–131, bes. S. 125. Erst das quota-Verfahren hat es möglich gemacht, die individuelle Freiheit des sexuellen Konsums darstellbar zu machen und so die damit verbundenen Interessen zu artikulieren.

33 *Kinsey*, Frau, S. 420. Der Kritiker der Herder-Korrespondenz unterstellte genau an
dieser Stelle eine Tautologie und erkannte darin das Bemühen, die Bindung der Sexualität
an die »Person (…) auszulöschen«. HK Jg. 8, 1953/54, S. 479. Erst Ende der sechziger Jahre erkannte der katholische Soziologe *Siefer*, Priester, S. 20–23, die sexuelle Wahlfreiheit als
Faktum an.

34 So bei *Lutz*; G. *Trapp* SJ, Das Menschenbild eines Zoologen, in: Anima Jg. 9, 1954,
S. 155–164.

moskopie hatte. Mit dem Werk von Kinsey ragte ein Ausläufer des liberalen Aufklärungsoptimismus der ›Progressive Era‹ in das nicht nur Kommunisten gegenüber von Intoleranz geprägte Klima der frühen fünfziger Jahre hinein. Kinsey selbst wurde beschuldigt, durch die Darstellung der Homosexualität als eines akzeptablen Verhaltens den Weltkommunismus zu unterstützen, und republikanische Kongressabgeordnete gingen 1954 mit Erfolg daran, die Rockefeller Stiftung zur Einstellung ihrer finanziellen Unterstützung seiner Forschungen zu bewegen. Den Hintergrund dafür bildete die Negation psychoanalytischer und vulgärpsychologischer Thesen über die ›Krankhaftigkeit‹ und ›Abnormität‹ homosexueller Beziehungen. Eine solche Auffassung war für Kinsey nicht nur aufgrund der Tatsache fragwürdig, dass dann jene 37% aller Männer, die in der Studie über homosexuelle Kontakte berichtet hatten, stigmatisiert werden müssten. Aufgrund seines Datenmaterials wandte sich Kinsey auch offensiv gegen die dichotomische Unterscheidung von ›Hetero‹- und ›Homosexualität‹, welche der psychologischen Pathologisierung letzterer zugrunde lag. Angesichts eines gleitenden Kontinuums vom seltenen bis hin zum regelmäßigen Verkehr mit gleichgeschlechtlichen Partnern war sie für ihn haltlos geworden.[35]

Aber die Spur der Reaktionen auf Kinsey ging über solche hysterisch zugespitzten, dem Geist der McCarthy-Ära entsprechenden Aufwallungen weit hinaus. In ihren zahlreichen kritischen Stellungnahmen notierten die amerikanischen Massenmedien eine Tendenz zur Reifizierung und Naturalisierung des Sexualverhaltens, die für den Argumentationsduktus der Studie leitend war. Demnach neigte Kinsey dazu, dass ›normale‹ im Sinne einer weithin verbreiteten Praxis und das ›natürliche‹ im Sinne einer biologisch möglichen und sozial akzeptablen Verhaltensweise miteinander zu vermengen. Insbesondere Katholiken und katholische Organisationen in den USA waren entschieden in ihrer Ablehnung des Berichts. Aber auch ein liberaler Beobachter wie der Literatur- und Kulturkritiker Lionel Trilling (1905–1975) monierte die Ermunterung zu »mechanical attitudes toward life«, die von dem mit wissenschaftlicher Autorität vorgetragenen Datenmaterial ausginge. Ungeachtet der im Prinzip begrüßenswerten aufklärerischen Effekte der Umfrage sei ihre Tendenz verhängnisvoll, »sex« – im Unterschied zu »love« and »lust« – von allen anderen menschlichen Lebensäußerungen abzuspalten.[36] Bereits in der amerikanischen Diskussion ging es also vornehmlich um die Rückwirkung des Kinsey-Reports auf die öffentliche Meinung und damit die Grenzen dessen, was man unter Berücksichtigung moralischer Urteile über die Sexualität des Menschen äußern konnte. Eine Umfrage unter College-Studenten versuchte alsbald herauszufinden, ob diese nach der Lek-

35 *Terry*, S. 297–314, 334–351; *Morantz*, S. 575.
36 *Palmore*, S. 169; *Trilling*, Zitat S. 223f.

türe ihr Verhalten geändert hätten, und ein Gallup-Poll ergab, dass fünf von sechs Befragten den Bericht als eine »gute Sache« ansahen.[37]

Die Rezeption des Kinsey-Reports unter deutschen Katholiken knüpfte vielfach an die in den USA geäußerte Kritik an. Nicht alle Reaktionen waren derart scharf formuliert wie die eines Autors der von Jesuiten herausgebenen Zeitschrift ›Orientierung‹, der von einer »verbrecherischen« Ausbeutung wissenschaftlicher Forschungsergebnisse zu »pornographischen Zwecken« sprach. Aber alle stimmten darin über ein, dass man der Geltungskraft der Aussagen von Kinsey »Grenzen ziehen« müsse.[38] Und diese Grenzen lagen dort, wo das Repräsentativitätsmodell des demoskopischen Diskurses auf den Anspruch der Moraltheologie stieß, allgemeinverbindlich über die menschliche Natur und deren notwendige sittliche Überformung zu sprechen. Es waren im wesentlichen drei Gesichtspunkte, unter denen der katholische Moraldiskurs das positivistische und quantifizierende, Sexualkontakte und Orgasmen tabellarisch auflistende Kategoriengerüst der Berichte beurteilte.[39]

Der erste bezog sich auf das biologistische Menschenbild von Kinsey. Dessen Wirksamkeit wurde nicht nur in der ungezwungen-naturalistischen Manier unterstellt, mit welcher der stets als ›Zoologe‹ bezeichnete Wissenschaftler die verschiedenen sexuellen Praktiken als variabel einsetzbare Techniken zum ›Gebrauch der Geschlechtsorgane‹ (Kant) vorführte. Entscheidend schien vor allem, dass Kinsey die »rein biologischen Äußerungen der Sexualität« durch die Präsentation des Materials und seine impliziten und expliziten Wertungen »isoliert und autonomisiert« habe. Damit gerate ihm das grundlegende Faktum der »kulturellen Überformung« des Geschlechtstriebes aus dem Blick, dessen soziale Normen in allen bekannten Gesellschaften »mit tiefer Notwendigkeit den Charakter des Absoluten« trügen.[40] Dieses Verdikt über die Leugnung der geistig-kulturellen Wesenhaftigkeit des Menschen griff also das nicht nur unter Katholiken, sondern auch bei Liberalen wie Trilling weit verbreitete Urteil auf, dass man über die menschliche Sexualität nicht ohne ihre Verknüpfung mit der Erotik und der Liebe sowie dem gesamten institutionellen Apparat zur Codierung und

---

37 *Bernard*; *Palmore*, S. 166.

38 *O. Stöckle*, Mißbrauchte Wissenschaft, in: Orientierung Jg. 17, 1953, S. 211–212, Zitat S. 211; das Motiv der ›Sensationslüsternheit‹ auch bei *K. Schaezler*, Beunruhigende Intimitäten, in: Hochland Bd. 46, 1953/54, S. 198–200, S. 198; *Schückler*, Kinsey-Report, S. 3.

39 Für das Folgende vgl. v.a. *Schückler*, Kinsey-Report; *ders.*, Irrwege; *A. Böhm*, Das Zeitalter der Indiskretion, in: WW Jg. 9, 1954, S. 181–193; *H. Schelsky/A. Mitterer*, Die Moral der Kinsey-Reporte, in: ebd., S. 421–435; *Trapp*; *Schöllgen*, Moralprobleme, S. 319–322; FH Jg. 6, 1951, S. 183, 359; HK Jg. 8, 1953/54, S. 475–482.

40 *Schelsky/Mitterer*, S. 423f., unter Berufung auf Margret Mead und die deutsche philosophische Anthropologie.

Normierung intimer Praktiken sprechen könne. Der katholische Moraldiskurs spitzte diese Kritik durch die Beobachtung zu, dass Kinsey bereits in seiner Wortwahl sein gegen die soziale Einhegung des Triebes gerichtetes »Pathos« offenbare. Negativ konnotierte Termini wie »confinement«, »inhibition«, »interference« oder »blockage« seien demnach als Indiz für den libertären Argumentationsduktus der Studie zu werten. Schließlich würde diese ja sogar vor einer humanbiologischen Relativierung der »Abscheu« vor sexuellen Beziehungen mit Tieren nicht zurückschrecken und entsprechende Tabus als historische Artefakte abqualifizieren.[41]

Als eine direkte Konsequenz dieses biologistischen Menschenbildes identifizierte die katholische Kritik die Leugnung der Personhaftigkeit und damit letztlich der Würde des Menschen. Der sexuelle Akt sei jedoch ein »Akt zwischen Personen«. Im Kontext dieser Feststellung kam ein Sachverhalt zur Sprache, der über die pauschale Abqualifizierung des Berichtes als ›biologistisch‹ bereits hinauswies. Denn es ist durchaus bezeichnend, dass Kinsey die soziale Bedeutsamkeit des Orgasmus als der statistischen Grundeinheit seiner Untersuchung vornehmlich damit begründet, dass dieser eine »physiologische Entspannung der sexuellen Erregung« bewirke.[42] Das eigentlich charakteristische des Auf- und Abbaus von »extreme tension« im Zuge des Sexualaktes ist für ihn weniger die physiologische Reizbarkeit der verschiedenen ›erogenen Zonen‹ des Körpers, denen sein Bericht eine eingehende Darstellung widmete. Entscheidend sind vielmehr die mit sexuellen Kontakten verbundenen »expenditures of energy«, die es überhaupt erst erlauben, die Gesamtheit aller Wege, auf denen ein Orgasmus erreicht werden kann, als »total sexual outlet« zu bezeichnen. Und dabei handelt es sich um einen Terminus, der unverkennbar in Diskursen über die Mechanik von Maschinen und deren energetische Zustände situiert ist.[43]

Als zweiter zentraler Gesichtspunkt für die katholische Beurteilung des Kinsey-Reports diente die bereits in den USA thematisierte Pseudomoral, deren Gültigkeit die positivistische Auflistung von ›tatsächlich‹ vorkommenden Verhaltensweisen suggerierte. Biologie und Statistik würden bei Kinsey selbst zu »normativen Wissenschaften«, welche die Gültigkeit der christlichen Sexualmoral negieren und an deren Stelle einen »Dogmatismus« des »Naturhaften« setzten. Weiterhin sollte es allein von einer normativ-moralisch begründeten

---

41 *Schückler*, Irrwege, S. 9f.; vgl. *Kinsey*, Male, 667–669; *ders.*, Frau, S. 386f.

42 HK Jg. 8, 1953/54, S. 481f.

43 *Kinsey*, Male, S. 157–162, 193–203, 573–578, Zitate S. 158, 193. Es bleibt einer detaillierten Wissenschaftsgeschichte des Kinsey-Reports vorbehalten, seine Verknüpfung mit dem Diskurs der Energieerhaltung und -verausgabung in Maschinen und dessen geschlechtergeschichtlicher Komponente herauszuarbeiten. Erst die deutsche Übersetzung übertrug den Terminus mit »Gesamt-Triebbefriedigung« in ein biologistisches Terrain; *Kinsey*, Frau, S. 389 u.ö.; *Kinsey* 50th Anniversary, S. 102.

Position aus möglich sein, etwas wahres über die Legitimität bestimmter sexueller Verhaltensweisen und Praktiken zu äußern, selbst wenn zumindest ein Soziologie wie Helmut Schelsky die Wandelbarkeit dieser Normen zugestand.[44] Nun hatte bereits Kinsey selbst den Zusammenhang von religiösen Normen und Sexualität und die zwischen beiden bestehenden Diskrepanzen thematisiert. Solche Befunde konnten für den Autor einer Veröffentlichung des 1927 gegründeten Volkswartbundes, der sich ansonsten der »Bekämpfung der öffentlichen Unsittlichkeit« widmete und vor allem Indizierungsanträge im Sinne des Jugendschutzgesetzes stellte, keine Gültigkeit beanspruchen. Ein Sample von katholischen Frauen, bei dem die Hälfte keine »Reue« über ihren vorehelichen Verkehr empfand, konnte schlichtweg nicht als »fromm katholisch« gelten.[45] Wenn solche Daten nicht wie bei Kinsey »zur Sensation herabgewürdigt« wurden, konnten allerdings auch »bittere Einsichten« in den »Bedeutungsverlust der traditionellen Leitbilder« auf eine verhalten positive Rezeption stoßen. Dies tat jedenfalls ein Artikel in der Kulturzeitschrift »Hochland« mit Blick auf eine Studie von Ludwig v. Friedeburg. Immerhin hatte dieser mit Hilfe einer Erhebung des Allensbacher Instituts unter anderem festgestellt, dass rund die Hälfte der befragten Kirchgänger unter den Katholiken die Empfängnisverhütung befürworteten.[46]

Der letzte und für die Akzeptanz der demoskopischen Methode entscheidende Faktor für die Einordnung des Kinsey-Reports durch katholische Beobachter war seine Bewertung als eine dem »Szientismus« entsprechende Wissensform, die dem »manischen Drang nach Verwissenschaftlichung« entspreche. Und für diesen Trend sah Anton Böhm, als Herausgeber von ›Wort und Wahrheit‹ und späterer Chefredakteur des ›Rheinischen Merkur‹ einer der wichtigsten katholischen Publizisten der Bundesrepublik, die Kinsey-Berichte als das »schlechthin klassische Beispiel«.[47] Der Begriff des Szientismus umschrieb dabei nicht nur die Auffassung, dass Kinsey mit einem Fragebogen als dem modernen »Popanz der Entmenschlichung« in einen Bereich vorgedrungen sei, der dem Zugriff der Forschung entzogen bleiben müsse, da er zum »Unerforschbaren« zähle. Diese Form der subjektiven Selbstüberschätzung einer in Allmachtsphantasien lebenden neuzeitlichen Wissenschaft war letztlich eine logische Konsequenz ihrer Bereitschaft, elementare sittliche Standards zugunsten fragwürdiger ›Fakten‹ zu denunzieren.[48] Wich-

---

44 *Schelsky/Mitterer*, S. 425, 430. Der Theologe Mitterer berief sich demgegenüber auf die Gültigkeit des Naturrechts; ebd., S. 433f. Vgl. *Stöckle*, S. 212; *Schückler*, Irrwege, S. 15; HK Jg. 8, 1953/54, S. 478.

45 *Schückler*, Irrwege, S. 11; vgl. *Kinsey*, Male, S. 465–487; LThK, 3. Aufl., Bd. 10, Sp. 873 s.v. Volkswartbund; HK Jg. 11, 1956/57, S. 101f.

46 *Schaezler*, Intimitäten, S. 200; *Friedeburg*, S. 53.

47 *Böhm*, Indiskretion, S. 181, 188.

48 *Schückler*, Irrwege, S. 16.

tiger noch als die subjektiv gewollte oder gefühlte Macht der Wissenschaft war das kapillare Vordringen ihrer Wirkungen in die Lebenswelt eines jeden einzelnen Menschen. Mit dem Fragebogen trug der Szientismus nicht nur zu einer »Sexualisierung der Öffentlichkeit« bei. Mit ihm nahm zugleich die »Indiskretion« den persönlichen Schutzraum des Einzelnen in Besitz und verschaffte dem »gesichts- und gestaltlosen Gesellschaftskollektiv Gewalt über die Individuen«. Letztlich erwies sich die Demoskopie damit nicht als eine empirische Forschungsmethode, sondern als eine völlig neue Form der Praxis neuzeitlicher Menschenführung, bei der die »Öffentlichkeit (…) den Beichtstuhl« ersetzt und »das bewusst oder unbewusst vergottete Kollektiv den Vergeber der Sünden.«[49]

Charakteristisch für die katholische Sicht des demoskopischen Diskurses war also, dass »dieses Wissen, diese Bemächtigung des Geheimnisses Macht verleiht«, und zwar »über den Einzelnen« wie über »die Gestaltung der Gesellschaft«.[50] Es war die verhängnisvolle Macht des Szientismus, die im Zentrum der katholischen Ablehnung der Demoskopie stand, soweit es um den Kinsey-Report ging. Nicht nur in ihrer Stoßrichtung, sondern bis in die Wortwahl und manche Formulierungen hinein erinnert diese Kritik an die Analysen von Michel Foucault über die Wirkungen des im Sexualitätsdiskurses verankerten Geständniszwangs. Mit seiner szientistischen Grundhaltung trug der Bericht demnach nicht zu einer Befreiung der menschlichen Sexualität bei, sondern vertiefte die Unterwerfung der Individuen unter die mit der Wissenschaft verbundene Wissensmacht zur Benennung und Klassifizierung ihrer intimsten Verhaltensweisen.[51] Kinsey mochte eine viktorianische Konzeption der öffentlichen Moral attackiert haben, aber er tat das im Namen einer viktorianischen Konzeption von wissenschaftlicher Objektivität.[52] Entgegen der optimistischen und selbstbewussten Selbstbeschreibung von Kinsey, der mit seiner Arbeit zur Liberalisierung der Gesellschaft beizutragen hoffte, entlarvte die katholische Kritik die Hybris einer Wissenschaft, die nicht überkommene Tabus lüftete, sondern mit dem Raum des Sagbaren auch die Grenzen der Macht ausdehnte.

Nun war der Kinsey-Report ein besonders spektakuläres und auch unter Fachleuten umstrittenes Beispiel für die Anwendung des quota-Verfahrens. Und die im Rahmen der katholischen Moralvorstellungen mit Notwendigkeit bestehende Brisanz des Themas Sexualität verstärkte die negativen Rückwirkungen auf die Rezeption dieser Technologie in der Kirche.[53] Aber einige

49 *Böhm*, Indiskretion, S. 184, 188, 190; vgl. *Schelsky/Mitterer*, S. 426, 429f.
50 HK Jg. 8, 1953/54, S. 479.
51 *Foucault*, Sexuality, bes. S. 63f.; vgl. *Dean*, S. 283.
52 *Shannon*, S. 274.
53 Vgl. *Dickinson*, S. 72–75; für die Zeit nach 1945 die Hinweise in *Herzog*, S. 175–179. Im Gegensatz zu Herzog halte ich die These für plausibler, dass der neue christlich-konservative

der im Hinblick auf Kinsey artikulierten Vorbehalte an der demoskopischen Form des Aussagens werden auch in anderen thematischen Kontexten sichtbar. Sie prägten den kirchlichen Umgang mit dem demoskopischen Diskurs bis hin zu den im Vorfeld der Würzburger Synode 1969/1970 durchgeführten Umfragen, ohne ihn jedoch vollständig dominieren zu können. Auf dem Gebiet der Markt- und Konjunkturforschung bestritten schließlich auch Katholiken die Berechtigung der Demoskopie nicht. Fragen nach Konsumbedürfnissen und Produktpräferenzen waren grundsätzlich legitim. Das galt jedoch nicht für solche nach »intimen« Dingen und persönlichen Problemen.[54]

Für diese galten weiterhin Vorbehalte, welche die katholische Kritik zum Teil bereits gegen Kinsey erhoben hatte. Zentrale Bedeutung kam dabei weiterhin der quasi-normativen Aufladung des demoskopischen Befundes zu. Bei der Meinungsforschung handelte es sich demnach um eine »Statistik, die zum Dogma wurde«, bzw. um eine »hörige Befragung« eines »Dämons«, also um »Dämoskopie«.[55] Kein geringerer als Papst Paul VI. hat diese Gefahr 1969/70 mehrfach öffentlich angesprochen und auf die gefahrvolle »moralische Unsicherheit« hingewiesen, die Folge eines unsachgemäßen Gebrauchs der Demoskopie sei.[56] Hinter diesem Effekt von Befragungen verbarg sich je nach Lesart die Psychologie des politischen Unbewussten oder eine Art demokratisches »Urvertrauen« in die Richtigkeit des »Durchschnittsverhalten[s]«. Wenn aber die jeweils gültigen Moralnormen durch eine »quasi Abstimmung« festgestellt würden, so würde aus der »Moralstatistik« – wie Anton Böhm 1974 mit unverkennbaren Anklängen an die Anfänge der kirchlichen Beschäftigung mit den Humanwissenschaften formulierte – eine »Statistikmoral«. Und durch den sich selbst verstärkenden Nachahmungseffekt stünde dann bald »das allgemeine Chaos (...) vor der Tür«.[57]

Das damit angesprochene Problem der Responsivität war gegen Ende der sechziger Jahre schließlich nicht mehr nur im Hinblick auf moralische Nor-

Puritanismus der 1950er Jahre weniger eine Reaktion auf die Sexualpolitik des Nationalsozialismus als vielmehr eine Reaktion auf den Kinsey-Report und die ihm unterstellten Wirkungen war. Vgl. ebd., S. 192.

54 *Krüger*, Grenzen, S. 45; *Schückler*, Irrwege, S. 13.

55 *Krüger*, Grenzen, S. 46; Dämoskopie, in: Rheinischer Merkur v. 21.9.1956.

56 Zit. bei *Mähner*, S. 117–120. Hans-Georg Mähner, konvertierter evangelischer Pfarrer, hatte sich mit einem pastoraltheologischen Zusatzstudium und einer Promotion über die Bedeutung kirchlicher Meinungsumfragen qualifiziert, bevor er seit 1972 die neu eingerichtete pastorale Planungsstelle des Erzbistums München-Freising leitete. Gespräch mit Dr. Karl-Hans Pauli am 13.9.1999.

57 *Böhm*, Zwiespalt, S. 38f. (Zitat); *ders.*, Röntgenbild, S. 34; vgl. *Krüger*, Grenzen; Der Mythos von der Volksmeinung, in: HK Jg. 11, 1956/57, S. 303–305; *H.J. Patt*, Was machen die Sozialen Seminare mit der Synode?, in: Im Dienst der Seelsorge Jg. 25, 1971, Nr. 1, S. 24–26, S. 25; *W. Korff*, Empirische Sozialforschung und Moral, in: Concilium Jg. 4, 1968, S. 323–330, S. 326.

men, sondern generell in Bezug auf die Institution der Kirche und ihre pastoralen Strategien akut. Und auch hier galt es, der als »Tatsachenfeststellung« durchaus legitimen Demoskopie klare Grenzen zu setzen. Denn die in der Kirche verkündeten »absoluten Wahrheiten und Werte« seien zwar in ihrer Durchsetzbarkeit, aber eben nicht in ihrer »Gültigkeit« von den »Meinungen der Leute« abhängig. Solchen »›weltlichen‹ Meinungen« gegenüber gelte immer noch das Wort des Apostels: »Machet euch nicht gleichförmig dieser Welt« (Röm. 12, 2). Damit war eine klare Absage an die Vorstellung impliziert, schlechthin »unverrückbare soziale Wahrheiten« könnten in einem so fluiden und leicht beweglichen Medium wie der demoskopisch induzierten öffentlichen Meinung auf angemessene Weise beobachtet werden. Nur die zeitspezifischen »Formen« der Verkündigung, nicht das Verkündete selbst stünden derart zur Disposition.[58] Daher verwarfen katholische Moraltheologen die Vorstellung, man könne die öffentliche Meinung in der katholischen Kirche wie in der Politik in Analogie zum »Heiligen Geist« verstehen, in dessen unberechenbarem Wehen und Wirken sich die alles umfassende und betreffende Kontingenz des Beobachtens und damit Unterscheidens reflektiere.[59]

Auch ein zweiter wichtiger Punkt, an dem der demoskopische Diskurs mit dem katholischen Menschenbild kollidierte, war bereits in den Reaktionen auf Kinsey angeklungen. Dabei ging es um die Anonymität aller in diesem Diskurs erzeugten Aussagen, die auf keinen erkennbaren, namentlich benennbaren Sprecher mehr zurechenbar waren. Im Kern verweist dies auf die der Umfrageforschung eigene Technologie, den Fragebogen. Unabhängig davon, wie er ausgefüllt worden ist, ob durch einen Interviewer, der die Wohnung des ›repräsentativen‹ Probanden aufsucht, oder durch die Hand des Befragten selbst: Nach dieser Prozedur sind die im Fragebogen gespeicherten Informationen über den Befragten auf Dauer getrennt von seinem Namen und seiner Person. Und in katholischer Lesart musste dies gravierende Rückwirkungen auf den Charakter jener Antworten haben, welche der Fragebogen im ›ja-nein-weiß nicht‹ Schema verzeichnete. Denn durch die Abstraktion von dem einzelnen Befragten werde die Personhaftigkeit und damit »Freiheit, Unersetzlichkeit und Würde« als Wesensmerkmale der menschlichen Natur auf folgenreiche Weise negiert.[60] Zur Zeit des Kinsey-Reports stand noch das Erstaunen darüber im Vordergrund, dass es überhaupt Menschen gab, die sich einer solchen anonymisierenden Prozedur gerade im Hinblick auf Fragen ihres Intimlebens unterziehen wollten.

---

58 G. Ermecke, Die Kirche und die Demoskopie, in: Rheinischer Merkur v. 14.8.1970. Zur Ablehnung einer öffentlichen Meinung, die »keine festen Mittelpunkte« bietet, im Anschluss an Pius XII., *Schmidthüs*, S. 106.

59 Zu dieser Analogie vgl. *Luhmann*, Politik, S. 286.

60 LThK, 3. Aufl., Bd. 8, Sp. 42–52, s.v. Person, Zitat Sp. 49.

Bereits diese Tatsache war ein erklärungsbedürftiges, »charakteristisches und neues kulturelles Phänomen« der modernen Gesellschaft, und nur deren voranschreitender Ordnungsverfall, der zu »Entzauberung« und »Enthüllung« führte, konnte es erklären.[61]

Die Prozedur der anonymen Beantwortung des Fragebogens als die materielle Technologie des demoskopischen Diskurses setzte sich sukzessive auch bei heiklen Themen als eine gängige Praxis durch. Aber dann provozierte immer noch die damit verbundene Transformation des Sprechens kritische Stellungnahmen. Eine »echte Frage«, wusste ein im Geiste katholischer Ordnungsvorstellungen geschulter Beobachter, zieht notwendig Konsequenzen nach sich, die jedermann »auf sich nehmen muss« und von denen er im Vorhinein weiß. Erst durch den impliziten Zwang, jederzeit für die in der Antwort geäußerte Meinung »einstehen« zu müssen, wird die »Verantwortlichkeit« für die Folgen einer Frage als unverzichtbare Voraussetzung für deren angemessene Beantwortung gesichert. Der anonymisierte Fragebogen entbindet dagegen von diesem Zwang.[62] Jede Antwort, kann man diese Forderung formulieren, hat eine performative Seite.

Mit diesem Gedanken, der auf der katholischen Modellierung des Menschen als eines verantwortlichen Subjektes beruhte, negierte die katholische Kritik zugleich das mathematische Repräsentativitätsmodell, das die Plausibilität des demoskopischen Kategoriengerüsts im wesentlichen verbürgte. Die ›Urne‹, in welcher sich die anonymisierten Fragebögen sammeln, war eine oft verwendete Metapher für die Kraft zur Repräsentation des ›Ganzen‹, welche dem quota-Verfahren innewohnen sollte.[63] Aber was waren solche »Fragelisten« wert, fragte ein Katholik aus Münster das dortige Synodalbüro 1970, die sich als »gänzlich unverbindliche anonyme Schreiben« bei Demoskopen sammelten? Bei ihnen konnte es sich nur um eine zeittypische »Konzession an Ängstlichkeit und Charakterschwäche« handeln. Nur ein kleiner »Bruchteil« an Antworten, aber von »Menschen, die für ihre Aussage eintreten«, hätte dagegen eine ganz andere appellative Kraft. Eine »Ernte« von anonymen Reaktionen könne man dagegen als »Spreu« behandeln und verbrennen.[64] Vor dem Hintergrund der ›Totalbefragung‹ im Kontext der Würzburger Synode hatte dieses Argument eine besonders zugespitzte Bedeutung.

61 HK Jg. 8, 1953/54, S. 478f.; vgl. *Schaezler*, Beunruhigende Intimitäten, S. 198. Das Institut für Demoskopie notierte bei seiner für Ludwig v. Friedeburg durchgeführten Umfrage eine Verweigererquote von einem Viertel, was man als überraschend gering einschätzte; *Friedeburg*, S. 9–11.

62 *Krüger*, Grenzen, S. 45.

63 *Keller*, Archäologie, S. 130–166.

64 Dr. M.B. an das Synodalbüro in Münster 20.5.1970: BAM, Synodalbüro, A 6; vgl. *Böhm*, Röntgenbild, S. 32.

Bis in die frühen siebziger Jahre hinein gab es deutlich vernehmbare Stimmen, welche das Kategoriengerüst des demoskopischen Diskurses problematisierten und klar definierte Grenzen für die Umfrageforschung in der Kirche ziehen wollten. Anders als im Fall der Soziographie hatte der Kinsey-Report gravierende konzeptionelle Barrieren der Verwissenschaftlichung freigelegt. Sie bezogen sich unter anderem auf Diskrepanzen zwischen dem Repräsentativitätsmodell der Umfrageforschung und der katholischen Vorstellung von einem verantwortlichen öffentlichen Reden. Trotz dieser Festlegung von Grenzen des Sagbaren gab es spätestens seit Mitte der sechziger Jahre bei einzelnen kirchlichen Akteuren ein an Intensität zunehmendes Interesse an Fragen der öffentlichen Meinung, zu dessen Artikulation man auch auf die Methoden der Demoskopie zurückgriff. Nach der Synoden-Umfrage der Jahre 1969/70 – auf die wir gleich ausführlich eingehen – ist dieser Vorgang im Zeichen des vom Zweiten Vatikanum angestoßenen Wandels interpretiert worden, mit Blick auf den »Dialog« als einen neuen, das »Element der Brüderlichkeit« aufnehmenden Führungsstil, der das »Hinhören auf das Kirchenvolk« erforderlich machte.[65] Aber das ist eine Deutung, welche durch die Zäsur von ›1968‹ und die in ihrem Gefolge aufbrechende Politisierung geprägt ist. In den Jahren davor war es eher der Begriff des ›Vertrauens‹, der die Bereitschaft zur Integration der Meinungsforschung in das kirchliche Handeln bündelte.

Exemplarischen Aufschluss darüber vermittelt die Vorgeschichte und Gründungsintention der seit 1966 in Frankfurt am Main, später in Würzburg angesiedelten Gesellschaft für christliche Öffentlichkeitsarbeit e.V. (GCÖ). Deren Gründer und Leiter Josef Scharrer, ein promovierter Soziologe, hatte als Geschäftsführer der von Johannes Leppich (1915–1992) seit Mitte der fünfziger Jahre aufgebauten »action 365« gearbeitet, welche die öffentlichen Predigten des Jesuitenpaters vor- und nachbereitete.[66] Es war aber nicht nur die Unzufriedenheit mit diesem aktionistischen pastoralen Stil, welche Scharrer, ermutigt durch eine Begegnung mit Viktor Schurr, dazu bewog, sich mit der GCÖ selbstständig zu machen. Er setzte sich auch kritisch mit den Konventionen auseinander, welche den bisherigen Umgang der Kirche mit Massenmedien und Öffentlichkeit prägten. Das Konzilsdekret über die »sozialen Kommunikationsmittel« hatte hierfür Voraussetzungen geschaffen, indem es die Pressefreiheit ohne grundsätzliche Vorbehalte befürwortete und »öffentliche Meinungen« als eine wichtige und wirkmächtige Are-

---

65 *Böhm*, Röntgenbild, S. 29f.

66 Hierzu und zum Folgenden v.a. ein Gespräch mit Josef Scharrer am 17.4.2003. Zu Inszenierung und Stil der Auftritte von Leppich vgl. z.B. den Bericht in der Neuen Ruhr-Zeitung vom 22.6.1965. Zur späteren Spaltung der action 365, welche die Vorbehalte von Scharrer implizit bestätigte, vgl. Rheinischer Merkur v. 9.7.1971, S. 23.

na gesellschaftlicher Auseinandersetzungen anerkannte. Mit der Bindung des »Rechts auf Information« an deren inhaltliche »Wahrheit« und weitläufig gezogene ethische »Grenzen« machte das Dekret aber zugleich deutlich, dass die Kirche sich weiterhin dazu legitimiert sah, »Grundsätze« über die »richtige Anwendung« der Massenmedien zu postulieren.[67]

Damit war für Scharrer ein Ansatzpunkt gegeben, die bisher in der Kirche übliche und auch den soziographischen Diskurs prägende Perhorreszierung der Massenmedien als »Teufelswerk« zu überwinden. In deutlicher Anlehnung an die Analysen des amerikanischen Soziologen David Riesman sah er die Medien bei der Formung des »von außen geleiteten« Menschen mitwirken. Allerdings sei das »Vorhandensein öffentlicher Meinungen« als ein Zeichen für das »gute Funktionieren« der Demokratie zu werten. Mit der Auffassung, die »Freiheit kirchlicher Meinungsbildung« als das entscheidende Charakteristikum des Zweiten Vatikanums zu verbuchen, machte sich Scharrer daran, die Frage der innerkirchlichen Öffentlichkeit als eine entscheidende Leerstelle des einschlägigen Konzilsdokumentes aufzuzeigen und in der Folge auch praktisch zu korrigieren.[68] Dem Projekt der christlichen Öffentlichkeitsarbeit lag dabei von vornherein die Prämisse zu Grunde, dass traditionell einflussreiche Instanzen der Normsetzung wie Kirche, Elternhaus und Schule ihre »Glaubwürdigkeit« weitgehend eingebüßt hätten. Aus diesem Grund konnte der an die Adresse der Demoskopie gerichtete Vorwurf der verhängnisvollen Aufwertung des Faktischen zur Norm zurückgewiesen werden, zumal nicht die variablen Antworten, sondern die allen »gemeinsam vorgelegte Frage« das Spezifikum der Umfrageforschung sei.[69] Auch die Kategorien der überzogenen Responsivität und der Entpersönlichung, welche bisher als eine Barriere für die Akzeptanz des demoskopischen Diskurses gewirkt hatten, wies Scharrer als untauglich und unzutreffend zurück. Meinungsforschung diene nicht der Anpassung an die »Welt da draußen«, sondern der »Aufdeckung von Missverständnissen und Fehlverhaltensweisen« im »Umgang mit der Umwelt«, also als feedback-Mechanismus. Und erst im demoskopischen Befund stelle sich in »fundamentaler« Weise die Frage nach den »Erfahrungsfaktoren«, welche den Antworten in der ›großen Zahl‹ zu Grunde lägen. Ihre Methodik führe deshalb nicht in die »Durchschnittlichkeit« oder »Profillosigkeit«, sondern zu einer »realistischen Sicht« des Menschen, »wie er wirklich ist«.[70]

Zentral für das Konzept der christlichen Öffentlichkeitsarbeit war das Postulat einer aktuellen, manifesten »Kommunikationskrise« in der Kirche,

---

67 *Rahner/Vorgrimler*, S. 95–104, Zitate S. 95, 97f.
68 *Scharrer*, Mittel, Zitate S. 5, 32f.; vgl. *Riesman*, bes. S. 99–112.
69 *Scharrer*, Jugend, Zitate S. 14, 107.
70 Ebd., S. 16, 108.

angesichts derer das »verlorene Vertrauen« der Öffentlichkeit wiedergewonnen werden müsse. Öffentlichkeitsarbeit sei keine »Propaganda« wie der bisher von der Kirche praktizierte »Monolog zu [den] Untertanen«, sondern eine auf »wissenschaftlichen Grundlagen aufgebaute ständige Vertrauenswerbung«, die »Kunst, heute gehört und verstanden zu werden.« Für Scharrer, der Mitglied in der Deutschen Public-Relations-Gesellschaft war und die einschlägige Literatur kannte, gab es damit durchaus Berührungspunkte mit den Strategien der Konsumwerbung.[71] Aber nicht eine »äußerlich gespielte Taktik« im Stile der Produktreklame, sondern nur die »vertrauenerweckende Artikulation« der Kirche als Verkünderin einer frohen Botschaft könne die gegenwärtige Kommunikationskrise auflösen.[72] Innerkirchlich implizierte das die Ablehnung der Kultivierung von »falschen Autoritäten« und die Relativierung eines Standards praktizierter Frömmigkeit, der sich nur nach dem Kirchenbesuch bemesse, aber nicht nach dem »tatsächlichen christlichen Leben«. Schließlich relativierte die Konzeptualisierung der massenmedialen Öffentlichkeit als einer gesellschaftsweit adressierbaren Sphäre auch die für den soziographischen Diskurs so immens bedeutsame Vorstellung der kirchlich ›Abständigen‹. In der ernsthaften, zeitgemäßen Anwendung der Massenmedien war dies eine nutzlose Kategorie, da man über die Medien mit allen Menschen ins »Gespräch« kommen konnte und musste.[73] Konsequenzen hatte das auch für die praktische Umsetzung der christlichen Öffentlichkeitsarbeit. Anders als in den nur nominell überkonfessionellen ›christlichen‹ Gewerkschaften war dieser Begriff hier keine Augenwischerei. Er konkretisierte sich vielmehr in Scharrers täglicher Zusammenarbeit mit dem Institut für Kommunikationsforschung in Wuppertal, das Bruno Kalusche leitete, der in seiner Freizeit evangelischer Presbyter war.[74]

3.2. Umfragen als Repräsentation der »Basis«: 1968 und der Protest in der Kirche

Es hat bereits in den Jahren vor 1968 Zusammenhänge gegeben, in denen die Anwendung der demoskopischen Methode für kirchliche Zwecke praktisch erprobt wurde. Es ist allerdings nicht nur mit der lückenhaften Quellenüberlieferung zu erklären, dass über diese Versuche kaum Informationen

71 *Scharrer*, Motive, Zitate S. 3, 5, 22; vgl. *ders.*, Jugend, S. 14ff.
72 *Scharrer*, Public Relations, S. 350; *ders./Löcher*, S. 42–50.
73 *Scharrer*, Motive, S. 3f., 10f.
74 Als grundsätzlichen Aufriss »religions-demoskopischer« Analysen: *Kalusche*; vgl. Kap. 3.3.

verfügbar sind.[75] Darin spiegelt sich auch das Verfahren wider, mit dem die Kirche während dieses Zeitraums Umfragen in Auftrag gab und ihre Ergebnisse diskutierte. Meinungsumfragen als ein Mittel zur Exploration der öffentlichen Meinungen waren ein kirchliches Arkanum. Nur ein kleiner Kreis hochgestellter kirchlicher Würdenträger gab sie in Auftrag, diskutierte Details und mögliche Konsequenzen. Und selbst äußerst gut informierte und mit hochrangigen Bischöfen in engem Kontakt stehende Geistliche erfuhren nur auf Umwegen und mit geraumer Verspätung von solchen im Stile einer geheimen militärischen Kommandoaktion durchgeführten Befragungen.

Ein prägnantes Beispiel dafür ist die vermutlich erste Umfrage, die ein Spitzengremium der katholischen Kirche in der Bundesrepublik bei einem kommerziellen Meinungsforschungsinstitut in Auftrag gab. Sie hatte die öffentliche Wirksamkeit der Kirche im »Meinungsbild der Katholiken« zum Thema. Das Katholische Büro Bonn, die kirchliche Verbindungsstelle zu den politischen Instanzen auf Bundesebene, bestellte sie Anfang 1960 beim Emnid-Institut und diskutierte in einer Arbeitsgruppe die Ergebnisse des ›pre-test‹ mit den Vertretern des Instituts. Bei diesen Arbeiten scheint das Katholische Büro aber nur einen Wunsch der Fuldaer Bischofskonferenz ausgeführt zu haben, welche über die öffentliche Beurteilung der von den Bischöfen regelmäßig publizierten Wahlaufrufe, die Problematik der christlichen Gewerkschaften und das Verhältnis zu CDU und SPD informiert werden wollte.[76] Von dem dreibändigen Untersuchungsbericht der Studie gab es offenbar nur äußerst wenige Exemplare. Das PSI in Essen, welches eine Kopie besaß, musste diese verschiedentlich verleihen. Jakob David, der Leiter des dem PSI übergeordneten Gemeinsamen Sozialinstitutes, erfuhr erst 1963 von der Existenz der Studie.[77]

Einen Hinweis auf die Anfang der sechziger Jahre noch vorhandenen praktischen Grenzen des demoskopischen Diskurses in der Kirche vermittelt die kontroverse Rezeption der Studie. Diese hatte gezeigt, dass ein »offener Widerspruch zwischen Hierarchie und Volk« nur in der Frage der

75 Die Akten der Deutschen Bischofskonferenz sind bislang nicht zugänglich.

76 Katholisches Büro Bonn an Tenhumberg 18.5.1960: BAM, Diözesankomitee, A 18; Jakob David 18.2.1963 an Krautscheidt: BAE, GV 82 14 12, Bd. 1; vgl. LThK, 3. Aufl., Bd. 5, Sp. 1367. Material zu den Intentionen der Umfrage liegt im Historischen Archiv des Erzbistums Köln, das die Akten des Katholischen Büros Bonn verwahrt, nicht vor. Schriftliche Auskunft vom 17.6.2002. Kirche und Öffentlichkeit im Meinungsbild der Katholiken, [Bielefeld] 1960, 3 Bde. Ms. (Emnid-Berichte). Ein Exemplar dieses Berichtes konnte in den Bibliotheken der Bundesrepublik sowie den benutzten Archiven nicht nachgewiesen werden.

77 Marketing Agentur von Westerholt und Wagner 5.6.1962 an Krautscheidt, Jakob David 18.2.1963 an dens.: BAE, GV 82 14 12, Bd. 1. Darin spiegelt sich allerdings auch das Desinteresse von David an der Arbeit des ihm unterstellten Instituts. Dieses hatte auf Wunsch von Bischof Hengsbach bereits 1961 einen Kommentar zu der Umfrage vorgelegt; vgl. PSI, Handreichung Nr. 8 (1961).

konfessionellen Volksschulen bestand. Zwar spiegelte sich in den Antworten auf viele Einzelfragen das weit verbreitete »Wunschbild« einer »toleranten, modernen, aufgeschlossenen« Kirche. Es war aber nicht zu erkennen, dass eine große Zahl der Katholiken bereits »wesentliche Glaubenswahrheiten« in Frage stellen wollte.[78] Wie der Essener Generalvikar Krautscheidt festhielt, sei dieses Ergebnis allerdings bei Diskussionen im Katholischen Büro entschieden relativiert worden, da »derartige Umfragen nur eine geringe Bedeutung für die zuverlässige Erkenntnis unserer Gläubigen hätten.« Als Grund dafür habe man dort angeführt:

»Die Haltung unserer Gläubigen zur Kirche sei heute überwiegend bestimmt durch die innere Ablehnung der strengen kirchlichen Ehegesetzgebung und der katholischen Ehemoral. Da aber hierzu keine Fragen gestellt würden und auch nicht gestellt werden dürften, seien eigentlich alle Ergebnisse unserer Rundfragen verfälscht und nur von einem geringen Wert.«[79]

In dieser Äußerung zeigt sich zunächst, allerdings negativ gewendet, ein Widerhall der von den Protagonisten des demoskopischen Diskurses vertretenen These, dass es bei den Umfragen weniger auf die Antworten als vielmehr auf die Fragen und den durch sie markierten Raum des Sagbaren ankomme. Zugleich ist diese Stellungnahme auch als ein später Widerhall der durch den Kinsey-Report angerichteten Verheerungen in der katholischen Beurteilung der Demoskopie zu lesen. Angesichts des heiklen Themas wichen auch die Experten des Pastoralsoziologischen Instituts dem von Krautscheidt vorgetragenen Wunsch aus, dieser These mit substanziellen Argumenten entgegentreten zu können. Stattdessen akzentuierte man dort den ziffernmäßig belegbaren Wunsch nach »christlicher Seelsorge« als »genuiner« Aufgabe der Kirche und mahnte als Schlussfolgerung ganz abstrakt »notwendige Neuerungen« an, um die Verkündigung des Glaubens nicht länger in »unzeitgemäßer Sprache und überlebten Formen« zu belassen.[80]

Trotz der Geheimhaltung der Ergebnisse war zumindest Insidern bekannt, dass die Bischöfe über »ihre privaten Emnid-Befragungen« verfügten.[81] Vielleicht hat es außer der genannten im Verlauf der sechziger Jahre auch noch weitere Umfragen gegeben, die »nur für die Bücherschränke« der Bischöfe bestimmt waren.[82] Die demoskopische Erhebung von re-

78 PSI, Handreichung Nr. 8 (1961), Zitate S. 7, 19.

79 Krautscheidt an Greinacher 14.4.1961: BAE, GV 82 14 12, Bd. 1.

80 PSI, Handreichung Nr. 8 (1961), S. 20f.

81 Weihnachtsüberraschung für Spiegel-Leser, in: KuL 23 (1968), Nr. 1.

82 Das PSI in Essen hatte bei einem seit 1963 durchgeführten Forschungsprojekt zur Religion in der »industriellen Gesellschaft« des Ruhrgebiets eine Repräsentativbefragung vom Infas-Institut durchführen lassen und legte in diesem Zusammenhang einen Überblick über verschiedene Motivskalen an. Vgl. *N. Greinacher*, Was glauben die Katholiken?, in: LS Jg. 19, 1968, S. 121–125, S. 122; PSI, Bericht Nr. 42 (1966). Eine Umfrage des IfD zur Ökumene

ligiösen Einstellungen mit dem quota-Verfahren rückte jedenfalls erstmals 1967 in das Blickfeld einer breiteren Öffentlichkeit, als sich der »Spiegel« dieses Themas annahm. In der Weihnachtsausgabe präsentierte er unter der Titelschlagzeile »Was glauben die Deutschen?« die Ergebnisse einer Erhebung, die Emnid und das Institut für Absatzforschung Andreas Ketels (IfAK) gemeinsam durchgeführt hatten.[83] Das Hamburger Magazin war selbst der Auftraggeber, und zwar auf Initiative von Werner Harenberg, der dort seit 1961 als Redakteur für kirchliche Fragen arbeitete und vor allem seit dem Konzil die Entwicklungen in der katholischen Kirche intensiv verfolgte.[84] Das Vorgehen des »Spiegel« entsprach einem zu dieser Zeit einsetzenden Trend, dem zufolge die Massenmedien selbst in steigendem Maße als Auftraggeber von Umfragen in Erscheinung traten und deren Ergebnissen damit zugleich eine massenhafte Publizität verschafften.[85]

Nun galt der »Spiegel« gerade unter Katholiken, nicht zuletzt wegen der einschlägigen Publikationen seines Herausgebers Rudolf Augstein, als eine Zeitschrift, die ein polemisches Verhältnis zum christlichen Glauben und zu den beiden großen Kirchen pflegte. Seit den siebziger Jahren benutzte das Magazin wiederholt Umfragen, um den Machtmissbrauch und die überzogene öffentliche Geltung der katholischen Kirche anzuprangern.[86] Beim Bericht über die Emnid-Umfrage des Jahres 1967 standen dagegen jene Tendenzen im Mittelpunkt, die dasselbe Institut bereits sieben Jahre zuvor markiert hatte, allerdings nun in gestiegener Intensität: Anerkennung der Kirche als einer seelsorglichen Instanz auf der einen, Ablehnung ihrer politischen und ›sittenwächterlichen‹ Einflussnahme auf der anderen Seite. Die zu verzeichnende blanke Unkenntnis und die lebenspraktische Ignoranz gegenüber kirchlichen Dogmen sah der »Spiegel« als Indizien für eine wachsende Privatisierung des christlichen Glaubens, den man »auch ohne Kirche« leben könne.[87] Auch diese Titelgeschichte provozierte die im Katholizismus eingespielten Reflexe gegenüber der Demoskopie, die sich »erdreistet«, das Innenleben der Menschen »schamlos zu entblößen«, und gegenüber dem »Spiegel« , aus dem der »Geist der Verneinung um jeden Preis«

hatte vermutlich nicht die Bischofskonferenz als Auftraggeber; Für und gegen die gemeinsame Kirche. Eine Umfrage des Allensbacher Instituts, in: FAZ v. 15.11.1962.

83 Der Spiegel Nr. 52, 1967, Zitat S. 38.

84 *Beck*, Kirche, S. 251–256, 278; *U. Magnus*, Der weite Weg zum Fragebogen, in: *Harenberg*, S. 113–120.

85 Vgl. *Kruke*, Deutungshoheit.

86 *Beck*, Kirche, bes. S. 256–263.

87 Der Spiegel Nr. 52, 1967, S. 38–58, Zitat S. 58. Die Privatisierungsthese war auch zentral für die Auswertung der Daten bei *E. Golomb*, Wie kirchlich ist der Glaube?, in: *Harenberg*, S. 172–207, S. 205f. Golomb gehörte neben Norbert Greinacher zu einer Gruppe von Theologen und Sozialforschern beider Konfessionen, die zur Vorbereitung und Auswertung der Umfrage hinzugezogen wurden; vgl. ebd., S. 7f.

spreche.[88] Aber der Versuch der Kirchenzeitung des Bistums Münster, die vermeintliche Tendenz der vom Spiegel präsentierten Daten in einem Artikel aufzudecken und zu widerlegen, vermochte deren Leser nicht mehr durchgängig zu überzeugen. Sie reagierten mit dem Vorhalt, dass die Bischöfe wohl eine solche öffentliche Umfrage per se ablehnen würden. Im übrigen sei die Zeit endgültig »vorbei«, wo die »Kirchenzeitung (…) wie ein Evangelium aufgenommen« werde.[89]

Diese zutreffende Feststellung spiegelte sich auf dramatische Weise in der Auflagenentwicklung der Bistumsblätter seit Ende der sechziger Jahre. Vor diesem sich abzeichnenden Hintergrund diskutierte man in der Deutschen Bischofskonferenz 1966 die Notwendigkeit und die Chancen einer katholischen Wochenzeitung, die mit finanzieller Unterstützung der Bischöfe, aber nicht in ihrem Namen und in redaktioneller Autonomie erscheinen sollte.[90] Bevor man grünes Licht für die seit Frühjahr 1968 unter dem Namen »Publik« erscheinende Zeitung gab, sollte eine Marktanalyse die »Chancen und Risiken« dieses Vorhabens klären. Zu diesem Zweck führte das Institut für Demoskopie 1967 im Auftrag der Bischofskonferenz zwei Befragungen über die Lesegewohnheiten und –wünsche der »nachkonziliären modernen katholischen Intelligenz« durch, welche als Zielgruppe für das Blatt galt. Dabei wurde die in diesen Kreisen bestehende »Neigung« sichtbar, »Grundfragen katholischer Existenz offen zu diskutieren«.[91] Auch wenn dieser erste Auftrag der deutschen Bischöfe an das Allensbacher Institut im Kern ein Stück Marktforschung war, sind hier die Bezüge der kirchlichen Demoskopie zum postkonziliaren Wandel doch bereits unübersehbar. Zwar folgten die als potentielle Käufer avisierten, »publizistisch anspruchsvollen Katholiken« den Normen der katholischen Orthopraxie und besuchten zu über 60% regelmäßig die Kirche. Aber ihre Erwartungen richteten sich auf ein von bischöflicher Kuratel unabhängiges Blatt, das der freien und kontroversen Meinungsbildung über ein weites Spektrum von Themen inner- wie außerhalb der Kirche dienlich sein würde.[92] Und mit diesen an die Bischöfe adressierbaren Hoffnungen musste man ebenso rechnen wie mit den abseh-

88 W.Z. an die Redaktion von ›Kirche und Leben‹ 13.1.1968: BAM, Schriftleitung KuL, A 235.

89 P.J. 31.1.1968 (Zitat), F.J.T. 4.1.1968 an die Redaktion von ›Kirche und Leben‹: ebd.; vgl. Weihnachtsüberraschung für Spiegel-Leser, in: KuL Jg. 23, 1968, Nr. 1; *A. Stock*, Was glauben die Deutschen? Zur Glaubenskrise unserer Zeit, in: Mann in der Kirche Jg. 26, 1969, S. 30–33.

90 Vgl. *Ziemann*, Öffentlichkeit.

91 IfD-Bericht 1471, Katholische Wochenzeitung. Umfrage unter potentiellen Lesern und Geistlichen (1968), Zitate S. 1f.: IfD-Archiv. Eine Marktanalyse war auch die für den Herder-Verlag erstellte Studie IfD-Bericht 1351, Die Bibelleser (1966): ebd.; Gespräch mit Egon Golomb am 2.10.2002; Schreiben von Norbert Grube an den Verfasser vom 5.5.2003.

92 IfD-Bericht 1471, S. 18 (Zitat), S. 77–90: IfD-Archiv.

baren Verkaufszahlen der Wochenzeitung.[93] Der durch das Konzil gegenüber dem hierarchischen Amt aufgewertete Laie musste in das unternehmerische Kalkül einfließen.

Mit der Liturgiereform wurde ebenfalls 1967 noch ein weiteres Element des postkonziliaren Wandels und Konflikts zum Anlass, die demoskopische Methode in die Kirche einzuführen. Vielen traditionalistischen und konservativen Strömungen fiel es innerhalb der kirchlichen Öffentlichkeit relativ »schwer«, für ihre Forderungen nach einer Zurückdrängung der mit dem Zweiten Vatikanum eingeleiteten Entwicklungen Gehör zu finden.[94] Das galt auch für das Interesse an der Bewahrung und Verteidigung des tridentinischen Messritus und der alleinigen Verwendung der lateinischen Sprache. Seit 1964 hatte sich die in verschiedenen Ländern operierende Laienbewegung »Una Voce« das Ziel gesetzt, die Feier der lateinischen Messe und den gregorianischen Choralgesang zu fördern und durch entsprechende Beschlüsse des Vatikans innerkirchlich abzusichern.[95] Solche »Traditionalisten« beriefen sich ebenso wie die ›progressiven‹ Befürworter der in der Volkssprache abgehaltenen Messe darauf, dass ihr »Anliegen« einer »überwältigenden Mehrheit« der Gläubigen »Rechnung tragen« würde. Wer imstande war, dieses »unter Beweis zu stellen«, und zwar als Ergebnis einer »mit besonderer Sorgfalt« durchgeführten »Repräsentativbefragung«, konnte sich einen Positionsgewinn in der öffentlichen Meinung erhoffen. Mit dieser Feststellung leitete ein Artikel in der österreichischen Zeitschrift »Wort und Wahrheit« die Vorstellung einer Allensbacher Umfrage zum Thema »Die deutschen Katholiken und das Konzil« ein. Der Verfasser des Aufsatzes, der Schweizer Eric M. de Saventhem, gab nicht zu erkennen, dass er seit 1967 als Präsident der internationalen Una Voce-Bewegung fungierte. Für den Leser war ebenfalls nicht ersichtlich, dass de Saventhem die Umfrage selbst beim Institut für Demoskopie in Auftrag gegeben hatte.[96]

Das sind einige Beispiele dafür, dass die demoskopische Methode bereits vor der Zäsur des Jahres 1968 vermehrt zum Einsatz kam, um Einstellungen zu Religion und Kirche abzufragen. Erst im Medium der demoskopisch induzierten und klassifizierten öffentlichen Meinung konnten die nun an Kontur gewinnenden Interessen an einer Beschleunigung bzw. an einer Umkehr des nachkonziliaren Wandels sich als Repräsentanz einer

---

93 Manche Kritiker des Vorhabens äußerten nach der bereits 1971 erfolgten Einstellung von ›Publik‹ fälschlich, eine Marktanalyse sei versäumt worden. Vgl. *Fischer*, Pastoral, Bd. III, S. 128f.

94 *Fischer*, Pastoral, Bd. III, S. 300.

95 Ebd., S. 83–92, bes. S. 84, 298.

96 *E.M. de Saventhem*, Die deutschen Katholiken und das Konzil, in: WW Jg. 22, 1967, S. 249–262, Zitat S. 249; IfD-Bericht 1364, Die deutschen Katholiken und das Konzil (1967): IfD-Archiv; Schreiben von Norbert Grube vom 5.5.2003 an den Verfasser.

Mehrheit der Katholiken artikulieren. Die mit statistischer Präzision erstellten Tabellen und Diagramme der Untersuchungsberichte erlaubten einen quantifizierbaren Überblick über ein Feld der innerkirchlichen Auseinandersetzung, in dem wenige Jahre nach Abschluss des Konzils die Stärkeverhältnisse und die genaue Richtung der Auseinandersetzung noch nicht überall hinreichend scharf erkennbar waren. Und mit der eindeutigen Disjunktion von ›ja‹ und ›nein‹ erlaubten sie eine Schärfe des Urteils über das Konzil, die etwa in der Bistumspresse nicht sichtbar war. Dort bemühte sich der Münsteraner Bischof Joseph Höffner in einer Serie von Artikeln, den Katholiken seines Bistums den konziliaren Wandel nahe zu bringen, und betonte die Notwendigkeit des Konsenses und bischöflicher Führung.[97] Demoskopische Umfragen, die arkan oder von einer dezidiert unkirchlichen Zeitschrift durchgeführt wurden, waren allerdings nicht in der Lage, selbst ein substanzieller Faktor der innerkirchlichen Meinungsbildung zu werden. Voraussetzung dafür war, dass die Befragungen direkt bei der Verarbeitung der durch das Konzil vermittelten Impulse eingesetzt und in die innerkirchlichen Entscheidungsabläufe eingebettet wurden.

Genau dies geschah im Zuge der verschiedenen Synoden, die nach Abschluss des Konzils auf regionaler Ebene stattfanden. Den Anfang machte hier die seit Mai 1968 tagende Diözesansynode in Hildesheim, die erste in der Bundesrepublik nach dem Konzil. Von früheren Synoden auf Bistumsebene unterschied sie sich nicht nur darin, dass erstmals Laien mit Sitz und Stimme teilnahmen, sogar in größerer Zahl als die Priester, und durch die Öffentlichkeit ihrer Verhandlungen. Ein Novum war auch, dass alle Gläubigen »Anregungen und Vorschläge, Wünsche und Kritik« vortragen und in die Beratungen einbringen sollten. Ein in 100 000 Exemplaren verteiltes Flugblatt rief dazu auf, zählte einige Themen ohne Anspruch auf Vollständigkeit auf und nannte das Sekretariat der Synode als Empfänger von Einsendungen. Rund 500 Voten, viele von ihnen das Ergebnis intensiver Diskussionen in den Familien, trafen ein und gingen den Kommissionen der Synode zu. Um für deren Arbeit nennenswerte Impulse zu liefern, waren die Eingaben allerdings viel zu unstrukturiert und der gesamte Rücklauf nicht hinreichend aufbereitet.[98]

Mit einer vergleichbaren Initiative reagierte man im Bistum Osnabrück auf die Notwendigkeit, die Umsetzung der Konzilsbeschlüsse im Bistum vorzubereiten. Eine geplante Diözesansynode, die dann durch die Gemeinsame Synode der Bistümer in der Bundesrepublik obsolet wurde, verstand man in diesem Zusammenhang nur als ein »Nahziel«. In Osnabrück kamen

---

97 *Damberg*, Abschied, S. 243–256, bes. S. 248, 252, 254.
98 *Wothe*, S. 14–25, Zitat S. 16; zur Mitwirkung der Laien, die hier wie später bei der Würzburger Synode einer besonderen Genehmigung aus Rom bedurfte, vgl. *Nees*, S. 60–62.

zwei Fragenkataloge zur Verteilung, von denen der eine sich an die in Verbänden und Pfarrgremien aktiven Laien, der andere an die Priesterkonferenzen auf Dekanatsebene richtete. Die Befragung der Laien erfolgte in zwei Wellen 1966 und Anfang 1968, wobei sich der zweite Katalog mehr auf die aktuelle christliche Praxis richtete. Dabei betonte der zur Vorbereitung dieser Aktion von Bischof Hermann Wittler versammelte Kreis aus einigen Gemeindepfarrern und hochrangigen Mitarbeitern der Bistumsverwaltung, dass die vorformulierten Fragen keinen ausschließenden Charakter hätten und es kein »Tabu« gebe.[99] Neben frei einlaufenden Einsendungen diskutierten auch viele Gemeinden und Verbände die von der Befragung angerissenen Themen. Dreizehn eigens dafür gebildete Arbeitsgruppen stellten die eingelaufenen Antworten zusammen, deren Ergebnisse 1970 als Manuskriptdruck veröffentlicht wurden. Den Verantwortlichen war bewusst, dass damit keine ›Repräsentativität‹ erzielt worden war. Allerdings habe das primäre Ziel ohnehin darin bestanden, innerhalb des Bistums ein »Gespräch« über die vom Konzil aufgeworfenen Fragen zu initiieren.[100]

Mit dieser nachträglichen Relativierung waren die bei der Planung der Aktion leitenden Überlegungen durchaus getroffen. So sprachen die Verantwortlichen im Vorfeld davon, dass die Bearbeitung der Fragebögen auch ein »Selbstzweck« sei, nicht zuletzt deshalb, weil die derart Befragten darin einen »Beweis« des ihnen entgegengebrachten »Vertrauens« sehen würden.[101] Allerdings waren an der Spitze des Osnabrücker Bistums unterschiedliche Auffassungen über den Kontext und Ertrag der Befragung sichtbar geworden. So reagierte Bischof Wittler zunächst abwehrend, als die Referenten des Seelsorgeamtes ihm auf eigene Initiative den Plan für einen Fragebogen zur Synode vorlegten. Denn »nach seiner Erfahrung« seien die Akzente in der bisherigen postkonziliaren Diskussion falsch gesetzt. So brächten die Laien vornehmlich »Kritik zu Fragen des innerkirchlichen Lebens« vor, während das Konzil ihnen vielmehr die Aufgabe »des Dienstes an der Welt von heute« gestellt habe.[102] Andererseits monierte mit Claus Kühn ein Laienvertreter, dass die Befragung über den »katholischen Rahmen« im enge-

99 Besprechung über die nachkonziliare Arbeit im Bistum Osnabrück, 17.8.1966: BAOS, 03-09-51-02; vgl. Aktennotiz Hubertus Brandenburg o.D. [1966]: ebd., Seelsorgeamt, Akzession 4, Ordner Diözesan-Synode, I; weitere Materialien ebd., 03-04-21-01/02; ebd., 03-04-22-01/02.
100 Unser Bischof befragt, S. 2f. Damit ähnelte die Befragung dem ›Dialog‹ im Bistum Münster 1965/66, in dessen Rahmen zu Einsendungen an die Bistumszeitung aufgerufen wurde; vgl. Damberg, Abschied, S. 259–268. Zur Anregung durch den ›Dialog‹ vgl. Sitzung im Bischöflichen Seelsorgeamt am 26.5.1966: BAOS, Seelsorgeamt, Akzession 4, Ordner Diözesan-Synode I.
101 Sitzung im Bischöflichen Seelsorgeamt am 26.5.1966: BAOS, Seelsorgeamt, Akzession 4, Ordner Diözesan-Synode I.
102 Hubertus Brandenburg, Vermerk: Besprechung beim Bischof am 27.5.1966: ebd.

ren Sinne hinausweisen und im Rahmen der »Auseinandersetzung mit dem lautlosen Abfall« stehen müsse, also mit denen, die in der soziographischen Terminologie als ›Abständige‹ firmierten. Diesem Ziel sollte eine Überarbeitung des Fragebogens durch den Hamburger Pfarrer Henry Fischer sowie dessen breitangelegte Verteilung durch die Gemeinden dienen.[103]

Dennoch blieb man in Osnabrück mit dieser Umfrage auf halbem Weg stehen. Das war jedenfalls die Überzeugung des Soziologen Philipp v. Wambolt. Dieser bearbeitete 1969/70 in Münster als Mitarbeiter des Generalvikariats den so genannten ›Strukturplan‹ und wird uns in dieser Funktion noch ausführlich im Kapitel über die Organisationssoziologie begegnen. Gegenüber denjenigen Pastoralsoziologen, die im Kontext des soziographischen Ansatzes ihre Arbeit begonnen hatten, brachte v. Wambolt eine Fülle von sowohl soziologisch als auch kirchenpolitisch neuartigen Beobachtungen und Reflexionen in die innerkirchliche Diskussion ein. Dabei wahrte er sowohl Distanz zu einer direkten Politisierung der Sozialwissenschaften, äußerte sich aber auch sehr kritisch über die unreflektierte Verwendung der Soziologie zu instrumentellen Zwecken, mit denen die Kirche zeitgemäß scheinen sollte und doch nur Aktionismus zeigte. In diesem Sinne bewertete er auch die Ergebnisse der Osnabrücker Befragung. Die Verteilung und Auswertung der Bögen bringe letztlich nur die Meinung einer »Elite« aktiver Katholiken zum Ausdruck. Aber auch die Fragen selbst gäben nur die Möglichkeit, aus einer Reihe von Urteilen, die im pastoralen Diskurs umlaufen würden, eines als zutreffend auszuwählen und damit eine Anpassung der seelsorglichen Taktik zu unterstützen. Völlig außen vor seien die »religiösen Verhaltensweisen der ›Abgestandenen‹« geblieben. Dabei drückte dieser Begriff v. Wambolt zufolge nur die »Schwierigkeit« aus, dass Religion mit den »Kategorien des traditionellen kirchlichen Verhaltens« alltagssprachlich und in der katholischen Kirche »vorweg definiert« sei. So könne die »bisherige religiöse Sprache es nicht leisten«, die Religiösität dieser aus kirchlichem Blickwinkel fernstehenden Menschen angemessen zu interpretieren. Zu der pastoral entscheidenden Frage, wie die Angehörigen dieser Gruppe »Gott sehen und erfahren und benennen«, habe der Fragebogen »nichts geleistet«. Letztlich zementiere er lediglich die bestehende »Wirklichkeit der Kirche«, nach der diese nur aus den »Aktiven« bestehe.[104] Wie v. Wambolt selbst betonte, war seine Stellungnahme auch von der Überzeugung geprägt, dass die pastoralen Problemlagen von 1966 bereits 1970 »schon weit hinter uns« lägen.[105] Damit

103 So Claus Kühn aus Hamburg, u.a. langjähriges Mitglied in der Publizistischen Kommission des ZdK, an Hubertus Brandenburg 19.8.1966 (Zitat): ebd.; Besprechung über die nachkonziliare Arbeit im Bistum Osnabrück, 17.8.1966: ebd., 03–09–51–02.

104 Philipp v. Wambolt, Bericht zu den Auswertungsergebnissen des ersten Fragebogens des Bischofs von Osnabrück, 5.6.1970: BAM, GV NA, A-201-379; vgl. Kap. 4.2.

105 Ebd.

war ein entschiedenes methodisches Urteil über alle Versuche geprägt, den rapide beschleunigten postkonziliaren Umbruch durch offene Meinungsbefragungen ohne Verwendung des quota-Verfahrens zu informieren. Über den Kreis der ohnehin kirchlich gebundenen Katholiken reichten sie, das war nicht nur die Befürchtung dieses kritisch eingestellten Fachsoziologen, jedenfalls nicht hinaus. Das ›Lärmen der ungläubigen Welt‹ (Chrysostomus Schulte) konnte so keinesfalls in die innerkirchliche Auseinandersetzung mit dem Zweiten Vatikanum eingeführt werden.

Wie sich alsbald zeigen sollte, war die Befragung nicht nur einer repräsentativen Stichprobe, sondern prinzipiell aller Katholiken eines bestimmten Gebiets durch diese methodischen Einwände nicht obsolet geworden. Dafür waren jedoch nicht die wissenschaftlichen, sondern die politischen Effekte ursächlich, die man mit diesem Instrument zu erzielen hoffte. Der kritische Moment, in dessen Gefolge sich diese Erwartung manifestierte, war mit dem öffentlichen Auftritt der Protestbewegung der ›Achtundsechziger‹ in der katholischen Kirche gekommen.[106] Als Plattform nutzten sie den Katholikentag, der vom 4. bis zum 8. September 1968 in Essen stattfand.[107] Die kurz zuvor erfolgte Veröffentlichung der Enzyklika »Humanae Vitae« zur Geburtenkontrolle war der Auslöser dafür, dass der Dissens des Kirchenvolkes und dessen Begehren nach innerkirchlicher Partizipation nunmehr unübersehbar zutage trat und sich auf dem Forum des Katholikentages Gehör verschaffte.[108]

Seit Essen war der gesamte kirchliche Alltag sowie die vom Konzil proklamierte Öffnung zur säkularen ›Welt‹ zum Gegenstand erbitterter Auseinandersetzungen geworden. Dazu gehörte auch, dass die Massenmedien diese Konflikte gerade in ihren spektakulären Formen zum Thema machten. Es war vor allem der Initiative von Friedrich Kronenberg zu verdanken, der als Geschäftsführer des Zentralkomitees der deutschen Katholiken die Vorbereitung entscheidend beeinflusste, dass der Katholikentag selbst die mit ihm verstärkte Politisierung und Polarisierung des deutschen Katholizismus im Forum der Öffentlichkeit bereits antizipiert und vorgeformt hatte. Kronenberg formulierte im Vorfeld das Ziel, dass Essen ein »fragender Katholikentag« sein solle, der die öffentliche Auseinandersetzung um offene Probleme aufnehmen und vorantreiben könne. Dem diente unter anderem eine vom ZdK veranstaltete Arbeitstagung mit rund 500 Experten aus verschiedenen Themenfeldern, aus der ein publizierter Katalog von nicht weniger als 1770 Fragen entstand, der zur Diskussion anregen sollte.[109]

106 Die Forschung zur 68er-Bewegung hat den Katholizismus bisher völlig vernachlässigt; vgl. exemplarisch *Gilcher-Holthey*; als Fallstudie vgl. aber *Großbölting*, Kontestation.
107 Vgl. *Großmann*, S. 210–216.
108 *Ziemann*, Dienstleistung, S. 365f.
109 Vgl. 1770 Forum-Fragen, S. 9.

Seit dem Essener Katholikentag gab es jedenfalls eine Welle innerkirchlicher Auseinandersetzungen auf den verschiedensten Konfliktfeldern.[110] Diese stand in engem Zusammenhang mit einer Krisensemantik, die sich seit 1967/68 wie eine Lawine in der katholischen Kirche ausbreitete und Anfang der siebziger Jahre ihren Höhepunkt erreichte.[111] Die Verwendung des Begriffs der ›Krise‹ zur Kennzeichnung der aktuellen Situation war dabei an sich nicht neu.[112] Neu war allerdings, dass die Semantik der ›Krise‹ nunmehr über den Bereich der zählbaren Kirchlichkeit hinaus praktisch alle Felder kirchlicher Organisation und pastoralen Handelns erfasste. Von der »Glaubenskrise« über die »Autoritätskrise« bis zur Krise der Beichte und der Kirche selbst reichte die Spannweite der Krisendiagnosen.[113] Die nun vorherrschende Stimmungslage traf jener Canisianerbruder am besten, der 1971 auf einer Pastoralkonferenz im westfälischen Vreden bündig konstatierte, »dass wir heute auf allen Gebieten in einer Krise steckten.«[114]

Die zunehmend inflationäre Verwendung des Krisenbegriffs war nicht nur ein Indiz für die tiefgreifende Verunsicherung, von der seit Ende der sechziger Jahre weite Teile der Geistlichen und aktiven Laien in der Kirche erfasst waren. In dieser Semantik kondensierten sich zugleich Zukunftserwartungen, welche auf die Formulierung von Problemen und die innerkirchliche Kommunikation von Entscheidungsalternativen zurückwirkten. Denn im Einklang mit der ursprünglichen Bedeutung des Wortes ›Krise‹ musste der Eindruck entstehen, als ob die katholische Kirche gerade im Begriff sei, eine Schwelle zu überschreiten, an der Entscheidungen von existenzieller Tragweite zu fällen waren. Mit dem Begriff der ›Krise‹ war gewissermaßen eine eschatologische Dramatisierung der Situationsanalyse impliziert, welche auch kleine Probleme zu existentiellen Fragen stilisierte. Eine solche schicksalhafte Aufladung der innerkirchlichen Schuldzu-

---

110 Philipp v. Wambolt hatte in seiner Auswertung der Osnabrücker Fragebogenaktion kritisiert, dass diese Konflikte in der Kirche verdecke, nicht zur Kenntnis nehmen wolle und damit die Konfliktlage noch verschärfe. Auch in diesem Urteil spiegelt sich die von 1967 bis 1970 rapide veränderte Situation des deutschen Katholizismus wieder. Bericht zu den Auswertungsergebnissen des ersten Fragebogens des Bischofs von Osnabrück, 5.6.1970: BAM, GV NA, A-201-379.

111 *Ziemann*, Dienstleistung, S. 361f.

112 Vgl. etwa Joseph Höffner, Unsere Sorge um die der Kirche Entfremdeten, Protokoll der Dechanten-Konferenz vom 19. bis 21 Mai 1964, S. 3–8: BAM, AD 21.

113 Welche Ursachen führen heute zu Glaubenskrise und Gleichgültigkeit? Antworten auf die 1. Frage aus dem Rundbrief des Bischofs von Rottenburg vom November 1966, o.D. [1967]: BAM, GV NA, A-201-1; Bewältigen wir die gegenwärtige Glaubenskrise?, in: HK Jg. 23, 1969, S. 49–53, S. 49f.; Laurenz Böggering, Visitationsbericht an Tenhumberg, 14.1.1972: BAM, GV NA, A-0-757; Protokoll der Dechantenkonferenz vom 4.3.1975: ebd., A-101-383; Krise der Kirche oder Krise des Glaubens?, in: HK Jg. 23, 1969, S. 1–5.

114 Pastoralkonferenz des Dekanates Vreden 8.3.1971: BAM, GV NA, A-201-24.

weisung war gleichermaßen bei den ›Progressiven‹ wie den ›Konservativen‹ verbreitet. Auf Seiten der letzteren steigerte sie sich bis zu der verschiedentlich vertretenen Überzeugung, dass diese Entwicklung am Ende womöglich »eine Kirchenspaltung herbeiführen könnte«.[115]

Vor dem durch diese semantische Zuspitzung generierten Überhang an Naherwartungen sind nun Vorgeschichte und Verlauf der Würzburger Synode der westdeutschen Bistümer zu interpretieren, in deren Kontext die demoskopische Methode eine bis dahin nicht gekannte Resonanz in der katholischen Kirche fand. Bereits im Umfeld von Essen hatten einige Gruppen die Möglichkeit einer »Pastoralsynode« oder eines »Nationalkonzils« avisiert, welches die aufgebrochenen Konflikte im Kontext einer bundesweit koordinierten Umsetzung der Konzilsbeschlüsse aufnehmen sollte. Öffentlich vertraten im Herbst 1968 zunächst der Nationalrat der CAJ und der Bund der Katholischen Deutschen Jugend (BDKJ) eine entsprechende Forderung.[116] Dabei stand hier wie in der Folge positiv und negativ stets das Modell des »Pastoralkonzils« vor Augen, das 1966 in den Niederlanden eröffnet worden war und seit Januar 1968 tagte. Seine Verhandlungen wurden vor allem von den in Arbeitsgruppen zusammengefassten Theologen und Soziologen bestimmt. Die im Vergleich zu Deutschland stärkere direkte Nutzung sozialwissenschaftlichen Expertenwissens zeigte sich auch daran, dass der Pastoralsoziologe Walter Goddijn OFM als Sekretär des Pastoralkonzils fungierte. Dieses kultivierte die vorbehaltlos offene Diskussion zentraler Streitpunkte, die im Januar 1970 in der Befürwortung der Ordination verheirateter Männer gipfelte. Mit dieser Erklärung und durch vorherige Kontroversen mit Rom waren die holländische Kirche und ihr Konzil zum weltweit beachteten Modellfall eines rebellischen Katholizismus avanciert, der den offenen Konflikt mit dem Heiligen Stuhl wagte.[117]

Unter den westdeutschen Bischöfen und den Spitzenfunktionären des Verbandskatholizismus herrschte Übereinstimmung darüber, dass das Ereignis von Essen in seine Folgen bedacht werden müsse und angemessene Konsequenzen daraus zu ziehen seien. Dieser Konsens materialisierte sich in einem Treffen zwischen Bischofskonferenz und Zentralkomitee, das am 9. November 1968 wiederum in Essen stattfand. In einer als Tischvorlage

115 Bezirksleitung der KAB Kleve-Geldern an die Priester des Freckenhorster Kreises 16.6.1970: BAM, GV NA, A-101-141; vgl. *H. Jedin*, Eingabe an die Deutsche Bischofskonferenz, 16.9.1968, in: *ders.*, S. 266–272, S. 269; zum Freckenhorster Kreis vgl. *Großbölting*, Suchbewegungen.

116 Kommt eine deutsche Pastoralsynode?, in: HK Jg. 23, 1969, S. 12–15; Gespräch mit Elisabeth Rickal, der damaligen Bundesvorsitzenden des BDKJ, am 9.12.2002; vgl. zum Folgenden *Nees*, S. 30–35.

117 *Damberg*, Abschied, S. 588–602; *Goddijn*, Revolution, S. 86–94, 100–109, 117–126, 143–184.

verteilten Situationsanalyse wies Friedrich Kronenberg auf die Spezifik und die Dynamik der öffentlichen Meinung als Charakteristikum des vergangenen Katholikentages hin. Diese gehorche eben nicht den Gesetzen der »Willensbildung in verantwortlichen Gremien«. Es sei ein »Erfolg«, dass Essen »vorhandene Meinungen sichtbar gemacht und ins öffentliche Gespräch gebracht« habe. Der Generalskretär des ZdK widersprach entschieden jenen Stimmen, welche dem Katholikentag unter Hinweis auf die lautstarke Instrumentalisierung dieses Forums durch die Minderheit des ›Kritischen Katholizismus‹ den Charakter eines Zustandsbildes absprechen wollten. Wenn die »Meinungswogen« zuweilen zu hoch geschwappt seien, müsse man das nicht zuletzt darauf zurückführen, »dass es zu wenig Möglichkeiten für die Entfaltung öffentlicher Meinung in der Kirche« gebe.[118]

Mit diesen entschiedenen Thesen markierte Kronenberg den eben abgelaufenen Katholikentag im Grunde als das erste große demoskopische Experiment in der deutschen Kirche, mit dem es möglich war, bis dahin latent gebliebene Einstellungen sicht- und damit beobachtbar zu machen. Zugleich bedeutete es einen Bruch mit den traditionell überzogenen Befürchtungen im Hinblick auf die Responsivität gegenüber der Öffentlichkeit, wenn er die Beobachtung von Meinungen der Sache nach strikt von Gremienentscheidungen als einer in Organisationen gebräuchlichen Form kommunikativer Operationen unterschied. Allerdings musste Kronenberg auch zugeben, dass der Katholikentag zwar »signifikant für unsere Situation«, aber »im strengen Wortsinn« für den Katholizismus »nicht repräsentativ« gewesen sei. Damit war eines der zentralen Themen angesprochen, in dem sich in der Folge die Vorbereitung der Synode mit der Berufung auf den demoskopischen Diskurs verknüpfte.[119] Eine paritätisch aus Vertretern der DBK und des ZdK zusammengesetzte »Studiengruppe« sollte nun eine »Generallinie« für den weiteren Umgang mit der Forderung nach einer »Pastoralsynode« erarbeiten.[120]

Auch diese Studiengruppe konnte nicht anders, als den Druck der öffentlichen Meinung anzuerkennen und umgehend an die Bischofskonferenz zu adressieren, damit diese ihn durch die Einberufung einer Synode soweit als möglich auffangen werde. Nur die kirchenrechtlich definierte Form der Synode biete eine Garantie dafür, dass die »Meinungsbildung« nicht durch das »unverbindliche Gerede bestimmter Gruppen (…) manipuliert« wer-

118 Friedrich Kronenberg, Thesen für das Gespräch zwischen Bischofskonferenz und Zentralkomitee am 9. November 1968, 7.11.1968: Archiv des ZdK, 60/1, 1; zum Folgenden vgl. ausführlich *Ziemann*, Polls.

119 Ebd.

120 Niederschrift des Gesprächs zwischen Bischofskonferenz und Zentralkomitee am 9.11.1968: Archiv des ZdK, 60/1, 1; für die Diskussion im ZdK vgl. Deutsche Pastoralsynode?, in: Rheinischer Merkur, 22.11.1968.

de.[121] Nicht mehr als vier Monate nach dem Essener Katholikentag mussten die unter Leitung von Franz Hengsbach versammelten Bischöfe und Vertreter des ZdK anerkennen, dass sie die strukturelle Bedeutung der Öffentlichkeit für alle künftigen Entscheidungen im Kontext einer solchen Synode nicht mehr ignorieren konnten.

Es war deshalb keine Überraschung, als die Deutsche Bischofskonferenz nach ihrer Frühjahrstagung im Februar 1969 den Beschluss verkündete, eine »Gemeinsame Synode der Diözesen in der Bundesrepublik« vorzubereiten und so bald als möglich durchzuführen, wobei sie den Beginn der Verhandlungen für 1972 anpeilte.[122] Die kirchenrechtlich eingespielte Form der Synode hatte sich gegenüber freieren Organisationsmustern durchgesetzt. Diese hatte nicht nur die Führungsspitze des ZdK befürwortet, sondern auch die Arbeitsgemeinschaft der deutschen Seelsorgeamtsleiter. Sie schlug im Dezember 1968 die Einberufung einer »Pastoral-Konferenz« vor, wobei es sich letztlich um das Modell einer stark von den pastoralen Experten geprägten Fachtagung mit »synodalen Elementen« handelte.[123] Dieser Vorschlag verknüpfte erstmals das Projekt einer synodalen Zusammenkunft der westdeutschen Bistümer mit dem demoskopischen Diskurs. Die Seelsorgeamtsleiter wollten an der Vorbereitung »durch Meinungsumfragen bis in die Gemeinden hinein alle Glieder des Volkes Gottes« beteiligen. Es blieb dabei noch offen, ob das mit einem festen Frageschema und der Hilfe des quota-Verfahrens oder durch thematisch offene Einsendungen wie in Hildesheim geschehen sollte. Im März 1969 votierte diese Gruppe dann allerdings explizit für eine Gesamtbefragung aller deutschen Katholiken.[124] Auch Kardinal Döpfner hatte bei der öffentlichen Vorstellung des Synodenbeschlusses im Februar 1969 noch keine spezifische Form benannt. Er deutete nur die Möglichkeit an, zur Vorbereitung der Synode »sorgfältige Meinungserkundungen« durchzuführen.[125]

---

121 Niederschrift der Sitzung Studiengruppe Bischofskonferenz-Zentralkomitee am 9.1. 1969: ebd.

122 Die Terminierung im Auszug aus dem Protokoll der Vollversammlung der DBK 24.–27.2.1969, TOP 15: Archiv des ZdK, 60/1, 1. Eine wissenschaftliche Untersuchung der »Gemeinsamen Synode« ist ein »dringendes Desiderat der kirchlichen Zeitgeschichte«. So *Damberg*, Abschied, S. 589. Es kann hier nur mit Blick auf die allerdings zentrale Verbindung von Synode und Demoskopie eingelöst werden. Als journalistischen Überblick vgl. *Plate*; fortlaufende Information bieten neben der Herder-Korrepondenz v.a. die offiziösen Mitteilungen in: Synode Jge. 1, 1970 – 6, 1975; Texte und Presseausschnitte in: Synode 72, 3 Bde.

123 Protokoll der Sitzung des Geschäftsführendes Ausschusses des ZdK, 17.12.1968: Archiv des ZdK, 2202/2.

124 AG der Leiter der deutschen Seelsorgeämter, betr. Überdiözesane Pastoralkonferenz, o.D. [17.12.1968]: ebd; vgl. Diskussionsergebnis der beiden Konferenzen der Seelsorgeamtsleiter, 10.3.1969: BAE, NL Hengsbach, 1022.

125 Zit. nach HK Jg. 23, 1969, S. 201.

Auch im internationalen Vergleich lagen zur selben Zeit verschiedene Modelle für die Begleitung der postkonziliaren Synoden durch die Meinungsbefragung des Kirchenvolkes vor. Auf der einen Seite stand die seit 1969 geplante Schweizer »Synode 72«. Dort wählte man das Modell der Abgabe von thematisch offenen Meinungsvoten, das immerhin 154 000 Einsendungen erbrachte.[126] Ein anderes Konzept verfolgte man bei der Synode in Luxemburg 1971. Dort erhielten alle 225 000 Katholiken einen Fragebogen, dessen Konzeption und Auswertung in den Händen des infas-Institutes aus Bonn lag. Bei einer Rücklaufquote von rund 35% gab es sofort den Vorwurf, dass es sich um eine unausgewogene und nicht repräsentative Stichprobe handele.[127] Die konkrete Arbeit an der demoskopischen Vorbereitung der deutschen Synode vollzog sich vom Frühjahr bis in den Herbst 1969 ebenso unter Ausschluss der Öffentlichkeit wie jene an der Thematik und dem Statut. Insbesondere bei letzterem befürchtete die Bischofskonferenz, dass eine vorzeitige Publizität zu »Erwartungen führen« müsse, »die gerade der ordnenden Absicht des Planes zuwiderlaufen.«[128] Den mit der Synode verbundenen Überhang an Erwartungen auf eine kirchliche Neuordnung versuchte Kardinal Döpfner auch vor den Mitgliedern des Zentralkomitees abzubauen.[129]

So tagte die Studiengruppe im Verlauf des ersten Halbjahres 1969 mehrmals, um vorliegende Entwürfe für den rechtlichen Rahmen und die Themen der Synode zu beraten. Dazu gründete man bereits im März zwei Unterkommissionen für die Abwicklung der Detailarbeit. Die zweite, der Thematik gewidmete Kommission, die mit der fünfzehnköpfigen Studiengruppe in engem Kontakt stand, griff dann im Frühjahr 1969 die Frage auf, ob und wie die Vorbereitung der Synode mit einer »Fragebogenaktion« zu verbinden sei. Bereits zu diesem Zeitpunkt war schon an die Verbindung dieser Totalbefragung mit einer »gezielten Meinungsumfrage« gedacht, welche ein Meinungsforschungsinstitut durchführen sollte. Und zu diesem Zweck nahm Karl Forster Kontakt mit dem Institut für Demoskopie in Allensbach auf. In seiner Doppelfunktion als Sekretär der Bischofskonferenz und der Synode galt Forster in der Öffentlichkeit nicht völlig zu Unrecht als technokratischer »Manager des deutschen Katholizismus«, bei dem alle Fäden zusammenliefen. In den Spitzengremien der Kirche war er auf jeden Fall eine treibende Kraft, sofern es um die Anwendung der Demoskopie ging.[130] Forster hatte von vornher-

126 *Ries*, S. 343.

127 *Fehlen*, S. 20.

128 Karl Forster an Flatten und Jedin 13.1.1969: Archiv des ZdK, 60/1, 1.

129 Referat vor der VV des ZdK, 28.3.1969: Synode 72, Bd. I, S. 22–26.

130 Karl Forster 7.5.1969 an Elisabeth Noelle-Neumann: Archiv des ZdK, 60/1, 1; Telefonat mit Friedrich Kronenberg am 14.4.2003. Kronenberg war neben Barbara Albrecht, Philipp Boonen, dem Leiter der AG der Seelsorgeamtsleiter, Karl Forster, Bernhard Hanssler, Karl Lehmann und Klaus Hemmerle Mitglied der UK Thematik. Deren Mitglieder wurden

ein eine Totalbefragung aller deutschen Katholiken im Blick, die er als eine »kirchliche Aktion« verstand, mit der die Diskussion der Synodenthemen in Gang gebracht werden sollte. Eine nach den Regeln des quota-Verfahrens bei einer repräsentativen Stichprobe durchgeführte mündliche Befragung sollte hinzukommen. In den Besprechungen, die Forster und Kronenberg mit Gerhard Schmidtchen vom Institut für Demoskopie im Juni 1969 führten, konkretisierten sich diese Überlegungen. Bei 17 Millionen Fragebögen rechnete man mit einem Rücklauf von sieben Millionen.[131]

Informationen über den Fortgang und das Ergebnis dieser Beratungen erhielt die Öffentlichkeit nur bei wenigen Gelegenheiten. Ansonsten ging die inhaltliche und technische Vorbereitung der Umfrage weitgehend hinter den Kulissen voran. Die Vorbereitungskommission setzte eine Unterkommission »Umfragen« für die Detailarbeit ein.[132] Diese Arbeitsgruppe traf von Januar bis September 1970 in insgesamt sieben Sitzungen mit Gerhard Schmidtchen zusammen. Sie legte die endgültigen Frageformulierungen fest und diskutierte Stoßrichtung und Umfang der Erhebungen mit dem quota-Verfahren. Insbesondere der Münchener Politologe Hans Maier setzte sich dafür ein, den Repräsentativbefragungen einen breiten wissenschaftlichen Ansatz zu Grunde zu legen und sie damit für religionssoziologische Fragestellungen ergiebig zu machen. Charakter und Verlauf der Beratungen in der Unterkommission waren durch die straffe Leitung von Karl Forster geprägt. Entscheidend war in diesem Kreis aber letzlich das Votum von Gerhard Schmidtchen mit seiner technischen und fachlichen Kompetenz.[133] Schließlich autorisierte die Bischofskonferenz die Bischöfe von Köln und Essen im Februar 1970, zusammen mit den Mitgliedern der Unterkommission ›Umfragen‹ die endgültige Fassung von Fragebogen und Interviewanleitung der Repräsentativbefragung zu bestimmen.[134] Nun konnten die Umfragen zur Würzburger Synode beginnen.

ebenso wie jene der Studiengruppe nicht öffentlich benannt. Vgl. Niederschrift der Sitzung der Studiengruppe am 12.3.1969: ebd. *H. Burger*, Der Manager des deutschen Katholizismus, in: Süddeutsche Zeitung, 5./6.1.1971.

131 Noelle-Neumann an Forster 3.9.1969 (erstes Zitat): Archiv des ZdK, 60/1, 5; Karl Forster 20.5. und 30.6.1969 an Gerhard Schmidtchen/IfD: Archiv des ZdK, 60/1, 1; Protokoll der Sitzung des Geschäftsführenden Ausschusses des ZdK, 29.8.1969: ebd., 2202/2.

132 Niederschrift der Sitzung der Vorbereitungskommission, 8.12.1969: Archiv des ZdK, 60/1, 4. Der Kommission gehörten Prof. Heinz Fleckenstein, Pfarrer Theo Hermann, Klaus Hemmerle, Prof. Hans Maier, Elisabeth Rickal und Wolfgang Vogt MdB an. Hinzu kamen Forster und Kronenberg, die als Sekretär der Synode bzw. dessen Stellvertreter auch anderen Unterkommissionen angehörten, die sich Fragen der Thematik und Geschäftsordnung widmeten.

133 Protokolle wurden nicht geführt. Vgl. die verstreuten Hinweise in: Archiv des ZdK, 60/1 5, 60/1, 6; Protokoll der Sitzung der Vorbereitungskommission 1./2.5.1970: ebd., 60/1, 4; Gespräch mit Elisabeth Rickal am 9.12.2002.

134 Auszug aus dem Protokoll der Vollversammlung der DBK 16.–19.2.1970: BAE, NL Hengsbach 1015; Forster an Hengsbach 22.6.1970: ebd., 1008.

3.3. »Heiße Eisen« und die »Experten« von Allensbach: Kirchliche Umfragen zwischen Politisierung und Objektivierung

Vom 1. Mai bis zum 30. Juni 1970 fand die Fragebogenaktion zur Würzburger Synode statt. Im Rahmen dieser Totalbefragung aller deutschen Katholiken wurden insgesamt 21 Millionen Exemplare des Fragebogens zusammen mit einem einführenden Brief des jeweiligen Bischofs verteilt. Bis zum Ablauf der Frist sandten 4,4 Millionen Katholiken den Fragebogen an eine EDV-Firma in Stuttgart.[135] Damit war diese Befragung nicht nur das bislang »größte religionssoziologische Projekt auf der Welt«, sondern mit Abstand auch die größte empirische Erhebung in der Geschichte der angewandten Sozialwissenschaft in Deutschland überhaupt. Die Totalbefragung stand in engem Zusammenhang mit zwei weiteren Befragungen, die das Institut für Demoskopie etwa zeitgleich durchführte. Dabei handelte es sich um eine »repräsentative Kontrollerhebung« mit einem schriftlichen Fragebogen sowie eine mündliche Repräsentativbefragung bei 4 500 bzw. 4 000 Katholiken.[136] Auch eine schriftliche Umfrage unter allen 26 000 Welt- und Ordenspriestern in der Bundesrepublik, die im Auftrag der Deutschen Bischofskonferenz Anfang 1971 stattfand, ist im Kontext der Synodenumfragen zu interpretieren.[137]

Während die praktische Vorbereitung der Synodenumfrage weitgehend im Verborgenen ablief, war die Anwendung demoskopischer Methoden in der Kirche bereits zum Gegenstand einer rasch wachsenden Zahl öffentlicher Interventionen geworden. Je länger die Planungen für Synode und Umfrageaktion im Verborgenen blieben, desto lauter erscholl der Ruf nach einer angemessenen Beteiligung des gesamten Kirchenvolkes an diesem Prozess. Es waren dabei keineswegs nur linksliberale Katholiken, welche eine demoskopische und damit demokratische Fundierung der Synode forderten. Denn im Juni 1969 startete die Zeitschrift »Stimmen der Zeit« den Reigen der Synodenumfragen mit einer Leserbefragung. Was als Anregung zu einer breiteren Diskussion der Synode gedacht war, bekam bald eine weit über die Zeitschrift hinausreichende Resonanz, von der nicht nur die 7 000 bei der Redaktion eingegangenen Antworten zeugen. Auch die Bistumsblätter von Augsburg und Essen druckten den Fragenkatalog ab, der weithin Verbreitung fand.[138] Bereits die erste Frage richtete sich auf die Vorberei-

---

135 Zu den organisatorischen Details die Materialien in: BAM, Synodalbüro A 6.

136 *Schmidtchen*, Kirche und Gesellschaft, S. XIIIf.

137 Vgl. *Schmidtchen*, Priester; *Forster*, Priester; *ders.*, Probleme und Chancen einer missionarischen Pastoral heute: Hinweise aus den Ergebnissen der Synodenumfragen und der Befragung der Welt- und Ordenspriester, in: Ordenskorrespondenz Jg. 16, 1975, S. 5–19.

138 Leserumfrage: Ihre Meinung zur deutschen Synode, in: StdZ Bd. 183, 1969, S. 415. Der lose eingelegte und deshalb in Bibliotheksexemplaren fehlende Fragebogen ist abge-

tung der Synode. Die Redaktion wollte wissen, ob diese öffentlich erfolgen solle, und zum zweiten, ob alle Katholiken durch die Amtskirche oder durch Meinungsforschungsinstitute »nach ihren Wünschen für die Synode« befragt werden sollten. Diese Fragen beantworteten vier Fünftel der Zeitschriftenleser mit ›ja‹, wobei ein demoskopisches Institut bei der Durchführung den Vorzug vor der Amtskirche bekam.[139] Im Oktober 1969 wandte sich auch das »Werkvolk«, die Zeitschrift der süddeutschen KAB, mit einem Fragebogen« zur Synode an ihre Leser. Sie wollte unter anderem wissen, ob die Synode nicht »überflüssig« sei, »weil letztlich doch die Bischöfe entscheiden«.[140]

Vor allem die Umfrage aus den »Stimmen der Zeit« fand weiten Widerhall in den Reihen jener Laien, die in den Pfarrkomitees des Bistums Münster aktiv an den Geschicken ihrer Kirche interessiert waren. Davon zeugen die Stellungnahmen vieler Pfarrkomitees, die im Sommer 1969 einem Aufruf des Münsteraner Weihbischofs Heinrich Baaken zur Abgabe von Meinungsvoten folgten. Dieser reagierte selbst auf eine entsprechende Bitte des Seelsorgerates, damit man dem Vorwurf ausweichen könne, das Kirchenvolk sei bei der Synodenvorbereitung »manipuliert« worden.[141] Insgesamt 98 Pfarrkomitees äußerten ihre Vorstellungen zur geplanten Synode, die sie auf eigens anberaumten Sitzungen oder in speziellen Arbeitsgruppen diskutiert hatten. Viele Einsendungen gaben Gedanken des Freckenhorster Kreises wieder, der ebenfalls eine Befragung befürwortete. Dieser Kreis, der uns im weiteren Verlauf dieser Studie noch des öfteren im Kontext innerkirchlicher Debatten als Vertretung eines gegenüber der Hierarchie kritischen und linkskatholischen Kurses begegnen wird, war gerade erst im April 1969 gegründet worden. Den Anlass dafür bildete die Wahrnehmung einer Autoritäts- und Vertrauenskrise, die insbesondere durch die Enzyklika »Humanae Vitae«, aber auch allgemein durch die von den Initiatoren monierte Verschleppung der konziliaren Impulse entstanden sei. Wie andere zur gleichen Zeit entstehende Priestergruppen engagierten sich die im Bistum Münster tätigen Angehörigen des Kreises, über die Vertretung ihrer spezifischen Interessen als Priester hinaus, in einer Vielzahl von Themenfeldern und nahmen energisch in der Öffentlichkeit zu Fragen der postkonziliaren Erneuerung Stellung. Des öfteren kam es dabei zu Konflikten mit dem Diözesanbischof Heinrich Tenhumberg. Im Unterschied zu anderen Priestergruppen zählten die Freckenhorster eine Reihe von bekannten Uni-

---

druckt in: Synode 72, Bd. I, S. 128f.; *W. Seibel*, Umfrage zur Synode, in: StdZ Bd. 184, 1969, S. 217–232, S. 217f.

139 Synode 72, Bd. I, S. 128; *Seibel*, S. 219f.

140 Synode 72, Bd. III, S. 323.

141 Heinrich Baaken an die Pfarrkomitees im Bistum Münster 16.6. und 10.9.1969: BAM, GV NA, A-101-141; Protokoll der Sitzung des Seelsorgerates am 10.6.1969: ebd., A-101-376; Sommer-Umfrage zur Synode 72, in: KuL, 5.10.1969.

versitätstheologen zu ihren Mitgliedern, etwa Adolf Exeler und Norbert Greinacher.[142]

Letzterer hatte, neben dem Theologen Walter Kasper, in »Publik« zur Umfrage Stellung genommen, und auch diese Artikel flossen in die Diskussion ein. Greinacher hatte sich für die offenere Form des ›Pastoralkonzils‹ eingesetzt, da die nach seinen Erwartungen vom Verbandskatholizismus geprägte Zusammensetzung der Laienvertreter einer Synode der kirchlichen Wirklichkeit nicht mehr gerecht werde. Zudem sollten Fachleute vorher einen »repräsentativen Querschnitt« der Katholiken befragen, und es dürfe »keine Beschränkung der Thematik von außen« geben.[143] Neben einer demoskopischen Umfrage dachten andere Pfarrkomitees an ein überdiözesanes Institut, das eine »direkte Verbindung« zwischen allen Ebenen der Kirche in Gang bringen und sicherstellen könne, dass Minderheitenvoten nicht »auf dem Dienstweg« verschwinden.[144] Schließlich gab es auch den resignativen Vorschlag, eine Umfrage nicht zur Vorbereitung, sondern an Stelle der Synode durchzuführen, wenn dort nicht wenigstens eine Mehrheit von zwei Dritteln aller Synodalen Beschlüsse auch gegen die Bischöfe durchsetzen könne.[145] Die Hoffnungen auf angemessene Repräsentanz ihrer Anliegen und eine Auflösung des kirchlichen Reformstaus, den die in den Pfarrgemeinderäten aktiven Laien hegten, waren gross. Sie forderten, bei der »Vorbereitung« der Synode eine »offene Sprache« zu sprechen, damit die »Weichen« nicht von vornherein in bestimmte Richtungen gestellt würden. Gerade für die Vertretung dieses Anliegens einer vorbehaltlos offenen Kommunikation in der Kirche schien die »Repräsentationsumfrage« das geeignete Mittel zu sein.[146]

Die Anwendung der demoskopischen Methode war bereits vor der Veröffentlichung des Fragebogens der Totalbefragung im April 1970 ein in der Kirche intensiv erörtertes Thema. Öffentliche Forderungen und informelle Stellungnahmen lagen in beträchtlicher Zahl vor. Bereits in dieser Phase deutete sich an, dass die kontroverse Beurteilung der Synode sich in erheblichem Maße auf die sie vorbereitenden Umfragen fokussieren würde, zumal solange die Arbeit der Synode selbst noch nicht begonnen hatte. Die Fragebogenaktion fungierte bereits vor ihrer offiziellen Bekanntgabe als ein

---

142 Stellungnahme des Freckenhorster Kreises zu den Entwürfen und zum Statut Synode 72, o.D. [November 1969]: BAM, GV NA, A-101-141; Stellungnahme des Freckenhorster Kreises zum Plan der Gemeinsamen Synode 21.5.1969: BAM, Diözesankomitee A 42; *Großbölting*, Suchbewegungen.

143 Vgl. *N. Greinacher*, Vorschläge und Anregungen, und *W. Kasper*, Pastorales Zukunftskonzept, beides in: Publik, 23.5.1969.

144 Pfarrkomitees St. Josef Rheinhausen 11.8.1969 und St. Josef Kamp-Linfort 15.8.1969 (Zitat): BAM, Synodalbüro A 3.

145 Pfarrkomitee Hl. Kreuz Merhoog o.D.: BAM, Synodalbüro A 3.

146 Pfarrkomitee St. Josef Rheinhausen 11.8.1969: ebd.

symbolischer Brennpunkt für den bei den kirchlich aktiven Laien mit Blick auf die Synode vorhandenen Erwartungsdruck. Zugleich zeichnete sich bereits hier eine Konstellation ab, die für die weitere Anwendung der demoskopischen Methode in der katholischen Kirche von entscheidender Bedeutung werden sollte. Nach 1968 war die katholische Kirche eine in hohem Maße politisierte und durch offene Konflikte geprägte Arena. Dadurch und im Zuge der öffentlich ausgetragenen Debatten um Sinn und Form der Demoskopie war diese Methode von den Erwartungen und Beurteilungen einer Öffentlichkeit geprägt, die mit der Durchführung der Totalbefragung schließlich weit über die kirchlich aktiven Kreise hinausreichte. Mit der Synodenumfrage wurde der demoskopische Diskurs zum Politikum. Das markierte eine fundamentale Differenz zum soziographischen Diskurs. Dieser hatte zwar eine weite Verbreitung in der Kirche gefunden, war aber kaum einmal zum Gegenstand innerkirchlicher Kontroversen geworden.

Genau das prägte jedoch die Praxis des demoskopischen Diskurses im Kontext der Synodenumfragen. Seine Umsetzung erfolgte in einem hochgradig polarisierten und konfliktgeladenen Raum, in dem dichotomisch entgegengesetzte Begriffe zur Beschreibung der demoskopischen Methode in Gebrauch waren. In diesem Kontext entschied sich, ob und in welcher Form es möglich sein würde, dem demoskopischen Sprechen über diesen Anlass hinaus eine legitime Position in der katholischen Kirche zu verschaffen. In den divergierenden Kategorien zeigten sich generelle Ambivalenzen des demoskopischen Diskurses, die vor dem Hintergrund der innerkirchlichen Konflikte eine besondere Akzentuierung erfuhren. Das zeigt bereits die erste Unterscheidung von *Tabuisierung* und *Aufklärung*. Sie verweist auf das bereits angesprochene Begehren nach einer vorbehaltlos offenen Diskussion aller nur denkbaren Themenbereiche, um angemessene Problemlösungen für die allerorten diagnostizierte ›Krise‹ der Kirche finden zu können. Bereits die im endgültigen Fragebogen und den vorherigen drei Entwurfsfassungen enthaltenen Fragen machten dieses Problem virulent. Denn unabhängig von ihrer konkreten Formulierung enthielten sie bestimmte Begriffe, mit denen religiöse und kirchliche Sachverhalte fixiert und identifiziert wurden. Nun gab es allerdings in den postkonziliaren »innerkirchlichen Auseinandersetzungen kaum mehr Begriffe, deren traditioneller Inhalt noch unumstritten oder gar allgemeinverbindlich ist.«[147] Diese Beobachtung galt bereits für einen zentralen Terminus wie ›Kirche‹, der bis in die endgültige Fassung des Frageformulars hinein im Sinne der kirchlichen Hierarchie gebraucht wurde, obwohl dies nicht mehr der Ekklesiologie des Zweiten Vatikanums entsprach. Bereits in der Akzentuierung seines Leitbegriffes machten die Verfas-

---

147 *H. Burger*, Die Meinungen von über vier Millionen Katholiken (Zitat), in: Süddeutsche Zeitung, 4./5.7.1970.

ser des Fragebogens einen großen Bogen um die auf dem Konzil verkündete Neubestimmung der Kirche als das »Volk Gottes«.[148]

Im Mittelpunkt der Kontroversen um die mit dem Fragebogen erschließbaren Inhalte standen allerdings nicht die Implikationen des Kirchenbegriffs, sondern die so genannten ›heißen Eisen‹. Dieser Terminus bezeichnete Themen, die schon früher für heftige Kontroversen gesorgt hatten, wie etwa die pastorale Behandlung der konfessionsverschiedenen Ehen oder die staatliche Erhebung der Kirchensteuer. Hinzu kamen Punkte, die bislang in der offiziösen innerkirchlichen Diskussion ein weitgehend tabuisiertes Un-Thema waren, wie vor allem die mögliche Aufhebung des Pflichtzölibats und die »Autoritätsausübung« des Papstes. Genau an diesem Punkt setzte die Intervention verschiedener Laienverbände, linkskatholischer und kirchenkritischer Gruppierungen und Initiativen ein, die ihr Vorgehen im Hinblick auf die Synode seit Januar 1970 in der Arbeitsgemeinschaft ›Synode 72‹ koordinierten. Eine Frau aus Bochum wandte sich an Bischof Hengsbach, nachdem der Pfarrer in ihrer Gemeinde versucht hatte, ein von dieser Gruppe verteiltes Flugblatt mit Kritik am Entwurf des Fragebogens in der Predigt zu diskreditieren. Sie bat eindringlich um Berücksichtigung der genannten Punkte im endgültigen Frageformular. Andernfalls setze sich die Kirche dem Verdacht aus, dass keine »wirkliche Meinungsbefragung vorgenommen, sondern eine von vornherein bestehende Zustimmung fixiert werden soll.«[149] Auch andernorts diskutierten Pfarrgemeinderäte die Gefahr, dass das Kirchenvolk sich »enttäuscht« abwenden werde, wenn die ›heißen Eisen‹ im Fragebogen und damit auf der Synode keine Berücksichtigung fänden.[150]

Die Bischofskonferenz verwies öffentlich darauf, dass in Frage 14 »alle heißen Eisen der gegenwärtigen Diskussion« von der Glaubenskrise über Zölibat und Mischehe bis hin zur Kirchensteuer angesprochen seien. Durch die »Art der Formulierung« sei deutlich, dass die Synode alle diese Fragen angehen könne, sie aber im jeweiligen »thematischen Kontext« sehen müsse.[151] In der Tat fand sich unter den aufgelisteten 15 Themenkomplexen für die Synode bereits an vierter Stelle auch »Dienst und Leben des Priesters«, wobei in Klammern als Beispiele »Priesternachwuchs, Ausbildung, Zölibat, Priestergemeinschaften, Diakonat« aufgezählt wurden.[152] Das Echo der Massenmedien auf diese Form der Themenselektion blieb jedoch zwiespältig. So wies der ›Spiegel‹ darauf hin, dass die »Scheu« vor solch strittigen Fragen längst antiquiert sei. Denn bereits bei der 1967 im Auftrag des Ma-

148 *Pottmeyer*, Modernisierung, S. 142f.
149 M.K. an Hengsbach 27.1.1970: BAE, Würzburger Synode, Hefter Allgemeine Befragung; vgl. *Greinacher u.a.*, In Sachen Synode.
150 Vgl. Synode an der Basis, in: Katholisches Apostolat Bd. 38, 1972, Nr. 5, S. 173f.
151 Skript zur Pressekonferenz am 20.4.1970: BAM, GV NA, A-101-140.
152 *Schmidtchen*, Kirche und Gesellschaft, S. 301.

gazins durchgeführten Emnid-Umfrage vertraten 58% der praktizierenden Katholiken die Auffassung, dass ihren Priestern die Erlaubnis zur Heirat gewährt werden sollte.[153]

Die als Tabuisierung empfundene Ausklammerung der ›heißen Eisen‹ aus dem Bogen zur Totalbefragung und seine unter Ausschluss der Öffentlichkeit vorgenommene Redaktion provozierte Gegenbewegungen und direkte Interventionen unter ›kritisch‹ eingestellten Laien und Priestern. Vor allem die seit April 1970 durchgeführten Gegenumfragen negierten den Anspruch der Fragenbogenaktion der Bischofskonferenz, die einzig legitime Anwendung der demoskopischen Methode zur Vorbereitung der Synode zu sein. Die bundesweit wohl am meisten beachtete Gegenumfrage stellte im Mai 1970 der Freckenhorster Kreis vor. Die 17 Fragen dieses Formulars, das auch in der Bistumszeitschrift der Diözese Münster und in »Publik« abgedruckt wurde, konzentrierten sich vor allem auf den »innerkirchlichen Bereich« und forderten die Laien zumeist direkt zur Zustimmung oder Ablehnung auf. Neben »Halten Sie die Aufrechterhaltung der ›Sonntagspflicht‹ für richtig?« wurde ebenso gefragt, ob die kommende Synode nicht »auch gegen die Bischöfe Beschlüsse fassen können« solle.[154] Mit seinem offenen Appell zur Entscheidung zwischen Alternativen musste dieser Fragebogen zwangsläufig die Kritik auf sich ziehen, er rufe zu einem Plebiszit auf. Zugleich bündelte diese Gegenumfrage eine beträchtliche Unzufriedenheit mit der offiziellen Umfrage, die sich zumindest im Bistum Münster unter hochrangigen Mitarbeitern in den Räten des Laienapostolates entwickelt hatte.

In der Entgegensetzung von Tabuisierung und Aufklärung kehrten daher die durch den offiziellen Fragebogen ausgeschlossenen Probleme und Fragestellungen in anderer Form und an anderer Stelle wieder. Sie konnten sich allerdings nur noch im offenen Widerspruch gegen den offiziösen Fragebogen öffentlich positionieren. In den Auseinandersetzungen um das im Erhebungsformular Fragbare und damit auch Sagbare bündelte sich das seit 1968 offen aufgebrochene Begehren danach, zu einer ›offenen‹, ›vorbehaltlosen‹ Diskussion über alle innerkirchlichen Probleme vordringen zu können. Jegliche Kritik an der Form des Aussagens in der Totalbefragung konnte sich aber immer nur an deren Rand ansiedeln, da die Fragebogenaktion durch ihre schiere Größe und durch das mit ihr proklamierte Ziel einer Inklusion aller Katholiken im Zentrum der Kirche positioniert worden war. Enttäuschte Hoffnungen auf ein freies Sprechen in der Kirche konnten sich immerhin damit trösten, dass es von Beginn an auch ein Ziel der Totalbefragung gewesen war, die »Synode in das Bewusstsein der deutschen Katholiken zu bringen«. So wurde die Hoffnung auf eine Abar-

---

153 Saubere Meinung, in: Der Spiegel Nr. 18, 1967.
154 Freckenhorster Kreis: Echo (Zitate), in: Westfälische Nachrichten, 23.5.1970.

beitung der strittigen und unerledigten Themen zeitlich auf die Verhandlungen der Synode selbst verschoben, die »über das Gelingen der Umfrage mitentscheiden« werde. Durch die verschachtelte Konstruktion mehrerer miteinander verbundener Synodenumfragen ließ sich die Hoffnung aber auch sachlich auf die Repräsentativbefragung übertragen, die genau dort »ins Detail gehen« sollte, wo die Totalbefragung »blass und unverbindlich« geblieben war.[155] Und in der Tat wurde dort etwa nach der Einstellung zum Pflichtzölibat gefragt. Allerdings fanden die Ergebnisse der Repräsentativbefragung bei weitem nicht mehr jene öffentliche Resonanz, welche die Totalbefragung gefunden hatte.[156]

Gerade die beiden auf einer repräsentativen Stichprobe basierenden Umfragen standen in einer engen Verbindung mit der Entgegensetzung von *Experten* und *Gegenexperten*, welche die Praxis des demoskopischen Diskurses in der katholischen Kirche prägte. Hier stand die wissenschaftliche Seriosität und Glaubwürdigkeit der Umfragen auf dem Spiel, die von entscheidender Bedeutung für die Anwendung der Humanwissenschaft war. Wie jeder wissenschaftliche Diskurs provozierte die Synodenumfrage empörte Stellungnahmen ›einfacher‹ Katholiken, die sich über das unverständliche Kauderwelsch des Frageformulars und dessen unsinnige Kategorien beklagten. Aber auch diese Einwände konnten noch dazu benutzt werden, die wissenschaftliche Dignität der von ›Experten‹ gemachten Umfrage, die dem Alltagsverstand eben nicht zugänglich sei und gerade deshalb allen Respekt verdiene, um so schärfer hervorzuheben. Das »dollste« im Formular war die Frage 22: »Wer kocht im allgemeinen bei Ihnen im Haushalt?« Sie sollte sozialstatistisch diejenigen berufstätigen Frauen erfassen, welche zugleich den Haushalt führten. Und gerade auf sie hatten die Experten allergrößten Wert gelegt, wie der Leiter des Synodenbüros in Münster, der selbst kein »Fachmann für Meinungsforschung« war, bei aufgebrachten Einsendungen beruhigend versicherte.[157]

Bei den ›Experten‹ handelte es sich zunächst um die Mitarbeiter des Allensbacher Instituts, aber auch um alle anderen Theologen und Sozialwissenschaftler, die man im Vorfeld der Umfrage um Rat und die Äußerung von Bedenken gefragt hatte. Es gehörte zur von Personen und Institutionen nicht ablösbaren Dynamik der Benutzung qualifizierten Wissens für praktische Zwecke, dass alternative Konzeptionen der Befragungsaktion auch nach anderen Experten verlangten. Das implizierte eine Kritik am Umgang mit der

---

155 So Klaus Lang, als Vorsitzender der Katholischen Deutschen Studenten-Einigung (KDSE) Mitglied der Vorbereitungskommission, in: Bisher über 300 000 Fragebögen zurück (Zitate), in: Publik, 29.5.1970.

156 *F.J. Trost*, Interesse an der Kirche, in: Publik, 10.9.1971.

157 Berthold Bröker an Synodalbüro 27.5.1970 (erstes Zitat), Antwort Karl Hürten 3.6.1970 (zweites Zitat): BAM, Synodalbüro A 6.

Demoskopie, die in der Kirche nicht neu war. Bereits die Gründung des Instituts für Kommunikationsforschung in Wuppertal 1967 durch Bruno Kalusche und Josef Scharrer, das sich auf die demoskopische Arbeit mit dem quota-Verfahren im kirchlichen Raum spezialisierte, zielte auf einen Bruch mit der bis dahin üblichen Durchführung von Umfragen in den beiden christlichen Kirchen. Auf der einen Seite gab es seit Mitte der sechziger Jahre viele »dilettantische Experimente«, die in der Regel von ›Laien‹ im doppelten Sinne des Wortes durchgeführt wurden.[158] Solche Erhebungen waren ein spontaner Reflex der gestiegenen Erwartungen an die Demokratisierung der Kirche und die Rolle der öffentlichen Meinung. Ein Beispiel dafür ist die »Katholische Gesellschaft für Kirche und Demokratie«, die der SPD-Landtagsabgeordnete Bernd Feldhaus 1968 in Münster gründete. Seine Initiative verstand sich als innerkirchliche »pressure group«, welche auf notwendige Reformanliegen hinweisen und diese vorantreiben sollte. Außer einem Auftritt auf dem Essener Katholikentag und der Verteilung von Flugblättern führte die Initiative im Herbst 1969 eine Umfrage über die »Einstellung der Katholiken zum überlieferten Inhalt und zur überlieferten Form der Predigt« mit 276 Interviews durch. Akademische Religionssoziologen wie Osmund Schreuder oder Franz-Xaver Kaufmann lehnten es aber ab oder hatten keine Zeit, um sich mit einer solchen Form amateurhafter Sozialforschung auseinanderzusetzen.[159]

Auf der anderen Seite gab es zunächst in der evangelischen Kirche, nun aber auch im Umfeld der Deutschen Bischofskonferenz eine wachsende Bereitschaft, Aufträge an kommerzielle Institute für Markt- und Meinungsforschung zu erteilen. Im Fall der Synodenumfrage hatte dafür nicht zuletzt der persönliche Kontakt des rheinland-pfälzischen Kultusministers Bernhard Vogel zu Elisabeth Noelle-Neumann den Ausschlag gegeben, die in Mainz einen Lehrstuhl inne hatte.[160] Genau hier setzte die Kritik von Experten wie Bruno Kalusche oder Franz-Xaver Kaufmann an. Sie mahnten das für Umfragen zu religiösen Themen notwendige theologische Spezialwissen an und beharrten darauf, dass kommerzielle Institute über »kein klares Problembewusstsein« verfügten. Gerade im Fall der Synodenumfrage schien es für Kaufmann ausgemacht, dass das IfD zwar über technische Erfahrung mit Repräsentativbefragung verfüge, aber vornehmlich aus diesem Grund ein solches Verfahren routinemäßig favorisiere. Nur solche Fragen, die bereits öffentlich eingeführt seien, könne man jedoch quantitativ abbilden. Ansonsten kämen bei der Beantwortung tieferliegende Einstellungen zur Geltung, die man Kaufmann zufolge nur mit Motivskalen erhellen könne. Falls die Befragung »nicht lediglich als Alibi der Bischofskonferenz die-

158 *Kalusche*, S. 13.
159 *Damberg*, Feldhaus, Zitate S. 121, 123.
160 Gespräch mit Dr. Hanna-Renate Laurien am 28.2.2003.

nen« solle, dass man auf die ›öffentliche Meinung‹ »Rücksicht genommen« habe, solle besser ein Team von Theologen, Generalvikaren, Sozialpsychologen und Religionssoziologen einen Ansatz ausarbeiten, den das IfD dann operationalisieren könne.[161] Mit ähnlicher Stoßrichtung hatte aber auch ein Mitglied der Bischofskonferenz wie der Paderborner Weihbischof Johannes Degenhardt auf die Notwendigkeit einer theologischen Problemformulierung hingewiesen, sich gegenüber der Totalbefragung aus methodischen Gründen skeptisch gezeigt und eine Motivanalyse angemahnt.[162]

In dieser von zwei unterschiedlichen Positionen aus ähnlich begründeten Abwehr der Experten von Allensbach zeigen sich auch Vorbehalte und Reserven gegenüber der abrupten und technisch definierten Einführung einer in der katholischen Kirche noch neuen Methodik. Zugleich kann auf die partielle Resonanz dieser Kritik verwiesen werden, denn zumindest bei der Repräsentativbefragung wurde von vornherein darauf geachtet, mit sozialpsychologischen Methoden das ›Wertsystem‹ und die unterschwelligen Motive der Katholiken zu analysieren.[163] Damit machte man sich die Möglichkeiten zu Nutze, die der Demoskopie mit den verschiedenen Skalierungstechniken zur Verfügung standen, welche Einstellungen (›attitudes‹) und Motivcluster im Hinblick auf bestimmte Gegenstände abbilden konnten.[164] Allerdings erfüllten die Experten gerade im Kontext der Synodenumfragen nicht nur eine technische Funktion bei der Planung der Befragung. Die demoskopische Beratung der Bischofskonferenz hatte auch eine dramatische und performative Funktion, welche das Vertrauen in die Anwendung wissenschaftlicher Methoden und die vorgelegten Resultate erhöhen sollte.[165] Gerade bei einem kontroversen und hochgradig mit politischen Partizipationsforderungen aufgeladenen Thema wie der Synode bestand ein wesentlicher Effekt der Tätigkeit von ›Experten‹ darin, die Auswirkungen der Politisierung durch die wissenschaftliche Arbeit an der Objektivierung des Gegenstandes zu mildern und die in der Öffentlichkeit geäußerten hohen Erwartungen zu kontrollieren. Auf diese Weise trugen sowohl die symbolische Präsenz als auch die öffentlichen Interventionen der Wissenschaftler nicht nur dazu bei, die Seriosität und damit auch die

161 F.-X. Kaufmann, Merkpunkte zur vorgeschlagenen Umfrage des Instituts für Demoskopie, o.D. [November 1969] (Zitat): Archiv des ZdK, 60/1, 5; vgl. *Kalusche*, S. 13.

162 Voten zur Fragebogenaktion und Repräsentativumfrage, o.D. [Dezember 1969]: ebd.

163 Protokoll der Sitzung der Vorbereitungskommission am 9.3.1970: Archiv des ZdK, 60/1, 4; Gerhard Schmidtchen, Repräsentative Kontroll- und Ergänzungsbefragung zur Fragebogen-Aktion, o.D. [22.4.1970]: ebd., 60/1, 5.

164 Als Einführung in die Skalierungstechniken *Oppenheim*, S. 120–159; speziell im Hinblick auf religiöse Einstellungen: SIB, Bericht Nr. 49 (1968).

165 Vgl. *Hilgartner*, bes. S. 3–9. Die performative Seite der Experten wird zugunsten der funktionalen Gesichtspunkte vernachlässigt bei *Raphael*, Experten.

Legitimität der von ihnen durchgeführten Erhebung zu beglaubigen, sondern auch das von ihren Auftraggebern vertretene Vorhaben. Dieser Effekt konnte sich sowohl vor als auch hinter der Bühne vollziehen, und bereits die Festlegung des vom Publikum noch eben einsehbaren Ausschnitts des Geschehens bestimmte mit über die erzielbare Wirkung.[166]

Im Fall der Synodenumfrage hatte sich die Bischofskonferenz dafür entschieden, die gesamte Vorbereitung hinter den Kulissen ablaufen zu lassen, dann aber mit Nachdruck den Weg an die Öffentlichkeit zu suchen und ausführlich Auskunft über Motive und erhoffte Effekte der Aktion zu geben. Bis in den Sommer des Jahres 1970 hinein bot das etwa dem Synodalbüro in Münster die Gelegenheit, die anbrandende Woge von kritischen Stimmen zur Totalbefragung zu neutralisieren. Kritik an der mangelnden Repräsentativität oder den impliziten Vorfestlegungen des Formulars begegnete das Büro mit dem Hinweis auf die Zuständigkeit der verantwortlichen Meinungsforscher und Theologen. Die Erwiderung auf Einwände lautete stereotyp, dass spätestens die Repräsentativerhebung die Überzeugung der Experten bestätigen werde, »dass ihre kritischen Einwände im übrigen nicht berechtigt sind«.[167] Aber nicht nur bei einzelnen Laien oder Pfarrkomitees, sondern auch bei den Spitzen des in den postkonziliaren Räten organisierten Laienapostolats ließ sich die rhetorische Berufung auf die Experten benutzen, um zu verhindern, dass der hinter den Kulissen aufgestaute Unmut sich einen Weg auf die Bühne der Öffentlichkeit verschaffte. Das belegen Auseinandersetzungen, die wenige Tage nach der Veröffentlichung des Fragebogens im April 1970 zwischen Bischof Tenhumberg und dem Diözesankomitee einsetzten, aber auch Differenzen innerhalb dieses Gremiums freilegten. Sie werfen zugleich ein Schlaglicht auf die Semantik und Form, mit der man unter führenden Laien und Geistlichen auf zutage tretende Konflikte reagierte.

Als Vorsitzender des Diözesankomitees sandte Wilhelm Pötter am 26. Mai an Tenhumberg ein Schreiben, in dem er massive Kritik an der bisherigen Vorbereitung der Synode äußerte und auf die dadurch bewirkte »Enttäuschung und Resignation« bei den Gläubigen hinwies. Ursachen dafür seien u.a. die »Sicherungsmaßnahmen« des Statuts für den Fall einer gegen die Meinung der Bischöfe getroffenen Entscheidung und die »zu kurzen Diskussionsfristen«. Das Verhältnis zwischen »Synode und Basis« müsse wie in den Niederlanden »dialogisch« sein, weil ansonsten gerade die »aktiven Kräfte zumindest in eine Resignation« getrieben würden. Auf jeden Fall müsse »die bisherige ›Geheimhaltungspolitik‹ der Vorbereitungskommissi-

---

166 *Hilgartner*, S. 10–20, bes. S. 11f.

167 Arbeitskreis Synode 72 der Pfarrei St. Theresia in Münster an Tenhumberg 10.5.1970, Antwort Karl Hürten 3.7.1970 (Zitat): BAM, Synodalbüro A 6. Dort auch weitere Belege für dieses rhetorische Muster.

on« aufgegeben werden, wenn nicht der Eindruck entstehen solle, dass die Bischöfe die Gläubigen an der Meinungsbildung »nicht beteiligen« wollten. In diesem Sinne solle sich Tenhumberg in der Bischofskonferenz engagieren. Einen möglichen, aus der bisherigen Diskussion hinlänglich bekannten Einwand vorwegnehmend, hieß es weiter:

»Man wird in diesem Zusammenhang auf die Fragebogenaktion hinweisen, bei der alle Katholiken sich äußern können. Nun sind aber – wohl aus Furcht vor einer plebiszitären Äußerung des katholischen Volkes – viele der drängenden Probleme nicht gefragt, andere so verschleiert und in unechte Alternativen gebracht, so dass es wenig Möglichkeiten gibt, konkrete Wünsche und Anregungen, Bedenken und Forderungen auszudrücken. Von daher ist zu befürchten, dass die Fragebogenaktion die vorhandene Missstimmung noch verstärkt.«

In einem ergänzenden Schreiben wies Pötter persönlich darauf hin, dass dieser Brief auf einen Beschluss des Synodenausschusses zurückgehe, den man im Hauptausschuss des Diözesankomitees am 25. April formal gebilligt habe, ohne dass dies unbedingt eine völlige sachliche Übereinstimmung mit allen Ausführungen implizieren müsse.[168] Damit deutete der in Münster als Präsident des Oberverwaltungsgerichts tätige und auch im Zentralkomitee der deutschen Katholiken aktive Jurist einen Dissens zwischen beiden Gremien an, bei dem letzteres eine Reihe von Änderungen an dem Schreiben verlangt hatte. Dessen Entwurf hatte der Studentenpfarrer Ferdinand Kerstiens zuerst im von ihm geleiteten Synodenausschuss vorgelegt. Die habituell und institutionell neue Erfahrung eines solchen Konflikts löste das Diözesankomitee in der Folgezeit vornehmlich durch die kontroverse juristische Ausdeutung seiner Geschäftsordnung auf.[169]

Ungeachtet dieser Kontroverse musste Bischof Tenhumberg das Schreiben ernst nehmen, mit dessen Tenor sich einer anderen Beobachtung zufolge auch der Hauptausschuss »durchaus einverstanden« erklärt hatte. Für eine überlegte Antwort stand ihm auch genug Zeit zur Verfügung, da ihm sein Generalvikar Reinhard Lettmann bereits Ende April den ursprünglich vom Synodenausschuss gebilligten Entwurf zugänglich machte. Dabei waren die später »gerügten ›Ungezogenheiten‹« – so die für seinen paternalistischen Habitus bezeichnende Formulierung des gerade einmal 37 Jahre alten Generalvikars – im Schreiben markiert.[170] Tenhumberg räumte ein, dass

168 Wilhelm Pötter an Tenhumberg 26.5. (Zitate) und 27.5.1970: BAM, Diözesankomitee, A 55.
169 Dazu insbes. Hans Lüning an Bernd Plettendorff, den Geschäftsführer des Diözesankomitees 2.6.1970, Wilhelm Pötter an Hans Lüning 2.7.1970: ebd.
170 Bernd Plettendorff an Kerstiens 11.5.1970 (erstes Zitat): BAM, Diözesankomitee A 55; Notiz Reinhard Lettmann für Tenhumberg 28.4.1970 (zweites Zitat): BAM, GV NA, A-101-141; vgl. *Großbölting*, Suchbewegungen, S. 204.

die bisherige Öffentlichkeitsarbeit der Synode unzureichend gewesen sei, und begrüßte den Vorschlag, zur Intensivierung des Interesses lokale »Gesprächsgruppen« nach niederländischem Vorbild aufzubauen, solange diese sich nicht als die »eigentlich Bestimmenden der Synode« verstehen würden. Sodann versuchte er, das bisher auch nach seinem Eindruck eher schlechte Image der Befragungsaktion zu erklären:

> »Das negative Echo ist ein weiteres Beispiel dafür, wie zu hochgespannte oder falsche Erwartungen zu negativen Reaktionen führen können. Man muss die Fragebogenaktion ja im Zusammenhang der ergänzenden repräsentativen Meinungsbefragung sehen, um sie richtig würdigen zu können. Die Bischöfe haben sich hierbei übrigens ganz auf das Urteil der Experten, der Meinungsforscher, Soziologen, Politologen und Theologen verlassen, die sicherlich keine ›Verschleierungsabsicht‹ hatten.«[171]

Mit dieser Antwort gelang es Tenhumberg zumindest zu verhindern, dass die nicht nur im Synodenausschuss des Diözesankomitees akkumulierte Unzufriedenheit mit der bisherigen Vorbereitung der Synode in die Öffentlichkeit durchschlug. Hatte man dort zunächst noch beabsichtigt, den kritischen Brief in den »Mitteilungen« des Diözesankomitees zu veröffentlichen, war der Synodenausschuss nach dem Konflikt mit dem Hauptausschuss froh, keinen völligen Rückzieher machen zu müssen, und akzeptierte das Antwortschreiben des Bischofs.[172]

Seit der Veröffentlichung des Fragebogens im April 1970 war dann die Bühne frei für jenen Experten, der in der Folge wie kein zweiter mit den Synodenumfragen, ja mit der Anwendung empirischer Sozialforschung in der katholischen Kirche und auf religiöse Themen überhaupt identifiziert werden sollte. Gerhard Schmidtchen, soeben zum ordentlichen Professor für Soziologie in Zürich ernannt, erörterte beispielsweise im Juni 1970 in einer Diskussionsrunde im ZDF Fragen der Synode, zusammen mit Hanna-Renate Laurien, Klaus Hemmerle, dem geistlichen Direktor des ZdK und späteren Bischof von Aachen, und dem Wiener Erzbischof Franz Jachym.[173] Auch in Zeitungsartikeln nahm Schmidtchen Stellung. Dabei wertete er die im Vergleich zu Österreich und der Schweiz »hohe Rücklaufquote« als einen Beweis dafür, dass die Fragen »Interesse« geweckt hätten und damit das »Misstrauen« gegen die Befragungsaktion widerlegen würden. Jenseits aller erst im Detail zu erkundenden Ergebnisse stufte Schmidtchen das Material der Totalbefragung als »sensationell« ein. Und auch hier fehlte am Ende nicht der obligatorische Hinweis darauf, dass bei der kommenden

---

171 Tenhumberg an Wilhelm Pötter 1.7.1970: BAM, GV NA, A-101-141.

172 Protokolle der Sitzungen des Sachausschusses Synode am 22.4. und 8.7.1970: BAM, Diözesankomitee A 55.

173 KuL, 7.6.1970.

178

mündlichen Befragung einer repräsentativen Stichprobe endlich auch diejenigen auf ihre »Kosten kommen« würden, die in der Totalbefragung die
»›harten‹ Fragen« vermisst hätten.[174]

Solche Aussagen riefen die Gegen-Experten auf den Plan, die hinter den
Kulissen oder in öffentlichen Stellungnahmen einzelne Punkte des Forschungsprogramms monierten oder das ganze Unternehmen als wissenschaftlich wertlos abqualifizierten. So problematisierte Franz-Xaver Kaufmann einige Leitbegriffe der von Gerhard Schmidtchen vorgenommenen
wissenschaftlichen Auswertung der Umfragen, ohne jedoch die Legitimität
der Aktion grundsätzlich zu bezweifeln.[175] Genau das taten jedoch Mitarbeiter des Pastoralsoziologischen Instituts in Essen. In der dortigen Bistumszeitschrift formulierten zwei wissenschaftliche Mitarbeiter des Instituts eine
fundamentale Methodenkritik der Totalbefragung. Mit ihrer unkontrol-
lierbaren Form von Verteilung und Rücklauf der Fragebögen erinnere sie
an die ›straw polls‹ des Literary Digest aus der Vorgeschichte der modernen
Demoskopie, die bei den US-Präsidentschaftswahlen des Jahres 1936 ein für
allemal am präziseren quota-Verfahren gescheitert seien. Im übrigen sei es
unschwer als das zentrale Anliegen der Aktion zu erkennen, »durch Mehr-
deutigkeit jede Form der Kritik auszuschließen«.[176]

Für die Wirksamkeit und symbolische Bedeutung eines Gegenexperten
war allerdings nicht nur die Präzision seines wissenschaftlichen Arguments
entscheidend, sondern auch sein Prestige innerhalb der Wissenschaft. Aus
diesem Grund war es weitaus problematischer, dass nicht diese Mitarbeiter
des PSI, sondern auch dessen Leiter Egon Golomb sich in öffentlichen Vorträgen und in einer intern verbreiteten Ausarbeitung zu Wort meldete. Die
Stoßrichtung seiner Kritik war im wesentlichen dieselbe. Die Fragen der
Totalerhebung müssten notwendig »pauschal« und »oberflächlich« sein. Ein
theoretisches Konzept fehle, weshalb sich mit Notwendigkeit der »naive Em-
pirismus« der kommerziellen Marktforschung einstelle. Auch nachträglich
lasse sich aus dem Einlauf der Totalerhebung kein Sample ziehen. Und der
geplante Vergleich von Total- und Repräsentativerhebung »gäbe eher Stoff

174 G. *Schmidtchen*, Mehrheit begrüßt Unruhe, in: Publik, 4.12.1970. Schmidtchen war
auch in der Folge derjenige Soziologe, der in den Medien als wichtiger Experte für religiöse
Themen gehandelt wurde und dessen Forschungsergebnisse breiten Widerhall fanden. Die
symbolische Bedeutung Schmidtchens unterstreicht die Tatsache, dass Porträtphotos seiner
Person nicht fehlten. Vgl. z.B. Ernte für Katholiken, in: Wirtschaftswoche, 7.12.1973.

175 F.-X. *Kaufmann*, Zwischen Kirche und Meinungsforschung, in: HK Jg. 26, 1972,
S. 505–509, G. *Schmidtchen*, Zwischen Kirche und Gesellschaft, in: ebd., S. 596–600; vgl. O.
Massing, Zwischen Kirche und Gesellschaft. Kritische Anmerkungen zur Synoden-Umfrage,
in: FH Jg. 28, 1973, S. 409–416.

176 U. *Boos-Nünning* und F. *Keller*, Hauptbestreben der Fragebogenaktion: Kritik ausschließen, in: Ruhrwort, 2.5.1970; zu den straw-polls vgl. *Keller*, S. 31–51.

für die Analyse eines Methodenseminars«.[177] Diese offenen Worte, die Golomb auch dem Bischof Hengsbach zugänglich gemacht hatte, forderten eine mehrgleisige Reaktion heraus. Zum einen musste Golomb im Geistlichen Rat des Bistums Essen erscheinen, wo er auf die Unangemessenheit seines Vorgehens aufmerksam gemacht wurde. Zum anderen kam es darauf an, den entstandenen Schaden durch die Stellungnahme eines Experten zu konterkarieren. Aus diesem Grund wurde die Stellungnahme von Golomb, deren Verbreitung nicht kontrolliert werden konnte, zusammen mit einer ausführlichen Erwiderung von Gerhard Schmidtchen den Leitern der diözesanen Synodalbüros als Argumentationsmaterial zugänglich gemacht.[178] Schließlich bestand eine weitere probate Strategie darin, den Einfluss des Gegen-Experten durch dessen Einbindung in das weitere Verfahren zu neutralisieren. Aus diesem Grund offerierte Karl Forster Golomb die Möglichkeit, sich an der weiteren Auswertung der Fragebögen selbst zu beteiligen.[179]

Die öffentliche Inszenierung des Gegen-Experten ließ sich dann am eindringlichsten vollziehen, wenn er bereits frühzeitig eine klar erkennbare und eindeutig distanzierte Position zu dem von den Experten begleiteten Vorhaben eingenommen hatte. Im Zusammenhang der Synode war dies mit Norbert Greinacher ein weiterer Pastoralsoziologe. Seitdem im Sommer 1969 die Tendenz der in der Studiengruppe diskutierten Überlegungen für das Statut der Synode erkennbar war, hatte er er sich rasch »als einer der Motoren des Widerstandes« dagegen einen Namen gemacht. Greinacher, Mitglied des Bensberger und des Freckenhorster Kreises, trat als Wortführer derjenigen Gruppierungen auf, die ein von Theologen vorbereitetes Pastoralkonzil als offenes Diskussionsforum nach niederländischem Vorbild forderten. Dieses sollte an die Stelle der kirchenrechtlich fixierten Form der Synode treten, bei der alle Beschlüsse unter dem Vorbehalt einer Zustimmung der Bischofskonferenz standen.[180] In diesem Zusammenhang hatte

177 Egon Golomb, Stellungnahme zur Umfrage für die Synode 1972, Ms., o.D.: BAM, Synodalbüro A 6.

178 Egon Golomb an Ferdinand Schulte-Berge 30.4.1970, Vermerk über eine Besprechung am 5.5.1970 im Geistlichen Rat: BAE, Würzburger Synode, Hefter Allgemeine Befragung; Gespräch mit Egon Golomb am 2.10.2002; Karl Forster an die Synodalbüros 9.6.1970: BAM, Synodalbüro A 6; Gerhard Schmidtchen, Erwiderung auf drei kritische Anmerkungen von Herrn Dr. Egon Golomb, o.D.: Archiv des ZdK, 60/1, 5.

179 Protokoll der Sitzung des Synodalbüros Essen v. 27.5.1970: BAE, Würzburger Synode, Hefter Protokolle der Sitzungen des Synodalbüros.

180 R. Lehmann, Widerstand gegen geplante Synode, in: Konradsblatt. 15.9.1969, zit. nach Synode 72, Bd. I, S. 141f. Durch eine Indiskretion war ein Entwurf des Statuts im Juli 1969 veröffentlicht worden; vgl. ebd., Bd. I, S. IX; Großbölting, Suchbewegungen, S. 114–117. Zur starken medialen Präsenz von Greinacher als ›kritischem‹ Experten im Zusammenhang anderer Fragen vgl. z.B. Nach einem Spiegel-Interview. Theologische Auseinandersetzung Berlin-Münster, in: KuL. 7.12.1969.

Greinacher selbst die Durchführung von Meinungsumfragen zur Vorbereitung der Synode gefordert.[181]

Als entscheidend für die dramatische Wirkung des Gegen-Experten Greinacher sollte sich der Umstand erweisen, dass er seine Kritik mit der praktischen Arbeit an einer Befragung verband, die seit 1970 immer mehr zu einer Gegenumfrage avancierte. Die Redaktion ›Kirche und Leben‹ des ZDF hatte im November 1969 die Fernsehzuschauer aufgefordert, sich mit Anregungen und Meinungsäußerungen an das »Postfach Synode« zu wenden. Vorbild dafür war das Pastoralkonzil in den Niederlanden, wo Radio Hilversum in einer ähnlichen Aktion den Kummer und Ärger der Gläubigen aufgezeichnet hatte. Kardinal Döpfner befürwortete das »Postfach« des ZDF ausdrücklich und wirkte bei seiner symbolischen Eröffnung mit. Von Beginn an war geplant, dass ein Team unter Leitung von Norbert Greinacher die thematisch offenen, unstrukturierten Einsendungen an das »Postfach« einer Auswertung unterziehen und veröffentlichen sollte. Als methodisches Instrumentarium dafür benutzte man die quantifizierende Inhaltsanalyse, um die wichtigsten Themen und Probleme in den Briefen zu entschlüsseln.[182]

Hinter den Kulissen entwickelten sich allerdings Vorbehalte gegen die Repräsentativität des Materials. Diese wurde angezweifelt, obwohl sowohl die zuständige Redaktion des ZDF als auch Greinacher stets betonten, das der Vorteil der Einsendungen nicht in der Zahl, sondern in den eigenständigen, subjektiven Urteilen zu kontroversen Themen liege. Der Konflikt eskalierte, als Karl Holzamer, Intendant des ZDF und langjähriges Mitglied des ZdK, Anfang 1971 die Zustimmung zu einer Buchveröffentlichung verweigerte. Es kam verschärfend hinzu, dass er dabei die öffentliche Unterstützung von Werner Brüning fand, dem Fernsehbeauftragten der Bischöfe. Damit war Greinacher Gelegenheit gegeben, dem Fernsehbeauftragten die Anmaßung einer »Kontroll- und Zensurfunktion« für missliebige Sendungen zu unterstellen.[183] Zugleich interpretierte die Gruppe um Greinacher ihre Auswertung der Daten als einen ersten Versuch, der innerkirchlichen Kommunikation ein dringend notwendiges, mit einem »Thermostat« vergleichbares »Feedback« von ›unten‹ nach ›oben‹ zu vermitteln. In der Kritik der anderen Synodenumfragen wies man zudem darauf hin, dass das ZDF sich auch nicht dazu durchgerungen hatte, die Ergebnisse einer eigens beim IfAK-Institut in Auftrag gegebenen Repräsentativbefragung zu veröffentlichen. Dieser Hinweis war nicht ohne Brisanz, da sich diese

181 *Lehmann*, Widerstand, in: Synode 72, Bd. I, S. 141f.
182 KNA v. 29.9.1969: Synode 72, Bd. II, S. 96; KuL, 2.11.1969; *Geller*, S. 19–24.
183 *L. Reuber*, Wer hat Angst vor dem ›Postfach Synode‹, in: Publik, 25.6.1971; *N. Greinacher*, Postfach Synode, in: Publik, 16.7.1971 (Zitat); vgl. Mitteilung der Programmdirektion Kultur des ZDF v. 6.1.1970: Archiv des ZdK, 60/1, 6; 4.5 Millionen Fragebogen eingegangen, in: KuL, 28.6.1970.

Erhebung ganz bewusst darauf konzentriert hatte, die vom Fragebogen des Allensbacher Instituts offen gelassenen Problemzonen und ›heißen Eisen‹ in den Blick zu nehmen.[184]

Für den demoskopischen Diskurs in der katholischen Kirche war schließlich die Entgegensetzung von *Manipulation* und *Plebiszit* von entscheidender Bedeutung. In dieser Unterscheidung überlagerte sich die partizipatorische Politisierung in der Kirche der späten sechziger Jahre mit dem der Umfrageforschung inhärenten Problem, in angemessenem Umfang auf das demoskopisch erzeugte Meinungsbild reagieren zu müssen. Auf der einen Seite des Schemas wurde die Befürchtung geäußert, dass es sich bei der Aufforderung zum ›Dialog‹ und zur Diskussion und die Befragung der einfachen Katholiken nur um »ein Scheinmanöver« der Bischöfe handele, »das zur Beruhigung der Gemüter bestimmt sei«.[185] Auch im oben zitierten Schreiben an Bischof Tenhumberg unterstellte Ferdinand Kerstiens die vermutete Furcht vor einer ›plebiszitären Äußerung‹ der Laien als ein wesentliches Motiv für die spezifische Form der Befragungsaktion. Im ersten Entwurf des Schreibens hatte er diese These noch zugespitzt. Allgemein herrsche der »Eindruck« vor, »man wolle sich« bei der Vorbereitung der Synode nur »durch ein ›scheindemokratisches Verfahren‹ ein Alibi verschaffen, um ›im Grunde doch alles beim Alten zu lassen‹«, unter Hinzufügung von ein »paar Schönheitskorrekturen.«[186] Die Befragungsaktion zur Würzburger Synode stand so von Beginn an unter einem intensiven Motivverdacht. Einsendungen und Resolutionen unterstellten den für die Synode Verantwortlichen und damit letztlich den Bischöfen, dass die Umfrage nur einen einzigen Zweck verfolge: Sie solle bei den Gläubigen den Eindruck erwecken, sie seien an der Vorbereitung der Synode aktiv beteiligt.

Die Abwägung zwischen dem Verdacht der manipulativen Absicht und der Gefahr eines plebiszitär wirkenden Meinungsvotums sorgte auch in der Vorbereitungskomission der Synode für Bedenken und Kontroversen. Um einen »plebiszitären Charakter« der Aktion zu vermeiden, dürfe man nur möglichst wenig »Entscheidungsfragen« aufnehmen.[187] Insbesondere der Trierer Generalvikar Prof. Linus Hoffmann fürchtete, dass der Fragebogen unabhängig von den Beschlüssen der Synode »seine Wirkung tun« wer-

184 *Geller*, S. 7–18, Zitat S. 12; *F.-X. Kaufmann*, Briefe an die Synode, in: FAZ, 5.1.1972; Gespräch mit Franz-Xaver Kaufmann am 27.9.2000. Ein Exemplar des Berichtes dieser Umfrage ließ sich nicht nachweisen.

185 So fasste Karl Hürten in einem Schreiben an Tenhumberg am 23.10.1969 die Stimmung zusammen: BAM, Synodalbüro A 1.

186 Entwurf des Schreibens des Diözesankomitees an Tenhumberg, o.D., von Reinhard Lettmann an Tenhumberg übersandt 28.4.1970: BAM, GV NA, A-101-141. Die hier zitierten Passagen wurden vom Hauptausschuss des Diözesankomitees gestrichen.

187 Ebd.

de, »die niemand mehr zurückholt.« Schließlich richte er sich nicht nur an »verständige und gewissenhafte Menschen«.[188] Das war ein unverhohlener Hinweis auf die politische Psychologie der Massen, deren einmal freigesetzte irrationale Energien nicht mehr vollständig unter Kontrolle gebracht werden könnten, wenn man den Tabubruch erlaube und die Diskussion bestimmter Fragen freigebe. Damit wies der Trierer Generalvikar unmissverständlich auf ein wichtiges Charakteristikum der Öffentlichkeit hin, die eben nicht als ein Forum des vernünftigen Austauschs sachgerechter Argumente konzeptualisiert werden kann. Allerdings vernachlässigte er zugleich eine andere Eigenschaft der öffentlichen Meinung, nämlich ihre Funktion bei der Selektion und thematischen Bündelung von Erwartungen, die an ein System adressiert werden und von diesem in sein operatives Kalkül einbezogen werden müssen. Zumindest implizit war dieser Punkt Gegenstand einer bemerkenswerten Intervention von Karl Lehmann, zu diesem Zeitpunkt Professor in Mainz und zugleich ein wichtiger Berater von Kardinal Döpfner im Umfeld der Synode.

Lehmann zufolge durften die Befragungen keinesfalls nur als »völlig unverbindliche Meinungserhebung oder als folgenlose ›Tatsachenfeststellung‹« verstanden werden. Wer so argumentiere, meine schon alles zu wissen, »was herauskommen« könne. Damit aber nehme man »trotz der dauernden Rede vom ›Volk Gottes‹« den »Willen der Gläubigen nicht genügend ernst.« Hier könne gewiss »›Manipulation‹« mit »ins Spiel kommen«, diese werde aber auch »von anderer Seite« hineingetragen, also von jenen, welche die Totalbefragung wegen ihres plebiszitären Charakters ablehnten. Wenn in der Umfrage »schwierige Probleme« ans Tageslicht kämen, »die manchen Leuten nicht passen«, dann habe sie gerade den »positiven Sinn, manches rückhaltlos zu offenbaren, um das man sonst gerne herumgeht wie die Katze um den heißen Brei.«[189] Mit dieser Intervention hatte Lehmann auf den kirchlichen Kontext hingewiesen, in dem allein die geplanten Umfragen angemessen zu verstehen waren. Der Verdacht der ›Manipulation‹ entsprang eben nicht nur einer irrationalen politischen Leidenschaft, sondern konnte auch an frühere Beobachtungen des innerkirchlichen Umgangs mit Problemen anknüpfen. Nicht mehr als vier Jahre nach Beendigung des Zweiten Vatikanum sah sich der Theologe Lehmann zur Warnung davor veranlasst,

188 Linus Hofmann, Stellungnahme zu dem Entwurf eines Fragebogens zur Synode, o.D.: Archiv des ZdK, 60/1, 5. Bischof Rudolf Graber aus Regensburg, Rechtsaußen des deutschen Bischofskollegiums, lehnte darüber hinaus nicht nur das »Synodalprinzip« entschieden ab, sondern interpretierte es als ein »Teilstück der modernen Demoskopie« mit ihrer Tendenz zur zahlenmäßigen Abstimmung; vgl. seinen Artikel in der Allgemeinen Sonntagszeitung, 8.2.1970, zit. nach Synode 72, Bd. III, S. 203–207, S. 206.

189 Karl Lehmann, Stellungnahme zum Ziel von Fragebogenaktion und Repräsentativbefragung, 20.12.1969: Archiv des ZdK, 60/1, 5.

die Konzilstexte zu einer beliebigen Leerformel zu degradieren. Die grösste Gefahr bestand für ihn darin, mit der Umfrageaktion willentlich zur Enttäuschung der an die Synode gerichteten Erwartungen beizutragen.[190]

Mit seiner Stellungnahme hatte der spätere Bischof von Mainz zugleich auf das Phänomen der Kommunikationslatenz hingewiesen. Jede Umfrage macht bis dahin nicht unbedingt in der Öffentlichkeit thematisierte, latente Meinungen und Einstellungen manifest und sichtbar und damit zum Anknüpfungspunkt für weitere Beobachtungen. Im Kontext der Synodenumfragen konnte dies als ein Argument für die Umfrageaktion verstanden werden, die als ein Korrektiv gegen die Latenzen der massenmedial induzierten Öffentlichkeit dienen solle. Der Münsteraner Bischof Heinrich Tenhumberg spitzte diese Überlegung rhetorisch noch zu. Er behauptete, dass es eine »weithin ›schweigende Mitte‹ in der Kirche« gebe, »die sich im allgemeinen wenig artikuliert, aber auf ihre Weise doch durchaus engagiert.«[191] Damit griff Tenhumberg in abgewandelter Form das politische Schlagwort der »silent majority« auf, das Richard Nixon am 3. November 1969 in einer vielbeachteten Fernsehansprache geprägt hatte. Vor dem Hintergrund der von immer größeren Menschenmengen vorgetragenen Proteste gegen den Vietnamkrieg wollte Nixon damit die liberaldemokratischen Massenmedien korrigieren, welche ihm die Ursache für einen regierungskritischen ›bias‹ der Öffentlichkeit zu sein schienen.[192] Der Begriff fand rasch auch auf der anderen Seite des Atlantik Eingang in die politische Semantik. Konservative Priester und Bischöfe benutzten ihn, um das Aufbegehren und den Protest auf der Linken als eine vor allem ihrer Lautstärke wegen medial verstärkte Inszenierung zu denunzieren, die nicht den tatsächlichen Verhältnissen in der Kirche entspreche.[193]

Gerade bei der Entgegensetzung von *Tabuisierung* und *Aufklärung* und von *Manipulation* oder *Plebiszit* ging es nicht nur um das angemessene Kategoriensystem, mit dem sich die Anwendung der demoskopischen Methode in der Kirche als legitim begründen oder als illegitim abwehren ließ. Die politisch aufgeheizte Auseinandersetzung erreichte auch den Fragebogen selbst als das spezifische technische Instrument, mit dem der demoskopische Diskurs die Klassifizierung und Regulierung des Sozialen in der Kirche praktisch umsetzte. So gab es eine nicht unbeträchtliche Zahl von Katholiken, die den Erhebungsbogen der Totalbefragung mit »unflätige[n]

190 Ebd.
191 Tenhumberg an Wilhelm Pötter 1.7.1970: BAM, GV NA, A-101–141.
192 Text in: Public Papers, S. 901–909, Zitat S. 909.
193 Die Nähe zum Argument der ›Schweigespirale‹ ist unübersehbar, und es ist zu vermuten, dass Elisabeth Noelle-Neumann die Anregung dazu nicht nur von ihren Erfahrungen mit den Studentenprotesten in Mainz 1970, sondern auch von Richard Nixon empfangen hat. Vgl. *Noelle-Neumann*, Fortschritt, S. 55; *dies.*, Schweigespirale.

Beschimpfungen« verzierten, die in dessen ja/nein-Schema nicht vorgesehen waren.[194] Eine katholische Studentengemeinde gab den Gläubigen eine Anleitung an die Hand, die sie über eine möglichst ökonomische Beantwortung der Fragen informierte, um ›kritische‹ Anliegen möglichst effektiv in die EDV-gestützte Auswertung einzubringen.[195] Als entscheidend stellte sich jedoch die Verteilung der Bögen heraus, die nach dem Repräsentationsmodell der Befragung jeden Katholiken in der Bundesrepublik erreichen sollten, aber auf Grund der immensen Kosten nicht per Post versandt wurden. So sollten die Pfarreien die Verteilung übernehmen.[196] Die Gemeinde St. Peter im westfälischen Waltrop war allerdings nicht die einzige, wo man sich diesem Ansinnen verweigerte, da man den Eindruck gewonnen hatte, »dass keine Diskussion von unten erwünscht wird.« In Warendorf, wo eine Gegenumfrage lief, predigte der Pfarrer von der Kanzel gegen die Teilnahme an der offiziösen Befragung.[197] In vielen Gemeinden lagen die Fragebögen am Ausgang der Kirche zum Mitnehmen bereit. Das provozierte wiederum den Unwillen nicht praktizierender Katholiken. Sie vermuteten eine »Manipulation des Befragungsergebnisses«, wenn der Pfarrer ihnen auf Nachfrage mitteilte, die Bögen seien nun eben vergriffen.[198] Ein Prediger im Paderborner Land befürchtete dagegen eine »Manipulation«, wenn die »lauen Christen« in Dortmund alle ihre Bögen abgeben würden und damit die frommen, aber in der Beantwortung des Fragebogens zurückhaltenden Katholiken vom Land »unterrepräsentiert« wären.[199]

Abseits dieser Kontroversen hatte sich Gerhard Schmidtchen darum bemüht, mit Hilfe der Repräsentativbefragung einen Aspekt der Untersuchung herauszuarbeiten, der für ihn und Karl Forster von zentraler Bedeutung war. Dabei ging es um die gewachsene Diskrepanz zwischen dem von der Kirche vertretenen Wertsystem und dem der einfachen Katholiken. Zur Operationalisierung dieser Frage bediente sich Schmidtchen einer Theorie aus der sozialpsychologischen Einstellungsforschung, die seit Anfang der

---

194 Ein Besuch im Umfragebüro Stuttgart, in: Katholisches Sonntagsblatt Nr. 24, 1970.

195 AK Synode in der KSG Münster, Synodenumfrage, o.D.: BAOS, Seelsorgeamt, Akzession 4, Ordner Synode Würzburg.

196 71 % der deutschen Katholiken erhielten einen Fragebogen, wie das IfD in einer Umfrage ermittelte; Allensbacher Berichte Nr. 17, 1970, S. 1.

197 Familienkreis der Gemeinde St. Peter in Waltrop an die Redaktion KuL 5.6.1970: BAM, Schriftleitung KuL, A 229; vgl. Pfarrgemeinderat St. Ludgerus Buer o.D. [Mai 1970]: BAE, Würzburger Synode, Hefter Synode 72- Vorträge; Zusammenstellung der Ergebnisse der Auswertung der Zusatzbefragung des Freckenhorster Kreises, o.D.: BAM, Synodalbüro A 6.

198 W.S. aus Herten an Tenhumberg 29.6.1970. Karl Hürten antwortete am 9.7.1970 mit dem Hinweis darauf, dass die Repräsentativbefragung solche Fehler korrigieren würde! BAM, Synodalbüro A 6; vgl. G. *Hirschauer*, Eine Synode wird gemanagt, in: Werkhefte Jg. 24, 1970, S. 150–153, S. 152.

199 Fragebogen-Aktion, in: Ruhr-Nachrichten, 6.5.1970.

fünfziger Jahre in den USA diskutiert und experimentell erprobt worden waren. Am bekanntesten und einflussreichsten in diesem Feld war die von Leon Festinger 1957 vorgelegte Theorie der ›kognitiven Dissonanz‹. Sie stieß auch in der kirchlichen Sozialforschung auf Resonanz.[200] In der Synodenumfrage griff Schmidtchen dagegen auf das von Milton J. Rosenberg entwickelte Modell der ›affektiv-kognitiven Konsistenz‹ zurück. Von den drei Komponenten des sozialpsychologischen Konzepts der »attitude«, nämlich »affective, cognitive and behavioral«, vernachlässigte es im Unterschied zu Festinger die Dimension möglicher Verhaltensäußerungen gegenüber dem Objekt der Einstellung. Rosenberg interessierte sich vielmehr für die experimentelle Verifikation von Zusammenhängen zwischen den affektiven und kognitiven Komponenten der Einstellung und wachsende Diskrepanzen zwischen beiden.[201]

Zur methodischen Umsetzung dieses Modells benutzte die Repräsentativbefragung ein auch von Rosenberg eingesetztes Verfahren. Jeder befragten Person wurde ein Kartenspiel mit 36 Wertungen an die Hand gegeben, die sie zunächst nach ihrer Bedeutung sortieren sollte. Im zweiten Schritt wurden die Karten noch einmal ausgespielt, nun aber mit der Maßgabe, zu beurteilen, welche von diesen Werten die Kirche behindere oder fördere.[202] Damit ließ sich die Diskrepanz zwischen dem gesellschaftlichen Wertesystem und den von der Kirche vertretenen Normen quantitativ ausmessen. Die systematische Grundlage dieser und vieler anderer Messungen zur kognitiven Balance bzw. Dissonanz war die Tendenz zu einem »inauthentic‹ behavior«, die sich in sozialen Systemen mit »complex role differentiation« zwangsläufig ergeben musste.[203] Dass sich aus den Rollenkonflikten in einer »funktional differenzierten« Gesellschaft mit pluralen »Wertnormen« auf die Dauer »Diskrepanzen« zwischen kirchlicher Norm und individuellem Entscheiden ergeben mussten, war schlechterdings »unvermeidlich« und nichts für die katholische Kirche spezifisches. Für die Pastoral war allerdings die Frage entscheidend, an welchen Stellen daraus entstehender »kognitiver Stress« so groß wurde, dass er auf die subjektive Wiederherstellung einer »Balance« zwischen den kognitiven und affektiven Momenten der Einstellung drängte.[204] Und genau für diese Frage ließ sich das Instrumentarium der Meinungsumfrage heranziehen.

---

200 PSI, Bericht Nr. 38 (1965), S. 6ff.; vgl. *Harmon-Jones/Mills*.

201 *Rosenberg*, Hedonism, bes. S. 101; *ders.*, Analysis.

202 *Schmidtchen*, Kirche und Gesellschaft, S. 56–92, 278f., bes. 56f.; vgl. *Rosenberg*, Hedonism, S. 74f.

203 *Rosenberg*, Hedonism, S. 101.

204 So die Auswertung von *Forster*, Glaube-Kirche-Gesellschaft, Zitate S. 106.

3.4. Gebet oder Meinungsvotum?
Meinungsumfragen und die Sprache der Kirche

Als das Institut für Publizistik der Universität Münster 1973 eine Befragung über die Wirkung der Synode in den Gemeinden des Bistums durchführen wollte, erhielt es einen abschlägigen Bescheid. Die Pfarrer und Vorsitzenden der Pfarrkomitees hatten bereits im Jahr zuvor darum gebeten, sie mit weiteren Aktionen dieser Art zu verschonen.[205] Aber nicht nur das Interesse vieler Katholiken an der Demoskopie als einer Technik zur maßstabsgetreuen Abbildung von Repräsentativität war erheblich abgeflaut. Auch die seit 1968 unübersehbare öffentliche Aufladung innerkirchlicher Konflikte, ihre Dramatisierung und Politisierung, war an vielen Stellen einem gelasseneren Umgang mit den Problemen gewichen. Das war insbesondere in den Beratungen der Würzburger Synode selbst zu erkennen, die von einem parlamentarisch-sachlichen Verhandlungsstil geprägt waren, auch wenn die Presse wegen der faktisch äußerst geringen Entscheidungskompetenzen der Synodalen vom »Schülerparlament des deutschen Katholizismus« sprach.[206] In Würzburg hatte sich frühzeitig deutlich abgezeichnet, dass die Mehrheit der Katholiken nach dem »innerkirchlichen Kriegszustand in den Jahren 1966 bis etwa 1972« der »Kontroversen müde« war.[207] Im Vorfeld der Synode, in dem die Befragungsaktion stattfand, ließ sich dies allerdings noch nicht absehen. Ein immenser Überhang an Erwartungen prägte vielmehr die innerkirchliche Diskussion. Sie richteten sich auf die Synode als Motor der Umsetzung des Konzils in der bundesdeutschen Kirche und zugleich auf die Lösung des akkumulierten Problemstaus, der in einer vielfältigen Krisensemantik seinen unübersehbaren Ausdruck fand.

Unter dem Vorzeichen dieser Situation stand die Vorbereitung der Synode selbst weitgehend im Zeichen der verschiedenen demoskopischen Befragungsaktionen. Ein symbolisches Indiz dafür ist jene Diskussionsrunde, die im Juni 1970 Fragen der Synode in einer Sendung des ZDF diskutierte. An der Wand im Hintergrund des Studios hatte man eine mehr als mannshohe Reproduktion des Fragebogens der Totalerhebung plaziert.[208] Viele Katholiken projizierten ihre Erwartungen an die Synode auf die von der

---

205 Synodalbüro an Institut für Publizistik der Westfälischen Wilhelms-Universität 26.4.1973: BAM, Synodalbüro A 2.

206 *H.J. Herbort*, Das katholische Schülerparlament, in: Die Zeit, 8.1.1971, zit. nach Synode Jg. 2, 1971, Nr. 3, S. 21f.; vgl. Die Katholiken üben Demokratie. Die erste Vollversammlung der Synode in Würzburg, in: Publik, 8.1.1971.

207 Süddeutsche Zeitung, 22.11.1974; mit einer ähnlichen Datierung *Schatz*, Säkularisation, S. 324.

208 Vgl. die Abbildung in KuL, 7.6.1970.

Bischofskonferenz durchgeführte Befragung. Aber wie wirkte sich das auf die Synode aus, und welche Rückwirkungen hatten die mit der Umfrage verbundenen Konflikte und Kontroversen auf die Akzeptanz der Demoskopie in der Kirche? Für die erste Frage gab es den Versuch einer Antwort bereits, bevor die Umfrageaktion überhaupt beendet war. Ein Kommentar von Karl Korn, dem langjährigen Mitherausgeber der FAZ, griff die verschiedentlich geäußerte Unterstellung auf, dass die Kirche »mit Hilfe des Fragebogens« nur den »Druck aus dem Kessel« lassen wolle, der sich dort durch die dilatorische Behandlung und Tabuisierung von Problemen angesammelt hatte. Dagegen brachte er jedoch den auch von einigen Bischöfen geteilten Einwand vor, dass das Öffnen dieses Ventils »unwiderruflich« sei und jederzeit »neue Bewegung und neue Unruhe« erzeugen könne.[209] Bereits wenige Monate später kam Otto B. Roegele zu einem diametral entgegengesetzten Befund. Aus dem unerwartet hohen Rücklauf und den vielen bei den Bischöfen eingegangenen brieflichen Äußerungen schloss er, dass sich die Befragung »allein schon« wegen ihres »psychotherapeutischen Effekts der Entlastung« gelohnt habe.[210]

Nach einer genauen Analyse der Konflikte um die Umfragen und der zu ihrer Legitimation verwandten Kategorien kann man der Analyse von Roegele durchaus zustimmen, wenn man sie nicht wie er auf die subjektiven Empfindungen der Befragten, sondern vielmehr auf die Kräfteverhältnisse innerhalb der Kirche bezieht. Durch den Vorwurf der manipulativen Unterdrückung kontroverser Themen, durch den Auftritt von Gegenexperten und die Inszenierung von Gegenumfragen entwickelte sich die Totalbefragung selbst zu einem ›heißen Eisen‹. Aber auf keiner dieser Ebenen gelang es, die Interessen an einer Demokratisierung und Erneuerung der Kirche, die mit dieser Ausdeutung demoskopischen Wissens artikuliert werden sollten, als legitime Interessen durchzusetzen. Dafür sorgten nicht nur die immer noch spürbaren Vorbehalte, die in der Kirche generell gegenüber dem demoskopischen Diskurs bestanden. Maßgeblich dafür war der trotz all ihrer Mängel und Halbheiten von der Totalbefragung ausgehende Effekt, sich als Mittel zur Integration und Beteiligung aller Katholiken sowie gleichzeitig als eine zeitgemäße Form der Umsetzung des postkonziliaren »Dialoges« zwischen der Kirche und »der ganzen Menschheitsfamilie« präsentieren und positionieren zu können.[211]

---

209 *K. Korn*, Katholisches Plebiszit?, in: FAZ, 18.6.1970.

210 Professor Otto B. Roegele kommentiert vorläufige Auswertungsergebnisse der Meinungsbefragung zur Synode 72, in: Kirchenzeitung für das Erzbistum Köln, 23.10.1970. N. Greinacher, Einführung, in: *Marhold*, S. 5–8, S. 7, beruft sich auf die private Aussage eines ungenannten »hohen kirchlichen Amtsträgers«, dem zufolge die Befragungsaktion »nur der Beruhigung der Gemüter dienen sollte«.

211 Pastoralkonstitution Gaudium et Spes, 3: *Rahner/Vorgrimler*, S. 450.

Beim Dialog handelte es sich um ein »Hauptwort des Konzils«.[212] Und selbst wenn es nur dessen »magerer Anfang« war, wie selbst Karl Forster eingestand, hatte der Dialog nunmehr offiziell begonnen, und zwar auf Geheiß der bundesdeutschen Bischöfe. Diese machten ein »ehrliches Angebot an alle Katholiken«. Wer es ausschlug oder in der Form substanziell kritisierte, manövrierte sich selbst an die Peripherie der innerkirchlichen Diskussion und Entscheidungsfindung. Mit der Technik der Totalbefragung kehrte sich die Frage der Responsivität gewissermaßen um. Noch bevor die Bischöfe die Konsequenzen der Umfrage bedenken mussten, hatte jeder einzelne Katholik eine Chance, die jedoch zugleich einen Annahmezwang implizierte. »Sie besteht darin, den Fragebogen auszufüllen und einzusenden.«[213] »Sich der Beantwortung des Fragebogens nicht zu entziehen«, formulierte Klaus Hemmerle diesen Gedanken, war selbst »ein Schritt des Dialogs«.[214] Im Kontext des deutschen Katholizismus der Jahre 1969/70 fungierte die Befragung als ein äußerst wirksames Instrument der symbolischen Partizipation.

Die Befragungsaktion hatte darüber hinaus auch unmittelbare Auswirkungen auf die Arbeit der Synode selbst, selbst wenn sich diese nur schwerlich konkret nachvollziehen lassen. Alle Befürchtungen über direkte plebiszitäre Konsequenzen der Untersuchungsergebnisse erwiesen sich als haltlos, wie sich gleich in der konstituierenden Sitzung der Synode zeigte. Der Antrag auf Errichtung einer eigenen Sachkommission zur »Glaubensnot« wurde abgelehnt, obwohl die »Glaubensnot des heutigen Menschen« jenes Thema war, das die Katholiken in der Totalbefragung mit 57,8% der Stimmen an erster Stelle der Gegenstände benannt hatten, mit denen sich die Synode beschäftigen sollte. Stattdessen sollten sich alle Kommissionen damit als »durchlaufender Perspektive« befassen.[215] Diese Ablehnung konnte um so leichter fallen, als die Synodenumfrage wie jeder demoskopische Befund die Möglichkeit von plakativen ad-hoc-Interpretationen offen ließ, mit denen unmittelbare Konsequenzen suggeriert bzw. die diskursiven Grenzen der Interpretation abgesteckt wurden. So stellte Karl Forster etwa im Hinblick auf die quantitative Dringlichkeit der Glaubensnot kurzerhand fest: »Es wäre aber sicher kurzschlüssig, daraus folgern zu wollen, zentrale Themen der dogmatischen Theologie könnten vernachlässigt werden oder die öffentliche Infragestellung von Grundinhalten des Glaubens der Kirche sei ohne Belang für die existenzielle Glaubensnot.«[216]

212 *Pottmeyer*, Modernisierung, S. 139.

213 *K. Forster*, Die Befragung. Ein ehrliches Angebot an alle Katholiken, in: Katholisches Sonntagsblatt Nr. 17, 1970, S. 10f.

214 *K. Hemmerle*, Alle sind gefragt – wonach?, in: Konradsblatt, 3.5.1970.

215 *Nees*, S. 52; HK Jg. 25, 1971, S. 96 (Zitat); 57,8% Katholiken suchen Antwort auf Glaubensnot, in: Die Welt, 27.11.1970.

216 *K. Forster*, Zur theologischen Motivation und zu den pastoralen Konsequenzen der Umfragen zur Gemeinsamen Synode der Bistümer in der Bundesrepublik Deutschland, in: *ders.*,

In den Diskussionen und Beratungen der Synode waren die Umfragen vielfach präsent, zumal jedem Synodalen ein Exemplar des Forschungsberichtes von Gerhard Schmidtchen vorlag, der als Pflichtlektüre aller in Würzburg Versammelten gelten konnte.[217] Wie die Seelsorgeamtsleiter allerdings bereits 1972 monierten, gaben die bis dahin eingelaufenen Vorlagen der Sachkommissionen »zu wenig Antwort auf die Hauptanliegen, die in den Meinungsbefragungen zur Vorbereitung der Synode geäußert wurden.« Die Mitglieder dieses Kreises bemühten sich selbst, die Umfragen als Indikator für »Erwartungen der Gläubigen« auszuwerten und dabei gegen die »Konservierung des status quo« eine »strategische Prioritätensetzung« vorzunehmen.[218] Die Verwertung des Datenmaterials gestaltete sich in den einzelnen Sachkommissionen zunächst auch aufgrund seiner Zugänglichkeit und Ergiebigkeit zögerlich. In der Kommission zu den pastoralen Diensten in der Gemeinde musste man erst auf die vollständige Auswertung der Priesterumfrage warten, um die »Situationsanalyse« angemessen zu gestalten. Einer Studiengruppe der Sachkommission »Glaubenssituation und Verkündigung« schien das Material dagegen nicht ausreichend. Sie hielt eine inhaltlich spezifizierte Erhebung mit Hilfe einer weiteren Umfrage für notwendig, musste diese Absicht aber dann aus Zeitgründen fallen lassen. Über das Forum der Synode hinaus gab es ohnehin viele Auswertungsversuche zu einzelnen pastoralen Problemfeldern.[219] Die Synodalen versuchten auch, die Umfragen für die Vermittlung ihrer Arbeit an ein breiteres Publikum nutzbar zu machen, da nicht nur die Öffentlichkeit, sondern auch manche der Synodalen selbst angesichts der Flut von Arbeitspapieren und Vorlagen bald den Überblick über die Standpunkte und behandelten Themen verloren. Deshalb forderten sie die Bistumspresse 1973 auf, ihre Berichterstattung über die Arbeit der Sachkommissionen noch »stärker als bisher vor dem Hintergrund jener Nöte dazustellen, die sich aus den Umfragen ablesen lassen«.[220]

Befragte Katholiken, S. 9–22, S. 19. Der argumentative Kampf gegen »Vorurteile«, »Ideologien« und »Utopien«, mit dem quasi die Grundwertedebatte der siebziger Jahre eröffnet wurde, bestimmte auch seine Auswertung in ders., Glaube-Kirche-Gesellschaft, Zitat S. 118.

217 K. Lehmann, Allgemeine Einleitung, in: Gemeinsame Synode, Bd. I, S. 21–67, S. 45f.; Gespräch mit Hanna-Renate Laurien am 28.2.2003.

218 Protokolle der Konferenz der Seelsorgeamtsleiter v. 12.–14.6.1972 (erstes Zitat) und 10.–12.12.1973 (zweites Zitat): BAM, GV NA, A-201-464.

219 W. Kasper, Die pastoralen Dienste in der Gemeinde. Einleitung, in: Gemeinsame Synode, Bd. I, S. 581–596, S. 584; HK Jg. 25, 1971, S. 401; Forster, Zur theologischen Motivation, S. 16. Vgl. z.B. R. Bleistein, Glaubensschwierigkeiten junger Menschen – unvoreingenommene Analyse und pastorale Möglichkeiten, in: PBl. für die Diözesen Aachen etc., Jg. 25, 1973, S. 109–119; H.-J. Lauter OFM, Tendenzen priesterlicher Spritualität, in: ebd., S. 296–299.

220 Prof. Michael Schmolke, Mitglied der Sachkommission VI: Erziehung-Bildung-Information an die Redaktion KuL 25.5.1973: BAM, Redaktion Kirche und Leben A 229.

Wichtiger als die direkten Rückwirkungen auf die Synode sind im Kontext unseres Arguments jedoch die Folgen, die sich aus der Erfahrung mit den Synodenumfragen für die weitere Anwendung der demoskopischen Methode in der katholischen Kirche ergaben. In der Presse war nach dem Erscheinen des Forschungsberichtes gemutmaßt worden, dass nach dieser »nüchternen Bestandsaufnahme« die in »Führungskreisen der katholischen Kirche vorhandene Abneigung gegenüber der Sozialpsychologie und der Soziologie« womöglich noch verstärkt würde.[221] Jedoch war gerade das Gegenteil der Fall, zumindest sofern es die Deutsche Bischofskonferenz als oberstes Entscheidungsgremium der katholischen Kirche in der Bundesrepublik betraf. Karl Forster, bei dem im Vorfeld der Synode erst einige Bedenken gegen die Anwendung dieses Instrumentariums zerstreut werden mussten, war in der Folgezeit wie vermutlich kein zweiter führender Kirchenfunktionär und Theologe von den Möglichkeiten der Demoskopie fasziniert.[222] Forster blieb nicht nur weiterhin für die wissenschaftliche Auswertung der Befragungsaktion verantwortlich, auch nachdem er Ende 1971 das doppelte Amt als Sekretär der Synode und der Deutschen Bischofskonferenz, nicht zuletzt wegen der zahlreichen Konflikte und der an ihn gerichteten Vorwürfe der »Manipulation«, an Josef Homeyer abgegeben und den Ruf auf eine Professur in Augsburg angenommen hatte.[223] In einer ganzen Reihe von Veröffentlichungen, die hauptsächlich auf der Auswertung demoskopischen Materials basierten, behandelte Forster das Problem der kirchendistanzierten Religiosität.[224] Quasi in seiner Freizeit unterzog sich Forster mehrere Jahre lang der mühevollen Arbeit, einen umfänglichen Datenbestand aus den Mehr-Themen-Umfragen des Instituts für Demoskopie seit 1953 einer Sekundärauswertung im Hinblick auf die Fragen von »Frau und Gesellschaft« sowie »Frau und Kirche« zu unterwerfen. Nach dem Tod von Forster 1981 führte Gerhard Schmidtchen diese Arbeit zu Ende und legte sie in einer Buchpublikation vor.[225]

Auch nach seinem Ausscheiden aus der Deutschen Bischofskonferenz arbeitete Forster schließlich weiterhin an Expertisen, die direkt als Unterlagen für die Entscheidungsfindung in diesem Gremium konzipiert waren. Ein wichtiges Thema war beispielsweise die angesichts der ›Priesterkrise‹ intensiv diskutierte Suche nach neuen Modellen für die Priesterrolle und die in der Pastoral tätigen Berufe insgesamt. Die hierzu ausgearbeitete Vorlage ist vor

---

221 *G. Renner*, Denken anders als die Kirche, in: Die Zeit, 13.9.1972.

222 Gespräch mit Elisabeth Rickal am 9.12.2002.

223 *Forster*, Befragte Katholiken. Zu den Motiven für diesen Wechsel vgl. *K. Barrey*, Prälat Forster sucht neue Aufgaben, in: FAZ, 21.9.1971; Die Chance der deutschen Synode. Publik-Gespräch mit dem Sekretär der Synode, in: Publik, 20.8.1971.

224 *Forster*, Religiös ohne Kirche; *ders.*, Glaube-Kirche-Gesellschaft; *ders.*, Probleme.

225 *Schmidtchen*, Situation; vgl. *D. Seeber*, Die emanzipative Generation, in: HK Jg. 38, 1984, S. 527–531.

allem wegen des Problembewusstseins aufschlussreich, mit dem Forster die bei der Umsetzung sozialwissenchaftlichen Wissens in Entscheidungen nötigen Schritte und Kautelen beschrieb. Zunächst wies er einschränkend darauf hin, dass die verschiedenen demoskopischen Untersuchungen, die ihm für seine Ausarbeitung vorlagen, nur »Momentaufnahmen einer sozialen Situation seien« und deshalb nur »Wahrscheinlichkeiten« vermitteln könnten. Für weitergehende kausale Zuschreibungen seien dagegen »Aussagen aus Verlaufs- und Veränderungsbeobachtungen« erforderlich, wie sie etwa durch Panel-Befragungen möglich werden, bei denen ein bestimmter Personenkreis im Verlauf der Zeit mehrmals dieselben Fragen beantworten muss.[226] Eine mit der 1974 durchgeführten Befragung von 2000 Priesteramtskandidaten verbundene Absicht war denn auch, die Priesterumfrage von 1971 im Sinne einer »Trenderhebung weiterzuverfolgen«, wobei die Hoffnung ganz offensichtlich darin lag, eine »Trendumkehr« zurück zu einer mehr hierarchischen Orientierung der jüngsten Priestergeneration verifizieren zu können.[227]

In seiner Ausarbeitung über die Neujustierung der Priesterrolle für die Deutsche Bischofskonferenz wies Forster weiter daraufhin, dass alle aus dem Material gezogenen »›Schlussfolgerungen‹ oder Anwendungen nicht aus den erhobenen Daten selbst hervorgehen, sondern eine (...) in der Sache selbst und in der verantwortlichen Entscheidung begründete Motivation voraussetzen.« Die mit jeder Entscheidung notwendig verbundenen Risiken, lässt sich dieser Hinweis verstehen, konnten durch Einbeziehung sozialwissenschaftlichen Sachverstandes keineswegs vermindert werden. So kam Forster zu dem Schluss, dass man eher »zur Unwirksamkeit verurteilte Konzepte« markieren denn »positiv« bestimmte Handlungsmaximen als »einzig mögliche« bezeichnen könne. Die Wahrheit lag für ihn allein in der Falsifikation, also in der Aussonderung des letztlich als falsch erkannten.[228] Die Reaktion auf Forsters Gutachten zeigt allerdings, dass solche Warnschilder nicht grell genug angemalt werden konnten, um den gewünschten Effekt zu erzielen. Bischof Tenhumberg, der die Ausarbeitung als Vorsitzender der Pastoralkommission der DBK in Auftrag gegeben hatte, meinte umgehend, dass man, »am Text [von] Forster entlanggehend«, gleich eine

226 Karl Forster, Entscheidungen und pastorale Initiativen für die kirchlichen Berufe. Hinweise aus den Ergebnissen sozialwissenschaftlicher Untersuchungen der letzten Jahre, o.D. [1975]: BAM, GV NA, A-0-966. Forster stützte sich v.a. auf Schmidtchen, Priester in Deutschland; ders., Umfrage; IKSE, Bericht Nr. 88, 1975. Vgl. auch G. Siefer, Der alarmierende Rückgang der Priesterzahlen, in: ders., Priester, S. 69–96, hier S. 71f.

227 So die Auswertung von Karl Forster in: Schmidtchen, Priesteramtskandidaten, S. 227; »Trendumkehr«: Roos, S. 76.

228 Karl Forster, Entscheidungen und pastorale Initiativen für die kirchlichen Berufe. Hinweise aus den Ergebnissen sozialwissenschaftlicher Untersuchungen der letzten Jahre, o.D. [1975]: BAM, GV NA, A-0-966.

»Reihe von wesentlichen Punkten in den Beschlusstext« der Bischofskonferenz »aufnehmen« könne. Vor der Vollversammlung der DBK sprach er von einem »Glücksfall«, dass zum Thema Priester eine Reihe neuer empirischer Erhebungen vorläge, und sah darin eine Situation gegeben, die man nun rasch durch Entscheidungen nutzen müsse.[229]

In den Jahren von 1972 bis 1983 fungierte Josef Homeyer als Sekretär der Deutschen Bischofskonferenz. Er war zuvor seit 1966 Schuldezernent in Münster und Mitglied der dortigen Planungskommission gewesen und wird uns in dieser Funktion noch im Zusammenhang der Anwendung organisationssoziologischer Konzepte begegnen.[230] Unter seiner Ägide änderte sich nichts an dem intensiven Interesse der Bischofskonferenz an demoskopischen Untersuchungen, die es zu kirchlichen Fragen kontinuierlich in Auftrag gab, wobei das Institut für Demoskopie wohl der wichtigste Ansprechpartner war. Allerdings gibt es dafür keinen Beleg, da, mit einigen wenigen Ausnahmen, alle Ergebnisse dieser Umfragen als vertraulich deklariert wurden. Wenn überhaupt, erblickten ihre Ergebnisse deshalb nur »bruchstückhaft das Licht der Öffentlichkeit«.[231] Bei diesen Ausnahmen handelte es sich zum einen um gemeinsame Projekte von Karl Forster und Gerhard Schmidtchen, bei denen sie auf die Ergebnisse ihrer Zusammenarbeit bei den Synodenumfragen zurückgreifen konnten. Ein Beispiel dafür ist eine 1980 bei der DBK vorgelegte und 1982 veröffentlichte Untersuchung über die Erwartungen, welche die Gläubigen im Hinblick auf das Engagement der Kirche für die Dritte Welt hegten.[232]

Ein anderes Beispiel betraf eine Ende der siebziger Jahre durch das Institut für Demoskopie vorgenommene Untersuchung und Auswertung zum Schwund der aktiven Kirchlichkeit. Damit avancierte die Demoskopie zur Interpretationshilfe des statistischen Diskurses, dessen Datenmaterial keine hinreichenden Anhaltspunkte für vertiefende Analysen bot. Bei der Auswertung der Umfragedaten lancierte das Allensbacher Institut allerdings eine Deutung, welche durch die Zahlenreihen der Kölner Statistik nicht unbedingt gedeckt war. In Allensbach sah man die späten sechziger und frühen siebziger Jahre als Zeitraum eines gravierenden Rückgangs der Kirchlichkeit, welcher sich »einbruchähnlich« vollzogen und danach etwas stabilisiert habe. Damit wurde, ohne dass dies noch eigens angesprochen werden musste, die Protestbewegung der '68er als Ursache der »dramatischen« Veränderungen suggeriert, zumal insbesondere die jüngere Generation »wachsende

229 Tenhumberg an Josef Homeyer 25.8.1975, Tenhumberg, Allgemeine Einführung zum Schwerpunkt-Thema der Herbst-Vollversammlung 1975, o.D: BAM, GV NA, A-0-966.

230 *Damberg*, Abschied, S. 291, 455; Kap. 4.2.

231 *Seeber*, S. 527f. (Zitat); Telefonat mit Friedrich Kronenberg am 14.4.2003.

232 *Forster/Schmidtchen*, Glaube und Dritte Welt, S. 7, 11.

Distanz« zur Kirche zeigte.[233] Veröffentlichungen von Umfrageergebnissen gab es schließlich auch dort, wo ein Thema die besondere Aufmerksamkeit der Bischofskonferenz und ihres seit 1987 amtierenden Vorsitzenden Karl Lehmann gefunden hatte. Das war etwa beim Verhältnis von Frauen zur Kirche der Fall, das seit den frühen siebziger Jahren einem dramatischen Wandel unterworfen war und deutlich machte, dass die Frauen nicht länger als »stille Reserve« verstanden werden konnten, auf die man in der kirchlichen Arbeit problemlos zurückgreifen konnte.[234]

Auf jeden Fall wich diese Praxis nur sporadischer Veröffentlichungen gravierend von der Nutzung demoskopischen Materials in den evangelischen Landeskirchen und in der EKD ab. Diese gab erstmals 1970 angesichts drastisch ansteigender Austrittszahlen eine umfassende demoskopische Studie zu Einstellungen und Erwartungen aller Protestanten in Auftrag, an der neben einem demoskopischen Institut auch ein Team von Theologen und Religionssoziologen arbeitete. Seitdem veröffentlicht die EKD regelmäßig im Abstand von etwa zehn Jahren die Ergebnisse umfangreicher Mitgliederbefragungen nach dem quota-Verfahren.[235] Diese Differenz zwischen der Form, in der in der evangelischen bzw. der katholischen Kirche seit 1970 demoskopisches Material genutzt wurde, ist ohne den Einfluss der Synodenumfragen nicht zu verstehen. Mit der Totalbefragung und den ergänzenden Stichprobenerhebungen war die Demoskopie schlagartig zu einem zentralen Bestandteil des wichtigsten Ereignisses für die innerkirchliche Positionsbestimmung und Politik nach dem Konzil avanciert.

Diese bis dahin beispiellose Verwissenschaftlichung innerkirchlicher Auseinandersetzungen ging allerdings einher mit einer für die katholische Kirche neuen Intensität der »Politisierung der Wissenschaft«, wie sie sich unter anderem in den Gegenumfragen und der massiven Kritik an der unterstellten manipulativen Absicht der Befragung gezeigt hatte.[236] Auch wenn die Totalbefragung im Kontext der Synodenvorbereitung letztlich als ein Ventil für den Überhang an Erwartungen auf innerkirchliche Reformen fungierte, waren die Reaktionen auf ihre Durchführung eine Erfahrung, die auch Befürworter von kirchlichen Meinungsumfragen in der Rückschau nachdenklich stimmen musste. Die notwendige Konsequenz war ein in »höheren Amtsstuben« der Kirche weit verbreitetes Misstrauen gegenüber einer »trendanfällige[n] Bevölkerung«, welche die »Fakten« zugleich als

---

233 Der Untersuchungsbericht wurde nicht veröffentlicht, aber ausführlich referiert bei *Höffner*, Pastoral der Kirchenfremden, S. 31–41, Zitate S. 35.

234 DBK, Frauen und Kirche; vgl. *A. Fotzik*, Nicht länger die stille Reserve. Allensbach-Studie zum Thema Frau und Kirche, in: HK Jg. 47, 1993, S. 306–311.

235 *Hild*, bes. S. 8–20; *Besier*, S. 123; als Analyse der bis 1970 in einzelnen evangelischen Landeskirchen durchgeführten Umfragen vgl. *Marhold*.

236 Zu diesen Koppelungen vgl. *Weingart*, Wahrheit, S. 139–151, Zitat S. 140.

»Norm« unterstellte und damit der plebiszitären Ausbeutung von Umfragen Vorschub leistete.[237] Dieses Thema hatte bereits die katholische Kritik des demoskopischen Diskurses in den fünfziger Jahren angeschlagen. Durch die Politisierung der Demoskopie im Umfeld der Synode war nunmehr ihrer weiteren öffentlichen Diskussion in der Kirche zumindest mittelfristig die Grundlage entzogen worden. Die Demoskopie als eine Technologie der Öffentlichkeit kehrte wieder dorthin zurück, wo sie bereits in den sechziger Jahren präsent gewesen war: in den von Medien und Öffentlichkeit abgeschirmten Arkanbereich kirchlicher Spitzengremien.

Das musste allerdings keineswegs bedeuten, dass ihre Nutzung deshalb weniger intensiv und effektiv gewesen wäre als anderswo. Als der Unternehmensberater Peter Barrenstein Ende der neunziger Jahre die evangelische Kirche in München bei der Rationalisierung und Optimierung ihrer Organisation beriet, fällte er ein vernichtendes Urteil über die alle zehn Jahre veröffentlichten Mitgliederbefragungen der EKD. Diese seien »völlig hilflose Instrumente der Marktforschung«, die ungelesen in den Regalen verschwänden, weil sie »nicht handlungsorientiert« und damit völlig unbrauchbar für konkrete pastorale Anliegen einzelner Gemeinden oder Regionen seien.[238] Genau das galt allerdings nicht für Umfragen mit lokal oder regional begrenzter Reichweite. Solche Erhebungen machte seit Ende der sechziger Jahre das Sozialteam Adelsried, vor allem aber die Gesellschaft für christliche Öffentlichkeitsarbeit in Zusammenarbeit mit dem Institut für Kommunikationsforschung in großer Zahl. Allein die GCÖ hat während der siebziger und achtziger Jahre mehr als 100 Meinungsumfragen in verschiedenen west- und süddeutschen Diözesen durchgeführt. Dabei handelte es sich typischerweise um eine »Image-Analyse«, die dem Aufbau von »vertrauenswürdigen Verhaltensweisen« dienlich sein sollte, indem sie die an die Kirche adressierten »Erwartungsschablonen« ermittelte. Stichprobenerhebungen dieser Art besaßen keine öffentliche Brisanz, da ihnen nicht die Grundgesamtheit aller Katholiken in der Bundesrepublik zugrunde lag. Sie standen typischerweise im Kontext lokaler Initiativen zum Aufbau eines Stammes von Laienhelfern etwa in der kirchlichen Jugend-, Alten- oder Caritasarbeit.[239]

Eine wichtige Funktion erfüllte die Demoskopie auch in der »Kontaktmission« als einer veränderten Form der Volksmission, die 1969 modellhaft erstmals im Raum Marl durchgeführt wurde. Dabei kam es im Unterschied

---

237 *Seeber*, S. 528. Daneben gab es Vorbehalte gegenüber der Ergiebigkeit der Methode, deren Ergebnisse man mit seiner »Nase« vorwegnehmen könne. So auch: Walter Dirks antwortet, S. 20.

238 »Stärkere Orientierung am Kunden«. Ein Gespräch mit McKinsey-Direktor Peter Barrenstein, in: HK Jg. 52, 1998, S. 342–347, S. 344.

239 IfK, Abschlussbericht 3-1970, Zitat S. 1; IfK, Meinungsumfrage I/1968; Gespräch mit Dr. Josef Scharrer am 17.4.2003.

zur soziographischen Gebietsmission nicht mehr darauf an, zielgerichtet bestimmte soziale Gruppen von ›Abständigen‹ wieder zu praktizierenden Christen zu formen. Das Ziel der grundsätzlicher und langfristiger angelegten Kontaktmission war es vielmehr, »global Vertrauen für die Kirche« zu »wecken und zu pflegen«.[240] Der zu diesem Zweck von der GCÖ ausgearbeitete Pastoralplan war mit den Geistlichen des Dekanates Marl genau besprochen worden, womit es im Unterschied zu vielen soziographischen Vorhaben gelang, »die Pfarrer für seine Durchführung zu erwärmen«. Die Geistlichen erhofften sich von der Umsetzung des Planes viel. Wie der für Volksmissionen zuständige Referent des Generalvikariates festhielt, hinterließ das von der GCÖ angeleitete Vorhaben trotz der Bestürzung über sinkende Kirchenbesucherzahlen eine von »Zuversicht und Optimismus« geprägte Atmosphäre. Die enge Kooperation mit den Betroffenen war eine Voraussetzung für diese erfolgreiche Anwendung demoskopischer Methoden in der Pastoral. Hinzu kam das persönliche Engagement von Sozialwissenschaftlern, die ihre Aufgabe nicht nur als abstrakte Kalkulation vom Schreibtisch aus verstanden, sondern dafür »keine Mühe, keine Reise und keinen persönlichen Einsatz« scheuten, wie der zuständige Referent im Generalvikariat festhielt.[241]

Neben der von der Bischofskonferenz gepflegten Arkanpraxis lässt sich allerdings schließlich noch ein anderer Rezeptionsstrang freilegen, der die Chancen einer weiteren Anwendung und Diskussion der Umfrageforschung in der katholischen Kirche negativ beurteilte. Er war nicht identisch mit den seit den fünfziger Jahren geäußerten Vorbehalten, die auf die ersten Berührungen mit der neuen wissenschaftlichen Technologie reagierten. Es handelte sich vielmehr um eine Reaktion auf die massive Präsenz von Umfragen in der Kirche um 1970 und damit bereits um eine Wirkung der flächendeckenden Anwendung des demoskopischen Diskurses. Auch eine Zuschreibung der Kritik auf politische Motive führt an dieser Stelle nicht weiter, obwohl manche der beteiligten Autoren sich vielleicht als ›traditional‹ oder ›konservativ‹ rubrizieren lassen.[242] Vielmehr handelt es sich um einen anderen Weg, die Legitimität der spezifischen Form, mit der die Demoskopie etwas über die Wirklichkeit aussagt, in ihrer Anwendung auf die katholische Kirche zu

240 GCÖ, Umrisse für den Plan einer Kontaktmission, 5.3.1968 (Zitat): BAM, GV NA, A-201-377.

241 Aktenvermerk o.Verf. o.D. [P. Edbert Köster OFM, November 1968]: BAM, GV NA, A-101-336.

242 Dies gilt hier etwa für Ida Friederike Görres (1901–1971), die im Kontext ihres ›Briefes‹ über die Kirche‹ (1946) noch als Kirchenkritikerin gehandelt wurde, was bereits zu diesem Zeitpunkt eine Fehleinschätzung war. Später wurde sie als »Reaktionärin« gescholten, was ebenso wenig zutreffend ist. Vgl. *E. v. Kuehnelt-Leddihn*, Weltmännisches Christentum, in: FH Jg. 18, 1963, S. 269–271, S. 271; zur Biographie knapp *Bautz*, Bd. 17, Sp. 471–473. Eine umfassende Würdigung dieser wichtigen katholischen Autorin steht aus.

negieren. Auch der Rückgriff auf den demoskopischen Diskurs in der Kirche war letztlich eine Form, sich mit Säkularisierungserfahrungen auseinanderzusetzen. Ihren systematischen Einsatzpunkt fand die Demoskopie dort, wo es mit der zunehmenden Privatisierung religiösen Entscheidens unmöglich geworden war, eine überwiegend stabile und unproblematische Resonanz auf dogmatische Festlegungen und pastorale Entscheidungen bei den Gläubigen zu finden.[243] Mit der Auflösung der überkommenen Milieustrukturen und dem damit einhergehenden Prozess rapider Entkirchlichung stieg nicht nur die Dringlichkeit, angemessene Anpassungen der Pastoral vorzunehmen. Jede einzelne dieser pastoralen Entscheidungen musste bereits kontrafaktisch alle absehbaren künftigen Beobachtungen und Motivlagen einbeziehen, mit denen einzelne Katholiken darauf reagieren würden. Und genau diese Beobachtung von externen Beobachtungen, diesen Spiegel zweiter Ordnung stellte die Demoskopie zur Verfügung. Sie machte »Erwartungen« manifest, deren Unterstellung jeglichen »Empfehlungen zur Veränderung bestimmter Formen des kirchlichen Lebens« zu Grunde lag, und über die es ohne die Demoskopie kein genaues Wissen gab.[244]

Im Zusammenhang der Synodenumfrage war einigen Beobachtern aufgefallen, dass der Fragebogen genau dieser Ausgangssituation im Grunde nur unzureichend Rechnung trug. So bewegten sich insbesondere die Antwortvorgaben zu Frage 3 (›Unter Katholiken gibt es unterschiedliche Meinungen darüber, wozu die Kirche da ist.‹) »auf dem alten Gleis der überholten Katechismus-Denkweise«. Das galt insbesondere für das erste Angebot: »Dass die Kirche mich anleitet, das Gute zu tun und das Böse zu lassen«.[245] In dieser Formulierung war nicht weniger als eine umfassende Kompetenz der Kirche impliziert, normierend und verhaltensregulierend in das Leben des Einzelnen eingreifen zu können, und zugleich die Erwartung, dass diesem Angebot in der Regel auch gefolgt werde. Eine solche Annahme rechnete nicht mit der durch die Differenzierung von Rollenmustern gegebenen Privatisierung des religiösen Entscheidens, mit der jedes Individuum eine höchst selektive Auswahl derjenigen Normen verbinden konnte, die es für sinnvoll befand. Sie unterstellte vielmehr die ungebrochene Gültigkeit eines »Milieustandards«, wie er für die geschlossene Vergesellschaftung des

---

243 Zu diesem theoretischen Kontext vgl. Kap. 1; vgl. auch *Vogt*, Meßbarkeit, S. 77.

244 *K. Forster*, Die Befragung. Ein ehrliches Angebot an alle Katholiken, in: Katholisches Sonntagsblatt Nr. 17, 1970, S. 11.

245 *F.P. Becker*, Fragen an den Fragebogen, in: Bonifatiusbote. Sonntagsblatt für die Diözese Fulda, 21.6.1970; vgl. *Schmidtchen*, Kirche und Gesellschaft, S. 299. Auch der Trierer Generalvikar hatte genau an dieser Formulierung moniert, dass es sich um eine »alte Katechismusformel« handle, die »(heute) pejorativ klingen« müsse, obwohl sie seiner Meinung nach einen »durchaus positiven Sinn« hatte. Linus Hofmann, Stellungnahme zu dem Entwurf eines Fragebogens zur Synode, o.D. [1969]: Archiv des ZdK, 60/1, 5.

katholischen Milieus zumindest bis 1914, in Teilen noch bis 1945 prägend gewesen war.[246]

Genau die Beobachtung hochgradig individualisierter Erwartungen an die Pastoral und Verkündigung der Kirche, welche der demoskopische Diskurs methodisch möglich machte, stieß jedoch auf Einwände, welche dies nicht als die angemessene Form des Aussagens in der Kirche akzeptieren wollten. Dabei ging es nicht um die Kategorien der Tabuisierung oder des Plebiszits, welche im Zentrum der politischen Konflikte um die Umfragen gestanden hatten. Den Angelpunkt für diese Kritik bildete vielmehr die Vorstellung einer Ökonomie des Sprechens, die in der katholischen Kirche zu beachten sei. Implizit lag diesem Einwand die Unterscheidung von religiöser kommunikativer Operation und deren Beobachtung zu Grunde. Der Essener Weihbischof Wolfgang Große hatte dieses Thema angesprochen, als er die Frage aufwarf, ob man die Demoskopie »auf Fragen des Glaubens und des ›Mysteriums Kirche‹« überhaupt mit »ausreichendem Nutzen« anwenden könne, wie das etwa in der Marktforschung geschehe. Gegen die möglichen Vorteile müsse man den »sicher eintretenden Schaden« abwägen, und der bestehe in der »Förderung des Trends zum Daherreden über alles«.[247] Aus dem Mund eines Bischofs könnte man diese Äußerung noch im Sinne einer Abwehr überzogener und damit falsch verstandener Demokratisierungsforderungen in der Kirche interpretieren. Aber andere Stimmen machten den Zusammenhang ganz deutlich, um den es hier geht. So rief der Rektor der Dortmunder ›Kommende‹ die ›Sozialen Seminare‹ dazu auf, sich intensiv mit der Synode zu beschäftigen und dabei vor allem auf die Befragungen zurückzugreifen. Das dürfe allerdings nicht dazu führen, dass als Ergebnis der Synode »lauter Worte, nur Worte« zu verzeichnen seien. Denn die Kirche sei ein »geistig-geistliches Phänomen«, und das »Gebet sei ihre wirkmächtigste Sprache«.[248] Bereits bei der Vorstellung des Fragebogens hatte Oskar Simmel SJ einschränkend formuliert, dass bei allem auf der Synode nötigen »Reden« keinesfalls »das Hören« vergessen werden dürfe. Den Geist Gottes aber höre man nur im »brüderlichen Gespräch« über seine Offenbarung. So solle der Fragebogen, der »uns zum Reden bringen soll«, noch »weiter zum Hören« führen »und damit zum Ursprung der Kirche« als der »Gemeinschaft derer, die auf Jesus Christus hören«.[249] Und ein Pfarrer in Moers notierte sich in sei-

---

246 *AKKZG*, Katholiken, S. 609–616.

247 Wolfgang Große an Forster 1.12.1969: BAE, NL Hengsbach 1008.

248 *H.J. Patt*, Was machen die Sozialen Seminare mit der Synode?, in: Im Dienst der Seelsorge Jg. 25, 1971, Nr. 1, S. 24–26, S. 25. Ähnliche Thesen vertrat Otto B. Roegele; vgl. Planen ohne Gebet, in: KuL, 3.5.1970.

249 *O. Simmel* SJ, Was will die Fragebogenaktion?, in: Glaube und Leben. Katholische Kirchenzeitung für das Bistum Mainz, 3.5.1970. Simmel war Referent für Fragen der Glaubenslehre im Sekretariat der DBK.

nen Stichwortskizzen für einen Vortrag über Gemeindepastoral zu Beginn als ein Kernproblem: »Ersatz der Theologie durch Soziologie – Ersatz des Gebetes durch Diskussion – diskutierende, nicht betende Kirche«. Als passendes Symbol für die von ihm bevorzugte Haltung verwies er auf die frühchristlichen Darstellungen der Oranten in den Katakomben, die mit ausgestreckten Armen den Blick flehentlich gen Himmel richten. Das verstand dieser Pfarrer als eine »typisch christliche Haltung!«[250]

Mit der demoskopischen Methode lassen sich Beobachtungen sprachlich fixieren und damit sichtbar machen, die bis dahin latent geblieben sind. Aber gerade wenn das wie mit den Synodenumfragen in umfassender Weise geschah, konnte der Eindruck entstehen, als ob die Balance sprachlicher Äußerungen in der Kirche durcheinander geraten müsse. Angesichts der vielen Worte, die nun um beliebige Meinungen gemacht würden, konnte es so scheinen, als ob der Glaube als das eigentliche Anliegen der Kirche zu kurz komme. Gegenüber der willkürlichen Inflationierung von öffentlich gemachten und kommunizierten Beobachtungen durch die Demoskopie beharrten deren Kritiker darauf, dass das Gebet und das geistliche Gespräch, also Formen religiöser Kommunikation, die zentrale Form des Aussagens in der Kirche seien. Gespräch und Gebet als zumeist in der Intimität der Privatsphäre vollzogene kommunikative Operationen dürften nicht durch deren Beobachtung in der Sphäre der Öffentlichkeit verdrängt werden. In etwas anderer Form hatte die Schriftstellerin und Laientheologin Ida Friederike Görres in einer Kritik der Synodenumfragen diesem Bedenken Raum gegeben. Sie vermisste im Fragebogen gerade die »Tiefendimensionen der Kirche«, ihre »Mysterien-Sphäre«, jene Seiten des christlichen Glaubens also, die für die »Frommen« und »religiös Ergriffenen« zentral seien. Nur sanften Spott hatte sie für die in der Presse hervorgehobenen »Überraschungsmomente« der ersten Ergebnisse übrig, so etwa die Behauptung, dass »niemand« gewusst habe, »wie vielen Gläubigen« das stille Gebet während der Messe wichtig sei. Görres lehnte den Fragebogen nicht ab, weil er die Kirche unnötig demokratisierte oder liberalisierte, sondern weil er das gläubige Zentrum der Kirche vernachlässigte, nur um die »bekannte Empfindlichkeit der Randchristen zu schonen«.[251] Von den Risiken weiterer Säkularisierung war diese Position ganz offensichtlich unbeeindruckt. Im Gegenteil, unumwunden wurde die Gefahr angesprochen, durch zu viele Erwägungen und äußerliche Reflexionen über die zeitbedingten Umstände der Kirche das Unermessliche und Unaussprechliche des Glaubens zu rati-

---

250 Johannes Hüneborn in Borth über Moers, Überlegungen zur Gemeinde-Pastoral, o.D. [ca. 1970]: BAM, GV NA, A-201-25; RGG, 3. Aufl., Bd. 4, S. 1666 s.v. Oranten.

251 *I.F. Görres*, Kritische Fragen über den Fragebogen. Eine betrübte Überlegung, in: Rheinischer Merkur, 21.8.1970, hier zit. nach der ungekürzten Fassung in *dies.*, Thron, S. 61–76, Zitate S. 71, 73, 75f.

onalisieren und damit der »lähmenden Faszination« der Umfragen zu erliegen.[252] Nicht das öffentlich abgegebene Meinungsvotum, sondern das intime Gebet war die eigentliche Sprache der Kirche. Und Glaubensgespräch und Gebet bedurften nicht der Einschätzung und Beobachtung durch andere, sondern genügten sich selbst.

Seit der Publikation des Kinsey-Reports stand die Demoskopie bei vielen Katholiken, und zwar sowohl Klerikern wie Laien, im Ansehen, eine Technologie zu sein, welche auf unverantwortliche Weise vom Individuum Besitz ergreife und die Spezifik einer jeden Person nivelliere und auslösche. Zugleich war die bei Kinsey ausgebreitete Darstellung von sexuellen Verhaltensweisen, die der katholischen Morallehre widersprachen, ein abschreckendes Beispiel dafür, wie die Wissenschaft durch den Positivismus ihrer Aufbereitung von ›Fakten‹ zur moralischen Relativierung beitragen konnte. Diese Negation der demoskopischen Form des Aussagens wurde erst im Gefolge des Konzils relativiert, als sich schrittweise eine positive Beurteilung der öffentlichen Meinung als einer gesellschaftlichen Instanz anbahnte, mit der auch in der Kirche zu rechnen sei. Im Rahmen einer christlichen Öffentlichkeitsarbeit sollte die Demoskopie dazu dienen, verlorenes Vertrauen wiederzugewinnen. Es ist jedoch charakteristisch, dass die Dynamik der öffentlichen Meinung erst dann Wirkungen in der katholischen Kirche zeigte, als sie als Öffentlichkeit der Kirche selbst, also als systeminterne Umwelt auf Resonanz stieß. Dieser Prozess setzte auf breiter Front mit dem Essener Katholikentag des Jahres 1968 ein, der zugleich das Problem der innerkirchlichen Partizipation und Politisierung sichtbar machte und erhebliche Rückwirkungen in der massenmedialen Öffentlichkeit hatte. Von nun an verstärkten die Massenmedien wie in einem Brennglas die aufbrechenden Spannungen um die angemessene Verarbeitung und Implementierung der Impulse des Konzils.

An diesem Punkt, in der Vorbereitung der auf das Konzil und auf das Essener Ereignis von 1968 reagierenden Synode der deutschen Bistümer, kam die Demoskopie im Zentrum des postkonziliaren Umbruchs zum Einsatz. Ihr methodischer Ansatz passte zu der Semantik des ›Dialoges‹, welche die Bischöfe jetzt pflegten, und zur Theologie der Kirche als des ganzen »Volk Gottes«, den das Vatikanum II. verkündet hatte. Entscheidend war aber, dass der dem demoskopischen Diskurs eigene Anspruch, Meinungen und Einstellungen ›repräsentativ‹ abbilden zu können, Informationen über das Ausmaß und die Stoßrichtung der seit dem Konzil aufgebrochenen Konflikte versprach und damit auch ein Mittel, der auf allen Ebenen konstatierten ›Krise‹ der Kirche mit den notwendigen schnellen Entscheidungen entgegentreten zu können. Wenn sich in diesem Punkt die Erwartungen vieler Laien und der kirchlichen Hierarchie trafen, sorgte die Verbindung von

---

252 O. *Köhler*, Lasset uns nach Allensbach gehen, in: Stimmen der Zeit Bd. 192, 1974, S. 317–326, S. 317.

Totalbefragung und Erhebung nach dem quota-Verfahren dafür, dass die Demoskopie zugleich von der seit 1968 anrollenden Welle der Politisierung erfasst wurde. Die in der Spitze der kirchlichen Hierarchie weit verbreitete Furcht vor einem plebiszitären Charakter der Umfragen und damit einer unmittelbaren Responsivität ergab sich nicht nur aus der Überzeugung, gegen Forderungen nach einer ›Demokratisierung‹ der Kirche an der Unabhängigkeit des Lehr- und Hirtenamtes festhalten zu müssen. Man muss sie zugleich als spontane Reaktion auf die plötzlich hereinbrechende breite Präsenz einer wissenschaftlichen Methodik verstehen, welche imstande zu sein schien, die Meinungen und Wünsche der einfachen Katholiken mit ungeahnter Präzision wiederzugeben. Dieser Umstand sorgte dafür, dass die Deutsche Bischofskonferenz und andere kirchliche Amtsträger die demoskopische Methode auch nach der Synode regelmäßig als Orientierungshilfe verwendeten. Um der 1969/1970 aufgebrochenen Politisierung der Demoskopie einen Riegel vorzuschieben, geschah das allerdings nur mehr im von der Öffentlichkeit abgeschotteten Arkanbereich kirchlicher Gremien. Im Kontext der Repräsentativbefragung zur Synode standen manche Entscheidungsträger kurz davor, die letzten innerkirchlichen Tabuzonen mit dem demoskopischen Diskurs aufzubrechen. So regte ein Mitglied der Vorbereitungskommission an, dabei »auch« nach der Einstellung zu »sexuellen Beziehungen vor der Ehe« zu fragen, also genau jenem Punkt, der wie kaum ein anderer den Protest gegen den Kinsey-Report evoziert hatte.[253]

Die Präsenz des demoskopischen Diskurses in der katholischen Kirche mag auch als nötige Anpassungsleistung einer Institution interpretiert werden, die auf das Abschmelzen traditionaler Milieubindungen reagieren musste und dies mit dem Import einer ›modernen‹ wissenschaftlichen Analysemethode tat. Damit trifft man die Rhetorik mancher Auswertungen der Synodenbefragung, die als zentrales Ergebnis formulierten, dass nun »das zeitlich Bedingte vom sich durchhaltenden bleibenden Kern« der Kirche »zu unterscheiden« sei.[254] Aber eine solche Semantik der ›defensiven Modernisierung‹ spiegelt nur die Selbstbeschreibung, nicht jedoch den sachlichen Kern des Einsatzes der Demoskopie. Weder die Unterscheidung von traditional/modern noch die von kritisch/affirmativ ist geeignet, Bedeutung und Grenzen der Demoskopie in der Verwissenschaftlichung der katholischen Kirche angemessen zu erfassen.

---

253 Protokoll der Vorbereitungskommission v. 1./2.5.1970: Archiv des ZdK, 60/1, 4. Diese Anregung bezog sich auf einen Entwurf von Schmidtchen, der in Frage 7 formulierte: »Fühlen Sie sich in den Fragen des Ehe- und Familienlebens von der Kirche verstanden-unterstützt-bevormundet-im Stich gelassen-keins von dem?« Gerhard Schmidtchen, Repräsentative Kontroll- und Ergänzungsbefragung zur Fragebogen-Aktion, 22.4.1970: ebd., 60/1, 5. Das endgültige Formular enthielt keine Frage dieser Art; vgl. *Schmidtchen*, Kirche und Gesellschaft, S. 263–298.

254 *J. Gründel*, Kirche und moderne Wertsysteme, in: *Forster*, Befragte Katholiken, S. 64–72, S. 71.

Es erscheint erfolgversprechender, hierfür die Unterscheidung von Operation und Beobachtung zu akzentuieren. Auf diese Weise wird erkennbar, dass die Kirche im Zuge voranschreitender funktionaler Differenzierung mit der Privatisierung religiösen Entscheidens und infolgedessen mit wachsenden Konflikten zwischen dem kirchlichen Normensystem und den Einstellungen der Individuen rechnen musste. Das schuf die Voraussetzungen und die Notwendigkeit dafür, Beobachtungen des gläubigen und des ungläubigen Publikums als einen Erwartungshorizont zu reflektieren, vor dem sich alle pastoralen Entscheidungen als religiöse Operationen selbst rechtfertigen mussten. Wer auf »Motivsuche« ging, um Ansatzpunkte für ein erneuertes Gespräch über die Frage nach Gott zu finden, musste sich vorher über das Schwinden einer »echte[n] Gottesvorstellung« informiert haben. Wie ein Mitarbeiter des Seelsorgedezernates in Münster 1971 festhielt, hatte ihn und seine Kollegen erst der 1967 erschiene Spiegel-Artikel »Was glauben die Deutschen?« auf dieses Problem der Beobachtung von Motiven »aufmerksam« gemacht.[255] In der Auswertung von demoskopischen Befragungen während der siebziger Jahre war es dann bald ein wiederkehrender und zunehmend trivialer Befund, dass zwischen dem kirchlichen Wertsystem und den gesellschaftlich dominanten Normen ein »Konkurrenzverhältnis« herrschte. Die durch eine kognitiv-affektive Imbalance »gestressten Katholiken« erwarteten nur noch wenig von ihrer Kirche, und reagierten mit wachsender geistiger Emigration.[256]

Im Kontext der Würzburger Synode aber hegten die Laien große Erwartungen, und zwar nicht bloß an die Kirche, sondern auch an die Demoskopie. Mit ihrer Hilfe sollte nicht nur die Umsetzung der Konzilsbeschlüsse gesteuert, sondern zugleich die Partizipation der ›Basis‹ an diesem Prozess gesichert werden. Nicht zuletzt wegen der damit verbundenen Politisierung der Wissenschaft mussten diese Erwartungen enttäuscht werden. Ähnlich wie im Falle der kirchlichen Statistik und der Soziographie zeigt sich hier, dass die im Zuge der Verwissenschaftlichung in der katholischen Kirche genährten Erwartungen zu einer selbst produzierten Enttäuschung führten. Auch vor diesem Hintergrund sind diejenigen Stimmen zu interpretieren, die das Gebet als die eigentliche Sprache der Kirche sahen, welche der Reflexion auf Fremdbeobachtungen nicht bedürfe, sondern dadurch nur unnötig zerredet würde. Das Mysterium des Glaubens, so könnte man diese Position umreißen, ist nur auf Gott als den universalen Beobachter angewiesen. In der Stille des Gebets störe das ›Lärmen‹ der gottlosen Umwelt nur.

255 Referat von Karl Hürten, Protokoll der Pastoralkonferenz im Dekanat Greven 26.4.1971: BAM, GV NA, A-201-23.
256 In Anlehnung an eine Umfrage des ›Spiegel‹ z.B.: Die gestreßten Katholiken. Was sie von ihrer Kirche halten – Wie wenig sie erwarten (Zitate), in: Rheinischer Merkur, 4.1.1980; Kirche stößt auf Interesse, in: ebd., 31.7.1970 (Infratest-Studie im Auftrag des WDR). Dies war bereits 1969 ein Befund bei: *Kahseböhmer/Selg*, S. 91–110.

4. Geplante Zukunft:
Rollen- und Organisationssoziologie

»Ich bedauere, dass ich nicht mehr für Sie und Ihr Referat getan habe und tun konnte. Mir brennen zwar viele pastorale Probleme auf der Seele und ich wäre bereit,
weit über eine normale Arbeitszeit hinaus mich dafür einzusetzen, aber es fehlt die
passende ›Steckdose‹ bzw. der passende Stecker. Der Grund liegt auf beiden Seiten.
Heute bin ich – im Verständnis vieler ehemaliger katholischer Freunde – abständig.
Von mir selbst aus gesehen bin ich stärker engagiert als je, allerdings auch neural-
gisch gegenüber Menschen und Formen, die die Türen verstellen.«[1]

»Wer nicht plant, kommt heute zu spät. Die neue Ordnung der Welt richtet sich
nicht auf eine neu zu gewinnende Stabilität aus, sondern auf eine fortwährende
Entwicklung.«[2]

Organisationen sind kommunikative Gebilde, welche die Unsicherheit und
Unbestimmtheit in ihrer Umgebung durch den Aufbau von komplexen
Strukturen bewältigen. Sie basieren auf Entscheidungen, die ihren Mitglie-
dern als Handlungsmaxime zugemutet werden und wiederum auf ande-
ren Entscheidungen beruhen, diese also fortwährend miteinander verketten.
Die Mitgliedschaft selbst setzt wiederum Entscheidungen über den Ein- und
Austritt in die betreffende Organisation voraus. Damit verfügen Organisationen über eine klar definierte und sichtbare Außengrenze. Sie können Mitgliederrollen festlegen und mit Arbeitsprogrammen verknüpfen sowie ihre
Mitglieder in der gesellschaftlichen Kommunikation verbindlich vertreten.
Mit dieser doppelten Verknüpfung von Entscheidungen, jenen über die Mitgliedschaft und jenen über die Festlegung und Spezifizierung der Mitgliederrollen, nehmen Organisationen das in Angriff, was insbesondere die ältere, darin maßgeblich von Max Weber beeinflusste Organisationstheorie
als wichtigstes Kennzeichen formaler Organisation ansah: die Festlegung
und Umsetzung von jeweils spezifisch definierten und einer Rationalitätsan-
nahme folgenden Zielen. Seit den Arbeiten von Herbert Simon in den fünfziger Jahren hat sich die Organisationstheorie allerdings immer stärker von
der Annahme gelöst, bei der Entscheidungsfindung handele es sich stets um

1 Der Soziologe Philipp v. Wambolt an seinen früheren Vorgesetzten, den Seelsorgedezer-
nenten Hermann-Josef Spital 21.10.1972: BAM, GV NA, A-201-379.
2 Arbeitstagung zum Abschluss des Dialogs, Arbeitskreis 2, 22.–24.9.1966: BAM, Diözesankomitee A 41.

einen sach- und zweckrationalen Prozess. Unter Begriffen wie »bounded rationality« oder »garbage can«-Modell wird vielmehr die Unsicherheit, Uninformiertheit und Ambiguität des Entscheidungsprozesses betont.[3] Manche Autoren sprechen sogar von der Funktionalität einer »Irrational Organization«, weil formal irrationale Entscheidungen eher in der Lage sind, organisationsintern zu entschiedenem Handeln zu motivieren.[4]

Mit der Verknüpfung von Variabilität der Entscheidungen und Dauerhaftigkeit der Strukturbildung sind Organisationen zu einem wesentlichen Kennzeichen der Moderne geworden. Ein Großteil aller gesellschaftlichen Kommunikation verläuft heute über Organisationen. Entgegen der Interpretation von Thomas Luckmann, der eine frei flottierende »unsichtbare Religion« als die für die Gegenwart charakteristische Sozialform des Glaubens ansieht, gilt das auch und gerade für die religiöse Kommunikation. Es lässt sich jedenfalls bislang nicht empirisch nachweisen, dass außerhalb der Kirchen in erheblichem Umfang im Medium des Glaubens kommuniziert wird. Und die »volle Beweislast« dafür liegt weiterhin bei jenen, die unterstellen, dass die deinstitutionalisierte Form der Religion »Vergleichbares leistet« wie die organisatorisch gebundene.[5]

Die praktische Anwendung organisationstheoretischer Überlegungen setzte kurz vor dem Ersten Weltkrieg mit den Studien von Frederick Taylor zur wissenschaftlichen Betriebsführung ein. Bis in die fünfziger Jahre hinein konzentrierten sich fast alle Überlegungen zur soziologischen Analyse von Entscheidungsabläufen und internen Strukturbildungen auf das Modell des Unternehmens. Erst seitdem werden organisationssoziologische Theorien regelmäßig auf viele verschiedene Typen von Organisationen übertragen und angewendet. Die Organisationssoziologie kommt nunmehr gerade durch die Abstraktion von den spezifischen Zwecken der Organisation zu ihrem Können.[6] Im Zuge der Aneignung organisationstheoretischer Überlegungen hat die Religionssoziologie spätestens um 1970 auch die klassische, auf Ernst Troeltsch und Max Weber zurückgehende Unterscheidung von Kirche und Sekte über Bord geworfen. Diese hat sich nicht nur als unfähig erwiesen, beispielsweise die vielfältige Szenerie religiöser Organisationen

---

3 Als immer noch aufschlussreiche und zeitgenössisch einflussreiche Einführung in Konzepte der Organisationssoziologie vgl. *Etzioni*, Organisationen; als Sammlung wichtiger Texte *ders.*, Complex Organizations; aus der reichhaltigen Literatur u.a. *March/Simon*, v.a. S. 83–111, 136–212; *Thompson*, S. 66–82; *Hatch*, bes. S. 267–281 zu Rationalitätsprämissen; *McPhee/Zaug*; speziell zu religiösen Organisationen: *Beckford*; *Benson/Dorsett*; *Luhmann*, Funktion, S. 272–316; *Thung*.

4 So das Argument von *Brunsson*, Irrational Organization.

5 *Pollack/Pickel*; dazu die Replik von *Wohlrab-Sahr/Krüggeler*; vgl. *Tyrell*, Religionssoziologie, Zitat S. 446; *Luckmann*, Unsichtbare Religion.

6 Vgl. die Texte bei *Pugh*; *Etzioni*, Organisationen, S. 38–82.

in den USA angemessen zu erfassen. Noch wichtiger als die empirische Unhaltbarkeit dieser Unterscheidung war die Tatsache, dass sie die Rezeption
organisationssoziologischer Einsichten in der Religionsforschung und damit
den Aufbau komplexerer Argumentationsmuster behindert hat.[7]

Der organisationssoziologische Diskurs ist von einer Semantik der Optimierung, Rationalisierung und Funktionalisierung geprägt. Die leitenden
Kategorien heißen pragmatisch – und nicht dogmatisch, motivational – und
nicht traditional, sachlich – und nicht normativ. Immer geht es darum,
Störungen auf dem Weg der Zielerreichung zu minimieren oder zu beseitigen, für eine adäquate Allokation knapper Ressourcen zu sorgen und die
organisationsinternen Entscheidungsabläufe und Routinen so effizient wie
möglich zu gestalten.[8] Auf dem Weg zu einer bestmöglichen Anpassung der
Organisation an ihre spezifische Umwelt ignoriert der soziologische Zugriff die historisch gewachsene Legitimation oder die normative Kultivierung bestehender Arrangements und Abläufe, die dort eventuell Geltung
besitzen. Die organisationssoziologische Denkform orientiert sich nicht
am Konzept der ›stabilitas‹, sondern zielt auf dynamische Stabilität. Da die
Organisation unter dem Imperativ des permanenten Wandels steht, kennt
die soziologische Beratung keinen Respekt vor Traditionsbeständen. Die in
der US-amerikanischen ›Human Relations‹-Bewegung geprägte Maxime
»Overcoming Resistance to Change« fasst diese Tendenz treffend zusammen.[9] Allein die Rücksicht auf besondere Wünsche oder Vorbehalte des
jeweiligen Auftraggebers angewandter Sozialforschung engt die Arbeit der
Organisationssoziologen ein. Mit dem Impetus der Rationalisierung und
Effektivierung folgt der organisationssoziologische Diskurs in der Regel den
Impulsen und Interessen, die von der Spitze der Organisation ausgehen. Das
gilt auch dann, wenn Vertreter der ›Kritischen Theorie‹ die Umsetzung der
Mitbestimmung im Industriebetrieb erforscht haben, wie das 1954/55 bei
der Mannesmann-AG der Fall war. Es handelt sich um einen Diskurs der
Reform von ›oben‹, der auf dem Weg zur praktischen Regulierung des Sozialen oft Trägheitsmomente auf den ›unteren‹ Ebenen neutralisieren und
überwinden muss.[10]

---

7 Sehr entschieden dazu *Benson/Dorsett*, S. 138f.; vgl. *Beckford*, S. 92–104; *Johnson*; an der
Unterscheidung hielt noch fest: *Matthes*, Kirche und Gesellschaft, S. 110–122; zur »Paradig-
ma-Krise« der Organisationstheorie, welcher der »neue Weber« nach Ablösung des alten noch
fehle, *Hauschildt*, S. 21.

8 *Reed*, S. 27ff.

9 Zit. nach *Etzioni*, Complex Organizations, S. 130.

10 *Reed*, S. 44; aus der bislang spärlichen historischen Literatur v.a. *Platz*; *Walter-Busch*.

4.1. Verhaltensunsicherheit und Spezialisierung: Rollenmodelle gegen die »Berufskrise« der Priester

In der katholischen Kirche wurde die Organisationssoziologie nicht im Zugriff auf die Strukturen der Kirche als Ganzes, sondern auf einem Seitenpfad eingeführt. Es war zunächst der Priester und die von ihm bekleideten Rollen, welche in das Blickfeld soziologischer Methodik gerieten. Auf dem Weg über die Rollensoziologie des Priesters drangen humanwissenschaftliche Diskurse bis in die Entscheidungsabläufe der kirchlichen Organisation vor. Das wurde damit legitimiert, dass der Priester als Leistungsrolle in der täglichen pastoralen Arbeit mit den Laien in entscheidender Weise für den Umweltkontakt der Kirche verantwortlich war. Rollenkonflikte des Priesters deuteten Soziologen als Indiz für eine »Fehlintegration des sozialen Systems selbst«, was zusammen mit anderen Entwicklungen die Priesterfrage schließlich in das Zentrum innerkirchlicher Reformdebatten führte.[11]

Doch der Einsatzpunkt für soziologische Fragen zur Priesterrolle fand sich zunächst im Rahmen der Soziographie. Hier hatte Fernand Boulard 1950 mit seiner Studie über »Aufstieg oder Niedergang« des französischen Klerus den Anfang gemacht. Mit umfangreichem statistischen Material beschrieb er die Zusammenhänge, die zwischen verschiedenen Merkmalen wie sozialer Schichtung und Urbanisierungsgrad, Schulbildung und familialer Prägung sowie der Zahl der Priesterberufungen in einer bestimmten Region bestanden.[12] Die mit quantitativen Belegen untermauerte Studie regte alsbald in vielen anderen Ländern Westeuropas eine intensive Beschäftigung mit den sozialen Ursachen der sinkenden Attraktivität des Priesterberufes an. Unmittelbare Anstöße dazu gaben vor allem P. Werenfried van Straaten und der Wiener Erzbischof Franz Jachym. Die Arbeit an empirischen Erhebungen trieb als Koordinator Jan Dellepoort voran, der im KASKI in Den Haag die Abteilung für Geistliche Berufe leitete. Unter seiner Leitung entstand 1958 eine groß angelegte Erhebung über die »Europäische Priesterfrage« sowie mehrere Folgestudien zu einzelnen Ländern.[13] Diese Studien griffen die wachsende Beunruhigung über die stetig sinkende Zahl der Priesterweihen auf, die mehrere deutsche Bischöfe seit Anfang der fünfziger Jahre in ihren

---

11 *L.v. Deschwanden*, Eine Rollenanalyse des katholischen Pfarreipriesters, in: Internationales Jahrbuch für Religionssoziologie Jg. 4, 1968, S. 123–157, Zitat S. 146; vgl. *Schmidtchen*, Priester, S. 85.

12 *Boulard*, Essor, bes. S. 97–287.

13 Jan Dellepoort, Manuskript eines Vortrages über die Priesterfrage vor dem Kongress »Kirche in Not« in Königstein, 22.10.1953: KDC, NL Dellepoort, 66; *ders.*, Zu wenig Seelsorger. Enquête über den Priesternachwuchs in Europa, in: WW Jg. 14, 1959, S. 245–255, S. 245f.; vgl. Europäische Priesterfrage; *Dellepoort u.a.*, Priesterfrage.

Hirtenbriefen beklagt hatten.[14] Alle diese Überlegungen folgten allerdings noch dem Kategoriengerüst des soziographischen Diskurses, indem sie den Rückgang der Priesteramtskandidaten, der gerade gemessen an der absolut wachsenden Zahl der Katholiken einen erheblichen Umfang erreicht hatte, als eine »Strukturfrage« interpretierten. Daher sei er auf makrosoziale Ursachen zurückzuführen wie etwa die Urbanisierung oder die geänderten Muster der sozialen Mobilität, welche die Bedeutung des Priesterberufs als Vehikel des sozialen Aufstiegs außer Kurs gesetzt hatten.[15]

Keine dieser quantifizierend angelegten Studien versuchte, die verminderte Attraktivität des Priesterberufes in eine Beziehung zur Realität der seelsorglichen Arbeit des Gemeindepfarrers zu setzen und in dieser Perspektive zu deuten. Das versuchte implizit zuerst der Schweizer Theologe Jakob Crottogini. Mit Hilfe eines an 621 Priester in der Schweiz, Frankreich und Deutschland versandten Fragebogens führte er erstmals eine empirische Erhebung über die zum Priesterberuf hinführenden Lebensumstände durch. Auch Formen der »Berufskrise«, in denen Priester ihre Entscheidung zumindest zeitweise substanziell in Frage stellten, und deren Zusammenhang mit dem Zölibat kamen zur Sprache. Seine 1955 gedruckte Studie stieß noch vor der Veröffentlichung auf erhebliche Resonanz. Sie wurde jedoch sofort vom Hl. Offizium verboten und erst im Laufe der Zeit über manche Umwege doch noch einem interessierten Publikum zugänglich.[16] Diese Reaktion auf das Werk von Crottogini zeigt unmissverständlich an, dass eine qualitativ an der Berufspraxis des Priesters interessierte Soziologie zu diesem Zeitpunkt noch auf unüberwindliche Hindernisse in der kirchlichen Hierarchie stieß.[17]

Aus diesem Grund griffen die Pastoraltheologen in den fünfziger Jahren zunächst noch zu Palliativmaßnahmen, welche die gröbsten Probleme beheben sollten. Die bereits in der Zwischenkriegszeit diskutierte Überlastung der Pfarrer wurde weiterhin vornehmlich als ein quantitatives Problem interpretiert. Einer sinkenden Zahl von Priestern stand eine mit der voranschreitenden Entchristlichung noch stetig steigende Zahl von seelsorglichen Aufgaben gegenüber, und das musste unweigerlich dazu führen, dass viele Seelsorger mit Aufgaben und Arbeit »überbürdet« waren. Als Abhilfe schlugen eine Reihe von Bistümern ganz pragmatische Maßnahmen vor, mit denen die tägliche Arbeitszeit des Pfarrers reduziert und eine Kon-

---

14 HK Jg. 8, 1954, S. 301; *Damberg*, Abschied, S. 184–188.

15 *Dellepoort*, Seelsorger, S. 252ff. (Zitat); vgl. *E. Golomb*, Die Situation. Zur Entwicklung der Priesterzahl, in: LS Jg. 23, 1972, S. 1–4.

16 *Crottogini*, S. 181–186, 219–227; Wie sie Priester wurden, in: HK Jg. 9, 1954/55, S. 367–373; vgl. *Siefer*, Priester, S. 69.

17 Ähnliche Erfahrungen machte Joseph H. Fichter in den USA. Erst 1969 führte er eine Erhebung unter Geistlichen durch, die nicht von seinen Ordensobern, Teilen des Episkopates oder aus Rom massiv behindert und kontrolliert wurde. *Fichter*, Research, S. 160–198.

zentration auf pastorale Kernaufgaben ermöglicht werden sollte. Dazu zählte unter anderem eine Einschränkung der sonntäglichen Gottesdienste und der gelegentliche Fortfall der Predigt, oder eine Einschränkung des Religionsunterrichtes an Berufs- und Fachschulen. Gerade die Protagonisten des soziographischen Diskurses erhofften sich von der Einschaltung der Laien einer erhebliche Entlastung der Geistlichen, zumal gerade Frauen aus »gutsituierten Familien« sich »aus Langeweile« gerne einmal außer Haus betätigen würden. Auch Vorschläge zur Reduzierung der Aufgaben des Pfarrers in der kirchlichen Verwaltung lagen vor.[18] Aber bei allen Bemühungen um eine »Vereinfachung der Seelsorge« bestand in den fünfziger Jahren noch ein Konsens darüber, dass es Grenzen der Rationalisierung des priesterlichen Handelns geben müsse.[19] Gerade im Vergleich mit dem Musterbeispiel rationeller Fertigungsmethoden, der fordistischen Automobilproduktion, hielten Beobachter an der Einsicht fest, dass das priesterliche Wirken nicht primär an der »Zweckmäßigkeit« ausgerichtet werden könne, sondern die »Christusverbundenheit« zentral stellen müsse.[20]

Seit Mitte der sechziger Jahre hat sich dann aber sehr rasch die Einsicht durchgesetzt, dass es sich bei der ›Priesterkrise‹ und der »Rollenüberlastung« der Priester nicht allein um ein quantitatives Problem handelte, das wesentlich in der »Arbeitsüberlastung« und der überlangen Arbeitszeit eines durchschnittlichen Gemeindepfarrers begründet lag.[21] Als Generalschlüssel zur Deutung der aktuellen Probleme des Priesterberufes verwendeten kirchliche Soziologen nunmehr das Konzept der sozialen Rolle, wie es in den USA vor allem Robert Merton systematisiert hatte. Anliegen und Begriffe der Rollensoziologie waren seit der 1957 erschienenen Studie von Ralf Dahrendorf über den »Homo Sociologicus« auch jenseits des kleinen Kreises der Fachsoziologen bekannt. »Soziale Rollen sind Bündel von Erwartungen, die sich in einer gegebenen Gesellschaft an das Verhalten der Träger von Positionen knüpfen.«[22] Mit dieser griffigen Definition war ein wesentliches Anliegen der neuen Forschungsrichtung umschrieben. In Ablösung vom Begriff der

18 *Schurr*, Seelsorge, S. 366–368 (Zitate); *S. Hirt*, Vereinfachung der Arbeit der Seelsorger im Blick auf die bestehende Priesternot und die Zunahme der Pastorationsaufgaben, in: Oberrheinisches PBl. Jg. 56, 1955, S. 162–175; *A. Geck*, Laienapostolat und Legion Mariens. Möglichkeiten der Priester-Entlastung, in: Kölner PBl. Jg. 9, 1957, S. 219–223; Im Bistum Hildesheim führte man 1959 einen »Pausenmonat« für den Seelsorgsklerus ein, in dem nur ›Dienst nach Vorschrift‹ geleistet werden musste; HK Jg. 14, 1959/60, S. 2f.

19 *Hirt*, S. 165.

20 *K. Tillmann*, Henry Ford und unsere Seelsorgsmethoden, in: LS Jg. 4, 1953, S. 129–133, hier S. 131.

21 So aber noch 1974 *Roos*, Reformvorstellungen, S. 87.

22 *Dahrendorf*, S. 33. Zitiert etwa bei *N. Glatzel*, Die Rolle des Priesters in der Leistungsgesellschaft, in: Jb. für Christliche Sozialwissenschaften Jg. 12, 1971, S. 163–183, S. 164. Eine ganz ähnliche Definition bei *L. Grond*, Soziologische Beobachtungen zur heutigen Unsicher-

Person, der die Unverwechselbarkeit und Ganzheit eines Menschen und seiner Handlungen umschrieben hatte, machte das Konzept der Rolle auf die Widersprüchlichkeit und Differenziertheit der Erwartungen aufmerksam, die an das Verhalten und die Eigenschaften der Träger bestimmter sozialer Positionen gerichtet wurden. Gerade als Inhaber von Berufspositionen in einer komplexen Organisation war der Einzelne nicht mehr ›Person‹ oder ›Individuum‹, sondern wurde erst im Schnittpunkt eines ›Sets‹ von Rollenerwartungen als eine soziale Einheit konstituiert. Der amerikanische Soziologe Joseph Fichter SJ hatte das Rollenkonzept bereits seit Ende der fünfziger Jahre für eine Analyse geistlicher Berufe aufgegriffen. Er verallgemeinerte diesen Zugang zur sozialen Wirklichkeit in einem Werk über »Grundbegriffe der Soziologie«, das 1967 ins Deutsche übersetzt wurde. Fichter wies ausdrücklich darauf hin, dass es dem Einzelnen nur in engen Grenzen möglich war, den Charakter der an ihn gerichteten Rollenerwartungen zu beeinflussen. Im Einklang mit anderen Pastoralsoziologen hob er demnach hervor, dass die spezifische Gestalt sozialer Rollen von strukturellen Konstellationen geprägt war, die sich mit dem sozialen Wandel ändern konnten.[23]

Genau an diesem Punkt, den durch gesellschaftlichen Wandel veränderten Rollenerwartungen, setzte die pastoralsoziologische Thematisierung der Priesterrolle an. Empirische Untersuchungen über das »Priesterbild« von katholischen Oberschülern hatten deutlich gemacht, dass der Pfarrer als ein »statischer Beruf« angesehen wurde, der nur noch einen »schmalen Ausschnitt der Gesellschaft« in höchst formalisierter Weise zu erreichen vermochte. Angesichts des gesellschaftlichen Wandels konnten überlieferte Metaphern wie der ›gute Hirte‹, mit denen das Wirken des Seelsorgers beschrieben wurde, »längst nicht mehr positiv wirken«. Neu in Umlauf gebrachte Bilder wie das vom »Lautsprecher Gottes« vermochten jedoch auch nicht zu überzeugen.[24] Die zentrale These, mit der nun auch neues Licht auf die zurückgehende Zahl der Priesterberufungen geworfen werden konnte, war die wachsende »Rollenunsicherheit« des Priesters. Dieser Befund bezog sich zum einen auf den kircheninternen Spagat, den der einzelne Pfarrer zwischen den Erwartungen der von ihm betreuten Gläubigen und denen seines Bischofs vollziehen musste. Zugleich waren die Pfarrer jedoch gerade in ihrer Gemeinde und im Kontakt mit der säkularen Welt mit zunehmend widersprüchlichen Erwartungen konfrontiert. Noch verstärkt durch die sukzessive Umsetzung der konziliaren Neuerungen in Liturgie und Seel-

---

heit des Priesters gegenüber seiner Rolle in Kirche und Gesellschaft, in: Ordenskorrespondenz Jg. 6, 1965, S. 162–172, S. 167; vgl. *Merton*, Role-Set.

23 *Fichter*, Occupation, S. 138–161; *ders.*, Grundbegriffe, S. 122–134; vgl. *Houtart*, Soziologie, S. 62–65.

24 *C. Wagner*, Das empirische Priesterbild im Wettbewerb der Berufsbilder, in: Ordenskorrespondenz Jg. 6, 1965, S. 173–194, Zitat S. 190.

sorge, trugen sowohl die traditionelle »Kerngemeinde« als auch die sozial und kirchlich mehr »dynamischen Gruppen« unterschiedliche Forderungen zur Ausgestaltung des priesterlichen Dienstes vor.[25]

Eine Ursache für die wachsende Resonanz des Rollenkonzeptes bei der Suche nach Wegen aus der Krise des priesterlichen Berufes war zunächst die ihm eigene Metaphorik. Zwar beharrte etwa Fichter auf der Diskrepanz, die notwendigerweise zwischen der soziologischen Begrifflichkeit und dem Vokabular der »Bühnenrolle« bestehen müsse, die nur als eine dem Verständnis dienende Analogie zu begreifen sei.[26] Aber für den Schauspieler auf der Bühne war es eben charakteristisch, dass er vom Publikum »ausgepfiffen« wurde und der Kritik verfiel, wenn er die mit seiner Darbietung auf der Bühne verbundenen Erwartungen nicht angemessen ausfüllte. Und ähnliche Erfahrungen dürfte die neuartige Terminologie bei ihrer Übertragung auf den katholischen Priester berührt haben. Mit ihrer ubiquitären Theatermetaphorik war die Rollensoziologie wie kaum ein anderer sozialwissenschaftlicher Ansatz in der Lage, ein breites fachfremdes Publikum anzusprechen. Sie fand einprägsame Worte für dessen Entfremdungsängste und Probleme im Umgang mit wachsender gesellschaftlicher Komplexität.[27] Nur vereinzelt gab es mahnende Stimmen, die vor jenen Soziologen warnten, die dem vom »Verlust des Selbstbewusstseins« bedrohten Priester beizubringen versuchten, dass er in der modernen Welt nur noch für die Alten und Kranken »eine ›Rolle‹ spielen kann«. Die »Hauptsorge« um das Reich Gottes und die Kirche müsse man Gott überlassen, und im übrigen die Aussicht auf eine »kleinere, ärmere, verinnerlichte und vereinfachte Kirche von morgen« als ein »Zeichen der Hoffnung« verstehen.[28] Aber eine solche Position, welche die krisenhafte Situation bis hin zu einem Gesundschrumpfen zur ›kleinen Herde‹ passiv überdauern wollte, empfand die Mehrzahl der Beobachter als ein eskapistisches Ausweichen vor der Fülle drängender Fragen. Und selbst eine Polemik gegen das »Menschenbild« jener Soziologen, welche die Priesterrolle als gesellschaftlichen »Außenseiter« charakterisierten, kam nicht umhin, den »Statusverlust« der Geistlichen als wesentliche Ursache der Krise zu deuten.[29]

Bei allen Unterschieden in der genauen Beurteilung von Ursachen und möglichen Auswegen bestand seit Mitte der sechziger Jahre vielfache Übereinstimmung darin, dass die Situation der katholischen Priester durch zu-

25 *Grond*, Beobachtungen, S. 168–71; *W. Goddijn*, Rollenkonflikte des Priesters in der modernen Gesellschaft, in: LS Jg. 17, 1966, S. 136–138; *Hoffmann*, Auswege, S. 133–136.

26 *Fichter*, Grundbegriffe, Zitat S. 129.

27 *Grond*, Beobachtungen, S. 166; vgl. als zeitgenössische Reflexion und Kritik dazu *Furth*.

28 *H.-J. Lauter* OFM, Notizen zur Situation des Priesters heute und morgen, in: PBl. für die Diözesen Aachen etc. Jg. 23, 1971, S. 66–69.

29 *H.-J. Lauter*, Das Priesterbild in der Krise, in: ebd. Jg. 19, 1967, S. 366–373, S. 372.

nehmende »Rollenunsicherheiten und Rollenkonflikte« geprägt war.[30] Eine zweite Ursache dafür, dass soziologische Begriffe als legitime Kategorien in den Diskurs über das Priesterbild eindrangen, war das Zweite Vatikanum. Das einschlägige Dekret »Presbyterorum Ordinis« hatte zwar das Gefühl der Zersplitterung und Zerrissenheit der Priester angesichts ihrer vielfältigen Aufgaben angesprochen, ohne damit jedoch moralische Vorhaltungen und Ermahnungen zu verbinden. Aber die angebotenen Handlungsmaximen, nämlich den Willen Gottes zu beobachten und die kirchlichen Maßregeln zu befolgen, machten keine konkreten Vorschläge zur Überwindung der Krise. Sie konnten deshalb kaum von Nutzen sein, zumal den Priestern weiterhin empfohlen wurde, die inzwischen vielfach als problematisch empfundene »Rolle des Guten Hirten« als zentrales Leitbild zu übernehmen.[31] In der seelsorgspraktischen Literatur bestand weitreichende Einigkeit darüber, dass die Konzilstexte auf die »bedrängenden Fragen priesterlicher Existenz« kaum hinreichend klare und konkrete Antworten gegeben hatten, sondern allenfalls Bausteine für ein neues Priesterbild lieferten.[32] So schien es »selbstverständlich« zu sein, dass mit einer theologischen Sicht auf die Priesterfrage nur »Teileinsichten« zu gewinnen waren und soziologische Kategorien bei der Deutung hinzukommen mussten.[33]

Mit dieser Unsicherheit korrespondierte drittens insofern eine Neufundierung des priesterlichen Dienstes, als der Gemeindepfarrer gemäß den Konzilsbeschlüssen tendenziell seiner »Unabhängigkeit« beraubt und zu einem pastoralen Erfüllungsgehilfen seines Ortsbischofs geformt werden sollte. Das spiegelt sich insbesondere in der weitgehenden Abschaffung der Inamovibilität (Nichtversetzbarkeit) des Pfarrers, vor allem durch den Wegfall des Benefizialrechtes. Bisher war die Pfarre in der Regel auf Lebenszeit verliehen, was vor einem unmittelbaren Durchschlag pastoraler Anforderungen der kirchlichen Bürokratie schützte.[34] Der auf den einzelnen Ortspriester einwirkende Zwang, die die »Grenzen einer Pfarrei« überschreitenden pastoralen Strate-

30 *Lippert* CSsR, Der Priester in der Gemeinde, in: ebd., 21, 1969, S. 71–78, Zitat S. 72; Joseph Höffner, Das Priesterbild des Zweiten Vatikanischen Konzils, Protokoll der Dechantenkonferenz v. 31.5.–2.6.1966: BAM, AD 21; *Siefer*, Priester, S. 9–40.

31 Dekret über Leben und Dienst der Priester: *Rahner/Vorgrimler*, S. 561–598, hier S. 585f.; vgl. auch die kritischen Bemerkungen in der Einleitung der beiden Herausgeber: ebd., S. 557f.; LThK, 3. Aufl., Bd. 8, Sp. 572f. s.v. Priesterbild.

32 *Lauter*, Priesterbild, S. 366; *Lippert*, S. 75; *P. Heuser*, Die Seelsorge in der Erzdiözese Köln nach dem Konzil, in: PBl. für die Diözesen Aachen etc. Jg. 18, 1966, S. 322–339, S. 325.

33 *Lippert*, S. 74. Ähnlich argumentiert *Glatzel*, Rolle, S. 163 im Hinblick auf das 1969 von der DBK veröffentlichte Schreiben über das priesterliche Amt, das sich auf dogmatische Fragen konzentrierte.

34 So die treffende Analyse von *Glatzel*, Rolle, S. 172; vgl. Dekret über die Hirtenaufgabe der Bischöfe in der Kirche, Nr. 31: Rahner/Vorgrimler, S. 257–285, S. 277; LThK, 3. Aufl., Bd. 5, Sp. 443 s.v. Inamovibilität.

gien seines Bischofs zu beachten, erhöhte sich dadurch. Zumindest auf dem Papier war der Pfarrer in bisher nicht gekanntem Ausmaß zu einem pastoralen Erfüllungsgehilfen seines Bischofs geworden.[35] Genau dies musste aber die zwiespältige Situation der Geistlichen im Widerstreit zwischen den Erwartungen ihrer Gemeinde und den pastoralen Normdefinitionen der Bischöfe noch zuspitzen. Ein möglicher Ausweg aus diesem Rollendilemma war die Aufgabe des Priesteramtes und damit die Ablegung seiner spezifischen Rolle, ein Weg den um 1970 eine steigende Zahl von Geistlichen wählte. Eine andere Möglichkeit bestand darin, sich durch den Zusammenschluss in Priestergruppen eine kollektive Verhandlungsmacht zu schaffen, die gegen besonders problematische Festlegungen der Priesterrolle öffentlich protestieren konnte. In diesen Gruppen wurden gerade jene Punkte wie Zölibat, Ökumene und Ehepastoral intensiv diskutiert, in denen die kirchenamtliche Normierung als besonders unflexibel empfunden wurde. In der von Albert O. Hirschman 1970 geprägten Terminologie handelte es sich bei den Priestergruppen demnach um die Option, dem sichtbaren Niedergang einer Organisation durch »voice«, also das kollektive Erheben der Stimme, entgegenzutreten.[36]

Für die empirische Erforschung von Rollenverhalten und -konflikten der Priester stand neben der direkten Beobachtung ihrer täglichen Arbeit in der Gemeinde zunächst ein quantifizierendes Instrument zur Verfügung, das von Pastoralsoziologen entwickelte und angewendete »time-budget«. Mit Hilfe eines Tagebuches musste der Pfarrer oder Kaplan über einen gewissen Zeitraum Art und Dauer aller Aktivitäten festhalten, mit denen er sich im Tagesverlauf beschäftigt hatte. Daraus ließ sich dann ein Profil des Umfanges pastoraler, liturgischer und administrativer Aufgaben sowie des persönlichen Gebetes erstellen. Es erlaubte eine Gewichtung der verschiedenen Rollensegmente des Priesters und half zugleich bei der Suche nach Möglichkeiten der Zeitersparnis, wie sie das zunächst vorherrschende Augenmerk auf die ›Arbeitsüberlastung‹ des Priesters nahelegte.[37] Im Zuge der Vorbereitung neuer Kooperationsformen der in einer Gemeinde tätigen Seelsorgskräfte konnte das »time-budget« auch dazu dienen, Interessen- und Arbeitsschwerpunkte aufeinander abzustimmen, dann allerdings auch unter Einbeziehung der Seelsorgehelferinnen und eventuell vorhandener Sekretariatskräfte. Aus diesem Grund war auch im Rahmen der Modellversuche, die 1970 zur praktischen Umsetzung des in Münster diskutierten ›Strukturplanes‹ anstanden, die Erhebung eines Zeitbudgets geplant.[38]

---

35 Presbyterorum Ordinis, Nr. 7: *Rahner/Vorgrimler*, S. 574.

36 *Glatzel*, Rolle, S. 173; *Großbölting*, Suchbewegungen, S. 126–146, 162–167; *Hirschman*, S. 30–43.

37 *B. Tonna*, The Allocation of Time among Clerical Activities, in: SC Jg. 10, 1963, S. 93–106.

38 O.Verf. [Bernhard Honsel], Gesamtuntersuchung/Amt Ibbenbüren, 16.9.1969; ders. an Reinhard Lettmann 19.11.1970: BAM, GV NA, A-101-283; Karl-Erich Englert, Entwurf zur Ausschreibung von Strukturexperimenten 30.9.1970: BAM, GV NA, A-201-365.

Jede über den Aspekt der zeitlichen Belastung hinausgehende Untersuchung des priesterlichen Rollenverhaltens in der praktischen Gemeindearbeit musste sich der Instrumente des Fragebogens und des unstrukturierten Interviews bedienen, um zu wirklich aussagekräftigen Ergebnissen zu gelangen. Nur so war es beispielsweise möglich, genauere Informationen über die Bereitschaft des einzelnen Pfarrers zur Kooperation mit Laien und anderen Pfarrern in der Seelsorge zu erhalten. Auch die subjektive Gewichtung der einzelnen Aufgabenfelder und der pastoralen Entscheidungen zu Grunde liegende Kommunikationsfluss ließ sich nur in der direkten Befragung einzelner Geistlicher feststellen. Angesichts des sehr weitreichenden Einblicks und potentiellen Zugriffs, den eine solche Untersuchung damit auf die Person und Berufspraxis des betreffenden Seelsorgers gewann, musste jede empirische Studie zum Rollenprofil von katholischen Geistlichen eine hohe Eigenmotivation der Betroffenen mitbringen. Das trifft etwa auf eine vermutlich vom Sozialteam Landstuhl durchgeführte Erhebung zu, die mit 288 Pfarrern aus der Pfalz ein relativ großes Sample erfasste. Die Befragung wurde als »action research« durchgeführt, setzte also ganz bewusst auf die aktive Beteiligung der ›Objekte‹ der Untersuchung und plante Rückwirkungen auf deren Praxis von vornherein ein.[39]

Das Interesse an rollensoziologischer Arbeit ist also bereits als Indiz für den Sachverhalt zu werten, der erst im Gang der Untersuchung validiert und qualifiziert werden sollte, nämlich die grassierende Rollenunsicherheit der Priester. Hinweise darauf bieten Anlass und Schicksal einer anderen Studie, bei der das Pastoralsoziologische Institut in Essen zum Zwecke professioneller Begleitung eingeschaltet wurde. Im März 1967 hatten Vertreter einer informellen Gruppe von Kaplänen aus der Erzdiözese Köln dessen Leiter Egon Golomb mit noch gänzlich »unklaren Vorstellungen« aufgesucht. Golomb empfahl ihnen die Durchführung einer Rollenanalyse, für die er als Bearbeiter den jungen Diplomvolkswirt und Soziologen Leo v. Deschwanden vorschlug. Dieser war als Mitarbeiter des Wuppertaler Instituts für Kommunikationsforschung, durch die Teilnahme an zwei Studien des Brüsseler Pastoralsoziologen François Houtart zur Priesterrolle und durch eine daraus erwachsene Veröffentlichung einschlägig qualifiziert. In einer Reihe von Gesprächen mit den betroffenen Kaplänen konkretisierte sich das Vorhaben, bis schließlich, nicht zuletzt zur Finanzierung der Studie, das erzbischöfliche Seelsorgeamt und Generalvikariat eingeschaltet wurden.[40]

39 Arbeitspapier zur Berufsrollenanalyse des Pfarrers, o.D. [ca. 1974]: BAM, GV NA, A-0-966. Fragebogen und Intensivinterviews mit 20 Kaplänen als Ansatz auch in SIB, Forschungsplan (1967), S. 9–13.
40 Egon Golomb an Joseph Krautscheidt 20.7.1967: BAE, GV 82 14 12, Bd. 1; vgl. *Deschwanden*.

Die Reaktionen des Generalvikars und des als Gutachter eingeschalte-
ten Franz Groner waren jedoch skeptisch bis negativ. Letzterer kanzelte
den vorgelegten Forschungsplan als eine »Studentenarbeit« ab, ohne dabei
einen konkreten inhaltlichen oder methodischen Einwand vorzubringen.
Von der hohen Warte professoralen Standesbewusstseins aus urteilte er, dass
der Plan das ausgegebene Geld in Höhe von 1 700 DM nicht wert sei, gemessen an nur 200 DM Honorar für den Fachvortrag eines Professors. Nur
mit Mühe gelang es Golomb, durch ausführliche Erläuterungen der Art und
Weise, wie Soziologen Alltagserfahrungen in theoretische Problemformu-
lierungen übersetzen, eine Absage zu verhindern, zumal auch der Bischofs-
kaplan der Erzdiözese massive Bedenken geäußert hatte. Damit wollte der
Essener Pastoralsoziologe verhindern, dass hier eine unnötige »Autoritätskrise« entstünde, wo die Untersuchung doch gerade eine »Kanalisierungs-
möglichkeit für eventuell vorhandene Kommunikationsschwierigkeiten«
bieten sollte. Das entsprach nicht nur dem Willen und der Lagebeurteilung
der Kapläne in der Kölner Erzdiözese, sondern auch der zentralen Arbeits-
hypothese v. Deschwandens. Nach seiner Vermutung waren ein Mangel
an geregeltem Kommunikationsfluss und an Kooperation in der Seelsorge
für das von Unsicherheit geprägte Selbstbild und pastorale Rollenverständ-
nis der Kapläne verantwortlich, eine Hypothese, die das Sozialteam Adelsried 1968 in vielen Interviews mit Priestern der Diözese Augsburg bestätigt
fand.[41] Wie andere Autoren sah v. Deschwanden den Priesterberuf durch
seine »totale Rolle« gekennzeichnet, die auch das Privatleben der einzelnen
Person beinahe völlig absorbierte. Den zentralen Rollenkonflikt verortete
er im Widerspruch zwischen jenen Funktionen wie etwa der Sakramentenspendung, bei denen der Geistliche das ihm durch die Kirche übertragene
Amtscharisma einsetzte, und jenen wie der Seelsorge und Vereinsarbeit, bei
denen es mehr auf sein persönliches Charisma ankam.[42]

Der Kölner Generalvikar Hermann Jansen und Kardinal Josef Frings
stimmten der geplanten Untersuchung der Seelsorgerollen der Kapläne in
der Erzdiözese schließlich doch noch zu. Allerdings war dieses positive Votum an eine Reihe restriktiver Bedingungen geknüpft. Zu ihnen zählte außer ständiger Fühlungnahme mit der für Fragen des priesterlichen Lebens
zuständigen Kommission des Erzbistums die vorherige Genehmigung von

41 Generalvikar Jansen an Golomb 11.8.1967, Gutachterliche Stellungnahme Franz Groner zum Forschungsplan 11.8.1967, Golomb an Jansen 25.8.1967, ders. an Krautscheidt
29.8.1967: BAE, GV 82 14 12, Bd. 1; SIB, Forschungsplan (1967), S. 5; Gespräch mit Egon
Golomb am 2.10.2002; L. Bender, Priesterinterviews zur Situation der Seelsorge, in: Jahresbericht 1968/69, S. 74–81, S. 75.
42 Deschwanden, S. 146–149, Zitat S. 125; als Gegensatz zwischen »organisationsbezo-
genen« und »personbezogenen« Rollensegmenten bei N. Glatzel, Soziologische Aspekte der
Seelsorgerrolle, in: StdZ Bd. 187, 1971, S. 31–42, S. 38.

Veröffentlichungen durch den Erzbischof persönlich. Eine wissenschaftliche Auswertung der Ergebnisse in Form einer Dissertation schlossen beide von vornherein aus, womit für v. Deschwanden ein zentrales, auch von Franz Groner benanntes Motiv für die Bearbeitung dieses Themas fortfiel. Schließlich durften Fragen nach »Interna«, wozu außer dem persönlichen Gebetsleben der Geistlichen auch die »Stellung zur Frau« und zum Zölibat gerechnet wurde, den Kaplänen nicht gestellt werden. Frings hatte bereits bei der Vorstudie moniert, dass sie die vorgesehenen Fragen nicht auflistete. Offenkundig durch diese Einschränkungen und das monatelange Tauziehen abgeschreckt, zog v. Deschwanden es vor, eine andere berufliche Chance in seiner Schweizer Heimat wahrzunehmen.[43] Die Kölner Kapläne mussten deshalb auf eine soziologische Durchdringung ihrer Rollenprobleme verzichten. Das Schicksal dieser Studie ist ein Indiz dafür, wie heikel und konfliktträchtig auf Interviews basierende Untersuchungen der Rollenkonflikte einer konkreten Gruppe von Priestern waren. Demgegenüber implizierte der Versand von Fragebögen an die Gesamtheit aller Priester in der Bundesrepublik, wie er praktisch zeitgleich mit den Synodenumfragen vollzogen wurde, eine Anonymisierung und Distanzierung der akut vorhandenen Rollenprobleme. In dieser Form konnten dann auch Fragen nach dem Zölibat gestellt werden.[44]

Der soziologischen Problemdefinition eines priesterlichen Rollenkonfliktes in der katholischen Kirche folgte die Frage auf dem Fuße, was, gerade unter Berücksichtigung dieser sozialwissenschaftlichen Beschreibungen des Phänomens, zur Behebung der krisenhaften Situation getan werden konnte. Das war eine Frage, die letztlich auf die Bereitschaft der Organisation zielte, durch Entscheidungen über die Neudefinition der Priesterrolle die Motivation der betroffenen Personen zu vergrößern und damit zugleich die Neigung zum Eintritt in diese spezifische Form der Kirchenmitgliedschaft zu steigern. Aber war die Kirche überhaupt in der Lage, in dem für Organisationen typischen Medium der Entscheidung auf die durch soziologische Analysen angezeigten Probleme angemessen zu reagieren? In der öffentlichen Wahrnehmung wie in der wissenschaftlichen Analyse wurde die Rollenkrise der Pfarrer und Kapläne oftmals als eine »Autoritätskrise« interpretiert, als Unzufriedenheit mit den »Entscheidungen« der »kirchlichen Behörden« und damit auch als »Autoritätskonflikt«.[45] Die Auswertung der Priesterumfrage formulierte dieses Problem als Widerspruch

43 Jansen an v. Deschwanden 14.8., 19.10.1967 und dessen Antwort v. 7.11.1967: BAE, GV 82 14 12, Bd. 1.

44 *Schmidtchen*, Priester; Kap. 3.3; für das Interesse an Umfragen zum Priesterbild z.B. Dr. O. Hürter, Beratungsdienst für kirchliche Berufe in München, an SIB 16.10.1968: BAE, GV 82 14 12, Bd. 1.

45 So u.a. *F.-J. Trost*, Mündige Kapläne, in: Publik, 18.10.1968 (Zitat); »Autoritätskonflikt«: Die Priester unter der Lupe der Demoskopen, in: HK Jg. 27, 1973, S. 460–464, S. 463;

zwischen einem »vertikalen« und einem eher »horizontalen« bzw. »funktionalen« Verständnis des priesterlichen Amtes. Während das erste sich an der hierarchischen Legitimation des Priesters durch die Priesterweihe und die Autorität des Bischofs orientierte, definierte die zweite Gruppe ihr Selbstverständnis eher vom Dienst an den Gläubigen ihrer Gemeinde und dem von diesen aufgebrachten Vertrauen.[46]

Nun war eine Autoritätskrise im Sinne einer ernsthaften Beschädigung der Autorität des Bischofs zur Durchsetzung von legalen Entscheidungen selbst in der unruhigen Zeit nach 1968 nicht zu erkennen. Eine Ausnahme bildeten jene Einzelfälle, in denen Pfarrer sich offen weigerten, einen bischöflichen Hirtenbrief in ihrer Gemeinde zu verlesen, weil sie mit dessen Inhalt nicht einverstanden waren.[47] Aber boten die soziologischen Situationsanalysen überhaupt Anhaltspunkte dafür, dass Spannungen mit der bischöflichen Autorität gemindert worden wären, selbst wenn diese bereit gewesen wäre, wichtige Wünsche der »horizontal« orientierten Priester in ihren Entscheidungen aufzunehmen und umzusetzen? Exemplarischen Einblick in dieses Problem bietet die von Karl Forster 1975 für die Bischofskonferenz vorgenommene Auswertung der verschiedenen Umfragen zum Rollenprofil der kirchlichen Berufe. Forster hielt ausdrücklich fest, dass sich die Bischöfe bemühen müssten, den »Druck« einer dauernden »Rollenüberlastung« von den Priestern zu nehmen und dafür »realisierbare Konzeptionen für das Zusammenwirken von Priestern, Diakonen und Laien« zu finden. Auch die weitere Ausgestaltung der »Mitverantwortung« auf Gemeinde- und Bistumsebene sei dafür »bedeutsam«. Eine »Verstärkung des Eindrucks der eigenen Beteiligung« könne »entlastend« auf die Rollenkonflikte des Gemeindepfarrers wirken. Ohne bereits ins Detail gehende konkrete Reformvorschläge zu machen, griff Forster damit wesentliche Anliegen von reformbereiten Geistlichen mit einem »horizontalen« Amtsverständnis auf.[48]

Im selben Moment musste er jedoch feststellen, dass gerade die Partizipation der Laien an pastoralen Entscheidungen auf Gemeindeebene auch zum Gegenteil, nämlich zu einer »erheblichen zusätzlichen Rollenbelastung für die Priester« führen könne. Ob das der Fall sei, hänge außer von der Zusammensetzung der Gremien und der »Kooperationsfähigkeit« der Geistlichen ganz »entscheidend« von der laufenden diözesanen Praxis in der Behand-

W. *Kasper*, Die pastoralen Dienste in der Gemeinde. Einleitung, in: Gemeinsame Synode, Bd. I, S. 581–596, S. 581.

46 *Schmidtchen*, Priester, S. 47–51.

47 Protokoll der Dechantenkonferenz v. 15.5.1973: BAM, GV NA, A-201-396; vgl. *Luhmann*, Funktion, S. 295.

48 Karl Forster, Entscheidungen und pastorale Initiativen für die kirchlichen Berufe. Hinweise aus den Ergebnissen sozialwissenschaftlicher Untersuchungen der letzten Jahre, o.D. [1975]: BAM, GV NA, A-0-966.

lung von konkreten Konfliktfällen ab.[49] Damit hatte Forster eine Ambivalenz der geplanten Neuformulierung priesterlicher Leitbilder angesprochen,
die sonst nur implizit verhandelt wurde. Eine Entlastung des Pfarrers durch
den Pfarrgemeinderat hing davon ab, dass beide Seiten zur Kooperation
gewillt waren und keine ernsthaften Konflikte die Zusammenarbeit blockierten. Als Alternative zur Aufgabenüberlastung des für alles Zuständigen »Allround‹-Pfarrgeistlichen« wurde ebenso die Kooperation mit anderen Seelsorgern und Laien im ›Team‹ vorgeschlagen, bei der jeder Einzelne
schwerpunktmäßig bestimmte Kompetenzen als »Spezialist« erwerben und
vertreten sollte.[50] Mit der Arbeitsteilung legten etwa Unternehmensberater
der Kirche ein Prinzip nahe, das in der Ökonomie erhebliche Produktivi-
tätsgewinne und eine erhöhte Problemlösungskapazität bewirkt hatte.[51]

Allerdings wurde nur selten in aller Schärfe gesehen, dass die Teamarbeit statt einer Entlastung zunächst eine weitere Spreizung des Rollenprofils
bewirkte, indem der Pfarrer nun auch die Teamfähigkeit als eine wichtige
Eigenschaft mitbringen musste. Dieses Problem verbarg sich zumeist hinter
Formulierungen wie jener, dass die »Spezialisierung« auch eine »neue Mentalität« bei den Geistlichen voraussetze.[52] Zudem mussten entweder der einzelne Gläubige oder der angesprochene Seelsorger fortwährend entscheiden,
ob und wer für das jeweilige Problem zuständig war: der Gemeindepfarrer
oder beispielsweise ein in der benachbarten Gemeinde verfügbarer Spezialist für Eheberatung. Der allzuständige Pfarrer wurde in diesem Modell
zwar zunächst aus der »Frontlinie« zurückgezogen. Er musste aber die Aus-
tarierung der Zuständigkeiten permanent selbst ausbalancieren und stand
zudem in der Gefahr, durch das Angebot eines spezialisierten Service die
Laien weiter in eine »Konsumentenhaltung« hineinzudrängen. Aus diesem
Dilemma zogen Pastoralsoziologen die Schlussfolgerung, entweder durch
die Ausübung der Seelsorge im Nebenberuf oder durch die Aufhebung
des Pflichtzölibats die ›totale‹ Rolle als Grundproblem der priesterlichen
Existenz aufzusprengen und damit neue Rekombinationen möglich zu machen.[53] Der französische Pastoralsoziologe Èmile Pin machte den radikalen
Vorschlag, die Funktionen des priesterlichen Dienstes komplett in vier Teile
aufzuspalten, deren Ausbildungs- und Karrierewege jeweils getrennt definiert werden sollten. Er unterschied dabei den durch wissenschaftliches

49 Ebd.

50 Vgl. Seelsorge ohne Zufall. Führt der Spezialist aus dem Dilemma des Priestermangels?, in: Ruhrwort Nr. 42, 26.10.1968.

51 So der Rat der vielbeachteten, auch in der FAZ abgedruckten Ausführungen des Un-
ternehmensberaters *C. Wagner*, Arbeitsteilung und Kirche, in: PBl. für die Diözesen Aachen
etc. Jg. 19, 1967, S. 374–379.

52 Seelsorge ohne Zufall, in: Ruhrwort Nr. 42, 26.10.1968.

53 *Glatzel*, Rolle des Priesters, S. 176–180.

Studium qualifizierten Theologen, die mit Gemeindeleitung und Eucharistie betrauten Presbyter, die fachwissenschaftlich geschulten seelsorglichen »Berater« und die administrativ erfahrenen kirchlichen »Funktionäre«. Solche weitgehenden Vorschläge wurden allerdings in der deutschen Kirche nur vereinzelt ernsthaft diskutiert.[54]

Festzuhalten bleibt, dass auch die Entscheidung für ein an der ›Teamfähigkeit‹ und arbeitsteiligen Kooperation orientiertes Priesterbild nach Ansicht soziologisch informierter Experten wie Norbert Glatzel oder Karl Forster erhebliche Probleme in sich barg, da es neue Abstimmungsprobleme mit sich brachte und dem einzelnen Priester fortlaufende Kompetenz- und Zuordnungsentscheidungen abverlangte. Die Entscheidung für ein in hohem Maße ›horizontal‹ angelegtes Rollenmodell hätte zwar vielleicht vordergründig eine Milderung der ›Autoritätskrise‹ mit sich gebracht, aber zu einem Abbau der Rollenüberlastung des Pfarrers kaum etwas beigetragen. Eher hätte sie die tägliche anfallende Komplexität der Rollenbeziehungen des Geistlichen und damit den auf ihm lastenden Zwang zur fortlaufenden Entscheidung über Entscheidungen – die etwa zuvor der Pfarrgemeinderat gefällt hatte – noch vermehrt. Um die Identifikation der Priester »mit der konkreten Kirche« nicht unnötig zu gefährden, galt es nach Ansicht von Karl Forster ferner alles zu vermeiden, was »ohne zwingenden Grund Identifikationskonflikte« auslösen konnte, weshalb man durch vermehrte Kommunikation den »Konsens« suchen sollte. Auf der anderen Seite hielt er die Grenzen unmissverständlich fest. Fälle eines »Ausbrechens« aus den moralischen Normen in »bedeutsame[n]« Angelegenheiten müssten »erkennbare Folgen« nach sich ziehen, da sich mit einem »amorphen« sozialen Gebilde niemand identifizieren könne. Hier müsse sich »der Glaube bewähren, dass diese sündige Kirche die heilige Kirche« des Herrn sei. Wo der Eindruck entstehe, Kirche »könne ›gemacht‹ werden«, fehle das »tragende Motiv« für die Identifikation mit einem kirchlichen Beruf.[55] Entscheidungen über die genaue Ausgestaltung der Priesterrolle mussten sich also nicht nur am Glauben orientieren, sondern auch am scharfen äußeren Profil der Kirche als Organisation.

Solche Probleme wurden 1975 in einem Papier diskutiert, das als Entscheidungshilfe für das höchste Beschlussgremium der katholischen Kirche in der Bundesrepublik konzipiert war. Das ist ein Indiz für den Grad an Differenziertheit, den die Verwissenschaftlichung der katholischen Kirche nur zehn Jahre nach Beginn der Beschäftigung mit rollensoziologischen Fragen

---

54 *É. Pin*, Die Differenzierung der priesterlichen Funktion. Eine soziologische Analyse, in: Concilium Jg. 5, 1969, S. 177–184, S. 181; vgl. *Hoffmann*, Auswege, S. 115–155.

55 Karl Forster, Entscheidungen und pastorale Initiativen für die kirchlichen Berufe. Hinweise aus den Ergebnissen sozialwissenschaftlicher Untersuchungen der letzten Jahre, o.D. [1975]: BAM, GV NA, A-0-966.

erreicht hatte. Allerdings zeigen sich hier auch die besonderen Schwierigkeiten, welche die Kirche als eine religiöse Organisation bei der Spezifizierung ihrer Entscheidungen zu gewärtigen hatte. Denn der Glaube ist ein
vergleichsweise schwaches Kommunikationsmedium, das in der Geschichte der Neuzeit keine stabilen Formbildungen mit hoher Annahmewahr-
scheinlichkeit ausgebildet hat. Nicht der Glaube, sondern die Konfession,
also das formale Bekenntnis zu einem Glauben, hat in der neueren Kirchengeschichte als Mitgliedschaftsregel fungiert. Der Glaube verbindet Gott und
die Seelen als das über den Tod der Menschen hinausreichende. Mit Blick
auf das Schicksal der Seele kann der Gläubige mit Figuren wie der ›Sünde‹
oder der moralischen Unterscheidung von gut und böse seine Lebensführung ordnen und religiös aufladen. Das Medium Glaube gewinnt in der
religiösen Durchgliederung der Lebensführung seine Formen. Im Kontext
kirchlicher Entscheidungen verweist die Schwäche des Glaubensmediums
auf die Schwierigkeiten, die Mitgliedschaft in einer Kirche überhaupt noch
mit dem Schicksal der eigenen Seele in Verbindung zu bringen.[56]

Unternehmen oder Gerichte können sich dagegen bei Entscheidungen
auf Informationen stützen, die in den für sie spezifischen Medien des Geldes
und des Rechts codiert sind und auf deren Fähigkeit zur Konditionierung
von Motiven zurückgreifen können. Gerade Geld lässt sich nicht nur buch-
halterisch exakt für die zu treffende Entscheidung kalkulieren, sondern
bringt auch eine hohe Wahrscheinlichkeit zur Befolgung von Verhaltenszu-
mutungen mit sich. Deshalb brachte der Pastoralsoziologe Egon Golomb den
Vorschlag eines »stärker gegliederten Karriereaufbaus« der Geistlichen in die
Diskussion ein. Er konnte dabei auf eine Untersuchung zur Besoldungsre-
form verweisen, die Leslie Paul 1964 für die anglikanische Kirche vorlegte
und die dort ein kontroverses Echo fand.[57] Aber einem am Zölibat zweifeln-
den katholischen Priester war vermutlich nicht mit einer Gehaltserhöhung
geholfen. Medienberichte schlugen im Gegenteil vor, dass die Priester in
Armut leben sollten, um so zusammen mit dem Zölibat das Zeichen einer
»Kirche auf der Pilgerschaft« zu setzen.[58] Sinnvoll waren eher konkrete Regelungen im Medium des Rechts. Mit ihnen konnte nach Meinung vieler

---

56 So die These von *Luhmann*, Medium; vgl. *Schlögl*, Historiker. Mit allem Vorbehalt sei
als Indiz darauf verwiesen, dass nur 12% der Befragten in der Emnid-Umfrage 1967 den
Glauben als Kennzeichen eines »gläubigen Christen« ansahen. *Harenberg*, S. 32.

57 *Golomb*, Einsatz, S. 60; vgl. *Paul*, bes. S. 115–136; zur Diskussion dieser Vorschläge die
Beiträge in *Duffield*.

58 So im Anschluss an die Ergebnisse der Priesterumfrage: Von Frustration ist kaum zu
reden. Fragebogenaktion, in: Rheinischer Merkur Nr. 25, 9.7.1971; vgl. Die bundesdeutsche
Priesterumfrage, in: HK Jg. 25, 1971, S. 383–387, S. 386. Selbst *Fichter*, Occupation, S. 171–
175 wies die Vorstellung der Motivation durch Geld oder Aufstiegsmöglichkeiten zurück und
sah allein in »supernatural motives« eine Motivquelle für den katholischen Priester.

Beobachter die oftmals problematische Lebenssituation der nach einer Heirat aus dem kirchlichen Dienst ausgeschiedenen Priester verbessert werden. Hier war die informelle Praxis jedoch schon weiter als die formale Organisation, wie das Beispiel eines süddeutschen Dechanten belegt. Mit stillschweigender Duldung seines Bischofs setzte er ehemalige Priester in der Wochenendseelsorge ein.[59] Letztlich musste aber jeder Priester die Entscheidung zu dieser Lebensform mit seinem Glauben vereinbaren können. Demgemäß war es ein »schwerwiegendes Problem«, wenn 52% der Priesteramtskandidaten eine Änderung der zölibatären Lebensform für notwendig hielten, »wobei offensichtlich gar keine Aussicht auf eine Änderung besteht.«[60] Diese freimütige Formulierung von Karl Forster lässt eine der Möglichkeiten erkennen, mit der sich die Komplexität einer Entscheidung über die Zölibatsfrage organisatorisch bewältigen ließ: die Nicht-Entscheidung.

Diese Form widersprach dem Rat der meisten mit der Priesterrolle befassten Pastoralsoziologen, welche eine Aufhebung des Pflichtzölibates über kurz oder lang für unverzichtbar hielten. Sie wiesen jedoch auch darauf hin, dass die Familie ebenso wie die »Vita Communis« mit anderen Geistlichen wiederum neue Rollenanforderungen an den Geistlichen adressieren würde.[61] Aber das war eine soziologische, keine theologische Erwägung. Forsters Feststellung spiegelt im Übrigen nicht nur die faktisch bestehende Situation wider, nach der die deutsche Kirche in dieser Frage keine eigenständigen Beschlüsse fassen konnte. Das hatte in der Würzburger Synode vorübergehend zu einer schwerwiegenden »Vertrauenskrise« geführt, als die Bischofskonferenz im April 1972 die Frage der so genannten ›Viri probati‹, der Zulassung verheirateter Männer zum Priesteramt, von vornherein aus den Beratungen ausklammerte. In der zuständigen Sachkommission und der Vollversammlung der Synode bemühte man sich jedoch zumindest, das Pro und Contra des Zölibats zu erörtern, um damit »Kriterien« einer künftigen Entscheidung herauszuarbeiten. Dabei setzte sich allerdings bald die ausgesprochen »ernüchternde Einsicht« durch, dass der Knoten der widerstreitenden Argumente, zumal angesichts der generationellen Spaltung innerhalb des Klerus, unter Berücksichtigung der theologischen und ekklesiologischen Gesichtspunkte nicht eindeutig auflösbar war. Obwohl eine

59 *H. Hohmann*, Es war einmal ein Priester. Gespräche mit Männern die ihr Gelübde aufsagten um ein bürgerliches Leben zu führen, in: Christ und Welt, 2.4.1971; vgl. Gemeinsame Synode, Bd. I, S. 631; LThK, 3. Aufl., Bd. 6, Sp. 609–612 s.v. Laisierung; zur Resonanz dieser Frage *Schmidtchen*, Priester, S. 115.

60 So eine Formulierung von Karl Forster, zit. in: *Schmidtchen*, Priesteramtskandidaten, S. 236.

61 *Siefer*, Priester, S. 9–40, S. 40; *Glatzel*, Rolle, S. 179; *Hoffmann*, Auswege, S. 145; verklausuliert auch *P. Zulehner*, Reform des Priesterberufs? Zu den Auswertungsversuchen im Priesterumfragen im deutschen Sprachraum, in: HK Jg. 29, 1975, S. 88–95, S. 92, S. 95.

Entscheidung aus pastoraler Sicht drängte, erwies sich die Zölibatsfrage auf der Synode als »nicht entscheidungsreif«. Und jede künftige Entscheidung schien nur aus der »Kraft des Glaubens möglich«.[62] Unbestritten war dabei, dass das Zölibatsgesetz keine »dogmatisch zwingende Notwendigkeit« ist, sondern eine von den Päpsten und Bischöfen »getragene geschichtliche Glaubensentscheidung.«[63]

Die Rollenkrise des Priesters, zumindest sofern es die Frage der zölibatären Lebensform anging, war von der Ebene der Organisation und der in ihr zu treffenden Entscheidungen wieder auf den Einzelnen zurückverwiesen. »Nicht die Institution, sondern die Person hat die Aufgabe zu bewältigen.«[64] Damit stand zugleich eine typische Reduktionsform offen, mit der die Komplexität des Entscheidens über den Glauben im für Entscheidungen wenig spezifischen Medium des Glaubens vermindert werden konnte. Diese Option diskutierte der Rektor der Ordensgemeinschaft der Canisianer, die seit 1854 im Bistum Münster tätig war, 1971 auf einer Pastoralkonferenz. Den Ausgangspunkt seiner Überlegungen bildete die aktuelle »Krise unter den Priestern«. Je mehr man versuche, hier durch »Meinungsumfragen eine Klärung herbeizuführen«, desto »verwickelter werde die Situation«. Den »Glauben lernen« könne man aber durch solche Erhebungen ebensowenig wie durch ein theologisches Studium. Das werde, so die Überzeugung des Ordensgeistlichen, »nur« durch den »Umgang mit Menschen« erreicht, »die Glauben bezeugen«. Glauben lernt und bestärkt man im Glauben, lautete die klassische Formel, mit der sich in einer religiösen Organisation die mangelnde Problemlösungskapazität von Entscheidungen substituieren ließ.[65]

Gerade das warf jedoch weitere Probleme auf, wie beinahe zeitgleich auf einer Pastoralkonferenz in Rheinberg im Bistum Münster deutlich wurde. Dort hielt der Pfarrer fest, dass der Glaube »immer weniger einfach ›per generationem‹ tradiert« werde, was unmittelbare Rückwirkungen auf die eben umrissene Reduktionsformel haben musste. Eine sinkende Zahl von Menschen lernte den Glauben ganz selbstverständlich während ihrer Kindheit und Jugend und behielt ihn dann fürs Leben. Vielmehr war der Glaube »in die für

62 *W. Kasper*, Die pastoralen Dienste, in: Gemeinsame Synode, Bd. I, S. 591f.; vgl. Von Frustration ist kaum zu reden. Fragebogenaktion, in: Rheinischer Merkur Nr. 25, 9.7.1971. Ähnlich und in der Sache sehr defensiv argumentierte Bischof Tenhumberg in einem Interview mit der Herder-Korrespondenz vor allem damit, dass die Preisgabe des Zölibates den Priestermangel nicht beheben würde. Das geistliche Amt insgesamt stehe zur Diskussion, und dabei gehe es »zunächst um eine Glaubensfrage«. HK Jg. 27, 1973, S. 464–474, S. 468.

63 LThK, Bd. 10, Sp. 1483–1486, s.v. Zölibat, Zitat Sp. 1484.

64 Mit direktem Bezug auf die Zölibatsfrage *G. Griesl*, Krisen im modernen Priesterleben, in: LS Jg. 17, 1966, S. 134–136, S. 135.

65 Pastoralkonferenz des Dekanates Vreden 8.3.1971: BAM, GV NA, A-201-24; vgl. LThK, 3. Aufl., Bd. 2, Sp. 922 s.v. Canisianer; *Luhmann*, Funktion, S. 307f.

das Bewusstsein der Gegenwart typische ›Dauerreflexion‹ einbezogen« worden. Diese Feststellung war eine direkte Anspielung auf einen fulminanten Text des Soziologen Helmut Schelsky, einer Schlüsselfigur der empirischen Sozialforschung und Soziologie in der Bundesrepublik. Schelsky hatte 1957 die Frage nach der Institutionalisierbarkeit der »Dauerreflexion« als entscheidendes Thema der modernen Religionssoziologie aufgeworfen und vorläufig im Sinne einer Intensivierung und Institutionalisierung des Glaubensgesprächs beantwortet.[66] Für den westfälischen Pfarrer folgte daraus, dass die »Glaubensvermittlung« sich von der »relativ anonymen Großgemeinde« stärker in »Kleingruppen« wie »Familie, Gesprächkreise, Aktionsgruppen« und anderes mehr verlagert habe, ohne dass die kirchlichen »Superstrukturen« ihre Bedeutung verlören.[67] Eine solche Diagnose zog jedoch die Frage nach einer neuen Zuordnung zwischen diesen Ebenen nach sich und führte damit direkt in organisationssoziologische Überlegungen hinein, wie sie etwa der ›Strukturplan‹ des Bistums Münster aufwarf.[68]

Die rollensoziologische Betrachtung des Priesterberufes führte von etwa 1965 bis 1975 eine ungewohnte, von theologischen Schemata abweichende Sicht auf den Geistlichen in die Kirche ein. Durch die Anwendung dieser Kategorien sollte der wachsenden Rollenunsicherheit der Pfarrer begegnet werden. Es zeigte sich allerdings bald, dass der Gebrauch soziologischer Begriffe nicht zu einer raschen analytischen Klärung und damit zu einer Vereinfachung der Situation führte, sondern eine weitere Steigerung der Komplexität in der kirchlichen Organisation nach sich zog. Das Konzept der sozialen Rolle führte letztlich auf Unentscheidbarkeiten hin, auch wenn diese nicht immer als solche verstanden wurden. Auf jeden Fall bestand die Wirkung einer rollensoziologischen Konzeptualisierung des Priesterberufes nicht in der Vorlage einfacher Schnittmuster für organisationsinterne Entscheidungen, auch wenn sich manche Bischöfe das erhofften.[69]

Als eine direkte Wirkung lässt sich allenfalls noch der Umstand benennen, dass den führenden Entscheidungsgremien in Bistümern und Bischofskonferenz damit überhaupt erstmals ungeschminkte Informationen über die Erwartungen, Einstellungen und konkrete Lebenssituation des Pfarrklerus

---

66 Pfarrer Johannes Hüneborn, Überlegungen zur Gemeinde-Pastoral, Pastoralkonferenz Dekanatskomitee Rheinberg 5.4.1971: BAM, GV NA, A-201-25; vgl. *H. Schelsky*, Ist die Dauerreflexion institutionalisierbar? Zum Thema einer modernen Religionssoziologie (1957), in: *Matthes*, Religion und Gesellschaft, S. 164–189; Hüneborn orientierte sich bei seinen Ausführungen an *Roos*, Heilsdienst, S. 116. Dies ist ein weiterer Beleg für die immense Bedeutung, welche die Zeitschrift »Lebendige Seelsorge« für das pastorale Selbstverständnis der Pfarrer in der Bundesrepublik besaß.

67 Ebd.

68 Vgl. Kap. 4.2.

69 Vgl. den Hinweis in Kap. 3.4.

vorlagen. Offiziell arrangierte Gespräche der Bischöfe mit den Seminaristen und Pfarrern waren dafür kein Ersatz, weil bei ihnen die tatsächlichen Probleme nicht zur Sprache kamen. Gerade Priester der jüngeren Weihejahrgänge ab 1960 hielten den »Zwang der Unehrlichkeit nach oben« für eine »ganz wichtige Beeinträchtigung des Priesterlebens«. Auf Treffen mit dem Bischof würden die Gespräche »bewusst belanglos gehalten«, so dass man wisse, »dass die Diözesanspitze eben nicht weiß – vielleicht auch nicht wissen darf oder wissen will – wie eigentlich priesterlich gelebt wird«.[70] Betroffene Geistliche wie Sozialforscher erhofften sich von einer Untersuchung der Priesterrolle nicht zuletzt, dass die darin einfließenden Informationen nach ›oben‹ weitergereicht und dort zur Grundlage sachangemessener Entscheidungen über eine Reform gemacht würden. Gerade die Priestergruppen forderten eine »Arbeitsplatzanalyse« des Pfarrers.[71]

Damit war die wichtigste Folge rollensoziologischer Arbeit am Priesterbild zunächst eher indirekt, obwohl sie durch ihre spezifische Verschiebung der zur Beschreibung des Geistlichen verwendeten Semantik auch Rückwirkungen auf die Formulierung pastoraler Probleme hatte. Mit dem Rollenkonzept drangen die Denkformen und die Sprache des Funktionalismus in einen Bereich kirchlicher Organisation vor, der bislang ein Residuum theologischer Formeln gewesen war, welche die besondere Dignität des Priestertums hervorhoben. Deren Tenor hatte darin bestanden, die göttliche Stiftung und damit die menschliche Unverfügbarkeit des durch die Priesterweihe übertragenen Amtes zu betonen.[72] Als Rollenträger musste der Geistliche jedoch nicht nur lernen, auf den Begriff der »Person« zur Beschreibung seiner sozialen Beziehungen zu verzichten. Die soziologische Terminologie implizierte des Weiteren eine Vergleichbarkeit der an den Priester gerichteten Erwartungen mit denen an andere professionelle Berufe wie Arzt oder Rechtsanwalt. Sie beraubte ihn damit seiner im Sakrament symbolisierten Unvergleichlichkeit und bewirkte zumindest implizit eine Entsakralisierung. Schließlich ebnete die Semantik der Rolle, die sich auf die »Leistung« des Einzelnen bezog und nicht auf seinen Wert »in den Augen anderer«, die hierarchische Differenz des Priesters gegenüber dem Laien tendenziell ein.[73] An Stelle der »ontologischen« Bewertung des Priesters in der Ständegesellschaft trat die »funktionale«. Die persönliche »Ei-

70 So nach einer Befragung im Collegium Borromäum Werner Thissen, Erwartungen des jungen Klerus an Bischof und Bistumsleitung, o.D. [1975]: BAM, GV NA, A-0-966; *F.-J. Trost*, Weiterbildung der Priester, in: Publik Nr. 46, 14.11.1969.

71 SIB, Forschungsplan (1967), S. 14; Karl Forster, Entscheidungen und pastorale Initiativen für die kirchlichen Berufe. Hinweise aus den Ergebnissen sozialwissenschaftlicher Untersuchungen der letzten Jahre, o.D. [1975]: BAM, GV NA, A-0-966.

72 *Lippert*, S. 76; Presbyterorum ordinis, Nr. 2: *Rahner/Vorgrimler*, S. 561–564.

73 *Fichter*, Grundbegriffe, Zitate S. 124f.; *Becker*, Macht, S. 104f.

genschaft« wurde durch »Leistung« und »Output« im Beruf ersetzt.[74] Vor diesem Hintergrund ließen sich nur noch jene hierarchischen Elemente legitimieren, die nicht auf paternalistischem Habitus des Pfarrers und traditioneller Ehrerbietung seiner ›Schäflein‹, sondern auf der Erfüllung spezifischer, messbarer Dienste für Glauben und Kirche basierten.

Genau in diese Richtung lief auch der Versuch, die Berechtigung der neuen »Kategorie des Funktionalen« in der Anwendung auf den Priester zu legitimieren. Diese sei eben nicht nur »dem heutigen Denken leicht nachvollziehbar«, sondern entspreche »sachlich« dem in der Bibel mit Diakonia oder Dienst gemeinten, egal ob man dieses nun allgemein als »Dienst am Nächsten« oder ganz spezifisch im Hinblick auf die Funktion im »Leitungsdienst« der Pfarrgemeinde bezog.[75] Erst unter dem nachhaltigen Einfluss des Rollenbegriffs auf die theologische und praktische Konzeptualisierung des Priesterberufs ließ sich tatsächlich davon sprechen, dass der Pfarrer ein ›Manager‹ sei, der eine Vielzahl widersprüchlicher Aufgaben bei der Stabilisierung des Milieus der kirchlich gebundenen Gemeindeangehörigen übernehmen müsse.[76] An diesem Punkt setzten auch die Warnungen davor ein, dass ein derart verkürztes Verständnis des Priestertums die Probleme eher noch vergrößern dürfte. Denn in einer weitgehend säkularisierten Gesellschaft müsse sich gerade bei Pfarrern, die nur noch als »Funktionäre des Kultes« wirken sollten, das Gefühl der »Leere«, »Wirkungslosigkeit« und »Sinnlosigkeit« zuspitzen.[77] Joseph Ratzinger warnte 1970 davor, dass derjenige Priester, der nur noch »Sozialfunktionär« sei, durch Psychotherapeuten und andere Spezialisten ersetzt werden könne. So hielt denn auch die Würzburger Synode trotz aller Forderungen nach »Spezialisierung« und »Professionalisierung« ausdrücklich an der Einheit von Verkündigung, Sakramentenspendung und Bruderdienst fest, um den Priester nicht zum »bloßen Kultfunktionär« zu degenerieren.[78]

Seit Anfang der siebziger Jahre ging es allerdings nicht mehr darum, vor einer funktionalen Interpretation zu warnen, sondern überhaupt noch Begründungen für eine darüber hinausweisende Herleitung des Priesteramtes zu finden. So schienen etwa die Daten der Priesterumfrage über die »Rollenüberlastung« gerade der jüngeren Weihejahrgänge Klaus Hemmerle den Schwerpunkt seiner Auswertung »fast notwendig« auf die funktionale Di-

---

74 *L. Hoffmann*, Kein Dauerabonnement für Rückzugsgefechte. Der Priesterberuf in der Leistungsgesellschaft, in: Publik, 19.6.1970.

75 *Lippert*, S. 77f.; »Dienst am Nächsten«: *P. Zulehner*, Reform des Priesterberufs?, in: HK Jg. 29, 1975, S. 90.

76 Dies gegen die unhistorische Verwendung des Begriffs bei *Blaschke*, Milieumanager.

77 *F. Graf v. Westphalen*, Nur noch Funktionäre des Kultes?, in: Rheinischer Merkur, 8.8.1969; *ders.*, Was denken Priester? Ein neuer Fragebogen, in: ebd., 23.10.1970.

78 Gemeinsame Synode, Bd. I, S. 589; *Ratzinger*, Zitat S. 122.

mension des priesterlichen Dienstes zu lenken. Seine Überlegungen beschäftigten sich demnach auch nicht mehr damit, wie dieses zu rechtfertigen sei. Die eigentliche Schwierigkeit bestand umgekehrt darin, wie das auch weiterhin »unverzichtbare vertikale und ontologische Moment« des Priestertums »in einen weitgehend vom Funktionalen geprägten Verständnishorizont« übersetzt werden könne. Angesichts dieser Konstellation, in der soziologische Kategorien den theologischen Diskurs über das Priesteramt massiv überformten, war die Antwort nurmehr paradox. Der Priester, so der Vorschlag von Hemmerle, müsse als »Zeuge und Sachwalter« des dem Menschen Unverfügbaren verstanden werden. Somit könne man von einer »antifunktionalen Funktion« des priesterlichen Dienstes sprechen.[79] Die mit den Einstellungsskalen der sozialpsychologischen Motivforschung gebildete Disjunktion von ›vertikalem‹ und ›horizontal-funktionalem‹ Amtsverständnis unterlag einem Mechanismus der Selbstverstärkung, den auch jene nicht aufheben konnten, die diese »scharfe Trennung« für der Sache nach unzutreffend und für kirchenpolitisch verhängnisvoll hielten.[80] Von den Priesterumfragen wanderte diese Unterscheidung in den Wortschatz der Betroffenen, die Massenmedien und die pastoraltheologische Literatur hinein und von dort wieder in die kirchliche Praxis zurück. Jeder Versuch zu einer Reform des Priesterberufes musste seit 1970 mit diesem Faktum rechnen. Das einschlägige Beschlussdokument der Würzburger Synode beginnt seine Ausführungen über den Dienst des Priesters mit genau dieser Unterscheidung.[81]

4.2. Kirchliche Grundfunktionen:
Der »Strukturplan« im Bistum Münster 1969

Das »Zeitalter der großen Bewegungen ist auch im Raum der Kirche (…) vorbei.« Mit diesen Worten zog Karlheinz Schmidthüs 1956 einen Schlussstrich unter jene innerkirchliche Aufbruchstimmung, die seit den zwanziger Jahren maßgeblich von liturgischer, eucharistischer und Jugendbewegung geprägt worden war. Da ihre soziologischen Voraussetzungen fortgefallen seien, müsse man das Geschehen am Altar, das freie Weltamt der Kirche und die gezielte Aktion nunmehr in einer anderen Form verbinden. Und das Mittel dazu sei »fraglos« die »Organisation«. Das Problem bestehe allerdings darin, die »Fülle« der bereits bestehenden Organisationen zu koordinieren,

---

79 *Hemmerle*, Funktionale Interpretation, Zitate S. 31, 38.
80 *Roos*, S. 77.
81 Gemeinsame Synode, Bd. I, S. 619.

wozu nun das Zentralkomitee der deutschen Katholiken berufen sei.[82] Diese Bemerkungen sind typisch für das bis weit in die sechziger Jahre hinein vorherrschende Verständnis des Themas ›Organisation‹ im deutschen Katholizismus. Der Begriff wurde als Synonym für die zahlreichen Laienverbände gebraucht, die sich seit der Mitte des 19. Jahrhunderts herausgebildet hatten. Seine Benutzung verband sich mit einer nachgerade magischen Hoffnung auf das Surplus an gesellschaftlicher Repräsentanz und Verhandlungsmacht, das diese Form der organisatorischen Gliederung ermöglichen würde.[83]

Zur gleichen Zeit verwendeten katholische Autoren für die Kirche selbst noch Begriffe, welche die Charakterisierung als Organisation im Sinne einer variablen Verknüpfung von Eintrittsentscheidungen und Mitgliederrollen gerade dementierten. Die vorherrschende Metaphorik war der Ekklesiologie des Corpus Christi mysticum verpflichtet, welche Pius XII. in der 1943 veröffentlichten Enzyklika »Mystici Corpus Christi« noch einmal bekräftigt hatte.[84] Das galt auch für Stimmen des soziographischen Diskurses aus den fünfziger Jahren. Ihnen zufolge handelte es sich bei der Kirche als Organisation um einen »Organismus«, dessen Teile zum »werkzeuglichen (organon!) Dienst« auf das Ganze hin ausgerichtet waren. Demnach war die Kirche zugleich eine »Gemeinschaft«, deren ordnendes Band der Getaufte einfach vorfand und nicht »verleugnen« konnte, »ohne von seinem Wesen abzufallen«. Schließlich ergab sich aus der Überordnung des Ganzen vor den Teilen als Faktum, dass die »Organisation der Gemeinschaft in den Händen der Hierarchie« lag.[85]

Ungefähr seit Mitte der sechziger Jahre zeichneten sich jedoch Entwicklungen ab, die aus dem starren Schema der Organismus-Metapher hinausführten und im Endeffekt eine neuartige und zum Teil flexiblere Koppelung von Strukturelementen der kirchlichen Organisation bewirken sollten. Insofern damit eine neue Zuordnung bzw. Aufgabenumschreibung von Personalstellen verbunden war, zeigte sich darin das aus Sicht der Organisationstheorie klassische Kennzeichen jeder Organisation, Mitgliederrollen zur Zielerreichung variabel zu halten. Zunächst handelte es sich dabei um Ansätze, die in ihren regionalen Schwerpunkten, ihrem Konkretisierungsgrad und ihrer konzeptionellen Herleitung eher disparat waren. In der prak-

---

82 *K. Schmidthüs*, Weltamt und Apparat. Probleme des Wirkens der Kirche im Zeitalter der Organisation, in: Rheinischer Merkur, 16.3.1956.

83 Erinnert sei an die 1958 von Bernhard Hanssler geprägte Formel, was »nicht organisiert« sei, sei »gesellschaftlich nicht existent«. *Großmann*, S. 147–151.

84 LThK, 3. Aufl., Bd. 7, Sp. 583 s.v. Mystici Corpus Christi; ebd., Bd. 6, Sp. 769–773 s.v. Leib Christi.

85 *G. Ermecke*, Organisation als soziologische Form der Seelsorge, in: Theologie und Glaube Bd. 37/38, 1947/48, S. 141–167, Zitate S. 146, 148, 153; vgl. *N. Monzel*, Die Kirche als Gemeinschaft, in: WW Jg. 4, 1949, S. 525–530; *Moberg*, S. 4.

tischen Umsetzung am weitesten führte ein Plan, der an das im soziographischen Diskurs entwickelte Modell der ›pastorale d'ensemble‹ anknüpfte. So schuf das Erzbistum Paderborn bis 1965 die »Seelsorgebezirke« als eine neue »intermediäre Struktur«, um spezifische pastorale Anliegen der Region erkennen und bearbeiten zu können. In der deutschen und österreichischen Pastoralsoziologie stießen diese Pläne auf Widerhall.[86]

Vergleichbare Überlegungen zielten etwa zur gleichen Zeit auf eine Neuumschreibung des pastoralen Auftrages der Pfarrei. Sie waren in gewisser Hinsicht als eine Konsequenz aus den gescheiterten Versuchen zu verstehen, die einzelne Pfarrei durch eine ›missionarische‹ Seelsorge gegen den säkularisierenden Einfluss der sozialen Umwelt zu immunisieren, stützten sich aber auch auf die soziographischen Einsichten in das hohe Ausmaß der zwischenpfarrlichen Wanderung bei der Gottesdienstteilnahme. So wurde die insbesondere im Klerus weit verbreitete Einstellung, die Pfarrei als eine »autarke religiöse Struktur« zu sehen, als illusorisch bezeichnet. Es genüge eben nicht mehr, formulierte François Houtart, »die Pfarrei als organische Einheit eines größeren Ganzen zu betrachten«. An Stelle dessen vertrat er die Konzeption eines über die Pfarrei hinausgreifenden »gestuften Seelsorgeaufbaus«, der im Rahmen einer Stadt oder darüber hinaus strukturbildende Elemente aufbauen sollte.[87] Damit war die Abkehr vom organizistischen Gedankengut des herkömmlichen Kirchenbildes deutlich formuliert.

In diesen Vorschlägen und Blaupausen für eine veränderte Strukturierung pastoraler Einrichtungen klang schließlich der Begriff der Planung an, ohne dass dabei bereits eine genaue definitorische oder inhaltliche Umschreibung dieses Terminus vorlag. Damit drang eine eigentlich aus dem politischen System stammende Semantik in die katholische Kirche vor. In der Politik war sie, unter Rückgriff auf Konzepte der politischen Soziologie und einer von kybernetischen Ideen inspirierten Verwaltungswissenschaft, seit Mitte der sechziger Jahre insbesondere im Rahmen der Bildungs- und Forschungspolitik diskutiert worden.[88] Alle Appelle zur Planung verwiesen in eher pauschaler Form auf den Trend zur sozialen Dynamisierung und die steigende »Mobilität und Fluktuation« weiter Bevölkerungskreise. In generalisierter Form stand dahinter die Erfahrung eines gesellschaftlichen Wandels, der sich gegenüber früheren Epochen »rapide beschleunigt« hatte.[89] Das bot den

---

86 Vgl. Kap. 2.4; *Bodzenta u.a.*, Regionalplanung, S. 117–141, 165–180.

87 *Houtart*, Soziologie, S. 57–67, Zitate S. 57f.; vgl. E. *Golomb*, Seelsorgsplanung in der Großstadt. Entwurf eines Organisationsmodells, in: Trierer Theologische Zeitschrift Jg. 72, 1963, S. 129–149, S. 136f.

88 Vgl. *Ruck*; *Metzler*.

89 *Boonen*, Konzil, Zitate S. 25f.; A. *Weitmann*, Es geht nicht ohne Plan. Gedanken zur Unerläßlichkeit einer diözesanen Seelsorgekonzeption, in: LS Jg. 16, 1965, S. 119–124, S. 120; *Golomb*, Einsatz, S. 46.

Anlass für eine Futurisierung des Verständnisses von Glaube und Kirche, welche um 1970 allerorten zu beobachten war. Nicht nur Pastoralsoziologen, sondern auch ein Kardinal wie Lorenz Jaeger aus Paderborn und ein Konzilstheologe wie Joseph Ratzinger reflektierten nunmehr über die Zukunft der Kirche. Letzterer bündelte die damit verbundene Besorgnis in der griffigen Frage: »Wie wird die Kirche im Jahre 2000 aussehen?«[90]

Diese Futurisierung des kirchlichen Problembewusstseins ist ein Indiz für das Vordringen einer Haltung, die um die zunehmenden Risiken und die wachsende »Ambivalenz« wusste, welche die Kirche als ein Teil der modernen Gesellschaft zu gewärtigen hatte. Auch im Zusammenhang mit der innerkirchlichen Krisensemantik war offenkundig geworden, dass die Tradierung des Glaubens sich nicht mehr auf die stabilen sozialen Strukturen der Vergangenheit verlassen konnte, sondern mit der Veränderlichkeit und Intransparenz der Zukunft rechnen musste und dabei mehr denn je von eigenen Entscheidungen abhing, die bereits jetzt, in der Gegenwart zu treffen waren. Im Horizont dieser Problemformulierung wurde ein Verständnis der Kirche als einer auf Entscheidungen basierenden Organisation notwendig.[91] Die Vorbereitung solcher Entscheidungen bedurfte allerdings einer »humanwissenschaftlichen Terrainerkundung«, um sich auf rasch wechselnde Bedingungen einstellen zu können. Dabei konnte sich die Kirche nicht mehr nur auf »relativ einfach« zu gewinnende und zu interpretierende Daten verlassen, wie sie die Soziographie zur Verfügung stellte. Sehr viel anspruchsvoller war dagegen die Aufgabe, aus »makrosoziologischen« Einsichten eine theoretische Deutung komplexer Prozesse wie »Säkularisierung«, »Dauerreflexion« und »Fundamentaldemokratisierung« zu entwickeln und in Beziehung zu Glaube und Kirche zu setzen. Vor dem Hintergrund dieser komplexen Aufgabenstellung erwies sich die »Pastoralplanung« letztlich als ein Teil der generellen gesellschaftlichen »Zukunftsplanung«.[92]

Von der Ebene pastoralwissenschaftlicher Blaupausen drangen Semantik und Reformanliegen der pastoralen Planung ziemlich exakt seit 1967 in vielen Diözesen der Bundesrepublik sehr schnell in die konkrete Arbeit von

---

90 So der Titel des Schlusskapitels in *Ratzinger*, S. 107–125; *L. Jaeger*, Die Zukunft der Kirche und die Situation der katholischen Theologie, in: Im Dienst der Seelsorge Jg. 25, 1971, Nr. 1, S. 1–4; *H. Schäufele*, Hat das Christentum noch eine Zukunft, in: Rheinischer Merkur, 22.10.1971.

91 Zugleich bereitete sich in dieser Betonung der Zukunft die Verschiebung von der Funktionsorientierung zu einer an der Performanz, der Leistung für andere orientierten Haltung vor, welche die Kirche in den siebziger Jahren vollzog; vgl. *Ziemann*, Dienstleistung; Kap. 5.4. Zu den divergierenden Zeitstrukturen von Systemzuständen vgl. *Luhmann*, Differentiation, S. 238f.

92 *L. Roos*, Kann man den Heildienst der Kirche planen? Theologische und soziologische Überlegungen zur Pastoralplanung, in: LS Jg. 22, 1971, S. 111–122, Zitate S. 112f.; zur Zukunftsforschung vgl. *Schmidt-Gernig*.

Planungsstäben und kirchlichen Gremien vor. Seit diesem Zeitpunkt stand die Kirche im Zeichen der organisatorischen Strukturdebatte und -reform. Für diese plötzliche Transformation abstrakter Konzepte in konkrete Reformvorschläge lassen sich zwei wichtige Gründe benennen. Der erste lag in der steigenden Virulenz des Priestermangels. Von Jahr zu Jahr zeichnete sich deutlicher ab, dass dessen Zuspitzung in naher Zukunft gravierende Auswirkungen für die pastorale Versorgung vieler Pfarreien haben musste, wenn die Bistümer nicht zügig und durchgreifend gegensteuerten. Das Bistum Münster etwa thematisierte diese Entwicklung 1965, 1966 und dann noch einmal 1968 mit Dringlichkeit auf der Dechantenkonferenz. Der lange »verdrängte innerkirchliche Problemdruck« des Priestermangels wurde nun unmissverständlich angesprochen.[93] Damit war klar, dass »Ausdrücke wie ›Abwertung der Pfarrgrenzen‹, ›Zentralpfarrei‹, ›nachbarschaftlicher Pfarrverband‹, ›Teamarbeit der Priester‹«, die allesamt der pastoralsoziologischen Diskussion entnommen waren, »kein rein theoretisches Vokabular mehr bleiben« durften.[94] Wie Domkapitular Wilhelm Stammkötter in einer Stellungnahme klar machte, erforderte die »unbedingte Notwendigkeit schmerzlicher Eingriffe« dabei auch eine Überprüfung der bisher üblichen Semantik der Seelsorge. In diesem Zusammenhang kritisierte er die pastorale Zentralmetapher vom ›Guten Hirten‹, die für den soziographischen Diskurs prägend gewesen war und die »noch weithin die Szene beherrsche«. Damit sehe man »zu wenig den Herrn, der 12 Apostel und 72 Jünger ausbildet, sie aussendet und frohlockt, als sie nach erfolgreicher Arbeit zu ihm zurückkehren«.[95] Nicht mehr die paternalistische Betreuung eines begrenzten Kreises, sondern die Ausbildung von selbstständig arbeitenden Multiplikatoren war nun also die programmatische Forderung.

Zweitens schien es nun möglich, die Notwendigkeit überpfarrlicher Planung und Koordination durch die Berufung auf das Vatikanum II. abzusichern und zu rechtfertigen. Dieses hatte insbesondere in seinem Dekret über die »Hirtenaufgabe der Bischöfe« nicht nur eine Neuumschreibung der Bistumsgrenzen angeregt, um deren Sprengel mit der politisch-administrativen Gliederung und der wirtschaftlichen und sozialen Struktur der Bevölkerung abzustimmen.[96] Zugleich hatte das Konzil das kirchliche Apostolat als eine Aufgabe »überpfarrlicher Art« definiert. Die Pfarrer sollten sich als

93 *Damberg*, Abschied, S. 288f.

94 Wilhelm Stammkötter, Fragen der strukturellen und personellen Planung, Protokoll der Dechantenkonferenz v. 4.–6.6.1968: S. 11–19: BAM, AD 21.

95 Wilhelm Stammkötter, Priesterliche Zusammenarbeit in der Seelsorge, Dechantenkonferenz v. 31.5.–2.6.1966: BAM, AD 21.

96 Christus Dominus, Nr. 22 u. 23: *Rahner/Vorgrimler*, S. 269–271; vgl. *Boonen*, Konzil, S. 27f.

»Gehilfen« des Bischofs verstehen und an der einheitlichen Koordination der Seelsorge in ihrem Bistum aktiv mitwirken.[97]

Aus den seit 1967 in verschiedenen Diözesen vorangetriebenen Strukturexperimenten wird im Folgenden der ›Strukturplan‹ des Bistums Münster genauer behandelt.[98] Unter den verschiedenen Neuordnungskonzeptionen fiel dieser Plan nicht nur durch seinen weit ausgreifenden Ansatz und seine intensive Diskussion innerhalb des Bistums aus dem Rahmen.[99] Kennzeichnend war auch die intensive organisationssoziologische Beratung und Auswertung, welche die Arbeit an diesem Experiment begleitete. Es handelte sich allerdings nicht um das einzige Konzept zur Neuordnung pastoraler Strukturen in einem Bistum, das unter maßgeblicher Mitarbeit von Soziologen entworfen und in seiner Durchführung überprüft wurde. Das gleiche gilt für die seit 1968 im Bistum Speyer mit der Bildung von Pfarrverbänden vorangetriebene Strukturreform, die auf dem Datenmaterial einer Untersuchung des Sozialteams Landstuhl aufbaute. Auch für die »sozial-kirchliche Analyse« der Diözese Augsburg schuf der dort in Adelsried tätige Zweig des Sozialteams die Planungsgrundlage durch eine Reihe von quantifizierenden Analysen in ausgewählten Städten. Allerdings griff man dazu beinahe ausschließlich auf Ergebnisse differenzierter Kirchenbesucherzählungen zurück, um Anhaltspunkte für die nötige »Substrukturierung« der städtischen Pfarreien zu erhalten. Somit blieben diese Reformvorschläge noch überwiegend dem Instrumentarium und Kategoriensystem des soziographischen Diskurses verhaftet.[100]

Der Ende Juni 1969 vorgelegte Strukturplan war eine 50 Seiten starke Broschüre mit dem Titel »Überlegungen und Vorschläge zur Struktur der Seelsorge im Bistum Münster«. Erarbeitet hatte ihn eine 1967 eingerichtete Planungsgruppe unter Leitung des Domkapitulars Wilhelm Stammkötter, die aber auch Egon Golomb, den Leiter des Essener Pastoralsoziologischen Institutes, im Vorfeld zu Rate zog. Der Plan machte es sich zur Aufgabe, dem Konzil gemäß Regelungen dafür zu schaffen, dass das »ganze Gottesvolk« am Prozess der Meinungsbildung und Entscheidungsfindung in der Kirche

---

97 Christus Dominus Nr. 29 u. 30: ebd., S. 275; vgl. Errichtungs-Urkunde der Planungsabteilung v. 25.11.1967: BAM, GV NA, A-101-156.

98 Dazu bereits in den Grundzügen *Damberg*, Abschied, S. 287–301. Damberg geht allerdings weder auf die konzeptionelle Vorlage des Strukturplans noch auf seine intensive organisationssoziologische Begleitung und Auswertung ein. Seine Darstellung vermittelt zudem nur einen ersten Einblick in die mit der Diskussion des Planes verbundenen kontroversen Ordnungsmodelle und innerkirchlichen Mentalitäten. Für die in den folgenden Abschnitten behandelten Themen vgl. ausführlich *Ziemann*, Organisation.

99 Als Überblick vgl. *J. Hofmeier*, Kirchliche Strukturplanung, in: StdZ Bd. 188, 1971, S. 230–246.

100 Kühn, S. 14f.; *K. Embacher*, Strukturgerechte Seelsorge, in: Jahresbericht 1968/69, S. 47–54, Zitat S. 50; Sozialteam, Sozial-kirchliche Analyse, Heft 1, 2, 7.

beteiligt werden konnte. Dafür müssten die Gläubigen an der Erfüllung von vier »Grundfunktionen« der Kirche beteiligt werden, die einleitend festgelegt wurden: Weltdienst, Glaubensverkündigung, sozialer Dienst (Diakonia) und Liturgie (Koinonia). Die Autoren leiteten diese Unterteilung aus dem Neuen Testament ab. Sie ähnelt aber, in dieser Reihenfolge betrachtet, zugleich in auffälliger Weise dem Schema von vier Funktionen, die Talcott Parsons dem AGIL-Schema seiner Theorie des allgemeinen Handlungssystems zugrunde gelegt hatte: Adaption, Goal Attainment, Integration, Latent Pattern Maintenance.[101] In der vorab vorgenommenen Festlegung von genau vier Funktionen war der Strukturplan ein geistiges Kind des Strukturfunktionalismus, der in der internationalen soziologischen Diskussion zu diesem Zeitpunkt gerade den Höhepunkt seines Einflusses erreicht hatte.

Für die Umsetzung dieses Schemas war im Strukturplan an drei Ebenen gedacht. Erstens solllten alle vier kirchlichen Grundfunktionen im Rahmen einer »Großpfarrei« quasi aus einer Hand angeboten werden. Die traditionelle territoriale Gliederung sollte sich so mit dem Einbau funktional definierter Angebote verbinden.[102] Die Großpfarrei als das zentrale Projekt des Strukturplans sollte zwischen 20 000 und 100 000 Katholiken umfassen und entsprach damit in etwa den bisherigen Dekanaten. Alle in der Seelsorge tätigen Laien und Priester sollten arbeitsteilig eingesetzt werden. Eine »Seelsorgekonferenz« aller Mitarbeiter war für die Abstimmung dieser Arbeiten vorgesehen. Die Leitung der Großpfarrei sollte beim Pfarrgemeinderat und dem auf dessen Vorschlag für sechs Jahre ernannten Dekan liegen. Als »Substruktur« der Großpfarrei waren die bisherigen Pfarreien vorgesehen, nun als »kirchliche Gemeinden« bezeichnet. Hier sollte sich ein »Großteil« des kirchlichen Lebens ereignen.[103]

Im zweiten Schritt befasste sich der Strukturplan mit den Räten, die auf den verschiedenen Ebenen der Bistumskirche das Volk Gottes »repräsentieren«. Vom Gemeindeausschuss der Kirchengemeinde über den Pfarrgemeinderat der Großpfarrei, dem Regionalrat einer Region bis hin zum Diözesanrat auf Bistumsebene sollten sie »Sachausschüsse« bilden, die den vier Grundfunktionen entsprechen und damit die Begegnung von Kirche und ›Welt‹ ermöglichen. Der Diözesanrat würde die bisher an der Spitze des diözesanen Rätesystems stehenden Gremien Diözesankomitee, Priesterrat und Seelsorgerat ablösen. Bei der Festlegung der Kompetenzen dieser Gremien müsse bedacht werden, dass die Kirche »vom Ursprung her hierarchisch verfasst« sei, was »allerdings kein Widerspruch zur Mitverantwortung und

---

101 *Damberg*, Abschied, S. 287–292; Überlegungen, S. 5–8, Zitat S. 7f.; vgl. *Parsons*, General Theory, S. 4–16; *ders. u.a.*, Papers, S. 179–202.

102 Überlegungen, S. 11–14.

103 Überlegungen, Zitate S. 15, 17.

Mitentscheidung« des »Gottesvolkes« zu sein brauche. Drittens machte der Strukturplan Vorschläge für eine der Verwaltungswissenschaft abgeschaute Neugliederung der Diözesanverwaltung in drei Ebenen (»Produktion-Personal–Finanzen«) und regte kooperationsfördernde Neuerungen für die Abstimmung des Informationsflusses im Generalvikariat an.[104]

Im Oktober 1970 erläuterte Josef Homeyer, Leiter des bischöflichen Schuldezernates und Mitglied der Planungsgruppe, vor der Dechantenkonferenz den Kontext des Strukturplanes. Er verwies auf die seit 20 Jahren kontinuierlich zurückgehende Zahl der Kirchenbesucher als Indiz für die Brüchigkeit des früher prägenden Netzes religiöser Gewohnheiten. Massenmedien, Bildung und Beruf beeinflussten die Gläubigen derart, dass eine andere »Kanzel, die nicht greifbar, aber ungemein wirksam zu sein« scheine, in jeder Gemeinde stehe. Wichtig sei die Widersprüchlichkeit der innerkirchlichen Reaktionen auf diese Entwicklung. Die einen sähen darin eine zielgerichtete Politik mit dem Ziel, die Kirche aus der Gesellschaft zu verdrängen. Andere betrachteten die Säkularisierung und Autonomisierung der Lebensbereiche als eine Befreiung der Kirche. Homeyer qualifizierte dies als »Integralismus von links«. Schließlich gebe es, und zwar auch bei den Priestern, »Hilflosigkeit, Resignation, Unsicherheit« als Reaktion. In dieser Situation müsse sich die Kirche auf die im Vatikanum II. festgehaltene Anerkennung der Eigengesetzlichkeit der Profanbereiche und auf die Mitverantwortung des ganzen Gottesvolkes für die Verwirklichung ihrer Heilsbotschaft in der Welt besinnen. Das erfordere aber eine Rangordnung der Prioritäten, die sich in den vier Grundfunktionen des Strukturplanes widerspiegele.[105]

Diese Ausführungen verdeutlichen, dass die zum Strukturplan führenden Impulse in der Ende der sechziger Jahre aufbrechenden Diskussion um die generelle Krise der Kirche und ihrer institutionellen Wirksamkeit zu situieren sind.[106] Das besonders drängende Problem des Priestermangels war zwar im Text selber nicht angesprochen. Aber nicht zu Unrecht gewann ein Pfarrkomitee den Eindruck, dass es für den Plan »Pate gestanden« habe.[107]

Mit Zustimmung des Geistlichen Rates ließ der eben geweihte Bischof Tenhumberg im Oktober 1969 den Text an alle Pfarrkomitees und Gremien des Bistums verteilen. Aufgrund dieser Ausweitung des Diskussionsprozesses waren die nebenamtlich arbeitenden Mitglieder der Planungsabteilung bald nicht mehr in der Lage, die einlaufenden Stellungnahmen angemessen zu verarbeiten. Im Frühjahr 1970 stellte das Seelsorgedezernat

---

104 Ebd., S. 24–33, 37–44, Zitate S. 24, 28, 37; zum Rätesystem *Damberg*, Abschied, S. 268–277.

105 O.Verf. [Josef Homeyer], Einleitungsreferat zur Diskussion des Strukturplanes auf der Dechantenkonferenz am 17.9.1970: BAM, GV NA, A-201-365.

106 Zu dieser Krisensemantik vgl. Kap 3.2.

107 Pfarrkomitee St. Marien in Bevengern 18.10.1970: BAM, GV NA, A-201-14.

deshalb zwei als Fachsoziologen qualifizierte Mitarbeiter für diese Aufgabe ein. Der ältere von beiden, Philipp v. Wambolt, verfügte über langjährige Erfahrung im Dienst des Bistums Münster. Seit Anfang 1967 war er als Dozent an der katholischen Universität im chilenischen Valparaíso tätig. Als im Sommer 1968 die Studentenrevolte an dieser Universität begann, wurde der Gastdozent aus Deutschland Augenzeuge des politischen Aufbruchs zur Demokratie in Chile.[108] Vor dem Hintergrund dieser doppelten Erfahrung des sozialen Umbruchs und der organisationssoziologischen Beratung von Strukturreformen trat v. Wambolt, zugleich politisiert und euphorisiert, seine Stelle in Münster an.

4.3. Falscher Anschluss:
Organisationsreform oder Interaktion in der Gemeinde?

Ähnlich wie bei der Soziographie und der Rollensoziologie gab es auch bei der Anwendung organisationssoziologischen Wissens zunächst generelle Bedenken, die sich auf die Übertragung einer sperrigen und hermeneutisch fremdartigen Terminologie auf einen Bereich bezogen, in dem die abstrakten Kategorien des soziologischen Funktionalismus bislang unbekannt waren. Plötzlich galten die Bischöfe als »Funktionsträger«, und das bischöfliche Seelsorgedezernat wurde mit der »Produktionsabteilung« eines Industriebetriebes verglichen. Beides empfanden die Pfarrkomitees der Gemeinden als »unnötig«.[109] Die dadurch ausgelösten Befürchtungen über eine schleichende Entsakralisierung der Kirche spitzten sich besonders beim Schlüsselbegriff des Strukturplans zu, der ›Struktur‹. Eine grundsätzliche Kritik des Strukturplans habe das in diesem Papier implizierte »Selbstverständnis« der Kirche zu beleuchten. Diese sei von ihrem »Wesen« her als »Stiftung Christi« zu begreifen und eben nicht als »irgendein soziologisches Phänomen unter anderen, das seine Struktur von der Gesellschaft erhält und mit ihr ändert. (…) Daran findet jede Änderung ihre Grenze des Erlaubten.«[110]
   Damit war eine klare semantische Schranke für die Geltung des organisationssoziologischen Diskurses errichtet, die zielsicher eine wesentliche Implikation des Strukturbegriffs erfasst hatte. Denn zum Begriff der Struktur

108 Vgl. die Briefe v. Wambolts an Albrecht Beckel und die Kollegen aus dem Franz-Hitze-Haus: BAM, FHH A 15.
109 Protokoll des Dekanatskomitees Nottuln, 27.2.1970: BAM, GV NA, A-201-24; »unnötig«: Stellungnahme St. Sixtus in Haltern, 13.10.1970: ebd., A-201-16.
110 Dr. Bernhard Reismann, Gedanken, Bedenken und Gegenvorschläge zum Strukturplan für das Bistum Münster, o.D. [4.5.1970 an Spital übersandt]: BAM, GV NA, A-201-365.

gehört jener des Strukturwandels oder des Prozesses untrennbar hinzu.[111]
Die eine Struktur bildenden Elemente und ihre Verknüpfungen sind gegeneinander variabel und können im Fortgang des historischen Prozesses verändert werden. Das widersprach jedoch fundamental dem Konzept einer von Christus gestifteten und dabei mit unveränderlichen Merkmalen ausgestatteten Kirche. Aus dieser Perspektive gesehen, bot der Strukturplan genügend Hinweise darauf, dass er für »Abtrünnige, Außenseiter, Unruhestifter und Sektierer« Tür und Tor öffne. Darauf deutete nicht zuletzt der vorsichtige Vorstoß hin, den der Plan zur Aufhebung des Zölibats machte, indem er quasi nebenbei die Weihe verheirateter Männer zu nebenamtlichen Presbytern vorschlug. Mit seinem »unterschwellige[n] unbedingte[n] Fortschrittsglauben« erinnerte der Strukturplan seine Kritiker an den Kirchenreformer und Konstanzer Generalvikar Ignaz v. Wessenberg (1774–1860). Nicht zuletzt sei es fraglich, ob die Vorschläge des Strukturplans überall mit dem kanonischen Recht im Einklang seien.[112] Doch gerade diese Frage, darin ist der Kritik am Strukturplan Recht zu geben, spielte im Streit um die Strukturreform gegenüber der von der Soziologie formulierten Problemstellung eine völlig nachrangige Rolle. Das ist ein Indiz für den Bedeutungsverlust, den das Recht im Zuge der Verwissenschaftlichung der katholischen Kirche zeitweilig erlitten hat, bis die Verkündung des neuen Codex Iuris Canonici 1983 es unter konservativen Vorzeichen wieder aufwertete.[113]

In den Stellungnahmen der Pfarrkomitees spiegelt sich die Sicht der Kirche ›von unten‹, also gewissermaßen aus der Froschperspektive der engagierten Gemeindemitglieder. Sie geben Aufschluss darüber, wo und warum der Strukturplan ein Angebot zur Neuordnung kirchlicher Organisation machte, das den Erwartungshorizont dieser Gruppe systematisch verfehlte. Die Irritationen begannen bereits damit, dass der Plan ein in sich geschlossenes und komplettes Programm zur konzertierten Neuordnung der pastoralen Arbeit machte. Eine »überstürzt[e]« Umgestaltung der Strukturen sei eher schädlich, wenn sie die »Basis der religiösen Arbeit« irreversibel verändere.[114] Anstelle eines abrupten Strukturwandels hielten die Pfarrko-

111 Vgl. die an das vielgelesene Fischer-Lexikon Soziologie anknüpfende Definition bei *H.J. Patt*, Pfarrei-Pfarrverband-Dekanat, in: Im Dienst der Seelsorge Jg. 26, 1972, Nr. 2, S. 46–53, S. 47f.

112 Dr. Bernhard Reismann, Gedanken, Bedenken und Gegenvorschläge zum Strukturplan für das Bistum Münster, o.D. [4.5.1970 an Spital übersandt]: BAM, GV NA, A-201-365; vgl. Überlegungen, S. 18. Auch *Ratzinger*, S. 113f., glaubte – nach der Lektüre des Strukturplans? – in den Werken Wessenbergs mit seiner »Gartenschere der konstruierenden Vernunft« einem »Progressisten des Jahres 1969 zu begegnen«.

113 Dazu die kritischen Bemerkungen bei *Walf*.

114 Pfarrkomitee St. Martinus in Elten o.D., Pfarrkomitee St. Katharina in Dinklage 30.10.1970: BAM, GV NA, A-201-14.

mitees einen allmählichen »Stilwandel« für erforderlich, der ein verbreitetes »pfarrherrliches Denken« aufbrechen müsse. Das und nicht die Änderung »äußerer Organisationsformen« sei entscheidend.[115]

Die Pfarrkomitees betrachteten die Kirche noch als eine durch organische Einheit ihrer Glieder geprägte Korporation, nicht jedoch als eine durch Differenz und Variabilität gekennzeichnete Organisation. Für deren Beschreibung hatte der Strukturplan jedoch keine eingängigen Metaphern angeboten, sondern nur die abstrakten Begriffe der Theologie und Organisationssoziologie.[116] Die illustrative Funktion von Metaphern, welche die Soziographie und die Demoskopie einem breiten Publikum plausibel machte, fehlte im organisationssoziologischen Diskurs.

Aus Sicht der praktizierenden Katholiken in den Pfarrkomitees bestand des weiteren die Gefahr, dass die Einführung der Großpfarrei einen Trend verstärken würde, der gerade den »älteren und kranken« Menschen in den Gemeinden bereits zu schaffen machte. Würden zumindest Teile der pastoralen Versorgung auf größere Einheiten verlagert, werde sich die »Kontaktarmut« und die »Anonymität des Einzelnen« vergrößern. Dabei müssten sich die Gläubigen sicher sein, dass sie »Anerkennung, Würdigung und innere Zuflucht« bei den Geistlichen in »ganz persönlicher Hinwendung zum Mitmenschen« finden könnten.[117] Demzufolge lehnten die Pfarreien die Ablösung des »Allround-Priesters« durch ein Team von Spezialisten ab. Wie ein Mitarbeiter des Seelsorgsdezernates resigniert festhielt, wollte man dort offenkundig am »Idealbild des alles wissenden, alles könnenden, über alles redenden und sich für alles zuständig haltenden Hirten« festhalten.[118] Die ratsuchenden Gläubigen wollten nicht einen dem Zahnarzt oder Fachanwalt vergleichbaren professionellen Spezialisten aufsuchen. Sie suchten im Priester den »aufgeschlossenen Menschen, dem sie ihr Vertrauen schenken« konnten.[119]

Dem entsprach eine Semantik, welche die Seelsorge in den Begriffen der personalen »Hilfe« für andere Menschen beschrieb. In diesem Zusammenhang stand das Plädoyer, den überkommenen Begriff der Seelsorge gänzlich aufzugeben, da es nicht nur um die Sorge für die Seelen gehe, sondern »um die Sorge um den ganzen Menschen.«[120] Dieser Vorschlag wäre falsch verstanden, wenn man ihn als einen Vorbehalt gegenüber dem religiösen

---

115 Pfarrkomitee Christus-König in Borken 5.10.1970: ebd.

116 Pfarrkomitee Heilig Geist Münster 1.8.1970: BAM, GV NA, A-201-15.

117 Pfarrkomitee St. Josef in Dorsten 24.9.1970: BAM, GV NA, A-201-15.

118 Pfarrkomitee St. Bartolomäus in Laer 10.8.1970: ebd., A-201-15; Georg Ruhmöller, Überlegungen zum Strukturplan für das Bistum Münster, 22.3.1970: ebd., A-201-365.

119 Pfarrkomitee St. Johannes in Eppinghoven 18.6.1970: BAM, GV NA, A-201-14.

120 Pfarrkomitee Liebfrauen in Bocholt 1.4.1970, Pfarramt Heilig-Geist in Oldenburg 10.6.1970: ebd., A-201-15.

Konzept der ›Seele‹ interpretieren würde. Er spiegelt vielmehr das Selbstverständnis einer pastoralen Strategie wider, die im ›ganzen‹ Menschen eine Person adressieren wollte, die eben nicht wie alle anderen Funktionssysteme nur den für seine eigenen Operationen jeweils relevanten Teil ansprach. Im Kontakt mit der katholischen Kirche sollte der Mensch als ein vollständiges Individuum gelten, und nicht als das partialisierte »Dividuum«, das im Zuge der Inklusion in Politik, Wirtschaft, Erziehung und Wissenschaft erzeugt wird. Gegen die anonyme Zersplitterung des Einzelnen im Kontext funktionaler Differenzierung setzte dieses pastorale Modell auf seine »Totalintegration im Dienst an Wort und Sakrament«.[121]

In den bisherigen Ausführungen über die Rezeption des Strukturplanes in den Gemeinden des Bistums Münster ist bereits angeklungen, welches soziale Ordnungsmodell die aktiven Laien für die Kirche favorisierten. Ein Pfarrkomitee aus Marl fasste die wesentlichen Charakteristika zusammen: »Eine funktionsfähige christliche Gemeinde muss in einem gewissen Grade überschaubar, um einen Mittelpunkt konzentriert und organisch, sozial und menschlich gefestigt bleiben, sie muss Züge einer Familie an sich tragen.«[122] Damit waren alle wesentlichen Eigenschaften und Assoziationen desjenigen sozialen Gebildes aufgerufen, das die deutsche Soziologie seit Tönnies als ›Gemeinschaft‹ bezeichnet. In der Gemeinschaftssemantik der Pfarrkomitees wird eine Dimension der Kirche erkennbar, welche die Verfasser des Strukturplanes in ihren Überlegungen nicht berücksichtigt hatten. Aus dem veränderten gesellschaftlichen Umweltbezug der Kirche leiteten sie die Notwendigkeit neuer Rollenzuordnungen in einer komplexen Organisation ab. Die ›Basis‹ der Kirche sah diese dagegen im wesentlichen als eine kontinuierliche Abfolge von Interaktionen unter persönlich bekannten und anwesenden Personen.[123] Das war eine Facette der kirchlichen Organisation, welche im Strukturplan nicht auftauchte. Der Sache nach handelte es sich um die mangelnde Berücksichtigung der in jeder Organisation vorhandenen, durch Interaktion gebildeten ›informellen Gruppen‹. Deren Existenz und ihre Motivationsleistung für die kirchliche Organisation hatte der Strukturplan nirgendwo berücksichtigt. Dabei geht die moderne Organisationssoziologie seit den Studien von Elton Mayo zu den Hawthorne-Werken davon aus, dass gerade diese informellen Gruppenbildungen letztlich das Funktionieren einer Organisation gewährleisten.[124]

---

121 Protokoll der Pastoralkonferenz des Dekanates Telgte 6.7.1970: BAM, GV NA, A-201-24; zum »Dividuum« der Inklusion vgl. *Nassehi*, S. 105–131, S. 117.

122 Pfarrkomitee St. Marien in Marl 29.5.1970: BAM, GV NA, A-201-15.

123 Zur Unterscheidung von Interaktion und Organisation vgl. *Luhmann*, Differentiation, S. 69–89.

124 *Walter-Busch*, S. 191.

Damit sind die wichtigsten Facetten des im Bistum Münster unternommenen Versuches umrissen, mit einer organisationssoziologisch informierten Konzeption auf ›Säkularisierung‹ zu reagieren. Dabei ist dieser Begriff, dem eingangs skizzierten Verständnis folgend, als *Beobachtung* von Folgeprozessen funktionaler Differenzierung definiert, die sich hier in einer Organisation darstellten, die auf dem Medium der Entscheidung basierte und auf diese Spezifik reflektierte. Der Strukturplan komplizierte diese Problematik noch dadurch, dass dessen Verfasser sich auch darum bemühten, Regelungen für die Partizipation der Laien an kirchlichen Entscheidungen im Rahmen der postkonziliaren Räte des Laienapostolates zu treffen und einen neuen Zuschnitt dieser Gremien vorzuschlagen. In einer gewundenen und dunklen Formulierung hielt der Plan über deren Kompetenzen fest, dass die »Mitentscheidung« der Räte nicht im Gegensatz zur hierarchischen Verfasstheit der Kirche zu verstehen sei.[125] An den Interessen der Pfarrkomitees ging diese Frage allerdings weitgehend vorbei. Nur 48 der 111 Stellungnahmen aus dem Bistum Münster äußerten sich überhaupt zur Frage der Entscheidungsbefugnis der Laienräte, und davon votierten wiederum nur 10% für eine demokratische Gesamtzuständigkeit dieser Gremien in seelsorglichen Fragen. Für den Berichterstatter ließ sich dieses extreme Desinteresse an den eigenen Komptenzen »nicht erklären«.[126] Es wird allerdings plausibler, wenn man den eben erörterten Sachverhalt in Rechnung stellt, dass im Horizont der aktiven Mitglieder von Pfarrkomitees ›Kirche‹ vorwiegend in den engen Grenzen gemeindlicher Interaktion zu finden war. Und deren Spielregeln konnten sie selbst in der informellen Kommunikation mit dem Pfarrer mitgestalten.

So lag die Konsequenz der Hereinnahme dieses Themas im Wesentlichen darin, dass der Strukturplan auch auf den Widerwillen von Pfarrern zumindest der älteren Generation stieß. Nach knapp dreißig Jahren verbaler Beschwörung der Laieninitiative im Rahmen der Katholischen Aktion warnte ein Kapuzinerpater, der ebenso lange in der Pfarrseelsorge tätig war, eindringlich vor der Vergabe von weiteren Vollmachten an die Laien. Diese würden den Priester nur kritisieren, ohne selbst Engagement zu zeigen und ohne gegen den »Links-Katholizismus« des Zweiten Vatikanums den Glauben prägen zu wollen. Aber auch manche Pfarrkomitees identifizierten den Plan mit der angeblich für die sechziger Jahre »üblichen Demokratisierungswelle«. Er geriet damit in den Verdacht, zur Abstimmung über Glaubensfragen aufrufen zu wollen.[127] Diese Vermutung lag um so näher, als

---

125 Überlegungen, S. 28.
126 Philipp v. Wambolt, Statistische Auswertung der Diskussion, März 1971: BAM, GV NA, A-201-368.
127 Hugo Bekkers O.F.M.Cap. an Wilhelm Stammkötter 4.2.1970: ebd., A-101-156; Pfarrkomitee Heilig-Kreuz in Münster 12.10.1970: ebd., A-201-15; Dekanatskomitee Burgsteinfurt 4.9.1970: ebd., A-201-14.

die seit 1968 intensiv geführte Debatte über Gefahren und Chancen einer Demokratisierung der Kirche oftmals mit Kategorien und Argumenten geführt wurde, die eine aus Sicht der Bischöfe »ihrer Grenzen (…) nicht mehr bewusste Religionssoziologie« zur Verfügung stellte.[128] Im Streit um die Demokratisierung prallten im Wesentlichen zwei konträre Auffassungen aufeinander. Auf der einen Seite standen diejenigen, welche diese Forderung als illegitime Übertragung des Prinzips des Mehrheitsentscheides aus der Politik auf die Institution Kirche ablehnten, auch wenn sie die korrigierende Kraft einer innerkirchlichen öffentlichen Meinung und die Anwendung demokratischer Spielregeln in vielen Arbeitsfeldern der Kirche befürworteten.[129]

Auf der anderen Seite interpretierten die Befürworter einer weitreichenden Demokratisierung der Kirche diese als eine zwingende Konsequenz aus der Volk-Gottes-Theologie des II. Vatikanums, die damit ein »Grundanliegen des Konzils« weiterführte, und als einen überfälligen Schritt, um mit dem Aufbrechen hierarchischer Strukturen die schleichende Abwanderung aus der Kirche zu stoppen.[130] In einer bemerkenswerten Interpretation wies Franz-Xaver Kaufmann 1972 darauf hin, dass die Frage der Partizipation an innerkirchlichen Entscheidungen wohl nur ein nachgeordnetes Movens und Ziel der Demokratisierungsforderung gewesen sei. Diese müsse vielmehr als Ausdruck des Bedürfnisses nach erhöhter »Strukturvariabilität« und größeren Handlungsmöglichkeiten in der Kirche verstanden werden, mit der eine weitere personelle und motivationelle Auszehrung durch die als zu starr empfundene Kirche zu verhindern sei.[131]

Das Problem einer solchen Demokratisierung durch »gewollte Komplexitätssteigerung« bestand darin, dass sie die in der Erörterung von Großpfarrei oder funktionaler Priesterrolle deutlich gewordenen Probleme formaler Organisation, nämlich die Notwendigkeit der Reaktion auf Entscheidungen mit Entscheidungen, noch einmal erheblich vergrößerte.[132] Die Zerlegung von Entscheidungen durch die Einbindung einer ausgeklügelten Kette von Beratungs- und Mitentscheidungsinstanzen erhöhte den organisationsinternen Abstimmungsbedarf ebenso wie die Notwendigkeit, dass alle diese Gremien sich zunächst einmal mit den von ihnen selbst geschaffenen Problemen beschäftigten. Konservative Kritiker des Strukturplans hatten

128 *Jaeger*, Zukunft, S. 2.

129 Exemplarisch *O.B. Roegele*, Signale aus Essen. Aufstieg oder Niedergang der Kirche, in: Rheinischer Merkur, 6.9.1968.

130 *W. Kasper*, Kollegiale Strukturen in der Kirche, in: Sein und Sendung Jg. 1, 1969, S. 5–17, S. 5; vgl. Wie ist Demokratie in der Kirche möglich?, in: HK Jg. 23, 1969, S. 97–101.

131 Disput zum Thema Demokratisierung in der Kirche, in: HK Jg. 26, 1972, S. 30–36, S. 32.

132 *Luhmann*, Funktion, S. 310f.

das Augenmerk auf diese »Konferenzen-Inflation« und die Folgen gelenkt, welche der zur Vorbereitung von Entscheidungen nötige Informationsfluss zwischen diesen Gremien nach sich ziehen musste. Für sie zeichnete der Strukturplan das »gespenstische Bild einer tagenden, beratenden, Protokolle verfassenden und versendenden, Protokolle empfangenden und studierenden, weitgehend mit sich selbst befassenden, verwaltenden und verwalteten Behörde«. Die Kirche drohte in »Überorganisation« zu ersticken.[133]

Das Problem verschärfte sich dadurch, dass die »Sachausschüsse« der Rätegremien die »Begegnung und Konfrontation von Kirche und Welt« auf allen Ebenen in gleicher Weise möglich machen sollten, anstatt sich auf funktionale Differenzierung auch in der vertikalen Achse einzustellen und den Hierarchieebenen verschiedene, relativ autonom zu bearbeitende Sachprobleme zuzuweisen. Die als Beispiele vorgeschlagenen Sachausschüsse für »Erwachsenenbildung«, »Kommunikationsmedien« oder »Altenarbeit« bereits auf der untersten Ebene der »kirchlichen Gemeinde« mussten dazu führen, dass sich die verwirrende Vielfalt des Kontaktes mit der sozialen Umwelt in den Pfarreien ungefiltert und ohne die Chance einer angemessenen Reduktion geltend machte.[134] Trotz seiner differenzierungstheoretischen Grundanlage versagte der Strukturplan vor der Aufgabe, den Gemeinden und Laienräten neben der nötigen und als Ziel programmatisch aufgeladenen Öffnung zur Welt Strukturen für die Bewältigung der damit verbundenen Komplexität an die Hand zu geben.

Das entschiedene Votum der Pfarrkomitees im Bistum Münster für die Prävalenz gemeindlicher Interaktion enthielt eine Stellungnahme zum Anspruch auf umfassende Inklusion aller getauften Katholiken, den die katholische Kirche aus dogmatischen Gründen wie auch als eine weltumspannende Organisation erhob. Implizit oder explizit gingen diese nicht nur im Sinne des Sonntagskriteriums praktizierenden Katholiken davon aus, dass ihr eigenes kirchliches Interesse und Engagement sich zunächst einmal selbst genügte. Aus ihrer Sicht war die Kirche im Wesentlichen dort zu finden, wo Katholiken sich in ihrer Gemeinde in liturgischer, caritativer und sozialer Hinsicht betätigten. Der missionarische Anspruch darauf, alle Getauften im Sinne der christlichen Heilsbotschaft zu erreichen und seelsorglich zu betreuen, war für das Selbstverständnis dieser Gruppe von nachgeordneter Bedeutung. Fragen der kirchlichen Organisation und ihrer möglichen Reform lagen deshalb außerhalb ihres Horizontes. Beinahe

---

133 *F. Jacobs*, Diskussionsbeitrag, in: Unsere Seelsorge Jg. 20, 1970, Nr. 3, S. 9–12, S. 12; »Überorganisation«: Pfarrkomitee Liebfrauen in Beckum o.D.: BAM, GV NA, A-201-14.

134 Überlegungen, S. 24–26; vgl. *Luhmann*, Differentiation, S. 32f. Auch ein Planungspapier in der Diözese Regensburg postulierte: »Für pastorale Anliegen sind grundsätzlich alle Ebenen zuständig«. Pastorale Planung in der Diözese Regensburg, S. 11.

zur selben Zeit äußerte sich diese Differenz zwischen gemeindlicher Interaktion und kirchlicher Organisation auch auf der Ebene des Streits um die Alternative zwischen »Gemeindekirche« und »Volkskirche«. Dabei handelte es sich um eine ekklesiologische und pastorale Debatte, die seit 1966/67 in Zirkeln der akademischen Theologie geführt wurde. Sie schlug aber rasch weite Kreise und erreichte mit dieser klaren begrifflichen Unterscheidung bald auch viele Pfarrer und engagierte Laien, nicht zuletzt durch ihre Präsenz auf der Würzburger Synode.

Dort legte die mit der »Ordnung pastoraler Strukturen« befasste Sachkommission IX der Vollversammlung im Mai 1972 den Entwurf einer »Rahmenordnung für die pastoralen Strukturen im Bistum« vor, der einen »für viele Synodenmitglieder neuen« Begriff der kirchlichen Gemeinde enthielt. Der bislang übliche Begriff der Pfarrgemeinde fiel fort. Zwar sollte die Pfarrei weiterhin die unterste rechtliche Instanz der Kirche sein, als ›Gemeinde‹ galten jedoch künftig nur noch ihre »Substrukturen«. Neben territorial begründeten Gemeinden im Wohnviertel sollte es künftig aber auch Gemeinden geben, »die auf persönlicher oder funktionaler Verbundenheit (Beruf, Freizeit, Lebensphase) beruhen«. Die Stellungnahme der deutschen Bischofskonferenz, welche umgehend »ernste theologische und kirchenrechtliche Bedenken« gegen diesen Begriff der Gemeinde geltend machte, rief auch den Pastoralsoziologen Lothar Roos auf den Plan. In einem ausführlichen Manuskript, mit dem er die anhaltende Diskussion in der Bischofskonferenz zu beeinflussen suchte, machte sich Roos an eine Genealogie der nunmehr an das »Licht der Öffentlichkeit« getretenen Kontroverse. Die Sachkommission IX hatte im »Sinne eines Autoritätsbeweises« auf das Faszikel »Gemeinde« des ›Pastorale‹ verwiesen. Ging man den dortigen Literaturhinweisen nach, so stieß man auf das 1966 veröffentlichte Buch von Norbert Greinacher über die »Kirche in der städtischen Gesellschaft« als den Ausgangspunkt des Konzepts der »Gemeindekirche«.[135]

In dieser Studie über die Auswirkungen der Urbanisierung auf die Kirchlichkeit und die Organisation der Seelsorge hatte Greinacher zum ersten Mal die Konsequenzen aus seiner pastoralsoziologischen Beschäftigung mit den Säkularisierungstendenzen der modernen Gesellschaft gezogen. »Differenzierung und Rationalisierung« der Gesellschaft hatten sich nach seiner Überzeugung bis zu einem Punkt entwickelt, an dem das »Ende der Sozialform der Volkskirche abzusehen« sei. Aufschlussreich war, dass Greinacher den im Zuge gesellschaftlicher Differenzierung entstandenen Funktions-

---

135 Zitate: Lothar Roos, Begriff und Struktur der Pfarrgemeinde, 7.8.1975 an Heinrich Mussinghoff übersandt: BAM, GV NA, A-0-966; vgl. ders., Gemeinde als kirchliche Wirklichkeit, in: LS Jg. 24, 1973, S. 27–37; zum Pastorale vgl. Kap. 2.3; Fischer u.a., Gemeinde, bes. S. 12–31; Forster, Volkskirche, S. 498, Anm. 30.

verlust der Kirche als einen »Prozess der Funktionssäuberung« deutete, der zu einer Rückbesinnung auf die »authentische Funktion« der Kirche führen könne. Erst durch diese Konzentration auf das religiöse ›Kerngeschäft‹, wie man mit einer ökonomischen Metapher formulieren könnte, würde sich neuerlich Ansehen in der Gesellschaft gewinnen lassen.[136]

Der Kontrast dieser optimistischen Deutung zu der sonst in der Kirche allgegenwärtigen Krisensemantik wird erst dann verständlich, wenn man die hoffnungsfrohe Vision der Gemeindekirche in Rechnung stellt, die nun anstelle des überlebt erscheinenden Modells der Volkskirche zu realisieren sei. Diese Zuversicht in die Unabänderlichkeit einer historischen Entwicklung wird in der Feststellung deutlich, dass die Entwicklung hin zur Gemeindekirche »nicht aufzuhalten« sei. Ein derartiger heilsgeschichtlicher Optimismus bezog sich auf die Erwartung, dass die Kirche in dieser neuen Form als »Liebesgemeinschaft« zum »Ereignis« werden würde. Die Gemcindekirche basiert auf dem »Freiwilligkeitsprinzip« und verlangt von ihren Mitgliedern eine prinzipielle »Glaubensbereitschaft«. Kirche findet sich demnach überall dort, wo Menschen an Christus glauben und im »Selbstvollzug« der Kirche »zusammenkommen«, um sein Wort zu hören und das Mahl zu feiern, und wird nach dem Modell der Interaktion unter Anwesenden gedacht.[137]

Vor dem Hintergrund dieser Utopie einer »von der Basis« her konzipierten Kirche musste das im Strukturplan entworfene Modell der »Großpfarrei« den Eindruck erwecken, ohne Fundament »in der Luft« zu hängen und bestenfalls nach dem Aufbau der »kirchlichen Gemeinde« eine »subsidielle« Funktion einnehmen zu können.[138] Aber solche konzeptionellen Streitigkeiten in der Gemeinde der katholischen Pastoralsoziologen waren nebensächlich gegenüber der Kritik, auf die das Konzept der ›Gemeindekirche‹ in Kreisen der Amtskirche und einigen mit ihrer Mehrheitsposition verbundenen Theologen stieß. Diese Kritiker leugneten die Analyse

---

136 *Greinacher*, Kirche in der städtischen Gesellschaft, S. 233–240, 297–337; *ders.*, Realutopie Gemeindekirche, in: LS Jg. 18, 1967, S. 177–185, Zitate S. 178f. Dieses Verständnis des Begriffs »Volkskirche« wich erheblich von dem seit Schleiermacher üblichen Sprachgebrauch ab. RGG, 3. Aufl., Bd. 6, S. 1458–1461 s.v. Volkskirche.

137 *Greinacher*, Realutopie, S. 181–184. Mit dem von Karl Rahner geprägten Terminus des kirchlichen »Selbstvollzuges« wird die Kirche letzlich als ein umweltoffenes, selbstreferentielles System konzipiert. Rahner zog damit die ekklesiologische Konsequenz aus der Einsicht in die unhintergehbaren Folgen funktionaler Differenzierung für die Auflösung des alten Modells der in sich geschlossenen, in ihrer hierarchischen Struktur auf isomorphe Ordnungsmuster in anderen Feldern (paternalistische Familie, autokratisch geführter Betrieb, monarchische Politik) zurückgreifenden ›societas perfecta‹. *Rahner*, Grundlegung, S. 122, Anm. 1; zu den paternalistischen Mustern des vorkonziliaren Katholizismus vgl. *Heller*, Hölle, S. 30f.

138 Norbert Greinacher, Einige Bemerkungen zu den »Überlegungen und Vorschlägen zur Struktur der Seelsorge im Bistum Münster«, o.D. [1970]: BAM, GV NA, A-201-14.

gesellschaftlicher Entwicklungstendenzen, die dem Konzept der Gemeindekirche zugrunde lag, ebensowenig wie die Krise der Kirche. Ein Sozialwissenschaftler wie Joseph Höffner konnte diese Befunde um so weniger bestreiten, als sie zum Grundwissen des soziographischen Diskurses gehörten, an dessen Verankerung in der bundesrepublikanischen Pastoral er seit den fünfziger Jahren gearbeitet hatte.[139]

In der Kritik des Modells der Gemeindekirche ging es nicht um einzelne Argumente, sondern um die Legitimität einer Vision, die ihre Kraft letztlich aus einer von der amtskirchlichen Position abweichenden Zukunftserwartung bezog. Das Konzept einer von der gemeindlichen Basis her aufgebauten Organisation der Kirche war sich gewiss, dass die hierarchische Steuerung der Kirche keine dauerhaft integrative Wirkung mehr entfalten konnte und man sich deshalb von den noch als gesichert erscheinenden Besitzständen abstoßen musste. Demgegenüber beharrte die Kritik darauf, dass die Unausweichlichkeit dieser zukünftigen Entwicklung keineswegs entschieden sei. Trotz aller Krisentendenzen wolle das Konzept der Gemeindekirche deshalb voreilig einen Wechsel auf die Zukunft lösen. Diese Kritik munitionierte ihre Argumente mit Versatzstücken anderer humanwissenschaftlicher Diskurse aus früheren Phasen der Verwissenschaftlichung. Karl Forster zog die Daten der Synodenumfrage als Beweis dafür heran, dass eine große Zahl aller Katholiken immer noch ein volkskirchliches Engagement auf Feldern wie der Friedenspolitik oder der sozialen Gerechtigkeit von ihrer Kirche erwartete. Deshalb könne man im Vertrauen auf die Wirksamkeit einer »möglichst einheitlichen Geschlossenheit« der gesellschaftlichen Präsenz der Kirche an den volkskirchlichen Strukturen festhalten. Auch Otto B. Roegele wollte mit den Daten der Synodenumfrage die These vom »Ende der Volkskirche« als »Wunschdenken einer Theologenschule« entlarven. Ganz im Sinne des missionarischen Impetus der Soziographie beharrte Lothar Roos darauf, dass man sich dem Drittel der kirchlich »Fernstehenden« zuwenden müsse, anstatt es durch den Rückzug in die elitäre Gemeinde der »Reinen« aufzugeben.[140]

Insofern das Konzept der Gemeindekirche auch eine soziologische These über Entwicklungstendenzen der kirchlichen Organisation war, zeigte sich hier eine grundlegende Schwäche des organisationssoziologischen Diskurses in der katholischen Kirche. Im Gefolge der statistischen, soziogra-

---

139 *J. Höffner*, Ende der Volkskirche?, in: PBl. für die Diözesen Aachen etc. Jg. 20, 1968, S. 290–297, S. 295f.; vgl. *L. Roos*, »Volkskirche« oder »Gemeindekirche«. Theologische und soziologische Überlegungen zu einer angeblichen Alternative, in: Jb. für christl. Sozialwissenschaften Jg. 15, 1974, S. 9–32, S. 25–29; *Forster*, Volkskirche, S. 492f.

140 *Forster*, Volkskirche, S. 500–502; *O.B. Roegele*, Was das Kirchenvolk wirklich will [!]. Ergebnisse aus dem Forschungsbericht »Zwischen Kirche und Gesellschaft«, in: Rheinischer Merkur, 22.9.1972; *Roos*, Volkskirche, S. 17f.

phischen und demoskopischen Interventionen in der katholischen Kirche war um 1970 ein Punkt erreicht, an dem die dort gemachten Beobachtungen des Säkularisierungsprozesses mit hinreichender Deutlichkeit die Einsicht nahelegten, dass Umbauten und strukturelle Veränderungen in der Organisation der Kirche unabdingbar waren. Ein derart weitreichender Vorschlag wie das Konzept der Gemeindekirche schwebte allerdings in der Luft, solange ihm keine hinreichend ausgearbeitete organisationssoziologische Analyse zugrunde lag, sondern nur der Rückgriff auf die affektiv eingefärbten Metaphern der seit Tönnies gepflegten Gemeinschaftssemantik. Diese verfiel auf der einen Seite der engagierten soziologischen Kritik, welche die sachliche Unhaltbarkeit der Gemeinschaftsmetapher gerade an Beispielen aus der Gemeindesoziologie belegen konnte. Insbesondere die Frage, wie man in der Gemeindekirche mit Konflikten umgehen sollte oder ob man auf einer weitreichenden »Konformität« beharren musste, zeigte konzeptionelle Grenzen des Modells auf.[141]

Über den Realitätsgehalt der These einer unaufhaltsamen Entwicklung hin zur Gemeindekirche entschieden allerdings nicht Kontroversen zwischen Pastoralsoziologen und Theologen, sondern Entscheidungen bzw. Nicht-Entscheidungen der kirchlichen Organisation. Ein wichtiger Aspekt war dabei, dass die Kirchenmitgliedschaft als Übernahme einer auf persönlicher Entscheidung beruhenden Teilhabe an der Organisation überhaupt erst hinreichend verdeutlicht werden musste. Das widersprach dogmatischen Prämissen, nach denen man die Mitgliedschaft in der katholischen Kirche durch die Kindertaufe erwarb, ohne dass es dazu einer eigenen Entscheidung bedurfte. Auch der formelle Kirchenaustritt konnte die mit der Taufe erworbene Qualität des Christen nicht einfach aufheben. Das Konzept der Gemeindekirche ging jedoch davon aus, dass im Sinne des »Freiwilligkeitsprinzips« eine Bereitschaft zur Mitgliedschaft und zum Glaubensengagement vorlag, die sich effektiv als Motivressource für die Umsetzung kirchlicher Entscheidungen behandeln und nutzen ließ.[142]

Dieser Zusammenhang hatte konkete Folgen in der Sakramentenpastoral, insbesondere für die Firmung, die ein niederrheinischer Pfarrer als das »Sa-

141 *K.-E. Englert*, Gemeinde und Gemeinschaft. Überlegungen zur Gemeindesoziologie, in: Unsere Seelsorge Jg. 21, 1971, Nr. 4, S. 17f.; *H.-J. Lauter* OFM, Zur Situation und Zukunft der Kirche, in: PBl. für die Diözesen Aachen etc. Jg. 24, 1972, S. 357–361, S. 361; *K.-E. Apfelbacher*, Reform zwischen Utopie und Getto. Über die neuere Diskussion zum Thema Gemeindekirche, in: HK Jg. 29, 1975, S. 515–522, Zitat S. 516. Dieser Text unternahm im übrigen den interessanten Versuch, die Nähe des Konzepts der Gemeindekirche zu protestantischen Theologen wie Albrecht Ritschl und Karl Barth aufzuzeigen.
142 *Greinacher*, Realutopie, S. 183. Greinacher merkte hier noch vorsichtig an, dass von diesem Gesichtspunkt aus die Sakramentenverwaltung »neu zu durchdenken« sei! (ebd.); vgl. *Luhmann*, Funktion, S. 293f.; LThK, 3. Aufl, Bd. 9, Sp. 1282–1295, bes. Sp. 1291 s.v. Taufe.

krament der Mündigkeit« definierte, das dementsprechend auch im Rahmen einer »mündigen Gemeinde« gespendet werden müsse. Aus diesem Grunde wandte er sich dagegen, die Firmung im Schulort vorzunehmen, selbst wenn dadurch vermutlich nicht mehr alle getauften Kinder erfasst würden. Auch wenn er sich ausdrücklich gegen eine »forcierte ›Gesundschrumpfung‹ der Kirche« aussprach, war für diesen Pfarrer die Notwendigkeit der Auseinandersetzung mit einer »veränderten Wirklichkeit« unabweisbar:

»Der Übergang von der Volkskirche zur Gemeindekirche ist ein schmerzlicher Prozess, aber er wird nicht besser dadurch, dass wir ihn ignorieren oder vertuschen. Er kann voll Hoffnung sein, wenn wir unsere Gemeinden nicht blind hineinschliddern lassen, sondern sie anleiten, ihn ernst und wachsam und vertrauend von Stufe zu Stufe mitzuvollziehen. Es braucht kein Nachteil zu sein, wenn die Firmung den Entscheidungscharakter erhält, den die Taufe nicht mehr hat. (…) Je größer die Gebilde, um so geringer das Verantwortungsbewusstsein des Einzelnen.«[143]

Diese Äußerung ist nicht nur ein Indiz für die weite und rasche Rezeption, die das Konzept der Gemeindekirche an der ›Basis‹ der Kirche erlebt hat. Es deutet sich hier auch schon die Bereitschaft mancher Pfarrer an, in dem als unabwendbar empfundenen Prozess des Strukturwandels zusammen mit ihrer Gemeinde eigene Wege zu gehen, ohne dafür auf Vorgaben übergeordneter Entscheidungsinstanzen zu warten. Die Notwendigkeit einer Aufwertung der Firmung zur Entscheidung des Gläubigen zur Mitgliedschaft fand auch Eingang in Entscheidungen der Würzburger Synode. Im Papier zur Sakramentenpastoral, insbesondere in seiner Empfehlung einer unteren Altersgrenze von 12 Jahren, ist das Anliegen erkennbar, die Firmung zu einem eigenständigen »Bekenntnis des Glaubens« aufzuwerten und dabei ihren Entscheidungscharakter zu betonen.[144]

Wenn mit »deutlich schwärmerischer Zielsetzung« die Lebendigkeit und Selbständigkeit der auf Glaubensentscheidungen beruhenden Gemeinde gegenüber der als apparathaft verstandenen Kirche favorisiert wurde, lag es allerdings für soziologisch vorgebildete Beobachter nahe, Anfänge der »Sektenbildung« in der katholischen Kirche zu konstatieren.[145] Befürworter des Konzepts beharrten aber darauf, dass die Gemeindekirche gerade nicht als eine sich

143 Pfarrer Josef Perau, geb. 1910, in Hülm über Goch an Tenhumberg 20.9.1969: BAM, GV NA, A-101-376. Dieses Schreiben wurde im Seelsorgerat des Bistums diskutiert.

144 *Forster*, Volkskirche, S. 498 (»Korrektiv«); vgl. Gemeinsame Synode, Bd. I, S. 227–275, Zitat S. 246: LThK, 3. Aufl., Bd. 3, Sp. 1298–1305, s.v. Firmung.

145 *W. Siebel*, Sekten in der Kirche? Zur Frage der Gruppenbildung, in: Rheinischer Merkur, 23.9.1973. Siebel lehrte in Saarbrücken Soziologie und profilierte sich insbesondere gegenüber Karl Rahner als ein vehementer Kritiker einer emanzipativen, ›soziologisierenden‹ Theologie. In den achtziger Jahren gehörte er einer fundamentalistischen Protestbewegung in der katholischen Kirche an. Vgl. *R. Padberg*, Führungskrise in der Kirche? Ein Soziologe gibt Antwort, in: ebd., 12.5.1972; *Siebel*, Freiheit; *Ebertz*, S. 246f.

»gettohaft einschließende Sekte« gemeint sei, welche die säkulare Welt sich selbst überlasse, sondern von ihr ein »neues Verantwortungsbewusstsein« und »Sendungsbewusstsein« nach außen ausgehen solle.[146] Das sind Indizien dafür, dass der Debatte um die Gemeindekirche das fehlte, was den Strukturplan des Bistums Münster besonders auszeichnete und auch aus der Menge anderer diözesaner Planungsvorhaben um 1970 heraushob: eine begrifflich hinreichend ausgearbeitete und differenzierte organisationssoziologische Konzeptualisierung, welche auf dem Weg zu einer Umsetzung des Plans nicht nur nach weltanschaulichen Vorlieben und politischen Werthaltungen, sondern auch unter Rückgriff auf soziologische Kategorien reflektiert wurde.

4.4. Raum als Reform:
Das Versickern der Probleme in der Regionalplanung

Allen Beteiligten an der Diskussion des Strukturplanes war aber bewusst, dass ein wichtiges, vielleicht sogar entscheidendes Kriterium für die umfassende Anwendung und Verwertung soziologischen Wissens auf ihn gerade nicht zutraf. Ihm fehlte eine »Bestandsaufnahme« mit den Mitteln der empirischen Sozialforschung, welche die tatsächlichen Handlungsabläufe innerhalb der Gemeinden und der kirchlichen Bürokratie sowie die Einstellungen der Betroffenen erfasste.[147] Das war eine gravierende Differenz sowohl zum soziographischen wie zum demoskopischen Diskurs, welche sich vornehmlich durch die Ergiebigkeit ihres empirischen Zugriffs auf spezifische Ausschnitte des Sozialen legitimiert hatten. Auch für die auf den Strukturplan folgende Pastoralplanung diskutierte das Seelsorgeamt in Münster die Notwendigkeit einer »Basisbefragung«, verwarf die Idee allerdings unter Hinweis auf die damit verbundene Verzögerung bei der Arbeit am Vorhaben.[148]

Immerhin war die Planungsgruppe seit der Vorlage des von ihr geschriebenen Strukturplanes im Sommer 1969 nicht untätig gewesen, während der Soziologe v. Wambolt sich zeitgleich der Auswertung und Reflexion der innerkirchlichen Debatte über diesen Plan widmete. Einzelne Mitglieder der Gruppe hatten, jeweils in Zusammenarbeit mit den einschlägigen Mitarbeitern des Generalvikariates, an zwei damit zusammenhängenden Komple-

---

146 *Lauter*, Zukunft, S. 359.

147 Pfarrkomitee St. Josef Dorsten 24.9.1970 (Zitat), Philipp v. Wambolt 29.4.1970 an Generalvikar Lettmann: BAM, GV NA, A-201-15.

148 Protokoll der Dezernatskonferenz des Seelsorgereferates v. 23.4.1971: BAM, GV NA, A-201-2.

xen gearbeitet. Zum einen waren dies Überlegungen zum »Stellenplan einer Großpfarrei«, mit denen die im Strukturplan avisierten Veränderungen in die konkrete Reformulierung und Auffächerung pastoraler Arbeitsfelder überführt werden sollten. Gerade mit dieser Neubeschreibung von Mitgliederrollen erwies sich nochmals, dass der Strukturplan die Kirche als eine Organisation im Sinne der soziologischen Konzeptualisierung dieses Begriffs verstand. Der Stellenplan machte konkrete Vorschläge für den Einsatz von Seelsorgehelferinnen und Laientheologen, die in den Planungsteams anderer Diözesen auf reges Interesse stießen. Zum anderen erarbeitete die Planungsgruppe ein Manuskript über »Seelsorge in der kirchlichen Gemeinde«, um das neue Gemeindeverständnis des Strukturplanes zu konkretisieren. Hinzu kamen Vorschläge für erste Experimente mit dem Modell der Großpfarreien, wofür bereits der Strukturplan die seit Anfang der sechziger Jahre neu gegründete Stadt Wulfen vorsah. Auf der weiteren Agenda der Planungsgruppe standen zudem noch ein Konzept für die Fortbildung der Priester, ein Organisationsplan für das Generalvikariat und ein Kostenplan.[149]

In der Planungsgruppe herrschte allerdings bald die Überzeugung vor, dass ihre über das Manuskript des Strukturplanes hinausreichenden Vorschläge und Entwürfe bei der Bistumsleitung nicht mehr erwünscht seien und dort längst die Würfel für Entscheidungen in eine andere Richtung gefallen waren. Anlass dafür war, dass der Bischof, der Generalvikar und der Geistliche Rat als das wichtigste kollektive Entscheidungsgremium im Bistum diese Vorlagen nicht nur nicht diskutiert hatten, sondern nicht einmal eine vorläufige »Resonanz« und Bestätigung des Eingangs erfolgt war. Über diese Praxis, welche zugleich ein Schlaglicht auf die internen Kommunikationsstrukturen einer durchschnittlichen katholischen Bistumsverwaltung wirft, machten sich »Erstaunen und Unbehagen« in der Planungsgruppe breit. Dieser Ärger verschaffte sich im April 1971 in einem Brief an Bischof Tenhumberg Luft. Das geschah im Vorfeld einer Pressekonferenz, welche über die Ergebnisse der Strukturplandiskussion berichten sollte, woran erkennbar war, dass die Vorstellungen des Strukturplans nur selektiv umgesetzt werden sollten.[150]

Diese Umsetzung geschah letztlich, wie Bischof Tenhumberg auf jener Pressekonferenz bekanntgab, durch vier Maßnahmen: erstens durch die Bildung von Pfarrverbänden, zweitens durch eine Regionalisierung der Bistumsstruktur, drittens durch die Bildung eines Diözesanrates neben den bisherigen

---

149 O. Verf. [Josef Homeyer], Ergebnisse der Diskussion um den Strukturplan für das Bistum Münster, hier: Bericht über die bisherige Arbeit der Planungsgruppe, o.D. [März 1971]: BAM, GV NA, A-101-156; zur Autorschaft von Homeyer vgl. ders. an Wilhelm Stammkötter 31.3.1971: ebd., vgl. Überlegungen zum Stellenplan einer Großpfarrei, 13.7.1970: ebd.

150 [Josef Homeyer], Ergebnisse der Diskussion um den Strukturplan für das Bistum Münster, hier: Bericht über die bisherige Arbeit der Planungsgruppe, o.D. [März 1971]: BAM, GV NA, A-101-156; vgl. Aktennotiz Stammkötter für Tenhumberg 1.4.1971: ebd.

Spitzengremien Diözesankomitee und Priesterrat. Schließlich erfolgte viertens eine Umgruppierung innerhalb des Generalvikariates, welche die bisher nach ständischen Kriterien geprägte Referatseinteilung durch eine solche ersetzte, deren Gliederung in Seelsorge, Caritas, Schule, Personal, Verwaltung sich an den Erfordernissen funktionaler Differenzierung ausrichtete.[151] Das waren nicht exakt jene Abteilungen, welche der Strukturplan für die Diözesanverwaltung vorgesehen hatte. Neben Personal und Finanzen setzte dieser vielmehr die Seelsorgeabteilung zentral und gliederte sie gemäß den vier Grundfunktionen.[152] Dennoch gab es damit zumindest an der Spitze der Münsteraner Bistumsorganisation eine erste Reaktion auf diese Form gesellschaftlicher Differenzierung. Den neugeschaffenen Abteilungen waren allerdings keine Ziel-, Effizienz- oder Rationalitätskriterien an die Hand gegeben worden, mit denen sie den Erfolg ihrer Arbeit überprüfen konnten. Der Strukturplan maß den Erfolg kirchlicher Verwaltung daran, dass sie »Voraussetzungen für die Entfaltung des kirchlichen Lebens« schaffen solle. Letztlich lag darin die tautologische Aufforderung, die Erfüllung der vier Grundfunktionen als Zielvorgabe zu interpretieren. Nur implizit konnte man annehmen, dass die Verfasser eine gelingende Umsetzung dieser Vorgabe dann unterstellten, wenn die Arbeit der Organisation soweit als möglich im Einklang mit der konziliaren Volk-Gottes-Theologie erfolgte.[153]

Das alles war zumindest im Sinne der neueren Organisationstheorie unproblematisch, welche erkannt hat, dass Organisationen stets mehrere, zum Teil durchaus miteinander konfligierende Ziele verfolgen, dass sie auch ihre ›höchsten‹ Ziele ohne substanziellen Schaden ändern können, und dass im Übrigen selbst die erfolgreiche Umsetzung der selbst definierten Kernziele nicht automatisch den dauerhaften Bestand der Organisation garantiert.[154] Problematisch war eher die Frage, ob organisationssoziologisches Denken auch außerhalb von Münster soweit Akzeptanz gefunden hatte, dass andere Diözesanverwaltungen die Variabilität der bischöflichen Verwaltung ebenso als legitim ansahen wie deren Überprüfung mit Rationalitäts- und Effizienzkritierien. Gerade diese Frage diskutierte die Konferenz der deutschen Seelsorgeamtsleiter 1969 am Beispiel des ›Trierer Modells‹. In der dortigen Diözese hatte ein Unternehmensberater soeben das Ordinariat in drei Stabsabteilungen für Information, für Strategie und für die pastoralen Dienste untergliedert. Erich Klausener, der in dieser Runde das Bistum Berlin repräsentierte, vertrat die Auffassung, dass die für Unternehmen üb-

---

151 *Damberg*, Abschied, S. 165, 296–299; Wie soll das innere Gefüge der Diözese neu gestaltet werden?, in: KuL, 16.5.1971.
152 Überlegungen, S. 37–42.
153 Ebd., S. 37.
154 *Luhmann*, Differentiation, S. 27f.

liche Kontrolle der Zielerfüllung durch Effizienz in der Kirche »notwendigerweise« unterbleiben müsse. »Selbst wenn niemand mehr auf uns höre«,
lautete sein zentrales Argument, »sei deswegen noch nicht sichergestellt,
dass wir es falsch machten. Im Reiche Gottes gilt, dass der eine sät, aber
ein anderer erntet.« Dem entgegneten andere Teilnehmer dieser Runde,
dass man zwar die Unterschiede sehen müsse, die Kirche aber dennoch
»in gewisser Weise« als ein Dienstleistungsunternehmen verstanden werden
könne.[155] Wer eine solche Zielorientierung kirchlicher Arbeit befürwortete,
hielt allerdings eine vorherige »Entmythologisierung« des Selbstverständ-
nisses der Seelsorge für unabdingbar.[156]

Die Stellungnahme des Berliner Seelsorgeamtsleiters muss auf jeden Fall
überraschen. Denn sie ging scheinbar ungerührt über die zählbare Kirchlichkeit als Erfolgskriterium kirchlicher Arbeit hinweg, das im statistischen,
im soziographischen und selbst noch im demoskopischen Diskurs als zentraler Maßstab fungierte und die jeweiligen Wissensformen geprägt hatte. Im
Kontext der um 1970 dominanten organisationssoziologischen und ekklesiologischen Erwägungen brach diese Dominanz des statistischen Diskurses
erstmals auf. Als ein vorrangiges Ziel jeder neuen pastoralen Konzeption
musste es deshalb gelten, künftig »potemkinsche Dörfer und Wachsfiguren-
kabinette« in der Seelsorge zu vermeiden.[157] Auch angesichts der diese Jahre
prägenden Krisensemantik und mit Blick auf den Priestermangel als wichtigen Ansatzpunkt der pastoralen Planung war das eine explizite Verschiebung der Prioritäten. Zuvor ging es darum, die christliche Heilsbotschaft
nach außen zu tragen und damit den quantifizierbaren Kranz kirchlicher
Handlungen zu festigen. Im Kontext des Verständnisses der Kirche als einer
Organisation waren viele kirchliche Akteure froh, wenn sie in der Zukunft
überhaupt noch halbwegs unbeschadet weitermachen konnten.

Sowohl die Befürworter als auch die Gegner kirchlicher Planung betrachteten diese unter anderen Vorzeichen, als es zeitgleich im Bereich
der politischen Planung geschah. Dort gab es mit Blick auf die technische
Machbarkeit der Planung, ihre sozialwissenschaftliche Begründung und ihr
gesellschaftspolitisches Selbstverständnis einen ausgeprägten Spannungsbogen. Er führte von den hohen Erwartungen in der Reformeuphorie der
späten sechziger Jahre zur ernüchterten Erfahrung der Grenzen des Mach-
baren und der politischen Steuerung Anfang der siebziger Jahre.[158] Mit Aus-

155 Aktennotiz Spital über die Tagung der Seelsorgeamtsleiter v. 9.-11.12.1969: BAM,
GV NA, A-201-463.
156 L. *Hoffmann*, Erfolg durch Zeitgewinn. Einführung der Rationalisierung in die Pastoral, in: Publik Jg. 2, 1969, Nr. 22.
157 W. *Stammkötter*, Überlegungen zur Personalsituation, in: Unsere Seelsorge Jg. 21,
1971, Nr. 1, S. 5–12, S. 8.
158 Zu diesem Spannungsbogen vgl. brillant und eindringlich *Ruck*.

nahme einiger weniger Pastoraltheologen stand in der katholischen Kirche bereits am Beginn des Planungsprozesses jedoch nicht hoffnungsvolle Zukunftserwartung, sondern ein in seinen Befürchtungen eher diffuses, aber weithin prägendes Gefühl der Desorientierung und vielleicht sogar Verzweiflung. Josef Homeyer hatte ihm auf der Dechantenkonferenz 1970 Ausdruck verliehen, als er seine Vorstellung des Strukturplanes mit den Worten beschloss: »Das Erkennen oder auch nur Erahnen einer möglichen pastoralen Antwort auf unsere verwirrte und verwirrende Situation könnte vielleicht auch ein klein wenig mehr Selbstbewusstsein ob unseres Heilsauftrages, ein klein wenig mehr Sicherheit und Freude bewirken.«[159]

Mit der von Bischof Tenhumberg durchgeführten Pressekonferenz und den dort verkündeten Ergebnissen betrachteten die Mitglieder der Münsteraner Planungsgruppe ihre Arbeit jedenfalls als erledigt. Namentlich Josef Homeyer, Schuldezernent des Bistums, plädierte deshalb für die Auflösung der Gruppe und die Übertragung ihrer Aufgaben an eine »Planungsfragen« gewidmete Stabsabteilung, welche sich künftig vor allem den Pfarrverbänden widmen sollte. Die auf diesen äußeren Zwängen beruhende, aber auf eigene Initiative erfolgende Auflösung der Planungsgruppe erfolgte im Juni 1971 nach einem »Abschlussgespräch« mit dem Bischof.[160] Das Konzept der »Großpfarrei« und alle mit ihm einhergehenden Überlegungen zur angemessenen Reaktion auf Spezialisierung und funktionale Differenzierung im Rahmen der territorialen Seelsorge waren damit stillschweigend unter den Tisch gefallen. Auf der Dechantenkonferenz im Herbst 1970 hatte Homeyer es noch als eine Besonderheit der im Bistum Münster betriebenen Planung bezeichnet, dass sie nicht dem Beispiel anderer Bistümer wie etwa Aachen gefolgt und unmittelbar zur Bildung von Pfarrverbänden geschritten sei, sondern zunächst die eigenen Leitbilder diskutieren wollte.[161] Die anschließenden Diskussionsbeiträge der Dechanten machten aber unmissverständlich klar, dass dieses aus ihrer Sicht ein überflüssiger Umweg gewesen war. Zwar betonten manche von ihnen, eine Öffnung der Gemeinden und der Pfarrer sei notwendig, um aus dem verbreiteten parochialen Denken herauszuführen. Aber in der Beurteilung der Chancen für eine solche Öffnung herrschte Skepsis vor. Bischof Tenhumberg dürfte aus dieser Diskussion die Einsicht gewonnen haben, dass die Idee der Großpfarrei, zumal angesichts der weitreichenden Widerstände

---

159 [Josef Homeyer], Einleitungsreferat zur Diskussion des Strukturplanes auf der Dechantenkonferenz am 17.9.1970: BAM, GV NA, A-201-365.

160 [Josef Homeyer], Ergebnisse der Diskussion um den Strukturplan für das Bistum Münster, hier: Bericht über die bisherige Arbeit der Planungsgruppe, o.D. [März 1971]: BAM, GV NA, A-101-156; »Abschlussgespräch«: Stammkötter an alle Mitarbeiter an Strukturplan und Stellenplan 29.4.1971: ebd.

161 [Josef Homeyer], Einleitungsreferat zur Diskussion des Strukturplanes auf der Dechantenkonferenz am 17.9.1970: BAM, GV NA, A-201-365; vgl. *Boonen*, Konzil, S. 42–47; *Hofmeier*, Strukturplanung, S. 231.

in den Pfarrkomitees, keinesfalls durchsetzbar war. Er resümierte die Beiträge der Dechanten dahingehend, dass es einen »mehrheitlichen Willen« gebe, die »vorhandenen Strukturen« der Pfarreien und Dekanate zu bewahren und innerhalb der Dekanate Pfarrverbände zu bilden.[162]

Der Strukturplan hatte die Pfarrverbände nur ganz beiläufig erwähnt. Er sah in ihnen nicht mehr als eine mögliche »Vorstufe« auf dem Weg zur künftigen Großpfarrei. Ende 1971 war jedoch klar, dass nicht nur in Münster, sondern erst recht in allen anderen westdeutschen Diözesen die Pfarrei und damit die Dominanz der territorialen Seelsorge unangetastet bleiben würde.[163] Grundlegende Neuordnungen in den Kompetenzen oder der Arbeitsweise der zentralen Bistumsverwaltungen wurden nirgendwo in Angriff genommen. Mit den Pfarrverbänden favorisierten die Bistümer ein Modell, dass allein eine in seiner Reichweite begrenzte Form der Kooperation zwischen einzelnen Pfarreien vorsah. Anfang der siebziger Jahre war damit absehbar, dass die Strukturplanung im Bereich der kirchlichen Organisation künftig zwar durchaus »praktikable«, aber »systemimmanente« und damit letztlich »retrospektive« Optionen verfolgen würde.[164] In den Pfarrverbänden schlossen sich drei bis fünf Pfarreien zu einer rechtlich in einem Statut fixierten Arbeitsgemeinschaft zusammen, welche die Selbständigkeit jeder einzelnen Pfarrei unberührt ließ. Den Kern der Zusammenarbeit bildete eine alle zwei Wochen tagende Seelsorgekonferenz aller hauptamtlich in der Seelsorge tätigen Mitarbeiter. Dazu gehörten nicht mehr nur die Priester, sondern in steigender Zahl auch Laien, die in neuen oder neugestalteten Berufsbildern tätig waren, etwa Laientheologen, die als Pastoralassistenten arbeiteten. Nach einem abgeschlossenen Theologiestudium wirkten sie hauptsächlich im sozial-caritativen Bereich, im Religionsunterricht und in der Katechese mit und bauten eigenständig Gruppen innerhalb der Pfarrei auf. Das Berufsbild der mit Fachschul- oder Fachhochschulreife versehenen Gemeindereferentin war seit den zwanziger Jahren unter dem Namen ›Seelsorgehelferin‹ bekannt. Sie arbeitete den anderen kirchlichen Amtsträgern zu, konnte in der Gemeindearbeit aber auch eigenständige Aufgaben übernehmen.[165]

Die Kooperation mehrerer Gemeinden in einem Pfarrverband ermöglichte die Setzung von pastoralen Schwerpunkten und deren arbeitsteilige

---

162 Protokoll der Dechantenkonferenz am 18.9.1970: BAM, GV NA, A-201-14; vgl. *Damberg*, Abschied, S. 296; *Kühn*, S. 102–110.

163 Im Bistum Limburg war die Großpfarrei »nie eine echte Alternative« zum Pfarrverband. *Strüder*, S. 114; vgl. Pastorale Planung in der Diözese Regensburg, S. 31–39, wo man sich auf ein vom Sozialteam Adelsried erarbeitetes Pfarrverbandsmodell stützte.

164 Überlegungen, S. 21; *Hofmeier*, Strukturplanung, S. 231, 234f. (Zitat).

165 Vgl. exemplarisch: *H. Löker*, Pfarrverband – Hilfe oder Last. Ein Erfahrungsbericht, in: LS Jg. 27, 1976, S. 345–349; *H. Heinz*, Erste Erfahrungen mit Pfarrverbänden in den Diözesen Münster und Aachen, in: PBl. für die Diözesen Aachen etc. Jg. 25, 1973, S. 343–349; *Fischer*, Pastoral, Bd. III, S. 65f., 259–262.

Behandlung. Die territorial definierte Zuständigkeit als pastorales Grundkonzept war dadurch nicht tangiert. Damit waren allerorten die Weichen dafür gestellt, die seit Ende der sechziger Jahre als krisenhaft empfundenen Phänomene der rapiden Entkirchlichung, des Priestermangels und der Glaubensvermittlung weiterhin im Rahmen den traditionellen kirchlichen Organisationsstrukturen zu bearbeiten. Allerdings bedeutete diese Richtungsentscheidung für die Pfarrverbände nicht, dass durch den damit verbundenen Verzicht auf tiefgreifende Reformen der kirchlichen Organisation auch deren Verwissenschaftlichung zu einem abrupten Ende gekommen wäre. Nach der ersten Welle von sozialwissenschaftlich informierten Modellen der Strukturreform machte sich allerdings Anfang der siebziger Jahre eine gewisse Ernüchterung breit. Die mit der Planung zunächst verbundene »Begeisterung für Sozialwissenschaften« hatte sich in wenigen Jahren »merklich abgekühlt«. Dazu trugen in erster Linie die mit »Tabellen, Graphiken und Prozentrechnungen« bedeckten Papierberge bei, die sich in den Planungsbüros der Diözesen stapelten. Allerorten setzte sich die Überzeugung durch, dass der mit der flächendeckenden Globalplanung verbundene Aufwand an sozialwissenschaftlicher Kalkulation und Modellbildung in keinem Verhältnis zu dem bis dato erzielten Ertrag stand.[166]

Gerade das Schicksal des Strukturplanes gibt zu der Vermutung Anlass, dass die großflächige Anwendung der Organisationssoziologie in erster Linie an der Organisation selbst scheiterte: an der unverhohlenen Ablehnung der Reformpläne durch die kirchlich aktiven Laien, an dem offenen Widerstand der direkt betroffenen Dechanten und nicht zuletzt an der marginalen Stellung der mit der Planung befassten Arbeitsgruppe in der Diözesanverwaltung. Jede künftige Planung musste deshalb kleinräumiger ansetzen, ihre Arbeitsschritte genauer ausformulieren und vor allem ihre Zielvorstellungen konkretisieren. Gerade der Strukturplan hatte zwar mit den Grundfunktionen eine Art von »Globalziel« auf der obersten Abstraktionsstufe formuliert. Aber diese Zieldefinition musste nicht nur in konkrete Arbeitsschritte und Handlungsanweisungen überführt, sondern zugleich bis auf die Ebene der konkreten Gemeindearbeit heruntergebrochen werden, um für die Praxis tauglich zu sein. Ohne eine solche Konkretisierung von Handlungszielen blieb jede Planung eine unverbindliche Blaupause.[167]

Genau dieses Herunterfahren hochgesteckter Planungsziele auf eine Abfolge von konkreten und situationsangepassten mittleren Zielen erfolgte

---

166 *H. Gauly*, Seelsorgsplanung – lohnt sich der Aufwand?, in: LS Jg. 27, 1976, S. 325–328, S. 325; *Berning*, S. 1.

167 *Gauly*, S. 326f.; zur Operationalisierung von Handlungszielen in der Kirche vgl. auch »Stärkere Orientierung am Kunden«. Ein Gespräch mit McKinsey-Direktor Peter Barrenstein, in: HK Jg. 52, 1998, S. 342–347, S. 346.

jedoch in der praktischen Arbeit von Pfarrverbänden. Seit den frühen sieb-ziger Jahren arbeiteten in verschiedenen westdeutschen Diözesen Planungs-abteilungen, die sich den Themen des Priesterbedarfs und der Raumplanung widmeten. Mit ihrem statistischen und sozialgeographischen Instrumenta-rium stellten sie jedoch vorwiegend den äußeren Rahmen für die Entwick-lung von Pfarrverbänden bereit, indem sie Vorschläge für deren räumliche Umschreibung und Abgrenzung erarbeiteten.[168] Im Rahmen der Arbeit des Pfarrverbandes hieß Planung zunächst einmal nicht mehr als die Setzung von pastoralen Schwerpunkten und die Konkretisierung von mittelfristi-gen Zielen, die auf diesen Feldern erzielt werden sollten. Und genau bei dieser Aufgabe kam ein ganzes Bündel humanwissenschaftlicher Konzepte zum Einsatz. Nun allerdings nicht mehr in Form eines organisationssozi-ologischen Passepartouts für alle Fragen, sondern in einer bunten und fle-xibel angewendeten Mischung von Methoden, Arbeitstechniken und ver-streuten Wissenspartikeln.

So wurde das Statut für Pfarrverbände im Bistum Münster begleitet von der Suche nach Formen der Weiterbildung und Schulung in den für den Pfarrverband passenden Arbeitstechniken. Diese Aufgabe verfolgte ein ei-gens dafür gebildetes sechsköpfiges »Team«, dem neben drei Mitarbeitern des Generalvikariates ein Pastoralassistent, ein Diplomsoziologe und eine Sozialpädagogin angehörten. Dieses Team entschied sich für eine Zusam-menarbeit mit der Gesellschaft für christliche Öffentlichkeitsarbeit, um Modellversuche durchzuführen und zugleich die Mitarbeiter des Seelsor-gereferates so zu schulen, dass sie nach Ablauf einer gewissen Zeitspanne den projektorientierten Aufbau von Pfarrverbänden eigenverantwortlich durchführen konnten. Zum Programm der Einführung in die Arbeit eines Pfarrverbandes gehörte im Bistum Münster zunächst die Durchführung einer lokalen Meinungsumfrage. Deren Ergebnisse boten Anhaltspunkte für die Erarbeitung eines »Pastoralplanes« bzw., »bescheidener gesagt«, für die »Festlegung seelsorglicher Schwerpunkte« und deren Konkretisierung in einem Zeitplan.[169] Je nach Art des gewählten Schwerpunktes wurde hu-manwissenschaftliches Fachwissen dann durch die Einstellung eines ent-sprechenden Mitarbeiters auf Pfarrverbandsebene eingeführt. Ein typische Schwerpunktsetzung war etwa die Intensivierung der kirchlichen Jugend-arbeit. Bis in die sechziger Jahre hinein betreute der Pfarrer selbst oder ein

---

168 Vgl. am Beispiel der Erzdiözese München: Die Planung von heute; Gespräch mit Dr. Karl-Hans Pauli am 13.9.1999; *Kühn*, S. 14–19.

169 Erfahrungen mit Pfarrverbänden, o.D., o.Verf., Vorlage für den Diözesanrat am 11.5.1973 (Zitat): BAM, GV NA, A-101-378; *Heinz*, Erfahrungen, S. 347–349; *G. Götz*, Pfarrverband »Obere Rhön«. Der lebendigen aktiven Gemeinde näherkommen, in: LS Jg. 27, 1976, S. 349–353; *H. Pawlowski*, Einige Zeichen des Schalom. Psychogramm einer sich er-neuernden Gemeinde, in: Publik, 11.9.1970.

Kaplan kirchliche Jugendgruppen. An deren Stelle trat nun ein Pädagoge oder Sozialarbeiter, der diese Aufgabe in den frühen siebziger Jahren typischerweise mit dem von der Hochschule mitgebrachten Impetus einer emanzipatorischen und ›kritischen‹ Pädagogik übernahm.[170]

Der mit dem Aufbau von Pfarrverbänden einhergehende Rückgriff auf humanwissenschaftlich angeleitete Praxisformen erfolgte jedoch nicht nur durch die Anstellung entsprechend ausgebildeten Fachpersonals. Er machte auch eine grundlegende Neuorientierung der Lehrinhalte und der Karrierewege erforderlich, welche die innerkirchliche Ausbildung für Seelsorgeberufe bereithielt. Dies setzte eine radikale Entwertung akademisch-theologischen Wissens und damit auch der ständischen Herausgehobenheit und Höherwertigkeit des Priesters als Inhaber eines theologischen Lehramtes in der Kirche in Gang. Dieser Prozess hält bis in die Gegenwart an und hat das Profil der Leistungsrollen in der Kirche, also der Anbieter spezifisch religiöser Dienstleistungen, fundamental verändert.

Bereits 1971 reflektierte Hermann-Josef Spital die gesellschaftlichen Voraussetzungen und die Notwendigkeit neuer Ausbildungswege. Zu diesem Zeitpunkt bestand im Bistum Münster eine Relation von zehn akademisch-theologisch ausgebildeten Seelsorgskräften zu einer nicht-akademischen Seelsorgehelferin. Darin spiegelte sich eine gesellschaftliche Struktur, welche in ihren Anschauungen vom Christentum geprägt war. Die Seelsorge konnte sich daher weitgehend auf Verkündigung und Sakramentenspendung beschränken. In der »pluralistischen Welt« der Gegenwart müsse sie nun Dinge tun und Zusammenhänge organisieren, die sich früher »nahezu von selbst ergaben«. Für den nötigen Aufbau des Glaubensgesprächs »in unterschiedlichsten Gruppen« sei jedoch eine primär auf Verkündigung zielende und die pastorale Schulung »vergleichsweise gering« schätzende Ausbildung nicht mehr geeignet. Zudem sei zu beobachten, dass viele »junge Menschen« deshalb Theologie studierten, weil ihre »Reflexion über den Glauben« noch nicht abgeschlossen sei. Zur Intensivierung der Seelsorge seien deshalb »speziell ausgebildete«, aber nicht akademische Kräfte vonnöten, die man in Fernkursen oder Seminaren berufsbegleitend schulen müsse.[171]

Für die praktische Umsetzung dieser Überlegungen baute Spital zusammen mit Mitarbeitern des Personalreferates und der Akademie für Jugendfragen in den kommenden Jahren Angebote zur »projektorientierten« Bildung in der Seelsorge auf, welche der humanwissenschaftlichen Schulung von Pastoralassistenten und Seelsorgehelferinnen dienten und damit

---

170 *Löker*, Pfarrverband, S. 346; Protokoll der Pastoralkonferenz im Dekanat Bocholt 14.1.1970: BAM, GV NA, A-201-23; *Kamphausen*, S. 230f.

171 Hermann-Josef Spital, Gedanken zur zusätzlichen Ausbildung von Seelsorgskräften, 3.3.1971: BAM, GV NA, A-201-357.

zugleich deren Berufsbild profilierten. Die Schulung hauptamtlicher Kirchenmitarbeiter fand über vier Jahre hinweg in Form eines dreimal jährlich gelehrten Blockunterrichtes statt. Daneben gab es kurzfristige Schulungsmaßnahmen für nebenamtliche Mitarbeiter. Zum Curriculum gehörte ein ganzes Bündel von psychologischen, pädagogischen und gruppendynamischen Methoden. Mit ihnen sollten die Pastoralassistenten jene ›soft skills‹ erlernen, welche für die gruppenbezogene Arbeit in den Gemeinden und die Einübung eines kooperativen Arbeitsstils notwendig schienen. Neben »Public Relations« zählten dazu »pastorales Counseling«, die »nicht-direktive Gesprächsführung« und eine Reihe anderer gruppendynamischer Techniken.[172] Diese Kursen übten auf vielfältige Weise »Kooperationsformen zwischen verschiedenen Berufsgruppen« ein, um schrittweise jenen ›teamfähigen‹ Menschen zu schaffen, den der Strukturplan vorausgesetzt hatte, ohne selbst Wege zu seiner Erzeugung anbieten zu können. Auch zu einer »kritischen Reflexion der eigenen beruflichen Rolle« wollte man anleiten, und nicht zuletzt deshalb begleitete eine Supervision jeden Kurs.[173]

Diese Reformpläne hatten schließlich auch Folgen für die Ausbildung der Priester. Hier hatten die Betroffenen selbst, neben den Seminaristen vor allem die jüngeren Weihejahrgänge, bereits seit Mitte der sechziger Jahre für eine stärkere Berücksichtigung der Humanwissenschaften Psychologie und Soziologie im Studium plädiert. Eine entsprechende Forderung stellte zehn Jahre später die Würzburger Synode auf, was ein Indiz dafür ist, dass sich in der Praxis kaum etwas geändert hatte.[174] Das Bistum Münster reagierte mit der Erweiterung des Fortbildungsangebotes. Außer den nach Weihejahrgängen gegliederten Priesterkursen gab es dort seit 1972 Fortbildungskurse, die thematisch orientiert waren und allen Weihejahrgängen offen standen. Neben »Chancen und Grenzen der Predigt« umfasste das Angebot eine Einführung in »Methoden der Gesprächsführung« und eine »Einführung in die Gruppendynamik unter pastoralpsychologischem Aspekt«.

In den siebziger Jahren gab es auch erste Versuche, den Prozess der kirchlichen Planung durch eine theologische Reflexion zu begleiten und anzuleiten, also den innerhalb der Organisation selbst aufgelaufenen und in Formen des Planungshandelns umgesetzten Entscheidungsbedarf zum Gegenstand einer »Theologie der Planung« zu machen.[175] Die erste Analyse dieser Art hob deutlich die Gefahren und Grenzen kirchlicher Planung hervor, die im technokratischen Zugriff auf die Kirche als Organisation und Verwaltung

172 Seelsorgeamt Münster, Entwurf eines Ausbildungsvorschlages für eine berufsbegleitende pastoral-theologische Ausbildung, Schulung B, 28.4.1971, und weitere Materialien in: ebd.
173 G. Leuschner an Spital 15.12.1971: ebd. Vgl. O. *Selg*, Zur Konkretisierung der Seelsorgsplanung, in: Jahresbericht Sozialteam, S. 83–95, S. 89.
174 *Waltermann*, S. 110–131; Gemeinsame Synode, Bd. 1, S. 626.
175 *Luhmann*, Funktion, S. 309.

lägen. Der Unterschied kirchlicher Planung zu den für Unternehmen typischen Formen der Zweckrationalität sei gerade darin zu suchen, dass nicht die »Selbsterhaltung kirchlicher Organisation«, sondern der »Vollzug christlichen Glaubens« in Formen »menschlicher Interaktion« das Ziel und das Objekt kirchlicher Planung sein müsse.[176] Die Gefahren lagen dort, wo kirchliche Planung mit der Anwendung »moderner Sozialtechniken« die Lebensäußerungen des Glaubens in den Griff zu bekommen versuchte, anstatt Räume zur Entfaltung von »Freiheit« und »Spontaneität« des Glaubens zu schaffen. Neben der »Pluralität des Angebotes« musste die »Freiwilligkeit des Glaubens« zugleich Ziel und Voraussetzung jeder kirchlichen Planung sein.[177]

Eine solche Schlussfolgerung, welche die Freiheit und Privatisierung des religiösen Entscheidens zentral stellte, hatte auch Philipp v. Wambolt aus seiner Analyse der divergierenden Meinungsgruppen zum Strukturplan in den Pfarrkomitees gezogen. Dort standen jene, welche eine vorsichtige Anpassung an die gesellschaftlichen Strukturen suchten (»A«) neben denen, die auf einen kompletten Neuaufbau der kirchlichen Organisation hofften (»C«). Dazwischen gab es eine vermittelnde Position (»B«). Wambolt hielt diesen Vermittlungsvorschlag jedoch für unzureichend und schlug stattdessen ein »A.-B.-C.-Programm« vor. Dessen Quintessenz bestand darin, dass »Heil der Kirche« in der Existenz von »verschiedenen Meinungsgruppen« zu sehen und diese damit als »pluralistisch« zu verstehen. Die »Freiheit des kirchengesellschaftlichen Raumes« müsse für alle formellen und informellen Gruppen in der Kirche gelten und dürfe nicht »über das notwendige Maß hinaus« von der verfassten Kirche beschnitten werden.[178] Aus soziologischer Sicht hatte v. Wambolt damit ebenso entschieden für eine an persönlicher Freiheit, Individualisierung und Pluralismus orientierte Praxis kirchlicher Organisation plädiert, wie es spätere theologische Überlegungen zur kirchlichen Planung taten.

Praktisch zur selben Zeit, als v. Wambolt diese Schlussfolgerungen aus seiner Beobachtung des in den Gemeinden de facto vorhandenen Pluralismus zog und für seine offizielle Freigabe plädierte, traten im Seelsorgedezernat des Bistums Münster jedoch die Schwierigkeiten hervor, welche die katholische Kirche mit der konsequenten Anwendung des modernen Freiheitsbegriffs und der Anerkennung religiöser Individualisierung hatte und wohl immer noch hat. Die Mitarbeiter des Dezernats arbeiteten zu dieser Zeit an dem Entwurf für einen Pastoralplan, dessen ersten Textentwurf sie im Februar 1971 kollektiv diskutierten und verabschiedeten. Die dort formulier-

176 *Berning*, S. 279.

177 Ebd., S. 272–275. Eine theologische Reflexion der Planung auch bei *Strüder*, S. 57–61, 291–299, 343–349.

178 Philipp v. Wambolt, Statistische Auswertung der Diskussion, März 1971: BAM, GV NA, A-201-368.

ten Gedanken mündeten später in den »Communio«-Plan ein, den Bischof Reinhard Lettmann 1980 in Kraft setzte. Anders als der Strukturplan ging dieser Entwurf nicht mehr von Grundfunktionen und Kernstrukturen der Kirche aus. Er begriff die gesellschaftliche Ausgangslage der Seelsorge vielmehr als eine durch »Individualisierung und Pluralisierung« geprägte und versuchte diese Tendenzen durch eine »konsequent vom Individuum aus« gedachte pastorale Strategie aufzugreifen.[179]

Eine sorgfältige Lektüre der zur Vorbereitung dieses Pastoralplanes verfassten Texte zeigt jedoch unmissverständlich, dass das Konzept der religiösen Freiheit des Individuums hier nur auf sehr formale Weise Berücksichtigung gefunden hatte. Zwar berief man sich gleich einleitend auf die Konzilserklärung über die Religionsfreiheit, welche das »Freiheitsrecht« der Person als den stets zu respektierenden »Ausgangspunkt« allen kirchlichen Handelns postuliert habe. Es ist für unseren Zusammenhang eine zweitrangige Frage, ob diese Zuspitzung auf kirchliches Handeln eine angemessene Interpretation des Textes war.[180] Festzuhalten bleibt, dass der mit Pastoralplanung befasste Diskurs die Konzilstexte bemühte, um die Legitimität einer von der »Personalität« des Einzelnen ausgehenden Konzeption zu begründen. Deren Freiheitsrechte wurden jedoch sogleich wieder durch die »Wahrheit der Offenbarung« eingeschränkt, welche »allen Menschen gemeinsam vorgegeben« sei und deshalb für jeden Einzelnen »Verbindlichkeit« begründe. Auch wenn der Entwurf die »Bildung des Gewissens« als künftige Aufgabe kirchlicher Pastoral postulierte, wollte er von der »Gehorsamsstruktur des Glaubens« nicht absehen. Das Wort des Herrn dürfe keiner »persönlichen Auswahl unterworfen« werden, und der Glaube »nicht auf ein individualistisch-pietistisches ›Gott und die Seele‹-Denken eingeschränkt werden.«[181] In einer früheren Entwurfsfassung dieses Pastoralplanes war sogar, ohne jede Reflexion auf die historischen Konnotationen des Begriffs, von einer »Volksgemeinschaft« die Rede, in der sich das Leben der »von Gott erwählten und auf sein Geheiß geordneten« Gläubigen vollziehen sollte.[182]

Schließlich machte der in Münster entworfene Pastoralplan noch deutlich, worin der eigentliche Sinn der Berufung auf die religiöse Freiheit des Einzelnen lag. Keinesfalls war damit die Absicht verbunden, die katholische Kirche als eine »bloß vermittelnde« Organisation zu konzipieren, welche

---

179 *Damberg*, Abschied, S. 301–305, Zitate S. 304f.
180 Schwerpunkte der Heilssorge im Bistum Münster, 24.2.1971: BAM, GV NA, A-101-156. Dieser von Mitarbeitern des Seelsorgedezernates auf einer Tagung am 19.2.1971 diskutierte Text wurde von Hermann-Josef Spital formuliert. Der Text verweist zur Bekräftigung auf Dignitatis humanae, Nr. 2: *Rahner/Vorgrimler*, S. 661–675, S. 662f.
181 Ebd.
182 Hermann-Josef Spital, Diskussionsgrundlage zum 1. Entwurf eines Pastoralplans, 18.11.1970: BAM, GV NA, A-201-2.

den immer schon vorhandenen Glauben der Individuen zueinander in Beziehung setzt, damit »kommuniziert« und auch »stärkt«.[183] Ein solches, auf individueller Glaubensentscheidung beruhendes Modell hätte dem Ansatz der protestantischen bzw. hier als ›pietistisch‹ denunzierten Kirchen entsprochen. Diese benutzen das ›Gott und die Seele‹ verbindende Glaubensmedium als motivationelle Ressource dazu, strukturreiche und komplexe Formen der geistlichen Kommunikation aufzubauen und zu stabilisieren. In der katholischen Kirche blieb der Glaube des Einzelnen dagegen auch weiterhin abhängig von der hierarchisch geleiteten Gnadenanstalt. Angesichts veränderter gesellschaftlicher Bedingungen konnte man sich allerdings mit einer »passiven Übernahme des Glaubens der Kirche« nicht länger begnügen, da diese Form zunehmend instabil wurde und keine hinreichende Motivationsressource für aktives Verhalten der Organisationsmitglieder mehr bot. Der Katechismus-Glaube war endgültig verabschiedet. Also musste der Einzelne darauf »hingewiesen« werden, dass er »seine eigene Erfahrung (z.B. im Glaubensgespräch mit dem Bruder) in die Kirche einzubringen hat.« Freiheit war demnach nicht mehr als die Einsicht in die Notwendigkeit des eigenen Engagements. Die pastorale Planung hatte in der Kernkreisarbeit, im Beichtgespräch und in der gruppendynamischen »Schulung zum Miteinanderarbeiten« die angemessenen Formen dafür bereitzustellen, damit die Individuen sich auch künftig im Uterus der Mutter Kirche wohlfühlen würden. Nach dem Scheitern organisationssoziologischer Reformpläne griffen die Verantwortlichen im Bistum Münster auf humanwissenschaftliche Techniken zurück, mit denen sich die Kommunikation in der kleinen Gruppe, also die Interaktion unter Anwesenden steuern und verbessern ließ.[184]

Mit der Rollen- und Organisationssoziologie erhielt seit 1965 die nüchterne Sprache des soziologischen Funktionalismus und der organisatorischen Optimierung Einzug in die katholische Kirche. Ausgehend von der Berufskrise der Priester und der Überlastung und Spreizung ihres Rollenprofils drangen Konzepte der strukturellen Anpassung an die voranschreitende funktionale Differenzierung in wenigen Jahren bis in die Spitzengremien der katholischen Kirche vor. Auch die allerorten begonnenen Versuche zu einer Strukturreform der pastoralen Angebote waren durch das Kategoriengerüst des Funktionalismus geprägt. Wie das Beispiel des Münsteraner Strukturplanes zeigt, war ein umfassend angelegter, sowohl die Pfarreien als auch die Generalvikariate einbeziehender Versuch der Organisationsreform allerdings nicht durchsetzbar.

183 Zitat: *Graf*, Selbstmodernisierung, S. 61.
184 Schwerpunkte der Heilssorge im Bistum Münster, 24.2.1971: BAM, GV NA, A-101-156; zur Umsetzung in der Pfarrverbandsarbeit vgl. *H. Kerst*, Schwerpunkte der Heilssorge im Bistum Münster, in: LS Jg. 27, 1976, S. 355–359; vgl. Kap. 5.

Seit den frühen siebziger Jahren gingen alle westdeutschen Bistümer zu einer Strategie über, mit der Entscheidungen über die Anpassung an Erfordernisse funktionaler Differenzierung in den Derivatformen des Pfarrverbandes und der Regionalisierung von Bistümern getroffen wurden. Eine durchgängige Verknüpfung von neuen Organisationsstrukturen der Pfarrseelsorge mit der Arbeit der Generalvikariate, wie sie der Strukturplan noch vorgesehen hatte, fand nicht statt. Mit der Errichtung von Pfarrverbänden und dem vermehrten Einsatz von Laien als professionellem Seelsorgepersonal verschob sich auch der Schwerpunkt, an dem die weitere Verwissenschaftlichung der kirchlichen Organisation ansetzte. Er lag jetzt nicht mehr in den Planungsstäben der Generalvikariate und ihrer projektförmigen Arbeit, sondern in der kleinteiligen und sukzessiven Kleingruppen- und Weiterbildungspraxis der Pfarrverbände. Formal blieb die katholische Kirche auch nach dem zweiten Vatikanum eine hierarchisch aufgebaute Organisation, in ihrer »kirchenrechtlich geordneten Internverfassung als auch in ihren ekklesiologischen Selbstdeutungen«. Es ist dennoch irreführend, sie deshalb als eine »dezidiert nicht-moderne Institution« zu bezeichnen, die sich nicht auf die gesellschaftsstrukturellen Bedingungen funktionaler Differenzierung eingestellt habe.[185]

Diese These reflektiert den Umstand, dass »gegen die hierarchische Struktur eines modernen Betriebes weit weniger Sturm gelaufen« wird »als gegen die hierarchische Struktur der Kirche«.[186] Aber nicht an der Frage der zentralisierten Kompetenzkompetenz entscheidet sich die Modernität einer Organisation, sondern daran, wie sie Mitgliedschaftsentscheidungen mit Entscheidungen über Mitgliederrollen verknüpft und dabei durch innere Strukturbildung auf gesellschaftliche Differenzierung reagiert. Legt man den Akzent auf die rechtliche Normierung und ekklesiologische Selbstbeschreibung der Kirche, unterschätzt man zudem das allein soziologisch erfassbare Ausmaß, in dem solche Formen der Strukturbildung praktiziert wurden. Die Modernität der katholischen Kirche bemisst sich nicht nach den normativen Maßstäben der protestantischen Theologie, die mit dem Reformator Sebastian Franck (1499–1542) die brüderliche Gemeinschaft einer ›unsichtbaren Kirche‹ gefordert hat.[187] Sie bemisst sich vielmehr an dem analytisch feststellbaren Grad des Umgangs mit der durch Entscheidungen aufgebauten Komplexität. Die zentrale Frage einer jeden Organisation lautet demnach nicht: ›Wer hat die Kompetenz zur Letztentscheidung?‹ Sie lautet vielmehr: ›Mit welchen organisatorischen Formen lassen sich die Folgen von Letztentscheidungen am besten auf die gesellschaftliche Umwelt beziehen?‹ Stellt man diese Frage, dann werden die nicht-intendierten Folgen sichtbar,

---

185 *Graf*, Selbstmodernisierung, S. 61.

186 *W. Stammkötter*, Schwierigkeiten und Chancen kirchlichen Leitungsdienstes, in: Unsere Seelsorge Jg. 22, 1972, Nr. 1, S. 1–8, S. 1.

187 Im Original hieß es: Eine »unsichtbar geistlich Kirchen«. Vgl. v. Dülmen, Kultur, S. 98.

welche Reformversuche wie der ›Strukturplan‹ trotz der Blockade ihrer zentralen Neuordnungsziele bewirkt haben. Immerhin brachte die Derivatform des Pfarrverbandes einen massiven Bedeutungszuwachs von professionellen pastoralen Laienkräften mit sich. Diese verkörperten nicht nur eine organisationsspezifische Reaktion auf die Folgen funktionaler Differenzierung, sondern veränderten zugleich den Stellenwert des Priesters in der Pfarrei auf fundamentale Weise. Und das geschah, ohne dass es dazu einer Reform des Zölibats bedurft hätte, an deren Ausbleiben letztlich die rollensoziologischen Versuche zur Anpassung des Priesterberufes gescheitert waren.

In soziologischer Sicht zeigten sich allerdings andere organisatorische Probleme, welche der allzu rasche Schwenk auf den Pfarrverband als Form der arbeitsteiligen Kooperation in den frühen siebziger Jahren hinterlassen hat. Diese scheinen weniger in einem Übermaß als vielmehr in einem Mangel an hierarchischer Steuerung zu liegen. Bereits der Kreis der Seelsorgeamtsleiter wies 1969 darauf hin, dass in dem immensen kommunikativen Abstand zwischen der bischöflichen Behörde und den Pfarreien als den eigentlichen »Produktionsstätten« der Pastoral das entscheidende Problem der kirchlichen Strukturen läge.[188] Der Strukturplan wollte darauf mit einem ausgeklügelten System der in beiden Richtungen gestaffelten Weiterleitung und Verarbeitung von Informationen reagieren. De facto entwickelte sich jedoch in den siebziger Jahren eine zunehmend losere Kopplung der in den Gemeinde praktizierten Formen der Mitgliedschaft mit den Regeln der kirchlichen Organisation. Diese tendenziell heterarchische Anordnung gab für Beobachter, die in den Kategorien von Weber und Troeltsch geschult waren, Veranlassung dazu, die katholische Kirche auf dem Weg zur »Sekte« zu sehen.[189]

Anders als im Bereich der Rollensoziologie waren die um 1970 gemachten Versuche zur Verankerung organisationssoziologischen Wissens in der Kirche, die ohnehin nirgendwo die im Bistum Münster beobachtbare Intensität erreichten, nicht dauerhaft durchsetzungsfähig. Der Niedergang der Organisation Kirche, den die Krisensemantik der späten sechziger Jahre diagnostizierte, hielt in den siebziger Jahren unvermindert an. Darin liegt zugleich der entscheidende Unterschied zwischen der kirchlichen Planung und jener im Bereich der Politik, die zeitgleich seit dem Ende der sechziger Jahre intensiv diskutiert und praktiziert wurde. Im Hinblick auf die Zukunftsorientierung, das von den Sozialwissenschaften geprägte Leitbild und die Absicht einer Steuerung des sozialen Wandels gab es hier weitreichende Paralellen zwischen Politik und katholischer Kirche.[190] Die wichtige Differenz lag darin, dass in der kirchlichen

---

188 Aktennotiz Spital v. 10.12.1969: BAM, GV NA, A-201-463. Auch *Strüder*, S. 278f. spricht davon, dass der »Vorwurf« einer »bürokratischen« Kirche modifiziert werden muss.

189 So das Argument von *Schmied*. Ungeachtet der irreführenden Terminologie ist dieses Argument empirisch gut fundiert.

190 Vgl. *Ruck*; *Metzler*.

Planung nicht Steuerungsoptimismus, sondern die Erwartung einer voranschreitenden Krise den Ausgangspunkt der Planung bildete, und dass die Ernüchterung über die Komplexität der Planung nahtlos in eine Fortsetzung der
bereits vor 1970 erkennbaren Tendenz des Niedergangs einmündete.

Dabei gaben die ›Kunden‹ und Mitglieder der Kirche nun, anders als um
1968, ihrem Unmut nicht mehr durch das Erheben der Stimme (»Voice«)
Ausdruck, sondern nahmen zunehmend die »Exit«-Option in Anspruch.[191]
Hier gingen jene als erste voran, die mit soziologisch geschultem Blick erkannten, dass die katholische Kirche für ihre Bedürfnisse nach religiöser
Kommunikation nicht mehr den passenden »Stecker« bereithielt.[192] Die in
der Kirche verbliebenen Christen konnten sich mit der Hoffnung trösten,
dass die Kirche künftig als eine »kleine Gemeinschaft« oder eine »kleine
Herde« existieren werde. ›Konservative‹ Theologen wie Joseph Ratzinger
und ›progressive‹ wie Karl Rahner stimmten darin interessanterweise überein.[193] Mit dieser »defensiven Ideologie« von der »kleinen Schar« ließen sich
die »Frustrationsgefühle« kompensieren, die durch den stetig »zurückge-
henden Erfolg, den Rückgang der Zahl der Kirchensteuerzahler und der
Kirchgänger« ausgelöst wurden und wie Mehltau über allen pastoralen Bemühungen der siebziger Jahre lagen.[194] Die Vorstellung der ›kleinen Schar‹
fungierte damit als ein funktionales Äquivalent zu einer nüchternen soziologischen Analyse der kirchlichen Organisation.

191 Im Sinne der Terminologie von *Hirschman*, Exit, S. 21–29.

192 Vgl. das Eingangszitat. Hinweise auf die Ablösung von der Kirche auch in einem
Schreiben von Lutz Hoffmann an Odilo Heising 16.2.1972: BAM, FHH A 58. Hoffmann,
der zehn Jahre als Seelsorger gearbeitet hatte, war seit 1970 wissenschaftlicher Assistent für
Soziologie in Bielefeld und veröffentlichte kritische Analysen der in der »Sackgasse« befindlichen kirchlichen Organisation; vgl. *ders.*, Auswege.

193 *Ratzinger*, S. 123; »kleine Herde«: Karl Rahner, zit. bei *Forster*, Volkskirche, S. 496.

194 Philipp v. Wambolt, Durst nach menschlicher Kirche. Ideologiekritische Bemerkungen
zur Strukturplandiskussion im Bistum Münster, o.D. [1971]: BAM, GV NA, A-201-365.

5. Der »ganze Mensch«: Psychologie und Gruppendynamik als »humane« Wissenschaften

»Auch das II. Vatikanum drängte (…), die katholische Pastoral sollte sich angelegentlich die Erkenntnisse und Methoden der ›gesunden Psychologie‹ zulegen. Nur: Wo ist denn diese gesunde Psychologie? Nach welchen Kriterien soll aus der Vielzahl z.T. sich widerstreitender Schulen *einer* die Ehre gegeben werden? Man kann sich auch nicht die Rosinen überall herauszupfen und erwarten, dass daraus ein brauchbarer Kuchen werde. Und was ist heute schon alles ›Therapie‹!«[1]

Mit der Hinwendung zu psychologischen, psychotherapeutischen und gruppendynamischen Methoden hat sich die Ausgangslage für die Rezeption humanwissenschaftlicher Konzepte in der katholischen Kirche fundamental verändert. Bei den statistischen und soziologischen Ansätzen lag, ungeachtet aller konzeptionellen Divergenzen im Detail, ein weitgehend kohärentes und über mehrere Jahrzehnte hinweg durchaus stabiles methodisches Profil vor. Statistik, Soziographie, Demoskopie und Organisationssoziologie verfügten über ein ausgearbeitetes Kategoriengerüst, mit dem jeweils bestimmte typische Fragen gestellt und in erwartbarer Weise beantwortet wurden. Zwar erfolgte die kirchliche Anwendung dieser Methoden nicht überall mit gleicher Intensität. Aber ihr akademisches Profil setzte der praktischen Verwertung nicht von vornherein Hindernisse entgegen, sondern bot vielmehr eine Fülle von Anknüpfungspunkten. Dazu gehört nicht zuletzt die Tatsache, dass alle diese Ansätze, mit Einschränkungen bei der Demoskopie, die erst relativ spät akademische Weihen erhielt, als Statistik und empirische Sozialforschung nach 1945 fest in der universitären Forschung und Lehre verankert waren.[2] Die disziplinäre Einbettung und akademische Institutionalisierung der empirischen Sozialforschung bot einen insgesamt relativ stabilen Kontext für ihre Anwendung in der katholischen Kirche.

Demgegenüber handelt es sich bei der Psychologie und Psychotherapie um eine äußerst heterogene wissenschaftliche Methodik. Dazu gehört be-

---

1 G. *Griesl*, Seelsorge oder Psychoanalyse?, in: LS Jg. 26, 1975, S. 150–153, S. 151. Hervorhebung im Original. Die Heranziehung der »neueren Erkenntnisse einer gesunden Psychologie und Pädagogik« hatte das Dekret über die Priesterausbildung Optatam Totius, Nr. 11, gefordert: *Rahner/Vorgrimler*, S. 293–310, S. 302. Weitere positive Bezugnahmen auf die Psychologie in Gaudium et Spes Nr. 5, 52, 62: ebd., S. 453, 505, 515.
2 *Kruke*, Demoskopie, Kap. 2.2.

reits die Tatsache, dass die Psychologie nicht überall klar der Wissenschaft zugeordnet werden kann, da viele der unter diesem Rubrum firmierenden Konzepte der praktischen Lebenshilfe und Beratung in Lebenskrisen ganz explizit auf Distanz zur Wissenschaft achten und den damit verbundenen Preis der Einordnung als ›Quacksalberei‹ gerne auf sich nehmen. Dies ist auch ein Ausdruck der Tatsache, dass die Psychologie nur über ein »niedriges epistemologisches Profil« verfügt. Die Grenze zwischen ihrem ›positiven‹ Wissen über den Gegenstand ›Psyche‹ und den darüber in der Gesellschaft umlaufenden Bildern und Vorstellungen ist sehr viel durchlässiger als bei anderen Disziplinen.[3] Aber auch als disziplinäres Feld ist die Psychologie bis heute in sich vielfach gespalten. Während an den Universitäten die verschiedenen Spielarten des Neobehaviorismus und damit der experimentell orientierten Psychologie dominieren, verfügen die Psychoanalyse, die humanistische Psychologie und die meisten therapeutischen Ansätze zumindest in der Bundesrepublik nur über eine sehr marginale akademische Verankerung. Ihre Tradierung vollzieht sich zumeist in privaten Lehrinstituten. Deren finanzielle Fundierung ist jedoch von der Existenz eines zahlungskräftigen Publikums oder der Anerkennung dieser Heilmethode im Rahmen der kassenärztlichen Erstattung abhängig.[4]

Wenn man wissenschaftliche Disziplinen als Kommunikationsgemeinschaften versteht, dann lässt sich die Psychologie nur bedingt als eine solche bezeichnen. Die Soziologie hat seit den sechziger Jahren wiederholt Kontroversen wie den Postivismusstreit oder die Habermas/Luhmann-Kontroverse erlebt, bei denen widerstreitende Schulen ihre Gegensätze öffentlichkeitswirksam und teilweise mit erheblicher emotionaler Energie ausgetragen haben. Es ist dennoch zu erkennen, dass diese Kontroversen gerade die Funktion haben, im Konflikt der Schulen die Einheit des Faches Soziologie rituell zu inszenieren und zu bestätigen. Man schenkt den Argumenten der anderen Seite Gehör, auch wenn man sie fundamental ablehnt und vielleicht noch nicht einmal wirklich verstehen will.[5] Solche Kontroversen gab es auch in der Psychologie, zum Beispiel bei der Durchsetzung quantifizierender Forschungsmethoden amerikanischer Provenienz nach 1945, welche die deutsche Tradition der Gestaltpsychologie verdrängten.[6] Aber sie blieben vornehmlich auf die universitäre Disziplin beschränkt. Versteht man die Disziplin Psychologie jedoch weiter als nur in ihrer akademisch-universi-

3 *Rose*, Inventing, S. 60; vgl. *Ash*, Psychology, S. 273.
4 Zur Geschichte der Psychologie generell, mit Schwerpunkt auf den USA: *Smith*, Fontana, S. 575–861; *Schultz/Schultz*; *Ash*, Psychology; zur Psychologie in der Bundesrepublik: *Ash/Geuter*; *Maikowski u.a.*; speziell zur Psychoanalyse: *Cocks*; *Schröter*; zu therapeutischen Ansätzen: *Friedrich*; *Simon*, S. 366–368.
5 Exemplarisch zum Positivismusstreit *Demirović*, S. 741–855, bes. S. 810f.
6 Vgl. *Métraux*.

tären Gestalt, dann prägen eher die Kommunikationsverweigerung und die Insulierung diametral entgegengesetzter Ansätze das disziplinäre Feld. Das Fach folgt darin Frederick Skinner, über Jahrzehnte hinweg die maßgebliche Figur des Neobehaviorismus. Ebenso wie Sigmund Freud hat er sich beharrlich geweigert, wissenschaftliche Kritik an seiner Arbeit überhaupt nur zur Kenntnis zu nehmen. Seit der Mitte des 19. Jahrhunderts hat sich die schrittweise akademisch-disziplinäre Institutionalisierung der Psychologie weitgehend durch die Anwendung statistischer Methoden und die Favorisierung des Laborexperiments als der zentralen Technik psychologischer Forschungsarbeit vollzogen. Damit wurden alle Ansätze marginalisiert, welche dieses nach dem Methodenideal der Naturwissenschaften modellierte Selbstverständnis der Psychologie nicht teilen oder strikt ablehnen.[7]

Der Stabilisierungsgrad dieses wissenschaftlichen Feldes ist deshalb insgesamt gering. Dies gilt um so mehr für die psychoanalytischen und psychotherapeutischen Ansätze, die nur marginal an den Universitäten verankert sind. Theorien zur Systematisierung des eigenen Forschungsprogramms werden hier zumeist nur mit Verspätung nachgereicht, wenn sich die wissenschaftliche Praxis bereits entfaltet und differenziert hat. Methoden werden nur in Ansätzen expliziert und lehrbuchartig kodifiziert, vielmehr in der persönlichen Interaktion zwischen dem ›Lehrer‹ und seinem ›Schüler‹ tradiert.[8] Eine typische Folge dieser Situation ist die quasi-religiöse Aufladung der Beziehung zwischen diesen beiden Rollen und die beinahe sakrale Weihe, die der Lehrer gerade in den verschiedenen Spielarten der Psychoanalyse und Psychotherapie erfährt. Nicht zufällig wird den diversen Schulbildungen in diesen beiden Spielarten der Psychologie oft mit einem religionssoziologischen Begriff eine »sektiererische« Haltung attestiert, und zwar auch von Vertretern der Psychoanalyse selbst. Dieser Begriff zielt dabei sowohl auf die hohen Anforderungen an die Mitgliedschaft in diesen exklusiven Zirkeln als auch auf deren weitgehende Abgeschlossenheit von der Außenwelt.[9] Es sind dagegen eher Wissenschaftskritiker gewesen, welche die Psychotherapeuten als Angehörige einer neuen Priesterkaste, als »secular priests« denunziert haben, die sich der Verbreitung ihres speziellen Ansatzes mit missionarischem Eifer widmen.[10]

---

7 *Schultz/Schultz*, S. 252, 308; *Smith*, Fontana, S. 835; *Rose*, Inventing, S. 57–59; *Ash*, Psychology, S. 269f.; vgl. *Smith*, Picture, S. 7f.; zur Kommunikation in Disziplinen vgl. *Stichweh*, Disciplines; *Wertheimer*, S. 99, 135–146, urteilt zu vorschnell über eine »postschools era« seit 1945 und identifiziert diese wohl weitgehend mit der Dominanz des experimentell orientierten Neobehaviorismus in den USA. Zur rhetorischen Strategie von Freud gegenüber Kritikern vgl. *Soyland*, S. 145f.

8 Für die Psychoanalyse viele Beispiele bei *Schröter*; vgl. *Simon*, S. 370–376.

9 *Cremerius*, S. 22; vgl. exemplarisch *McLaughlin*.

10 So z.B. *North*; *Halmos*.

Für alle Spielarten des psychologischen und psychotherapeutischen Diskurses, die an der Vorstellung festhalten, dass das ›Selbst‹ oder die Personalität des Menschen mit einem Bewusstsein verknüpft ist, ergeben sich zwei fundamentale kategoriale Gemeinsamkeiten. Psychologie ist demnach zum einen diejenige Wissensform, welche mobilisiert werden kann, um die problematisch gewordene Einheit und Integrität des Selbst neu zu begründen und herzustellen. »Wo Es war, soll Ich werden«.[11] In diesem berühmten Diktum von Sigmund Freud spiegelt sich die optimistische und harmonistische Vision des psychologischen Diskurses, welche darauf zielt, die Einheit des von widersprüchlichen Impulsen, Begierden und Anforderungen getriebenen Subjekts zu rekonstruieren. Die moderne Psychologie hat das traditionelle, vorwissenschaftliche Wissen um die innere Zerrissenheit des Selbst und seine neurotischen Tendenzen zum Selbstbetrug und zur Selbstzerstörung immens vergrößert und auf neue kategoriale Grundlagen gestellt. Aber seine Kompetenz und Legitimität gewinnt das psychologische Sprechen letztlich aus dem Bemühen, gegen alle modernen Tendenzen und sozialen Ursachen der Zersplitterung und inneren Entfremdung die Autonomie, Integrität und Selbsterfüllung des menschlichen ›Subjekts‹ denkbar zu machen und Wege zu seiner Wiederherstellung anzubieten.[12]

Für dieses Ziel der Rekonstruktion des menschlichen ›Subjekts‹ kann die Psychologie nicht auf ein zentrales Paradigma zurückgreifen, dem ein Konsens über den Aufbau, die inneren Konflikte und die äußere Dynamik der Persönlichkeit zugrundeliegt. Gerade in diesem Punkt liegen schließlich die zentralen Divergenzen zwischen den verschiedenen Hauptströmungen der Psychologie und deren diversen Abspaltungen und Schulbildungen begründet. Die Psychologen verfügen über kein einheitliches Menschenbild. Sie sind sich aber darin einig, dass die Formbarkeit des Menschen eine seiner wesentlichen Eigenschaften darstellt. Die zweite kategoriale Gemeinsamkeit des psychologischen Diskurses besteht in der Überzeugung, dass die Psychologie diejenige Wissensform darstellt, die in der Formung und Modellierung des ›gesunden‹ und ›normalen‹ Menschen ihre besondere Aufgabe, Kompetenz und Dignität gewinnt. Zu den strukturellen Eigenheiten des psychologischen Diskurses zählt die Art und Weise, mit der das Wissen um die Psyche praktisch wird und deren Umformung betreibt. Die Einheit der Psychologie besteht in der Vielfalt der Formen, mit denen sie Therapie als eine bestimmte Praxis der Intervention in das Selbst des Menschen betreibt.[13]

Es zählt zu den Charakteristika des therapeutischen Diskurses, dass er Probleme und deren Symptome isoliert und zu deren ›Lösung‹ und ›Heilung‹

11 *Freud*, Neue Folge, S. 516. Zur »Psychosynthese« vgl. auch *Görres*, Methode, S. 274f.

12 *Rose*, Inventing, S. 1–21, bes. S. 7 mit dem Hinweis darauf, dass die poststrukturalistische, vor allem von Lacan inspirierte Psychologiekritik hier einen zentralen Einsatzpunkt hat.

13 *Rose*, Inventing, S. 59f.; vgl. *Bröckling*, Panopticon.

beizutragen sucht. Therapie stellt innerhalb der Gesellschaft einen thematisch offenen, problemzentrierten und zugangsgeschützten Kommunikationsraum bereit, in dem diese Probleme in der für therapeutische Kommunikation typischen, asymmetrischen Frage/Antwort-Struktur aufbereitet werden. Hier können Personen Aspekte ihres Selbst thematisieren, die sonst in der gesellschaftlichen Kommunikation keinen legitimen Ort finden, aus der Sicht des ›Subjekts‹ also nicht hinreichend ›ernst‹ genommen werden. Der Therapeut interveniert in den zur Sprache gebrachten biographischen Sinn, indem er mit dem Klienten den Gegenstand der Intervention isoliert und definiert, abweichende Beobachtungsschemata zu seiner Beschreibung anbietet und Techniken zur Lösung des Konflikts im Selbst vorschlägt.[14] Therapie lässt sich ganz generell als eine Form der Beratung verstehen, in der dem Klienten neue Kategorien zur Beobachtung seiner psychosozialen Probleme angeboten werden, um die Routinisierungen und Schemata der bisherigen Leidensgeschichte zu irritieren und aufzubrechen. Bei allen Unterschieden in den Techniken zur Lösung der Probleme lassen sich prinzipiell drei Dimensionen sinnhafter Lebenskrisen unterscheiden, in denen diese Irritation vollzogen wird. Dies ist erstens die Zeitdimension, also der lebensgeschichtliche Hintergrund des Klienten, wie er paradigmatisch im psychoanalytischen Modell des ›Erinnern-Wiederholen-Durcharbeiten‹ akzentuiert wird. Zweitens gibt es Interventionen, die sich vornehmlich auf eine bestimmte problematische Sachdimension des Einzelnen oder der Gruppe konzentrieren, wie dies in der ›Themenzentrierten Interaktion‹ der Fall ist, bei der die Fokussierung auf ein Thema auch dazu dient, sich nicht in der Interaktionsdynamik der Gruppe zu verlieren. Schließlich kann der Akzent auf der Sozialdimension des Klienten liegen. Dann steht die Dynamik der sozialen Beziehung zwischen Klient und Therapeut selbst im Zentrum der Aufmerksamkeit, wie dies paradigmatisch in der ›klientzentrierten‹ Therapie von Carl Rogers geschehen ist.[15]

5.1. Praktische Relevanz trotz intellektueller Abwehr: Die Rezeption der Psychoanalyse

Bereits in der Form der experimentellen Psychologie von Wilhelm Wundt hatte die neue Wissenschaft das Interesse von katholischen Theologen geweckt. Kardinal Mercier gründete in Löwen ein psychologisches Laborato-

---

14 *Maasen*, Beichtstuhl, S. 2–9; *Simon*, S. 372f., 380–382; für einen weiten, die Relativität des eingreifenden Beobachters akzentuierenden Therapiebegriff vgl. *Luhmann*, Wissenschaft, S. 648–653.

15 Zu TZI und klientzentrierter Methode vgl. Kap. 5.3.

rium nach dem Vorbild von Wundt, an dem Schüler von diesem forschten. Auch in Mailand und an anderen Orten arbeiteten Geistliche mit den Methoden der experimentellen Psychologie.[16] Maßstab und Menetekel für die weitere Rezeption der Psychologie innerhalb der katholischen Kirche war jedoch die von Sigmund Freud begründete Psychoanalyse. Bis heute steht jede pastoralpsychologische Arbeit unter dem Zwang, ihr Verhältnis zur Psychoanalyse zu artikulieren und ihre eigenen Ziele vor der Folie von deren Wissenschaftsverständnis und Menschenbild zu legitimieren.[17] Die katholische Rezeption der Psychoanalyse ging dabei andere Wege als die ärztlich-psychologische oder diejenige der evangelischen Theologie, auch wenn sie mit letzterer zumindest punktuell verflochten war.[18]

Die katholische Auseinandersetzung mit der Psychoanalyse setzte während des Ersten Weltkrieges ein, erreichte aber erst seit den frühen zwanziger Jahren eine gewisse Breite, als die neue Methode sich schon wie eine »Volksseuche« verbreitet zu haben schien.[19] Dabei war zunächst das Moment der intellektuellen Abwehr bestimmend. Es speiste sich im Wesentlichen aus drei Punkten, auf welche sich die Kritik katholischer Autoren an der von Freud begründeten Ausformung der Psychologie konzentrierte. An diesen strategischen Punkten wurde von der Weimarer Republik bis in die sechziger Jahre hinein die Grenze dessen markiert, was sich mit der psychoanalytischen Wissensform über den Menschen aussagen lässt. Selbst diejenigen Priester und Seelsorger, welche innerhalb der Kirche für einen offenen Umgang mit der neuen Methode der ›Seelenzergliederung‹ und ihre Rezeption für die pastorale Arbeit plädierten, fanden drastische Worte, um ihre moralische Empörung über jene völlig inakzeptablen Prämissen zum Ausdruck zu bringen. Als erster Punkt des Dissenses zwischen dem katholischen und dem analytischen Menschenbild stand der »fatalistische Determinismus« des letzteren zur Debatte. Als Beleg für diese Tendenz konnte auf das Modell der von Trieben geleiteten Psyche verwiesen werden. Für eine axiomatische Grundlage der katholischen Morallehre, das Prius einer »sich entscheidenden sittlichen Freiheit« des Einzelnen, schien in dieser Konzeption kein Platz zu sein.[20] Dieser »Determinismus« der »Triebdynamik« stieß auch noch auf die entschiedene Ablehnung von Albert Görres, der seit den frü-

---

16 *Pompey*, Seelsorge, S. 46f.

17 Exemplarisch *Baumgartner*, Pastoralpsychologie, S. 76–81.

18 Eine umfassende Rezeptions- und Wirkungsgeschichte der Psychoanalyse im deutschen Sprachraum fehlt. Zur theologischen Rezeption vornehmlich in der evangelischen Theologie: *Scharfenberg*, Rezeption; zu Spezialfragen der katholischen Rezeption vgl. *Andreae*, S. 211–221; *Birk*, S. 77–119; *Pompey*, Seelsorge, S. 49, unterschätzt m.E. die pastorale Rezeption bereits vor 1945.

19 *J. Lindworsky* SJ, Zur Psychoanalyse, in: StdZ Bd. 108, 1925, S. 398–400, S. 400.

20 *Müncker*, S. 352; zur Kritik des Determinismus *Faber*, S. 10f., 24–29.

hen fünfziger Jahren als einer der entschiedensten katholischen Befürworter der praktischen Anwendung psychoanalytischer Therapieformen hervortrat. Bereits 1923 hatte der Pastoraltheologe Linus Bopp hervorgehoben, dass der »mechanisch-materialistisch[e]« Grundzug des Freud'schen Theoriekonzeptes den Menschen auf unannehmbare Weise als eine »Maschine mit dem Zweck des Lustgewinns« modellierte.[21] Diese axiomatische »Entgeistigung« empfand die katholische Morallehre, die von der Freiheit und sittlichen Verantwortung des Menschen ausging, als eine ohne Beispiel dastehende »Entweihung des Menschen«.[22]

Der zweite wichtige Punkt, an dem sich katholische Autoren mit der Sicherheit eines bedingten Reflexes zu einer Fundamentalkritik der Psychoanalyse herausgefordert sahen, betraf den »Pansexualismus«. Mit diesem Vorwurf standen sie keineswegs allein. Es gehört zu den gängigsten Vorwürfen gegen die Theorie von Freud, dass sie alle psychischen Phänomene in reduktionistischer Manier auf einen sexuellen Grund ableite.[23] Unter Katholiken ließ sich dieser Begriff jedoch beinahe als ein Synonym für Psychoanalyse verwenden, und diese semantische Koppelung sowie die Schwere des damit implizierten Anwurfes waren so geläufig, dass es kaum Versuche einer genauer Umschreibung des damit gemeinten Sachverhaltes gab. In grober Form verband sich mit dem Terminus der Vorwurf, dass für Freud von den Bindungen des Subjekts »alles (…) sexuell bedingt« sei: die Beziehungen zu den Eltern (»Ödipuskomplex«), zu den Geschwistern (»Inzestkomplex«) und zum eigenen Ich (»Narzissmus«).[24] Die meisten katholischen Autoren bezogen den Begriff jedoch auf die Theorie der Sublimierung und interpretierten diese dahingehend, dass für den Begründer der Psychoanalyse alle »Kulturleistungen« und damit eben auch die Religion auf der Sublimierung der »Allgewalt eines dunklen Trieblebens« basiere. »Diese Lehre« von der »kulturschaffenden Kraft des Sexualtriebes« stieß zumeist weniger aus wissenschaftlichen Gründen auf entschiedene Ablehnung denn aus volkspädagogischen, war also in erster Linie eine Reaktion auf die antizipierten Wirkungen des psychoanalytischen Diskurses. Von der Warte der katholischen Morallehre als eines Mittels zur Disziplinierung der menschlichen Sexualität befürchtete man eine »schwerste Gefährdung der Volksmoral«.[25] Das kausale

---

21 *A. Görres*, Heilung und Heil. Zur Kritik der Psychoanalyse, in: Hochland Jg. 45, 1952/53, S. 38–48, S. 40; vgl. *Bopp*, Beichte, S. 10; *ders.*, Katholizismus, S. 73ff.; *R. Allers*, Probleme der Psychotherapie, in: StdZ Bd. 117, 1929, S. 27–42, S. 35.

22 *Donat*, S. 892f.

23 *Eidelberg*, S. 292; zur komplexen Verwendung des Begriffs ›Sexualität‹ bei Freud vgl. *Nitzschke*.

24 *Schäffauer*, S. 326.

25 *N. Gengler*, Psychotherapie, in: Klerusblatt Jg. 13, 1932, S. 469–471, 488–491, S. 470; vgl. *Birk*, S. 102f.; *Goldbrunner*, Tiefenpsychologie, S. 8.

Persönlichkeitsmodell der Psychoanalyse, lautete die Unterstellung, werde mutwillig als Entlastung von den Zwängen sittlicher Finalität interpretiert.

Bis in die sechziger Jahre hinein gab es katholische Theologen und Religionswissenschaftler, welche den Vorwurf des »Pansexualismus« für zentral hielten.[26] Doch neben einer pauschalen Verdammung gab es frühzeitig Stimmen, welche eine argumentative Widerlegung der Herleitung des Religiösen aus der Sublimierung unternahmen und sich um Differenzierung bemühten. Zu ihnen zählte wiederum Linus Bopp, in der Weimarer Republik neben dem Arzt Rhaban Liertz der entschiedenste katholische Befürworter einer gründlichen Rezeption der Psychoanalyse.[27] Auch Bopp hob die »panerotische Leitlinie« der Arbeit von Sigmund Freud hervor, war jedoch über die Reformulierung der Triebtheorie informiert, die dieser nach dem Ersten Weltkrieg durch die Postulierung eines zweiten, des so genannten ›Todes‹- oder ›Destruktionstriebes‹ vollzogen hatte.[28]

Als es nach dem Zweiten Weltkrieg nicht mehr um die Frage von Legitimität und Grenzen einer theoretischen Rezeption, sondern um die praktische Anwendung der analytischen Methode zu therapeutischen Zwecken ging, hatten sich die Gewichte bereits erheblich verschoben. Nun war nicht mehr der »Schock über die theoretischen Überspannungen« leitend, sondern ihre Einsicht in bleibend »gültige Erfahrungen«, die »niemand ungestraft vernachlässigen« könne, der mit der Behandlung von Neurosen zu tun habe.[29] Aus der Praxis therapeutischer Arbeit hielt ein Priester 1961 ganz unbefangen fest, dass das »Geschlechtliche« eine »Urtatsache des menschlichen Daseins« ist, weshalb die von vielen Christen praktizierte »Verdrängung des Geschlechtlichen« aufzugeben sei. Aus dieser Distanz war auch die von früheren katholischen Verächtern der Psychoanalyse übergangene Tatsache zu erkennen, dass Freuds Verständnis von Sexualität sehr viel weiter gefasst war als der übliche Sprachgebrauch und ganz allgemein das »libidinöse« Streben des Menschen »zum anderen hin« umfasste. Ohnehin hatten die meisten Kritiker der Psychoanalyse, wurde nun eine Ursache für den repetitiven Charakter der bisherigen katholischen Abwehr benannt, sie nur anhand der Sekundärliteratur studiert und zudem oftmals voneinander abgeschrieben.[30]

Den dritten entscheidenden Gesichtspunkt für die katholische Abwehr der Psychoanalyse stellte der Atheismus bereit, den Freud mit großer Entschiedenheit sowohl für seine Person als auch als ein besonderes Kennzeichen der nach seiner Auffassung von religiösen Illusionen gänzlich freien Psychoana-

---

26 *Birk*, S. 113.
27 *Bopp*, Beichte, S. 19–23.
28 *Bopp*, Schicksal, Sp. 752f.
29 *Görres*, Heilung, S. 40; gelassener auch bereits 1929 *Allers*, Probleme, S. 36.
30 *Böhringer*, Tiefenpsychologie, S. 43.

lyse vertreten hat.[31] Noch 1923 konnte Ludwig Bopp die Behauptung aufstellen, dass es zumindest eine »pragmatische« Wertschätzung der Religion bei den Psychoanalytikern gebe. Er bezog sich dabei vor allem auf den reformierten Schweizer Pfarrer und Psychologen Oskar Pfister, der seit 1909 in engem freundschaftlichen Kontakt mit Freud stand und sich darum bemüht hatte, dessen Gedanken in der Theologie zu popularisieren.[32] Aber eine solche Deutung ließ sich kaum noch aufrecht erhalten, nachdem Freud selbst 1927 in der Schrift »Die Zukunft einer Illusion« die Religion als einen »Schatz von Vorstellungen« analysiert hatte, welche die »menschliche Hilflosigkeit erträglich« machen sollten. Mit großer Entschiedenheit hielt Freud hier den Anhängern der Religion vor, sie verteidigten »eine verlorene Sache«.[33] Angesichts einer solchen, eindeutig »gottfeindlichen« Ausrichtung des neuen humanwissenschaftlichen Ansatzes zog selbst Bopp die Schlussfolgerung, dass die von Freud begründete Schule »alle Wertgebiete beschmutzt«, »alles psychologisiert und relativiert« und damit einen wichtigen Beitrag zum »riesigen Anwachsen« der »dritten Konfession (…) des Säkularismus« geleistet habe.[34]

Die katholische Rezeption der Psychoanalyse stand seit ihren Anfängen in den zwanziger Jahren ganz im Zeichen der Abwehr. Die drei Kernpunkte der Kritik bestanden in dem Freud unterstellten Determinismus, »Pansexualismus« und Atheismus. Ihnen mussten in abgeschwächter Form selbst diejenigen Autoren ihre Reverenz erweisen, deren eigentliches Anliegen darin bestand, innerhalb der katholischen Theologie und Kirche für eine intensivere Beschäftigung mit der analytischen Methode zu werben und Modelle zu entwerfen, mit denen sich psychoanalytische Einsichten für die Seelsorge nutzen ließen. Gerade diese Autoren entwickelten Strategien, mit denen sich die für Katholiken unannehmbaren Aussagen des psychoanalytischen Diskurses neutralisieren und damit die Voraussetzungen für seine positive Rezeption verbessern ließen. Die erste Strategie zur Neutralisierung bestand in der Aufspaltung der Psychoanalyse in mehrere Teile, welche dann getrennt voneinander zu bewerten seien.

Bei diesem Verfahren wurde »vom Boden der katholischen Weltanschauung aus die Spreu vom Weizen« gesondert und die »Wahrheitskörner« eingesammelt.[35] In der Regel erfolgte die Neutralisierung des psychoanalytischen

---

31 Zur Bedeutung von Freuds Atheismus für die Psychoanalyse vgl. *Gay*.

32 *Bopp*, Beichte, S. 98; vgl. *ders.*, Katholizismus, S. 65–70; zu Pfister vgl. *Bautz*, Bd. 7, Sp. 419f.; *Gay*, S. 59–68.

33 *Freud*, Zukunft, Zitate S. 152, 186.

34 »Gottfeindlich«: *May*, S. 7; *Bopp*, Lebenswerk, S. 154f.; *Allers*, Probleme, S. 36. Heute dient diese Schrift eher dazu, die Perversion der befreienden Heilsbotschaft Gottes in das Bild eines »buchhalterischen Richters und Zensors« zu beklagen und Angstgefühle in der Kirche zu thematisieren; vgl. *Domann*, S. 122.

35 *Müncker*, S. 350f.; vgl. Psychoanalyse und Moral, in: HK Jg. 3, 1948/49, S. 175–177, S. 175.

Diskurses durch eine einfache Zweiteilung, die das »Heilverfahren« und die »Weltanschauung« bzw. »Verfahren« und »System« unterschied und eine »säuberliche Scheidung« von beiden prinzipiell für möglich hielt.[36] »Die Psychoanalyse ist teilbar«. Das war der Kerngedanke dieser Operation, die auch nach 1945 noch zur Neutralisierung der weltanschaulich unerwünschten Implikationen angewendet wurde.[37] Dabei lehnte die katholische Rezeption die gerade bei Freud mit zunehmenden Alter hervortretende Neigung, in der Behandlung von Patienten erworbene psychoanalytische Einsichten zu einer umfassenden Kulturtheorie auszubauen und zu verallgemeinern, kategorisch ab. Damit ließen sich bereits zwei der wichtigsten Hindernisse, der Atheismus und der »Pansexualismus« Freuds, umgehen. Andererseits ließ sich dafür um so stärker hervorheben, dass sich mit der von Freud entwickelten Behandlungsmethode »gewiss gute Erfolge« erzielen ließen.[38] So gab es bereits in den zwanziger Jahren einen weitreichenden Konsens darüber, dass eine Berücksichtigung der »zahlreichen gesicherten Ergebnisse der Psychoanalyse« in der »christlichen Seelenauffassung« nicht nur möglich, sondern sogar »dringend notwendig« war.[39]

In der Beurteilung der positiven, anknüpfenswerten Einsichten der Psychoanalyse gab es durchaus unterschiedliche Akzentuierungen. Freuds Bemühungen, den »ganzen Menschen« zum Gegenstand und Ziel des therapeutischen Verfahrens zu machen, wurden außerordentlich positiv beurteilt.[40] Als wichtige wissenschaftliche Leistung Freuds hob ferner etwa Linus Bopp die Wiederentdeckung und Betonung des Unbewussten als einer psychischen Instanz hervor.[41] Bei dem Lob vieler katholischer Autoren für die Freudsche Theorie des Unbewussten war es weitgehend ohne Belang, welche konkreten Vorstellungen über seine innere Beschaffenheit und Funktionsweise die Psychoanalyse vertrat. Es genügte das Wissen darum, dass sich seine Existenz »gleichsam experimentell« durch die Hypnose nachweisen ließ, wie man bereits vor Freud gezeigt hatte. An die Stelle einer ausgearbeiteten Beschreibung des psychologischen Apparates, wie sie Freud sogar in bildhafter Form vorgelegt hatte, traten Metaphern wie die von den »Wurzeln der seelischen Vorgänge«, welche im »dunklen Erdreich des Unbewussten« verborgen lägen. Denn für die katholische Rezeption dieses Konzeptes war nicht seine genaue begriffliche Ausarbeitung entscheidend, sondern der »Trost«, den das Wissen um

---

36 *Gengler*, S. 470; *Schäffauer*, S. 356; vgl. *Bopp*, Katholizismus, S. 60; *ders.*, Schicksal, S. 758; *A. Willwoll* SJ, Über Psychoanalyse und Individualpsychologie, in: StdZ Bd. 111, 1926, S. 401–416, S. 414.

37 *Görres*, Methode, S. 11; vgl. *ders.*, Heil, S. 38; *Hammes*, S. 164.

38 *Gengler*, S. 470 (Zitat).

39 *Schäffauer*, S. 358.

40 *Allers*, S. 37; *Lichtenberg*, S. 127.

41 *Bopp*, Beichte, S. 31ff., Zitat S. 33, S. 59; vgl. *ders.*, Katholizismus, S. 77; *Willwoll*, S. 411; *Schulte*, Seelenleiden, S. 20.

die im »dunklen Schoß des Unbewussten« waltenden Kräfte allen Seelsorgern zu spenden vermochte, die zuweilen an der geringen Effektivität ihres Tuns verzweifeln mochten. Mit solchen Metaphern ließ sich ein Ort umschreiben, der vom Willen des Subjekts und damit auch von der besten Seelsorge nicht direkt erreicht und beeinflusst werden konnte.[42]

Bereits in der Zwischenkriegszeit gab es eine Reihe gewichtiger Indizien dafür, dass sich die kategorische katholische Abwehrhaltung gegenüber der psychoanalytischen Bewegung erheblich auflockerte. Jenseits der drei zentralen Angriffspunkte hatte sich unter katholischen Ärzten und Theologen eine relativ breite Rezeption und Auseinandersetzung mit den Gedanken von Freud und seiner wichtigsten Schüler entwickelt. Die Vorwürfe gegen den Determinismus, Pansexualismus und Atheismus Freuds blieben zwar bestehen. Aber ihre zunehmend stereotype Wiederholung machte deutlich, dass die Kraft der katholischen Abwehr des psychoanalytischen Diskurses nachließ und einer interessierten Beschäftigung mit Detailfragen Platz machte. Von wenigen Ausnahmen abgesehen, blieb dieses Interesse jedoch noch ein akademisch-theoretisches. Das sollte sich erst seit den frühen fünfziger Jahren grundlegend ändern. Alle nun erfolgenden Bemühungen um eine Annäherung von Psychotherapie und Seelsorge standen zwar noch im Schatten der diskursiven Frontstellung gegen das Menschenbild Freuds. Aber nicht mehr der Streit um Begriffe und ihre Auslegung war jetzt entscheidend, sondern das praktische Interesse an den neuen Möglichkeiten der Menschenführung und Menschenformung, welche die Psychoanalyse und andere therapeutische Methoden eröffneten.[43]

Es war Albert Görres, der 1958 mit seinem Buch über »Methode und Erfahrungen der Psychoanalyse« den Akzent setzte, der ersten für ein katholisches Publikum konzipierten Monographie, die eine nüchterne und seriöse Einführung in die analytische Methode Freuds anbot. Gleich einleitend betonte der zu dieser Zeit in Mainz lehrende Mediziner und Psychoanalytiker, dass er nicht der »völlig linientreue Jünger« Freuds sein wolle, aber auch nicht mehr das »Pathos der moralischen und wissenschaftlichen Entrüstung« aufbringen könne, das viele frühere katholische Stellungnahmen gekennzeichnet hatte. Görres kam es weder auf die »Summe von Aussagen« über psychische Phänomene an, welche im Korpus psychoanalytischen Wissens gespeichert waren, noch auf das von Freud vorgelegte »System der theore-

---

42 *Bopp*, Beichte, Zitate S. 31, 36.

43 Der Begriff der Menschenführung wird hier in Anlehnung an die von Foucault inspirierten Studien zur Gouvernementalität gebraucht, ohne all deren Prämissen zu teilen. Darunter sind Techniken der planvollen Einwirkung auf das Verhalten anderer Menschen und der Selbst-Führung zu verstehen. Foucault selbst hat die Methoden der kirchlichen Pastoral als eine der drei historischen Wurzeln der modernen Gouvernementalität interpretiert. Vgl. *Foucault*, Governementality, S. 102–104.

tischen Psychologie«, so sehr er beides positiv zu würdigen vermochte. Im Zentrum seines Interesses stand vielmehr die »Methode der psychologischen Untersuchung« als ein Instrument, mit dem sich psychische Störungen auf-decken und heilen ließen.[44] Auch andere Autoren meinten, dass es nun an der Zeit sei, das »ängstlich-kalte Misstrauen« gegenüber der Psychologie aufzugeben. Ihr »praktischer Gewinn« sollte die künftige Rezeption und Anwendung bestimmen, und der bestand für die Priester darin, sich »selbst oder die Mitmenschen zu beeinflussen, zu bessern und zu leiten«. Der im Verhältnis zum psychologischen Diskurs vollzogene Wandel zeigte sich vor allem in der Form, in der man nun auf die immer noch postulierte Verfäl-schung des menschlichen Seelenlebens durch Freud reagieren wollte. Das »Heilmittel« für die »Fehler der Psychoanalyse« sah Görres nicht mehr »un-mittelbar« in der Kontrolle und Kritik von der Warte eines christlichen Menschenbildes. Die »irrige« psychoanalytische Beurteilung von einigen psychischen »Tatsachen« müsse vielmehr »auf der wissenschaftlichen Ebene« selbst korrigiert werden, zumal man sonst den Eindruck »erwecken« könne, dass das christliche Menschenbild dem »wissenschaftlichen« der »modernen Psychologie« widerspreche.[45]

In dieser Formulierung wird die Verschiebung sichtbar, die sich gegen-über der Zwischenkriegszeit in der katholischen Auseinandersetzung mit dem psychologischen Diskurs vollzogen hatte. Jetzt war es nicht mehr die christliche Anthropologie, welche den selbstverständlichen Maßstab für die Bewertung humanwissenschaftlicher Konzepte abgab. Vielmehr hatte die kirchliche Verkündigung nun auch die menschliche Psyche für die inner-wissenschaftliche, selbstreferenzielle Beurteilung der zu ihrer Beschreibung am besten geeigneten Begriffe und Konzepte freizugeben. Genau diese An-fang der fünfziger Jahre erreichte Konstellation und das steigende Interesse vieler Seelsorger an der Psychotherapie waren der Kontext für Interventi-onen von Papst Pius XII. In drei Ansprachen nahm er 1952, 1953 und 1958 zu Fragen der Psychotherapie Stellung und schwächte dabei die Kritik des psychoanalytischen ›Pansexualismus‹ schrittweise ab.[46]

Doch selbst wenn Pius XII. seine Ansprachen als Versuch zur Eindäm-mung des praktischen Interesses vieler Katholiken an der Tiefenpsychologie verstanden haben sollte, kam diese Intervention zu spät. In der Weimarer Republik wurden vereinzelte Vorschläge, Geistliche als »psychoanalytische

44 *Görres*, Methode, S. 11, 17; *ders.*, Heilung, S. 40f.; vgl. die Rezension von »Methode und Erfahrungen« von *K. Stern*, in: Hochland Bd. 51, 1958/59, S. 87f.

45 *J. Nutin*, Psychologie und Priester, in: Anima Jg. 9, 1954, S. 216–231, S. 219, 223; vgl. *J.M. Venhofen*, Von der Psychoanalyse zu einer christlichen Psychotherapie, in: Hochland Bd. 53, 1960/61, S. 464–470, 465; *E. Ringel/W. van Lun*, Seelsorge und Neurose, in: Der Seelsorger Jg. 22, 1951/52, S. 9–15, 58–62, S. 9.

46 *Ziemann*, Gospel, S. 82f.

Fachseelsorger« auszubilden, noch eher skeptisch beurteilt.[47] In der Zeit nach 1945 gab es dagegen »nicht wenige« katholische Priester, die sich durch eine Zusatzausbildung systematische Kenntnisse in der Tiefenpsychologie erwarben und diese dann oftmals als Multiplikatoren weitergaben. Zu ihnen zählte etwa der Oberstudienrat Hans Böhringer aus Stuttgart, der in den sechziger Jahren »vielen Seelsorgern« durch seine zahlreichen Veröffentlichungen und Vorträge auf Priestertagungen bekannt war.[48] Böhringer hatte sich seit Ende der vierziger Jahre mit tiefenpsychologischen Fragen beschäftigt, weil er zuvor auf manche Probleme im Beichtstuhl und im Religionsunterricht nur mit »Ratlosigkeit« reagieren konnte. Nach einem Studium am Institut für Tiefenpsychologie und Psychotherapie in Stuttgart, das auch zwei Lehranalysen umfasste, hatte er 1957 die Prüfung als Psychotherapeut abgelegt. Neben seiner täglichen Arbeit als Religionslehrer beriet und behandelte er fortan Menschen in »seelischer Not.«[49]

In etwa anderthalb Dekaden nach 1945 veränderte sich also, so die hier vertretene These, die Problemlage bei der Rezeption der Psychoanalyse in der katholischen Kirche gegenüber der Zwischenkriegszeit diametral. Bis dahin hatten die weltanschauliche Legitimität der freudianischen Kategorien und die spezifische Form zur Debatte gestanden, in welcher der psychoanalytische Diskurs über den Menschen sprach. Entsprechende Vorbehalte gab es in abgeschwächter Form noch in der Nachkriegszeit. Nun ging es jedoch in erster Linie darum, in welcher Form und in welchem institutionellen Kontext das psychoanalytische Wissen um die therapeutische Klärung von psychischen Störungen durch katholische Ärzte und Seelsorger angewendet werden könne.[50]

Um 1960 zeichnete sich bereits ab, dass die Tage jenes pastoralen Dispositivs gezählt waren, das den Gläubigen mit einem dichten Netz von moralischen Verboten und Geboten überzogen hatte, die sein alltägliches Verhalten, insbesondere aber seine Sexualität betrafen und deren Anwendung eine sehr differenzierte Kasuistik regelte. Ungeachtet aller Differenzen und Ambivalenzen, die Details des psychoanalytischen Kategoriensystems betrafen, war deutlich, dass die Psychologie etwas zur Ergründung der Wahrheit des Selbst beitragen konnte, das mit den Mitteln des moralischen Pastoraldiskurses nicht mehr hinreichend in den Griff zu bekommen war. Die Wissensformen der Psychologie versprachen einen Wahrheitseffekt, der nach

47 *Schäffauer*, S. 357; *Gengler*, S. 490.

48 *Matussek*, S. 98; Seelsorgliche Beratungsstelle der katholischen Kirchengemeinden Kölns 28.11.1968 an das Generalvikariat Münster: BAM, GV NA, A-101–336; vgl. *Böhringer*, Selbstbesinnung.

49 *Böhringer*, Tiefenpsychologie, S. 41.

50 Ludwig Baumer, Stellungnahme zu dem Plan der Errichtung eines psychotherapeutischen Instituts, 5.8.1959: BAM, GV NA, A-0–805; vgl. *Ziemann*, Gospel, S. 86.

Ansicht einer Reihe von Beobachtern etwas zur Bewältigung pastoraler Probleme beizutragen vermochte. Damit war noch keine Festlegung über jene Orte getroffen, an denen von diesem Wissen Gebrauch gemacht werden konnte, und über die dabei zur Anwendung kommenden Praktiken, Methoden und Formen. Schließlich ist auch die Frage nach der Spezifik des gesellschaftlichen Wandels zu stellen, welcher die Durchsetzung des neuen, psychologisch informierten Dispositivs der pastoralen Arbeit begünstigt und getragen hat. Diesen Fragen und Problemen sind die folgenden Abschnitte gewidmet.

5.2. Von der Ohrenbeichte zum beratenden Gespräch?

Die Beichte bzw. die Praxis des Bußsakraments, in dem das eigentliche Bekenntnis der Sünden ja nur einen Ausschnitt umfasst, steht im Schnittpunkt verschiedener Forschungsinteressen. Eine vor allem seit den Arbeiten von Alois Hahn entfaltete Fragestellung konzentriert sich auf das Moment des Geständniszwangs. In dieser Perspektive figuriert die Beichte als eine unter mehreren Formen der Selbstthematisierung des Einzelnen, als ein Generator von biographischem Wissen und damit als eine wichtige Etappe in der Genese des modernen Subjekts.[51] Im Kontext dieser Arbeit interessiert die Beichte dagegen mehr als praktischer Anwendungsort eines Wissens, in dem die Möglichkeiten und die Formen der Menschenführung und der Formung des Einzelnen exploriert und systematisiert werden. Die Akzentuierung dieses Zusammenhanges ergibt sich dabei nicht nur aus dem Forschungsinteresse dieser Arbeit, der Anwendung humanwissenschaftlicher Diskurse in der katholischen Kirche. Sie entspricht zugleich der Wahrnehmung vieler Theologen, welche die neuen, von der Psychologie angebotenen Techniken der Menschenführung frühzeitig ganz explizit mit dem traditionellen Wissen des Seelsorgers um die Notwendigkeit und Möglichkeit der sittlichen Schulung und Prägung des einzelnen Gläubigen kontrastiert haben.

Dieser Vergleich bezog sich nicht nur auf die Beichte, sondern auch auf die Praxis der Seelenführung, und es ist ein Indiz für die frühzeitig einsetzenden Einflüsse des psychologischen Diskurses, dass für diese Praxis und ihre Einordnung in den Gesamtkomplex der pastoralen Menschenformung in Beichte, Katechese, Brautleutekursen und Beratung zu den Lebenswenden schon in den zwanziger Jahren keine einheitliche Taxonomie mehr zur Verfügung stand. So hielt Linus Bopp 1923 eine engere Verbindung der

---

51 *Hahn*, Beichte; vgl. *Scheule*, S. 278–281.

Funktionen des Beichtvaters und des Seelenführers für notwendig. Denn wer eine »Aufwärtsführung« in seiner Biographie erzielen und nicht nur von Schuld frei werden wolle, der müsse sich einer »einheitlichen Leitung« anvertrauen, welche das Seelenleben eben nicht nur auf seine sündhaften Aspekte zu untersuchen habe.[52] Als der Pastoraltheologe Theodor Müncker dagegen fünf Jahre später die Verbindungen der Seelsorge zur Psychoanalyse untersuchte, unterstellte er als selbstverständlich, dass die beiden Funktionen des Beichtvaters und Seelenführers in einer Person zusammenkämen. Er ging davon aus, dass das in der Seelenführung implizierte »Vollkommenheitsstreben« auf der Suche nach einem christlichen Leben in der Praxis oft vor »Selbsttäuschungen und Überspanntheiten« zu bewahren sei. Und gerade hier böten psychoanalytische Kenntnisse eine wertvolle »methodologische« Vertiefung, indem sie mit dem Konzept des Unbewussten den Zugang zu jenen »Hemmungen« und vermeintlichen Schuldgefühlen ermöglichten, welche der Seelenführer bislang hinter einer übertriebenen »Asketik« des ihm Anvertrauten nur vermuten konnte.[53] Zuweilen wurde die Seelenführung deshalb auch als die »Mitte« zwischen der sakramentalen Beichte und der psychotherapeutischen Behandlung bezeichnet. Andere Autoren beharrten jedoch darauf, dass der eigentliche Zweck der Seelenführung, das »eigene Leben nach den Maßstäben des Evangeliums auszurichten«, durch ein »narzisstisches Selbstbespiegeln« in psychoanalytischer Manier gerade negiert werde.[54] Doch das in der Seelenführung angelegte Programm der Einübung und Vervollkommnung eines christlichen Lebensstiles ist keineswegs eindeutig fixiert, weshalb auch die »pastoralpsychologisch inspirierten« Praktiken der ›heilenden‹ Seelsorge als eine mögliche Einlösung interpretiert werden können.[55]

Da die katholische Kirche mit der Beichte und der Seelenführung im weiteren Sinne bereits über ausgearbeitete Techniken der Menschenführung verfügte, lag es von vornherein nahe, die neue psychoanalytische Methode damit zu vergleichen. Diese Parallele ist seit den zwanziger Jahren nicht nur von Psychoanalytikern und Psychotherapeuten, sondern auch von vielen Theologen gezogen worden.[56] Dabei vermerkten manche Geistliche mit großer Genugtuung, dass angesichts der intensiven Diskussion über Methoden und Wirkungen der psychoanalytischen Therapien endlich wie-

---

52 *Bopp*, Beichte, S. 89.

53 *Müncker*, S. 355; vgl. *Gruber*, S. 37; *Miller*, S. 7.

54 *Dessauer*, S. 127f.; *H. Gauly*, Was macht ein Gespräch zum Seelsorgegespräch?, in: LS, Jg. 26, 1975, S. 137–150, S. 142; zur Andachtsbeichte als »Seelenführerbeichte« vgl. *Scheule*, S. 281–283.

55 LThK, 3. Aufl., Bd. 4, Sp. 385 s.v. Geistliche Begleitung.

56 Vgl. die Hinweise bei *Scheule*, S. 249; *Hahn*, Beichte, S. 413; *Schöllgen*, Beichte, S. 145, 155.

der anerkannt werde, in welchem Maße die Beichte »therapeutisch« wirken könne und eine immense »heilpädagogische Bedeutung« habe.[57] Unter der Hand wurde dabei ein modellhafter Ablauf der Beichte unterstellt, der mit der tatsächlichen Praxis in der ersten Hälfte des 20. Jahrhunderts erheblich kontrastierte. Dort herrschte eine hochgradig formelhafte und ritualisierte Praxis vor, bei der routinemäßig Verstöße gegen kirchliche Gebote und Normen abgefragt und kontrolliert wurden. Sowohl in der Kinder- wie in der Erwachsenenbeichte nahm dabei das sechste Gebot und somit die Regulierung der Sexualität die wichtigste Position ein.[58]

Die typologische Gegenüberstellung von Beichte und Psychotherapie unterstellte dagegen eine Bußpraxis, bei welcher auf die »Entfernung der störenden Affekte« durch die Reue des Beichtenden eine »meist befreiend wirkende Aussprache« mit dem Seelsorger erfolgte. Zudem gipfele die Beichte in der sakramentalen Lossprechung von der Schuld, was keine Psychoanalyse bieten könne. Auf jeden Fall sei die »freie Aussprache« des Patienten vor dem Arzt als Kern und »große Errungenschaft« des psychoanalytischen Settings in der Beichte »schon längst und viel besser« verwirklicht.[59] Der Seelsorger könne dabei von psychoanalytischen Einsichten in die frühkindliche Ätiologie von Neurosen und sexuellen Zwangshandlungen wie der Onanie profitieren. Eine solche, mit psychoanalytischem Wissen angereicherte und darum »verständnisvollere« Herangehensweise sollte dem Beichtvater ermöglichen, seinen »Einfluss auf die Anvertrauten« gegenüber den herkömmlichen Techniken der Seelenführung noch zu erhöhen.[60]

Bei allen analogiebildenden Erörterungen über die Nähe von psychoanalytischer Therapie und katholischer Beichte als Techniken der Menschenführung stimmten jedoch die meisten Autoren darin überein, die grundsätzliche Differenz zwischen diesen beiden Formen der ritualisierten Kommunikation aufrecht zu erhalten und zu betonen. Der Beichtvater sollte sich, so der französische Geistliche Marc Oraison, sorgsam davor hüten, einen »therapeutischen Versuch« zu unternehmen, sondern sich auf seine Rolle als »Minister der Gnade« beschränken.[61] Und gerade ein entschiedener Befürworter der pastoralen Rezeption analytischer Ansätze wie Albert Görres plädierte dafür, die beiden kommunikativen Codes des Seelsorgers und Therapeuten nicht miteinander zu verwechseln oder gar vermischen zu

---

57 *Gengler*, S. 489; *May*, S. 11; vgl. *Müncker*, S. 354; *Bopp*, Beichte, S. 83; *J. Lindworsky* SJ, Die Psychoanalyse eine neue Erziehungsmetode?, in: StdZ Bd. 90, 1916, S. 269–287, S. 284.

58 Vgl. die Selbstzeugnisse bei *Scheule*, S. 127–150, 159–194.

59 *May*, S. 12; *Gengler*, S. 489 (»Errungenschaft«); vgl. *Bopp*, Beichte, S. 84.

60 *Müncker*, S. 357f.; *J. Goldbunner*, Vertrauenskrisis im Beichtstuhl, in: Anima Jg. 5, 1950, S. 229–238, S. 237f.

61 *M. Oraison*, Sünde, Beichte und Tiefenpsychologie, in: Anima Jg. 7, 1952, S. 131–143, S. 141.

wollen.[62] Es schien ihm ungerecht gegenüber dem Klienten, persönliche Störungen und neurotische Affekte mit dem pastoralen Code von Sünde/ Vergebung als »bös« zu bezeichnen, die man tatsächlich mit dem Code des Arztes in der Unterscheidung von krank/gesund zu betrachten und zu behandeln habe. Der Sache nach richtete sich diese Warnung in erster Linie an die Adresse der Geistlichen. Görres zufolge neigten diese nur zu leicht dazu, die meisten Menschen trotz aller zeittypischen Hoffnungen auf einen »mündigen Christen« gerade in religiöser Hinsicht als zutiefst »unmündig« zu betrachten. Dem lag eine negative Anthropologie zu Grunde, welche die »Seele« als ein Organ verstand, das »leicht zu verwirren« und in seinem »innersten Leben zu schädigen« sei. Hier sah Görres auch das Misstrauen vieler Seelsorger gegenüber der Psychoanalyse begründet. Denn diese insistierte darauf, dass es sich bei den Neurosen um »Fehlprägungen« der Person handele, die man »nicht frei wählen« könne und die deshalb auch der im »Raum der Freiheit« wirkende Geistliche nicht einfach aufheben könne.[63]

Diese christlich-katholische, zutiefst pessimistische Anthropologie des Menschen als eines der permanenten Führung bedürftigen Wesens hatte auch Philipp v. Wambolt im Blick, als er 1971 einen Text von Hermann-Josef Spital kommentierte, der um die Themen »Orthopraxie, anfordernder Gott und Scheidungsverbot« kreiste. Der Soziologe v. Wambolt unterstellte, dass der Mensch für Spital »eine starke Neigung zum Hedonismus« bekomme, »wenn er nicht der Zähmung durch hart fordernde Autoritäten« unterliege. Die »Frustration« vieler Seelsorger gründe genau darin, dass sie den Menschen in einer »falschen Einschätzung« als jemanden verstünden, den es »ständig nach Ungehorsam, sinnlichem Genuss« und »Machtausübung« verlange. Es war kein Zufall, welchen methodischen Rat v. Wambolt seinem Vorgesetzten mit auf den Weg gab: »Lesen Sie doch einmal Protokolle aus psychotherapeutischen Behandlungen, Sie werden sich wundern, wie sich die Menschen das Leben in Hinsicht auf sich selbst und die anderen schwer machen.« Ohne an der »Schuld« des Einzelnen vorbeireden zu wollen, müsse man den Menschen in der Seelsorge endlich in seiner »spannungsreichen Komplexität« wahrnehmen und verstehen.[64] Erst mit der Unterscheidung von ›Sünde‹ und ›Neurose‹, kann man diese Aussage interpretieren, komme die katholische Pastoral zu einem realistischen Menschenbild und eröffne sich den Blick »für die Fülle von Kräften« des Menschen, »die eigentlich ihre Verbündeten sind«.[65] Damit

62 Zum Konzept kommunikativer Codes in der Religionsgeschichte vgl. *Ziemann*, Codierung.

63 *Görres*, Heilung, S. 46f.; vgl. *ders.*, Methode, S. 35–38; *P.J. Cordes*, Einzelbeichte und Bußgottesdienst. Zur Diskussion ihrer Gleichwertigkeit, in: StdZ Bd. 192, 1974, S. 17–33, S. 28.

64 Philipp v. Wambolt an Hermann-Josef Spital 12.8.1971: BAM, GV NA, A-201-379.

65 Ebd.

entsprach diese Intervention der in der katholischen Rezeption der Psychoanalyse vertretenen Einsicht, dass die spezifisch pastorale Seelenführung erst dann zu ihrem Können gelange, wenn sie darauf verzichte, die neurotischen Ursachen des seelischen Leidens aufdecken oder autoritär unterdrücken zu wollen, welche doch »unbewusst und nicht klar gewollt und als solche noch nicht Sünde und deshalb auch nicht Gegenstand der Beichte« seien.[66]

Solch beschwörende Behauptungen, welche auf der strikten Trennung der Codes von Beichte und therapeutischem Gespräch beharrten, konnten jedoch keine Garantie dafür bieten, dass der auf der Unterscheidung von Sünde und gnadenhafter Vergebung beruhende Code des Beichtgesprächs im Zuge der praktischen Anwendung therapeutischer Konzepte in der Pastoral unverändert blieb. Diese Frage wurde akut, als sich gerade im Vergleich mit der Therapie die sinkende Wirkungskraft der Menschenführung in der Beichte beobachten ließ. Seit Anfang der siebziger Jahre war v. Wambolt zufolge der »allgemeine Konkurs der ›geistlichen Führung‹« klar erkennbar, wobei er annahm, dass die Ursachen »offensichtlich nicht« im Verhalten oder in der Willensschwäche der katholischen Laien zu suchen seien, sondern in den Arrangements und Praxisformen der Seelenführung selbst. Als ein sicheres Indiz für diesen Konkurs wertete er rückblickend die breite Rezeption »katholischer Erfolgsautoren« wie Ignace Lepp oder Friedrich Ernst v. Gagern. Beide veröffentlichten in den fünfziger und frühen sechziger Jahren einen ganzen Schwung von vielgelesenen Büchern, die Probleme der christlichen Moral und Lebensführung auf anschauliche Weise erörterten, wobei implizit oder explizit psychologische Kategorien und Denkformen einflossen. An diesem »symptomatischen Phänomen« einer massenhaft verbreiteten Ratgeberliteratur ließ sich der Verfall der Seelenführung durch den Beichtvater ablesen, für den zunächst jenes Schrifttum in die Bresche sprang.[67]

Bereits in den fünfziger und frühen sechziger Jahren gab es demnach relativ konkrete Überlegungen, die sich auf die mangelnde individuelle Angepasstheit und psychologische Tiefenschärfe der Ohrenbeichte als der wichtigsten Technik der Menschenführung in der katholischen Kirche bezogen. Die Intensität und Dringlichkeit, mit der solche Fragen erörtert wurden, nahm dramatisch zu, als es sich seit den siebziger Jahren um eine retrospektive Kausalanalyse handelte, welche die wichtigsten Ursachen für den rapiden Niedergang der Einzelbeichte ausfindig machen sollte. Bereits die genaue Datierung des abrupten Zusammenbruchs der traditionellen Buß-

---

66 *Miller*, S. 8, 22–25, Zitat S. 23; *Schöllgen*, Beichte, S. 148.

67 Philipp v. Wambolt, Schreibhemmungen bei pastoralen Themen, o.D. (Zitate): BAM, GV NA, A-201-379; *Matussek*, S. 92, datiert die Anfänge dieser Krise bereits in die zwanziger Jahre. Vgl. *Lepp*, Neurose; *ders.*, Psychoanalyse; *v. Gagern*, Partnerschaft (dieser Text erschien 1968 mit dem 85.–100. Tausend in 10. Auflage).

praxis ist dabei ein Teil dieser Ursachenforschung. Datiert man ihn auf das Ende der sechziger Jahre, kann er mit dem durch die 68er Bewegung ausgelösten »Enttraditionalisierungsschub« in Verbindung gebracht werden.[68] Diese Deutung fände etwa im Beispiel einer Pfarrei aus Rheine Nahrung, bei der die Zahl der Einzelbeichten von 1968 bis 1971 um 50% abnahm. Manche Stimmen wiesen demgegenüber darauf hin, dass die traditionelle Bußpraxis gravierende Einbußen erst durch die Alternativen erlitten habe, die seit Ende der sechziger Jahre mit den Bußgottesdiensten und Bußandachten zur Verfügung standen. Dieser Interpretation trat ein Pfarrer aus Ibbenbüren mit dem Hinweis entgegen, dass in seiner Gemeinde der Rückgang bereits 1966 rund ein Drittel gegenüber 1964 betragen habe, die ersten Bußandachten aber erst im Dezember 1968 abgehalten worden seien. Seiner Erfahrung nach kehrten sogar einige der Gläubigen, die regelmäßig Bußgottesdienste besuchten, wieder zur Einzelbeichte zurück.[69]

Doch mit diesem Optimismus stand jener westfälische Geistliche weitgehend allein. Seit 1970 herrschte Konsens darüber, dass ein dramatischer Einbruch bei den Zahlen der traditionellen, anonymen Ohrenbeichte zu beobachten war.[70] Mit der Einsicht in die Unumkehrbarkeit dieser Entwicklung schossen die Versuche zu ihrer Erklärung ins Kraut. Eine pastorale Strategie bestand darin, den Mangel bei den Gläubigen zu suchen und ihnen ein mangelndes »Sündenbewusstsein« zu unterstellen. Doch eine solche Strategie, die Krise der Beichte auf einen Bewusstseinsdefekt der einzelnen Gläubigen zuzurechnen, konnte kaum auf breite Zustimmung rechnen. Zu offenkundig ignorierte sie Einsichten über die Verflochtenheit der Glaubenskrise mit gesellschaftlichen Entwicklungen, wie sie der soziographische und demoskopische Diskurs popularisiert hatten.[71]

Gerade angesichts dieses Vorlaufes humanwissenschaftlicher Denkformen konnte ein zweiter Erklärungsansatz auf größere Zustimmung rechnen, den etwa der Freckenhorster Kreis vertrat. Er teilte die Analyse eines gesunkenen Bewusstseins für die Anstößigkeit sündhaften Handelns im Prinzip, stellte aber die Frage der Zurechnung durch den kombinierten Rückgriff auf psychologische und soziologische Faktoren neu. Auf der einen Seite stellten die Angehörigen dieser Priestergruppe die anthropologischen Prämissen der herkömmlichen Morallehre in Frage, nach denen

68 *Scheule*, S. 82. Es sei ausdrücklich darauf hingewiesen, dass dies nur ein nachrangiger Aspekt der Deutung von Scheule ist.

69 Pfarrkomitee Ibbenbüren 11.1.1971: BAM, GV NA, A-201-23.

70 Vgl. Freckenhorster Kreis, Überlegungen zur Buße, Mai 1970: BAM, GV NA, A-201-290.

71 Protokoll der Dechantenkonferenz, 4.3.1975: BAM, GV NA, A-101-383. Vgl. Beichtkrise und Bußerneuerung. Zur jüngsten Diskussion im deutschen Sprachraum, in: HK Jg. 27, 1973, S. 137–143, S. 137.

der Mensch über eine höchstens »akzidenziell« oder »ausnahmsweise behinderte selbstmächtige Entscheidungsfähigkeit« verfüge. Demgegenüber verwiesen sie auf die Denkformen des psychologischen Diskurses, nach denen »erbliche Belastungen«, »frühkindliche Tabuisierungen« und »neurotische Komplexe« die Freiheit des Selbst gravierend einschränkten. In dieser Perspektive erschien die »Tabu-Moral« der traditionellen Ohrenbeichte selbst als eines der Elemente dieses Dispositivs, welches das Individuum »unfrei« machte und deshalb eine Zurechnung sündhaften Handelns auf den Einzelnen nicht länger ohne weiteres zuließ.[72] Die pastoralpsychologische Analyse sah also in der »Hilflosigkeit« der Seelenführung eine zentrale Ursache für den Verfall der Beichtpraxis, weil die Gläubigen keinen »richterlichen oder rituellen« Vollzug des Sakraments mehr erwarteten, sondern eine »Hilfe in den Nöten ihres Lebens«.[73]

Ergänzend dazu verfuhr eine Erklärung, welche die sündhaften Akte des Einzelnen nicht im Kontext seiner psychischen Komplexe lokalisierte, die eine Einsicht in die Schuldhaftigkeit des eigenen Tuns und damit die Bereitschaft zur Buße erschwerten. Dieses Argument war insofern soziologisch, als es das Tun des einzelnen Menschen vor dem Hintergrund gesamtgesellschaftlicher Systemrationalität interpretierte und daraus eine begrenzte ›Schuldfähigkeit‹ – um diesen juristischen Terminus zu gebrauchen – des Individuums ableitete. Der Freckenhorster Kreis formulierte diesen Zusammenhang dahingehend, dass die »persönliche Sünde des Einzelnen« nach dem Zeugnis des Neuen Testaments wie nach der Alltagserfahrung im Kontext der »dem Einzelnen vorgegebenen Sündenmacht (ntl. Hamartia)« stehe. Damit bezog man sich auf die von Paulus vor allem im Römerbrief (Röm. 3–7) vorgetragene Auffassung, nach der die Macht der Sünde über die Kraft der Gesetze der Thora hinausreiche und allen tatsächlich geschehenden sündhaften Taten zugrunde liege. Diese »Sündenmacht«, so die Interpretation der Priester des Freckenhorster Kreises, wirke sich in der Gegenwart nun »in bestimmten gesellschaftlichen Strukturen« wie etwa einem »Zeit-, Klassen-« oder »Volksgeist« aus, »Ideologien« also, denen sich der Einzelnen »nicht beliebig entziehen« könne.[74]

Die bisher genannten Erklärungsansätze brachten überwiegend exogene Ursachen für den Verfall der traditionellen Beichtpraxis in Anschlag. Ob man moralisierend die eingerissene Laxheit des Sündenbewusstseins beklag-

---

72 Freckenhorster Kreis, Überlegungen zur Buße, Mai 1970: BAM, GV NA, A-201-290.

73 G. *Griesl*, Das Beichtgespräch und seine therapeutische Wirkung, in: LS Jg. 30, 1979, S. 358–361, S. 358.

74 Freckenhorster Kreis, Überlegungen zur Buße, Mai 1970: BAM, GV NA, A-201-290; vgl. TRE, Bd. XXXII, S. 376–382, S. 380f.; LThK, 3. Aufl., Bd. 9, Sp. 1117–1131, Sp. 1120–1223 s.v. Sünde. Es ist für diese historische Untersuchung unerheblich, ob sich die Berufung auf Paulus theologisch begründen lässt.

te oder dessen Ausbleiben mit humanwissenschaftlichen Begriffen gesell-
schaftstheoretisch begründete: in beiden Fällen standen die motivationalen
Voraussetzungen für die Bereitschaft zur Beichte kategorial im Zentrum,
doch nicht deren Form selbst. Diesen Weg beschritt ein weiterer verbrei-
teter Deutungsversuch, der sich im Kern auf die »Formelhaftigkeit« und
schematische Routinisierung der bisherigen Beichtpraxis bezog, bei der das
Sündenbekenntnis »viel zu schematisch« und das Beichtgespräch »vielfach zu
kurz« gewesen sei. Der Münsteraner Bischof Heinrich Tenhumberg brachte diese Deutung 1971 auch deshalb in seinem Fastenhirtenbrief vor, um
damit die humanwissenschaftlichen Deutungen der Beichtkrise abwehren
zu können. »Tiefenpsychologie«, »Verhaltensforschung« und »Gesellschafts-
kunde« hätten zwar deutlich gemacht, dass der Mensch in seinem Handeln
»doch nicht so unabhängig« sei, wie man üblicherweise annehme. So habe
die Einsicht in solche Zusammenhänge etwa im Strafvollzug zum Reso-
zialisierungsgedanken hingeführt. Aber nicht nur die persönliche Schuld
des Einzelnen stehe zur Debatte, sondern die mit der »Erbsünde« gegebene
»Schuldverstricktheit der ganzen Menschheit«. »Lassen wir uns also von nie-
mandem unsere Sünde und Schuld wegdiskutieren«! Mit diesem beschwö-
renden Ausruf machte Tenhumberg ungewollt deutlich, auf welch töner-
nen Füßen sein Insistieren auf dem in der Buße praktizierten und für das
Weltbild der vorkonziliaren Kirche zentralen Code von Sünde/Vergebung
tatsächlich stand. Die humanwissenschaftlichen Diskurse waren bereits weit
darin fortgeschritten, seine Geltung mit ihrer spezifischen Form des Aussagens außer Kraft zu setzen und ›wegzudiskutieren‹.[75]

Eine endogene Ursachenanalyse der Beichtkrise vertraten auch jene
Theologen, welche aus psychologischer Sicht eine auf die Person des jeweiligen Pönitenten eingehende Neugestaltung der Buße forderten. Im Mittelpunkt ihrer Kritik stand die Schematik und der unpersönliche Charakter
des durch den Beichtspiegel strukturierten Beichtens, bei dem erwachsene Frauen das Naschen und fünfzigjährige Männer den »Ungehorsam« gegenüber ihrem Vater beichteten. Von diesem »legalistischen Beichtvollzug«
müsse man zum »Dialog eines wirklichen Gesprächs« kommen, in dem der
Beichtvater die Funktion einer religiösen »Lebensstütze« einnehmen könne
und damit tatsächlich als Seelenführer wirke.[76] Gerade im Zusammenhang
mit dem Niedergang der anonymen Ohrenbeichte kamen katholische Theologen und Psychologen jedoch nicht umhin, nach praktischen Auswegen
aus der Krise der katholischen Menschenführung zu suchen und eine Erneu-

75 *H. Tenhumberg*, Bischofswort zur Fastenzeit, in: Kirchliches Amtsblatt für die Diözese
Münster Jg. 105, 1971, S. 29–32.
76 *W. Beine* CSsR, Beichten heute. Gedanken zu den Problemen moderner Bußverwirklichung, in: Rheinischer Merkur, 6.2.1970.

erung oder Umformung des Bußsakraments anzustreben. Ähnlich wie bei der Ursachenanalyse gab es auch bei den Vorschlägen zur Abhilfe eine Fülle von Alternativen.

Als erste Strategie zeichnete sich die Pluralisierung möglicher Formen ab, in denen sich die Buße vollziehen konnte. Als neue Möglichkeiten im Rahmen einer solchen »pluriformen Bußpraxis« wurden außer der Einzelbeichte etwa die »Laienbeichte« und die in Gruppen wie etwa den Kernkreisen geübte »revision de vie« angeführt. Die Laienbeichte unter zwei Eheleuten, Freunden oder Mitgliedern christlicher Gruppen stellte aus naheliegenden Gründen »besonders hohe Ansprüche« an die Beteiligten, wenn dabei Probleme der Beziehung selbst zur Sprache kamen. Nach Ansicht ihrer Befürworter sollte sie es ermöglichen, »verhärtete Fronten« aufzubrechen und »resigniertes Verstummen« zu überwinden. Nicht zuletzt verfüge der dem Beichtenden gegenüberstehende Laie auch über ein mehr an »Lebenserfahrung und Sachkenntnis« als der Priester.[77] In diesem optimistischen Ausblick auf die Konsequenzen einer solchen Bußpraxis deutet sich bereits an, welche Effekte vom Rückgriff auf psychologische Diskurse für die Beichte zu erwarten waren.

Gemäß dem traditionellen Verständnis stellte sich die Wirkung dieses Sakraments bereits durch den Vollzug ein (opus operatum). An die Stelle der sakramentalen Lossprechung trat nun das mühevolle Geschäft der tagtäglichen ›Beziehungsarbeit‹. Es sollte keine Buße mehr geben, »die nicht schmerzt, die nicht bloßstellt und bei der man völlig anonym bleibt«. Anstelle der durch den Priester vermittelten Anstaltsgnade war nun die »eigene Anstrengung« des Pönitenten gefordert.[78] Dieses Programm einer in ehelichen Beziehungen vollzogenen Laienbeichte schlug unverkennbar der Weg einer Therapeutisierung der Schuldbewältigung in der Buße ein und trieb damit die »Steigerung von Selbstkontrollen« weiter voran, die für den modernen therapeutischen Diskurs charakteristisch ist. An die Stelle der ehedem noch romantisch überhöhten und mit unerfüllbaren Paradoxien aufgeladenen Liebe als der eine eheliche Beziehung tragenden Kommunikationsform trat die Vorstellung der Paarbeziehung als einer wechselseitigen Dauertherapierung, in der erst die permanente Selbstkontrolle durch Selbstheilung dem Einzelnen größere Möglichkeiten und Freiräume der Selbstentfaltung anzubieten schien. Welche Effekte von dem Zwang zur unaufrichtigen Verständigung auf gegenseitige Aufrichtigkeit ausgingen, blieb dabei unbedacht.[79]

Die am intensivsten erörterte und am häufigsten praktizierte Alternative zur Einzelbeichte war und ist der Bußgottesdienst, bei dem die versammelte

77 *D. Grothues*, Zeitgemäße Überlegungen zur Buße, in: Sein und Sendung Jg. 3, 1971, S. 50–60, S. 55, 57f.

78 *W. Beine* CSsR, Beichten heute. Gedanken zu den Problemen moderner Bußverwirklichung, in: Rheinischer Merkur, 6.2.1970.

79 *Hahn/Willems*, S. 324; vgl. *Luhmann*, Love, S. 166f.

Gemeinde zur Umkehr und Erneuerung des Lebens aufgerufen wird. Diese liturgische Form entsprach wohl vor allem den Bedürfnissen von Angehörigen der bürgerlichen Mittelschicht, an deren Moralvorstellungen der in der Einzelbeichte zur Anwendung kommende Sündenkatalog vorbeiging. Das belegt etwa das Beispiel einer Handwerksmeisterin aus Telgte, nach deren Aussage der ganze Ort »begeistert« von der dort 1969 erstmals praktizierten Bußandacht war. Sie selbst und ihr Mann hatten drei Jahre zuvor zum letzten Mal die Ohrenbeichte abgelegt:

»Vikar P. meinte, ob ich im 6. Gebot nichts zu sagen hätte. Ich antwortete nein. Über eine Viertelstunde war ich am hl. Abend im Beichtstuhl, da er von mir nichts gewahr wurde, gab er mir zur Buße die erste hl. Messe von Weihnachten auf. Diese Buße nahm ich nicht an. Wie ich schon vorher schrieb, ist unsere Ehe einfach wunderbar und überaus glücklich. Seit dem Vorfall ist das Beichten für uns tabu.«[80]

Die Feier des Bußgottesdienstes mündet ein in das gemeinschaftliche Bekenntnis der Sünden und eine Vergebungsbitte. In der Praxis folgte um 1970 oftmals, inspiriert etwa durch Vorbilder in den Niederlanden, ein priesterliches Lossprechungsgebet. Aus diesem Grund erhofften sich zu dieser Zeit manche Gruppen von progressiven Laien und Theologen, unter ihnen nicht zuletzt der Freckenhorster Kreis, eine Anerkennung des Bußgottesdienstes als Form des Bußsakraments und hielten diese für theologisch gerechtfertigt. In der Diskussion um die »Gleichwertigkeit« beider Formen wurde vor allem um die Frage gerungen, ob auch die so genannten ›schweren‹ oder ›Todsünden‹ in einer solchen gemeinsamen Bußfeier vergeben werden könnten. Die entsprechenden Beschlüsse der Deutschen Bischofskonferenz aus dem Jahr 1972 und der Würzburger Synode schlossen eine sakramentale Funktion des Bußgottesdienstes jedoch aus.[81] Der Synodenbeschluss zur Sakramentenpastoral wies dem Bußgottesdienst die Funktion zu, ein Forum für die »Gewissenserforschung« hinsichtlich der dem sündhaften Verhalten des Einzelnen vor- und übergeordneten ›sozialen Sünden‹ zu bieten. Damit oblag es dieser kollektiven Bußform, das sozialwissenschaftliche Wissen um die Vergesellschaftung der Schuld und die in der Kirche vorhandene sozialmoralische Empörung über die weltweit ungleiche Verteilung des Wohlstandes zur Geltung zu bringen. Seine Leistung bestand konkret darin, das »Versagen kleiner Gemeinschaften und ganzer Gemeinden, z.B. bei sozialen Missständen im Gemeindegebiet oder in der Verantwortung für die Dritte Welt« deutlich zu machen.[82]

---

80 Frau P. aus Telgte an Bischof Tenhumberg 3.6.1970: BAM, GV NA, A-0-500.

81 *Cordes*, S. 17ff.; HK Jg. 27, 1973, S. 138–142; Gemeinsame Synode, Bd. I, S. 262; LThK, 3. Aufl., Bd. 2, Sp. 834–837 s.v. Bußgottesdienst.

82 Gemeinsame Synode, Bd. I, S. 259, 262 (Zitat); vgl. HK Jg. 27, 1973, S. 140.

Diese Vergesellschaftung der Schuld war nur eine und trotz der weitläufigen Kontroversen um den Bußgottesdienst eher marginale Antwort auf die Krise der Einzelbeichte. Die Aufmerksamkeit konzentrierte sich vielmehr darauf, das in der Aufhebung von individueller Schuld durch die Beichte enthaltene Potential an Möglichkeiten der Menschenführung auf neue Weise, durch Veränderungen im institutionellen Arrangement und an der Programmierung der Einzelbeichte zu aktualisieren. Dabei gab es auch den Vorschlag, ohne Umschweife »profanere Formen der Bußübung und Umkehr« anzuwenden. So wollte die Religionspädagogin Felicitas Betz die in Würzburg versammelten Synodalen dafür gewinnen, die Selbstwahrnehmung und Verhaltenssteuerung der Gläubigen durch Sensitivitätstraining, Selbsterfahrungsgruppen und Einzelanalysen zu steigern, da Gott »selbstverständlich« überall dort anzutreffen sei, wo »Umkehr tatsächlich geschieht«.[83] Aber ein solcher Vorschlag war ohne jede Realisierungschance.

Eine tatsächliche Veränderung der Einzelbeichte wurde dort projektiert, wo die bisherigen Urteilskategorien und Kommunikationsmuster des Beichtvaters diesem einen Zugang zu den tatsächlichen Abläufen der Gewissenbildung des Gläubigen versperrt hatten, die es nun empirisch in den Blick zu nehmen galt. Dafür musste man von der »scholastischen Gliederpuppenmoral« der bisherigen Seelenführung Abschied nehmen, die einen »abstrakten Menschen« durch Vernunft und Willen dirigieren wollte.[84] Das »vorwissenschaftliche« Begriffsrepertoire der individuellen Seelsorge, das Urteile wie »anormal«, »skrupulös« und »hysterisch« verwendete, sollte außer Kurs gesetzt werden.[85] Der Königsweg zu einer angemessenen Thematisierung und Bewältigung von persönlicher Schuld war »das persönliche Bekennen und Aussprechen«, das nicht mehr den festgefügten Formen des Beichtspiegelbeichtens folgte. Über die Notwendigkeit und Ergiebigkeit dieser Strategie der »Verbalisierung« von persönlichen Konflikten hatte die Psychoanalyse hinreichend informiert und mit dem analytischen Gespräch ein Modell für die Praxis bereitgestellt.[86] Die in Sündenbekenntnis des Gläubigen und Zuspruch des Priesters bislang monologisch ablaufende Beichte sollte zum »Dialog eines wirklichen Gesprächs« ausgeweitet werden, in dem auch allgemeinere Fragen der Persönlichkeitsbildung und Lebensführung besprochen werden konnten.[87]

Über die Ergiebigkeit und Notwendigkeit des Wandels zu einem dialogischen Beichtgespräch bestand unter Theologen, Priestern und Bischöfen

---

83 Erste Arbeitssitzung der Synode in Würzburg, in: HK Jg. 26, 1972, S. 354–358, S. 357.
84 Vorschläge zur Erneuerung des Bußsakraments, in: HK Jg. 24, 1970, S. 431–435, S. 432.
85 So bereits *Dessauer*, S. 113.
86 *Groethues*, S. 54.
87 *Beine*, Beichten heute; *Gareis*, S. 24–26.

Anfang der siebziger Jahre, gerade im Kontrast mit den Kontroversen um den Bußgottesdienst, ein weitreichender Konsens. Dabei gab es Nuancierungen im Detail, etwa die von Karl Rahner aufgeworfene Frage, ob das Beichtgespräch statt aus »gesetzlicher Verpflichtung« nicht eher aus freiem Entschluss aufgesucht werden solle, auch wenn es womöglich ohne Sündenbekenntnis enden würde.[88] Auch andere Theologen befürworteten in diesem Zusammenhang den Übergang zu einem »Wahlchristentum«, bei dem »quantitatives Denken« im Sinne der an einer Befolgung der Orthopraxie gemessenen Frömmigkeit abgebaut würde. In der traditionellen Ohrenbeichte sei das Christentum »vermoralisiert« worden. Zukunft habe jedoch nur eine »moderne, existentielle Beichtliturgie«, in der Begriffe aus der Psychologie wie »Selbstfindung« und »Identifikation« eine Rolle spielen könnten.[89] Pastoralpsychologisch argumentierende Autoren empfahlen das Beichtgespräch als das wichtigste Mittel, um die »therapeutische Dimension« der Beichte angemessen zur Geltung zu bringen. Diese vollziehe sich primär als »helfendes Geleit« in den »Störungen« des seelischen, familiären und beruflichen Lebens, vor allem der allerorten zunehmenden Suchtgefahren und Depressionen. Ein solches Beichtgespräch stand nicht mehr im »Dienst einer kirchlichen Gerichtsbarkeit«, sondern bemühte sich um die lebensnahe Beratung und erste Intervention in Lebenskrisen des »Leidenden«.[90]

Der für das Beichtgeschehen charakteristische Code von Sünde/Vergebung war damit nicht gänzlich entwertet. Neben dem traditionellen Code von Sünde/Vergebung kam im Beichtgespräch jedoch noch eine Zweitcodierung zur Geltung, die mit der Unterscheidung von Leiden/Heilung arbeitete und sich selbst als eine Form der Therapie verstand. Den systematischen Ansatzpunkt dafür bot die Vorstellung der Unteilbarkeit des Menschen, dem das »Heil« versprochen war. Deshalb sollte sich der eigentlich damit befasste Priester auch um dessen »naturale« Voraussetzungen und damit um die »Heilung« des zu ihm kommenden Menschen kümmern.[91]

Eine Therapeutisierung der Beichte erforderte nicht nur tiefgreifende Veränderungen in den sie tragenden Kommunikationsmustern, sondern auch eine Anpassung des äußeren Rahmens und der Haltung des Beichtvaters. Zunächst einmal mussten in allen Kirchen die räumlichen Voraussetzungen für die Durchführung eines Beichtgesprächs in Gestalt eines

88 HK Jg. 24, 1970, S. 434; vgl. Hirtenwort zur Fastenzeit, in: Kirchliches Amtsblatt für die Diözese Münster Jg. 106, 1972, S. 13–15; *J. Bommer*, Formen der Bußliturgie heute, in: Liturgisches Jahrbuch Jg. 21, 1971, S. 140–149, S. 146f.; Hermann-Josef Spital, Einige Bemerkungen zur Methodik der Gesprächsführung, 14.5.1975: BAM, GV NA, A-101-383; LThK, 3. Aufl., Bd. 2, Sp. 161f. s.v. Beichtgespräch.

89 *Bommer*, Zitate S. 147, 141, 144.

90 *Griesl*, Beichtgespräch, S. 358, 361.

91 *Griesl*, Beichtgespräch, S. 361; vgl. *Gauly*, Seelsorgegespräch, S. 140; *Bommer*, Gericht, S. 244.

Beichtzimmers geschaffen werden, in dem sich der Priester und der Gläubige in entspannter Körperhaltung von Angesicht zu Angesicht unterhalten konnten, ohne dabei aus Furcht vor den neugierigen Ohren anderer nur leise murmeln zu können. Der enge Beichtstuhl kam dafür auch deshalb nicht in Frage, weil die Gläubigen dort inbesondere vor hohen Feiertagen im Schnelldurchlauf abgefertigt wurden. In den Augen der Gemeinde hätte sich deshalb jeder verdächtig gemacht, der länger als einige kurze Augenblicke im Beichtstuhl verweilte. In der Praxis hatten aber wohl viele Pfarrer schon seit längerem die Absolution in einem privaten Zimmer außerhalb der Kirche erteilt.[92] Aber nicht nur das äußere Setting, auch das Kommunikationsverhalten des Geistlichen musste sich gravierend ändern. Damit sich tatsächlich ein Trend vom »formelhaften Sündenregister zum wirklichen Gespräch« einstellte, war die Einübung einer grundlegenden Kulturtechnik erforderlich, für die katholische Geistliche aufgrund ihrer bisherigen Berufspraxis nicht disponiert waren: »Die Priester müssen lernen zuzuhören.«[93]

Katholische Pastoralpsychologen gingen davon aus, dass es üblicherweise nicht mehr als zweieinhalb handgestoppte Minuten dauerte, bis der Priester die Erzählung eines Ratsuchenden und der Beratung Bedürftigen unterbrechen und ihm die Antwort präsentieren würde.[94] Damit der Beichtvater zum »Therapeuten« werden konnte, musste der Habitus des »gestrengen Richters« in den Hintergrund rücken und einer kommunikativen Haltung weichen, deren Attribute in der positiven katholischen Rezeption therapeutischer Ansätze bereits vorformuliert waren.[95] Zu ihnen gehörte in erster Linie die »Zurückhaltung« als grundlegendes Kennzeichen der »Hilfsbereitschaft«, aber auch als Rücksichtnahme gegenüber dem »seelischen Innenraum«, in den man mit einem die Lebenskrisen aufgreifenden Beichtgespräch notwendigerweise eindringen musste.[96] In psychoanalytischen Kategorien galt diese Maxime als Verzicht auf »jede autoritäre Haltung« gegenüber dem Klienten, wobei sich der Therapeut jeder »Suggestion« enthalten musste.[97]

Aber die Formulierung von wohlfeilen therapeutischen Maximen war das eine. Eine andere, schwierigere Aufgabe bestand darin, den Pfarrern die kommunikativen Fähigkeiten zu vermitteln, die für ein in die Tiefe gehendes Beichtgespräch erforderlich waren. Zudem mussten sie über die Notwendigkeit einer auf spezifische Weise psychologisch informierten Gesprächsführung informieren werden und dafür Akzeptanz entwickeln.

92 Pfarrer Paul Dyckmans an Spital 12.2.1975, Protokoll der Dechantenkonferenz v. 4.3.1975, TOP 1, Arbeitskreis 2, Pfarrer Josef Berntsen 27.2.1975: BAM, GV NA, A-101-383.
93 Protokoll der Dechantenkonferenz, 4.3.1975: BAM, GV NA, A-101-383.
94 G. Griesl, Zur Gesprächsfähigkeit des Seelsorgers, in: LS Jg. 20, 1969, S. 101–107, S. 101.
95 Altermatt, Kirchengeschichte, S. 29.
96 Snoeck, S. 123.
97 Görres, Heilung, S. 41.

Denn sonst wäre das Beichtgespräch, über dessen Berechtigung und Notwendigkeit ein weitreichender Konsens bestand, in der Praxis nur eine länger dauernde Form der eingespielten pastoralen Kommunikationsmuster des Geistlichen gewesen. Die humanwissenschaftlichen Modelle, die für eine den neuen Ansprüchen gerecht werdende Praxis nötig waren, standen um 1970 in einer rasch anwachsenden Literatur zu Techniken der seelsorglichen Gesprächsführung und vor allem im Konzept der nicht-direktiven, klientenzentrierten Gesprächstherapie nach Carl Rogers bereit.[98] Dabei beschworen die Praktiker beinahe gebetsmühlenhaft die Gefahr, dass ein Priester sich durch »Lektüre einiger Bücher« eine oberflächliche Kenntnis in den entsprechenden Techniken und Haltungen aneignete, um dann eine »Amateur-Psychotherapie« ohne vorherige fachgerechte Ausbildung zu betreiben.[99] Immerhin legte die Würzburger Synode den Bischöfen nahe, in regelmäßigen Kursen die Ausbildung der Priester in »Methoden der Gesprächsführung und Beratung« voranzutreiben.[100]

Doch gegen Mitte der siebziger Jahre, zur Zeit dieses Beschlusses, ließen viele Pfarrer noch praktische und habituelle Widerstände erkennen, die einer Therapeutisierung des Beichtgesprächs entgegenstanden. Zwar waren die meisten Beichten zu diesem Zeitpunkt nach Auffassung eines westfälischen Dechanten bereits sehr viel »persönlicher« als das frühere ritualisierte Abfragen des Beichtspiegels. Aber ein tatsächliches Beichtgespräch lag nicht nur wegen der mangelnden Ausbildung in weiter Ferne. Dazu fehlte es den Pfarrern zum einen an verfügbarer Zeit, da für ein solches Gespräch im Schnitt etwa 20–30 Minuten plus Vor- und Nachbereitung nötig waren. Selbst wenn diese Form der Beichte nicht mehr alle vier bis sechs Wochen praktiziert werden sollte und konnte, sondern höchstens ein bis zweimal im Jahr, stieg der erforderliche Arbeitsaufwand erheblich an. Empirische Erhebungen zur Arbeit von Geistlichen ergaben, dass diese – Krankenbesuche eingeschlossen – höchstens ein helfendes seelsorgliches Einzelgespräch in der Woche führten, und es in der Regel nur zu einem solchen Kontakt mit einer Person kam.[101] Außer der quantitativen Seite hatte dieses Hindernis auch eine qualitative, die sehr viel größeren Anforderungen an die Konzentrationsfähigkeit und emotionale Aufmerksamkeit, welche mit einer in die Tiefe der Persönlichkeit gehenden Kommunikation verbunden waren. Nach höchstens sieben oder acht Beichtgesprächen, klagten manche Pfarrer, seien sie »völlig erschöpft«.[102]

---

98 Aus der breiten Literatur vgl. *Schwermer*, Seelsorgegespräch; *Kner*; *Godin*, bes. S. 35–80; Kap. 5.3.

99 *Gauly*, Seelsorgegespräch, S. 145 (Zitat); *Nutin*, S. 220f.

100 Gemeinsame Synode, Bd. I, S. 273.

101 *Baumgartner*, S. 250; *Fichter*, Parish, S. 127; vgl. *Baumgartner/Müller*, S. 23.

102 Dechant Hans Siemen an Spital 24.2.1975: BAM, GV NA, A-101–383; vgl. LThK, 3. Aufl., Bd. 2, Sp. 161f. s.v. Beichtgespräch.

Aber es gab auch eine mentale Reserve vieler Geistlicher gegenüber der psychologischen Aufladung des neuen Kommunikationsmusters Beichtgespräch. Dabei komme es, so der Tenor auf der Dechantenkonferenz des Bistums Münster 1975, eben »nicht auf eine perfekte ›klientenzentrierte Gesprächsführung‹ an«. Denn es gehe nicht um »Psychologie«, sondern um einen »religiösen Vorgang«, und manche Dechanten warnten noch einmal vor der »Gefahr des Psychologisierens«.[103] Auf solche Vorbehalte stieß zur gleichen Zeit auch Hermann-Josef Spital, der Seelsorgedezernent des Bistums, in Gesprächen mit vielen Seelsorgern. Sie wandten ein, dass das Beichtgespräch »auf keinen Fall zu einem psychologischen Beratungs- oder gar Behandlungsgespräch werden dürfe.« Andererseits war die Unsicherheit groß und eine Lernbereitschaft durchaus vorhanden. Spital nahm das zum Anlass, eine Ausarbeitung vorzulegen, welche die neuen Ansätze zur »Methodik der Gesprächsführung« darstellte und ihre Problematik in der Beichte erläuterte, wobei er als Beispiel die mögliche Frage »ist vorehelicher Geschlechtsverkehr erlaubt?« aufgriff.[104]

Insgesamt waren das Papier von Spital und die daran anschließende Diskussion auf der Dechantenkonferenz im Herbst 1975 ein Versuch, das Wissen um die neuen kommunikativen Möglichkeiten therapeutischer Gesprächshaltungen mit einer Gesprächsführung zu vermitteln, welche das kirchliche Interesse an einer moralischen Unterweisung unter den geänderten Bedingungen einer »pluralistischen gesellschaftlichen Situation« aufrecht erhielt. Diese Aufgabe kam der Quadratur eines Kreises gleich. So empfahl Spital eine »einladende Gesprächsführung« als Methode, die den Menschen zu einem neuen »Selbstwertgefühl« führen solle. Bischof Tenhumberg fasste diese Technik in fünf »Grundregeln« zusammen, von denen sich das kommunikative Verhalten der Geistlichen in der Beichte leiten lassen sollte:

»1. Geduldig hören können und Wesentliches heraushören.
2. Behutsam fragen können und befragen lassen.
3. Auf Wesentliches hin orientieren können (Normen als Einladung zur Liebe und Hochherzigkeit festhalten).
4. Zur Entscheidung helfen, sie in der Regel aber nicht abnehmen.
5. Vertrauensbindung ermöglichen und zulassen, sie aber auf Jesus Christus weiterführen.«[105]

Insbesondere die Schlüsselwörter ›Vertrauen‹ und ›Selbstwertgefühl‹, aber auch das Wissen darum, dass man dem Gegenüber eine eigene persönliche Entscheidung nicht abnehmen könne, waren deutliche Anklänge an die kli-

103 Protokoll der Dechantenkonferenz vom 4.3.1975: BAM, GV NA, A-101-383.
104 Hermann-Josef Spital, Einige Bemerkungen zur Methodik der Gesprächsführung, 14.5.1975: BAM, GV NA, A-101-383.
105 Bericht über die Dechantenkonferenz vom 16.9.1975: BAM, GV NA, A-101-383.

entenzentrierte Methodik von Carl Rogers. In seinen Erläuterungen zeigte Spital das Dilemma auf, in dem sich die Anwendung solcher therapeutischen Konzepte innerhalb des Bußsakraments unweigerlich bewegen musste. Auf der einen Seite hielt er kategorisch fest: »Nicht die Regel bedarf der Begründung, sondern die Ausnahme, die sich jemand persönlich zugestehen will.« Das ergebe sich bereits aus der Gottgeschaffenheit der menschlichen Kreatur, weshalb die Regeln der Menschen auch nur »in Gemeinschaft« gültig seien. Aber Spital wusste nur zu gut, dass es angesichts einer pluralisierten und individualisierten Gesellschaft nicht mehr ausreichte, moralische Fragen nur als »Sachfragen« zu behandeln und diese dementsprechend mit dem Ziel der Belehrung und Überzeugung vorzutragen. Erst müsse die »Sinnfrage« geklärt werden, um eine »gemeinsame Gesprächsebene« zu finden, was konkret hieß, die Einigkeit über den »Willen christlich zu leben« auszuloten. Erst dann könne man mit den Techniken der Gesprächsführung sondieren, ob es dem Gläubigen um Orientierung für eine künftige moralische Entscheidung, Klarheit über die Rechtfertigung einer vergangenen oder aber um die Befreiung von Schuld ging.[106] Das sozialtheoretische Dilemma blieb jedoch in allen Fällen dasselbe, das bereits Hegel an den Paradoxien der frühneuzeitlichen Vertragstheorien analysiert hatte: Eine kommunikative Einigung über moralische Wertnormen, im Falle dieser Theorien also der ›Vertrag‹, konnte nur dann zustandekommen, wenn die Übereinstimmung im Glauben als ›Vertragsfähigkeit‹ bereits vorhanden war.[107] Aus sich selbst heraus konnte die Beichte diesen Konsens auch mit den ausgefeiltesten Methoden der psychologischen Gesprächsführung nicht stiften, solange seine Voraussetzungen nicht bei beiden Beteiligten vorhanden waren.

An diesem Beispiel werden einige der Probleme sichtbar, welche verhindert haben, dass die Beichte zum wichtigsten Exerzierfeld für eine Therapeutisierung und Psychologisierung des pastoralen Diskurses in der katholischen Kirche avancierte.[108] Als möglichen Einsatzort psychologischen Wissens beschworen sie Psychologen und Theologen, da die Analogien im institutionellen Arrangement und in dem Ziel der Menschenführung auf der Hand lagen. Aber dabei wurde frühzeitig deutlich, dass es nicht einfach möglich war, die Differenz der jeweils leitenden Codes von krank/gesund und Sünde/Vergebung zu überspringen. Dies galt auch dann noch, als die Überzeugungskraft der die Beichte tragenden Unterscheidung von Sünde und Vergebung Ende der sechziger Jahre massiv verfiel. Selbst wenn mit

106 Hermann-Josef Spital, Einige Bemerkungen zur Methodik der Gesprächsführung, 14.5.1975: BAM, GV NA, A-101-383.

107 *Hegel*, bes. § 75, 79, 258.

108 Um so weniger scheint es plausibel, bereits bei Alfons von Liguori (1696–1787), dem Gründer des Redemptoristenordens, Elemente der »Psychotherapie« in der Beichte zu unterstellen; vgl. *Anderson*, S. 206f.

therapeutischen Techniken die Unterscheidung von persönlichem Leiden und kommunikativer Heilung das Thema der nun als Gespräch neu konzipierten Beichte werden sollte, mussten nicht nur die darauf zögernd bis abwehrend reagierenden Priester gewonnen werden. Auch dann ließ sich der theologische Vorbehalt nicht völlig aus dem Weg räumen, demgemäß die Gewährung von Vergebung für eine hinreichend definierte Form und Menge von sündhaften Handlungen der eigentliche Gegenstand des Bußsakraments ist. Diese Situation bleibt bestehen, auch wenn neuerdings nicht mehr die im Zuge der Anstaltsgnade quasi in einem Hoheitsakt gewährte Vergebung, sondern die kommunikativ beschworene und erzielte »Versöhnung« nicht nur mit Gott, sondern mit dem eigenen Leben, den Mitmenschen und der Kirche den anderen Pol dieser Differenz markiert. Die Beichte hat sich im Zuge dieser Verschiebung zum »Sakrament der Versöhnung« gewandelt, das »auch Bußsakrament genannt« wird und nur noch akzidenziell an seine frühere Bestimmung erinnert.[109]

5.3. Modelle der Gruppendynamik – Dynamik der Modelle

Bis weit in die sechziger Jahre hinein schien es ausgemacht zu sein, dass die Beichte das privilegierte Objekt für die Anwendung psychologischer Methoden in der katholischen Kirche sei. Doch seit diesem Zeitpunkt setzte sich die Einsicht durch, dass sie keineswegs die einzige Form der persönlichen innerkirchlichen Kommunikation ist, bei deren Reform sich psychologische Leitbilder einsetzen lassen. Vielmehr erweiterte sich der Fokus auf alle Formen der Interaktion, d.h. der verbalen und nonverbalen Kommunikation unter gleichzeitig in einem Raum anwesenden Personen. Das ergab sich aus dem Rückgriff auf Modelle der landläufig als Gruppendynamik bezeichneten Forschungsrichtung. Dabei handelt es sich nicht um eine eigenständige Disziplin oder Methode, sondern um ein Konglomerat von Ansätzen aus den Bereichen der Pädagogik, Sozialarbeit, Sozialpsychologie und Psychotherapie, deren gemeinsamer Nenner die Irritation und Steuerung von Interaktionen ist. Die Verbreitung der Gruppendynamik erfolgte im Wesentlichen als ein Import von Praktiken und Konzepten aus den USA. Das in den beiden großen christlichen Kirchen der Bundesrepublik schlagartig aufflammende Interesse daran kann zunächst mit dem Anheben der Protestbewegung der 68er in Beziehung gesetzt werden, die in vielerlei Hinsicht an der Neustrukturierung von Interaktionen und deren therapeutischen Effekten

---

109 *DBK*, Umkehr, S. 26–33, Zitat S. 35.

interessiert war.[110] Die Frage, ob das für die Deutung des Interesses an diesen Ansätzen ein hinreichendes Faktum ist, können wir vorerst zurückstellen. Zunächst kommt es darauf an, einen Einblick in die Fülle von innerkirchlichen Anwendungsfeldern der Gruppendynamik zu vermitteln, bevor die wichtigsten verwendeten Methoden sowie die Leitbilder und angestrebten Effekte gruppendynamischer Arbeit erörtert werden.

Wieder einmal waren es, wie bei der Soziographie, gerade die Angehörigen einiger Ordensgemeinschaften, welche neuen humanwissenschaftlichen Konzepten rasch großes Interesse entgegenbrachten. Gruppendynamische Erkenntnisse sollten nicht nur das Zusammenleben in den Gemeinschaften verbessern und damit auch die Attraktivität der in die Krise geratenen Orden steigern. In der Praxis sprachen die Kurse individuelle Probleme und religiöse Erfahrungen wie Fragen der Amtsautorität an. Aber auch die Personen mit Führungsaufgaben, darüber bestand weitgehender Konsens innerhalb der Ordensobern, sollten speziell auf ihre Arbeit zugeschnittene gruppendynamische Schulungen in Techniken der Konfliktlösung und für die Stärkung des »Wir-Bewusstseins« absolvieren. Nach dem Eindruck von P. Karl Siepen CSsR, dem Generalsekretär der Vereinigung Deutscher Ordensobern, gab es in manchen Ordensgemeinschaften 1972 »zum Teil hysterische Erwartungen« über den möglichen Nutzwert dieser Ansätze für eine Reform des Ordenslebens. Aus diesem Grund lud Siepen Albert Görres zum Referat vor dem Kreis der Ordensobern. Dieser sollte aufzeigen, dass beileibe »nicht alles« mit dem neuen Wundermittel der Gruppendynamik gelöst werden könne.[111]

Es war demnach kein Zufall, dass sich mit Karl Frielingsdorf gerade ein Professor der Ordenshochschule der Jesuiten in St. Georgen um 1970 als einer der ersten daran machte, die Methoden der Gruppendynamik im Bereich der Priesterfortbildung einzusetzen. Spielerische Kooperationsübungen wie die »Sechseck-Übung«, Plan- und Entscheidungsspiele für das Lösen einer Konfliktsituation in der Gemeinde sowie das der lebensperspektivischen »Standortbestimmung« des Teilnehmers dienende »Life-Planning« standen auf dem Programm einer gruppendynamischen Fortbildungswoche für in der Pfarrseelsorge tätige Priester. Denn die beste theologische Ausbildung nützte nichts, wenn ein Pfarrer zu »unsicher« oder zu »autoritär« war, um angemessenen Kontakt mit seiner Gemeinde zu pflegen, und wenn sein Fachwissen nicht »in den eigenen Einstellungen und Verhaltensweisen« sichtbar

---

110 So *Dahm*, S. 14; vgl. *Schulz*, S. 117, 160f.; zur Gruppendynamik in den USA *Back*; die marginale Praxiswirkung in den Kirchen der bereits vor 1967 vorliegenden deutschen Konzepte und der Rezeption von Kurt Lewin symbolisiert das Buch von *Hofstätter*. Erst die zweite, 1971 erschienene Auflage wurde positiv rezipiert; vgl. *Pompey*, Rezension.

111 *Leugers*, Solidarität, S. 313, 325f. (Zitate); *Polzien*.

wurde.[112] Entsprechende Kurse bot Mitte der siebziger Jahre auch eine »Studien- und Arbeitsgruppe für seelsorgliche Kommunikation« an, die drei Redemptoristenpatres in München leiteten. Die dort praktizierten Übungen zur »Gemeindeleitung« umfassten unter anderem Arbeitseinheiten zum Thema »kontrollierter Dialog«, zur »Gesprächsanalyse«, das »Paarzeichnen: Haus-Baum-Hund« und ein abschließendes »Rollenspiel«.[113] Eine Vorlage zum Thema der »Gemeinschaft kirchlicher Amtsträger«, die Paul Josef Cordes 1975 für die Deutsche Bischofskonferenz erarbeitete, nahm gleich einleitend den Bestseller der Gruppendynamik, »Die Gruppe« von Horst-Eberhard Richter, als maßgebliche Autorität für sein Kernanliegen in Anspruch, das in der Intensivierung der Gemeinschaftsbildung im Klerus bestand. In der Diskussion dieses Themas im Bischofskollegium hatte Heinrich Tenhumberg schon 1973 auf die Praxis in seinem Bistums verwiesen, wo die Visitationen und Firmungsreisen von den Weihbischöfen in einer dreitägigen, »sprituell orientierten« Klausurtagung mit dem Dekanatsklerus vorbereitet wurden. Denn es bedurfte einiger Tage, bis die persönlichen »Blockierungen überwunden« waren und sich alle Priester an dem geistlichen Gespräch beteiligten, das um konkrete »pastorale Überlegungen« für das jeweilige Dekanat kreiste.[114]

Mit der Verwendung von Modellen der Gruppendynamik und der sozialen Gruppenarbeit in der Pfarrseelsorge war ein extrem breites Anwendungsfeld eröffnet. Denn wenn man die kirchliche Aktivität auf der Gemeindeebene genau besah, handelte es sich dabei um eine unablässige Folge von Interaktionen in Mitarbeiterbesprechungen, Elternversammlungen, Glaubensseminaren, Pastoralkonferenzen, Tagungen ehrenamtlicher Helfer, Bibelkreisen und sonstigen Kernkreisen sowie nicht zuletzt den Sitzungen des Pfarrgemeinderates und anderer Gremien des Laienpostolates. Ein prinzipiell offener, aber letztlich begrenzter Kreis von Laien und Geistlichen kam in ihnen beinahe Woche für Woche zusammen. Selbst wenn man diejenigen Interaktionen außen vor ließ, die im engeren Sinne liturgische Veranstaltungen wie Gottesdienste und Andachten waren, ergab das ein weites Praxisfeld für die gruppendynamische Schulung aller Beteiligten.[115] Neben den Pfarrern

112 *K. Frielingsdorf*, Berufsbezogene Gruppendynamik in der Priesterfortbildung, in: Diakonia Jg. 2, 1971, S. 382–396, Zitate S. 392, 385; vgl. *ders.*, Theologiestudenten; *U. Krömer*, Methodische Gruppenarbeit – Chance für die Pastoral?, in: LS Jg. 23, 1972, S. 156–160.

113 Programm des Kurses für Gemeindeleitung v. 25.–30.7.1976, o.Verf., handschriftliche Notizzettel, o.D.: EOM, Pastorale Planungsstelle, Akte P. Wesel, Gemeindeleitung; P. Karl Götzinger CSsR an Hans Georg Mähner 31.10.1976: ebd., Akte PV-Kurs 1977.

114 Paul Josef Cordes, Zur Gemeinschaft kirchlicher Amtsträger, Vorlage zur DBK 1975: BAM, GV NA, A-0-966; vgl. *Richter*, Gruppe. Cordes war seit 1972 Referent für pastorale Fragen und Sekretär der Pastoralkommission in der DBK.

115 Vgl. *H.J. Kersting*, Verschiedene Modelle in der Sozialen Gruppenarbeit, in: LS Jg. 23, 1972, S. 165–173, S. 165; *A. Rinse Koffeman*, Training von Priestern in den Methoden der Sozialen Gruppenarbeit, in: ebd., S. 153–156; *Stenzel*.

war dabei vor allem die rasch ansteigende Zahl der in der Seelsorge tätigen Laienkräfte eine wichtige Zielgruppe.

Denn sie waren diejenige Personengruppe, bei der die größte Bereitschaft zur Aneignung humanwissenschaftlicher Ansätze unterstellt werden konnte, welche die Hauptlast der Arbeit am »Gemeindeaufbau« trug und dabei am ehesten weitere Laien für die ehren- und nebenamtliche Mitarbeit in der Gemeinde aktivieren konnte. Aus diesen Gründen konzentrierte sich auch die im Bistum Münster seit 1971 vorangetriebene projektorientierte Ausbildung auf die Seelsorgehelferinnen, Pastoralassistenten, Diakone und Katecheten. Das Spektrum der dabei gelehrten Methoden umfasste die »pastorale Gemeinwesenarbeit«, »pastorales Counseling, Casework, nicht-direktive Gesprächsführung« und schließlich die »Gruppenpädagogik«. Ergänzend standen eine Supervision und ein »sensitivity-training« auf dem Lehrplan, um die »Sensibilisierung« für ein »optimales seelsorgliches ›Sich-einbringen‹« zu gewährleisten.[116] Dieses Methodenspektrum umfasste damit alle Ansätze, die seit dem ersten Drittel des zwanzigsten Jahrhunderts in den USA in der Sozialarbeit zum Einsatz gekommen und einer intensiven wissenschaftlichen Reflexion unterzogen worden waren: die Betreuung und Hilfe für Einzelpersonen und Familien als Klienten (casework), die Gruppenarbeit (social groupwork) und die community organization, d.h. die Bekämpfung von Anomie und die Arbeit an der Stärkung und Wiederherstellung der kollektiven Bindungen in Wohnsiedlungen und kleinen Gemeinden durch Wohlfahrtsleistungen.[117] Hinzu kamen, ebenfalls aus den USA, die eng miteinander verwandten Methoden des pastoral counseling und der nicht-direktiven Therapie.[118]

Schließlich hatten gruppendynamische und -pädagogische Modelle auch Auswirkungen auf die religiöse Erwachsenenbildung. Das Bedürfnis nach neuen Modellen in diesem Bereich der religiösen Schulung trat um 1970 auf Pastoralkonferenzen zutage. Eine rein »theologische Wissensbildung« galt als nicht mehr ausreichend, da die ihr zugrunde liegende passive Rezeptivität der ›Schüler‹ keine Impulse für eine Reflexion des Glaubensbewusstseins und der akuten Glaubenskrise freisetzen konnte. Dafür müsse man »Gespräche über Glaubensfragen« initiieren. Das nötige Instrumentarium dafür stellte, so erhoffte es jedenfalls die Pastoralkonferenz des Dekanates Greven, die »Methode Emeis« bereit.[119] Diese Bezeichnung ist charakteristisch für

---

116 Seelsorgeamt Münster, Entwurf eines Ausbildungsvorschlages für eine berufsbegleitende pastoral-theologische Ausbildung, Schulung B, 28.4.1971: BAM, GV NA, A-201-357.

117 Die Literatur zu diesen Ansätzen ist uferlos. Zur Wissenschaftsgeschichte der Sozialarbeit in den USA u.a. *Lowy; Margolin; Back*, S. 175–189; als einführende Fallstudien vgl. *Perlman; Douglas; Grosser*, S. 3–20.

118 Vgl. dazu weiter unten in diesem Abschnitt.

119 Protokoll der Pastoralkonferenz in Greven, 26.4.1971: BAM, GV NA, A-201-23.

die Rezeption der Psychologie nicht nur in der Kirche, bei der methodische Konzepte beinahe untrennbar mit der Person ihres bekanntesten Befürworters zu verschmelzen scheinen. Der Theologe Dieter Emeis, seit dem Sommer 1970 Referent für theologische Erwachsenenbildung im Bistum Osnabrück, propagierte in Greven und andernorts einen neuen Ansatz, bei dem das starre Ablesen eines Manuskripts verpönt war. Stattdessen sollten nach einem Kurzreferat von etwa 20 Minuten Gruppengespräche von sechs bis acht Personen an einem Tisch beginnen, für deren Ingangsetzung nach seiner Meinung die Anordnung der Tische im Tagungssaal von entscheidender Bedeutung war. Ein Plenumsgespräch sollte den Abend beschließen.[120]

Von dieser Anordnung und anderen Eingriffen in die Form des Unterrichts erhoffte sich Emeis eine Freisetzung der Laien zur »Mündigkeit«, mit welcher ihre einem Kind gleichende Rolle gegenüber dem paternalistischen Pfarrer aufgebrochen werden könne. Die Gruppe ermögliche nicht nur eine »Erneuerung kirchlichen Lebens«, sondern sei auch »aktionsfähiger« als der Einzelne. Diese Überzeugung entsprach einem gruppendynamischen Axiom, nach dem das Potential der Gruppe stets größer sei als die Summe aller Einzelpotentiale.[121] Was heute eine jedem Studenten geläufige Arbeitsform ist, markierte 1970 einen tiefen Bruch mit den herkömmlichen Strategien der katholischen Erwachsenenbildung. Zumindest in Greven blieb man aber skeptisch, ob die Laien in diesem ländlichen Dekanat bereit sein würden, für die Durchführung dieses Ansatzes ihre Scheu vor der Artikulierung einer eigenen Meinung in Glaubensfragen aufzugeben.[122]

Ein generelles Moment jeder Form von gruppendynamischer und gruppenpädagogischer, aber auch von therapeutischer Arbeit im weitesten Sinne sind die gegenüber der Alltagsroutine in administrativen und technischen Berufen erhöhten Anforderungen an Selbstreflexivität, die sie nicht nur an die Teilnehmer des Gruppenprozesses, sondern auch an dessen professionellen Leiter stellt. Wer andere im Prozess der »Selbstwahrnehmung und Selbstverwirklichung« unterstützen wollte, musste nicht nur selbst über eine mit diesen Zielen korrespondierende Persönlichkeit verfügen, sondern auch bereit sein, die eigene Berufspraxis periodisch daraufhin überprüfen zu lassen, inwieweit sie diesen Ansprüchen noch zu genügen vermochte. Für dieses im Zuge der Pädagogisierung und Therapeutisierung der Sozialarbeit und der Pastoral ausdifferenzierte Handlungsfeld hat sich die Bezeichnung Supervision eingebürgert. Mit seiner aus dem Bereich des Sehens

---

120 Protokoll der Pastoralkonferenz in Greven, 18.5.1971: BAM, GV NA, A-201-23; Bischof Hermann Wittler an Dieter Emeis 11.8.1970: BAOS, 07-31-52.

121 Dieter Emeis, Theologische Bildungsarbeit in Gruppen und die Ziele der Synode, Ms. o.D. [1972]: BAM, GV NA, A-201-374; vgl. *Dahm*, S. 23f.

122 Protokoll der Pastoralkonferenz in Greven, 18.5.1971: BAM, GV NA, A-201-23.

entnommenen Metaphorik wies der neuartige und nicht immer sofort eingängige Terminus bereits auf die wesentliche Aufgabe hin, welcher dieser gruppendynamischen Arbeitsform oblag: das Über-Sehen der Sichtweisen anderer. Der Therapeut, der abweichende Beobachtungsschemata an seine Klienten heranträgt, muss periodisch selbst therapiert werden, um diese Aufgabe erfüllen zu können.[123] Es entsprach dem Muster der praktischen Anwendung der Gruppendynamik in der Kirche, dass auch die ersten Projekte zur Supervision von Seelsorgekräften sich zunächst auf die hauptamtlich arbeitenden Pastoralassistenten und Seelsorgehelferinnen, also Laienkräfte, stützten. Die Supervision fungierte dabei in den Anfangsjahren gruppendynamischer Ausbildung als eine Theorie der Praxis, der es oblag, die in der Aus- und Weiterbildung gelernten Fähigkeiten anzuwenden, also die »Umsetzung von Theorie in Praxis« zu leisten.[124]

Mit Blick auf die in der Gruppendynamik und der psychologischen Beratung verwendeten Konzepte ergibt sich ein unübersichtliches Bild. Seit den frühen achtziger Jahren lag eine ganze Reihe von handbuchartigen Einführungen vor, welche Geistlichen und Laien einen Überblick über die wichtigsten Methoden der Gruppendynamik und der psychologisch-therapeutischen Beratung und Begleitung gaben.[125] Die Palette der dort vorgestellten Modelle war breit. Sie entsprach der Dynamik des therapeutischen Feldes, in dem seit den sechziger Jahren eine geradezu explosionsartige Vermehrung von Ansätzen zu beobachten war. Nicht allen, aber doch vielen von ihnen gelang es, sich zu konsolidieren und eine für die weitere Reflexion und Tradierung hinreichende Verbreitung zu erzielen.[126] Ein Pfarrer oder Gemeindeassistent konnte sich mit der Lektüre eines solchen Handbuches über die Ansätze der Psychoanalyse, der neobehavioristischen Verhaltenstherapie, der klientenzentrierten Psychotherapie, der Gestalttherapie oder auch des Psychodramas nach Jakob Moreno informieren. In den fünfziger Jahren war diese Methode noch als »positivistisch« in Bausch und Bogen abgelehnt worden. Als »Bibelauslegung und Selbsterfahrung« integrierendes »Bibliodrama« wird sie heute dagegen in »fast allen Seelsorgsbereichen angewandt«, etwa in Selbsterfahrungsgruppen, in denen kirchliche

123 *Hauser*, Zitat S. 226. Zur Skepsis gegenüber dem klassischen psychoanalytischen Modell der Supervision in der katholischen Pastoral vgl. *Baumgartner*, S. 324–329.

124 Marta Fehlker, AG Projektorientierte Bildung, Ausschreibung Sozialwissenschaftlich-pastoralpsychologischer Grundkurs, 11.3.1976; Seelsorgeamt Münster, Entwurf eines Ausbildungsvorschlages für eine berufsbegleitende pastoral-theologische Ausbildung, Schulung B, 28.4.1971, Aktennotiz Johannes Killing 6.12.1971: BAM, GV NA, A-201-357; Hauser, S. 221–231; *Pompey*, Seelsorge, S. 54.

125 Vgl. *Baumgartner*; *Baumgartner/Müller*; *Blattner*; *Schwermer*, Verstehen.

126 Als Überblick vgl. *Back*, S. 103–116; als Einstieg in die Fülle therapeutischer Ansätze: *Patterson/Watkins*.

Mitarbeiter ihre seelischen Tiefenstrukturen explorieren.[127] Aber auch die Methoden der Transaktionsanalyse oder der von Viktor Frankl begründeten Logotherapie sowie die in der Psychologie vertretenen Persönlichkeitsmodelle sind für den Seelsorger systematisch erschlossen worden.[128] Erst auf dieser Ebene der handbuchartigen Kompilation ist es möglich geworden, vergleichend auf die Vor- und Nachteile der verschiedenen Konzepte für die pastorale Praxis zu reflektieren. Damit lässt sich auch die relative Nähe der verschiedenen Modelle zum christlichen Menschenbild prüfen.[129]

In der Phase des Durchbruchs zur breiten Anwendung therapeutischer und gruppendynamischer Konzepte in der katholischen Kirche, von Ende der sechziger bis Mitte der siebziger Jahre, lagen diese Voraussetzungen noch nicht vor. Daraus ergaben sich zwei typische Optionen für die Anwendung gruppendynamischer Modelle. Zum einen konnten sich die Seelsorger »damit begnügen«, die Sichtweisen der verschiedenen Konzepte nicht mit Blick auf ihre theologischen Implikationen, aber ihren psychologischen Gehalt einfach »unkritisch zu übernehmen«.[130] Diese Option ergab sich beinahe notgedrungen aus den minimalen Ressourcen, die zu diesem Zeitpunkt für eine auf die spezifischen Voraussetzungen der katholischen Pastoral zugeschnittene Rezeption psychologischer Ansätze zur Verfügung standen, mit denen man Interaktionen beeinflussen konnte. Eine beinahe unabweisliche Konsequenz dieser Situation bestand darin, dass viele Pfarrgemeinden »dilettantische Experimente in Gruppendynamik, Sensitivity-Training« und Selbsterfahrungsgruppen durchführten, deren Leiter sich ihr Handwerkszeug kurzerhand »durch die Lektüre einiger Bücher« erworben hatten.[131] Diese allerorten zu beobachtende »Massenepidemie« einer euphorischen und unvermittelten Anwendung gruppendynamischer Modelle stimmte auch professionelle Theologen und Sozialwissenschaftler bedenklich, die sich von der Gruppendynamik positive Impulse für das Aufbrechen verkrusteter Strukturen in der Kirche erhofften.[132]

Eine andere Möglichkeit bestand darin, auf die Schriften des Begründers des jeweils favorisierten Ansatzes zurückzugreifen oder den Weg des ökumenischen Miteinanders und des Lernens von der weiter fortgeschrittenen Methodendiskussion in den evangelischen Kirchen der USA und der Bundesrepublik zu beschreiten. Die zweite Option spiegelt sich etwa in einer »Literaturauswahl« zum Thema Gesprächsführung wider, die der Redemptoristenpater Karl Götzinger Mitte der siebziger Jahre seinen Kursen

---

127 *Utz*, Kampf, S. 201; LThK, 3. Aufl., Bd. 2, Sp. 415 s.v. Bibliodrama; *Kreppold*, S. 99–104.

128 Vgl. *Blattner u.a.*, Bd. 2, S. 111–232; *Baumgartner*, S. 331–518; *Schwermer*, Verstehen.

129 Dieses Bemühen insbes. bei *Baumgartner*, S. 518–543.

130 *Pompey*, Seelsorge, S. 55.

131 *Gauly*, Seelsorgegespräch, S. 145.

132 *Steinkamp*, S. 186.

zur Gemeindeleitung zugrunde legte. Neben den in deutscher Übersetzung vorliegenden Titeln von Carl Rogers verwies er auf ein Themenheft der Zeitschrift »Lebendige Seelsorge«, aber auch auf einschlägige Titel protestantischer Autoren wie Joachim Scharfenberg und Richard Riess.[133] Auch die Bemühungen um Weiterentwicklung und Koordinierung der psychologischen Arbeit in den Kirchen vollzogen sich in der Kooperation von evangelischen und katholischen Pastoralpsychologen. Diese arbeiten seit 1972 in der Deutschen Gesellschaft für Pastoralpsychologie zusammen, auch wenn überwiegend evangelische Psychologen die Gründung vorantrieben und bis heute die große Mehrheit der gegenwärtig rund 600 Mitglieder stellen. Eine vollständige Professionalisierung der Psychotherapie ist in der Bundesrepublik gerade wegen ihrer Einbettung in divergierende Berufsfelder wie die kirchliche Pastoral, die staatliche Erziehung und die Beratung im Rahmen des Wohlfahrtsstaates nicht gelungen.[134]

Aus der Fülle der Angebote und Konzepte für gruppendynamische und therapeutische Arbeit kamen zwei in der katholischen Kirche am stärksten zur praktischen Anwendung. Zum einen die nicht-direktive bzw. klientenzentrierte Gesprächstherapie nach Carl Rogers (1902–1987). Auf sie konzentrierte sich das Interesse katholischer Seelsorger und Therapeuten vor allem.[135] Sie konnte zugleich auch als gruppentherapeutisches Konzept verwendet werden und hat in dieser Form maßgeblich die amerikanische Encounter-Bewegung geprägt.[136] Diese Präferenz ist in der Rückschau keineswegs überraschend, da therapeutische Konzepte aus dem Umfeld der Humanistischen Psychologie seit Ende der achtziger Jahre in der Bundesrepublik auf breiter Front zur Anwendung kommen und in dem gesamten Feld der psychosozialen Beratung und »sozialfeldbezogenen Therapie« inzwischen eine »dominierende Position« innehaben. Nach einer 1978 durchgeführten Stichprobenerhebung unter therapeutisch arbeitenden Psychologen rangierte die Humanistische Psychologie zu diesem Zeitpunkt noch weit abgeschlagen an dritter Stelle hinter der Verhaltenstherapie und der Gesprächstherapie.[137]

133 P. Karl Götzinger CSsR, Literaturauswahl Gesprächsführung, o.D. [1976]: EOM, Pastorale Planungsstelle, Akte P. Wesel, Gemeindeleitung; vgl. *Scharfenberg*, Seelsorge; *Riess*. Als vielgelesene und mehrfach neu aufgelegte Einführung in gruppendynamische Konzepte lag seit 1973 das auf die evangelische Kirche zugeschnittene Buch von *Kroeger*, Themenzentrierte Seelsorge vor. Vgl. *Pompey*, Seelsorge, S. 50, 58f.

134 *Pompey*, Seelsorge, S. 49; vgl. *Friedrich*, S. 203–205; Akten der Deutschen Gesellschaft für Pastoralpsychologie, Ordner Unterlagen zur Gründung.

135 Für dieses Interesse vgl. z.B. Arnold Mente an Heinrich Tenhumberg 3.10.1975: BAM, GV NA, A-0-639; Seelsorgeamt Münster, Entwurf eines Ausbildungsvorschlages für eine berufsbegleitende pastoral-theologische Ausbildung, Schulung B, 28.4.1971: ebd., A-201-357.

136 *Back*, S. 67, 101f.

137 *Hörmann/Nestmann*, S. 264–266, Zitat S. 266; zur humanistischen Psychologie vgl. *DeCarvalho*; *Smith*, Fontana, S. 842–852.

Ein wichtiger Grund für diese Präferenz lag darin, dass die klientenzentrierte Methodik durch ihre Verankerung in der amerikanischen Seelsorgebewegung des ›Pastoral Counseling‹ bereits seit Jahrzehnten in kirchlichen Kontexten präsent war. Dieses hatte sich in den USA seit Mitte der zwanziger Jahre aus den Bemühungen um eine Reform der Krankenhausseelsorge herausgebildet und Anerkennung als Lehrfach an kirchlichen Hochschulen gefunden. Zentral für die Rezeption von Rogers in diesem Kontext war seine Methode der nicht-direktiven Gesprächsführung. Sie stellte dem Therapeuten die Aufgabe, seinem Klienten keine autoritativen Ratschläge zu erteilen, sondern bei der Hilfe zur Entfaltung und ›Aktualisierung‹ der eigenen Persönlichkeit zu helfen. Ein zweiter wichtiger Grund für die breite Rezeption der nicht-direktiven Beratung in der katholischen Pastoral ist in ihrem inhaltlichen Profil zu suchen. Ihre Rezeption wurde dadurch erleichtert, dass die Methode von Rogers relativ einfach zu lernen ist. Zudem schien sie auf den ersten Blick, anders als die Psychoanalyse von Freud, den Seelsorger nicht auf ein bestimmtes Menschenbild zu verpflichten.[138]

Die deutsch-amerikanische Psychotherapeutin Ruth Cohn hatte seit Mitte der sechziger Jahre das Konzept der Themenzentrierten Interaktion (TZI) entwickelt, das die Ingangsetzung, Intensivierung und Steuerung von Interaktionsprozessen für ein »Lebendiges Lernen« ermöglichten sollte.[139] Die Themenzentrierung ermöglicht es, spezifische Anliegen bestimmter Berufsgruppen oder Lernsituationen in den gruppendynamischen Prozess einzuführen. Seit 1970 glaubten viele Seelsorger und Laien, mit den Methoden der Gruppenarbeit und Gruppentherapie nach Rogers und Cohn eine »Zauberformel« für »alle pastoralen Probleme« gefunden zu haben. Zu den besonderen Vorteilen der Gruppendynamik gehört, dass sie beides versprach, sowohl eine Intensivierung und Selbstkontrolle von individuellen Bewusstseinshaltungen und mentalen Einstellungen als auch die Einübung von sozialen Tugenden, welche die soziale Kompetenz des Einzelnen erhöhten und sein Verhalten im Gruppenprozess verbesserten.[140]

Aus diesen Prämissen der gruppendynamischen Arbeit ergab sich das erste ihrer Leitbilder. Das wichtigste Ziel gruppendynamischer Arbeit bestand in der »Ich-Stärkung« des Einzelnen.[141] Es hat auf verschiedene Weise seinen Niederschlag bei Ruth Cohn und Carl Rogers gefunden. In der TZI lautete eine der ersten Regeln, die bei den nach dieser Methode geführten Interaktionen beachtet werden sollte: »Sprich nicht per ›man‹ oder ›wir‹, sondern per ›ich‹.«[142] Die praktische Anwendung der TZI erfüllte damit eines der

---

138 *Ziemann*, Gospel, S. 89f.
139 *Kroeger*, S. 157–222, Zitat S. 158.
140 *Krömer*, S. 159.
141 Frielingsdorf, Priesterfortbildung, S. 386.
142 *Kroeger*, S. 159f., 194.

zentralen Kriterien für die Anwendung humanwissenschaftlicher Konzepte in der katholischen Kirche, das Philipp v. Wambolt in seiner Kritik des Strukturplanes formuliert hatte. Demnach sollten diese dem Subjekt und der Subjektivität einen legitimen Platz in der innerkirchlichen Kommunikation einräumen und die unpersönlichen und das Subjekt deplatzierenden Diskursformen aufbrechen.[143]

Ein weiteres wichtiges Leitbild und Ziel der Gruppendynamik war die Erzeugung von Glaubwürdigkeit für die Inhaber von Leistungsrollen, also der Pfarrer, Katecheten, Religionslehrer, die in der Seelsorge und Verkündigung Laien gegenübertraten und dabei die Organisation Kirche repräsentierten. Der von Carl Rogers geprägte Schlüsselbegriff für die Einstellung des Therapeuten ist das ›Echt‹-sein. Er fand breiten Widerhall in den entsprechenden Verhaltensmaximen, die der gruppendynamischen Praxis in der Kirche zu Grunde lagen. Das ›Echt sein‹ des Seelsorgers als Voraussetzung seiner Glaubwürdigkeit war zugleich eine implizite Wendung gegen das Programm der Rollensoziologie, die Mitte der siebziger Jahre die dominante Sprache zur Beschreibung des priesterlichen Amtes war. Während der Priester dort erst durch die Anerkennung der eigenen Partialität und der Widersprüchlichkeit des eigenen Rollenhandelns seine Funktion professionell erfüllen konnte, setzte die Gruppendynamik auf die Integrität und Ganzheit der Person. Denn nur mit dieser konnte eine offene und ›lebendige‹ Interaktion erzielt werden, die für die Glaubensvermittlung zentral war.[144] Anders gewendet, lässt sich der Unterschied so formulieren, dass die Rollensoziologie das pastorale Sprechen von der Organisation her konzipierte, die Gruppendynamik seine angemessene Realisierung dagegen in der Unmittelbarkeit des Dialoges ›vom Ich zum Du‹ situierte.[145]

Über diese Grundhaltungen hinaus ergaben sich aus der gruppendynamischen Arbeit noch drei für die Systematik nicht zentrale, aber in ihrer erhofften Bedeutung für die Praxis keineswegs unbedeutende Effekte. Der erste erwartete von gruppendynamischen Erfahrungen eine substantielle Hilfe bei der Bearbeitung von Konflikten in interaktiven Kontexten, wie sie gerade in der Pfarrgemeinde alltäglich waren. Als Fernziel zeichnete sich hier das Ideal des teamfähigen Menschen ab, den der Münsteraner Strukturplan für die Arbeit in der dort avisierten Großgemeinde unterstellt hatte, ohne ihn selbst schaffen zu können. Zwei weitere intendierte Effekte der Gruppendynamik bestanden in der Bekämpfung von Motivationskrisen und in der Weckung

143 Vgl. *Ziemann*, Organisation.
144 Zur Semantik des Funktionärs *Mergel*, Funktionär; vgl. *Ziemann*, Gospel, S. 94f.; Kap. 4.1.
145 Für Carl Rogers ist hier die Beziehung zu Martin Buber zu beachten, dessen dialogisches Prinzip die Idee der »relationship« im amerikanischen pastoral counseling geprägt hat; vgl. *North*, S. 72.

von Kreativität. Technisch gesprochen handelte es sich beim ersten um eine »Erweiterung der Frustrationstoleranz«.[146] Diese Eigenschaft war vonnöten, weil die Entkirchlichung »Resignation« und »Apathie« wachsen ließ und der dadurch bedingte »Kräfteverschleiß« aufgefangen werden musste.[147]

Doch die Gruppendynamik half nicht nur bei der Erhaltung der wichtigsten pastoralen Ressource seit der Kirchenkrise der späten sechziger Jahre, nämlich der Motivation der in den Gemeinden tätigen haupt- und ehrenamtlichen Mitarbeiter. Sie versprach zugleich, diese Ressource durch einen Mehrwert zu vergrößern, der sich aus der Prämisse von der größeren Menge der in der Gruppe kombinierten Einzelpotentiale ergab. Insbesondere die Themenzentrierte Interaktion konzipierte das ›Lebendige Lernen‹ in der Gruppe als ein »schöpferisches Verhalten«, das die Talente des Einzelnen durch seine »kreative und kooperative« Einbindung in die Gruppe optimal entfaltete.[148] Mit der Kreativität hielt ein Begriff Einzug in die kirchliche Gruppenarbeit, der seit den siebziger Jahren vornehmlich in der Welt der Managementseminare und der ökonomischen Innovationsbereitschaft zu Hause ist. Den davon betroffenen Individuen legt er einen Zwang zum schöpferischen Verhalten auf, der eine Logik der permanenten Steigerung und Überbietung impliziert. Auch in dieser Hinsicht zeigt sich die Gruppendynamik als eine methodisch modifizierte Fortsetzung des Programms der Organisationsreform, dem mit den Mitteln der Organisationssoziologie nur ein geringer Erfolg in der Kirche beschieden war.[149]

5.4. ›Ehrlich und offen‹. Psychologische Beratung zwischen Selbstverwirklichung und Therapeutisierung des Subjekts

Es ist oft behauptet worden, dass sich in der zweiten Hälfte des 20. Jahrhunderts die Grenze zwischen psychologischer Lebenshilfe und der religiösen Formulierung von lebensgeschichtlichem Sinn weitgehend aufgelöst hätte.[150] Mit den therapeutischen und gruppendynamischen Möglichkeiten der Thematisierung und Bearbeitung des Subjekts, welche auch in der katholischen Kirche wie eine »Heilslehre« aufgenommen worden seien, habe sich dem-

146 *H. Recktenwald*, Gruppendynamische Erkenntnisse und ihre pädagogische und politische Relevanz, in: LS Jg. 23, 1972, S. 150–153, S. 151.

147 Vgl. fk-Information Nr. 1, 1974, S. 7.

148 Marta Fehlker, AG Projektorientierte Bildung, Ausschreibung Sozialwissenschaftlich-pastoralpsychologischer Grundkurs, 11.3.1976: BAM, GV NA, A-201-357.

149 *Ziemann*, Gospel, S. 97f.

150 *Smith*, Fontana, S. 578; *Falby*, S. 252, 265; *Berger*, Canopy, S. 167; exemplarisch am Beispiel der Mormonen: *Swedin*.

300

nach eine hybride Mischform von Religion und Humanwissenschaft entwickelt. Diese Vermischung wird zuweilen als das eigentliche Charakteristikum und als die spezifische Form des Säkularisierungsprozesses im 20. Jahrhundert verstanden.[151] Diese These kann an frühe zeitgenössische Kritiken der Anwendung therapeutischer Methoden in der Seelsorge anknüpfen, denen zufolge die Verwandlung der Seelsorge zum »betont menschlichen Hilfswerk« einer »Säkularisierung« gleichkommt.[152]

Ein Schlaglicht auf diesen Zusammenhang werfen Werk und Wirkung von Eugen Drewermann. Mit seinen zahlreichen Veröffentlichungen ist er seit 1980 zum mit Abstand meistgelesenen katholischen Theologen in der Bundesrepublik avanciert. Seine an der Grenze von theologischer und psychoanalytischer Bibelinterpretation angesiedelten Werke und seine Beratungstätigkeit mit einzelnen Klienten dienen explizit dem Ziel, zur »Entdifferenzierung« von Seelsorge und Therapie beizutragen. Mit seinen Medienauftritten und seiner Vortrags- und Beratungstätigkeit verfolgt Drewermann jedoch auch die Absicht, zu einer »religiösen Konversion« anzuleiten, die ihr Ziel letztlich in dem einer Gemeinschaft von Auserwählten gleichenden Kreis von Anhängern und Proselyten finden soll, den der Paderborner Theologe um sich geschart hat. In der von Drewermann angeführten Erweckungsbewegung zeigen sich exemplarisch die Konturen einer synkretistischen Religiosität, die symbolische Formen und lebensgeschichtliche Deutungsmuster der katholischen Kirche und der Psychoanalyse in ihren verschiedenen Spielarten aufgreift und zu einer hochgradig individualisierten Mixtur anreichert.[153] Die Kontroverse um Drewermann bietet hinreichende Belege dafür, dass es weniger die »tiefenpsychologische Umdeutung des Christentums« an sich ist, die auf Ablehnung stößt, sondern vielmehr die spezifische Form, in der Drewermann eine psychoanalytische, radikal formulierte Kritik an der Kirche mit der persönlichen Emphase eines Religionsstifters verbindet. In dem Impetus, durch tiefenpsychologische und therapeutische Modelle neue Zugänge zum Glauben zu schaffen, besteht dagegen ein beachtlicher Konsens zwischen Drewermann und seinen quasi offiziösen Kritikern innerhalb der Kirche.[154]

Es ist jedenfalls offensichtlich, dass durch die Anwendung therapeutischer und gruppendynamischer Konzepte in der katholischen Kirche eine weitreichende »Verwissenschaftlichung der Mitmenschlichkeit« stattgefunden hat.[155] Während ein Konsens über die großen Auswirkungen psycho-

---

151 Vgl. *Mette/Steinkamp*, S. 106 (Zitat); vgl. *Falby*, S. 265.
152 *G. Trapp* SJ, Probleme der Seelsorge in der Begegnung mit der Psychotherapie, in: Anima Jg. 6, 1951, S. 200–206, S. 201.
153 Vgl. die umfassende Sekundäranalyse bei *Gärtner*, Zitate S. 27, 280.
154 Exemplarisch die Beiträge von *Kasper*, Zitat S. 9; *Görres*, Erneuerung.
155 *Kamphausen*, S. 173.

logischer Methoden in religiösen Kontexten besteht, gibt es noch keine präzise religions- und gesellschaftstheoretische Einordnung dieser Befunde. Sie soll am Ende dieses Abschnittes versucht werden, nach einem Überblick über die wichtigsten Folgen und Ambivalenzen psychologischer Arbeit in der katholischen Kirche. Dabei ist *erstens* auf die Verbindung von »Geheimnis und Verhüllung« sowie »Verbergen und Offenbaren« hinzuweisen, die ein generelles Charakteristikum therapeutischer Prozesse darstellt. Die dort vollzogenen rituellen »(Selbst-)Antastungen« und »Schamlosigkeiten« setzen die spezifische Handlungsentlastung und Konsequenzenlosigkeit therapeutischer Interaktion voraus, ohne die sie für die beteiligten Individuen sonst kaum zu verkraften wären.[156]

Auf diesen Zusammenhang hat sich frühzeitig die Aufmerksamkeit vieler katholischer Beobachter konzentriert, welche kritisch oder affirmativ die besondere Problematik des therapeutischen Settings betonen. Die Kritik klagte insbesondere die Psychoanalyse an, den Menschen »entwürdigt, geheimnislos gemacht und damit seiner personalen Innensubstanz« beraubt und ihn im »Wesen zerstört« zu haben. Den in der Therapie verlangten »Geständnissen und Selbstbezichtigungen« würde man sonst nur in den Herrschaftspraktiken totalitärer Staaten begegnen.[157] Gerade im Vergleich mit dem Sakrament der Buße, bei dem der Beichtvater zum »absoluten Schweigen« über das Gehörte verpflichtet war, trete der schamlos jeden »Winkel« durchstöbernde Charakter des therapeutischen Gesprächs hervor. Der dort anzutreffende implizite Geständniszwang würde die »Gefährlichkeit« tiefenpsychologischer Therapien offenkundig machen.[158] Befürworter einer pastoralen Rezeption der Psychoanalyse betonten, dass das »Freigeben seiner selbst« im analytischen Setting überhaupt nur möglich sei, weil der Therapeut sich auf einen »rein ärztlichen Blick« beschränke und alle außerhalb seines Codes von krank/gesund liegenden Aspekte der Person ignoriere, ja gar nicht »kompetent« dafür sei. Seine besondere Zurückhaltung und Diskretion wurde zuweilen als ein Charakteristikum des katholischen Therapeuten gepriesen, weil dieser um die besondere Problematik der Selbstentbergung von Geheimnissen wisse.[159]

Einzig Josef Goldbrunner wertete den Umstand positiv, dass es mit den Erfahrungen der Psychotherapie auch in der Seelenführung möglich wurde, diejenigen Menschen zu erreichen, die sich hinter »Kulissen« zu »verschanzen« und auf diese Weise dem »Anspruch Gottes« zu entziehen versuchten.[160]

---

156 *Hahn/Willems*, S. 317, 324f.

157 *J. Bodamer*, Die Krankheit der Psychoanalyse, in: WW Jg. 10, 1955, S. 183–196, S. 188f.; *ders.*, Gesundheit, S. 70f. (Zitate).

158 *Miller*, S. 17, 23; vgl. *Pfliegler*, S. 109 (»Gefährlichkeit«).

159 *Dessauer*, S. 116 (Zitat), 118; *Snoeck*, S. 123, 125.

160 *Goldbrunner*, Sprechzimmer, S. 75.

Die Offenlegung des persönlichen Intimraumes war im übrigen kein spezifisches Charakteristikum der Einzeltherapie. Das Gesetz der Selbstenthüllung galt auch in der sehr viel weiter verbreiteten Gruppendynamik und -therapie. Bereits ein einzelnes »unbedachtes« Wort konnte dort »verheerende Wirkungen« haben, da man in der Gruppe mehr von sich preisgab als in den meisten anderen Interaktionskontexten mit Ausnahme der Familie. Um diese typischen Risiken therapeutischer Subjektkonstitution aufzufangen, war nicht nur das gegenseitige »Vertrauen« der Gruppenteilnehmer als eine wichtige Ressource nötig, sondern auch die Professionalität eines seiner großen »Verantwortung« jederzeit bewussten Gruppenleiters.[161] Diese Risiken gingen jedoch auch die Teilnehmer an gruppendynamischen Kursen in der katholischen Kirche bereitwillig ein, um auf der Habenseite die »sekundären Identitätsgewinne« verbuchen zu können, welche die therapeutische Orientierung an der »Authentizität« des Selbst zu vermitteln verspricht.[162]

Eine *zweite* Folge der Verbreitung therapeutischer Konzepte in der katholischen Kirche ist die damit aufgekommene Spannung zwischen größerer Selbstverwirklichung des Einzelnen und der Gruppe sowie höherer Selbstkontrolle in den neuen, durch die Therapie freigelegten und erweiterten sozialen Spielräumen. Die Therapie erwies sich hier als eine mit dem modernen Individualisierungsprozess einhergehende und seine Folgen zugleich auffangende und erweiternde Technologie der Menschenführung. Gegenüber den überlieferten, mit festen Mustern der Ritualisierung und symbolgebundenen Kommunikation arbeitenden Techniken der kirchlichen Liturgie zeigte sich die Therapie gerade dadurch überlegen, dass sie ein viel differenzierteres und flexibel handhabbares Angebot bereithält, mit dem lebensgeschichtlich auftretende Bedürfnisse nach Selbstthematisierung und Sinnstiftung aufgefangen und abgearbeitet werden können.[163]

Albert Görres war nicht der einzige katholische Psychologe, der Vorbehalte gegenüber einer psychologischen Praxis äußerte, welche als »Schule einer rücksichtslosen Selbstverwirklichung« missbraucht werden könne. Demgegenüber erinnerte er an die aszetischen Ideale der christlichen Überlieferung, nach denen jede Form der Selbstverwirklichung stets mit »Selbstverleugnung« verbunden sein müsse. In diesem Sinne sei die Psychotherapie am besten mit der in den Exerzitien seit langem praktizierten Selbstformung des Menschen zu vergleichen. Beide Techniken würden keine »fundamental neuen« Einsichten über den Menschen vermitteln, könnten ihm

---

161 Diskutieren mit Herz und Verstand. In Ibbenbüren wird ein neues Kommunikations-Modell mit Erfolg erprobt, in: KuL, 8.5.1977.

162 *Hahn/Willems*, S. 325.

163 *Hahn/Willems*, S. 321, 324; *Baumgartner/Müller*, S. 53.

aber dabei helfen, wie Ignatius von Loyola es formuliert hatte, »ungeordnete Neigungen von sich zu entfernen«.[164]

Dieser Vergleich war insofern brisant, als Mitte der siebziger Jahre auch die katholische Kirche von dem wachsenden Interesse an fernöstlichen Meditationstechniken wie Zen oder Yoga erreicht wurde. Die Oberin eines Schwesternhauses, das seine Räumlichkeiten auch Außenstehenden für Kurse öffnete, musste mit Erstaunen feststellen, dass es sich bei einer Gruppe von überaus reinlichen Akademikerpaaren, die nur durch ihren Verzicht auf Fleischmahlzeiten aufgefallen waren, um Anhänger der Transzendentalen Meditation (TM) handelte. Erst nach der Intervention einer anderen Besucherin des Hauses wurde festgestellt, dass eine solche Gruppe nicht in ein katholisches Exerzitienhaus gehörte, und weitere Termine abgesagt. Angesichts von Einsendungen besorgter Laien an die Bistumsleitungen wiesen diese jedoch darauf hin, dass auch das Christentum eine starke meditative Tradition habe, und die fernöstlichen Atemtechniken durchaus von Interesse seien. Nur eine Anwendung von Zen oder TM als »Glaubensersatz« sei ausgeschlossen.[165] Eine säuberliche Abgrenzung fiel aber sichtlich schwer, zumal auch zahlreiche Ordens- und Weltgeistliche fernöstliche Meditationstechniken kannten und anwendeten. Das damit sichtbar werdende Defizit formulierte der Oratorianer-Pater Klemens Tillmann in der Frage: »Warum sind die Beatles nicht in ein deutsches Kloster, sondern nach Indien gegangen?«[166]

Die Abgrenzung zu solchen neuen Anbietern von Techniken der Meditation und Selbstverwirklichung war auch deshalb von Belang, da die katholische Kirche mit ihnen auf dem zunehmend diffusen und von einer wachsenden Anbieterzahl geprägten Markt für transzendente Sinnstiftungsangebote konkurrierte und diese Konkurrenz auch als solche reflektierte. Bei aller Emphase gegen die Tendenz der Selbstverwirklichung zog die katholische Kritik nur selten in Betracht, dass die therapeutischen Techniken der Menschenführung auch Angebote enthalten, mit denen das Potential zur Selbstführung und Selbstkontrolle enorm gesteigert werden kann. Noch im Kontext organisationssoziologischer Überlegungen war den Ge-

---

164 *Görres*, Kirchliche Beratung, S. 14, 29; vgl. *Katholische Fernseharbeit*, Kirche, S. 22f.; *Hahn/Willems*, S. 324; RGG, 3. Aufl., Bd. 2, S. 816f. s.v. Exerzitien.

165 Aktennotiz Kettler für Tenhumberg 8.6.1977, Kloster St. Josef der Schwestern von der Heimsuchung Mariä an dens. 1.9.1977, Dirk Groethues an L.S. aus Borken 23.1.1975 (Zitat): BAM, GV NA, A-0-639.

166 Katholische-Nachrichten-Agentur, 18.6.1975 (Zitat): BAM, GV NA, A-0-639; *H. Tenhumberg*, Transzendentale Meditation – Religionsersatz?, in: KuL, 13.7.1975. Tillmann führte seit 1970 zahlreiche Kurse zur Einführung in meditative Techniken durch; vgl. Ida-Friederike Görres an P. Ludwig Bertsch SJ 14.4.1971, in: *dies.*, Thron, S. 152f. Die Beatles hatten im Frühjahr 1968 von Maharishi Mahesh Yogi eine Einführung in die von ihm begründete Transzendentale Meditation erhalten.

meindepfarrern die Möglichkeit einer Pfarr- und Seelsorgsplanung unter Hinweis auf die Möglichkeiten anempfohlen worden, die sich damit für eine »methodische Selbstkontrolle« der eigenen pastoralen Arbeit ergaben.[167] Entsprechende Effekte waren dann in der Praxis gruppendynamischer Konzepte deutlich erkennbar. Sie kontrastierten gravierend mit dem zeitgenössischen Bild einer völlig losgelösten und ›wilden‹ Interaktion, das sich mit den Encounter-Gruppen in den USA verband. Zu sehr schien das »here and now« als Grundprinzip dieser Bewegung den Ansprüchen einer geregelten Lebensführung zu widersprechen. Aber die tatsächlichen Folgen der Gruppendynamik wiesen in eine andere Richtung. Ein Pfarrer resümierte seine Erfahrungen mit der Anwendung der Themenzentrierten Interaktion in Pfarrgremien dahingehend: »Wofür wir früher zwei Sitzungen brauchten, [das] schaffen wir heute in einer Sitzung«.[168]

Solche Effekte der gesteigerten Selbstkontrolle und Selbstdiziplinierung durch die therapeutische Überformung von Interaktionen wurden wohl auch deshalb nicht angemessen registriert, weil sie seit langem tradierten konfessionellen Stereotypen widersprachen, die viele Katholiken über die Verhaltenssteuerung des Einzelnen durch Institutionen hegten. Es ist kein Zufall, dass die gruppendynamischen Techniken der Verhaltensänderung mit ihrem Dreischritt von ›unfreezing-change-freezing‹ des öfteren mit dem Pietismus verglichen worden sind. Dieser Vergleich bezieht sich auf die Gemeinschaftsregeln, mit denen in pietistischen Konventikeln eine Intensivierung der religiösen Interaktion durch die »Gruppenbildung der wiedergeborenen Einzelnen« erzielt werden sollte.[169] Diesem Modell der Bekehrung und Verhaltenssteuerung durch Innenleitung des individuellen Subjekts stand man in der katholischen Kirche zumeist verständnislos gegenüber. Ein psychologisch interessierter Theologe wie Richard Egenter hatte bereits 1965 betont, dass die therapeutischen Techniken unmissverständlich auf die Notwendigkeit einer »voll entwickelten Gewissensfähigkeit« auch bei den »Gesunden« hinweisen würden. Egenter wusste nur zu genau, dass die in der katholischen Kirche benutzten »Krücken des bloßen Gesetzesgehorsams« dem entgegenstanden und es den Katholiken erschwerten, »sachlich« und »persönlich« zu leben.[170] Gerade im Kontext einer Diskussion um gruppendynamische Methoden machte Bischof Heinrich Tenhumberg jedoch zehn Jahre später seine Skepsis gegenüber dem Modell

167 L. *Hoffmann*, Anpassung an die Wirklichkeit. Intuition oder Planung?, in: Publik, 27.6.1969.

168 Diskutieren mit Herz und Verstand. In Ibbenbüren wird ein neues Kommunikations-Modell mit Erfolg erprobt, in: KuL, 8.5.1977; vgl. *Back*, S. 78f., 214, 224–227.

169 *Dahm*, S. 25; *Kamphausen*, S. 187; RGG, 3. Aufl., Bd. 5, S. 370–381 s.v. Pietismus, Zitat S. 371.

170 *Egenter/Matussek*, S. 114f.

der Selbstführung des Individuums deutlich. Er verwies dafür zeitgemäß auf »soziologische Untersuchungen«, nach denen »evangelische Christen«, die »frei und unabgestützt« mit ihrem Gewissen entscheiden würden, »eher in Konflikten zusammenbrechen«. Demgegenüber seien an ihrer Kirche ausgerichtete Katholiken »eher vorgeprägt und widerstandsfähiger gegen modische Trends«.[171] Solche Befürchtungen über eine mögliche Protestantisierung der Anstaltskirche als institutioneller Autorität durch die Anwendung gruppenbezogener Techniken standen einer nüchternen Einsicht in das hohe Potential zur Selbststeuerung und -kontrolle entgegen, das die Gruppendynamik enthält.

Als eine *dritte* Folge der Anwendung therapeutischer Techniken in kirchlichen Kontexten ist eine schleichende Verschiebung der anthropologischen Prämissen bzw. des Menschenbildes zu sehen. Diese Situation ergab sich vor allem als Folge des Umstandes, dass die Gesprächstherapie nach Carl Rogers sich auch in der Kirche weithin als Standard durchgesetzt hat.[172] Das optimistische Versprechen dieser therapeutischen Schule, dass persönliche Probleme und lebensgeschichtliche Krisen sich durch die Ich-Stärkung des Klienten in einem überschaubaren Zeitrahmen beheben lassen, ist aber nicht von der optimistischen Anthropologie von Rogers zu lösen, die er explizit gegen die christliche Annahme einer »erbsündigen Last« des Menschen formuliert hat.[173] In der nicht-direktiven Beratung wird an die Stelle des in der Kirche überlieferten Duals von Sünde/Vergebung, das die Erlösung des Einzelnen von der sakramentalen Gnade der Anstaltskirche abhängig machte, eine Unterscheidung gesetzt, welche die mangelnde Übereinstimmung des Selbstbildes mit den subjektiven Erfahrungen des Einzelnen zum Ausgangspunkt des therapeutischen Gesprächs macht.[174] Der dieser Therapie zugrunde liegende Code lässt sich als die Unterscheidung Selbstentfremdung/Kongruenz formulieren. Mit der routinemäßigen Anwendung dieses kommunikativen Codes in kirchlichen Einrichtungen ist es de facto weitgehend unmöglich geworden, die christliche Sicht der sündhaften Natur des Menschen dort noch unverkürzt zur Geltung zu bringen.[175]

Als eine weitere, *vierte* charakteristische Folge der Präsenz psychologischer Diskurse in der katholischen Kirche war eine zunehmende Rationalisierung der pastoralen Kommunikation zu verzeichnen. Dieser Vorgang

171 Bericht über die Dechantenkonferenz v. 16.9.1975: BAM, GV NA, A-101-383. Tenhumberg bezog sich vermutlich auf Ergebnisse der Untersuchung von *Schmidtchen*, Protestanten.

172 *Mette/Steinkamp*, S. 151.

173 So der katholische Theologe und Sozialethiker Arthur-Fridolin Utz, zit. bei *Steinkamp*, S. 181.

174 *Rogers*, Gesprächspsychotherapie, S. 418–457, bes. S. 455f.

175 *Ziemann*, Gospel, S. 99–101.

stand mit dem Prozess der Therapeutisierung in enger Verbindung, bei dem die Konstituierung des Selbst in steigendem Maße an die Absolvierung therapeutischer Beratungssequenzen gekoppelt wurde. Dies ist im Kontext der klientenzentrierten Gesprächstherapie besonders deutlich. Für den an Carl Rogers geschulten Therapeuten war es eine ganz wesentliche Aufgabe, die Verbalisierung emotionaler Erlebnisgehalte und Erfahrungen des Patienten möglich zu machen und auf dieser Ebene weitere verbalisierte Beobachtungen anzuschließen. Der therapeutische Prozess bestand im Wesentlichen in der Suche nach Worten für Gefühle.[176]

Mit dem Einzug therapeutischer Konzepte und Modelle in die pastorale Arbeit ging eine deutliche Akzentverschiebung in der Modellierung des für die katholische Kirche prägenden Seelsorgertyps einher. Aus dem allwissenden und allzuständigen ›guten Hirten‹, der das ihm übertragene Amtscharisma mit einem paternalistischen Habitus verband, ist tendenziell ein Fachmann für individuelle Probleme des Glaubens, der persönlichen Sinnsuche und lebensgeschichtlicher Krisen geworden. Nicht mehr die sakramentale Amtsgewalt oder die katechetische Belehrung, sondern eine möglichst lebensnahe und professionelle Beratung als eine »befristete Partnerschaft« bildete nun das Modell einer gelingenden seelsorglichen Tätigkeit.[177] ›Beratung‹ hat sich aber nicht nur in einem enger definierten pastoralen Kontext, sondern auch in vielen anderen kirchlichen Institutionen als eine paradigmatische Form der Zuwendung zum Menschen und der Therapeutisierung und Normalisierung seiner Problemlagen durchgesetzt. Ein sicheres Indiz dafür ist die sprunghafte Zunahme von Ehe-, Familien- und Lebensberatungsstellen, welche die katholische Kirche oder Träger aus dem Bereich der Caritas unterhalten.[178]

Diese Zunahme war nicht nur ein Ergebnis des Interesses der Berater an einer Kontinuierung der von ihnen angebotenen Dienstleistungen und des damit verbundenen Berufsprofils. Sie konnte sich vielmehr, wie die exponierten Befürworter der Pastoralpsychologie oft betonten, auch auf einen breiten Konsens unter den katholischen Laien berufen. Zu diesem Zweck verwiesen sie wiederholt auf die Meinung des – demoskopisch induzierten – Kirchenvolkes, das etwa in einer Äußerung der Synodenumfrage über den »Auftrag der Kirche« mit 49% der Befragten an zweiter Stelle den Wunsch gesetzt hatte, dass »die Kirche Menschen in seelischer Not Beistand und Hilfe gibt«. Andere Umfragedaten ergaben, dass drei Viertel aller Katholiken persönliche Bemühungen um den einzelnen als »wichtigsten Dienst« von ihrem Pfarrer erwarteten. Predigt und Gottesdienst waren dagegen

---

176 *Ebd.,* S. 102.
177 *Baumgartner/Müller,* S. 20–30, Zitat S. 24.
178 *Ziemann,* Dienstleistung, S. 380.

weit abgeschlagen.[179] Dieser Trend entsprach auch den Berufszielen einer Generation von jungen Priesterkandidaten, die in den siebziger Jahren in den kirchlichen Dienst traten. Über ihre Vorstellungen von dem künftigen Beruf befragt, antworteten sie »fast immer«, und dabei oft »eindrucksvoll« formuliert, dass sie in der Ausübung ihres Amtes vor allem für »Menschen in Not« dasein wollten. Diese Präferenz eines einzelnen Motives musste bei älteren Priestern den Eindruck erwecken, als ob der Pfarrer künftig nur noch als »Sozialarbeiter« und als »Ehe- und Erziehungsberater« verstanden zu werden drohte.[180]

Psychosoziale Beratung bewegte sich im Kontext der katholischen Kirche in einem eigentümlichen Dilemma, dessen Konturen nicht erst mit dem aktuellen Streit um die Fortführung der Schwangeren-Konfliktberatung zutage getreten sind. Auf der einen Seite waren kirchliche Berater, im Unterschied zu solchen in städtischen oder staatlichen Beratungsstellen, an den überwölbenden Wertehimmel der katholischen Morallehre und der daraus für Ehe, Kindererziehung oder Familienplanung abgeleiteten Handlungsnormen gebunden. Sie waren gehalten, ihn in ihrer Tätigkeit möglichst unverkürzt zur Geltung zu bringen.[181] Diese Aufgabe widersprach jedoch nicht nur dem autoritärer Einflussnahme widerstrebenden Methodenverständnis der in nicht-direktiver Therapie geschulten Berater. Zu diesem gehörte die Einsicht, dass gerade ein verkündendes »Vor-Haben« dazu führen musste, dass der Klient sich der Beratung womöglich entzog.[182] Die Einsicht in dieses Dilemma führte zu paradoxen Formulierungen wie jener, nach der das »Amtsbewusstsein« in der Beratung in einer »client-centered Beziehungsform zum Ausdruck« zu bringen sei.[183] Die Zielstellung, den Klienten zu einem religiös definierten Lebenssinn zu verhelfen, kollidierte aber auch mit der Erfahrung vieler katholischer Berater, nach denen erst der Verzicht auf die Vermengung von Verkündigung und Lebenshilfe im therapeutischen Gespräch den Erfolg letzterer sicherstellen konnte. Auch in der Zuwendung zu hilfebedürftigen Menschen zeigte sich der Zeitdruck, unter dem die katholische Kirche wie alle anderen Systeme in der funktional differenzierten Gesellschaft steht. In ihrer Kommunikation trat dadurch die Orientierung an überzeitlichen Werten zugunsten des Zwanges zurück, eine zeitlich möglichst gut platzierte Verabredung mit dem Klienten zu treffen.[184]

---

179 *Schmidtchen*, Kirche und Gesellschaft, S. 25; vgl. *Pompey*, Pastoral Counseling, S. 8; *Gauly*, Seelsorge, S. 31 (»wichtigsten Dienst«); *Kamphausen*, S. 204.
180 *Gauly*, Seelsorge, S. 16f.
181 *Görres*, Beratung, S. 30.
182 *Blattner u.a.*, S. 488 (Zitat), 508; *Stollberg*, S. 72.
183 *Berger/Andrissen*, S. 577.
184 *Ziemann*, Dienstleistung, S. 381; vgl. *Luhmann*, Differentiation, S. 249.

Das hat dazu geführt, dass kirchliche Berater bei der Spitze der kirchlichen Hierarchie ein schlechtes Image haben, weil sie »haarsträubende Dinge« tun, wie etwa Abtreibungen zu empfehlen oder außereheliche Verhältnisse als »zulässig« hinzustellen. Es entstand alsbald der Eindruck, als ob sich in der kirchlichen Beratung eine »Nebenmoral der Umgehungen« festzusetzen schien, die von vielen Bischöfen als ein »Hindernis« bei der Verkündigung des Heils mit »Sorgen« betrachtet wurde.[185] Aber auch die Protagonisten und Befürworter pastoralpsychologischer Arbeit haben wiederholt ein Problem artikuliert, dass mit der Zunahme von Beratungsdiensten in der Kirche entstanden ist. Aus Sicht einer Seelsorge auf gesprächstherapeutischer Basis in der Pfarrei konnte zunächst betont werden, dass diese nicht allein ein Akt der Diakonie, sondern sehr wohl auch der Verkündigung sein könne, zumal als Ehe- und Lebensberater tätige Priester erfuhren, dass auch aus einer »Glaubenshaltung« heraus artikulierte Erwartungen im Beratungsgespräch an sie herangetragen wurden.[186] Im Zuge der massiven Ausweitung von Beratungsdiensten in der Kirche und der therapeutischen Aufladung auch des engeren Bereichs der seelsorglichen Tätigkeit hat sich jedoch herausgestellt, dass die Therapeutisierung der Pastoral zu einer massiven Verschiebung des Stellenwertes kirchlicher Angebote führte. Neben der Pfarrseelsorge im engeren Sinne ist ein großer und eigenständiger Bereich der therapeutisch orientierten Lebenshilfe und Zuwendung zum Menschen entstanden, der zur Seelsorge im engeren Sinne nur noch wenig Beziehungen hat. Eine »beklemmende Wand des Schweigens« trennt Beichtväter von den in ihrer Gemeinde tätigen Eheberatern oder Krankenhausseelsorger von den dort tätigen Krankenschwestern. Diese Trennung von Pastoral und Diakonie ist in der Bundesrepublik durch die organisatorische Verselbständigung der Caritas auch auf der Ebene der Institutionen scharf markiert.[187] Und so wird der Pastoralpsychologie in jüngster Vergangenheit auch die Aufgabe zugewiesen, die in die Beratungsstellen »ausgewanderten Glaubenserfahrungen« in lebensgeschichtlichen Krisen wieder in die ›normale‹ Seelsorge in den Gemeinden zurückzuholen und dort fruchtbar zu machen.[188]

An diesem Problem wird schließlich eine *fünfte* Folge der Verwissenschaftlichung durch psychologische Modelle deutlich. Durch ihre Leitbilder und Handlungsanweisungen haben diese einen allgemeinen Trend noch verstärkt und legitimiert. Es handelt sich um eine Verschiebung kirchlicher Aktivitäten aus dem primären Bereich gesamtgesellschaftlicher Funktionserfüllung von Religion zugunsten eines sekundären Bereichs, in dem Leistungen für

185 *Görres*, Beratung, S. 7; vgl. *Mette/Steinkamp*, S. 139f.; *Zulehner*, Beratung, S. 119f.

186 *H. Pompey*, Seelsorge zwischen Gesprächstherapie und Verkündigung, in: LS Jg. 26, 1975, S. 162–169, S. 165; *ders.*, Handlungsperspektiven, S. 57f., 66.

187 *Baumgartner/Müller*, S. 31; *Ziemann*, Dienstleistung, S. 382f.

188 *Baumgartner*, S. 31.

andere Systeme in der gesellschaftlichen Umwelt erbracht werden. Die Orientierung der Kirche am gesellschaftlichen Bezugsproblem der Religion, die Chiffrierung des Unbestimmten, wird im Zuge dieses Prozesses nicht gänzlich aufgegeben. Aber die rapide Schwächung der gesellschaftlichen Verbindlichkeit dieses Angebots, wie sie innerhalb der katholischen Kirche bei den in Soziographie, Demoskopie und Organisationssoziologie beobachtbaren Motivationsproblemen der Kirchenmitgliedschaft als Folge funktionaler Differenzierung überdeutlich hervorgetreten ist, wird innerorganisatorisch durch ein »Mehr an sozialem Aktivismus kompensiert«. Bei dieser Verschiebung zugunsten einer Leistungsorientierung in der Lebenshilfe und psychologischen Beratung von personalen Systemen handelte es sich um die vielleicht »wichtigste Einzelfolge der Säkularisierung«.[189]

Analysiert man die Semantik des psychologischen Diskurses in der katholischen Kirche genauer, wird deutlich, dass die therapeutischen Angebote in der Kirche mit dieser Verschiebung auf ein Folgeproblem der funktionalen Differenzierung reagiert haben. Bereits 1949 hat Wilhelm Kempf in Anlehnung an C.G. Jung als das eigentliche »Richtbild« psychologischen Wissens in der Kirche den »seiner selbst mächtige[n]« Menschen skizziert, dessen innere Welt einem geordneten »Kosmos« vergleichbar war. Für den Ganzheitscharakter der dadurch beeinflussten Person und ihres Selbst prägte Kempf den Begriff »Seelenkatholon«.[190] Auch andere Autoren hoben als eine spezifische Leistung des psychologischen Diskurses hervor, dass der Mensch mit seiner Hilfe in »vorher nicht so umfassend erkannter Ganzheit« gesehen und angesprochen werden könne.[191] Der besondere Anspruch kirchlicher Beratungsdienste bestehe darin, sich der »prekär gewordenen Identität des Individuums« zu widmen.[192] Ein ähnliches Ziel hatte sich die Gruppendynamik in kirchlichen Kontexten gestellt, welche die »Reduktion« des Menschen auf seine Rationalität und auf die »Summe seiner Rollen« zu überwinden suchte. Stattdessen widmete sie sich der »Revitalisierung« eines alten Zieles der christlichen Überlieferung, dass in der »Betonung des ›ganzen‹ Menschen« bestand.[193] Und auch im Hinblick auf das Konzept der humanistischen Psychologie von Carl Rogers sprach die pastorale Rezeption als wichtiges Spezifikum an, dass dieser für eine »ganzheitliche Sicht des Menschen« plädierte. Anders als Behaviorismus und Psychoanalyse sei es Rogers damit möglich, die Integration somatischer und psychischer Anteile in »höheren personalen Vollzüge[n]« zu konzeptualisieren.[194] Auf der Ebene pastoraler Programma-

189 *Luhmann*, Funktion, S. 264.
190 *Kempf*, S. 304f.
191 *Rudin*, S. 9.
192 *Mette/Steinkamp*, S. 147f.
193 *Steinkamp*, S. 194; vgl. *Hollweg*, S. 91–98.
194 *Baumgartner*, S. 437.

tik spiegelt sich dieses Anliegen in Vorschlägen wider, den Begriff Seelsorge durch den Terminus »Heilende Seelsorge« oder ›Heilsorge‹ zu ersetzen oder aber ganz auf ihn zu verzichten, »da es ja nicht allein um die Sorge für die Seelen geht, sondern um die Sorge um den ganzen Menschen.«[195]

Das Programm einer therapeutisch und gruppendynamisch angeleiteten ›Heilsorge‹ zielte also im Kern darauf ab, in der kirchlichen Pastoral Angebote für die Inklusion des ›ganzen Menschen‹ bereitzustellen. Unter Inklusion bzw. ihrem Gegenbegriff Exklusion wird dabei eine Form verstanden, in der Menschen als Personen kommunikativ adressiert werden bzw. als Adressen für bestimmte Kommunikationen Relevanz erhalten.[196] Damit stellte sich die therapeutische Pastoral ganz bewusst gegen einen gesellschaftlichen Entwicklungstrend, der mit dem Voranschreiten funktionaler Differenzierung typischerweise nur noch ganz bestimmte Ausschnitte und Aspekte von Personen für relevant hält und kommunikativ adressiert. Für die moderne Gesellschaft ist nicht das Individuum, sondern das »Dividuum« der Inklusion charakteristisch, das in Funktionsbereichen wie dem Gesundheitssystem, der schulischen Erziehung, der Wirtschaft oder der Politik nur in jeweils ganz spezifischen und partiellen Ausschnitten seines ›Selbst‹ relevant wird. In einer Gesellschaft aspekthafter Inklusion und unpersönlicher Beziehungen ist es allein die Religion, die dem Einzelnen noch die Möglichkeit offenhält, im Modus persönlicher Interaktion mit seinen sinnhaften Erlebnissen, Krisen und Perspektiven als Ganzes ernst genommen und als eine Einheit adressiert zu werden.[197] Das als Metapher dafür zur Verfügung stehende Sozialsystem ist die Familie. Es ist demnach kein Zufall, dass die Vision einer intakten und funktionierenden kirchlichen Gemeinde in der Diskussion des Münsteraner Strukturplans oft als ›Familie‹ oder mit deren Konnotationen beschrieben worden ist.[198]

Mit Blick auf die Anwendung psychologischer und gruppendynamischer Methoden könnte man geneigt sein, die Verwissenschaftlichung der katholischen Kirche als eine Erfolgsgeschichte zu interpretieren. Diese Lesart kann auf die große Geschwindigkeit verweisen, mit der katholischen Geistliche, Theologen und Mediziner psychoanalytische und psychotherapeutische Wissensformen aufgriffen, obwohl ein tiefer Graben das Menschenbild des Begründers der Psychoanalyse von jenem der katholischen Morallehre trennte. Nach 1945 wurde die eher theoretische Rezeption dieser Wissensformen zügig in eine Erprobung ihrer praktischen Anwendungs-

---

195 *Baumgartner*, S. 39 (»Heilende Seelsorge«); Pfarramt Heilig-Geist in Oldenburg 10.6. 1970: BAM, GV NA, A-201-15; *Griesl*, Praktische Theologie, S. 207f.

196 Vgl. *Fuchs*, Eigen-Sinn, S. 24–30.

197 *Nassehi*, S. 117 (Zitat); *Luhmann*, Love, S. 164; *Hahn*, Beobachtung.

198 Vgl. Kap. 4.3.

möglichkeiten überführt. Des weiteren kann man diese Wissensformen als eine Einlösung des an der kirchlichen Basis weit verbreiteten Wunsches nach einer durch persönliche Nähe bestimmten Interaktion interpretieren, die das Leben in den Gemeinden prägen sollte. Speziell die Gruppendynamik wäre damit als eine humane und lebendige Umsetzung jener Bedürfnislagen zu sehen, welche das organisationssoziologische Angebot des Strukturplanes nicht erfasste. Ihre Rezeption war zugleich ein Ergebnis des Kultes der Selbstfindung und Selbsterfahrung, der im Gefolge der 68er-Bewegung auch die katholische Kirche erreichte. Die Verwissenschaftlichung der Kirche folgte damit einem allgemeinen Trend der bundesrepublikanischen Gesellschaftsgeschichte, reagierte aber zugleich auf die spezifische Problemlage in ihrem Kontext. Denn die klientenzentrierte Gesprächstherapie propagierte für das seelsorgliche Gespräch eine kommunikative Haltung, die vom Priester im Umgang mit den Laien vor allem einforderte, sich stets als ›ehrlich und offen‹ zu präsentieren. Mit einem solchen partnerschaftlichen und kooperativen Habitus leistete dieses therapeutische und gruppendynamische Konzept einen Beitrag zum Abbau hierarchischer Rollenmuster, die sich als zunehmend unzeitgemäß erwiesen hatten und einen maßgeblichen Beitrag zu der seit Mitte der sechziger Jahre diskutierten Priesterkrise leisteten.[199] Als ein positiver Begleitumstand der Anwendung psychologischer Methoden in der katholischen Kirche mag schließlich gelten, dass sich diese durch die unvoreingenommene Rezeption von Konzepten vollzog, die protestantische Theologen und Pastoralpsychologen entwickelt haben. Während sich die Verwissenschaftlichung der katholischen Kirche in ihren vorherigen Abschnitten oft in direkter Abgrenzung gegenüber der Praxis in der evangelischen Kirche vollzog, gab es im Feld der Pastoralpsychologie eine ›ökumenische‹ Eintracht der Vertreter beider Konfessionen.

Eine solche positive Lesart kann nicht von vornherein von der Hand gewiesen werden. Die Orientierungs-, Anpassungs- und (Selbst-)Steuerungsprobleme, die den Individuen für ihre Lebensführung in der modernen, funktional differenzierten Gesellschaft auferlegt werden, sind immens. Sich zu ihrer Bearbeitung psychologischer Wissensformen zu bedienen, stellte eine ebenso typische wie auf den ersten Blick erfolgversprechende Antwort dar. Dabei dürfen aber nicht die Folgeprobleme übersehen werden, welche die Anwendung psychotherapeutischer Methoden in der katholischen Kirche nach sich zog. Zu diesen zählt zunächst, dass insbesondere die psychoanalytische Modellierung des von einem Unterbewussten mitgesteuerten Subjekts dazu beigetragen hat, das Konzept der Zurechnung von Schuld auf ein Individuum auch innerhalb der Kirche zu entplausibilisieren. Dies war nur eine Facette eines Prozesses, den auch die optimistische Anthropologie von Carl Rogers

---

199 Vgl. Kap. 4.1.

weiter förderte. Insgesamt führte dies dazu, dass der für die Ohrenbeichte charakteristische Code von schuldhafter Sünde und gnadenhafter Vergebung massiv an Geltungs- und Überzeugungskraft verlor. Die katholische Pastoral verfügt damit nur noch sehr eingeschränkt über ein Sakrament, das bis in das zweite Drittel des zwanzigsten Jahrhunderts hinein zentral für ihre Kapazität zur Menschenführung war, mit erheblichen Folgen für die »Deinstitutionalisierung« der einstmals als »Gnadenanstalt« verstandenen Kirche.[200]

Die psychologische Verwissenschaftlichung trug weiterhin zu einer erheblichen Verbalisierung und Rationalisierung der Pastoral bei und verstärkte damit die Schwierigkeiten, das ›Jenseits‹ auf symbolhafte und rituelle Weise angemessen zu plausibilisieren. Die Brechung des kirchlichen »Ritenmonopol[s]« durch die Selbstthematisierung in therapeutischen Kommunikationsmustern war in gewisser Hinsicht unvermeidlich, da die zunehmend differenzierten und individualisierten Problemlagen der »ritenbedürftigen« Personen dort keine hinreichende Führung mehr finden konnten.[201] Aber die extremen Ansprüche, welche die meisten in der Kirche gebräuchlichen Therapieformen an die Verbalisierungsfähigkeit des Klienten stellen, führten die Programmatik der katholischen Seelsorge weit von ihrer traditionellen Fähigkeit ab, die Unbestimmtheit jeglichen Sinns in Formen nonverbaler Kommunikation durch Rituale zu kondensieren. Schließlich hat die Therapeutisierung der katholischen Pastoral jene Verschiebung von primärer Funktionserfüllung hin zu einer sekundären Leistungsorientierung noch weiter vorangetrieben und mit zusätzlicher Legitimation versehen, welche sich als eine wesentliche Säkularisierungsfolge ohnehin bereits entwickelt hat.

Viele Studien zur Entfaltung therapeutischer Diskurse gehen von der Annahme aus, dass sich der Einsatz dieser Techniken als eine Steigerung von Machteffekten und als eine Form der zunehmenden Disziplinierung des Subjekts beschreiben lässt, dessen Selbst-Konstituierung mit Hilfe der »psy disciplines« reguliert wird.[202] Diese diskursanalytischen Studien zur Psychologie als einer modernen Form der Menschenführung haben eine Reihe fruchtbarer methodischer Perspektiven eröffnet. Das vorliegende Argument vermag jedoch dem übergroßen Akzent nicht zu folgen, der in diesen Studien, in Anlehnung an das von Foucault entwickelte Konzept der ›Gouvernementalität‹, auf die Verbindung von Prozessen der Verwissenschaftlichung und der Verfeinerung von Dispositiven der Macht gelegt wird.[203] Abgesehen davon, dass dabei das tatsächliche Ausmaß der Steige-

---

200 Dazu *Ebertz*, Erosion, S. 179–205, bes. S. 194–197.

201 *Hahn/Willems*, S. 321.

202 In diesem Sinne v.a. *Rose*, Inventing, S. 11 (Zitat); *ders.*, Governing; vgl. *Maasen*, Genealogie, S. 476f.

203 Vgl. *Foucault*, Governmentality.

rung von Macht über Personen vermutlich überschätzt wird, erscheinen auch die gesellschaftlichen Ursachen und Kontexte dieser Machtchancen nicht hinreichend expliziert. Demgegenüber wird hier die These vertreten, dass die Durchsetzungschancen therapeutischer Diskurse in der katholischen Kirche wesentlich auf der Dynamik der voranschreitenden funktionalen Differenzierung beruhten, welche die Entwicklung der Religion zu einem Residuum der Inklusion des Menschen als einer ›ganzen‹ Person zugleich möglich und notwendig gemacht hat.

6. »Zukunftsfähigkeit« des Glaubens oder »Denaturierung« des Kultes? Semantische Kontroversen um Verwissenschaftlichung und Säkularisierung seit 1965

»Die Verwirrung der Geister erfolgt heute mehr denn je über das massenhaft verbreitete Wort. Nicht nur Sätze können lügen, heute lügen einzelnen Worte, indem sie hinter einer gleißnerischen Fassade einen gefährlichen und falschen Inhalt verbergen.«[1]

Die bisherigen Abschnitte dieser Arbeit haben empirischen Methoden aus Statistik, Soziologie und Psychologie eine entscheidende Rolle bei der Verwissenschaftlichung der katholischen Kirche zugesprochen. Diese Methoden beobachteten jeweils bestimmte Facetten der Vergesellschaftung von Religion und machten sie der wissenschaftlichen und seelsorglichen Reflexion zugänglich. Jeder dieser Ansätze war zugleich gekoppelt an ein pastorales Programm, das durch seine Ergebnisse konkrete Anhaltspunkte und Arbeitsanweisungen erhielt. So war die kirchliche Statistik in ihrer Entstehungs- und Durchsetzungsphase mit den Ausläufern der ultramontanen Mobilisierung verbunden, welche sich die möglichst lückenlose und geschlossene Formierung der als Orthopraxie konzipierten Frömmigkeit zum Ziel gesetzt hatte. Das soziographische Modell, das nach 1945 Einzug in die katholische Kirche erhielt, war eng mit dem Impetus der missionarischen Bewegung verknüpft. Diese hatte sich eine Rückeroberung der soziologisch definierten inneren Missionsgebiete zum Ziel gesetzt und baute damit auf dem hinter der statistischen Methode stehenden Frömmigkeitskonzept auf. Die Einführung des demoskopischen Diskurses stand bereits im Zeichen der postkonziliaren Beschwörung des doppelten ›Dialoges‹ von ›Kirche‹ und ›Welt‹ sowie der episkopalen Kirchenleitung mit den ›Laien‹. Mit dieser Methode sollten die Erwartungen der einfachen Gläubigen an ihre Kirche ebenso sichtbar gemacht werden wie die Erwartungen jener ›Fernstehenden‹, denen die Kirche praktisch gar nichts mehr und der christliche Glaube nur noch wenig bedeutete. In den Ansätzen organisationssoziologischer Beratung und Planung, welche um 1970 Einzug in die Kirche erhielten, ging es vor allem um eine

---

1 Anton Rauscher an Heinrich Tenhumberg 7.5.1973: BAM, GV NA, A-0-737.

Optimierung der Pastoral, die man sich von einer neuen Gewichtung und Zuordnung territorialer und funktional ausgerichteter Angebote in der Seelsorge erhoffte. Schließlich verband sich mit der Anwendung pastoralpsychologischer und gruppendynamischer Methoden ein pastoraler Enthusiasmus, der diese Ansätze als eine Wiederentdeckung urchristlichen Gedankengutes begrüßte, das in der helfenden und heilenden Hinwendung Jesu zum leidenden und der Sorge bedürftigen Menschen bestande habe.

Diese Methoden und die mit ihnen verknüpften pastoralen Strategien haben sich in der Kirchengeschichte seit 1945 überlagert, ergänzt und zuweilen auch gegenseitig widersprochen. Das soziographische Programm der missionarischen Seelsorge lief um 1970 aus, als die Einsicht in seine an den eigenen Maßstäben messbare Aussichtslosigkeit unabweisbar geworden war. Gegenüber der Hochphase ihrer ersten breiten Anwendung in den späten sechziger und frühen siebziger Jahren erfuhren der demoskopische und organisationssoziologische Ansätz in der kirchlichen Praxis eine erhebliche Formveränderung. Zudem ging mit dem allmählichen Abklingen der von 1968 bis in die frühen siebziger Jahre reichenden Welle der Politisierung auch das öffentliche Interesse an den mit ihnen erkennbaren Strukturproblemen der katholischen Kirche zurück. Die an der Statistik bzw. der Psychologie orientierten Programme laufen bis in die Gegenwart weiter, obwohl dieses eine entschiedene Kritik an der für jenes charakteristischen Vorstellung impliziert, der ›Erfolg‹ seelsorglichen Handelns könne an der Quantität bestimmter kirchlicher Handlungen gemessen werden. Im Gegensatz dazu ist aus Sicht der pastoralpsychologischen Thematisierung des Glaubens der »Mut« unverzichtbar, »sich von jeder Fixierung auf die Sakramentenstatistik zu verabschieden«, da man nur so zu der Transzendenzerfahrung des individuellen Subjekts vordringen könne.[2]

Die Beurteilung und normative Bewertung des Einflusses sozialwissenschaftlicher Methoden auf die katholische Kirche transzendierte seit Mitte der sechziger Jahre die Ebene einzelner Methoden zugunsten eines Blicks auf den Gesamtprozess der Verwissenschaftlichung. Eine wichtige Voraussetzung dafür war eine Reihe von überblicksartigen Kompendien, die das gesamte Spektrum der bisher in der katholischen Kirche zur Anwendung gekommenen Ansätze vorstellten und mit Hinweisen für seine praktische Relevanz in der Pastoral erläuterten. Das erste Werk dieser Art, die 1968 erschienene »Einführung in die Pastoralsoziologie« des in Gars am Inn tätigen Redemptoristen Raimund Ritter, wies ausdrücklich darauf hin, dass »Methoden und Techniken der Soziologie« nicht im einzelnen behandelt würden. Denn es sei »trügerisch«, wenn die Seelsorger meinten, nach der Lektüre selbst solche Erhebungen durchführen zu können. Aber der ka-

---

2 *Zerfaß*, S. 57.

tholische Pfarrer erhielt mit diesem Werk eine breit angelegte Übersicht über nahezu alle der zu diesem Zeitpunkt wichtigen Aspekte der soziologischen Beschäftigung mit Kirche und Religion, damit er deren »Bedeutung für Theologie und Seelsorge« einzuschätzen vermochte.[3] Einen umfassenden Überblick über Fragestellungen und empirische Ansätze der Religions- und Kirchensoziologie haben zur gleichen Zeit auch die Texte in zwei von Joachim Matthes herausgegebenen, vielgelesenen Bänden in der Reihe »Rowohlts Deutsche Enzyklopädie« sowie der einschlägige Artikel im Handbuch der empirischen Sozialforschung vermittelt.[4] Deutsche Übersetzungen von zwei französischen Standardwerken, welche den dortigen Stand der katholischen Pastoralsoziologie zusammenfassten, lagen seit 1969 vor.[5] Ausführliche Einführungen in sozialwissenschaftliche Erhebungsmethoden, die speziell auf die Bedürfnisse von Theologiestudenten und Geistlichen zugeschnitten waren, folgten seit Mitte der siebziger Jahre.[6] Schließlich hatte der um 1970 erreichte Stand der Rezeption und Anwendung humanwissenschaftlicher Methoden in der katholischen Kirche auch erste Bemühungen zur Folge, systematisch auf die Beziehungen und Unterschiede zwischen theologischen und soziologischen Fragestellungen zu reflektieren sowie eine systematische Integration soziologischer Denkfiguren in das Studium der Theologie zu ermöglichen. Der »mühsame Dialog« zwischen diesen beiden Wissenschaften, der insbesondere die pastoraltheologische Diskussion der siebziger und achtziger Jahre prägen sollte, gewann an Konturen. Aus Sicht der Soziologen kam es dabei weniger auf praktische Fertigkeiten in der Vorbereitung von Meinungsumfragen an, sondern vielmehr auf die »Gewöhnung« an die Möglichkeit, dass man die ›Welt‹ auch »mit den Augen anderer zu sehen« vermochte, wenn man den engen Horizont der eigenen Disziplin und Konfession verließ.[7]

Etwa zur gleichen Zeit, als das gesamte Ensemble der bislang angewandten sozialwissenschaftlichen Methoden einer vergleichenden Erörterung seiner Implikationen offen stand, gewann noch eine weitere Ebene der Verwissenschaftlichung der katholischen Kirche und des Streits um ihre Probleme an Konturen. Dabei handelte es sich um die Ebene der Semantik gesellschaftlicher Selbstbeschreibungen, also um generalisierte, situations-

3 *Ritter*, Religionssoziologie, S. 9; vgl. *ders.*, Grundfragen. Einen ähnlichen Ansatz verfolgte das seit 1966 in deutscher Übersetzung vorliegende Buch von *Houtart*, Soziologie.

4 *Matthes*, Kirche und Gesellschaft; *ders.*, Religion und Gesellschaft; vgl. *Fürstenberg/Mörth*.

5 *Laloux*; *Debarge*; eine umfassende Einführung in die Religions- und Pastoralsoziologie bot auch das 1967 aus dem Niederländischen übersetzte Werk von *Goddijn/Goddijn*.

6 *Bäumler u.a.*; *Bucher*.

7 Aus theologischer Perspektive u.a. *Forster*, Interdependenz; *Mette/Steinkamp*, S. 164–175, aus soziologischer Perspektive: *Kaufmann*, Theologie, S. 11–62; *Siefer*, Priester, S. 117–134, Zitat S. 117, 130; *Goddijn/Goddijn*, S. 275–278.

unabhängig verfügbare sprachliche Muster, in denen Wandlungen in der Differenzierungsform der modernen Gesellschaft registriert, exploriert und systematisiert werden.[8] Auf ganz aspekthafte und unsystematische Weise war diese Ebene sozialer Selbstbeobachtung bereits in den innerkirchlichen Auseinandersetzungen um die Legitimität der einzelnen Methoden präsent gewesen. Denn hier wurde auch immer die Frage mitverhandelt, ob die katholische Kirche mit der Einbeziehung soziologischer Ansätze womöglich wichtige Aspekte ihrer tradierten Sozialform aufgeben würde oder müsste, um sich den Strukturprinzipien der modernen Gesellschaft anzupassen. Diese Debatten etablierten bereits Strukturen kirchlicher Selbstbeschreibung, also Sinnformen, die Muster für die Wiederholbarkeit von kommunikativen Handlungen konstituierten.[9]

Mit dem Übergang zu einer Semantik, die sich auf dieses Problem der Anpassung an die moderne Gesellschaft in generalisierter Form bezog, war gegenüber der Ebene der praktischen Anwendung einzelner Forschungsmethoden eine entscheidende Differenz verbunden. Auf der Ebene wissenschaftlicher Methoden folgte die Verwissenschaftlichung insofern dem Entwicklungsgang der modernen Wissenschaft, als sie sich um eine fortwährende Vergrößerung ihres analytischen Auflösevermögens und damit um die Steigerung von »selbsterzeugte[r] Komplexität« bemühte, worunter sich die Zahl der darstellbaren Beziehungen zwischen den vorhandenen Elementen eines Systems verstehen lässt.[10] Das Kategoriengerüst und die in Betracht gezogenen Variablen der kirchlichen Organisationsplanung in den siebziger Jahren waren weitaus komplexer als die ersten einfachen Ableitungen des Kirchenbesuchs auf einige wenige Parameter sozialer Schichtung, welche die Soziographie zu Beginn der fünfziger Jahre vorgenommen hatte. Beide Ansätze hatten mit den anderen verwendeten Methoden nur die Tatsache gemeinsam, dass die Komplexität der Welt hier »in dem Überraschungswert selbstproduzierter Daten« sichtbar wurde, um deren Deutung sich die jeweilige Methode dann so gut als möglich bemühen musste.[11] Die Ebene gesellschaftlicher Selbstbeschreibung stand dagegen nicht unter dem Imperativ der Steigerung von Komplexität, sondern diese wurde dort vielmehr reduziert. Semantiken reduzieren und kondensieren die niemals eins-zu-eins darstellbare Komplexität der Gesellschaft auf ein für die soziale Selbstverständigung und Selbstbeobachtung genügendes Format.

Im Hinblick auf die Beziehungen zwischen den Humanwissenschaften und dem Standort des Glaubens und der katholischen Kirche in der moder-

---

8 Vgl. *Luhmann*, Gesellschaft, S. 866–1149; *Stäheli*, S. 184–214.
9 Vgl. Kap. 2.1 und 3.1; *Stäheli*, S. 207.
10 *Luhmann*, Wissenschaft, S. 364–373, Zitat S. 370.
11 Ebd., S. 370.

nen Gesellschaft hatten sich bis in die Mitte der siebziger Jahre, also bis zum Ende des Untersuchungszeitraums dieser Studie, noch keine stabilen Muster der sozialen Selbstbeschreibung eingespielt. Demzufolge geht es im folgenden Abschnitt vor allem darum, einige Konstellationen der kontroversen Semantik zu umreißen, mit der die Wirkungen vor allem der Soziologie auf die Kirche in der Zeit von ca. 1965 bis 1975 beschrieben worden sind. Den ersten wichtigen Kontext der semantischen Kontroversen um die angemessene Form der Verwissenschaftlichung der katholischen Kirche stellte das Zweite Vatikanische Konzil dar. Hier war und ist es insbesondere die Pastoralkonstitution über »Die Kirche in der Welt von heute«, die den zentralen Bezugspunkt fast aller Stellungnahmen über den Stellenwert der Soziologie für die kirchliche Pastoral bildet. Auf der einen Seite stehen diejenigen, für welche dieser Text den entscheidenden »methodologischen Durchbruch zur Modernisierung des Katholizismus« auf dem Konzil markiert. Demnach ist das Konzil nur »dort überall wirksam« geworden, wo sich die »Pastoral der Soziologie bedient«, wie das etwa in den lateinamerikanischen Ländern in der Theologie der Befreiung geschehen sei. Diese Interpretation stützt sich auf den entscheidenden »Perspektivenwechsel im Verhältnis von Kirche und Gesellschaft«, den Gaudium et Spes durchgeführt habe. An die Stelle der einstmals postulierten Überordnung der Kirche sei eine »Gleichstellung mit wechselseitiger Abhängigkeit« getreten, mit entsprechenden Konsequenzen für das Verhältnis von Dogmatik und Pastoral, aber auch für die Ekklesiologie der »Gleichheit aller Mitglieder des Volkes Gottes«.[12] Mit diesem Text habe auch die katholische Kirche die »Autonomie der irdischen Wirklichkeiten« erstmals »grundsätzlich« anerkannt.[13] Es kann und muss an dieser Stelle nicht erörtert werden, ob diese optimistische Lesart der Pastoralkonstitution sich am Text tatsächlich bestätigen lässt.[14]

Aber nicht nur mit einer optimistischen Lesart, sondern auch mit pessimistischen Interpretationen der Konzilstexte geriet die Soziologie in den Strudel der widersprüchlichen Ausdeutung des Zweiten Vatikanums und der Kontroversen um seine angemessene Umsetzung. Denn auf der anderen Seite stand die nicht geringe Zahl jener Katholiken, welche gerade diesem Dokument und der in ihm postulierten »relativen [!] Eigenständigkeit der irdischen Bereiche« ihren »Protest« entgegensetzten. Sie warfen der Kirche vor, damit einen Kurs der »Verweltlichung«, des »Opportunismus« und der »Anbiederung an die Zeit« eingeschlagen zu haben. Das »Unbehagen« ge-

---

12 *Klinger*, Zitate S. 180–182, 186.

13 *Kaufmann*, Entwicklung, S. 29, mit einem Zitat aus Gaudium et Spes, Nr. 36: *Rahner/ Vorgrimler*, S. 482.

14 F.W. Graf hat darauf verwiesen, dass auch Gaudium et Spes stark an die Traditionen des Ersten Vatikanischen Konzils anschließt und weiterhin Vorbehalte gegenüber der »Eigengesetzlichkeit« der modernen Gesellschaft anmeldet. Vgl. *Graf*, Selbstmodernisierung, S. 55f.

genüber dem Konzil und speziell dem »Schema 13«, Gaudium et Spes, hatte hierin einen Gutteil seiner Wurzeln.[15] An die Stelle des Glaubens trete der Glaube an »Psychologie und Soziologie«, der keinen Raum für Transzendenz mehr zu lassen schien.[16] Solchen Stimmungen kam Papst Paul VI. 1970 mit einem Schreiben zum fünften Jahrestag des Konzilsendes entgegen, in dem er die »Zweideutigkeiten« und »Unsicherheiten« bei vielen Gläubigen aufgriff und zu einem nur wenig verklausulierten Verdikt gegen eine Überbetonung der Humanwissenschaften in der Kirche ummünzte. Zwar seien die »soziologischen Untersuchungen« durchaus »nützlich«, um die »Sorgen und Nöte« jener kennenzulernen, denen die Kirche das Evangelium verkünde. Aber ihre Thesen und Ergebnisse könnten »kein entscheidendes Kriterium für die Wahrheit sein«. Paul VI. wandte sich ganz explizit gegen eine von ihm beobachtete »Tendenz«, das Christentum nicht mehr von der »Tradition«, sondern »von den psychologischen und soziologischen Gegebenheiten her« aufzubauen. Mit der »Verbreitung von gewagten Hypothesen« und durch eine von den Humanwissenschaften her aufgebaute »christliche Anthropologie« sei eine »Verwirrung« eingekehrt, gegenüber der man »mit dem Konzil« auf dem Primat der »heiligen Überlieferung« insistieren müsse.[17]

Nicht nur die Befürworter, sondern auch die Gegner einer Soziologisierung der Pastoral konnten sich also auf die Konzilstexte berufen. Diese boten keine hinreichende Basis für die Lösung solcher Kontroversen, sondern lieferten ihnen ganz im Gegenteil eine Fülle argumentativer Munition. Im Gefolge dieser Streitigkeiten um eine mögliche Abkehr von den vertikalen Bezügen des Glaubens und der Kirche sowie um eine Bewertung des postkonziliaren Aufbruchs brach auch die frühere Reformkoalition auf, die Theologen und kirchliche Sozialforscher verschiedener Ausrichtungen und Generationen vor allem unter dem konzeptionellen Dach der Soziographie zusammengeführt hatte. Dabei stand nicht nur die Berechtigung soziologischer Argumentationsfiguren zur Debatte, sondern auch die Frage, mit welcher Emphase und mit welchen weitreichenden Erneuerungszielen man sich auf das Konzil als Wendepunkt der Kirchengeschichte berufen sollte. Ein eindringliches Beispiel für diese im postkonziliaren Prozess aufgebrochenen Gegensätze ist die entschiedene Polemik, mit der sich Joseph Höffner 1970 gegen eine bischöfliche Autorisierung des von verschiedenen Pastoraltheologen erarbeiteten »Pastorale« mit praktischen Ratschlägen für eine erneuerte Seelsorge wandte. Dabei konzentrierte er sich vor allem auf das

15 *P. Lippert* CSsR, Glaube und Fehlglaube in einer gewandelten Welt, in: PBl. für die Diözesen Aachen etc. Jg. 19, 1967, S. 98–111, S. 105.

16 *W. Rück*, Existenz, Umfang und Formen der modernen Glaubenskrise, in: LS Jg. 24, 1973, S. 72–78, S. 73.

17 *Papst Paul VI.*, Apostolische Adhortatio, 8.12.1970, in: Amtsblatt für das Erzbistum München und Freising 1971, Nr. 1, S. 2–11, Zitate S. 4, 7f.

Faszikel zur »Gemeinde«, das Norbert Greinacher mitverfasst hatte. Unter anderem auf diesen zielten offenkundig die spöttischen Bemerkungen Höffners, nach denen »kaum einer dieser soziologisierenden Theologen ein sozialwissenschaftliches Fachstudium aufweisen könne«. Nach Überzeugung des Kölner Erzbischofs habe die Theologie ihre frühere »Ehe« mit der Philosophie scheiden lassen und »eine neue Ehe mit der Soziologie geschlossen«. Der frühere Leiter des Instituts für christliche Sozialwissenschaften stieß sich ferner daran, dass der dem Faszikel zugrunde liegende »Kirchenbegriff« »horizontal-profan« sei und damit zu einer Entsakralisierung der Kirche beitrage. Aber nicht nur ein »extremer Soziologismus« sei zu beanstanden, sondern auch ein unbedingter Erneuerungswille, nach dem »bis zum Pastorale alles schlecht«, »nach dem Pastorale alles herrlich in der Kirche« sei. Auch wenn sich Höffner hier auf die Äußerungen von Laien berief, die sich wegen des ›Pastorale‹ an ihn gewandt hätten, war klar, dass er sich damit gegen die Tendenz stellen wollte, das Konzil als Legitimation für eine radikale Reform der Kirche in Anspruch zu nehmen.[18]

In dieser Kritik des Kölner Erzbischofs wird am Rande noch ein weiteres Element des Wandels der kirchlichen Selbstbeschreibungen sichtbar, das in gewisser Hinsicht eine Nebenfolge des Konzils war und in engem Zusammenhang mit diesem zu sehen ist. Es war nicht nur der ›Soziologismus‹ des Pastorale, sondern auch die Tatsache, dass mit diesem die Auffassungen bestimmter Theologen einen weiten Widerhall in der Kirche fanden, welche seinen Argwohn erregt hatte.[19] In engem Zusammenhang mit den weiteren, gleich zu erörternden Kontexten des Konzils und ›1968‹ als sprachgeschichtlicher Zäsur und als Motor der Politisierung beschwor Höffner damit ein Phänomen, das zu den am häufigsten aufgerufenen Topoi in der postkonziliaren Umbruchszeit zählte: die wachsende Sprachgewalt und öffentliche Breitenwirkung der Theologen, denen man mehrheitlich eine ›progressive‹ Tendenz unterstellte, die sie auf zum Teil provokative Weise nicht mit dem, sondern gegen das Bischofsamt einsetzen würden. Dabei handelte es sich nicht nur um eine Projektion, da viele Thesen etwa von Karl Rahner, Hans Küng oder Hubertus Halbfas und die sich daran entzündenden Kontroversen seit Ende der sechziger Jahre breiten Widerhall in den Massenmedien gefunden hatten.[20] Aber ebenso bemerkenswert wie dieses Medienecho waren die Befürchtungen, die sich mit einer zunehmend unabhängig sprechenden Pastoraltheologie verbanden. Beispielhaft

18 Joseph Höffner an Döpfner 20.4.1970: BAM, GV NA, A-101-141; vgl. *Fischer/Greinacher/Klostermann*; zum Pastorale vgl. *P. Boonen*, Neuorientierung des Kirchlichen Dienstes. Zur theologischen Grundlegung eines »Pastorale« für den deutschen Sprachraum. Auftrag und Vorgeschichte, in: PBl. für die Diözesen Aachen etc. Jg. 23, 1971, S. 2–7.

19 Vgl. Kap. 2.3.

20 *Fischer*, Pastoral, Bd. III, S. 276–288; *Ziemann*, Medien.

zeigte dies die Reaktion eines Mitarbeiters der Deutschen Bischofskonferenz auf das Ansinnen der Konferenz deutschsprachiger Pastoraltheologen, einen Druckkostenzuschuss für einen Band zum 200jährigen Jubiläum ihrer Teildisziplin einzuwerben. Er fand die Auswahl der vorgesehenen Autoren »einseitig und problematisch« und wusste zu berichten, dass auch der Pastoraltheologe Ludwig Bertsch SJ es als eine »Mühe« empfinde, in diesem Kreis »dessen Bindung an die Kirche sicherzustellen«. Als einziger Ausweg bleibe demnach nur übrig, den Zuschuss zu versagen, auch wenn es »einen hohen Grad von Ohnmacht« zeige, »wenn die Bischöfe gegenüber den Theologen zu solchen Mittel greifen müssen«.[21] Nicht alle Vertreter der kirchlichen Hierarchie bewahrten sich Anfang der siebziger Jahre eine so gelassene Haltung wie der Münsteraner Bischof Heinrich Tenhumberg. Auch wenn er die Auffassung teilte, dass der »innerkirchliche Pluralismus« verschiedentlich bis »an die Substanz des Glaubens« gehe, betonte er in privaten Briefen, dass die zunehmende Uneinigkeit innerhalb der Kirche in der Sache fundiert war und deshalb nicht mehr mit lehramtlichen Erklärungen allein zu lösen sei.[22]

Ein zweiter wichtiger Kontext für das semantische Feld der kirchlichen Selbstbeschreibung im Spannungsfeld von Säkularisierung und Verwissenschaftlichung ergab sich mit der Politisierung der Soziologie, die mit der Politisierung von Kirche und Gesellschaft im Zuge der Protestbewegungen seit den späten sechziger Jahren einherging. Im Zuge dieser Entwicklung geriet die Verwendung der Soziologie in der Kirche unter einen generellen Ideologieverdacht und in den Geruch, gewissermaßen zur partizipatorischen Unterwanderung der kirchlichen Bastionen und ihrer Anpassung an den »soziologischen Zeitgeist« beizutragen.[23] Es waren vor allem zwei Vorlagen für die Würzburger Synode, anhand derer diese Kontroverse öffentlichkeitswirksam entflammte und intensiv ausgetragen wurde. Das war zum einen die Vorlage über »Ziele und Aufgaben kirchlicher Jugendarbeit«, welche die Vollversammlung der Synode im November 1973 beriet. Wie die Berichterstatterin Elisabeth Rickal, zugleich Bundesvorsitzende des BDKJ, feststellen musste, waren weite Teile der kirchlichen Öffentlichkeit alsbald davon überzeugt, dass die verschiedenen »Soziologismen« in der Vorlage dazu dienen sollten, »neo-marxistisches Gedankengut« in die Vorlage einzubringen. Auf Kritik stieß weniger der aus der Gruppendynamik stammende Begriff der »reflektierten Gruppe«, der auch nach einer sprach-

---

21 Paul Josef Cordes an Kardinal Jaeger 18.8.1973: BAM, GV NA, A-0-978. Auch hier waren, als Mitveranstalter des dem Band zu Grunde liegenden Kongresses, Norbert Greinacher und Ferdinand Klostermann das Objekt besonderen Argwohns.

22 Heinrich Tenhumberg an G.M. 1.2.1972: BAM, GV NA, A-0-737.

23 H. *Boventer*, Rauchopfer dem Gott der Soziologen. Zur Synodenvorlage: Ziele und Aufgaben kirchlicher Jugendarbeit, in: Rheinischer Merkur, 12.10.1973.

lichen Überarbeitung der Vorlage beibehalten wurde, weil er sich in der »Praxis der Jugendarbeit« bereits eingebürgert hatte.[24]

Stein des Anstoßes war vielmehr der gesellschaftskritische Impetus, der die gesamte Vorlage durchzog, und die Ableitung der »emanzipatorischen« Ziele und Haltungen kirchlicher Jugendarbeit aus einer ›kritischen‹ Analyse ihrer gesellschaftlichen Bedingungen. Skeptische Beobachter monierten die anklagende Haltung, mit der die »gesellschaftlichen Missstände« einer Ideologiekritik unterzogen wurden, die ihre Kategorien offenkundig aus dem Begriffsarsenal der ›Kritischen Theorie‹ bezogen hatte. Aber auch die auf den Einfluss von Theodor W. Adorno zurückgeführte Semantik einer »Autonomie« der Jugendlichen als Höchstwert fiel unter das Verdikt, die »Glaubensbildung primär aus dem gesellschaftlichen Kontext« ableiten zu wollen.«[25] So unverständlich die artifiziellen Sprachspiele und der kritische Jargon der Frankfurter Schule den meisten Entscheidungsträgern in kirchlicher Hierarchie und Laienverbänden erscheinen mochten, so sehr hatten die in den Jugendverbänden aktiven katholischen Jugendlichen sie sich zu eigen gemacht. Zwei zu den Beratungen der Synode delegierte Mitglieder des BDKJ berichteten von den in der zuständigen Sachkommission gegen die Vorlage vorgetragenen Angriffen, weil sie »chiffrenhaft und voll von Soziologismen sei«. Aber die Diskussion um eine theologische »Erweiterung« des Ansatzes der Vorlage wurde mit einem für sie »ebenso unverständlichen, nämlich fachtheologischen Vokabular geführt«.[26] Während der Hochphase innerkirchlicher Politisierung in den frühen siebziger Jahren gab es nur noch sehr wenige Berührungspunkte zwischen den traditionellen Semantiken der Kirche und den von den Humanwissenschaften inspirierten Alternativen.

Um die Ideologisierung der Soziologie ging es auch beim Streit um die Synodenvorlage zum Thema »Kirche und Arbeiterschaft«, welche aus dem »großen Skandal« des historischen Verlusts der Arbeiterschaft für die Kirche im 19. Jahrhundert eine besondere Priorität entsprechender pastoraler Anstrengungen abgeleitet hatte.[27] Für den Bund katholischer Unternehmer hatte Wilhelm Weber, Nachfolger Höffners auf dessen Lehrstuhl für christliche Sozialwissenschaften in Münster, eine ausführliche Stellungnahme erarbeitet, die sich kritisch mit dem Text auseinandersetzte. Er stieß sich an der »Begriffs- und Sprachschluderei« der Vorlage, deren zentraler Begriff, der des Arbeiters, sich zumindest für die Gegenwartsgesellschaft als »indefinibel«

24 *E. Rickal*, Einleitung, in: Gemeinsame Synode, Bd. I, S. 277–287, S. 282f.; Text der Vorlage in: Synode Jg. 3, 1973, Nr. 4, S. 5–19.

25 *H. Boventer*, Rauchopfer dem Gott der Soziologen. Zur Synodenvorlage: Ziele und Aufgaben kirchlicher Jugendarbeit, in: Rheinischer Merkur, 12.10.1973; *ders.*, Adorno und der heilige Paulus, in: ebd., 2.5.1974; vgl. *Fischer*, Pastoral, Bd. III, S. 144–146.

26 M.G und C.S. an die Redaktion KuL 14.12.1973: BAM, Schriftleitung KuL, A 230.

27 Gemeinsame Synode, Bd. I, S. 327; vgl. Kap. 3.4.

erwiesen habe. Dieses Problem habe der Text durch die »Hypostasierung des Arbeiters von 1850«, also der frühindustriellen Elendsgestalt des Proletariers, umgangen. Das aber gerate zur »Burleske«, da dieser Arbeitertyp »in der Bundesrepublik langsam rar geworden sein« dürfte.[28] Mit diesen Bemerkungen hatte Weber auf die Problematik des Vorhabens hingewiesen, just im sozialhistorischen Moment des »Abschieds von der Proletarität« gerade den frühindustriellen Arbeitertyp auf der Agenda kirchlichen Handelns zu verankern.[29] Für ihn war das aber nur ein Beweis für die zunehmende »Fahrlässigkeit im Bereich der Sprachlogik« und der »Unbekümmertheit um die Semantik vieler alltäglicher Sprachhülsen«, die sich vor allem in der Theologie seit einigen Jahren breit gemacht habe. Weber sah darin letztlich eine Konsequenz aus dem »Verlust der Naturrechtsphilosophie in der Ausbildung der Theologen«, auf das ihr »massenhaftes Einschwenken auf ›kritische‹ (sprich neo-marxistische) Soziologien« geradezu zwangsläufig gefolgt sei, da sie während des Studiums ja »gar nichts anderes mehr kennenlernen«. Sollte die »Bastardisierung« der katholischen Soziallehre durch marxistische Versatzstücke noch weiter anhalten, sei sie bald nur noch ein »Museumsstück«.[30]

An diesen Bemerkungen ist nicht nur die Entschiedenheit bemerkenswert, mit der sich Weber einem zu diesem Zeitpunkt übermächtig erscheinenden Trend entgegenzustemmen versuchte, um die – nicht zuletzt durch Argumente der katholischen Soziographie – seit geraumer Zeit sinkende Verbindlichkeit der katholischen Soziallehre innerhalb der Kirche aufzuhalten.[31] Auffallend ist auch die konzeptionelle Differenz zu der von ihm als ›neomarxistisch‹ kritisierten Strömung in der Kirche. Anders als diese versuchte der Münsteraner Ordinarius eben nicht, zeittypische Bewusstseinsformen aus den ›Verhältnissen‹ des gesellschaftlichen ›Überbaus‹ abzuleiten, wie es für weite Teile der studentischen Protestbewegung der 68er typisch war.[32] Stattdessen rückte die realitätsprägende Diskursmacht von Sprachformen und Schlüsselwörtern in das Zentrum seiner Aufmerksamkeit, die von eben jener Protestbewegung in Umlauf gebracht worden waren. Mit dieser Einstellung stand Weber keineswegs allein. Auch andere konservative Katholiken beobachteten Anfang der siebziger Jahre mit Besorgnis, »wie sehr mit soziologischen Kategorien im kirchlich-theologischen Raum gearbeitet« wurde, die zumindest »teilweise ideologiebehaftet« waren und einer

28 Wilhelm Weber, namens des Bundes Katholischer Unternehmer, an Tenhumberg 10.10.1975: BAM, GV NA, A-0-737; Gemeinsame Synode, Bd. I, S. 338f.

29 Vgl. *Mooser*, Proletarität.

30 Wilhelm Weber, namens des Bundes Katholischer Unternehmer, an Tenhumberg 10.10.1975: BAM, GV NA, A-0-737.

31 Vgl. Kap. 2.1.

32 Exemplarisch dafür etwa die Max Weber behandelnde Doktorarbeit von Wolfgang Lefèvre: *Lefèvre*.

Verbindung von »Marxismus und Neopositivismus« zu entstammen schienen. Beunruhigung löste dabei nicht nur die unterstellte Ideologiehaftigkeit dieser Begriffe aus, womit man einen Schlüsselbegriff des politischen Diskurses in der Bundesrepublik der siebziger Jahre aufgriff. Entscheidend waren vielmehr die untergründigen Schlussfolgerungen, welche die Konnotationen dieser Termini in den Sprachhaushalt der Kirche transportierten. Ein Beispiel dafür war der Begriff der »Basis«, der sich im Zuge der Demokratisierungsdiskussion auch in den innerkirchlichen Diskursen ausgebreitet hatte. Er implizierte die Vorstellung, dass die »Masse die eigentliche Trägerin der Geschichte« sei. Damit hatte aber bereits die Verwendung des Begriffs weitreichende Implikationen, insofern aus dem Blick geraten musste, dass die Kirche die »Substanz ihrer Ordnung« einem »göttlichen Stifter« verdankte und eben nicht ihrer ›Basis‹, obwohl die darin enthaltenen metaphorischen Bedeutungen des Tragens und Begründens dieses zu suggerieren schienen. Ein anderes Beispiel war das Vordringen des Begriffs der »Mitmenschlichkeit«, während das »spezifisch christliche Wort von der Nächstenliebe, das die Beziehung zu Gott als die Wurzel der Beziehung zum Mitmenschen mitausspricht«, beinahe »völlig verschwunden« zu sein schien.[33]

Aber nicht nur neue Begriffe drangen in den kirchlichen Sprachgebrauch ein, auch alte, die über einen seit langem tradierten Kranz von Konnotationen und Referenzen verfügten, bekamen nach 1968 in der Performanz des Sprechens einen völlig anderen Sinngehalt. Anton Rauscher, als Direktor der Katholischen Sozialwissenschaftlichen Zentralstelle in Mönchengladbach seit 1963 gewissermaßen der Gralshüter der katholischen Soziallehre, leitete daraus deren besondere Verantwortung ab, sich um eine Sicherung des tradierten Sprachgebrauchs zu bemühen. Dem lag seine Beobachtung zu Grunde, dass deren zentrale Kategorien nunmehr durch »gleißnerische Worte« quasi enteignet würden, die zwar »Anklänge an religiöse und christliche Wertvorstellungen« enthielten, ihnen aber tatsächlich »oft total« widersprächen. Ein Beispiel dafür sei etwa die »Menschenwürde«, die eben nicht mehr ihre für einen Christen »wahre« Bedeutung impliziere, die in der »Gottebenbildlichkeit des Menschen« bestehe. Auch wer heute von »Freiheit« spreche, meine damit nicht mehr die »Freiheit der Kinder Gottes«, sondern wolle im Gegenteil »den Menschen von Gott und seinen Geboten ›emanzipieren‹« und damit womöglich zur »Versklavung des Menschen unter seine Leidenschaften« beitragen.[34] Aus Sicht der pessimis-

33 Die Situation der katholischen Kirche in der Gesellschaft, Ms., o.D. Dieses Exposé übersandte der an einem Bundesgericht tätige Jurist G.M. an Heinrich Tenhumberg, 4.1.1972: BAM, GV NA, A-0-737; vgl. *Marx*, Grenzen, S. 211–314.
34 Anton Rauscher an Heinrich Tenhumberg 7.5.1973: BAM, GV NA, A-0-737; vgl. *F. Graf v. Westphalen*, Kirche für Gläubige oder für Fachleute? Intellektualismen verwirren die Begriffe, in: Rheinischer Merkur, 9.10.1970.

tischen Anthropologie Rauschers hatten Politisierung und Soziologisierung der Kirche zu einer Verschiebung, ja zu einer völligen Verkehrung des katholischen Diskurses geführt. Dieser konstituierte nunmehr ein völlig neues Netz von Referenzen und implizierte damit einen weitreichenden Wandel der kirchlichen Realität. Diese Hinweise akzentuieren die ´68er-Bewegung als einen wichtigen Faktor des Sprachwandels in der Bundesrepublik. Nicht nur viele Katholiken, sondern auch die CDU beobachtete ihn argwöhnisch und reagierte mit der von Kurt Biedenkopf entwickelten Strategie, im politischen Diskurs die »Begriffe besetzen« zu wollen.[35]

Die »kritische Inanspruchnahme soziologischer Erkenntnisse« zog nach Meinung mancher Beobachter eine »Verwirrung der Geister« nach sich, die von der eigentlichen »Mitte« der Kirche und ihrem zentralen Anliegen ablenkte. Wie ein Priester aus dem Sauerland 1970 monierte, werde in den kirchlichen Gremien vom Pfarrgemeinderat bis zum Priesterrat zwar »viel geredet über den Umbau der Strukturen (…), über Demokratisierung und anti-autoritäres Verhalten« und anderes mehr. Worüber kaum noch gesprochen werde, sei das »eigentliche Anliegen unseres Glaubens«, also »Christus«.[36] Es war dieses Wissen um die realitätsprägende Kraft der Sprache, dass dem innerkirchlichen Streit um die angemessenen Semantiken neben der Politisierung seine besondere Brisanz verlieh.

Die Politisierung der Soziologie im kirchlichen Kontext hatte auch praktische Konsequenzen, wie eine Reihe von Auseinandersetzungen anzeigen, die 1974 praktisch zeitgleich an der Theologischen Fakultät der Universität Münster stattfanden. Dabei ging es zum einen um die Berufung eines Assistenten von Johann Baptist Metz zum Akademischen Rat für die »Grenzfragen zwischen Theologie und Soziologie«. Der vorgesehene Kandidat hatte zu Fragen der Sexualität und Familie als Soziologe promoviert und verfügte über positive Gutachten von Metz und Karl Rahner. Der Bischof verweigerte jedoch das nihil obstat, da seine Thesen zur Sexualität nicht der »kirchlichen Lehre« entsprächen. Zudem besitze er nicht die für die Theologenausbildung erforderliche »besondere Kirchlichkeit«. Zur gleichen Zeit scheiterte der Versuch der Fakultät, den weltweit bekannten belgischen Pastoralsoziologen François Houtart auf eine Professur für Missionswissenschaft zu berufen. Houtart hatte seit 1958 ein Netzwerk von Forschungsprojekten und Instituten aufgebaut, das sich über ganz Lateinamerika erstreckte und dort die Anpassung der kirchlichen Strukturen an den rapiden Urbanisierungsprozess erforschte. Seit Ende der sechziger Jahre dehnte er seine Aktivitäten auch auf Afrika und Asien aus und erwarb sich durch zahlreiche Auslandsaufenthalte

---

35 *Wengeler.*

36 *B. Starke,* Priester im Bezirk. Erfahrungen, Beobachtungen, Hilfen, in: Im Dienst der Seelsorge Jg. 24, 1970, Nr. 2, S. 38–42, S. 38, 41.

einen exzellenten Ruf als Experte für die kirchliche Situation in den Ländern der ›Dritten Welt‹, deren Belange er seit dem Treffen der lateinamerikanischen Bischofskonferenz in Medellín 1968 mit wachsender Radikalität auch in der Öffentlichkeit vertrat. Er wurde damit zu einem der ersten Globalisierungsgegner, noch bevor es diesen Begriff gab. Ein Monitum des Bischofs, der die fehlende theologische Formalqualifikation beanstandete, wies das zuständige Ministerium mit dem zutreffenden Hinweis ab, dass ihm kein Urteil über die wissenschaftliche Qualifikation des Bewerbers zustände, sondern nur über dessen Rechtgläubigkeit und seinen persönlichen Lebenswandel. Daraufhin machte Tenhumberg geltend, dass die Berufung eines Soziologen auf diesen Lehrstuhl »nicht der Intention der Kirche« entspreche. Schließlich hatte Tenhumberg Norbert Greinacher kirchenrechtliche Maßnahmen wie den Entzug der kirchlichen Lehrbefugnis angedroht, wenn er sich weiterhin »in Wahlkämpfen engagierte« und der kirchlichen Lehre über den § 218 öffentlich widerspreche.[37] Greinacher war bereits im Sommer 1973 durch Kardinal Döpfner, den Präsidenten der Synode, von seiner Funktion als Berater der Würzburger Synode entbunden worden, nachdem er auf dem Hannoveraner Parteitag der SPD öffentlich für die Fristenregelung plädiert hatte.[38] Reibungen und Konflikte zwischen Pastoralsoziologen und der kirchlichen Hierarchie hatte es zwar auch schon in den sechziger Jahren gegeben. Zu dieser Zeit nahmen sie aber noch nicht jene nun charakteristische Schärfe im Ton an, und drangen zudem in der Regel nicht an die Öffentlichkeit.[39]

Im Zeichen der Politisierung rissen aber nicht nur Konflikte zwischen Soziologen und kirchlicher Hierarchie auf, sondern auch unter denjenigen katholischen Soziologen, die sich mit kirchlichen Fragen beschäftigten. Die Vertreter der immer noch zumeist an kirchlichen Einrichtungen beschäftigten Pastoralsoziologie, welche beinahe zwei Jahrzehnte um die Anerkennung ihrer Disziplin und der Legitimität ihres Ansatzes hatten kämpfen müssen, sahen sich nun dem Vorwurf ausgesetzt, wesentliche Aspekte der kirchlichen Wirklichkeit ausgeblendet zu haben. Dem kritischen Impetus der frühen siebziger Jahre entsprechend, waren es vor allem Studien über die »hi-

37 *F. Kerstiens*, Informationen und Anfragen zu den Vorgängen zwischen Bischof Tenhumberg und dem Katholisch-Theologischen Fachbereich, in: FK-Information Nr. 2, 1974, S. 3–5; vgl. *Menne*; François Houtart an Albrecht Beckel 1.3.1973: BAM, FHH A 232; *Moews*, S. 92, 187, 198–210; *Nesti*; LThK, 3. Aufl, Bd. 7, Sp. 287f. s.v. missio canonica; ebd., Sp. 835 s.v. nihil obstat.

38 Die Sachkommission IX hatte sich bei fünf Jastimmen, sechs Neinstimmen und sechs Enthaltungen dagegen ausgesprochen, auf diese Absetzung mit Kritik zu reagieren. Die Zahl der Enthaltungen ist symptomatisch für die tief in die katholische Kollektivmentalität eingegrabene Konfliktscheu. Protokoll der Sitzung der Sachkommission IX v. 13./14.7.1973: BAM, Synodalbüro A 54; Protokoll des SPD-Parteitags 1973, S. 175–181.

39 Vgl. Kap. 2.3.

erarchische Struktur der Kirche« oder die »Machtausübung ihrer Bischöfe«, welche ›kritische‹ Soziologen nun vermissten. Für sie sollte die Soziologie sich zu einer Fundamentalkritik innerkirchlicher Herrschaftsverhältnisse weiten. Es war kein Zufall, dass damit Themen angesprochen wurden, welche der in der Kirche nur in rudimentärer Form zur Entfaltung gelangte Ansatz der Organisationssoziologie behandelte. Aber das Faktum blieb, dass der katholischen Pastoralsoziologe nicht mehr nur von Universitätssoziologen wie Thomas Luckmann, sondern auch von ihrem eigenen ›linken‹ Flügel vorgeworfen wurde, nicht mehr als »kirchliche Marktforschung« zu betreiben.[40]

Ein dritter wichtiger Aspekt der kirchlichen Selbstbeschreibung zwischen Verwissenschaftlichung und Säkularisierung kreiste um die Frage, welche Erwartungen an die Erklärungsansätze der Soziologie und Psychologie zu adressieren seien. Gerade unter der jungen Generation waren um 1970 die an die Soziologie geknüpften Erwartungen immens. Darauf deuteten zum einen die zu dieser Zeit durchgeführten Umfragen unter den Priestern und Priesteramtskandidaten hin, bei denen sich mehr als drei Viertel der Priester in den jüngsten Weihejahrgängen für eine substantielle Einbeziehung humanwissenschaftlicher Ansätze in die theologische und praktische Ausbildung aussprachen.[41] Ein anderes Indiz war die explodierende Zahl der Studenten, die Soziologie als Haupt- oder Nebenfach wählten. »Alle Lehramtskandidaten« redeten zu dieser Zeit »fast nur noch von ›Sozialisation‹«, und ohne aus freier Hand über die »gesellschaftliche Relevanz« eines Faches zu räsonieren, ließ sich zu dieser Zeit nicht einmal mehr katholische Theologie studieren. Manche Beobachter sahen darin nicht nur einen modischen Trend, sondern stellten die Frage, ob nicht »das Heil durch die Soziologie« erwartet werde.[42]

Als Ursache für diese überzogenen Erwartungen galt ihnen vor allem die Tatsache, dass die Soziologie den »Anspruch der Totalität« in der Erklärung sozialer Sachverhalte mit dem Anspruch auf das »Finden von Gesetzmäßigkeiten« als einer prognostischen Fähigkeit kombinierte. Eine weitere strukturelle Ursache lag in der Sakralisierung sozialer Bindungen, womit für viele letztlich die Gesellschaft »an die Stelle Gottes« gerückt sei. Darüber hinaus wurde die Soziologie aber auch konkret als eine Hilfe bei der individuellen Lebensführung gesucht, wie die Mitarbeiter des Franz-Hitze-Hauses 1972 erfuhren, nachdem der Hamburger Soziologe Gregor Siefer dort seine Thesen über die immensen Erwartungen vieler Studenten an das Fach referiert hatte.[43] Nach einem Radiobericht über diese Veranstal-

---

40 *Hoffmann*, Auswege, S. 9f. (Zitate), 15–51; vgl. *Siefer*, Priester, S. 128f.
41 *Forster*, Interdependenz, S. 11f.
42 *Siefer*, Priester, S. 135–141, Zitat S. 135.
43 Notizen o.Verf. [Jörg Twenhöven] o.D. [7.11.1972] zum Klubabend mit Gregor Siefer, Kommt das Heil durch die Soziologie?: BAM, FHH A 60.

tung meldete sich eine Gymnasiastin, deren Freund »praktisch an überhaupt nichts« mehr im Sinne der überlieferten Religion glaubte, aber intensiv auf der Suche »nach etwas glaubwürdigem« war. Nun wollte er Soziologie studieren, und zwar in erster Linie, um sich »den Sinn des Lebens erklären zu können«.[44]

In diesen Zwiespalt sahen sich auch die Vertreter der kirchlichen Sozialforschung gestellt, wie der Pastoralsoziologe Lothar Roos 1972 unterstrich. Auf der einen Seite standen jene, welche sich von der Soziologie Auskünfte über das »wirkliche‹ Leben« und Antworten auf die »brennende Frage« erhofften, wie die Pastoral »effektiver und attraktiver« gestaltet werden könne. Andere dagegen sahen in all diesen Bemühungen nur eine »Masche« und oder sogar eine »Ersatzreligion« am Werk, welche nur unter »Verlust der theologischen Substanz« in die Pastoral eingeführt werden könne. Die Antwort von Roos auf die Frage nach der Berechtigung und Realitätsnähe beider Perspektiven war ambivalent. Zwar konstatierte er einen erheblichen »Nachholbedarf an humanwissenschaftlicher Terrainerkundung« in der Kirche und betonte entschieden deren Legitimität. Er warnte aber auch vor der Einseitigkeit, sich nur auf die Soziologie stützen zu wollen, während tatsächlich alle Humanwissenschaften, darunter auch Philosophie, Geschichtswissenschaft sowie die Politologie in der Kirche zum Einsatz kommen müssten. Die Wissenschaft werde aber »nie« in der Lage sein, das »Ganze der Kirche« zu übersehen. Es gebe ein »Geheimnis des Glaubens«, das »wesentlich zur ›komplexen‹ Wirklichkeit« der Kirche dazugehöre, und wer das übersehe, verfalle leicht einem »einseitigen Psychologismus und Soziologismus«[45]

Diese Semantik, welche den Glauben eng mit der Kirche verknüpfte, ja ihn als ein mysteriöses Geheimnis in deren Zentrum plazierte und sie dadurch definierte, war keineswegs beiläufig oder zufällig, sondern war eine typische Reaktion auf die im Gefolge des Einzugs der Humanwissenschaften in der Kirche entstandenen Problemlagen. Insbesondere die Soziographie, die Umfrageforschung und die Organisationssoziologie hatten unmissverständlich und zuletzt auch mit direkter Benutzung dieser Terminologie auf typische Folgen funktionaler Differenzierung und die sich daraus für die katholische Kirche ergebenden Effekte hingewiesen. Die differenzierten Kirchenbesucherzählungen ließen eine Dissoziation von unkirchlicher Erwerbswelt und der Sphäre kirchlicher Bindung erkennen, wobei in dieser vorwiegend die außerhalb des Erwerbslebens stehenden Personengruppen wie Rentner, Hausfrauen und Kinder verblieben waren.

---

44 R.M. 28.10.1972 an das Franz-Hitze-Haus: ebd.

45 *L. Roos*, Christliche Gemeinde inmitten der menschlichen Gesellschaft. Soziologie und Theologie in der Pastoral, in: Sein und Sendung Jg. 4, 1972, S. 104–113, Zitate S. 104–106, 111.

Mit den Mitteln der Demoskopie konnte man die Folgen der Privatisierung religiösen Entscheidens beobachten, welche sich vor allem als ein Konkurrenzverhältnis zwischen dem Wertsystem der Kirche und den gesellschaftlich dominanten Normen und Moralvorstellungen ausdrückten. Mit der Anwendung der Rollen- und Organisationssoziologie war schließlich die Einsicht verbunden, dass die Kirche selbst als eine Organisation zu verstehen war, die mit Entscheidungen über die Zuordnung von Mitgliederrollen auf Anforderungen reagierte musste, welche sich durch Muster der funktionalen Differenzierung für ihre Problembearbeitungskapazität ergaben. Das waren alles keine Befunde, die übereifrige Kirchenkritiker von außen an die Kirche herantrugen, sondern Thesen kircheneigener Planungsstäbe und Forschungsinstitute, die den Bischöfen sowie vielen Theologen vorlagen. Welche Konsequenzen sich daraus für das ekklesiologische Selbstverständnis der Kirche und für die theologische Reflexion dieses Wandels ergaben, war eine bis Mitte der siebziger Jahre noch weithin offene Frage.

Die Selbstbeschreibung der Kirche war nicht unmittelbar dazu gezwungen, der gesellschaftlichen Situation entsprechende semantische Formen zu erproben. Semantiken sind nachträglich angefertigte Beschreibungen, die zwar Vorgriffe auf künftige Entwicklungen aufweisen können, aber auch traditionelle Überhänge, die unter veränderten Bedingungen so lange als irgend möglich kontinuiert werden.[46] Und so bestand eine wichtige Reaktion auf das Vordringen einer Semantik der funktionalen Anpassung in die Kirche darin, den ›Glauben‹ als eine Chiffre für die Ganzheit und den umfassenden Charakter ins Spiel zu bringen, den die katholische Religion auch unter den Bedingungen funktionaler Differenzierung aufweisen müsse. In diesem Sinne meldete sich etwa Gustav Ermecke im Kontext einer Diskussion zu Wort, welche die Notwendigkeit eines »brain-trusts« zur sozialwissenschaftlichen Beratung der Bischöfe erörterte. Wer sich dabei ganz auf ein »innerweltlich-menschliches«, von Soziologie und Psychologie bestimmtes Denken konzentrierte, schien für Ermecke zur Beratung der Bischöfe »nicht fähig«. Entscheidend sei stattdessen die »Radikalisierung« der christlichen Botschaft, die von ihrer »Wurzel« her, also dem Bilde des Gekreuzigten, »schlicht und einfach in Glaube, Hoffnung und Liebe (...) gelebt« werden müsse, und zwar »total«, sowohl im »innerkirchlichen« wie im »weltlichen« Raum, wobei kein »Bezirk« der Wirklichkeit ausgespart bleiben dürfte.[47] Mit dieser Semantik formulierte Ermecke ganz eindeutig ein Gegenprogramm zur Botschaft des Voranschreitens funktionaler Differenzierung, das die Verwissenschaftlichung der Kirche bisher als Selbstbe-

46 *Stäheli*, S. 214–218.
47 *G. Ermecke*, »Brain-Trusts« für die Bischöfe? Überlegungen zu den Plänen für einen theologischen Beratungsdienst, in: Rheinischer Merkur, 2.7.1971; vgl. Kap. 2.3.

schreibung der Gesellschaft präsentiert hatte. Gegen die Partialisierung von Religion und Kirche zu einem Teilbereich unter anderen setzte Ermecke die christliche Heilsbotschaft als eine Mitteilung, die an alle Bereiche und Aspekte von Mensch und Gesellschaft adressiert war. Angesichts der Steigerung von Komplexität mit dem Auflösevermögen der modernen Wissenschaft verstand und benutzte Ermecke den Glauben, der auf ›einfache‹ Weise zu leben und dennoch allumfassend sei, als eine Reduktionsformel. Gegen die Verwässerung und den Substanzverlust der Religion in der Moderne wurde ihre ›Radikalisierung‹ als Strategie in Anschlag gebracht.

Dieses Programm der Kontinuierung des tradierten Glaubensverständnisses auch unter den veränderten Bedingungen einer »Umbruchsituation« kondensierte auf nachgerade beschwörende Weise die häufig verwendete Metapher, nach welcher »der Glaube (…) wieder in der Mitte des Lebens angesiedelt werden« müsse und nicht nur eine »Randerscheinung« oder eine »Versicherung« für unbearbeitete Probleme sein dürfe. Es schien relativ einfach, aus einer solchen Beschreibung »Vertrauen und Zuversicht« für die Zukunft des Glaubens und der Kirche zu gewinnen.[48] Aber die besondere Klarheit und Eingängigkeit dieser Metapher vom Platz des Glaubens in der ›Mitte des Lebens‹ konnte nicht darüber hinwegtäuschen, dass ihre Botschaft von den Ergebnissen der Pastoralsoziologie längst umfassend dementiert worden war. Ein sprechendes Beispiel dafür bieten Notizen, die ein niederrheinischer Pfarrer 1971 über die pastorale Situation in seiner Gemeinde anfertigte. »Christl.[icher] Glaube = Sinnmitte des Lebens«, so notierte er dort zu Beginn. Aber von den vier »Kreise[n]« in der Pfarrei, die er in seiner Skizze unverkennbar anhand soziographischer Schemata unterschied, war dieser eben nur einer, nämlich die »Kerngemeinde«. Daneben gab es noch die »Versammlungs-Gemeinde«, die »Randkatholiken«, die das kirchliche »Wertesystem unbeachtet« ließen, sowie »bloß noch nominelle Katholiken«, die ein »neuheidn.[isches] Leben« führten. Anstatt dem christlichen Glauben dessen Mitte zuzuweisen, hatten diese ihn gänzlich aus ihrem Leben ausgeschlossen.[49] Wer dem Glauben nach 1970 einen Platz in der ›Mitte‹ des Lebens zuweisen wollte, tat das in der Regel ganz bewusst gegen den Trend der Differenzierungsformen von Religion und Gesellschaft.

Genau auf dieses Dilemma reagierte der Begriff der »Glaubenssituation«, den Klaus Hemmerle, der geistliche Direktor des ZdK, Anfang der siebziger Jahre maßgeblich geprägt hatte. Er tat dieses vor dem Hintergrund der Synodenumfragen, an deren Formulierung er selbst federführend beteiligt war und deren Ergebnisse keinen Zweifel daran ließen, dass das unreflek-

---

48 *Rück*, S. 78; vgl. *Lippert*, S. 110.
49 Pfr. Johannes Hüneborn in Borth über Moers, Überlegungen zur Gemeinde-Pastoral, o.D. [1971]: BAM, GV NA, A-201-25.

tierte Aufrechterhalten eines als allumfassender Einheitsbegriff formulierten Glaubens an der Realität vorbeiging, die durch die ›kognitive Dissonanz‹ vieler Katholiken mit den Anforderungen des Glaubens und den Normen der Kirche gekennzeichnet war. Der »totale Anspruch des Glaubens, die ganze Antwort Gottes ans menschliche Dasein zu deuten«, musste laut Hemmerle »neu ausgedeutet« werden, und dazu sollte der Begriff der »Glaubenssituation« beitragen. Nur so könne der im Gefolge der Umfragen aufgetretenen Forderung entgegnet werden, einfach eine »Streichung der dysfunktional« erscheinenden Elemente des Glaubens vorzunehmen und ihn auf diese Weise mit der gesellschaftlichen Situation kompatibel zu machen. Zu diesem Zweck griff Hemmerle die Spannung auf, die zwischen der »gnadenhaft« sich öffnenden Freiheit Gottes und des Menschen als fundamentaltheologischer Bestimmung des Glaubens und seinen individuellen und sozialen »Objektivationen« bestand. Anders gewendet hieß das, den Glauben sowohl als »situationsenthoben«, als »situationsbedingt« wie auch als »situationsbedingend« und auf die Welt ausstrahlend zu verstehen. In dieser abstrakten Formulierung war der ›allumfassende‹ Glaube jedoch als ein Differenzbegriff formuliert, der die versprochene Einheit von Gott und Mensch nur in der »Differenz« zwischen einer »ohne« den Glauben und einer »durch« den Glauben geprägten Wirklichkeit zu realisieren vermochte. Methodisch formulierte Hemmerle die Analyse der Glaubenssituation denn auch als eine »Differentialanalyse«. Damit hatte er einen ersten Versuch unternommen, einen zentralen theologischen Begriff nicht mehr durch eine Einheit zu fundamentieren, sondern auf die Begründung durch Differenzen umzustellen.[50]

Am Ende des Untersuchungszeitraumes dieser Studie stand die kirchliche Selbstbeschreibung im Spannungsfeld von Säkularisierung, der Politisierung von Kirche und Soziologie, widersprüchlichen Erwartungen an diese Disziplin und einem besonders von eher konservativen Katholiken aufmerksam registrierten Wandel des innerkirchlichen Diskurses. Erst vor diesem Hintergrund der Verwissenschaftlichung der katholischen Kirche lassen sich die gegensätzlichen Stellungnahmen angemessen interpretieren, mit denen zwei katholische Sozialwissenschaftler in den siebziger und frühen achtziger Jahren in diese Auseinandersetzungen intervenierten. Zum einen ist hier Wilhelm Weber zu nennen, der Leiter des Instituts für christliche Sozialwissenschaften in Münster. In seiner letzten, 1984 posthum erschienen Buchpublikation untersuchte er den »Einfluss sozialwissenschaftlicher Weltbilder auf theologisches

---

50 *Hemmerle*, Glaubenssituation, Zitate S. 32f., 35f.; vgl. *Forster*, Interdependenz, S. 21f. Es kann hier auf Hegels Theorie der bürgerlichen Gesellschaft verwiesen werden, die bahnbrechend in dem Versuch war, Gesellschaft nicht mehr als Einheit des ›body politic‹, sondern als Differenz (von Staat und bürgerlicher Gesellschaft) zu beschreiben. Vgl. *Luhmann*, Unterscheidung. Der zeitliche Abstand von beinahe zweihundert Jahren wirft ein Schlaglicht auf die historische Problematik kirchlicher Selbstbeschreibungen.

Sprechen und Handeln«. Dabei ging es ihm weniger um die leicht erkennbaren »verbalen Direktimporte«, sondern um die »indirekt« wirkenden und deshalb schwerer zu erkennenden Einflüsse. Weber verwies zunächst auf das Zeugnis von Kritikern der eigenen Disziplin wie Friedrich H. Tenbruck oder Helmut Schelsky, welche den quasireligiösen Charakter der Soziologie und deren scheinbar unaufhaltsame Vereinnahmung fremder Disziplinen und Lebenswelten zum Gegenstand polemisch-kritischer Reflexionen gemacht hatten. Mit diesem geschickten rhetorischen Schachzug konnte Weber die spezifisch deutsche Tradition des ›Anti-Soziologen‹, der sich zum Mahner vor den Gefahren der eigenen Disziplin stilisierte, als Argument gegen die Anwendung soziologischer Diskurse in der katholischen Kirche ummünzen.[51]

Als ein wichtiges Beispiel für den schleichenden Diskurswandel, den die Sozialwissenschaften mit ihrem Einzug in die katholische Kirche ausgelöst hatten, interpretierte Weber das Vordringen einer »Verhüllungssemantik«, mit der die Residuen »abstrakter Theoriesprachen und ideologisch abgenutzter Schablonenbegriffe« in den alltäglichen Sprachgebrauch der Kirche eindrangen und dort als Referenzpunkt für eine Neuinterpretation des kirchlichen Heilsdienstes fungierten. Weber erläuterte das am Beispiel des Konzepts der »strukturellen Sünde«, das sich seit den siebziger Jahren rasch in der Weltkirche ausbreitete. Die Theologie der Befreiung versuchte mit diesem Terminus, die in gesellschaftlichen Verhältnissen der Ausbeutung liegenden Wurzeln des sündhaften Handelns von Individuen kritisch zu beleuchten und theologisch zu bewerten. Für Weber zeigte sich darin eine »Soziologisierung des Sündenbegriffs«, die letztlich die Gefahr der »Aufhebung von Sündbarkeit des Menschen« überhaupt implizierte und damit einen zentralen Terminus des Christentums radikal zu entwerten drohte.[52] Nicht nur an diesem Beispiel wurde deutlich, dass Weber vor allem die Befreiungstheologie und andere Varianten einer marxistisch inspirierten Kirchen- und Gesellschaftskritik sowie die daran anknüpfenden Formen sozialkritischen Engagements auch in der Bundesrepublik im Blick hatte, als er sein Verdikt über die verhängnisvollen Folgen humanwissenschaftlicher Intervention mit der hochgespannten Erwartung formulierte, dass es bei der Korrektur dieses Rezeptionsprozesses um nicht weniger als um »Leben und Tod von Theologie und kirchlicher Verkündigung schlechthin« ginge.[53]

---

51 *Weber*, Salz, S. 23–28, 47–90, Zitat S. 21. In dieser Vorgehensweise folgte ihm Reinhard Marx, seit 2001 Bischof von Trier, in seiner noch bei Weber begonnenen Dissertation; vgl. *Marx*, Grenzen, S. 315–376; zur Anti-Soziologie vgl. *Wagner*, Schelsky.

52 *Weber*, Salz, S. 132–144, Zitate S. 132, 134, 139. Inzwischen hat der Begriff »strukturelle Sünde« aber auch Eingang in lehramtliche Schreiben Roms gefunden; vgl. LThK, 3. Aufl., Bd. 9, Sp. 1051–1053 s.v.strukturelle Sünde; vgl. *Großbölting*, Suchbewegungen, S. 174f.

53 Vgl. *Weber*, Salz, S. 103f., 112–117, 124, 128, Zitat S. 16; auch darin folgte ihm *Marx*, Grenzen, S. 21–67; vgl. *Schmitz*, Prüfstand, S. 59–64.

Das nicht zuletzt an Webers eigenem Institut über mehr als zwei Jahrzehnte hinweg durchgehaltene Interesse an pastoralsoziologischen Ansätzen in der Kirche schmolz in dieser Sicht zu einer bloßen »Inkubationszeit« für jene qualitativ neuartige, weltbildartige Soziologie zusammen.[54] Es war also vornehmlich die Politisierung der Soziologie in bestimmten kirchlichen Kontexten, die als Aufhänger für diese Kritik an der politischen »Denaturierung von Theologie und Kult« durch soziologische Diskurse diente.[55] Diese Kritik übersah aber, dass die hochpolitisierte Fundamentalkritik der Befreiungstheologen an den hierarchischen Strukturen und dem mangelnden sozialen Engagement der Kirche ein Reimport von Ideen war, welche die Pastoralsoziologen an der Universität Löwen in den sechziger Jahren gelehrt hatten. Rund ein Dutzend der bekanntesten Vertreter der Befreiungstheologie hatte dort studiert oder promoviert. Die meisten von ihnen waren dort durch ihren Lehrer François Houtart mit der marxistischen Theorie in Kontakt gekommen und konnten mit seiner Hilfe nach Abschluss ihrer Studien einflussreiche Positionen in ihren Heimatländern besetzen.[56]

Auf der anderen Seite ist auf den Bielefelder Soziologen Franz-Xaver Kaufmann zu verweisen, dessen zahlreiche religionssoziologische Arbeiten und Interventionen in aktuelle kirchenpolitische Fragen seit Anfang der siebziger Jahre auf breite Resonanz in der katholischen Kirche der Bundesrepublik stießen und deren Selbstreflexion und Selbstbeschreibung nachhaltig beeinflussten. Auch für Kaufmann war der Weltbildcharakter von Sozialvorstellungen und -normen ein treibendes Motiv der soziologischen Arbeit und Kritik, aber in einer ganz anderen Form und Stoßrichtung. Er verband mit der Arbeit als Soziologe von Beginn an die Hoffnung, dass es mit »Hilfe soziologischer Einsichten möglich« sein könne, »kirchliches Denken vom Ballast überholter Welt- und Sozialvorstellungen« zu befreien.[57] Damit war der Rahmen für eine Reihe von Arbeiten umrissen, die den notwendigen gedanklichen Abschied von den Selbstverständigungsformen vorantreiben sollten, die den Katholizismus in der Phase der Ausbildung eines homogenen Sozialmilieus geprägt hatte. Seit der Mitte des 19. Jahrhunderts war dieses knapp einhundert Jahre lang imstande gewesen, populäre Frömmigkeitsformen und hierarchisch definierte Weltanschauungsmuster in einer zuvor nicht gekannten Dichte miteinander zu einer konfessionsspezifischen, antimodern ausgerichteten Subkultur zu verschränken. Vor diesem Hintergrund analysierte Kaufmann etwa die Funktion der neoscholatischen

54 *Weber*, Salz, S. 48.

55 *Weber*, Denaturierung; zur Politisierung des Streits um die Befreiungstheologie in der Bundesrepublik, insbesondere den massiven Interventionen von Franz Hengsbach als Leiter von Adveniat zur Unterdrückung dieser Strömung, vgl. *Hennelly*, S. 220–224.

56 *Moews*, S. 18–20.

57 *Kaufmann*, Theologie, S. 5.

Naturrechtsdoktrin als eines theoretischen Instruments, das die für diesen Zeitraum prägende »Segregation« der katholischen Kirche gegenüber ihrer gesellschaftlichen Umwelt gedanklich begründete.[58]

Neben dem Niedergang der Naturrechtsdoktrin boten auch die Daten der kirchensoziologischen Forschung Anhaltspunkte dafür, dass die Auflösung des ›Milieus‹ als einer Form der subkulturellen Vergesellschaftung ebenso unumkehrbar geworden war wie die damit notwendige Aufgabe der überhöhten moralisch-normativen Geltungsansprüche, welche diesen Typ des Katholizismus prägten. Die Einsicht in die gesunkene Definitionsmacht der Kirche für die gesellschaftliche Bestimmung von ›Religion‹ führte Kaufmann zu einer Diskussion der Formen und Sinnkonfigurationen »außerkirchlicher«, von der Kirche »distanzierter« Religiosität. Anhand von Umfragedaten unterstrich er nachdrücklich die Probleme, die sich infolge des gesellschaftlichen Differenzierungsprozesses künftig bei der Tradierung kirchengebundener Religiosität stellen würden. Er wies aber gleichzeitig darauf hin, dass auch die kirchendistanzierte Religiosität zumindest »mittelbar« auf die Kontinuierung christlicher Sinngehalte durch die Kirchen bezogen bleiben würde, auch wenn es nur eine sehr »mühevolle« Chance der Herstellung von sozialen Bezügen zur organisierten Sozialform des Glaubens gebe.[59] Diese Überlegungen enthielten die implizite Aufforderung, das mit der kirchendistanzierten Religiosität verbundene Muster einer subjektzentrierten Ausbildung religiöser Identitäten nicht voreilig ›abzuschreiben‹, sondern als Herausforderung kirchlicher Handlungsvollzüge ernst zu nehmen.[60]

Als ein besonders problematisches Feld kirchlicher Entscheidungskommunikation und Selbstbeschreibung identifizierte Kaufmann frühzeitig das ekklesiologische Selbstverständnis der Kirche in seiner Spannung zu den Imperativen der Komplexitätsverarbeitung durch organisatorische Entscheidungen, wie sie die moderne Organisationssoziologie darstellte. Diese theoretische Ausgangslage kontrastierte erheblich mit den nach 1970 erkennbaren Befunden einer Blockierung tiefgreifender Organisationsreformen, wie wir sie oben exemplarisch am Beispiel des Münsteraner Strukturplanes beschrieben haben. Während sich dort vor allem die Dechanten tiefen Eingriffen in das System der territorialen Seelsorge verweigerten, waren es nach Überzeugung von Kaufmann eher die an der Spitze der Kirchenverwaltung tätigen Generalvikare, welche Reformen blockierten. Der Effekt bestand in einer mangelnden Kapazität der Kirche zur Bearbeitung der als Säkularisierungsfolgen anstehenden Probleme.[61] Spätere Analysen von Kaufmann

---

58 Ebd., S. 78–92, Zitate S. 85, 87.
59 Ebd., S. 93–126, Zitat S. 119f.; vgl. *ders.*, Kirche, S. 111–146.
60 Vgl. *Graf*, Selbstmodernisierung, S. 59f.
61 Ebd., S. 127–154, bes. S. 133ff.; vgl. Kap. 4.2.

haben diese Problemstellung stärker auf die Frage der kirchlichen Selbstbeschreibung zugespitzt und damit auf ein wichtiges Defizit aufmerksam gemacht, das aus soziologischer Perspektive die katholische Kirche prägt. Demnach sind immer noch Selbstdeutungsformeln im Umlauf, die dem Verständnis der Kirche als einer »Institution« oder »Korporation« mit einer »im wesentlichen unwandelbaren Amtsstruktur« folgen und damit die Zurechnung von Entscheidungen auf als variabel verstandene Elemente der Organisationsstruktur unmöglich machen. Stattdessen wird die Identität der Kirche und ihrer Gliederungen weiterhin als ein »depositum fidei« rekonstruiert und ihre Sozialform nur sehr eingeschränkt nach »Zweckmäßigkeitserwägungen erörtert«. De facto setzte sich hier »stets das Prinzip der Hierarchie durch«. Mit dieser »Sakralisierung kirchlicher Organisationsstrukturen« hat die katholische Kirche für Kaufmann ein entscheidendes Moment ihrer traditionellen Selbstbeschreibung fortgeschrieben, ohne die Folgen für den Misserfolg kirchlichen Handelns und den Niedergang der Organisation zu reflektieren.[62]

Spätere Analysen haben das in diesen Texten aus den siebziger Jahren implizierte Programm erweitert und nach »Anzeichen eines modernitätsresistenten Katholizismus« gesucht. Mit der Anwendung soziologischer Begriffe ging es Kaufmann dabei nicht um eine ›Soziologisierung‹ von Kirche und Religion, sondern um eine Rekonstruktion der tradierungsfähigen Elemente des Christentums unter den Bedingungen funktionaler Differenzierung, welche die soziologische Analyse als Charakteristikum der Gegenwartsgesellschaft beobachtet hat. Dabei wird ein Moment der Temporalisierung kirchlicher Erwartungsstrukturen aktualisiert, das bereits in den Debatten um die Notwendigkeit der kirchlichen Planung als ein spezifisches Krisenbewusstsein präsent war. Zur Debatte steht die Frage, ob und wie das Christentum in der modernen Gesellschaft weiterhin »zukunftsfähig« sein kann, wobei diese Möglichkeit an die Wahrnehmung unterscheidbarer Entscheidungsoptionen geknüpft bleibt, über die soziologisches Arbeiten informieren kann. Die Frage nach der Zukunftsfähigkeit des Christentums ist dabei zwar »ungewiss«, aber dennoch »wissenschaftlich legitim«. Sie ist zugleich aber »heilsgeschichtlich relevant« und als eine Form kirchlicher Selbstbeschreibung tragbar und anschlussfähig.[63] Die Antwort auf diese Frage ist offen.

62 *Kaufmann*, Kirche begreifen, Zitat S. 47f.; vgl. Kap. 4.3.
63 *Kaufmann*, Christentum; *ders.*, Zukunftsfähigkeit; vgl. *Goertz*, S. 452–483, Zitate S. 462, 466.

Schluss:
Verwissenschaftlichung als gefährliche Modernität

Bevor ein abschließendes Urteil über Kohärenz, Risiken und Grenzen der Verwissenschaftlichung der katholischen Kirche in der Bundesrepublik gefällt wird, ist zunächst noch einmal nach den Erfolgen und Folgen einzelner sozialwissenschaftlicher Methoden zwischen 1945 und 1975 zu fragen. Die statistische Zählung und Aggregierung von Taufen, Heiraten, Kirchgängern und Kommunionen erzielte zunächst die Effekte, welche sich die Befürworter dieser Methode seit 1900 erhofft hatten. Die kirchliche Statistik erlaubte einen Positionsgewinn in der konfessionellen Abgrenzung gegenüber den Protestanten, indem sie die Außengrenze des kirchlichen Feldes klar markierte und intern die Kohärenz und Sichtbarkeit der katholischen Frömmigkeit steigerte. Seit Ende der 1940er Jahre wandelte sich die Statistik jedoch unwiderruflich von einem Beweis für die Stabilität des katholischen ›Turmes‹ zu einem Gradmesser und Indikator der ›Krise‹, die dann in den späten sechziger Jahren auch als solche benannt wurde. Die Orientierung nicht nur der kirchlichen Hierarchie, sondern auch vieler Pfarrgeistlicher am Pegelstand der sonntäglichen Zählung führte zu einer selbstproduzierten Enttäuschung. Die besondere Intensität und Persistenz dieser Fixierung auf die zählbaren Aspekte der Religion ist nur durch den langen historischen Vorlauf seit der Konfessionalisierung erklärbar, durch den sich dieses Muster tief in das Selbstverständnis der katholischen Kirche in Deutschland eingegraben hat. Die Statistik ist zu einem wichtigen Maßstab kirchlicher Selbstbeschreibung geworden. Sie hat auf andere sozialwissenschaftliche Formen der Beobachtung von Säkularisierung abgefärbt, insbesondere die Soziographie, aber auch noch die Demoskopie. Erst im Kontext der Pastoralpsychologie, zuvor in Ansätzen bereits in der Organisationssoziologie ist es gelungen, die tiefsitzende Orientierung vieler Katholiken an der Sakramentenstatistik als Inbegriff eines funktionierenden kirchlichen Handlungsvollzuges aufzulösen.

Die ersten deutlichen Krisentendenzen im statistischen Zahlenbild führten konsequent zur Rezeption der soziographischen Methode in einer Form, welche das statistische Paradigma nicht verließ, sondern erweiterte. Die Soziographie konnte eine Frage beantworten, welche die Statistik offen ließ: welcher Schicht oder Altersgruppe gehörten diejenigen Katholiken an, welche dem Sonntagsgottesdienst fernblieben und die Osterkommunion nicht mehr empfingen? Die mit Hilfe dieses Instrumentariums erzielten Befunde machten eine Einsicht zwingend, die auf kein strukturell neues Faktum verwies, aber als *Beobachtung* der Gesellschaft in dieser Form und Systematik für die katholische Kirche neu war. Eine grundlegende Dissoziation von kirchlicher Lebenswelt und dem gesamten Bereich der Erwerbsarbeit war für katholische Beobachter erstmals in den Daten der Soziographie klar erkennbar. Diese machte damit unmissverständlich klar, dass die religiöse Sphäre nur noch als ein spezifischer, von anderen Handlungsfeldern der Gesellschaft motivational abgekoppelter und auf sich gestellter Bereich existierte. Nach dem ernüchternden Verlauf der im Vorfeld des Eucharistischen Weltkongresses 1960 in München durchgeführten Gebietsmission konnte kein Zweifel mehr daran bestehen, dass auch eine ›missionarische‹ Bewegung diesen irreversiblen Prozess nicht mehr aufzuhalten konnte. Es war also nicht erst die massenkulturelle Modernisierung der sechziger Jahre, welche das katholische ›Milieu‹ endgültig unterminierte. Für die Zeit seit Mitte der fünfziger Jahre ist in der neueren Forschung dennoch wiederholt von einer »Rechristianisierungsbewegung« oder gar von einer »Rekatholisierung« als einer wichtigen Tendenz der bundesdeutschen Gesellschaftsgeschichte gesprochen worden.[1]

Diese Etikettierung wäre aber selbst dann nur wenig sinnvoll, wenn sie sich mit dem Hinweis darauf verbände, dass diesen Hoffnungen von vornherein jede Grundlage in der kirchlichen Vergesellschaftung gefehlt hat. Denn bereits im soziographischen Diskurs der fünfziger Jahre war nicht nur die zu dieser Zeit noch vorhandene Hoffnung auf eine missionarische Rückeroberung verlorenen Terrains präsent. In der Soziographie gab es von Beginn an auch das Wissen darum, dass die gesellschaftliche Umwelt der Kirche in Massenmedien, Arbeitswelt, Freizeit und Konsum völlig ihrer eigenen, ›säkularen‹ Handlungs- und Funktionslogik folgte. Es wäre dennoch verfehlt, die Soziographie nur als eine von ausbleibenden Erfolgen geprägte Etappe in der Verwissenschaftlichung der katholischen Kirche zu interpretieren. Gemessen an ihrem erklärten Ziel der Missionierung ist die Soziographie gescheitert. Auf der anderen Seite gelang es jedoch einer kleinen Gruppe von Soziologen, Theologen und Volksmissionaren mit Hilfe dieser Methode, Kirche und Katholiken nachhaltig und umfassend über grundlegende Strukturzusammenhänge der modernen Gesellschaft aufzuklären. Die Soziographie beförderte den zügigen Abschied von korporativen Sozialordnungsvorstellungen und romantischen Gemeinschaftsideen. Sie ersetzte moralische Schemata zur Beurteilung sozialen Handelns durch realistischere, auf Strukturen abstellende Deutungen. Damit arbeitete sie nicht nur dem Zweiten Vatikanischen Konzil vor, das die Öffnung zur säkularen ›Welt‹ als ein Kernziel proklamierte. Die soziographische Methode moder-

---

1 *Herbert*, Liberalisierung, S. 21, 39; ähnlich *Lösche/Walter*, S. 487.

nisierte zugleich die Selbstbeschreibung der katholischen Kirche, indem sie das Wissen um funktionale Differenzierung auf die Agenda setzte.[2]

Die Soziographie ließ eine Frage unbeantwortet, die nach dem Ausbleiben eines Missionierungserfolges gestellt werden musste: Welche Einstellungen und Motivlagen wiesen jene Katholiken auf, die nicht mehr als ›aktiv‹ bezeichnet konnten, da sie die pastoralen Angebote der Kirche ignorierten? Und welche Erwartungen hegten, in der postkonziliaren Phase des Umbruchs, jene Katholiken, die noch an den Geschicken ihrer Kirche interessiert waren? Auf diese Fragen antwortete das Instrumentarium der demoskopischen Umfrageforschung, das Ende der sechziger Jahre mit den Synodenumfragen erstmals umfassend zur Anwendung kam. In diesem Zusammenhang lässt sich die Anwendung der Sozialwissenschaften auch als instrumentelle Anwendung einer Methode verstehen, mit der Bischöfe und Spitzen des organisierten Laienkatholizismus auf die 1968 sichtbar werdende Krise und Herausforderung der kirchlichen Machtstrukturen reagierten. Hierin lag ein entscheidender Erfolg der Anwendung der Demoskopie. Die mit dieser Methode verbundene, je nach Standpunkt emphatisch begrüßte oder befürchtete Möglichkeit der Responsivität auf das demoskopisch induzierte Meinungsbild griff das aufbrechende Partizipationsbegehren der innerkirchlichen ›Basis‹ auf und entschärfte zugleich seine Brisanz. Hoffnungen auf eine umfassende Reform der Kirche wurden symbolisch repräsentiert, durch die Struktur des Fragenkataloges aber zugleich auch verklausuliert und abgeschwächt. So gesehen war die Anwendung der Demoskopie ein voller Erfolg. Denn sie trug entscheidend dazu bei, den »innerkirchlichen Kriegszustand in den Jahren von 1966 bis etwa 1972«, von dem ein journalistischer Beobachter 1974 sprach, zu entschärfen und damit die Folgen des Aufbegehrens abzumildern.[3]

Die instrumentelle Verwendung der Demoskopie in dieser von Krise und Konflikt geprägten Phase ging mit einer längerfristigen und systematischen Verwendung der Meinungsforschung einher. Erst die Anwendung des ›random-sample‹ auf kirchliche Sachverhalte machte es möglich, die Motivlagen einfacher Katholiken zu identifizieren und damit die Privatisierung religiösen Entscheidens als fundamentale Folge funktionaler Differenzierung zu beobachten. Die ›kognitive Dissonanz‹ zwischen den Einstellungen der meisten ›Taufscheinkatholiken‹ und dem Wertsystem der Kirche blieb ein Faktum, das keine der in den siebziger Jahren in großer Zahl durchgeführ-

---

2 Insofern gibt es eine Parallele zu den Thesen von *Nolte*, S. 318–390, über die Bedeutung der Soziologie für die Selbstbeschreibung der bundesrepublikanischen Gesellschaft der fünfziger Jahre. Nolte konzentriert sich allerdings auf Muster hierarchischer Differenzierung als Fokus der Selbstbeschreibung.

3 Süddeutsche Zeitung, 22.11.1974.

ten kirchlichen Umfragen ignorieren konnte. Die Diskrepanz zwischen dem Glauben der vielen und den Dogmen und Strukturen der Kirche ließ sich nicht einfach beseitigen. Auch wenn viele Katholiken weiterhin große Erwartungen an die moralische Verantwortlichkeit und das politische und soziale Engagement der Kirche formulierten, blieb der grundlegende Befund bestehen: Die von der Kirche gepredigte ›Moral‹ passte nicht zu den in der modernen Gesellschaft praktizierten Lebensformen und Normen, und dies war eine Folge funktionaler Differenzierung, wie die auf ›Motivsuche‹ befindlichen Priester und Bischöfe rasch feststellten.

Praktisch zeitgleich mit der Anwendung der demoskopischen Methode hielt seit etwa 1965 mit der Rollen- und Organisationssoziologie die nüchterne Sprache des soziologischen Funktionalismus Einzug in die Kirche. Die Anwendung dieser Konzepte lässt sich als eine vorweggenommene Antwort auf die Aporien verstehen, welche die Demoskopie sichtbar gemacht hatte. Wenn das Normensystem der einfachen Katholiken substanziell mit der routinemäßigen Praxis des kirchlichen Apparates kollidierte, war es notwendig, die Strukturen der Organisation Kirche zu reformieren und anzupassen. Der im Bistum Münster diskutierte ›Strukturplan‹ stellte den am weitesten gehenden Lösungsvorschlag für diese Probleme dar, und er machte mit der grundsätzlichen Orientierung an vier kirchlichen Grundfunktionen klar, dass die Antwort auf die Folgen funktionaler Differenzierung in einem entsprechenden Umbau der Kirche als Organisation, in deren Strukturen, Entscheidungsabläufen und Rollenmustern, liegen sollte. Eine umfassende Organisationsreform der Bistumsverwaltung und die Aufgabe des Pfarrprinzips war jedoch in Münster nicht durchsetzbar. Dies lag jedoch nicht nur an der Ablehnung der Dechanten, die mit einer Umsetzung des Planes zu Verwaltern einer Großpfarrei degradiert worden wären, sondern noch mehr an der rasch erkennbaren Abwehrhaltung in den Kreisen der kirchlich aktiven Laien. Bei diesen bestimmten organizistische Selbstbilder der Pfarrei als einer harmonischen ›Familie‹ die kirchliche Problemwahrnehmung.

Das Interesse an einer organisationssoziologisch informierten Neuordnung und Planung kirchlicher Strukturen setzte sich zur selben Zeit durch, in der auch im politischen System Konzepte zur sozialwissenschaftlich informierten Planung der Politik Hochkonjunktur hatten. Es wäre aber verfehlt, daraus eine weitreichende Parallele zu konstruieren und die kirchliche Planung vornehmlich im gesellschaftlichen Reformklima der späten sechziger Jahre zu situieren. Denn von »Fortschrittsoptimismus« und »Zuversicht« in die durch Planung eröffneten Gestaltungsmöglichkeiten, wie sie den politischen Reformdiskurs zumal seit der sozialliberalen Koalition von 1969 kennzeichnete, war in der Kirche von vornherein wenig zu spüren.[4]

4 Zur politischen Planung vgl. *Metzler*, Zitate S. 420f.; *Ruck*.

Gerade bei dem für die Konzepte kirchlicher Planung verantwortlichen Personenkreis aus Theologen, Soziologen und hochrangigen Mitarbeitern der Generalvikariate herrschte vielmehr eine ganz andere Zukunftserwartung vor. Sie beobachteten eine ›unsichtbare Kanzel‹ in den Gemeinden, welche die Verkündigung behinderte, und entwickelten ihre Entwürfe im Klima des innerkirchlichen Krisendiskurses, der sich zum Beispiel in der Debatte über den Priestermangel ausdrückte, dem Ausgangspunkt der Planungsvorschläge. Ganz im Gegensatz zur politischen Aufbruchstimmung war es also keine optimistische Neuordnungserwartung, welche die kirchliche Planung bestimmte. Aus diesem Grund ist es auch nicht angängig, die Anwendung der Organisationssoziologie als macchiavellistische Strategie einer traditionsbewussten Kirche zu interpretieren, die sich dieser Methode zu Zwecken des Machterhalts bediente. Kirchliche Planung nahm ihren Ausgangspunkt nicht vom Traditionsbewusstsein, sondern von der Traditionskritik, und nicht vom Ziel des Machterhalts, sondern von der gerade im Münsteraner Generalvikariat intensiv reflektierten Erfahrung weitgehender Ohnmacht angesichts der Folgeprobleme funktionaler Differenzierung.

Auch wenn eine tiefgreifende Reform des Pfarrprinzips und der hierarchischen Organisationsmuster der Kirche ausblieb, war die Diskussion und Anwendung organisationssoziologischer Konzepte in der Kirche kein völliger Misserfolg. Ihr wichtigster Anlass, der zunehmende Mangel an Pfarrgeistlichen, konnte durch den verstärkten Einsatz akademisch ausgebildeter Laien in der Pfarrseelsorge tendenziell kompensiert werden. Das war eine Perspektive, die der ›Strukturplan‹ ausdrücklich im Blick gehabt hatte. Hinzu kam, dass der Pfarrverband als Derivatform der ursprünglich avisierten ›Großpfarrei‹ viele der dort intendierten Reformimpulse stillschweigend in leicht modifizierter Form weiterführte. Zudem unterstützte das Konzept der ›Gemeindekirche‹ diejenigen aktiven Katholiken, die ein Interesse an der Abkoppelung der Pfarrei von der ›Versorgungskirche‹ des kirchlichen Apparates hatten. In Interviews mit aktiven Vertretern der damaligen Reformströmung wie dem Münsteraner Pfarrer Ferdinand Kerstiens wird sichtbar, dass sie viele ihrer Hoffnungen in der heutigen Kirche verwirklicht sehen. Denn kirchliches Leben in den Gemeinden folge nur noch am Rande den offiziellen Regeln und Verlautbarungen, sondern werde getragen von Christen, »die begriffen haben, dass sie selbst Gemeinde sind«.[5] Während die an die Grenzen von Hierarchie *und* Basis stoßende Fundamentalreform der kirchlichen Organisation um 1970 rasch zu den Akten gelegt werden musste, setzte sich seit den siebziger Jahren eine schleichende Organisationsreform der Kirche durch, indem eine tendenziell heterarchische Entkoppelung von Hierarchie und gemeindlicher ›Basis‹ stattfand.

5 Interview mit Ferdinand Kerstiens, zit. in *Großbölting*, Suchbewegungen, S. 262.

341

An dieser Stelle wird zugleich erkennbar, inwiefern die Rezeption therapeutischer und gruppendynamischer Modelle aus der Psychologie direkt an die nur halbherzig und eher implizit praktizierte Anwendung der Organisationssoziologie anknüpfte. Denn die Diskussion des ›Strukturplanes‹ hatte deutlich gemacht, dass eine großflächige Reform der Organisation im Sinne der Funktionalisierung von Entscheidungsroutinen und Hierarchien auf keine große Zustimmung rechnen konnte. Wohl aber das Interesse an einer Steuerung und ›Humanisierung‹ von Interaktionen, die innerhalb der Organisation vor allem auf der Pfarrebene abliefen. Die Anwendung psychologischer Konzepte trug deshalb nicht nur dazu bei, die in kirchlichen Kreisen um sich greifende Frustration zu bekämpfen. Sie war zugleich ein wichtiger Beitrag zum Abbau hierarchisch strukturierter Interaktionsformen in der Kirche und setzte in den Pfarreien einen mehr egalitären und kooperativen Umgangston durch. Auf ihre sozialtheoretischen Implikationen befragt, lässt sich auch die Verbreitung psychologischer Konzepte als eine Reaktion auf die Beobachtung der Konsequenzen funktionaler Differenzierung interpretieren, und zwar mit Blick auf den einzelnen Katholiken.

Denn in der modernen Gesellschaft sind nur noch bestimmte Aspekte von Personen relevant. Für sie ist nicht das Individuum, sondern das ›Dividuum‹ der Inklusion von Interesse, das in Funktionsbereichen wie dem Gesundheitssystem, der schulischen Erziehung oder der Wirtschaft nur in partiellen Ausschnitten seines ›Selbst‹ relevant wird. Die therapeutische Pastoral setzte sich dagegen das Ziel, Katholizität neu zu inkulturieren, indem sie den Einzelnen ganz gezielt als ›Ganzheit‹ ansprach und damit die durch Differenzierung entstandenen Defizite zu ›heilen‹ versprach. Wie bei den anderen Etappen der Verwissenschaftlichung muss die abschließende Betrachtung dabei auch für die Psychologie die Ambivalenzen und Folgeprobleme betonen. Die Anwendung insbesondere der klientenzentrierten Therapie von Carl Rogers hat zu einer Verbalisierung und Rationalisierung der Pastoral geführt, welche die in der katholischen Kirche traditionell große Plausibilität ritualgestützter, nonverbaler Kommunikation unterminiert hat.

Mit der Anwendung psychologischer Methoden war die vorerst letzte Etappe der Verwissenschaftlichung der katholischen Kirche abgeschlossen.[6] Damit stellt sich zugleich die Frage, ob es sich tatsächlich um einen kohärenten Prozess handelte, oder ob die Sozialwissenschaften, zumal seit der Mitte der sechziger Jahre, mehr und mehr zum Medium und Kampfplatz

6 Vornehmlich *nach* 1975 erfolgte auf breiter Front der Einzug einer sozialwissenschaftlich informierten Pädagogik in die Jugendarbeit, Katechetik und Erwachsenenbildung der katholischen Kirche, paradigmatisch ablesbar an der Ersetzung des Kaplans durch den Diplompädagogen als dem üblicherweise für die gemeindliche Jugendarbeit Verantwortlichen. Vgl. hierzu die Hinweise bei *Damberg*, Abschied, S. 363–383; Gemeinsame Synode, Bd. I, S. 303–306; Kap. 5.3.

für innerkirchliche Konflikte zwischen ›Progressiven‹ und ›Konservativen‹ avancierten? Zunächst einmal ist zu betonen, dass sich diese Deutungen nicht ausschließen. Denn es gehört zu den Charakteristika der Verwissenschaftlichung der Gesellschaft, dass die praxisorientierte Anwendung der Sozialwissenschaften diese zugleich in die dort anzutreffenden Konfliktfelder hineinzieht und zu einer »Politisierung der Wissenschaft« führt, die aus der Sicht der Wissenschaft der »gegenläufige Prozess« ist.[7] In den Kontroversen zwischen Soziographen und Vertretern der katholischen Naturrechtslehre, zwischen Befürwortern und Gegnern der Umfrageforschung und zwischen den Protagonisten des ›Strukturplans‹ und ihren Kritikern lässt sich dieser Aspekt mit hinreichender Klarheit erkennen. Im Fall der katholischen Kirche kam noch hinzu, dass seit dem Abschluss des Zweiten Vatikanums jede Diskussion der Sozialwissenschaften zwangsläufig von innerkirchlichen Konflikten erfasst wurde, da es nunmehr stets auch um die Legitimität und Reichweite des vom Konzil befürworteten Rückgriffs auf sozialwissenschaftliche Methoden ging.

Die Systematik und Kohärenz des von der Statistik bis zur Psychologie vollzogenen Prozesses der Verwissenschaftlichung erschließt sich am besten dann, wenn man fragt, ob die hier als Kehrseite der Säkularisierung verstandene Verwissenschaftlichung als eine Verlustgeschichte zu verstehen ist. Denn so musste es scheinen, wenn die katholische Kirche nicht mehr für die sittliche Formung der Staatsbürger, die Kontrolle der konfessionellen Schulerziehung, die Aufsicht über das Überwiegen einer ›guten‹ Presse und eine an der katholischen Naturrechtsdoktrin ausgerichtete Sozialwissenschaft zuständig und kompetent war und die Gläubigen in diesem Sinne zu mobilisieren vermochte. Allerdings haben, von den Befunden des soziographischen Diskurses ausgehend, einige katholische Pastoralsoziologen in den sechziger Jahren auf die Möglichkeit hingewiesen, dass die »Funktionssäuberung« der katholischen Kirche auch eine »positive Bewertung der Säkularisierung« erlaube, wenn man den »Aspekt des Dienstes an der Welt« hervorhebt. Das Bedauern über den »Funktionsverlust« sei demnach nur der Ausdruck einer »Restaurationspastoral«, und das »hartnäckige Studium der religiösen Praxis« eine »veraltete Kirchenauffassung«, bei der die Gläubigen von der Amtskirche »einfach gezählt werden«.[8] In der Soziographie, der Umfrageforschung, der Organisationssoziologie und am stärksten im pastoralpsychologischen Diskurs finden sich starke Anhaltspunkte für eine Interpretation, welche die Säkularisierung als einen Gewinn, oder besser gesagt als einen Wiedergewinn an genuin religiösen Kompetenzen zu deuten vermag. Das im Gestus

---

7 Vgl. *Weingart*, Verwissenschaftlichung, S. 228.

8 *Goddijn/Goddijn*, S. 184–187; vgl. die in Kap. 4.3 diskutierten Thesen von Norbert Greinacher; zum Problem auch *Hahn*, Beobachtung.

der ›Fremdprophetie‹ vorgetragene rhetorische Pathos, mit der in diesem Diskurs die therapeutische Zuwendung und Hilfe für den Menschen als das proprium eines wahrhaften Christentums gedeutet worden ist, legt davon Zeugnis ab. Auch wenn das nicht auf der primären Ebene religiöser Funktion, sondern nur in der sekundären der Leistungserfüllung für andere geschieht, scheint die katholische Kirche in der großen Erzählung der Erfolgsgeschichte »heilender Seelsorge«, wie sie bildhaft im Emmausgang symbolisiert wird, endlich zu sich selbst gekommen zu sein.[9] Der Prozess ›primärer Verwissenschaftlichung‹ hat nacheinander verschiedene Aspekte und Handlungsfelder der Kirche erfasst. Die Verwissenschaftlichung der Gesellschaft hat am Beispiel der katholischen Kirche dagegen erst in der letzten Phase während der siebziger Jahre zu stabilen Formen geführt, als mit pastoralen Laienkräften und psychologisch geschulten Beratern sozialwissenschaftlich ausgebildete Fachkräfte wichtige Felder der Pastoral besetzten. Es scheint aber, als ob der Wissenschaftsbezug dieser Berufsgruppen ihre Verankerung in der katholischen Kirche mittelfristig eher gehemmt als befördert hat, wie dies bei vielen anderen akademisch geschulten Experten der Fall war.[10]

Grenzen der Verwissenschaftlichung zeigen sich nicht nur bei der Professionalisierung sozialwissenschaftlicher Berufsgruppen in der Kirche, sondern auch in den Semantiken kirchlicher Selbstbeschreibung seit den siebziger Jahren. Bereits früher mit Blick auf einzelne Methoden geäußerte Vorbehalte am Einzug von ›Soziologismen‹ in die Kirche weiteten sich dort zu einer Fundamentalkritik an der Verwässerung kirchlichen Sprechens durch sozialwissenschaftliche Ansätze und Begriffe. Solche Stimmen haben nach dem Ende des Untersuchungszeitraumes unter dem Pontifikat von Johannes Paul II. weiteren Auftrieb erhalten. Ein Indiz dafür ist etwa die wechselnde Bedeutung des Kirchenrechts für innerkirchliche Auseinandersetzungen. In der Vorbereitung der Würzburger Synode traten um 1970 kirchenrechtliche Bedenken und Argumente klar hinter solchen zurück, die sich auf sozialwissenschaftliche Einsichten in die Struktur der Öffentlichkeit und politischen Partizipation stützten. Dagegen lässt die konservative Neufassung des Codex Iuris Canonici von 1983 eine Synode unter maßgeblicher Beteiligung der Laien wie von 1972–1975 gar nicht mehr zu.[11]

Nimmt man die Überlegung ernst, Säkularisierung als eine beobachterrelative Kategorie zu verstehen, ist mit dem konservativen Rollback der siebziger

9 Die Erzählung von den beiden Emmausjüngern (Lk. 24,13–35) ist das am häufigsten herangezogene Gleichnis für die Authentizität dieser »heilenden Seelsorge«; vgl. z.B. die ausführliche Interpretation bei *Baumgartner*, S. 92–142.

10 Damit handelt es sich nicht um eine »Professionalisierung« im Sinne der in der Sozialgeschichtsschreibung gebräuchlichen Terminologie. Zu deren Problemen vgl. *Raphael*, Verwissenschaftlichung, S. 180f.

11 Vgl. *Walf*; Hinweise in Kap. 3.2, 4.3 und 6; *Ziemann*, Dienstleistung, S. 392f.

und achtziger Jahre eine Phase der Entwissenschaftlichung der katholischen Kirche zu konstatieren, in der Einsichten über die Folgen funktionaler Differenzierung unter Rückgriff auf den Glauben als ›Mitte‹ des Lebens zunehmend offen zurückgewiesen wurden. Auch diese Kritik war aber zu einem Gutteil eine Reaktion auf vorangehende Positionsgewinne der Verwissenschaftlichung. So musste etwa die Vorsitzende der Deutschen Gesellschaft für Pastoralpsychologie 1987 nicht nur registrieren, dass die pastoralpsychologische Arbeit seit einigen Jahren »schwieriger geworden« sei. Die DGfP sei nicht mehr ein »Kind des Wachstums« wie noch in den siebziger Jahren, stellte sie resigniert fest. Hinzu kam ein verändertes »Verhältnis zu fundamentalistischen Tendenzen und Gruppen« in den Kirchen. Die »evangelikale Antwort« auf pastoralpsychologische Konzepte bestand jetzt nicht mehr nur in »Polemik«, sondern auch in Versuchen einer institutionalisierten Gegenwehr.[12] Nicht nur die Binnenperspektive der um eine ›Funktionssäuberung‹ bemühten Pastoralsoziologen und Theologen, sondern auch die Fremdperspektive der fundamentalistischen Kritiker dieser Strategie weist darauf hin, dass sich im Zeitraum von 1945 bis 1975 in der katholischen Kirche eine tiefgreifende Verwissenschaftlichung des Sozialen vollzogen hat.

Mit der Anwendung der Sozialwissenschaften ist die Beziehung von Säkularisierung und Verwissenschaftlichung in eine neue Phase eingetreten. Im 19. Jahrhundert waren es noch die Naturwissenschaften, vor allem die darwinistische Biologie und der populäre Materialismus eines Ernst Haeckel, Jakob Moleschott oder Ludwig Büchner, die katholische Beobachter als säkulares Gedankengut mit Entschiedenheit ablehnten.[13] Im Zuge der Rezeption und Anwendung von Methoden der Soziologie, die mit Blick auf Fragen der Verwissenschaftlichung zu Recht als die »Schlüsselwissenschaft des 20. Jahrhunderts« bezeichnet worden ist, hat sich die Problemlage demgegenüber erheblich verschoben.[14] Denn nun ging es nicht mehr um die Abwehr und die Immunisierung gegen wissenschaftliche Erkenntnisse, für deren Geltungsbereich die katholische Kirche eine eigene philosophische Deutungskompetenz beanspruchte. Die Beobachtung des gesellschaftlichen Wandels führte vielmehr dazu, dass die Kirche selbst säkulare Mittel anwenden musste, um den Säkularisierungsprozess als solchen erkennen, in der stetig zunehmenden Komplexität seiner Folgen erfassen und wenn möglich zu steuern zu können.

Die Verwissenschaftlichung ist dabei nicht als ein Prozess zu verstehen, in dem erstmals systematische, reflexive Wissensformen in einen Bereich ein-

---

12 Liesel-Lotte Herkenrath-Püschel, 9.2.1987: Akten der Deutschen Gesellschaft für Pastoralpsychologie, Ordner Unterlagen zur Gründung.

13 Vgl. *Chadwick*, S. 161–188; *Motzkin*.

14 *Matthes*, Soziologie, S. 15.

treten, der zuvor noch keiner Reflexion zugänglich gewesen war. Ob in der Anfertigung von Visitationsberichten, in der Systematisierung verschiedener Vergemeinschaftungsformen durch die katholische Soziallehre, ob in der Ekklesiologie des corpus christi mysticum oder in der im Beichtspiegel verwendeten Kasuistik der sündigen Seele: mit Ausnahme der öffentlichen Meinung, die als legitime Sphäre in der katholischen Kirche bis in die sechziger Jahre hinein noch gar nicht anerkannt war, waren alle Gegenstände der Verwissenschaftlichung bereits vorher als ein Objekt systematischen Wissens in der Kirche eingeführt. Es ist deshalb auch am Beispiel der katholischen Kirche wenig sinnvoll, Verwissenschaftlichung als ein Synonym für Rationalisierung zu verstehen, zumal angesichts der problematischen Konnotationen, die diesem Begriff seit Max Webers Unterscheidung verschiedener Rationalitätstypen anhaften. Hilfreich scheint eher eine Formulierung, der zufolge sich im Zuge der Verwissenschaftlichung ein »wissenschaftliches Rationalitätsfeld« vor ein anderes, bereits bestehendes Rationalitätsfeld »schiebt«.[15] Das von den Sozialwissenschaften angebotene Wissen war, auch wenn es den Prüfkriterien der wissenschaftlichen Methodologie unterlag, nicht einfach von vornherein ›richtiger‹ und damit ›besser‹ als das in der katholischen Kirche zuvor verwendete. Solche Wahrheitseffekte haben sich gewiss ergeben. Interessanterweise geschah das insbesondere dort, wo neue Konzepte die Ergebnisse vorheriger Stufen der Verwissenschaftlichung korrigierten. Das ist etwa im Falle der soziographischen Kritik an den mit Hilfe der kirchlichen Statistik errichteten Luftschlössern geschehen. Aber die entscheidende Differenz bestand darin, dass die theologischen Wissensformen Dogmen – und damit normative Erwartungen! – systematisierten, während die Humanwissenschaften nichts »anderes als eine Systematisierung von (...) menschlichen Erfahrungen« vornehmen, wie der Pastoralsoziologe Norbert Mette formuliert hat.[16]

Für die Dekaden seit Ende des Zweiten Weltkrieges wird die Verwissenschaftlichung des Sozialen zumeist mit drei gesellschaftlichen Prozessen in Verbindung gebracht: der Dynamik des kapitalistischen Massenkonsums im Zeichen des Fordismus, der Konsolidierung der parlamentarischen Demokratie und dem weiteren Ausbau des Wohlfahrtsstaates. Die Verwissenschaftlichung des Sozialen erscheint damit als ein Prozess, der neben dem Informationsbedarf von großen Industrieunternehmen entscheidend durch die sozialdemokratische »Reformkoalition« von staatlichen und parastaatlichen Institutionen sowie den mit ihnen vernetzten Expertengruppen und gesellschaftlichen Bündnispartnern vorangetrieben worden ist.[17] Diese Deu-

15 *Maasen*, Genealogie, S. 478f.

16 Diskussionsbeitrag Norbert Mette, in: *Griesl*, Praktische Theologie, S. 223.

17 *Raphael*, Verwissenschaftlichung, bes. S. 177f. Abgeschwächt betont das auch *Wagner*, Social Planning, S. 601–606; zum Begriff der Reformkoalition *ders*., Promise; ähnliche The-

tung ist in der Anwendung auf die katholische Kirche zu präzisieren und zu erweitern. Denn deren Verwissenschaftlichung lag – auch wenn die Expansion des Sozialstaates in den siebziger Jahren die katholische Pastoral mittelbar veränderte – weder ein wohlfahrtspolitisches Reformprogramm noch die inhaltliche oder personelle Vernetzung mit staatlichen Modernisierungsbemühungen zugrunde. Ein wichtiger Grund für die Anwendung sozialwissenschaftlicher Methoden in der Kirche lag vielmehr in deren Herausforderung durch die innerkirchlichen Reform- und Protestbewegungen seit den späten sechziger Jahren. Meinungsumfragen, kirchliche Planung und Gesprächstherapie thematisierten Folgeprobleme funktionaler Differenzierung. Aber sie konnten mit diesem Angebot erst dann auf eine nennenswerte Resonanz in der Kirche rechnen, als der mit den allgemeinen Umbrüchen der späten sechziger Jahre eng verbundene postkonziliare Konflikt eine Thematisierung dieser Aspekte der kirchlichen Vergesellschaftung auf die Tagesordnung setzte. Verwissenschaftlichung war nicht nur ein Fernglas zur Beobachtung von Säkularisierungsfolgen, sondern je später desto mehr auch ein Diskurs der Normalisierung, mit dessen Hilfe sich Konflikte »entschärfen« ließen.[18]

Der Akzent der hier vertretenen Argumentation liegt dabei auf den Anpassungsproblemen formaler Organisationen. Unternehmen in der Wirtschaft, Gewerkschaften und Volksparteien in der Politik ebenso wie die katholische Kirche mussten enorme Anstrengungen auf sich nehmen, um in einer sich ebenso rapide wie permanent wandelnden Gesellschaft überhaupt noch handlungsfähig zu bleiben. Die Verwissenschaftlichung des Sozialen verdankt wichtige Impulse der Notwendigkeit, die großen Organisationen in den gesellschaftlichen Funktionsbereichen als »Tanker« – um eine von Peter Glotz 1982 mit Blick auf die SPD geprägte Metapher aufzugreifen – manövrierfähig zu halten.[19] Dabei bleibt aber gerade im Vergleich mit Industrie, Parteien und Wohlfahrtsstaat nach 1945 das Faktum bestehen, dass die nur schwache Resonanz organisationstheoretischer Methoden in der katholischen Kirche eine wichtige Differenz zum sonstigen Muster der Anwendung sozialwissenschaftlicher Methoden markiert. Denn in Betrieben und Verwaltungen waren organisationssoziologische Konzepte die vielleicht wichtigste Form, in der die anwendungsorientierten Sozialwissenschaften nach 1945 Fuß gefasst haben.[20]

Verwissenschaftlichung war, so gesehen, eine mit Konsequenz verfolgte Strategie, um die katholische Kirche in der Gesellschaft präsent und hand-

sen in vielen von Foucault inspirierten Arbeiten zur Verwissenschaftlichung des Sozialen; vgl. *Curtis*, S. 88ff.

18 *Raphael*, Verwissenschaftlichung, S. 178.

19 *Glotz*.

20 Das betont zu Recht *Wagner*, Uses, S. 545f.

lungsfähig zu halten. Diese positive Lesart darf aber, und darin unterscheidet sich unsere Interpretation von manchen allzu glatt geratenen Erfolgsgeschichten der Modernisierung und Liberalisierung der Bundesrepublik seit den fünfziger Jahren, nicht über Folgeprobleme der Verwissenschaftlichung hinwegtäuschen. Die Anwendung der Sozialwissenschaften war nicht einfach eine gelungene Modernisierung, sondern vielmehr ein Sprung in eine »gefährliche Modernität«, die mit verbesserten Chancen für die Inklusion der Gläubigen zugleich die Risiken der Inkulturation des Glaubens steigerte.[21] So machte etwa die Umfrageforschung Responsivität möglich und entschärfte damit einen innerkirchlichen Konflikt. Aber die Übertragung einer politischen Semantik in den religiösen Bereich war zugleich hochproblematisch, da sie das Proprium der Kirche, den Glauben und die Kommunikation mit Gott, vielleicht nicht verdunkelte, aber doch zumindest zeitweilig zur Nebensache zu degradieren schien. Die kirchliche Planung zielte auf eine überfällige Anpassung kirchlicher Strukturen an die veränderten gesellschaftlichen Bedingungen, drohte aber dabei zugleich, die Erwartungen der an Religion überhaupt noch interessierten Kreise nachhaltig zu enttäuschen. Durch therapeutische Methoden gestützte Gesprächsangebote schließlich sind ein wichtiges Mittel, um auch kirchenferne Individuen noch mit der Botschaft des Evangeliums zu erreichen. Durch die ihnen immanente Entritualisierung und Rationalisierung drohen sie aber zugleich, diese Botschaft substanziell zu entleeren und zu verfälschen. »Modernisierung im Selbstbezug«, und das gilt nicht nur für die katholische Kirche, sondern generell für die Gesellschaftsgeschichte der Bundesrepublik, ist niemals eine einlinige Erfolgsgeschichte, sondern stets mit substanziellen Risiken und Folgeproblemen behaftet.[22]

21 Im Sinne von *Fuchs*, Modernität.
22 Vgl. *Prinz*.

Abkürzungen

ABP	Archiv des Bistums Passau
AKKZG	Arbeitskreis für Kirchliche Zeitgeschichte
ARedBo	Archiv des Redemptoristenklosters Bochum
BAE	Bistumsarchiv Essen
BAM	Bistumsarchiv Münster
BAOS	Bistumsarchiv Osnabrück
BDA	Bischöfliches Diözesanarchiv Aachen
BDKJ	Bund der Deutschen Katholischen Jugend
DAL	Diözesanarchiv Limburg
DBK	Deutsche Bischofskonferenz
EAF	Erzbischöfliches Archiv Freiburg/Br.
EBAP	Erzbischöfliches Archiv Paderborn
EOM	Erzbischöfliches Ordinariat München, Registratur
FAZ	Frankfurter Allgemeine Zeitung
FBK	Fuldaer Bischofskonferenz
FH	Frankfurter Hefte
FHH	Franz Hitze Haus
GH	German History
HAEK	Historisches Archiv des Erzbistums Köln
HJb	Historisches Jahrbuch
HK	Herder-Korrespondenz
ICSW	Institut für Christliche Sozialwissenschaften Münster
IfD	Institut für Demoskopie Allensbach
IKSE	Institut für Kirchliche Sozialforschung des Bistums Essen
KASKI	Katholiek Sociaal-Kerkelijk Instituut
KDC	Katholiek Documentatie Centrum Nijmegen
KDPT	Konferenz der deutschsprachigen Pastoraltheologen
KH	Kirchliches Handbuch
KuL	Kirche und Leben
LS	Lebendige Seelsorge
LThK	Lexikon für Theologie und Kirche
MK	Missionskonferenz
PBl.	Pastoralblatt
PSI	Pastoralsoziologisches Institut Essen
RGG	Religion in Geschichte und Gegenwart
RJKG	Rottenburger Jahrbuch für Kirchengeschichte
SC	Social Compass
SIB	Sozialinstitut des Bistums Essen, Abt. Kirchliche Sozialforschung
StdZ	Stimmen der Zeit
TRE	Theologische Realenzyklopädie
WW	Wort und Wahrheit
ZfS	Zeitschrift für Soziologie
ZSt	Zentralstelle für kirchliche Statistik Deutschlands, Köln
ZdK	Zentralkomitee der deutschen Katholiken

Quellen- und Literaturverzeichnis

1. Ungedruckte Quellen

1.1. Archivalien

Bischöfliches Diözesanarchiv Aachen (BDA):
Gvs E 1, I; Gvs E 1, II; Gvs B 17, I-III

Institut für Demoskopie Allensbach, Archiv:
IfD-Berichte 1351, 1364, 1471

Archiv des Redemptoristenklosters Bochum (ARedBo):
Ordner Soziologische Untersuchungen; Ordner Missions-Konferenzen CSsR C 2;
Ordner Missions-Konferenzen C 3; Ordner Soziologie

Archiv der Kommission für Zeitgeschichte, Bonn (KfZG):
NL Hermann Joseph Schmitt: 1, 7
Materialien KAB: G VI 2, G VII

Archiv des Zentralkomitees der deutschen Katholiken, Bonn (Archiv ZdK):
60/1, 1–60/1, 6, 2202/2

Archiv der Sozialen Demokratie, Bonn (AsD):
NL Walter Dirks: 18, 76, 123, 126

Deutsche Bischofskonferenz, Referat Statistik, Bonn:
– [O. Eitner], Die Zentralstelle für kirchliche Statistik im katholischen Deutschland (Ms., 1922)

Bistumsarchiv Essen (BAE):
– K 406, K 544, P 316
– GV 82 14 12, Bde. 1–3
– Nachlaß Kardinal Hengsbach (NL 1): 1008, 1011, 1015, 1016, 1022, 1024
– Würzburger Synode: Hefter Allgemeine Befragung, Hefter Protokolle der Sitzungen des Synodalbüros, Hefter Synode 72-Vorträge

Erzbischöfliches Archiv Freiburg/Br. (EAF):
B2-47-52, B2-47-57, B2-47-67, B2-47-69, B2-49-15, B2-49-16, B2-49-18, B2-49-20, B2-49-25, B2-49-27, B2-49-28, B2-49-29a, B2-49-30, B2-49-35, B2-49-103

Historisches Archiv des Erzbistums Köln (HAEK):
– Depositum DBK: Allgemeine Auskünfte 1972–1973, Korrespondenz Diözese München 1950–1977, Korrespondenz Diözese Rottenburg 1950–1976, Korrespondenz Diözese Würzburg 1950–1978, Korrespondenz Erzdiözese Freiburg/Br. 1950–1977, Korrespondenz Erzdiözese Köln, Statistische Auskünfte 1966–1967, Zählbogen-Korrespondenz

- Seelsorgeamt Heinen: 11, 56, 60
- CR II: 2.19, 9
- Gen. I: 32.12, 6
- Gen. II: 32.12, 1–6, 9–10; 32.12, Zugang 452/89, Ordner 102, Ordner 103
- NL Josef Frings: 833–836, 840
- NL Adolph Geck

Diözesanarchiv Limburg (DAL):
203G Gebietsmission 1957/58, 203G Gebietsmission 1959, 552A, 552B

Erzbischöfliches Ordinariat München (EOM), Registratur:
Hefter Redemptoristen bis 1988, Teil 1; Hefter Seelsorgeamt

Erzbischöfliches Ordinariat München (EOM), Pastorale Planungsstelle:
Aktenordner zur Soziographischen Erhebung im Vorfeld des Eucharistischen Welt-
kongresses 1960: Menges I; Teil II: Münchens katholische Pfarreien; Teil III: Das
Münchener Kirchenvolk
Akte P. Wesel, Gemeindeleitung; Akte PV-Kurs 1977

Bistumsarchiv Münster (BAM):
Generalvikariat Münster, Neues Archiv (GV NA):
Bischöfliches Sekretariat (A-0): 195, 500, 639, 737, 757, 767, 768, 770, 783a, 787,
790, 805, 966, 978, 979
Sekretariat des Generalvikars (A-101): 40, 140, 141, 155, 156, 166, 167, 174, 175,
189, 206–208, 219, 245, 261, 283, 336, 376, 378, 381, 383
Hauptabteilung 200, Seelsorge. Geschäftsführung 201 (A-201): 1, 2, 14–16, 23–25,
260, 265, 283, 290, 357, 365, 366, 368, 374, 376, 379, 383, 396, 463

Kommissariat Niederrhein: A 4
Diözesankomitee Münster: A 18, A 41, A 42, A 55
Katholische Studentengemeinde (KSG): A 136, 194
Franz-Hitze-Haus Münster 1949–1974 und Soziale Seminare im Bistum Münster
(FHH): A 15, 50, 58, 196, 232
Schriftleitung der Bistumszeitung ›Kirche und Leben‹: A 205, A 229, A 235
Synodalbüro der Gemeinsamen Synode der Bistümer in der Bundesrepublik
Deutschland: A 1-A 6, A 54, A 59
Amtsdrucksachen (AD): 21

Institut für Christliche Sozialwissenschaften an der Westfälischen Wilhelms-Universität Münster (ICSW):
Aktenordner mit Seminarunterlagen: Ordner Joseph Höffner; Ordner Prof. Wilhelm Weber, WS 1969/70

Loyola University New Orleans, Monroe Library, Special Collections:
Joseph H. Fichter Papers, Box 1, Folder 9; Box 13, Folders 13–17

Katholiek Documentatie Centrum Nijmegen (KDC):
Bestand 21 (KASKI): 2719 – 2728, 2757, 2768 – 2772, 4288 – 4292, 4303
Archief Mensen in Nood: 1184, 1540
NL Dellepoort: 66, 102, 103, 354
KASKI, Memorandum Nr. 32 (1956)

Akten der Deutschen Gesellschaft für Pastoralpsychologie, Geschäftsstelle der DGfP, Nürnberg:
Ordner Unterlagen zur Gründung

Bistumsarchiv Osnabrück (BAOS):
03-04-21-01/02/03, 03-04-22-01/02, 03-09-51-02, 03-55-01-01, 03-55-01-02, 07-31-50, 07-31-52
Seelsorgeamt, Akzession 4: Ordner Diözesan-Synode I, Ordner Synode Würzburg

Erzbischöfliches Archiv Paderborn (EBAP):
Generalakten (GA): Diözesan-Konferenzen 1957, 1959, 1962; Gebietsseelsorger 1958–1969; Kirchliche Statistik, 1945–1961; Kirchliche Statistik, Beiakte zu 1945–1961; Kirchliche Statistik 1962–1967; Kirchliche Statistik 1968–1969; Kommende, Personal, 1947–1960; Kommende, Satzung, Kuratorium des GSI 1959–1962; Kommende, Satzung, Kuratorium des GSI 1963–1969; Seelsorgeamt 1945–1969; Seelsorgsbezirke (Regionen) 1965–1969; Volksmission 1959; Volksmission 1960–1961; Volksmission 1962

2. Veröffentlichte Quellen

(Einzelne verstreute Zeitungsartikel werden hier nicht noch einmal aufgeführt.)

2.1. Periodika

Allensbacher Berichte Nr. 17 (1970)
Anima. Vierteljahresschrift für praktische Seelsorge 4 (1949) – 12 (1957)
Augsburger Postzeitung 1905.
Berichte und Dokumente. Hg. vom Zentralkomitee der deutschen Katholiken 6 (1970) – 24 (1975)
Civitas 1 (1962) – 10 (1971)
Concilium 1 (1965) – 11 (1975)
Das Dorf. Zweimonatsschrift zur christlichen Erneuerung des Landlebens. Führungsorgan der Katholischen Landbewegung Deutschlands 5 (1953) – 9 (1957)
Der christliche Sonntag. Katholisches Wochenblatt 8 (1956)
Der Seelsorger. Zweimonatsschrift für Praxis und Theorie des kirchlichen Dienstes 21 (1950/51) – 31 (1960/61)
Diakonia. Der Seelsorger. Internationale Zeitschrift für praktische Theologie 1 (1970) – 5 (1974)
Dokumente. Zeitschrift im Dienst übernationaler Zusammenarbeit 1 (1945/46) – 20 (1970)
Echo der Zeit. Jg. 1963–1965
Fk-Information. Mitteilungen des Freckenhorster Kreises 1974–1976
Frankfurter Hefte 1 (1946) – 29 (1974)
Germania Jg. 1904, 1905, 1916
Herder-Korrespondenz 1 (1946/47) – 30 (1976)
Hochland. Monatsschrift für alle Gebiete des Wissens, der Literatur und Kunst 7 (1909/10) – 25 (1928), 39 (1946/47) – 63 (1971)
Im Dienst der Seelsorge. Beilage zum Kirchlichen Amtsblatt der Erzdiözese Paderborn 3 (1949) – 28 (1974)

352

Informationen der Kölner Ordensprovinz CSsR 17 (1986)

Internationales Jahrbuch für Religionssoziologie 1 (1965) – 8 (1975)

Jahrbuch 1927 für die Katholiken Mannheims

Jahrbuch des Instituts für christliche Sozialwissenschaft. [ab Jg. 9 (1968): Jahrbuch für Christliche Sozialwissenschaften] 1 (1960) – 34 (1993)

Katechetische Blätter 85 (1960) – 87 (1962)

Kirche und Leben. Bistumszeitung Münster 24 (1969)- 25 (1970)

Kirche, Meinung, Medien: Tips und Informationen zur Gemeindearbeit. Hg. von der Gesellschaft für Christliche Öffentlichkeitsarbeit 4 (1971) – 5 (1972)

Kirchliches Amtsblatt für die Diözese Münster 105 (1971) – 106 (1972)

Kirchliches Handbuch für das katholische Deutschland 1 (1908) – 29 (1976/86)

Kirchliches Jahrbuch für die evangelischen Landeskirchen Deutschlands 39 (1912)

Klerusblatt. Organ der Diözesan-Priestervereine Bayerns und des Bistums Speyer 13 (1932), 29 (1949), 32 (1952), 44 (1964)

Kölner, Aachener und Essener Pastoralblatt 10 (1958) – 15 (1963)

Kölnische Volkszeitung 1904–1905

Lebendige Seelsorge 1 (1950) – 30 (1979)

Liturgisches Jahrbuch 1 (1951) – 26 (1977)

Lumen Vitae 1 (1946) – 6 (1951)

Mann in der Kirche 26 (1969) – 28 (1971)

Münsterisches Pastoralblatt Jg. 1914

Oberhirtliches Verordnungsblatt für die Diözese Passau Jg. 1893

Oberrheinisches Pastoralblatt 56 (1955), 60 (1959), 67 (1966) – 75 (1974)

Ordenskorrespondenz 6 (1965), 16 (1975)

Orientierung 17 (1953)

Pastoralblatt 43 (1909) – 44 (1910)

Pastoralblatt für die Diözesen Aachen, Berlin, Essen, Köln, Osnabrück 16 (1964) – 27 (1975)

Paulus. Zeitschrift für missionarische Seelsorge 22 (1950) – 37 (1965)

Publik. Informationen, Meinungen, Analysen und Bilder dieser Woche 1 (1968) – 4 (1971)

Rheinischer Merkur 1956, 1968–1974

Ruhrwort 1969–1970

Seelsorgehilfe 1 (1949) – 5 (1953)

Sein und Sendung 1 (1969) – 7 (1975)

Social Compass. International Review of Sociology of Religion 1 (1954) – 19 (1972)

Soziale Welt 1 (1949/50)

Stimmen der Zeit. 90 (1916) – 117 (1929); 139 (1946/47) – 154 (1953/54); 179 (1967) – 193 (1975)

Synode. Amtliche Mitteilungen der gemeinsamen Synode der Bistümer in der Bundesrepublik Deutschland 1 (1970) – 6 (1975)

Theologie der Gegenwart 1 (1958) – 7 (1964)

Theologie und Glaube. Zeitschrift für den katholischen Klerus 17 (1925) – 23 (1931); 48 (1958) – 62 (1972)

Trierer Theologische Zeitschrift 58 (1949) – 77 (1968)

Unsere Seelsorge. Wegweiser und Mitteilungen für Seelsorge und Laienarbeit im Bistum Münster 3 (1953) – 22 (1972)

Werkhefte 24 (1970)- 26 (1972)

Wort und Wahrheit. Monatsschrift für Religion und Kultur 7 (1952) – 14 (1959)

2.2. Quelleneditionen, Protokolle

Baumgarten, P.M., Die Römische Kurie um 1900. Ausgewählte Aufsätze, hrsg. v. C. Weber, Köln 1986.

Denzinger, H., Kompendium der Glaubensbekenntnisse und kirchlichen Lehrentscheidungen, Freiburg/Br. 1991 (37. Aufl.) hg. v. P. Hünermann.

Gatz, E. (Bearb.), Akten der Fuldaer Bischofskonferenz 1871–1919, Bde. I-III, Mainz 1977–1985.

Heinen, E. (Hg.) Staatliche Macht und Katholizismus in Deutschland, Bd. 2: Dokumente des politischen Katholizismus von 1867 bis 1914, Paderborn 1979.

Hennelly, A.T. (Hg.), Liberation Theology. A Documentary History, New York 1990.

Hürten, H. (Bearb.), Akten Kardinal Michael von Faulhabers III: 1945–1952, Paderborn 2002.

Protokoll des SPD-Parteitags Hannover 1973, Hannover 1973.

Public Papers of the Presidents: Richard Nixon 1969–1974, Bd. I: 1969, Washington D.C. 1971.

Rahner, K. u. H. Vorgrimler, Kleines Konzilskompendium. Sämtliche Texte des Zweiten Vatikanums, Freiburg/Br. 1978 (12. Aufl.).

Stasiewski, B. (Bearb.), Akten deutscher Bischöfe über die Lage der Kirche 1933–1945, Bd. 1: 1933–1934, Mainz 1968.

Stehkämper, H. (Bearb.), Der Nachlaß des Reichskanzlers Wilhelm Marx, 5 Bde., Köln 1968–1997.

2.3. Lexika

Bautz, F.-W. (Hg.), Biographisch-Bibliographisches Kirchenlexikon, Bd. 1–20, Hamm (später: Herzberg) 1975–2002.

Bernsdorf, W. (Hg.), Internationales Soziologenlexikon, Stuttgart 1959.

Eidelberg, L. (Hg.), Encyclopedia of Psychoanalysis, New York. London 1968.

Fricke, D. (Hg.), Lexikon zur Parteiengeschichte. Die bürgerlichen und kleinbürgerlichen Parteien und Verbände in Deutschland (1789–1945), 4 Bände, Köln 1983–1986.

Lexikon für Theologie und Kirche. 1. Auflage: 10 Bde., Freiburg/Br. 1930–1938, hg. v. M. Buchberger.

Lexikon für Theologie und Kirche, 2. Auflage: 10 Bde., Freiburg/Br. 1957–1965, hg. v. J. Höffner und K. Rahner.

Lexikon für Theologie und Kirche, 3. Auflage: 11 Bde., Freiburg/Br. 1993–2001, hg. v. W. Kasper u.a.

Monz, H. (Hg.), Trierer Biographisches Lexikon, Trier 2000.

Kürschners Deutscher Gelehrten-Kalender, 11. Ausgabe, Berlin 1966.

Die Religion in Geschichte und Gegenwart. Handwörterbuch für Theologie und Religionswissenschaft, Tübingen 1957–1965, 7 Bde., hrsg. von K. Galling (3. Aufl.).

Theologische Realenzyklopädie, hg. von G. Krause u.a., Berlin 1977ff.

Wetzer, H.J. u. B. Welte (Hg.), Kirchenlexikon oder Enzyklopädie der katholischen Theologie und ihrer Hilfswissenschaften, 2. Aufl., Freiburg/Br. 13 Bde., 1882–1903.

Sacher, H. (Hg.), Staatslexikon, 5. Aufl., Freiburg/Br. 1926–1932.

2.4. Untersuchungsberichte pastoralsoziologischer Forschungseinrichtungen

Pastoralsoziologisches Institut des Erzbistums Paderborn und des Bistums Essen (PSI)
Berichte:
Nr. 1 Bestandsaufnahme der Niederlassungen männlicher und weiblicher Orden und ordensähnlicher Kongregationen im Bistum Essen (1959).

Nr. 3: Pastoralsoziologische Untersuchung der Stadt Essen. Erster Teil: Zur soziologischen Struktur der Stadt Essen (1959).

Nr. 3 A: Pastoralsoziologische Untersuchung der Stadt Essen. Erster Teil: Zur soziologischen Struktur der Stadt Essen. Tabellen und Kartogramme (1959).

Nr. 4 : Pastoralsoziologische Untersuchung der Stadt Essen. Zweiter Teil: Das religiöse Leben im Raume der Stadt Essen; Dritter Teil: Pastoraltheologische Überlegungen (1961).

Nr. 4 A: Pastoralsoziologische Untersuchung der Stadt Essen. Tabellen und Kartogramme (1961).

Nr. 4 B: Tabellenband zur differenzierten Kirchenbesucherzählung in Essen vom 25. Oktober 1959 (April 1961).

Nr. 6: Priesternachwuchs und Klerus im Bistum Essen (1960).

Nr. 10: Priesternachwuchs und Klerus im Erzbistum Paderborn (1961).

Nr. 11: Pastoralsoziologische Untersuchung der Stadt Dortmund. Erster Teil: Zur gesellschaftlichen Situation der Stadt Dortmund (1961).

Nr. 11 A: Pastoralsoziologische Untersuchung der Stadt Dortmund. Erster Teil: Zur gesellschaftlichen Situation der Stadt Dortmund. Tabellen und Graphiken (1961).

Nr. 12: Pastoralsoziologische Untersuchung der Stadt Dortmund. Zweiter Teil: Religiöse Praxis (1962).

Nr. 21: Jugendprobleme im Kreis Meschede/Sauerland, I. Teil: Gesellschaftlicher Hintergrund (1962).

Nr. 22: Jugendrobleme im Kreis Meschede/Sauerland, II. Teil: Konflikte und Probleme (1962).

Nr. 22 A: Jugendprobleme im Kreis Meschede/Sauerland, III. Teil (1962).

[ab Nr. 38: Sozialinstitut Essen. Kirchliche Sozialforschung. Berichte (SIB)]

Nr. 42: Zum Begriff und den sozialwissenschaftlichen Meßmethoden der Religiosität (1966).

Nr. 49. Skalierungsverfahren in der sozialpsychologischen Einstellungsforschung zur Religion, Essen 1968.

[ab Nr. 64: Institut für Kirchliche Sozialforschung Essen (IKSE)]

Nr. 88. Berufsbild und Selbstverständnis von Laientheologen. Eine empirische Untersuchung unter studierenden Laientheologen an deutschen Universitäten und Erziehungswissenschaftlichen Hochschulen, Essen 1975.

Nr. 101. Zur pastoralsoziologischen Situation im Bistum Essen: Daten und Überlegungen, Essen 1986.

IKSE, Kirchliche Statistik. Jahreserhebung 2001, Essen 2002.

SIB, Forschungsplan für eine Untersuchung über die Rolle des Kaplans als Seelsorger in der Diözese Köln, o.D. (1967).

Handreichungen:
Nr. 1 Die differenzierte Kirchenbesucherzählung (1959).

Nr. 2 Die Pfarrkartei (Februar 1960).

Nr. 4 Aspekte der gesellschaftlichen Wirklichkeit im Raume des Bistums Essen (Januar 1960).

Nr. 8 Kurzer Kommentar zu einer Umfrage über Kirche und Öffentlichkeit (August 1961).

Nr. 9 Die Frage der Mischehen mit katholischer Beteiligung in Deutschland (1961).

Nr. 12 Zur Frage der Meßzeiten in der Essener Innenstadt (September 1961).

Nr. 13 Überlegungen zur Lebendigkeit des Glaubens in der Bundesrepublik (Januar 1962).

Nr. 17 Zur religiösen Praxis in der Stadt Essen. Bemerkungen zur Verläßlichkeit und zum Situationsbild der Angaben der kirchlichen Statistik (August 1963).

Nr. 19 Vorstellungen über den Priester. Ein Thesenkatalog (Januar 1964).

Sozialteam e.V., Landstuhl, später Adelsried:

Gebietsmission Dekanat Kitzingen: Basisuntersuchung und Pfarreitypologie, Ramstein 1963 (Strukturelle Seelsorge, Heft 5).

Gebietsmission Dekanat St. Ingbert. Die Basisuntersuchung in einem Traditionsgebiet, Ramstein/Pfalz 1963 (Strukturelle Seelsorge, Heft 3).

Die Entwicklung der Kirchlichkeit im Bistum Speyer 1950–2000, Adelsried 1968 (Strukturelle Seelsorge, Bd. 1).

Sozialteam (Hg.) Sozial-kirchliche Analyse der Stadt Augsburg, Heft 1: Religiöse Praxis und zwischenpfarrliche Wanderung, Landstuhl 1967.

Sozialteam (Hg.) Sozial-kirchliche Analyse der Stadt Augsburg, Heft 2: Meßzeiten und Kirchenbesuch, Landstuhl 1967.

Sozialteam (Hg.) Sozial-kirchliche Analyse der Stadt Augsburg, Heft 7: Die Situation der Kirche in der Stadt, Landstuhl 1969.

Institut für Kommunikationsforschung Wuppertal-Frankfurt/M.:

Bericht über das Ergebnis der Meinungsumfrage I/1968 (Primärerhebung) für die katholische Pfarrgemeinde St. Anna – München (1968).

Abschlußbericht 3-1970. Primärerhebung. Image der Dienste eines Dekanates [München-Laim] (1970).

Abschlußbericht I. 12-1970. Primärerhebung. Image der Dienste eines Dekanates [Passau] (1970).

2.5. Zeitgenössische Literatur (bis 1975)

1770 Forum-Fragen zu den 27 Forumgesprächen auf dem 82. Deutschen Katholikentag vom 4.–8. September 1968, Essen 1968.

Algermissen, K., Pastorallehren aus der Statistik des Kirchenaustritts und Freidenkerbewegung der Nachkriegszeit, in: Theologisch-praktische Quartalschrift, Jg. 83, 1933, S. 686–716.

Angell, R.C., The Ethical Problems of Applied Sociology, in: P. Lazarsfeld u.a. (Hg.), The Uses of Sociology, New York ²1967, S. 725–740.

Auf dem Weg zu einer Theologie der Diasporakirche, in: Theologische Materialien für Kontroverstheologie und Konfessionskunde, Jg. 1, 1957, Heft 3/4, S. 33–64.

Bauer, C., Der Deutsche Katholizismus und die bürgerliche Gesellschaft, in: ders., Deutscher Katholizismus. Entwicklungslinien und Profile, Frankfurt/M. 1964, S. 28–52.

Baumann, A., Gedanken zur kirchlichen Statistik von Dortmund, in: Jb. für die Katholiken Dortmunds 1929, Dortmund 1929, S. 49–61.

Baumgarten, P.M. u. H.A. Krose, Ecclesiastical Statistics, in: C.G. Herbermann (Hg.), The Catholic Encyclopedia, Bd. XIV, New York 1912, S. 269–282.

Baumgarten, P.M., Kirchliche Statistik. Wie steht es um die Kirchliche Statistik in Deutschland? Ein Wort über kirchliche Statistik, Statistische Beschreibung der kirchlichen Verhältnisse Italiens, Wörrishofen 1905.

– Römische und andere Erinnerungen, Düsseldorf 1927.

Beckel, A., Etappen auf dem Weg, in: ders. (Hg.), Erfahrungen 1971. Aspekte der Akademiearbeit, Münster 1971, S. 15–27.

Becker, M., Die Macht in der katholischen Kirche. Kritik der hierarchischen Praxis, München 1967.

Benz, F., Missionarische Seelsorge. Die missionarische Seelsorgebewegung in Frankreich und ihre Bedeutung für Deutschland, Freiburg/Br. 1958.

Berger, W. u. H. Andrissen, Das amerikanische Phänomen ›Pastoral Counseling‹ und seine Bedeutung für die Pastoraltheologie, in: F.-X. Arnold u.a. (Hg.), Handbuch der Pastoraltheologie. Praktische Theologie der Kirche in ihrer Gegenwart, Bd. III, Freiburg/Br. 1968, S. 570–585.

Bergmann, H., Strukturprobleme der städtischen Pfarrei, dargestellt am Beispiel einer Pfarrei im Ruhrgebiet, Münster 1967 (Ms.).

Bericht über die 17. Diözesankonferenz zu Paderborn vom 19. bis 22. Mai 1959, Paderborn o.J. [1959].

Bierbaum, A., Warum so viele Bedenken gegen die tägliche heilige Kommunion?, Warendorf 1913.

Biestek (S.J.), F.P., The Casework Relationship, London 1961 (zuerst 1957).

Bodamer, J., Gesundheit und technische Welt, Stuttgart 1955.

Bodzenta, E. (Hg.), 5 Jahre Internationales Katholisches Institut für Kirchliche Sozialforschung (ICARES), Abteilung Österreich 1952–1957. Eine Festschrift, Wien 1957.

– Versuch einer sozial-religiösen Typologie der katholischen Pfarren, in: D. Goldschmidt u.a. (Hg.), Soziologie der Kirchengemeinde, Stuttgart 1960, S. 179–195.

– u.a., Regionalplanung in der Kirche, Mainz 1965.

Böhringer, H., Die Tiefenpsychologie von morgen, Hamm 1961.

– Priesterliche Selbstbesinnung. Ein mitbrüderlicher Brief, Hamm 1964.

Boonen, Ph., Das Konzil kommt ins Bistum. Zur Diskussion um die künftige Planung und Struktur des kirchlichen Dienstes, Aachen 1967.

Bopp, L., Das Schicksal der psychoanalytischen Bewegung, in: Literarischer Handweiser, Jg. 61, 1925, S. 749–760.

– Katholizismus und Psychoanalyse, in: Der Katholizismus als Lösung großer Menscheitsfragen, Innsbruck. Wien. München 1925, S. 47–93 (hg. v. Akademischen Verein Logos).

– Moderne Psychoanalyse, Katholische Beichte und Pädagogik, München. Kempten 1923.

– Sigmund Freuds Lebenswerk im Gericht der Zeit, in: Schönere Zukunft, Jg. 7, 1931, S. 100–101, 132–133, 153–155.

Boulard, F., Essor ou Déclin du Clergé Français, Paris 1950.

– Problèmes missionnaires de la France rurale, 2 Bde., Paris o.J. [1945].

– Wegweiser in die Pastoralsoziologie, München 1960.

Braekling, A., Kirchliche Statistik, in: Der katholische Seelsorger, Jg. 17, 1905, S. 362–369, 405–414.

Brepohl, W., Industrievolk im Wandel von der agraren zur industriellen Daseinsform dargestellt am Ruhrgebiet, Tübingen 1957.

Brockmöller, K., Industriekultur und Religion, Frankfurt/M. ³1964.

Browe, P. (S.J.), Die Pflichtkommunion im Mittelalter, Münster 1940.

Brüning, R., Nochmals Kirchliche Statistik, in: Allgemeine Rundschau Nr. 8 vom 19.2.1905, S. 86f.

Carrier, H. u. E. Pin, Sociologie du Christianisme. Bibliographie Internationale, Rom 1964.

– Sociologie du Christianisme. Bibliographie Internationale. Supplément 1962–1966, Rom 1968.

Corsten, W. (Hg.), Sammlung kirchlicher Erlasse, Verordnungen und Bekanntmachungen für die Erzdiözese Köln, Köln 1929.

Croon, H., Methoden zur Erforschung der gemeindlichen Sozialgeschichte des 19. und 20. Jahrhunderts, in: Westfälische Forschungen, Jg. 8, 1955, S. 139–149.

Crottogini, J., Werden und Krise des Priesterberufes. Eine psychologisch-pädagogische Untersuchung über den Priesternachwuchs in verschiedenen Ländern Europas, Einsiedeln 1955.

Dahm, K.-W., Gruppendynamik und kirchliche Praxis. Versuch einer Beziehungsklärung, in: ders. u. H. Stenger (Hg.), Gruppendynamik in der kirchlichen Praxis. Erfahrungsberichte, München 1974, S. 11–47.

Dahrendorf, R., Homo Sociologicus, Opladen ¹⁵1977.

Daniel, Y., Aspects de la Pratique Religieuse de Paris, Paris 1952.

Debarge, L., Psychologie und Seelsorge, Luzern 1969.

Dellepoort, J. u.a., Die deutsche Priesterfrage. Eine soziologische Untersuchung über Klerus und Priesternachwuchs in Deutschland, Mainz 1961.

Desroche, H., Areas and Methods of a Sociology of Religion: The Work of G. Le Bras, in: Journal of Religion, Jg. 35, 1955, S. 34–47.

Die Erzdiözese Freiburg während der Jahre 1922–1946 im Lichte der Statistik, Freiburg/Br. 1946.

Die europäische Priesterfrage. Bericht der Internationalen Enquête in Wien, 10.–12. Oktober 1958, Wien 1959 (hg. v. Internationalen Katholischen Institut für kirchliche Sozialforschung Wien).

Die Planung von heute für die Kirche von morgen: Kirchliche Raumplanung in der Erzdiözese München und Freising; München 1972.

Donat, J., Irrtum und Schaden der Freudschen Psychoanalyse, in: Schönere Zukunft, Jg. 11, 1935/36, S. 892–894.

Drexler, J., Die Pfarr-Kartothek: Ihre Notwendigkeit für die Städte und ihre Organisation, Köln ²1914.

Ducos, P., Zeitgemäße Volksmission, in: Werkblätter für die Seelsorge, Jg. 3, 1949, S. 16–21.

Duffield, G.E., The Paul Report Considered. An Appraisal of Leslie Paul's Report, The Deployment and Payment of the Clergy, Marcham 1964.

Egenter, R., Psychotherapie und Gewissen, in: Münchener Theologische Zeitschrift, Jg. 8, 1957, Heft 1, S. 33–45.

Eitner, H.O., Aus der kirchlichen Statistik, in: Theologie und Glaube, Jg. 9, 1917, S. 509–515.

Erste Diözesansynode des Bistums Aachen, 13. bis 17. Dezember 1953, Bd. 1: Synodalakten, Aachen 1955.

Etzioni, A. (Hg.), Complex Organizations. A Sociological Reader, New York 1964.

– Soziologie der Organisationen, München 1967.

Faber, F.-R., Das Bild des Menschen in der modernen Medizin. Zur Kritik des biologischen, psychologischen, soziologischen und ethisch-religiösen Determinismus, Köln 1959.

Faßbender, M. (Hg.), Des deutschen Volkes Wille zum Leben. Bevölkerungspolitische und volkspädagogische Abhandlungen über Erhaltung und Förderung deutscher Volkskraft, Freiburg/Br. 1917.

Feyerabend, K., Katholizismus und Protestantismus als Fortschrittsmächte, Stuttgart 1898.

Fichter (S.J.), J.H., Soziologie der Pfarrgruppen. Untersuchungen zur Struktur und Dynamik der Gruppen einer deutschen Pfarrei, Münster 1958 (Schriften des Instituts für christliche Sozialwissenschaften der Westfälischen Wilhelms-Universität Münster, Bd. 5).

– Social Relations in the Urban Parish, Chicago 1954.

– Grundbegriffe der Soziologie, Wien ²1969 (dt. zuerst 1967, engl. 1957).

– One-Man Research: Reminiscences of a Catholic Sociologist, New York 1973.

– Religion as an Occupation: A Study in the Sociology of Professions, Notre Dame 1961.

Fischer, A. u.a., Seelsorgehilfe. Werkbuch für apostolische Schulung und Arbeit der Laien, Freiburg/Br. ²1952.

Fischer, H. u.a., Die Gemeinde, Mainz 1970 (Pastorale. Handreichung für den pastoralen Dienst).

Forberger, J., Moralstatistik und Konfession, Halle 1911 (= Flugschriften des Evangelischen Bundes, Nr. 315/317).

Forster, K. (Hg.) Religiös ohne Kirche? Eine Herausforderung für Glaube und Kirche, Mainz 1978.

– Befragte Katholiken. Zur Zukunft von Glaube und Kirche. Auswertungen und Kommentare zu den Umfragen für die Gemeinsame Synode der Bistümer in der Bundesrepublik Deutschland, Freiburg/Br. 1973.

– (Hg.), Priester zwischen Anpassung und Unterscheidung. Auswertungen und Kommentare zu den im Auftrag der Deutschen Bischofskonferenz durchgeführten Umfragen unter allen Welt- und Ordenspriestern in der Bundesrepublik Deutschland, Freiburg/Br. 1974.

– Glaube – Kirche – Gesellschaft. Versuch einer theologischen und pastoralen »Anwendung« sozialwissenschaftlicher Analysen (1974), in: ders., Glaube und Kirche im Dialog mit der Welt von heute, Bd. 2, Würzburg 1982, S. 102–120.

– Volkskirche oder Entscheidungskirche? Theologische und soziologische Aspekte zu einer Grundfrage des pastoralen Dienstes, in: H. Fleckenstein (Hg.), Ortskirche, Weltkirche. Festgabe für Julius Kardinal Döpfner, Würzburg 1973, S. 488–506.

Freud, S., Die Traumdeutung, in: ders., Studienausgabe, Bd. II, Frankfurt/M. 1989.

– Die Zukunft einer Illusion (1927), in: ders., Studienausgabe, Bd. IX, Frankfurt/M. 1994, S. 135–189.

– Neue Folge der Vorlesungen zur Einführung in die Psychoanalyse (1933), in: ders., Studienausgabe, Bd. I, Frankfurt/M. 1994, S. 447–608.

Friedeburg, L. v., Die Umfrage in der Intimsphäre, Stuttgart 1953.

Frielingsdorf, K., Gruppendynamische Arbeit mit Theologiestudenten, in: K.-W. Dahm u. H. Stenger (Hg.), Gruppendynamik in der kirchlichen Praxis. Erfahrungsberichte, München 1974, S. 51–67.

Fuchs, F., Sittlichkeit und Frömmigkeit in Ziffern?, in: Hochland, Jg. 25, 1928, Bd. 2, S. 301–305.

Gagern, F.E. v., Eheliche Partnerschaft, München 1963.

Geller, H. u.a. (Hg.), 2000 Briefe an die Synode. Auswertung und Konsequenzen, Mainz 1971.

Gemeinsame Synode der Bistümer in der Bundesrepublik Deutschland. Offizielle Gesamtausgabe, 2 Bde., Freiburg/Br. 1976/1977.

Goddijn, H. u. W., Sichtbare Kirche. Ökumene und Pastoral. Einführung in die Religionssoziologie, Wien 1967.

Goddijn, W., Deferred Revolution. A Social Experiment in Church Innovation in Holland 1960–1970, Amsterdam 1975.

– Die katholische Pfarrsoziologie in Westeuropa, in: D. Goldschmidt u.a. (Hg.), Soziologie der Kirchengemeinde, Stuttgart 1960, S. 16–35.

Godin, A., Das Menschliche im seelsorglichen Gespräch. Anregungen der Pastoralpsychologie, München 1972.

Godin, H. u. R. Michel, Zwischen Abfall und Bekehrung. Abbé Godin und seine Pariser Mission, Offenburg 1950.

– u. Y. Daniel, La France, pays de mission?, Paris 1943.

Goldbrunner, J., Die Tiefenpsychologie von Carl Gustav Jung und christliche Lebensgestaltung. Eine moraltheologische Untersuchung, theol. Diss., Freiburg/Br. 1939.

– Personale Seelsorge. Tiefenpsychologie und Seelsorge, Freiburg/Br. 1954.

– Sprechzimmer und Beichtstuhl. Über Religion und Psychologie, Freiburg/Br. 1965.

Goldschmidt, D. u.a. (Hg.), Soziologie der Kirchengemeinde, Stuttgart 1960.

Golomb, E., Auch die Kirche muß ihren Einsatz planen. Die notwendige Anpassung der Seelsorgsorganisation, in: N. Greinacher u. H.-Th. Risse (Hg.), Bilanz des deutschen Katholizismus, Mainz 1966, S. 42–67.

– Ergebnisse und Ansätze pfarrsoziologischer Bemühungen im katholischen Raum, in: D. Goldschmidt u. J. Matthes (Hg.), Probleme der Religionssoziologie, Köln. Opladen 1962, S. 202–213.

Görres, A., An den Grenzen der Psychoanalyse, München 1968.

– Methode und Erfahrungen der Psychoanalyse, München ¹1958.

Görres, I.F., Der gewandelte Thron. Bemerkungen zur Synode und anderes, Freiburg/Br. 1971.

Greinacher, N., Die Kirche in der städtischen Gesellschaft. Soziologische und theologische Überlegungen zur Frage der Seelsorge in der Stadt, Mainz 1966.

– Ist Deutschland Missionsland?, in: Mitteilungsblatt des Alfred-Delp-Werkes, Juni 1953, S. 9–12.

– Soziologie der Pfarrei. Wege zur Untersuchung, Colmar 1955.

– u.a. (Hg.), In Sachen Synode. Vorschläge und Argumente des Vorbereitungskongresses, Düsseldorf 1970.

Greiner, F., Die Katholiken in der technischen Gesellschaft der Nachkriegszeit, in: H. Maier (Hg.), Deutscher Katholizismus nach 1945, München 1964, S. 103–135.

Griesl, G., Pastoralpsychologische Betrachtungen zu unserer heutigen Bußpraxis, in: J. Finkenzeller u. ders., Entspricht die Beichtpraxis der Kirche der Forderung Jesu zur Umkehr? Eine Orientierungshilfe, München 1971, S. 117–204.

Groner, F., L'etat de recherches de sociologie religieuse en Allemagne, in: Sociologie religieuse, sciences sociales: Actes du IVe Congrès Internationale (hg. von der Conférence Internationale de Sociologie Religieuse), Paris 1955, S. 117–130.

Grundlagen und Perspektiven der Sozialen Arbeit, o.O. 1966 (hg. v. der Kommende. Sozialinstitut des Erzbistums Paderborn in Dortmund-Brackel).

Gutberlet, K., Die Willensfreiheit und ihre Gegner, Fulda 1893.

Haas, L., Moralstatistik und Willensfreiheit, in: Jb. für Philosophie und spekulative Theologie, Jg. 13, 1899, S. 17–40.

Habermas, J., Strukturwandel der Öffentlichkeit, Frankfurt/M. 1990 (zuerst 1962).

Halmos, P., The Faith of the Counsellors, London 1965.

Hammerstein, L. v., Katholizismus und Protestantismus (= Begründung des Glaubens, Teil III), Trier 1906 (5. Aufl., zuerst 1894).

Hammes, E., Psychotherapie heute, in: Trierer Theologische Zeitschrift, Jg. 66, 1957, S. 163–168.

Hanssler, B., Stand und Aufgabe Katholischer Laienarbeit Heute, in: Zentralkomitee der Deutschen Katholiken. Arbeitstagung Saarbrücken, 16.–19. April 1958, Paderborn 1958, S. 10–21.

Harenberg, W. (Hg.), Was glauben die Deutschen? Die Emnid-Umfrage. Ergebnisse und Kommentare, München ²1969, zuerst 1968.

Häring, B., Macht und Ohnmacht der Religion. Religionssoziologie als Anruf, Salzburg 1956.

Hasenfuß, J., Der Soziologismus in der modernen Religionswissenschaft, Würzburg 1955.

Hättenschwiller (S.J.), J., Die öftere und tägliche heilige Kommunion nach dem päpstl. Dekrete vom 20. Dezember 1905, Innsbruck ³1909.

Hauser, Th., Aspekte der Supervision für Praktiker in Gemeinde und Institution, in: K.-W. Dahm u. H. Stenger (Hg.), Gruppendynamik in der kirchlichen Praxis. Erfahrungsberichte, München 1974, S. 213–231.

Häußler (S.J.), F.: Unsere seelsorgliche Situation im Lichte der Statistik, in: Klerusblatt, Jg. 31, 1951, S. 266–267.

Heinz, A., Das Bistum Trier im Spiegel der Statistik, in: Trierer Theologische Zeitschrift, Jg. 63, 1954, S. 243–253.

Hellgrewe, H., Dortmund als Industrie- und Arbeiterstadt. Eine Untersuchung der wirtschaftlichen und sozialen Entwicklung der Stadt, Dortmund 1951.

Hemmerle, K., Funktionale Interpretation des priesterlichen Dienstes?, in: K. Forster (Hg.), Priester zwischen Anpassung und Unterscheidung. Auswertungen und Kommentare zu den im Auftrag der Deutschen Bischofskonferenz durchgeführten Umfragen unter allen Welt- und Ordenspriestern in der Bundesrepublik Deutschland, Freiburg/Br. 1974, S. 27–40.

– Was heißt Glaubenssituation? Theologische Gesichtspunkte und methodische Konsequenzen für eine Situationsanalyse, in: K. Forster (Hg.), Befragte Katholiken. Zur Zukunft von Glaube und Kirche. Auswertungen und Kommentare zu den Umfragen für die Gemeinsame Synode der Bistümer in der Bundesrepublik Deutschland, Freiburg/Br. 1973, S. 23–42.

Hennis, W., Meinungsforschung und repräsentative Demokratie. Zur Kritik politischer Umfragen, Tübingen 1957.

Hild, H. (Hg.), Wie stabil ist die Kirche? Bestand und Erneuerung. Ergebnisse einer Meinungsbefragung, Gelnhausen 1974.

Hoffmann, L., Auswege aus der Sackgasse. Anwendungen soziologischer Kategorien auf die gegenwärtige Situation von Kirche und Seelsorge, München 1971.

Höffner, J., Industrielle Revolution und religiöse Krise. Schwund und Wandel des religiösen Verhaltens in der modernen Gesellschaft, Opladen 1961.

– Pastoral der Kirchenfremden. Eröffnungsreferat bei der Herbstvollversammlung der Deutschen Bischofskonferenz 1979 in Fulda, Bonn 1979.

Hofstätter, P.R., Gruppendynamik. Kritik der Massenpsychologie, Reinbek b. Hamburg 1957.

Hollweg, A., Theologie und Empirie. Ein Beitrag zum Gespräch zwischen Theologie und Sozialwissenschaft in den USA und Deutschland, Stuttgart 1971.

Houtart, F., Soziologie und Seelsorge, Freiburg/Br. 1966 (frz. zuerst 1963).

Isambert, F.A., Christianisme et Classe Ouvrière. Jalons pour une étude de sociologie historique, Tournai 1961.

J.B., Zur kirchlichen Statistik, in: Oberrheinisches Pastoralblatt, Jg. 12, 1910, S. 85–88.

Jahresbericht 1968/69 des Sozialteam e.V. Landstuhl/Adelsried, Adelsried 1969.

Jedin, H., Lebensbericht, Mainz 1984 (hg. von Konrad Repgen).

Joos, J., Geistige Entwicklung in der Arbeiterschaft unter besonderer Berücksichtigung ihrer Haltung zu Religion und Kirche, in: Mitteilungen an die Arbeiterpäsides, Jg. 4, 1926, S. 3–13.

Jordan, M., Deutschland, ein Missionsland, in: Katholischer Digest, Jg. 4, 1950, S. 561–564.

Kahseböhmer, H.-J. u. O. Selg, Einstellung und Verhalten in der Volkskirche Augsburg, Adelsried 1969.

Kaller, M., Aus einer Großstadtpfarrei. Erkenntnisse und Folgerungen aus einer Pfarrkartei, Freiburg/Br. 1923.

– Unser Laienapostolat in St. Michael Berlin. Was es ist und wie es sein soll (1926), Paderborn 1997 (hg. u. eingel. v. H.-J. Brandt).

Kalusche, B., Kirche wohin? Ein religions-demoskopischer Beitrag zur Situationsanalyse der Institution Kirche, Bergen-Enkheim bei Frankfurt/M. 1969.

Kammer, J.C., Die Kartothek im Dienste der seelsorglichen und sonstigen amtlichen Verwaltung, Trier 1914.

Katholische Heimatmission (Hg.), Münchener Statistik: das kirchliche Leben in der katholischen Bevölkerung Münchens, München 1973.

Kaufmann, F.-X., Theologie in soziologischer Sicht, Freiburg/Br. 1973.

Kempf, W., Versuch einer ersten Einführung in die Gedankenwelt der modernen Tiefenpsychologie, in: Trierer Theologische Zeitschrift, Jg. 58, 1949, S. 302–306.

Kinsey, A.C. u.a., Das sexuelle Verhalten der Frau, Frankfurt/M. 1966.

Kinsey, A.C. u.a., Sexual Behavior in the Human Male, Philadelphia 1948.

Kinsey, A.C. u.a., Sexual Behavior in the Human Female, Philadelphia 1953.

Kirche vor Ort:. 10 Jahre Bistum Essen, hg. v. Bischöflichen Generalvikariat, Essen 1968.

Kirchliche Statistik für das Bisthum Mainz im Großherzogthume, Mainz 1830.

Kner, A., Seelsorge als Beratung, Freiburg/Br. 1968.

Knöpfel, L., Religionsstatistik, in: F. Zahn (Hg.), Die Statistik in Deutschland nach ihrem heutigen Stand, Bd. I, München 1911, S. 307–323.

Konfessionelle und kirchliche Verhältnisse im Großherzogtum Hessen, in: Mitteilungen der Großherzoglich-Hessischen Zentralstelle für die Landesstatistik, Jg. 38, 1908, Nr. 870, S. 145–160.

König, R., Materialien zur Soziologie der Familie, Bern 1946.

– Praktische Sozialforschung, in: ders. (Hg.), Praktische Sozialforschung. Das Interview, Dortmund. Zürich 1952, S. 15–36.

Kroeger, M., Themenzentrierte Seelsorge. Über die Kombination klientzentrierter und themenzentrierter Arbeit nach C.R. Rogers und R.C. Cohn in der Theologie, Stuttgart 1973.

Krose, H.A., Der Einfluß der Konfession auf die Sittlichkeit. Nach den Ergebnissen der Statistik, Freiburg/Br. 1900.
– Die kirchliche Statistik in Deutschland, in: Bonner Zeitschrift für Theologie und Seelsorge, Jg. 2, 1925, S. 346–355.
– Die Ursachen der Selbstmordhäufigkeit, Freiburg/Br. 1906.
– Geburtenrückgang und Konfession, in: M. Faßbender (Hg.), Des deutschen Volkes Wille zum Leben. Bevölkerungspolitische und volkspädagogische Abhandlungen über Erhaltung und Förderung deutscher Volkskraft, Freiburg/Br. 1917, S. 207–226.
– Konfessionsstatistik und kirchliche Statistik im Deutschen Reich, in: Allgemeines Statistisches Archiv, Jg. 8, 1914, S. 267–292, 624–645.
– Moral und Moralstatistik, in: M. Meinertz u. A. Donders (Hg.), Aus Ethik und Leben. Festschrift für Josef Mausbach zur Vollendung des siebzigsten Lebensjahres, Münster 1931, S. 170–180.
– Religion und Moralstatistik, München o.J. [1906].
– Sittlichkeit in Ziffern, in: StdZ, Jg. 116, 1929, S. 149–154.
– Zur Frage der Errichtung eines Bureaus für kirchliche Statistik, in: Historisch Politische Blätter für das katholische Deutschland, Jg. 134, 1904, S. 830–837.
– Zur Frage eines statistischen Amtes für die Gesamtkirche, in: Theologie und Glaube. Jg. 29, 1937, S. 188–195.
– Der Einfluß der Confession auf die Sittlichkeit nach den Ergebnissen der Moralstatistik, in: Historisch Politische Blätter, Jg. 123, 1899, 479–499, 545–561.
Laloux, J., Seelsorge und Soziologie. Eine praktische Einführung für die Gemeindearbeit, Luzern 1969.
Le Bras, G., Études de Sociologie Religieuse, 2 Bde., Paris 1955–1956.
– Statistique et histoire religieuse, in: Revue d'histoire de l'eglise de France, Jg. 17, 1931, S. 425–449.
Leclerc, E., Katholik und Heldentum der Lebensbereitschaft. Ein statistischer Beitrag zur ernstesten Schicksalsfrage des deutschen Volkes, Trier 1935.
Lefèvre, W., Zum historischen Charakter und zur historischen Funktion der Methode bürgerlicher Soziologie. Untersuchung am Werk Max Webers, Frankfurt/M. 1971.
Lepp, I., Liebe, Neurose und christliche Moral. Fünf Aufsätze zum Verhältnis von Tiefenpsychologie und Glaube, Würzburg 1960.
– Psychoanalyse der Liebe, Würzburg 1961.
Liese, W., Die kirchliche Statistik, in: Theologie und Glaube, Jg. 7, 1915, S. 101–112.
Luckmann, Th., Das Problem der Religion in der modernen Gesellschaft, Freiburg/Br. 1963.
Lutz, H., Das Menschenbild der Kinsey-Reporte. Analyse und Kritik der philosophisch-ethischen Voraussetzungen, Stuttgart 1957.
Mähner, H.G., Die Bedeutung von Meinungsumfragen in der Kirche. Grundsätzliche Untersuchung und konkrete Darstellung anhand einer Primärerhebung, theol. Dissertation am Institut für Pastoraltheologie der Universität Salzburg 1971 (Ms.).
March, J.G. u. H.A. Simon, Organizations, New York 1958.
Marhold, W., Fragende Kirche. Über Methode und Funktion kirchlicher Meinungsumfragen, München 1971.
Matthes, J., Die Emigration der Kirche aus der Gesellschaft, Hamburg 1964.
– Kirche und Gesellschaft. Einführung in die Religionssoziologie II, Reinbek b. Hamburg 1969.

– Religion und Gesellschaft. Einführung in die Religionssoziologie I, Reinbek b. Hamburg 1967.

– Soziologie: Schlüsselwissenschaft des 20. Jahrhunderts?, in: ders. (Hg.), Lebenswelt und soziale Probleme. Verhandlungen des 20. Deutschen Soziologentages zu Bremen 1980, Frankfurt/M. – New York 1980, S. 15–27.

May, A., Psychoanalyse und katholische Weltanschauung, in: Das neue Blatt für die katholische Lehrerschaft, Jg. 5, 1929/30, S. 7–12.

Menges, W., Soziale Verhältnisse und Kirchliches Verhalten im Limburger Raum. Ergebnisse einer im Auftrage des Bischöflichen Ordinariates Limburg anläßlich der Gebietsmission von 1959 durchgeführten pfarrsoziologischen Untersuchung in 40 Pfarreien des Limburger Raumes, Limburg 1959.

Menne, F.W., Christentum und menschliche Fruchtbarkeit. Eine Studie über christliches Wertsystem und gesellschaftliche Realität, Diss. FU Berlin 1971 (Ms.).

Mertens, H., Sozialstatistische Studien zum Aufbau einer Großstadtpfarrgemeinde, in: Unsere Diözese in Vergangenheit und Gegenwart, Jg. 2, 1928, S. 84–94, 143–148.

Merton, R.K., The Role-Set. Problems in Sociological Theory, in: The British Journal of Sociology, Jg. 8, 1957, S. 106–120.

Michl, G., Religions- und Kirchliche Statistik, München 1921 (Beiträge zur Statistik Bayerns, Heft 96).

Michonneau, G., Paroisse, communauté missionnaire. Conclusions de 5 ans d'expérience en milieu populaire, Paris 1946.

Moberg, D., The Church as a Social Institution. The Sociology of American Religion, Englewood Cliffs 1962.

Mönch, A., Statistik auf dem Pfarramte, in: Pastor Bonus, Jg. 17, 1904/05, S. 355–360.

Motte, J.-F. u.a., Mission Générale. Dix ans d'expérience au C.P.M.I., Paris 1961.

– u. M. Dourmap OFM, Mission Générale – œuvre d'Église, Paris 1957.

Müller, J., Die Neugestaltung der kirchlichen Statistik in Deutschland, in: Allgemeines Statistisches Archiv, Jg. 20, 1930, S. 78–81.

Müncker, Th., Katholische Seelsorge und Psychoanalyse, in: H. Prinzhorn u. K. Mittenzwey (Hg.), Krisis der Psychoanalyse, Bd. 1, Leipzig 1928, S. 350–360.

Nathusius, M. v., Die Unsittlichkeit von Ludwig XIV. bis zur Gegenwart, Stuttgart 1899 (Zeitfragen des christlichen Volkslebens, Bd. 24).

Neher, O. u. A. Neher (Hg.), 100 Jahre katholischer württembergischer Klerus und Volk. Ein Beitrag zur religiösen Heimatkunde auf statistischer Grundlage, Riedlingen 1928.

Neundörfer, L., Die soziale Situation des Landes, in: Kirche und Landvolk. Würzburger Tagungsbericht. Arbeitstagung des ZdK, Paderborn 1954, S. 30–58.

Noelle-Neumann, E., Die Schweigespirale. Über die Entstehung der öffentlichen Meinung, in: E. Forsthoff u. R. Hörstel (Hg.), Standorte im Zeitstrom. Festschrift für Arnold Gehlen zum 70. Geburtstag am 29. Januar 1974, Frankfurt/M. 1974, S. 299–330.

Noll, J., Das katholische Pfarramt. Sein Geschäftsgang und Interessenkreis, Wiesbaden ²1927.

North, M., The Secular Priests, London 1972.

Oettingen, A. v., Die Moralstatistik in ihrer Bedeutung für eine Sozialethik, Erlangen ³1882.

Oppenheim, A.N., Questionnaire Design and Attitude Measurement, London 1966.

Otto, J.A. (S.J.), Missionsland?, in: Die Katholischen Missionen, Jg. 70, 1951, S. 131–135.

Parsons, T., General Theory, in: R.K. Merton (Hg.), Sociology Today. Problems and Prospects, New York 1959, S. 3–38.

– u.a., Working Papers in the Theory of Action, Glencoe/Ill. 1953.

Pastorale Planung in der Diözese Regensburg. Ein Arbeitspapier zur Bewußtseinsbildung, Regensburg 1971.

Paul, L., The Deployment and Payment of the Clergy. A Report, Westminster 1964.

Perlman, H.H., Social Casework. A Problem-solving Process, Chicago 1957.

Pfliegler, M., Pastoraltheologie, Wien 1962.

Pieper, P.D., Kirchliche Statistik Deutschlands, Freiburg/Br. 1899.

Pin, É. (S.J.), Pratique religieuses et classes sociales dans une paroisse urbaine. Saint-Pothin à Lyon, Paris 1956.

– Dix ans de sociologie religieuse 1950–1960, in: Revue de l'action populaire Nr. 145, 1961, S. 217–229.

– Vocation de la sociologie religieuse, in: Revue de l'action populaire, Jg. 53, 1951, S. 561–578.

Piontek, [?] Der Kommunionempfang in der Fürstbischöflichen Delegatur von 1910 bis 1914, in: Schlesisches Bonifatius-Vereins-Blatt, Jg. 56, 1915, S. 170–174, 188–192; Jg. 57, 1916, S. 7–11, 27–31, 41–44.

Pipberger, J., Statistik über einige religiöse Lebensäußerungen der Katholiken in Frankfurt am Main, in: Das katholische Frankfurt. Jb. der Frankfurter Katholiken, Frankfurt/M. 1928, S. 15–28.

Pollet, J., Zur Situation des Flüchtlings in der Diaspora, in: Caritas, Jg. 52, 1951, S. 110–117.

Polzien, S., TZI-Kurse mit Ordensleuten und Weltpriestern, in: K.-W. Dahm u. H. Stenger (Hg.), Gruppendynamik in der kirchlichen Praxis. Erfahrungsberichte, München 1974, S. 178–190.

Pompey, H., Rezension: Peter R. Hofstätter, Gruppendynamik – Kritik der Massenpsychologie. Reinbek b. Hamburg 1971, in: Theologischer Literaturdienst. Beilage zum Würzburger Diözesanblatt, Jg. 4, 1972, S. 63–64.

– Seelsorge in den Krisen des Lebens, in: J.M. Reuß (Hg.), Seelsorge ohne Priester? Zur Problematik von Beratung und Psychotherapie in der Pastoral, Düsseldorf 1976, S. 29–72.

Prinz, F. (S.J.), Kirche und Arbeiterschaft. Gestern – heute – morgen, München 1974.

Prokosch, E., Pastoral-soziographische Analyse des Dekanates Stadtsteinach, Bamberg 1971.

Rahner, K., Die Sakramente als Grundfunktionen der Kirche, in: F.-X. Arnold u.a. (Hg.), Handbuch der Pastoraltheologie, Bd. 1, Freiburg/Br. [2]1970, S. 356–366.

– Ekklesiologische Grundlegung, in: F.-X. Arnold u.a. (Hg.), Handbuch der Pastoraltheologie, Bd. 1, Freiburg/Br. [2]1970, S. 121–156.

Ratzinger, J., Glaube und Zukunft, München 1970.

– u. H. Maier, Demokratie in der Kirche. Möglichkeiten, Gefahren, Grenzen, Limburg 1970.

Richter, H.-E., Die Gruppe. Hoffnung auf einen neuen Weg, sich selbst und andere zu befreien, Reinbek 1972.

Rieder, K., Kirchliche Statistik der Erzdiözese Freiburg, in: Freiburger Diözesanarchiv, Jg. 10, 1909, S. 237–270.

– Kirchliche Statistik der Erzdiözese Freiburg, in: Freiburger Diözesanarchiv, Jg. 13, 1912, S. 265–289.

Riesman, D., The Lonely Crowd. A Study of the Changing American Character, New Haven 1950.

Riess, R., Seelsorge. Orientierung, Analysen, Alternativen, Göttingen 1973.

Ritter, R., Grundfragen der Soziologie. Eine Einführung für Religionslehrer und praktische Theologen, Zürich 1973.

– Von der Religionssoziologie zur Seelsorge. Einführung in die Pastoralsoziologie, Limburg 1968.

Roegele, O.B., Die Verwirrung in der Nachkonziliaren Kirche, in: ders. u. H. Beckmann, Warum unsere Kirchen leerer werden ..., Zürich 1977, S. 7–57.

Rogers, C.R., Die klientenzentrierte Gesprächspsychotherapie, Frankfurt/M. 1983 (zuerst engl. 1951).

– Die nicht-direktive Beratung, Frankfurt/M. 1985 (zuerst engl. 1942).

– Therapeut und Klient. Grundlagen der Gesprächspsychotherapie, Frankfurt/M. 1983.

– On Becoming a Person. A Therapist's View of Psychotherapy, Boston 1961.

Roos, L., Pastoralwissenschaftliche Überlegungen zu den Reformvorstellungen der Priester, in: K. Forster (Hg.), Priester zwischen Anpassung und Unterscheidung. Auswertungen und Kommentare zu den im Auftrag der Deutschen Bischofskonferenz durchgeführten Umfragen unter allen Welt- und Ordenspriestern in der Bundesrepublik Deutschland, Freiburg/Br. 1974, S. 73–88.

Rösch, A., Zur kirchlichen Statistik der Erzdiöze Freiburg in: Freiburger Diözesanarchiv, Jg. 15, 1914, S. 317–367.

Rosenberg, M.J., Hedonism, Inauthenticity, and Other Goads. Toward Expansion of a Consistency Theory, in: R.P. Abelson u.a. (Hg.), Theories of Cognitive Consistency. A Sourcebook, Chicago 1968, S. 73–111.

– An Analysis of affective-cognitive Consistency, in: ders. u.a., Attitude, Organization and Change. An Analysis of Consistency among Attitude Components, New Haven. London 1960, S. 15–64.

Rudin, J., Psychotherapie und Religion, Olten. Freiburg/Br. ²1964.

Rüstermann, J., Wie steht es mit dem katholischen Leben in der Großstadt?, in: Theologie und Glaube, Jg. 19, 1927, S. 102–105.

Schäffauer, [?], Die Psychoanalyse und ihre Bedeutung für Religion und Seelsorge, in: Rottenburger Monatsschrift für praktische Theologie, Jg. 12, 1928/29, S. 321–329, 353–360.

Scharfenberg, J., Seelsorge als Gespräch. Zur Theorie und Praxis der seelsorgerischen Gesprächsführung, Göttingen 1972.

Scharrer, J. (Hg.), Was die Jugend von der Kirche erwartet: Konsequenzen aus einer Umfrage, Limburg 1971.

– Die publizistischen Mittel in christlicher Sicht. Gedanken zum Konzilsdekret »Die publizistischen Mittel«, Köln 1965.

– Kirche – noch glaubwürdig? Motive für christliche Öffentlichkeitsarbeit, Frankfurt/M. 1967.

– Public Relations und Seelsorge, in: K. Rahner u. B. Häring (Hg.), Wort in Welt. Studien zur Theologie der Verkündigung. Festgabe für Viktor Schurr, Bergen-Enkheim bei Frankfurt/M. 1968, S. 344–352.

– u. E. Löcher, Kontakte oder Konflikte? Seelsorge vor der Entscheidung, Bergen-Enkheim 1970.

Schauff, J., Das Wahlverhalten der deutschen Katholiken im Kaiserreich und in der Weimarer Republik. Untersuchungen aus dem Jahre 1928, hg. v. Rudolf Morsey, Mainz 1975.

Schilgen (S.J.), H., Warum gehst du nicht? Gedanken über die häufige heilige Kommunion, Kevelaer 1935.

Schindler, A., Seelsorger und Kirchenbesuch, in: Der Seelsorger, Jg. 11, 1934, S. 51–54.

Schmauch, J., Zur soziologischen Bedeutung der erwerbsmäßigen Pendelwanderung, Münster 1958.

Schmidtchen, G., Umfrage unter Priesteramtskandidaten. Forschungsbericht des Instituts für Demoskopie Allensbach über eine im Auftrag der DBK durchgeführte Erhebung, Freiburg/Br. 1975.

– Die befragte Nation. Über den Einfluß der Meinungsforschung auf die Politik, Freiburg/Br. [2]1961.

– Priester in Deutschland. Forschungsbericht über die im Auftrag der Deutschen Bischofskonferenz durchgeführte Umfrage unter allen Welt- und Ordenspriestern in der Bundesrepublik, Freiburg/Br. 1973.

– Protestanten und Katholiken. Soziologische Analyse konfessioneller Kultur, Bern 1973.

– Zwischen Kirche und Gesellschaft. Forschungsbericht über die Umfragen zur Gemeinsamen Synode der Bistümer in der Bundesrepublik Deutschland, Freiburg/Br. 1972.

Schmidthüs, K., Die öffentliche Meinung und die Katholiken, in: Deus lo vult, Jg. 4, 1954, S. 106–111.

Schöllgen, W., Aktuelle Moralprobleme, Düsseldorf 1955.

– Christliche Soziologie als theologische Disziplin, in: Die neue Ordnung, Jg. 1, 1946/47, S. 404–417.

– Die soziologischen Grundlagen der katholischen Sittenlehre, Düsseldorf 1953 (= Handbuch der katholischen Sittenlehre, Bd. V).

– Psychotherapie und sakramentale Beichte, in: Catholica, Jg. 1, 1932, Heft 2, S. 145–157.

Scholz, F. (Hg.), Die Diözese Fulda im Lichte der kirchlichen Soziographie, Heft 1: Das Stadtdekanat Fulda, Fulda 1962.

Schomakers, B., Die Bedeutung kirchlicher Sozialforschung für die Diaspora-Seelsorge, in: Priester-Jahrheft des Bonifatiusvereins, Jg. 1962, S. 11–16.

Schückler, G., Der Kinsey-Report, Köln 1955.

– Irrwege moderner Meinungsforschung. Zu »Umfragen in der Intimsphäre«, Köln 1956.

Schulte, C. (O.M.Cap.), Laienbriefe. Das pastoraltheologische Ergebnis einer Umfrage, Münster 1931.

– Können wir mit dem heutigen Sakramentenempfang zufrieden sein?, in: Theologie und Glaube, Jg. 20, 1928, S. 232–249.

Schulze, G., Der Unterschied zwischen der katholischen und evangelischen Sittlichkeit, Halle 1888.

Schurr, V., Seelsorge in einer neuen Welt. Eine Pastoral der Umwelt und des Laientums, Salzburg [3]1957.

Schwer, W., Der soziale Gedanke in der katholischen Seelsorge. Ein Beitrag zur Geschichte der Seelsorge und der sozialen Ideen im 19. Jahrhundert, Köln 1921.

Schwermer, J., Den Menschen verstehen. Eine Einführung in die Psychologie für seelsorgliche Berufe, Paderborn 1987.

– Psychologische Hilfen für das Seelsorgegespräch, München 1974.

Selg, O., Einführung zum vorläufigen Gesamtergebnis der Umfrage unter allen Katholiken, in: Ergebnis der Umfrage für die gemeinsame Synode der Bistümer in der Bundesrepublik Deutschland, Augsburg 1970 (Informationen des Synodalbüros, 2), S. 1–11.

– Seelsorge in der Stadt. Pastoralsoziologische Überlegungen zur Organisation der Kirche in der Stadt Heidelberg, Augsburg 1968.

Shippey, F.A., The Relations of Theology and the Social Sciences according to Gabriel Le Bras, in: Archives de Sociologie des Religions, Jg. 20, 1965, S. 79–93.

Siebel, W., Freiheit und Herrschaftsstruktur in der Kirche. Eine soziologische Studie, Berlin 1971.

Siefer, G., Die Mission der Arbeiterpriester. Ereignisse und Konsequenzen, Essen 1960.

– Sterben die Priester aus? Soziologische Überlegungen zum Funktionswandel eines Berufsstandes, Essen 1973.

Sieken, H., Methoden und Ergebnisse der katholisch-kirchlichen Statistik, Berlin 1930.

Spielbauer, J., Warum eine Pfarrkartei?, in: Laienapostolat, Jg. 2, 1956, S. 42–45.

Spielbauer, J., Was geht mich mein Nachbar an? Chancen und Forderungen des Wohnviertelapostolats, Limburg 1967.

Springer, E., Haben wir Priester noch Vorurteile gegen die häufige und tägliche Kommunion der Gläubigen, Paderborn [2]1910.

Stenger, H., Lebendiges Lernen in Religionslehrerkursen, in: K.-W. Dahm u. ders. (Hg.), Gruppendynamik in der kirchlichen Praxis. Erfahrungsberichte, München 1974, S. 99–112.

Stenzel, P., Gruppendynamische Arbeitsformen in der ländlichen Pfarrei, in: K.-W. Dahm u. H. Stenger (Hg.), Gruppendynamik in der kirchlichen Praxis. Erfahrungsberichte, München 1974, S. 113–128.

Stollberg, D., Therapeutische Seelsorge. Die amerikanische Seelsorgebewegung. Darstellung und Kritik, München 1969.

Stonner, A., Zwei Versuche der kirchlichen Erfassung der religiös Abständigen, in: Seelsorgehilfe, Jg. 5, 1953, S. 59–66.

Swoboda, H, Großstadtseelsorge. Eine pastoraltheologische Studie, Regensburg [2]1911.

Szillus, H., Eine verbotene Frucht, Essen-Ruhr 1904.

Tenhumberg, H., Grundzüge im soziologischen Bild des westdeutschen Dorfes, in: Landvolk in der Industriegesellschaft, Hannover 1952, S. 20–50 (Schriftenreihe für ländliche Sozialfragen, Heft 7).

Tilanus, C., Empirische Dimensionen der Religiosität. Zum Begriff und den sozialwissenschaftlichen Meßmethoden der Religiosität, Augsburg 1972.

Trilling, L., The Kinsey Report, in: D.P. Geddes (Hg.), An Analysis of the Kinsey Reports on Sexual Behavior in the Human Male and Female, London 1954, S. 222–245.

Troschke, P., Aus der Geschichte der Statistik. Aufgabe und Arbeitsweise evangelischer Kirchenstatistik, Charlottenburg 1929.

Überlegungen und Vorschläge zur Struktur der Seelsorge im Bistum Münster. Strukturplan, o.O., o.J. [Münster 1969].

Utz, A.F., Der Kampf der Wissenschaften um das Soziale, in: Die neue Ordnung, Jg. 9, 1955, S. 193–201.

- u. J.-F. Groner (Hg.), Aufbau und Entfaltung des gesellschaftlichen Lebens. Soziale Summe Pius XII., Freiburg/Br. 1954–1961, 3 Bde.
Virton, P. (S.J.), Soziologische Beobachtungen eines Seelsorgers, München 1962.
Walter Dirks antwortet Werner Post. Kirche und Öffentlichkeit. Möglichkeiten der Kommunikation, Düsseldorf 1970.
Waltermann, L. (Hg.), Klerus zwischen Wissenschaft und Seelsorge. Zur Reform der Priesterausbildung, Essen 1966.
Weber, A., Statistik des Gottesdienstbesuches, in: Anregungen zur Seelsorge Nr. 10 v. 5.7.1959.
Welte, B., Gedanken über die kirchliche Statistik der Erzdiözese Freiburg für das Jahr 1933, in: Oberrheinisches Pastoralblatt, Jg. 36, 1934, S. 395–401.
Werneke, B., Die Statistik freiwilliger Handlungen und die menschliche Willensfreiheit, Frankfurt/M. 1868.
Weyand, A., Formen religiöser Praxis in einem werdenden Industrieraum, Münster 1963.
Wimmer, O., Handbuch der Pfarrseelsorge und Pfarrverwaltung, Innsbruck 1959.
Witz, O., Unsere Pflichten als Seelsorger bezüglich des Dekrets über die tägliche Kommunion. Mit einem Anhang über die Feier des ersten Monatsfreitags, Saarlouis 1909.
Wothe, F.J., Kirche in der Synode. Zwischenbilanz der Hildesheimer Diözesansynode, Hildesheim 1968.
Wurzbacher, G. u. R. Pflaum, Das Dorf im Spannungsfeld industrieller Entwicklung, Stuttgart 1954.
Zangerle, I., Pfarrprobleme und Laienarbeit, in: H. Rahner (Hg.), Die Pfarre. Von der Theologie zur Praxis, Freiburg/Br. 1956, S. 87–96.
Zehn Jahre Institut für christliche Sozialwissenschaften der Westfälischen Wilhelms-Universität Münster/Westfalen 1951–1961, Münster o.J. [ca. 1961].

2.6. Internetseiten

<http://www.kath.de/bistum/mainz/info/mckinsey/bericht-sicherung-18-6-02.htm> [17.9.2003]
<http://www.pastoralpsychologie.de> [30.1.2006]

2.7. Mündliche und schriftliche Auskünfte

Gespräch mit Hans-Werner Eichelberger (Essen) am 18.12.2002
Gespräch mit Dr. Alfons Fischer (Freiburg/Br.) am 30.6.1999
Gespräch mit Prof. Dr. Egon Golomb (Bottrop) am 2.10.2002
Gespräch mit Prof. Dr. Franz-Xaver Kaufmann (Bielefeld) am 27.9.2000
Gespräch mit Dr. Hanna-Renate Laurien (Berlin) am 28.2.2003
Gespräch mit Dr. Karl Hans Pauli (München) am 13.9.1999
Gespräch mit Elisabeth Rickal (Mannheim) am 9.12.2002
Gespräch mit Dr. Josef Scharrer (Würzburg) am 17.4.2003
Telefonat mit Dr. Friedrich Kronenberg (Bonn) am 14.4.2003

Schreiben von Dr. Norbert Grube, Institut für Demoskopie Allensbach, Archiv, vom 5.5.2003

Schreiben des Historischen Archivs des Erzbistums Köln vom 17.6.2002

3. Forschungsliteratur und zeitgenössische Literatur nach 1975

AKKZG, Katholiken zwischen Tradition und Moderne. Das katholische Milieu als Forschungsaufgabe, in: Westfälische Forschungen, Jg. 43, 1993, S. 588–654.

– Konfession und Cleavages im 19. Jahrhundert. Ein Erklärungsmodell zur regionalen Entstehung des katholischen Milieus in Deutschland, in: HJb, Jg. 120, 2000, S. 358–395.

Albert, M., Die katholische Kirche in Frankreich in der vierten und fünften Republik, Rom 1999.

Altermatt, U., Katholizismus und Moderne. Zur Sozial- und Mentalitätsgeschichte der Schweizer Katholiken im 19. und 20. Jahrhundert, Zürich 1989.

– Kirchengeschichte im Wandel. Von den kirchlichen Institutionen zum katholischen Alltag, in: Zeitschrift für schweizerische Kirchengeschichte, Jg. 87, 1993, S. 9–31.

Anderson, M.L., Die Grenzen der Säkularisierung. Zur Frage des katholischen Aufschwungs im Deutschland des 19. Jahrhunderts, in: H. Lehmann (Hg.), Säkularisierung, Dechristianisierung, Rechristianisierung im neuzeitlichen Europa: Bilanz und Perspektiven der Forschung, Göttingen 1997, S. 194–222.

Andreae, S., Pastoraltheologische Aspekte der Lehre Sigmund Freuds von der Sublimierung der Sexualität, Kevelaer 1974.

Arnal, O.L., Priests in Working-Class Blue. The History of the Worker-Priests (1943–1954), New York 1986.

Arnold, C., Katholizismus als Kulturmacht. Der Freiburger Theologe Joseph Sauer (1872–1949) und das Erbe des Franz-Xaver Kraus, Paderborn 1999.

Ash, M.G., Psychology, in: Porter u. Ross, S. 251–274.

– u. U. Geuter (Hg.), Geschichte der deutschen Psychologie im 20. Jahrhundert. Ein Überblick, Opladen 1985.

Ashby, W.R., An Introduction to Cybernetics, London 1956.

Back, K.W., Beyond Words. The Story of Sensitivity Training and the Encounter Movement, New York 1972.

Baumann, U., Protestantismus und Frauenemanzipation in Deutschland 1850 bis 1920, Frankfurt/M. 1992.

– Vom Recht auf den eigenen Tod. Die Geschichte des Suizids vom 18. bis zum 20. Jahrhundert, Weimar 2001.

Baumeister, M., Parität und katholische Inferiorität. Untersuchungen zur Stellung des Katholizismus im Kaiserreich, Paderborn 1987.

Baumgartner, I., Pastoralpsychologie. Einführung in die Praxis heilender Seelsorge, Düsseldorf ²1997.

Bäumler, C. u.a., Methoden der empirischen Sozialforschung in der praktischen Theologie. Eine Einführung, München 1976.

Beck, U./Bonß, W., Verwissenschaftlichung ohne Aufklärung? Zum Strukturwandel von Sozialwissenschaft und Praxis, in: dies. (Hg.), Weder Sozialtechnologie noch Aufklärung? Analysen zur Verwendung sozialwissenschaftlichen Wissens, Frankfurt/M. 1989, S. 7–45.

Beck, U., Kirche im ›Spiegel‹-Spiegel der Kirche. Ein leidenschaftliches Verhältnis, Ostfildern 1994.

Becker, R.-W., Religion in Zahlen. Ursprung und Wege der quantifizierenden Erforschung religiöser Orientierungs- und Verhaltensweisen, Heidelberg 1968.

Becker, T.P., Konfessionalisierung in Kurköln. Untersuchungen zur Durchsetzung der katholischen Reform in den Dekanaten Ahrgau und Bonn anhand von Visitationsprotokollen 1583–1761, Bonn 1989.

Beckford, J.A., Religious Organization. A Trend Report and Bibliography, The Hague, Paris 1975 (= Current Sociology Vol. 21, No. 2).

Beier, K.M., »Individuum« und »Gemeinschaft«. Adolf Levenstein und die Anfänge der sozialpsychologischen Umfrage in der arbeiterpsychologischen Forschung, in: IWK, Jg. 24, 1988, S. 157–171.

Bellers, J., Moralkommunikation und Kommunikationsmoral. Über Kommunikationslatenzen, Antisemitismus und politisches System, in: W. Bergmann u. R. Erb (Hg.), Antisemitismus in der politischen Kultur nach 1945, Opladen 1991, S. 278–291.

Bendikowski, T., »Eine Fackel der Zwietracht«. Katholisch-protestantische Mischehen im 19. und 20. Jahrhundert, in: O. Blaschke (Hg.), Konfessionen im Konflikt. Deutschland zwischen 1800 und 1970: ein zweites konfessionelles Zeitalter, Göttingen 2002, S. 215–241.

Benson, J.K. u. J.H. Dorsett, Toward a Theory of Religious Organizations, in: Journal for the Scientific Study of Religion, Jg. 10, 1971, S. 138–151.

Berger, P., The Sacred Canopy. Elements of a Sociological Theory of Religion, New York 1967.

Bernard, J., A Note on Sociological Research as a Factor in Social Change. The Reception of the Kinsey Report, in: Social Forces, Jg. 28, 1949, S. 188–190.

Berning, E., Kirche und Planung. Die Frage nach der theologischen Relevanz von Theorie und Praxis außerkirchlicher Planung, Frankfurt/M. 1976.

Betz, I.-M., Die Beziehung des Kirchenhistorikers Paul Maria Baumgarten zu Koblenz, in: Jb. für westdeutsche Landesgeschichte, Jg. 26, 2000, S. 305–345.

Birk, K., Sigmund Freud und die Religion, Münsterschwarzach 1970.

Birken, L., Consuming Desire. Sexual Science and the Emergence of a Culture of Abundance, 1871–1914, Ithaca 1988.

Blackbourn, D., Wenn ihr sie wieder seht, fragt wer sie sei. Marienerscheinungen in Marpingen. Aufstieg und Niedergang des deutschen Lourdes, Reinbek b. Hamburg 1997.

Blaschke, O., Die Kolonialisierung der Laienwelt. Priester als Milieumanager und die Kanäle klerikaler Kuratel, in: ders. u. F.-M. Kuhlemann (Hg.), Religion im Kaiserreich. Milieus – Mentalitäten – Krisen, Gütersloh 1996, S. 93–135.

Blessing, W.K., Staat und Kirche in der Gesellschaft. Institutionelle Autorität und mentaler Wandel in Bayern während des 19. Jahrhunderts, Göttingen 1982.

Bödeker, H.E., Ausprägungen der historischen Semantik in den historischen Kulturwissenschaften, in: ders. (Hg.), Begriffsgeschichte, Diskursgeschichte, Metapherngeschichte, Göttingen 2002, S. 7–27.

Boehme, M., Die Moralstatistik. Ein Beitrag zur Geschichte der Quantifizierung in der Soziologie, dargestellt an den Werken Adolphe Quetelets und Alexander von Oettingens, Köln 1971.

Bommer, J., Das Bußsakrament als Gericht und als Seelsorge. Zur therapeutischen Dimension von Buße und Bußsakrament, in: K. Baumgartner (Hg.), Erfahrungen mit dem Bußsakrament, Bd. 2, München 1978, S. 232–248.

Bonß, W., Die Einübung des Tatsachenblicks. Zur Struktur und Veränderung empirischer Sozialforschung, Frankfurt/M. 1982.

Bourdieu, P., Leçon sur la leçon, in: ders., Sozialer Raum und ›Klassen‹. Leçon sur la leçon. Zwei Vorlesungen, Frankfurt/M. 1985, S. 47–81.

- Public Opinion does not exist, in: A. Mattelart (Hg.), Communication and Class Struggle, Bd. 1, New York 1979, S. 124–130.

Braun, H. u. S. Articus, Sozialwissenschaftliche Forschung im Rahmen der amerikanischen Besatzungspolitik 1945–1949, in: KZfSS, Jg. 36, 1984, S. 667–702.

Braun, H.J., »Nachdem das Archivmaterial die Freude eines sonnigen Herbstspaziergangs genossen hat …«. Zur Überlieferung des Nachlasses des Mainzer Bischofs Dr. Albert Stohr (1935–1961), in: Nachlässe, Speyer 1994, S. 63–96 (= Beiträge zum Archivwesen der Katholischen Kirche Deutschlands, Bd. 3).

Bröckling, U., Das demokratisierte Panopticon. Subjektivierung und Kontrolle im 360-Grad-Feedback, in: A. Honneth u. M. Saar (Hg.), Michel Foucault. Zwischenbilanz einer Rezeption. Frankfurter Foucault-Konferenz 2001, Frankfurt/M. 2003, S. 77–93.

Brown, C.G., The Death of Christian Britain: Understanding Secularization 1800–2000, London 2001.

– The secularisation decade. What the 1960s have done to the study of religious history, in: H. McLeod u. W. Ustorf (Hg.), The Decline of Christendom in Western Europe, 1750–2000, Cambridge 2003, S. 29–46.

Brown, J., The Definition of a Profession. The Authority of Metaphor in the History of Intelligence Testing 1890–1930, Princeton 1992.

Brown, R.H., Social Theory as Metaphor. On the Logic of Discovery for the Sciences of Conduct, in: Theory and Society, Jg. 3, 1976, S. 169–197.

Bruce, S. (Hg.), Religion and Modernization. Sociologists and Historians debate the Secularization Thesis, Oxford 1992.

Brunsson, N., The Irrational Organization. Irrationality as a Basis for Organizational Action and Change, Chichester. New York 1985.

Bucher, A.A., Einführung in die empirische Sozialwissenschaft. Ein Arbeitsbuch für TheologInnen, Stuttgart 1994.

Bullough, V.L., Science in the Bedroom. A History of Sex Research, New York 1994.

Buntfuß, M., Tradition und Innovation. Die Funktion der Metapher in der theologischen Theoriesprache, Berlin 1997.

Burkard, D., Zeichen frommen Lebens oder Instrument der Politik? Bruderschaften, »Donzdorfer Fakultät« und Versuche katholischer Milieubildung, in: Hohenstaufen-Helfenstein. Historisches Jb. für den Kreis Göppingen, Jg. 8, 1998, S. 151–186.

Busch, N., Katholische Frömmigkeit und Moderne. Die Sozial- und Mentalitätsgeschichte des Herz-Jesu-Kultes in Deutschland zwischen Kulturkampf und Erstem Weltkrieg, Gütersloh 1997.

Buscher, F., The Great Fear. The Catholic Church and the Anticipated Radicalization of Expellees and Refugees in Post-War Germany, in: GH, Jg. 21, 2003, S. 204–224.

Chadwick, O., The Secularization of the European Mind in the Nineteenth Century, Cambridge 1975.

Champagne, P., Die öffentliche Meinung als neuer politischer Fetisch, in: Berliner Journal für Soziologie, Jg. 1, 1991, S. 517–526.

Cholvy, G. u. Y.-M. Hilaire, Histoire religieuse de la France contemporaine, Bd. 3: 1930–1988, Toulouse 1988.

Cocks, G., Repressing, Remembering, Working Through: German Psychiatry, Psychotherapy, Psychoanalysis and the »Missed Resistance« in the Third Reich, in: JMH, Jg. 64, 1992, Supplement, S. 204–216.

Connor, I., The Churches and the Refugee Problem in Bavaria 1945–1949, in: JCH, Jg. 20, 1985, S. 399–421.

Cremerius, J. (Hg.), Die Rezeption der Psychoanalyse in der Soziologie, Psychologie und Theologie im deutschsprachigen Raum bis 1940, Frankfurt/M. 1981.

– Einleitung, in: ders. (Hg.), Die Rezeption der Psychoanalyse in der Soziologie, Psychologie und Theologie im deutschsprachigen Raum bis 1940, Frankfurt/M. 1981, S. 7–29.

Curtis, B., Surveying the Social: Techniques, Practices, Power, in: Histoire Sociale/ Social History, Jg. 35, 2002, S. 83–108.

Damberg, W., »Radikal katholische Laien an die Front!« Beobachtungen zur Idee und Wirkungsgeschichte der Katholischen Aktion, in: J. Köhler u. D. van Melis (Hg.), Siegerin in Trümmern. Die Rolle der katholischen Kirche in der deutschen Nachkriegsgesellschaft, Stuttgart 1998, S. 142–160.

– Abschied vom Milieu? Katholizismus im Bistum Münster und in den Niederlanden 1945–1980, Paderborn 1997.

– Bernd Feldhaus und die »Katholische Gesellschaft für Kirche und Demokratie« (1968–1972), in: WF, Jg. 48, 1998, S. 117–125.

DBK (Hg.), Frauen und Kirche. Eine Repräsentativumfrage von Katholikinnen. Im Auftrage des Sekretariats der Deutschen Bischofskonferenz durchgeführt vom Institut für Demoskopie Allensbach, Bonn 1993.

Dean, C.J., The Productive Hypothesis: Foucault, Gender, and the History of Sexuality, in: History and Theory, Jg. 33, 1994, S. 271–296.

Dèbes, J. u. É. Poulat, L'Appel de la J.O.C. (1926–1928), Paris 1986.

DeCarvalho, R.J., The Founders of Humanistic Psychology, New York 1991.

Desrosières, A., The Politics of Large Numbers. A History of Statistical Reasoning, Cambridge/Mass. 1998.

Dickinson, E.R., The Men's Christian Morality Movement in Germany, 1880–1914: Some Reflections on Politics, Sex and Sexual Politics, in: JMH, Jg. 75, 2003, S. 59–110.

Dietrich, T., Zwischen Milieu und Lebenswelt. Kirchenbindung und Konfession im Hunsrück des 19. Jahrhunderts, in: Monatshefte für evangelische Kirchengeschichte des Rheinlandes, Jg. 50, 2001, S. 37–60.

Douglas, T., Basic Groupwork, London 1978.

Dreitzel, H., Süßmilchs Beitrag zur politischen Diskussion der deutschen Aufklärung, in: H. Birg (Hg.), Ursprünge der Demographie in Deutschland. Leben und Werk Johann Peter Süßmilchs (1707–1767), Frankfurt/M. 1986, S. 29–141.

Dülmen, R. v., Religion und Gesellschaft. Beiträge zu einer Religionsgeschichte der Neuzeit, Frankfurt/M. 1989.

– Kultur und Alltag in der Frühen Neuzeit, Bd. 3, München 1994.

Ebertz, M.N., »Ein Haus voll Glorie schauet …« Modernisierungsprozesse der römisch-katholischen Kirche im 19. Jahrhundert, in: W. Schieder (Hg.), Religion und Gesellschaft im 19. Jahrhundert, Stuttgart 1993, S. 62–85.

- Die Organisierung von Massenreligiosität im 19. Jahrhundert. Soziologische Aspekte zur Frömmigkeitsforschung, in: Jb. für Volkskunde N.F., Jg. 2, 1979, S. 38–72.
- Erosion der Gnadenanstalt? Zum Wandel der Sozialgestalt von Kirche, Frankfurt/M. 1998.
- Forschungsbericht zur Religionssoziologie, in: International Journal of Practical Theology, Jg. 1, 1997, S. 268–309.
- Herrschaft in der Kirche. Hierarchie, Tradition und Charisma im 19. Jahrhundert, in: K. Gabriel u. F.-X. Kaufmann (Hg.), Zur Soziologie des Katholizismus, Mainz 1980, S. 89–111.

Ecker, S., Kirche ohne Arbeiter? Analyse von Umfrageergebnissen zur Überprüfung der Hypothese von der kirchenfernen Arbeiterschaft, Frankfurt/M. 1978.

Falby, A., The Modern Confessional: Anglo-American Religious Groups and the Emergence of Lay Psychotherapy, in: Journal of the History of the Behavioral Sciences, Jg. 39, 2003, S. 251–267.

Fehlen, F., Les anneés cinquante, la fin de la société traditionelle? A propos d'une étude sociologique publiée dans le années cinquante, in: C. Wey (Hg.), Le Luxembourg des années 50. Une société de petite dimension entre tradition et modernité, Luxembourg 1999, S. 19–32.

Feige, A., Kirchenmitgliedschaft in der Bundesrepublik Deutschland. Zentrale Perspektiven empirischer Forschungsarbeiten im problemgeschichtlichen Kontext der deutschen Religions- und Kultursoziologie nach 1945, Gütersloh 1990.

Fischer, A., Pastoral in Deutschland nach 1945, Bd. 1–3, Würzburg 1985–1990.

Forster, K., Zur Interdependenz zwischen der theologischen und der soziologischen Sicht von Glaube und Kirche und zu den theologischen Auswirkungen solcher Interdependenz, in: W. Weber (Hg.), Politische Denaturierung von Theologie und Kult, Aschaffenburg 1978, S. 9–33.
- u. G.Schmidtchen, Glaube und Dritte Welt. Ergebnisse einer Repräsentativumfrage über weltkirchliche Aufgaben und die Motive deutscher Katholiken, München 1982.

Foucault, M., Governmentality, in: G. Burchell u.a. (Hg.), The Foucault Effect. Studies in Governmentality, Chicago 1991, S. 87–104.
- The History of Sexuality, Bd. I, Harmondsworth 1984.

Fouilloux, É., »Fille aînée de l'Eglise« ou »pays de mission«? (1926–1958), in: R. Rémond (Hg.), Société séculaire et renouveaux religieux (XXe Siècle), Paris 1992, S. 131–252.

Frese, M. u. J. Paulus, Geschwindigkeiten und Faktoren des Wandels – die 1960er Jahre in der Bundesrepublik, in: M. Frese u.a. (Hg.), Demokratisierung und gesellschaftlicher Aufbruch. Die sechziger Jahre als Wendezeit der Bundesrepublik, Paderborn 2003, S. 1–23.
- u. M. Prinz, Sozialer Wandel und politische Zäsuren seit der Zwischenkriegszeit. Methodische Probleme und Ergebnisse, in: Dies. (Hg), Politische Zäsuren und gesellschaftlicher Wandel im 20. Jahrhundert, Paderborn 1996, S. 1–31.

Friedrich, H., Psychotherapie als soziale Institution und ihre gesellschaftliche Funktion, in: B. Strauß u. M. Geyer (Hg.), Psychotherapie in Zeiten der Veränderung. Historische, kulturelle und gesellschaftliche Hintergründe einer Profession, Opladen 2000, S. 194–209.

Fuchs, P., Der Eigen-Sinn des Bewußtseins. Die Person, die Psyche, die Signatur, Bielefeld 2003.
- Gefährliche Modernität. Das zweite vatikanische Konzil und die Veränderung des Messeritus, in: KZfSS, Jg. 44, 1992, S. 1–11.

Furger, F. (Hg.), Akzente christlicher Sozialethik. Schwerpunkte und Wandel in 100 Jahren »christlicher Sozialwissenschaften« an der Universität Münster, Münster 1995.

Fürst, W., Die Geschichte der »Praktischen Theologie« und der kulturelle Wandlungsprozeß in Deutschland vor dem II. Vaticanum, in: H. Wolf (Hg.), Die katholisch-theologischen Disziplinen in Deutschland 1870–1962. Ihre Geschichte, ihr Zeitbezug, Paderborn 1999, S. 263–289.

Fürstenberg, F. u. I. Mörth, Religionssoziologie, in: R. König (Hg.), Handbuch der empirischen Sozialforschung, Bd. 14, Stuttgart ²1997, S. 1–84.

Furth, P., Nachträgliche Warnung vor dem Rollenbegriff, in: Das Argument, Jg. 13, 1971, S. 494–522.

Gabriel, K., Caritas angesichts fortschreitender Säkularisierung, in: E. Gatz (Hg.), Geschichte des kirchlichen Lebens in den deutschsprachigen Ländern seit dem Ende des 18. Jahrhunderts. Die katholische Kirche, Bd. V: Caritas und soziale Dienste, Freiburg/Br. 1997, S. 438–455.

– Die Katholiken in den 50er Jahren: Restauration, Modernisierung und beginnende Auflösung eines konfessionellen Milieus, in: A. Schildt u. A. Sywottek (Hg.), Modernisierung im Wiederaufbau. Die westdeutsche Gesellschaft der 50er Jahre, Bonn 1993, S. 418–430.

– Zwischen Aufbruch und Absturz in die Moderne. Die katholische Kirche in den 60er Jahren, in: A. Schildt u.a. (Hg.), Dynamische Zeiten. Die 60er Jahre in den beiden deutschen Gesellschaften, Hamburg 2000, S. 528–543.

Galassi, S., Kriminologie im Deutschen Kaiserreich. Geschichte einer gebrochenen Verwissenschaftlichung, Stuttgart 2004.

Gareis, B., Psychotherapie und Beichte, St. Ottilien 1988.

Gärtner, C., E. Drewermann und das gegenwärtige Problem der Sinnstiftung. Eine religionssoziologische Fallanalyse, Frankfurt/M. 2000.

Gathorne-Hardy, J., Alfred C. Kinsey. Sex the Measure of all Things. A Biography, London 1999.

Gatz, E., Deutschland, in: ders. (Hg.), Kirche und Katholizismus seit 1945, Bd. 1, Paderborn 1998, S. 53–158.

Gay, P., »Ein gottloser Jude«. Sigmund Freuds Atheismus und die Entwicklung der Psychoanalyse, Frankfurt/M. 1999.

Gilcher-Holthey, I. (Hg.), 1968. Vom Ereignis zum Gegenstand der Geschichtswissenschaft, Göttingen 1998.

Glotz, P., Die Beweglichkeit des Tankers, München 1982.

Goertz, S., Moraltheologie unter Modernisierungsdruck. Interdisziplinarität und Modernisierung als Provokationen theologischer Ethik – im Dialog mit der Soziologie Franz-Xaver Kaufmanns, Münster 1999.

Goritzka, R., Der Seelsorger Robert Grosche (1888–1967). Dialogische Pastoral zwischen Erstem Weltkrieg und Zweitem Vatikanischen Konzil, Würzburg 1999.

Görres, A., Erneuerung durch Tiefenpsychologie, in: ders. u. W. Kasper (Hg.), Tiefenpsychologische Deutung des Glaubens?, Anfragen an Eugen Drewermann, Freiburg/Br. 1988, S. 133–174.

– Kirchliche Beratung – eine dringende Antwort auf Symptome und Ursachen seelischer Krisen?, in: Sekretariat der DBK (Hg.), Kirchliche Beratungsdienste, Bonn 1987, S. 5–31.

Götz v. Olenhusen, I. (Hg.), Wunderbare Erscheinungen. Frauen und katholische Frömmigkeit im 19. und 20. Jahrhundert, Paderborn 1995.

- Die Ultramontanisierung des Klerus. Das Beispiel der Erzdiözese Freiburg, in: W. Loth (Hg.), Deutscher Katholizismus im Umbruch zur Moderne, Stuttgart 1991, S. 46–75.

Graf, F.W., ›Dechristianisierung‹. Zur Problemgeschichte eines kulturpolitischen Topos, in: H. Lehmann (Hg.), Säkularisierung, Dechristianisierung, Rechristianisierung im neuzeitlichen Europa: Bilanz und Perspektiven der Forschung, Göttingen 1997, S. 32–66.

- Die nachholende Selbstmodernisierung des Katholizismus? Kritische Anmerkungen zu Karl Gabriels Vorschlag einer interdisziplinären Hermeneutik des II. Vatikanums, in: P. Hünermann (Hg.), Das II. Vatikanum – christlicher Glaube im Horizont globaler Modernisierung, Paderborn 1998, S. 49–65.

- Alter Geist und neuer Mensch. Religiöse Zukunftserwartungen um 1900, in: U. Frevert (Hg.), Das Neue Jahrhundert. Europäische Zeitdiagnosen und Zukunftsentwürfe um 1900, Göttingen 2000, S. 185–228.

- Euro-Gott im starken Plural? Einige Fragestellungen für eine europäische Religionsgeschichte des 20. Jahrhunderts, in: Journal of Modern European History, Jg. 3, 2005, S. 231–256.

Griesl, G., Praktische Theologie zwischen Verkündigung und Psychotherapie, in: E. Weinzierl u. G. Griesl (Hg.), Von der Pastoraltheologie zur Praktischen Theologie 1774–1974, Salzburg 1975, S. 199–225.

Großbölting, Th., »Wie ist Christsein heute möglich?« Suchbewegungen des nachkonziliaren Katholizismus im Spiegel des Freckenhorster Kreises, Altenberge 1997.

- Zwischen Kontestation und Beharrung. Katholische Studierende und die Studentenbewegung, in: WF, Jg. 48, 1998, S. 175–189.

Grosser, C.F., New Directions in Community Organisation. From Enabling to Advocacy, New York 1973.

Großmann, Th., Zwischen Kirche und Gesellschaft. Das Zentralkomitee der deutschen Katholiken 1945–1970, Mainz 1991.

Habermas, J., Theorie des kommunikativen Handelns, 2 Bde., Frankfurt/M. 1981.

Hahn, A., Die Systemtheorie Wilhelm Diltheys, in: Berliner Journal für Soziologie, Jg. 9, 1999, S. 5–24.

- Luhmanns Beobachtung der Religion, in: KZfSS, Jg. 53, 2001, S. 580–589.

- Religion, Säkularisierung und Kultur, in: H. Lehmann (Hg.), Säkularisierung, Dechristianisierung, Rechristianisierung im neuzeitlichen Europa: Bilanz und Perspektiven der Forschung, Göttingen 1997, S. 17–31.

- u. H. Willems, Schuld und Bekenntnis in Beichte und Therapie, in: J. Bergmann u.a. (Hg.), Religion und Kultur, Opladen 1993, S. 309–330.

Hahn, U., Das verborgene Wort. Roman, Stuttgart 2001.

Harmon-Jones, E. u. J. Mills, An Introduction to Cognitive Dissonance Theory and an Overview of Current Perspectives on the Theory, in: dies. (Hg.), Cognitive Dissonance. Progress on a Pivotal Theory in Social Psychology, Washington D.C. 1999, S. 3–21.

Hartmann, P.C., Kulturgeschichte des Heiligen Römischen Reiches 1648 bis 1806, Wien 2001.

Hatch, M.J., Organization Theory. Modern, Symbolic and Postmodern Perspectives, Oxford 1997.

Hausberger, K., »Ach, unsere Landleute können sich gar nicht helfen ...«. Streiflichter auf die seelsorgliche, soziale und wirtschaftliche Situation im Bayerischen Wald zu Anfang unseres Jahrhunderts aus der Feder des Kooperators Dr. Johann

Markstaller, in: Beiträge zur Geschichte des Bistums Regensburg, Jg. 26, 1992, S. 257–294.

Hauschildt, J., Entwicklungslinien der Organisationstheorie, Göttingen 1987.

Hegel, G.W.F., Grundlinien der Philosophie des Rechts, Frankfurt/M. 1970.

Hehl, U. v., Katholische Kirche und Nationalsozialismus im Erzbistum Köln 1933–1945, Mainz 1977.

Heilbronner, O., Die Achillesferse des deutschen Katholizismus. Die Schwarzwaldregion als Fallstudie, Gerlingen 1998.

Heller, A., »Du kommst in die Hölle …« Katholizismus als Weltanschauung in lebensgeschichtlichen Aufzeichnungen, in: ders. u.a. (Hg.), Religion und Alltag. Interdisziplinäre Beiträge zu einer Sozialgeschichte des Katholizismus in lebensgeschichtlichen Aufzeichnungen, Wien 1990, S. 28–54.

Henke, Th., Seelsorge und Lebenswelt. Auf dem Weg zu einer Seelsorgetheorie in Auseinandersetzung mit soziologischen und sozialphilosophischen Lebensweltkonzeptionen, Würzburg 1994.

Herbert, U., Liberalisierung als Lernprozeß. Die Bundesrepublik in der deutschen Geschichte – eine Skizze, in: ders. (Hg.), Wandlungsprozesse in Westdeutschland. Belastung, Integration, Liberalisierung 1945–1980, Göttingen 2002, S. 7–49.

Herbst, S., Polling in Politics and Industry, in: Porter u. Ross, S. 577–590.

Herr, Th., Patient Kirche – was ist mit der Kirche los? Eine sozialwissenschaftliche Untersuchung, Paderborn 2001.

Herres, J., Städtische Gesellschaft und katholische Vereine im Rheinland 1840–1879, Essen 1996.

Herzog, D., Desperately Seeking Normality. Sex and Marriage in the Wake of the War, in: R. Bessel u. D. Schumann (Hg.), Life after Death. Approaches to a Cultural and Social History of Europe during the 1940s and 1950s, Cambridge 2003, S. 161–192.

Hilgartner, S., Science on stage. Expert advice as public drama, Stanford 2000.

Hirschman, A., Exit, Voice and Loyalty. Responses to Decline in Firms, Organizations and States, Cambridge/Mass. 1970.

Hochschild, M., Theologische Aufklärung als Abklärung, in: Rechtshistorisches Journal, Jg. 17, 1998, S. 511–524.

Hockerts, H.G., Zeitgeschichte in Deutschland. Begriff, Methoden, Themenfelder, in: HJb, Bd. 113, 1993, S. 98–127.

Hodenberg, C.v., Konsens und Krise. Eine Geschichte der westdeutschen Medienöffentlichkeit 1945–1973, Göttingen 2006.

Holm, N.G., Einführung in die Religionspsychologie, München – Basel 1990.

Hölscher, L., Die religiöse Entzweiung. Entwurf zu einer Geschichte der Frömmigkeit im 19. Jahrhundert, in: Jb. der Gesellschaft für niedersächsische Kirchengeschichte, Jg. 93, 1995, S. 9–25.

– Einleitung, in: ders. (Hg.), Datenatlas zur religiösen Geographie im protestantischen Deutschland. Von der Mitte des 19. Jahrhunderts bis zum Zweiten Weltkrieg, 4 Bde., Berlin 2001, Bd. 1, S. 1–20.

– Möglichkeiten und Grenzen der statistischen Erfassung kirchlicher Bindungen, in: K. Elm u. H.-D. Look (Hg.), Seelsorge und Diakonie in Berlin. Beiträge zum Verhältnis von Kirche und Großstadt im 19. und 20. Jahrhundert, Berlin 1990, S. 39–59.

– Religion im Wandel. Von Begriffen des religiösen Wandels zum Wandel religiöser Begriffe, in: W. Gräb (Hg.), Religion als Thema der Theologie. Geschichte, Standpunkte und Perspektiven theologischer Religionskritik und Religionsbegründung, Gütersloh 1999, S. 45–62.

Holzem, A., Religion und Lebensformen. Katholische Konfessionalisierung im Sendgericht des Fürstbistums Münster 1570–1800, Paderborn 2000.

Hörger, H., Frömmigkeit auf dem altbayerischen Dorf um 1800, in: Oberbayerisches Archiv, Jg. 102, 1978, S. 123–142.

– Stabile Strukturen und mentalitätsbildende Elemente in der dörflichen Frömmigkeit. Die pfarrlichen Verkündbücher als mentalitätsgeschichtliche Quelle, in: Bayerisches Jb. für Volkskunde, 1980/81, S. 110–133.

Hörmann, G. u. F. Nestmann, Die Professionalisierung der Klinischen Psychologie und die Entwicklung neuer Berufsfelder in Beratung, Sozialarbeit und Therapie, in: M.G. Ash u. U. Geuter (Hg.), Geschichte der deutschen Psychologie im 20. Jahrhundert. Ein Überblick, Opladen 1985, S. 252–285.

Hunt, S.J., Religion in Western Society, Basingstoke 2002.

Hürten, H., Deutsche Katholiken 1918–1945, Paderborn 1992.

Institut für Sozialforschung, Soziologische Exkurse. Nach Vorträgen und Diskussionen, Frankfurt/M. 1956.

Jarausch, K., Die Umkehr. Deutsche Wandlungen 1945–1995, München 2004.

Jedin, H. (Hg.), Handbuch der Kirchengeschichte, Bd. VI/2, Freiburg/Br. 1973.

Jockwig, K., Die Volksmission der Redemptoristen in Bayern von 1843 bis 1873, in: Beiträge zur Geschichte des Bistums Regensburg, Jg. 1, 1967, S. 41–396.

Johnson, B., On Church and Sect, in: American Sociological Review, Jg. 28, 1963, S. 539–549.

Kamphausen, G., Hüter des Gewissens? Zum Einfluß sozialwissenschaftlichen Denkens in Theologie und Kirche, Berlin 1986.

Kasper, W., Tiefenpsychologische Umdeutung des Christentums, in: A. Görres u. ders. (Hg.), Tiefenpsychologische Deutung des Glaubens? Anfragen an Eugen Drewermann, Freiburg/Br. 1988, S. 9–25.

Kastner, D., Oberpfarrer Laurenz Huthmacher und seine Aufzeichnungen zur Krefelder Pfarrgeschichte aus der Zeit des Kulturkampfes (1865–1880), in: A. Duppengießer (Hg.), Katholisches Krefeld, Bd. 2, Krefeld 1988, S. 133–202.

Katholische Fernseharbeit beim ZDF (Hg.), Die Kirche wickelt sich ab – und die Gesellschaft lebt die produktive Kraft des Religiösen. Nur 18 Thesen zum Verhältnis Kirche, Religion und Kultur, Mainz ²1995.

Kaufmann, D., Science as Cultural Practice: Psychiatry in the First World War and Weimar Germany, in: JCH, Jg. 34, 1999, S. 125–144.

Kaufmann, F.-X., Die Entwicklung von Religion in der modernen Gesellschaft, in: K.D. Hildemann (Hg.), Religion-Kirche-Islam. Eine soziale und diakonische Herausforderung, Leipzig 2003, S. 21–37.

– Ist das Christentum zukunftsfähig?, in: ders., Religion und Modernität. Sozialwissenschaftliche Perspektiven, Tübingen 1989, S. 235–275.

– Katholizismus und Moderne als Aufgaben künftiger Forschung, in: U. Altermatt u.a. (Hg.), Moderne als Problem des Katholizismus, Regensburg 1995, S. 9–32.

– Kirche begreifen. Analysen und Thesen zur gesellschaftlichen Verfassung des Christentums, Freiburg/Br. 1979.

– Zukunftsfähigkeit der Theologie. Abschließende Bemerkungen, in: K. Gabriel u.a. (Hg.), Zukunftsfähigkeit der Theologie. Anstöße aus der Soziologie Franz-Xaver Kaufmanns, Paderborn 1999, S. 157–167.

Kehrer, G., Einführung in die Religionssoziologie, Darmstadt 1988.

Keller, F., Archäologie der Meinungsforschung. Mathematik und die Erzählbarkeit des Politischen, Konstanz 2001.

Kerkloh, W. u.a., Porträt einer Lehr- und Forschungsstätte. 25 Jahre Institut für Christliche Sozialwissenschaften der Westfälischen Wilhelms-Universität Münster, in: Jb. für Christliche Sozialwissenschaften, Jg. 18, 1977, S. 11–50.

Kern, H., Empirische Sozialforschung. Ursprünge, Ansätze, Entwicklungslinien, München 1982.

Kindermann, A., Religiöse Wandlungen und Probleme im katholischen Bereich, in: E. Lemberg u. F. Edding (Hg.), Die Vertriebenen in Westdeutschland, Bd. 3, Kiel 1959, S. 92–158.

Kinsey: A 50th Anniversary Symposium, in: Sexualities. Studies in Culture and Society, Jg. 1, 1998, S. 83–106.

Klein, G., Der Volksverein für das katholische Deutschland 1890–1933. Geschichte, Bedeutung, Untergang, Paderborn 1996.

Kleindienst, E., Nähe und Distanz zur Kirche im Reflex der Statistik, in: Forum Katholische Theologie, Jg. 4, 1988, S. 243–248.

Klinger, E., Das Aggiornamento der Pastoralkonstitution, in: F.-X. Kaufmann u. A. Zingerle (Hg.), Vaticanum II und Modernisierung. Historische, theologische und soziologische Perspektiven, Paderborn 1996, S. 171–187.

Kneer, G., Differenzierung bei Luhmann und Bourdieu. Ein Theorienvergleich, in: A. Nassehi/G. Nollmann (Hg.), Bourdieu und Luhmann. Ein Theorienvergleich, Frankfurt/M. 2004, S. 25–65.

Knobloch, S., Missionarische Gemeindebildung. Zu Geschichte und Zukunft der Volksmission, Passau 1986.

Köhler, J. u. R. Bendel, Bewährte Rezepte oder unkonventionelle Experimente? Zur Seelsorge an Flüchtlingen und Heimatvertriebenen, in: J. Köhler u. D. v. Melis (Hg.), Siegerin in Trümmern. Die Rolle der katholischen Kirche in der deutschen Nachkriegsgesellschaft, Stuttgart 1998, S. 199–228.

Köster, M., Katholizismus und Parteien in Münster 1945–1953. Kontinuität und Wandel eines politischen Milieus, Münster 1993.

Krech, V., Religionssoziologie, Bielefeld 1999.

– u. H. Tyrell, Religionssoziologie um die Jahrhundertwende. Zu Vorgeschichte, Kontext und Beschaffenheit einer Subdisziplin der Soziologie, in: dies. (Hg.), Religionssoziologie um 1900, Würzburg 1995, S. 11–78.

Kreppold, G., Träume, Symbole und Bibel. Am Beispiel einer Selbsterfahrungsgruppe und einer Einzeltherapie, in: P. Raab (Hg.), Psychologie hilft Glauben. Durch seelisches Reifen zum spirituellen Erwachen. Berichte, Erfahrungen, Anregungen, Freiburg/Br. 1990, S. 97–106.

Kruke, A., Demoskopie in der Bundesrepublik Deutschland. Meinungsforschung, Parteien und Medien 1948–1990, Düsseldorf 2007.

– Der Kampf um die Deutungshoheit. Meinungsforschung als Instrument von Parteien und Medien in den Siebzigerjahren, in: AfS, Jg. 44, 2004, S. 293–326.

Kühn, H., Strukturreform im Bistum Speyer 1969–1980, Speyer 1992.

Kuklick, H., The Savage Within. The Social History of British Anthropology, 1885–1945, Cambridge 1991.

Küppers, K, Marienfrömmigkeit zwischen Barock und Industriezeitalter. Untersuchungen zur Geschichte und Feier der Maiandacht in Deutschland und im deutschen Sprachgebiet, St. Ottilien 1987.

Lakoff, G. u. M. Johnson, Metaphors We Live By, Chicago/London 1980.

Landwehr, A., Geschichte des Sagbaren. Einführung in die Historische Diskursanalyse, Tübingen 2001.

Lang, P. Th., Die katholischen Kirchenvisitationen des 18. Jahrhunderts. Der Wandel vom Disziplinierungs- zum Datensammlungsinstrument, in: Römische Quartalsschrift, Jg. 83, 1988, S. 265–295.

– Die tridentinische Reform im Landkapitel Mergentheim, in: RJKG, Jg. 1, 1982, S. 143–170.

– Visitationsprotokolle und andere Quellen zur Frömmigkeitsgeschichte, in: Michael Maurer (Hg.), Aufriß der Historischen Wissenschaften, Bd. 4: Quellen, Stuttgart 2002, S. 302–324.

– Die Erforschung der frühneuzeitlichen Kirchenvisitation, in: RJKG, Jg. 16, 1997, S. 185–194.

Lehmann, H., Jenseits der Säkularisierungsthese. Religion im Prozess der Säkularisierung, in: M. Jakubowski-Thiessen (Hg.), Religion zwischen Kunst und Politik. Aspekte der Säkularisierung im 19. Jahrhundert, Göttingen 2004, S. 178–190.

Lengwiler, M., Zwischen Klinik und Kaserne. Die Geschichte der Militärpsychiatrie in Deutschland und der Schweiz 1870–1914, Zürich 2000.

Lepsius, M.R., Die personelle Lage der Soziologie an den Hochschulen in der Bundesrepublik Deutschland, in: Soziologie. Mitteilungsblatt der DGS, Nr. 1, 1972/73, S. 5–25.

Lettmann, R., Joseph Höffner (1962–1969), in: W. Thissen (Hg.), Das Bistum Münster, Bd. 1, Münster 1993, S. 320–327.

Leugers, A., Interessenpolitik und Solidarität. 100 Jahre Superioren-Konferenz – Vereinigung Deutscher Ordensobern, Knecht-Verlag, Frankfurt/M. 1999.

Liedhegener, A., Christentum und Urbanisierung. Katholiken und Protestanten in Münster und Bochum 1830–1933, Paderborn 1997.

– Gottessuche, Kirchenkritik und Glaubenstreue unter Münsters Katholiken in den Krisenjahren der Weimarer Republik. Untersuchungen zur katholischen Deutungskultur anhand einer frühen pastoraltheologischen Meinungsumfrage, in: Westfälische Forschungen, Jg. 41, 1997, S. 323–376.

Löhr, W., Rechristianisierungsvorstellungen im deutschen Katholizismus 1945–1948, in: J.-C. Kaiser u. A. Doering-Manteuffel (Hg.), Christentum und politische Verantwortung. Kirchen im Nachkriegsdeutschland, Stuttgart 1990, S. 25–41.

Lorenzer, A., Das Konzil der Buchhalter. Die Zerstörung der Sinnlichkeit. Eine Religionskritik, Frankfurt/M. 1984.

Lösche, P. u. F. Walter, Katholiken, Konservative und Liberale: Milieus und Lebenswelten bürgerlicher Parteien in Deutschland während des 20. Jahrhunderts, in: GG, Jg. 26, 2000, S. 471–492.

Lowy, L., Sozialarbeit/Sozialpädagogik als Wissenschaft im angloamerikanischen und deutschsprachigen Raum. Stand und Entwicklung, Freiburg/Br. 1983.

Luckmann, Th., Die unsichtbare Religion, Frankfurt/M. 1991.

Luhmann, N., Das Medium der Religion. Eine soziologische Betrachtung über Gott und die Seelen, in: Soziale Systeme, Jg. 6, 2000, S. 39–51.

– Die Gesellschaft der Gesellschaft, 2 Bde., Frankfurt/M. 1998.

– Die Organisierbarkeit von Religionen und Kirchen, in: J. Wössner (Hg.), Religion im Umbruch, Stuttgart 1972, S. 245–285.

– Die Politik der Gesellschaft, Frankfurt/M. 2000.

– Die Realität der Massenmedien, Opladen [2]1996.

– Die Religion der Gesellschaft, Frankfurt/M. 2000.

– Die Unterscheidung von Staat und Gesellschaft, in: ders., Soziologische Aufklärung, Bd. 4, Opladen 1987, S. 67–73.
– Die Wissenschaft der Gesellschaft, Frankfurt/M. 1990.
– Funktion der Religion, Frankfurt/M. 1977.
– Gesellschaftliche Struktur und semantische Tradition, in: ders., Gesellschaftstruktur und Semantik, Bd. 1, Frankfurt/M. 1993, S. 9–71.
– Love as a Passion. The Codification of Intimacy, Cambridge 1986.
– The Differentiation of Society, New York 1982.
Maasen, S., Genealogie der Unmoral. Zur Therapeutisierung sexueller Selbste, Frankfurt/M. 1998.
– Metaphors in the Social Sciences. Making Use and Making Sense of them, in: F. Hallyn (Hg.), Metaphor and Analogy in the History and Philosophy of Science, Amsterdam 2000, S. 199–244.
– Vom Beichtstuhl zur psychotherapeutischen Praxis. Zur Therapeutisierung der Sexualität, Bielefeld 1988.
– Metaphors: Is there a Bridge over troubled Waters?, in: dies. (Hg.), Biology as Society, Society as Biology: Metaphors, Dordrecht 1995, S. 1–8.
– u. P. Weingart, »Metaphors« – Messengers of Meaning. A Contribution to an Evolutionary Sociology of Science, in: Science Communication, Jg. 17, 1995/96, Heft 1, S. 9–31.
Maier-Kuhn, H., Utopischer Individualismus als personales und säkulares Heilsangebot. Eine ideologiekritische und sozialethische Untersuchung der Gesprächspsychotherapie von Carl R. Rogers unter besonderer Berücksichtigung ihrer Adaption durch die Pastoralpsychologie, theol. Diss. Würzburg 1979.
Margolin, L., Under the Cover of Kindness. The Invention of Social Work, Charlottesville 1997.
Marx, R., Ist Kirche anders? Möglichkeiten und Grenzen einer soziologischen Betrachtungsweise, Paderborn 1990.
Matussek, P., Seelsorge heute. Aus der Sicht eines Psychotherapeuten, in: J.M. Reuß (Hg.), Seelsorge ohne Priester? Zur Problematik von Beratung und Psychotherapie in der Pastoral, Düsseldorf 1976, S. 91–107.
McLaughlin, N.G., Why do Schools of Thought fail? Neo-Freudianism as a Case Study in the Sociology of Knowledge, in: Journal of the History of the Behavioral Sciences, Jg. 34, 1998, S. 113–134.
McLeod, H., Class and Religion in the late Victorian City, London 1974.
– Secularisation in Western Europe 1848–1914, Basingstoke 2000.
– Weibliche Frömmigkeit – männlicher Unglaube?, in: U. Frevert (Hg.), Bürgerinnen und Bürger. Geschlechterverhältnisse im 19. Jahrhundert, Göttingen 1988, S. 134–156.
McPhee, R.D. u. P. Zaug, Organizational Theory, Organizational Communication, Organizational Knowledge, and Problematic Integration, in: Journal of Communication, Jg. 51, 2001, S. 574–591.
Menges, W., Wandel und Auflösung der Konfessionszonen, in: E. Lemberg/F. Edding (Hg.), Die Vertriebenen in Westdeutschland, Bd. 3, Kiel 1959, S. 1–22.
Mergel, Th., Der Funktionär, in: U. Frevert u. H.-G. Haupt (Hg.), Der Mensch des 20. Jahrhunderts, Frankfurt/M. 1999, S. 278–300.
– Zwischen Klasse und Konfession. Katholisches Bürgertum im Rheinland 1794–1914, Göttingen 1994.

Mette, N., Religionssoziologie – katholisch. Erinnerung an religionssoziologische Traditionen innerhalb des Katholizismus, in: K. Gabriel u. F.-X. Kaufmann (Hg.), Zur Soziologie des Katholizismus, Mainz 1980, S. 39–56.

– u. H. Steinkamp, Sozialwissenschaften und Praktische Theologie, Düsseldorf 1983.

Metzler, G., Konzeptionen politischen Handelns von Adenauer bis Brandt. Politische Planung in der pluralistischen Gesellschaft, Paderborn 2005.

Meyer, H.B., Eucharistie. Geschichte, Theologie, Pastoral, Regensburg 1989.

Moews, A.-I., Eliten für Lateinamerika. Lateinamerikanische Studenten an der Universität Löwen in den 1950er und 1960er Jahren, Köln 2000.

Moltmann, J. (Hg.), Wie ich mich geändert habe, Gütersloh 1997.

Mooser, J., Abschied von der »Proletarität«. Sozialstruktur und Lage der Arbeiterschaft in der Bundesrepublik, in: W. Conze u. M.R. Lepsius (Hg.), Sozialgeschichte der Bundesrepublik Deutschland, Stuttgart 1983, S. 143–186.

– Bürger und Katholik? Rolle und Bedeutung des Bürgertums auf den deutschen Katholikentagen 1871–1913, Habil. Bielefeld 1987 (Ms.).

– Das katholische Vereinswesen in der Diözese Paderborn um 1900, in: Westfälische Zeitschrift, Jg. 141, 1991, S. 447–461.

– Katholische Volksreligion, Klerus und Bürgertum in der zweiten Hälfte des 19. Jahrhunderts. Thesen, in: W. Schieder (Hg.), Religion und Gesellschaft im 19. Jahrhundert, Stuttgart 1993, S. 144–156.

– Volk, Arbeiter und Bürger in der katholischen Öffentlichkeit des Kaiserreichs. Zur Sozial- und Funktionsgeschichte der deutschen Katholikentage 1871–1913, in: H.-J. Puhle (Hg.), Bürger in der Gesellschaft der Neuzeit. Wirtschaft-Politik-Kultur, Göttingen 1991, S. 259–273.

Morantz, R.M., The Scientist as Sex Crusader. Alfred C. Kinsey and American Culture, in: American Quarterly, Jg. 29, 1977, S. 563–589.

Morris, J., The strange Death of Christian Britain. Another look at the Secularization Debate, in: Historical Journal, Jg. 46, 2003, S. 963–976.

Morsey, R., Georg Kardinal Kopp, Fürstbischof von Breslau. Kirchenfürst oder »Staatsbischof«?, in: Wichmann-Jb. für Kirchengeschichte im Bistum Berlin, Bd. 21/23, 1967/69, S. 42–65.

Motzkin, G., Science, Secularization, and Desecularization at the Turn of the Twentieth Century, in: Science in Context, Jg. 15, 2002, S. 165–175.

Müller-Dreier, A., Konfession in Politik, Gesellschaft und Kultur des Kaiserreichs. Der Evangelische Bund 1886–1914, Gütersloh 1998.

Mussinghoff, H., Heinrich Tenhumberg (1969–1979), in: W. Thissen (Hg.), Das Bistum Münster, Bd. 1, Münster 1993, S. 328–338.

Nash, D., Reconnecting Religion with Social and Cultural History: Secularization's Failure as a Master Narrative, in: Cultural and Social History, Jg. 1, 2004, S. 302–325.

Nassehi, A., Differenzierungsfolgen. Beiträge zur Soziologie der Moderne, Opladen. Wiesbaden 1999.

Nees, A., Die erste gemeinsame Synode der Bistümer in der Bundesrepublik Deutschland (1971–1975). Ihre innere Rechtsordnung und ihre Stellung in der Verfassung der Kirche, Paderborn 1978.

Nesti, A., François Houtart. Ricerca e appartenanza. Una biografia nell'orizzonte della storia mondiale, in: Religioni e Società, Jg. 12, 1991, S. 93–119.

Nickl, P., Ordnung der Gefühle. Studien zum Begriff des Habitus, Hamburg 2001.

Nienhaus, F., Transformations- und Erosionsprozesse des katholischen Milieus in einer ländlich-textilindustrialisierten Region: Das Westmünsterland 1914–1968, in: M.

Frese u. M. Prinz (Hg.), Politische Zäsuren und gesellschaftlicher Wandel im 20. Jahrhundert. Regionale und vergleichende Perspektiven, Paderborn 1996, S. 597–629.

Nipperdey, Th., Deutsche Geschichte 1800–1866. Bürgerwelt und starker Staat, München 1983.

Nitzschke, B., Die Bedeutung der Sexualität im Werk Sigmund Freuds, in: ders., Sexualität und Männlichkeit. Zwischen Symbiosewunsch und Gewalt, Reinbek b. Hamburg 1988, S. 282–346.

Noelle-Neumann, E., Über den Fortschritt der Publizistikwissenschaft durch die Anwendung empirischer Forschungsmethoden. Eine autobiographische Aufzeichnung, in: A. Kutsch u. H. Pöttker (Hg.), Kommunikationswissenschaft – autobiographisch. Zur Entwicklung einer Wissenschaft in Deutschland, Opladen 1997, S. 36–61.

Nolte, P., Die Ordnung der deutschen Gesellschaft. Selbstentwurf und Selbstbeschreibung im 20. Jahrhundert, München 2000.

Palmore, E., Published Reactions to the Kinsey Report, in: Social Forces, Jg. 31, 1952, S. 165–172.

Patterson, C.H. u. C. Edward Watkins, Theories of Psychotherapy, New York [5]1996.

Petzoldt, M., Säkularisierung – eine noch brauchbare Interpretationskategorie?, in: Berliner Theologische Zeitschrift, Jg. 11, 1994, Nr. 1, S. 65–82.

Phayer, F.M., Religion und das gewöhnliche Volk in Bayern in der Zeit von 1750–1850, München 1970.

Pierrard, P. u.a., La J.O.C. Regards d'historiens, Paris 1984.

Plate, M., Das deutsche Konzil. Die Würzburger Synode. Bericht und Deutung, Freiburg/Br. 1975.

Platt, J., A History of Sociological Research Methods in America 1920–1960, Cambridge 1996.

Platz, J., »Überlegt Euch das mal ganz gut: wir bestimmen mit. Schon das Wort allein …« Kritische Theorie im Unternehmen. Die Betriebsklimastudie des Frankfurter Instituts für Sozialforschung, in: J.-O. Hesse u.a. (Hg.), Kulturalismus, Neue Institutionenökonomik oder Theorienvielfalt. Eine Zwischenbilanz der Unternehmensgeschichte, Essen 2002, S. 199–224.

Pollack, D., Religiöse Chiffrierung und soziologische Aufklärung. Die Religionstheorie Niklas Luhmanns im Rahmen ihrer systemtheoretischen Voraussetzungen, Frankfurt/M. 1988.

Pollack, D. u. G. Pickel, Individualisierung und religiöser Wandel in der Bundesrepublik, in: ZfS, Jg. 28, 1999, S. 465–483.

Pompey, H., Handlungsperspektiven kirchlicher Beratung, in: Sekretariat der Deutschen Bischofskonferenz (Hg.), Kirchliche Beratungsdienste, Bonn 1987, S. 44–68.

– Seelsorge in den Krisen des Lebens, in: J.M. Reuß (Hg.), Seelsorge ohne Priester? Zur Problematik von Beratung und Psychotherapie in der Pastoral, Düsseldorf 1976, S. 29–72.

– Theologisch-psychologische Grundbedingungen der seelsorglichen Beratung, in: E. Lade (Hg.), Christliches ABC heute und morgen. Handbuch für Lebensfragen und kirchliche Erwachsenenbildung, Bad Homburg 1986, Nr. 6, S. 179–209.

Porter, R. u. M. Teich, Introduction, in: dies. (Hg.), Sexual Knowledge, Sexual Science: The History of Attitudes to Sexuality, Cambridge 1994, S. 1–26.

Porter, Th.M., The Rise of Statistical Thinking 1820–1900, Princeton 1986.

– u. D. Ross (Hg.), The Modern Social Sciences, Cambridge 2003.

Pottmeyer, H.J., Modernisierung in der katholischen Kirche am Beispiel der Kirchenkonzeption des I. und II. Vatikanischen Konzils, in: F.-X. Kaufmann u. A. Zingerle (Hg.), Vaticanum II und Modernisierung. Historische, theologische und soziologische Perspektiven, Paderborn 1996, S. 131–146.

Poulat, É., Naissance des Prêtres-Ouvriers, Tournai 1965.

Prinz, M., Demokratische Stabilisierung, Problemlagen von Modernisierung im Selbstbezug und historische Kontinuität – Leitbegriffe einer Zeitsozialgeschichte, in: WF Jg. 43, 1993, S. 655–675.

Pugh, D.S. (Hg.), Organization Theory. Selected Readings, Harmondsworth ⁴1997.

Raphael, L., Die Verwissenschaftlichung des Sozialen als methodische und konzeptionelle Herausforderung für eine Sozialgeschichte des 20. Jahrhunderts, in: GG, Jg. 22, 1996, S. 165–193.

– Experten im Sozialstaat, in: H.G. Hockerts (Hg.), Drei Wege deutscher Sozialstaatlichkeit. NS-Diktatur, Bundesrepublik und DDR im Vergleich, München 1998, S. 231–258.

Rauh-Kühne, C., Katholisches Milieu und Kleinstadtgesellschaft. Ettlingen 1918–1939, Sigmaringen 1991.

Rauscher, A., Die katholische Soziallehre im gesellschaftlichen Entwicklungsprozeß der Nachkriegszeit, in: A. Langner (Hg.), Katholizismus, Wirtschaftsordnung und Sozialpolitik 1945–1963, Paderborn 1980, S. 11–26.

Reed, M., Organizational Theorizing: a Historically Contested Terrain, in: S.R. Clegg u. C. Hardy (Hg.), Studying Organization. Theory & Method, London 1999, S. 25–50.

Reinhard, W., Sozialdisziplinierung- Konfessionalisierung-Modernisierung. Ein historiographischer Diskurs, in: N.B. Leimgruber (Hg.), Die Frühe Neuzeit in der Geschichtswissenschaft. Forschungstendenzen und Forschungsergebnisse, Paderborn 1997, S. 39–55.

– Was ist katholische Konfessionalisierung?, in: ders. u. H. Schilling (Hg.), Die katholische Konfessionalisierung, Gütersloh 1995, S. 419–452.

Reuß, J.M., Vorwort des Herausgebers, in: ders. (Hg.), Seelsorge ohne Priester? Zur Problematik von Beratung und Psychotherapie in der Pastoral, Düsseldorf 1976, S. 7–11.

Richou, F., La Jeunesse Ouvrière Chrétienne (J.O.C). Genèse d'une jeunesse militante, Paris 1997.

Richter, I., Katholizismus und Eugenik in der Weimarer Republik und im Dritten Reich. Zwischen Sittlichkeitsreform und Rassenhygiene, Paderborn 2001.

Rölli-Allkemper, L., Familie im Wiederaufbau. Katholizismus und bürgerliches Familienideal in der Bundesrepublik Deutschland 1945–1965, Paderborn 2000.

Röper, A., Die anonymen Christen, Mainz 1963.

Rose, N., Governing the Soul. The Shaping of the Private Self, London 1990.

– Inventing Our Selves: Psychology, Power, and Personhood, Cambridge 1998.

Rosenberger, R., Demokratisierung durch Verwissenschaftlichung? Betriebliche Humanexperten als Akteure des Wandels der betrieblichen Sozialordnung in westdeutschen Unternehmen, in: AfS, Jg. 44, 2004, S. 327–355.

Ruck, M., Ein kurzer Sommer der konkreten Utopie – Zur westdeutschen Planungsgeschichte der langen 60er Jahre, in: A. Schildt u.a. (Hg.), Dynamische Zeiten. Die 60er Jahre in den beiden deutschen Gesellschaften, Hamburg 2000, S. 362–401.

Ruff, M.E., The Wayward Flock. Catholic Youth in Postwar West Germany 1945–1965, Chapel Hill 2005.

Rutz, O., Obrigkeitliche Seelsorge. Die Pastoral im Bistum Passau von 1800 bis 1918, Passau 1984.

Sarasin, Ph., Infizierte Körper, kontaminierte Sprachen. Metaphern als Gegenstand der Wissenschaftsgeschichte, in: ders., Geschichtswissenschaft und Diskursanalyse, Frankfurt/M. 2003, S. 191–230.

Scharfenberg, J., Die Rezeption der Psychoanalyse in der Theologie, in: J. Cremerius (Hg.), Die Rezeption der Psychoanalyse in der Soziologie, Psychologie und Theologie im deutschsprachigen Raum bis 1940, Frankfurt/M. 1981, S. 255–338.

Schatz, K., Zwischen Säkularisation und zweitem Vatikanum. Der Weg des deutschen Katholizismus im 19. und 20. Jahrhundert, Frankfurt/M. 1986.

Scheule, R.M., Beichte und Selbstreflexion. Eine Sozialgeschichte katholischer Bußpraxis im 20. Jahrhundert, Frankfurt/M. 2002.

Schildt, A., Ankunft im Westen. Ein Essay zur Erfolgsgeschichte der Bundesrepublik, Frankfurt/M. 1999.

– Moderne Zeiten. Freizeit, Medien und »Zeitgeist« in der Bundesrepublik der 50er Jahre, Hamburg 1995.

– Zwischen Abendland und Amerika. Studien zur westdeutschen Ideenlandschaft der 50er Jahre, München 1999.

Schilling, H., Ausgewählte Abhandlungen zur europäischen Reformations- und Konfessionsgeschichte, hg. v. L. Schorn-Schütte u. O. Mörke, Berlin 2002.

Schimank, U., Theorien gesellschaftlicher Differenzierung, Opladen 1996.

Schlögl, R., Glaube und Religion in der Säkularisierung. Die katholische Stadt – Köln, Aachen, Münster – 1770–1840, München 1995.

– Historiker, Max Weber und Niklas Luhmann. Zum schwierigen (aber möglicherweise produktiven) Verhältnis von Geschichtswissenschaft und Systemtheorie, in: Soziale Systeme Jg. 7, 2001, S. 23–45.

Schmidt, H.R., Konfessionalisierung im 16. Jahrhundert, München 1992.

Schmidtchen, G., Die Situation der Frau. Trendbeobachtungen über Rollen- und Bewußtseinsänderungen der Frauen in der Bundesrepublik Deutschland, Berlin 1984.

Schmidt-Gernig, A., Ansichten einer zukünftigen »Weltgesellschaft«. Westliche Zukunftsforschung der 60er und 70er Jahre als Beispiel einer transnationalen Expertenöffentlichkeit, in: H. Kaelble u.a. (Hg.), Transnationale Öffentlichkeit und Identitäten im 20. Jahrhundert, Frankfurt/M. 2002, S. 393–421.

Schmidtmann, C., Katholische Studierende 1945–1973. Ein Beitrag zur Kultur- und Sozialgeschichte der Bundesrepublik Deutschland, Paderborn 2005.

Schmied, G., Kirche oder Sekte?, Entwicklungen und Perspektiven des Katholizismus in der westlichen Welt, München. Zürich 1988.

Schmitz OFM, G., Kirche auf dem Prüfstand: Katholizismus im ausgehenden 20. Jahrhundert, Frankfurt/M. 1989.

Schmitz, H.J., Die Pfarrchronik von St. Dionysius in Krefeld aus den Jahren 1886 bis 1893, in: Geschichte im Bistum Aachen, Bd. 2, Aachen 1994, S. 199–295.

Schnabel-Schüle, H., Vierzig Jahre Konfessionalisierungsforschung – eine Standortbestimmung, in: O. Blaschke (Hg.), Konfessionen im Konflikt. Deutschland zwischen 1800 und 1970: Ein zweites konfessionelles Zeitalter, Göttingen 2002, S. 71–93.

Schneider, D.M., Johannes Schauff (1902–1990). Migration und »Stabilitas« im Zeitalter der Totalitarismen, München 2001.

Schobel, P., Dem Fließband ausgeliefert. Ein Seelsorger erfährt die Arbeitswelt, München 1981.

Schorske, C.E., Fin-de-Siècle Vienna. Politics and Culture, New York 1985.

Schröter, M., Zurück ins Weite: Die Internationalisierung der deutschen Psychoanalyse nach dem Zweiten Weltkrieg, in: H. Bude u. B. Greiner (Hg.), Westbindungen: Amerika in der Bundesrepublik, Hamburg 1999, S. 93–118.

Schulte-Umberg, Th., Profession und Charisma. Herkunft und Ausbildung des Klerus im Bistum Münster 1776–1940, Paderborn 1999.

Schultz, D.P. u. S.E. Schultz, A History of Modern Psychology, San Diego ⁴1987.

Schulz, K., Der lange Atem der Provokation. Die Frauenbewegung in der Bundesrepublik und in Frankreich 1968–1976, Frankfurt/M. – New York 2002.

Scribner, R.W., Elemente des Volksglaubens, in: ders., Religion und Kultur in Deutschland 1400–1800, Göttingen 2002, S. 66–99.

Sekretariat der Deutschen Bischofskonferenz (Hg.), Umkehr und Versöhnung im Leben der Kirche. Orientierungen zur Bußpastoral, Bonn 1997.

– Katholische Kirche in Deutschland. Statistische Daten 2001, Bonn o.J. [2002].

Shannon, C., Sex, Science, and History, in: Journal of Policy History, Jg. 12, 2000, S. 265–278.

Simon, F., Name dropping. Zur erstaunlich großen, bemerkenswert geringen Rezeption Luhmanns in der Familienforschung, in: H. De Berg u. J.F. Schmidt (Hg.), Rezeption und Reflexion. Zur Resonanz der Systemtheorie Niklas Luhmanns außerhalb der Soziologie, Frankfurt/M. 2001, S. 361–386.

Smith, R., The Big Picture: Writing Psychology into the History of the Human Sciences, in: Journal of the History of the Behavioral Sciences, Jg. 34, 1998, S. 1–13.

– The Fontana History of the Human Sciences, London 1997.

Söhngen, G., Analogie und Metapher. Kleine Philosophie und Theologie der Sprache, Freiburg/Br. 1962.

Soyland, A.J., Psychology as Metaphor, London 1994.

Sperber, J., Popular Catholicism in Nineteenth Century Germany, Princeton 1984.

Spichal, S., Public Opinion. Developments and Controversies in the Twentieth Century, Lanham 1999.

Stäheli, U., Sinnzusammenbrüche. Eine dekonstruktive Lektüre von Niklas Luhmanns Systemtheorie, Weilerswist 2000.

Stegmann, F.-J. u. P. Langhorst, Geschichte der sozialen Ideen im deutschen Katholizismus, in: H. Grebing (Hg.), Geschichte der sozialen Ideen in Deutschland, Essen 2000, S. 597–862.

Stenger, H., Beziehung als Verkündigung, in: J.M. Reuß (Hg.), Seelsorge ohne Priester? Zur Problematik von Beratung und Psychotherapie in der Pastoral, Düsseldorf 1976, S. 73–90.

Stichweh, R., Scientific Disciplines, History of, in: International Encyclopedia of the Social and Behavioral Sciences, Jg. 20, Amsterdam 2001, S. 13727–13731.

Strüder, R., Chancen und Gefährdung geplanten Wandels in der Kirche – aufgezeigt am Beispiel der Diözese Limburg, St. Ottilien 1993.

Swatos, W.H. u. K.J. Christiano, Secularization Theory. The Course of a Concept, in: ders. u. D.V.A. Olson (Hg.), The Secularization Debate, Lanham 2000, S. 1–20.

Swedin, E.G., Integrating the Modern Psychologies and Religion: A.E. Bergin and the Latter-Day Saints of the late Twentieth Century, in: Journal of the History of the Behavioral Sciences, Jg. 35, 1999, S. 157–176.

Szöllösi-Janze, M., Wissensgesellschaft in Deutschland. Überlegungen zur Neubestimmung der deutschen Zeitgeschichte über Verwissenschaftlichungsprozesse,
in: GG, Jg. 30, 2004, S. 277–313.

Tanner, J., Der Tatsachenblick auf die »reale Wirklichkeit«. Zur Entwicklung der
Sozial- und Konsumstatistik in der Schweiz, in: Schweizerische Zs. für Geschichte, Jg. 45, 1995, S. 94–108.

Terry, J., An American Obsession. Science, Medicine, and Homosexuality in Modern Society, Chicago 1999.

Thompson, J.D., Organizations in Action. Social Science Bases of Administrative
Theory, New York 1967.

Thung, M.A., The Precarious Organisation. Sociological Explorations of the
Church's Mission and Structure, The Hague 1976.

Thomas, N., Protest Movements in 1960s West Germany: A Social History of Dis-
sent and Democracy, Oxford 2003.

Troxler, G., Das Kirchengebot der Sonntagsmeßpflicht als moraltheologisches Problem in Geschichte und Gegenwart, Freiburg/Br. 1971.

Tschannen, O., The Secularization Paradigm. A Systematization, in: Journal of the
Scientific Study of Religion, Jg. 30, 1991, S. 395–415.

Tyrell, H., Religionssoziologie, in: GG, Jg. 22, 1996, S. 428–457.

– Zur Diversität der Differenzierungstheorie. Soziologiehistorische Anmerkungen,
in: Soziale Systeme, Jg. 4, 1998, S. 119–149.

Urban, J., Nachlässe in kirchlichen Archiven. Erwerb, Sicherung, Bewertung,
Nachlaßgattungen, in: Nachlässe, Speyer 1994, S. 7–32 (=Beiträge zum Archivwesen der Katholischen Kirche Deutschlands, Bd. 3).

Vogt, K.-H., Zur Frage der Meßbarkeit religiöser Phänomene, in: F. Böckle u. F.-J.
Stegmann (Hg.), Kirche und Gesellschaft heute, Paderborn 1979, S. 69–87.

Vugt, J.P.A. v. u. B.M.L.M. v. Son, Nog eens: godsdienst en kerk in Niederland,
1945–1986. Een geannoteerde bibliografie van sociaal-wetenschappelijke en historische literatuur, Hilversum 1988.

Wagner, G., Helmut Schelsky und die Logik der Anti-Soziologie. Mit einem Seiten-
blick auf Niklas Luhmann, in: P.-U. Merz-Benz u. ders. (Hg.), Soziologie und Anti-
Soziologie. Ein Diskurs und seine Rekonstruktion, Konstanz 2001, S. 119–132.

Wagner, P., Social Science and Social Planning during the Twentieth Century, in:
Porter u. Ross, S. 591–607.

– The Mythical Promise of Societal Renewal. Social Science and Reform Coalitions,
in: ders., A History and Theory of the Social Sciences, London 2001, S. 54–72.

– The Uses of the Social Sciences, in: Porter u. Ross, S. 537–552.

Wahl, H., Therapeutische Seelsorge als Programm und Praxis. Praktisch-theolo-
gische Überlegungen zur Situation der Pastoralpsychologie, in: K. Baumgartner
u.a. (Hg.), Glauben lernen – leben lernen. Beiträge zu einer Didaktik des Glaubens und der Religion, St. Ottilien 1985, S. 411–438.

Walf, K., Das neue Kirchenrecht – das alte System. Vorkonziliarer Geist in nachkonziliaren Formulierungen, in: N. Greinacher u. H. Küng (Hg.), Katholische Kirche – wohin? Wider den Verrat am Konzil, München 1986, S. 78–93.

Walter-Busch, E., Das Auge der Firma. Mayos Hawthorne-Experimente und die
Harvard Business School, 1900–1960, Stuttgart 1989.

Weaver, W., Science and Complexity, in: American Scientist, Jg. 36, 1948, S. 536–544.

Weber, C., Ultramontanismus als katholischer Fundamentalismus, in: W. Loth (Hg.),
Deutscher Katholizismus im Umbruch zur Moderne, Stuttgart 1991, S. 20–45.

Weber, W. (Hg.), Politische Denaturierung von Theologie und Kult, Aschaffenburg 1978.

– Wenn aber das Salz schal wird … Der Einfluß sozialwissenschaftlicher Weltbilder auf theologisches und kirchliches Sprechen und Handeln, Würzburg ²1984.

Weichlein, S., Katholisches Sozialmilieu und kirchliche Bindung in Osthessen 1918–1933, in: Archiv für mittelrheinische Kirchengeschichte, Jg. 45, 1993, S. 367–389.

Weingart, P., Die Stunde der Wahrheit? Zum Verhältnis der Wissenschaft zu Politik, Wirtschaft und Medien in der Wissensgesellschaft, Weilerswist 2001.

– Verwissenschaftlichung der Gesellschaft – Politisierung der Wissenschaft, in: ZfS, Jg. 12, 1983, S. 225–241.

Weinrich, H., Allgemeine Semantik der Metapher, in: ders., Sprache in Texten, Stuttgart 1976, S. 317–327.

Weischer, C., Das Unternehmen »Empirische Sozialforschung«. Strukturen, Praktiken und Leitbilder der Sozialforschung in der Bundesrepublik Deutschland, München 2004.

Weiss, O., Der Ultramontanismus. Grundlagen-Vorgeschichte-Struktur, in: ZBLG, Jg. 41, 1978, S. 821–877.

Wengeler, M., 1968 als sprachgeschichtliche Zäsur, in: G. Stötzel u. M. Wengeler (Hg.), Kontroverse Begriffe. Geschichte des öffentlichen Sprachgebrauchs in der Bundesrepublik Deutschland, Berlin 1995, S. 383–404.

Wertheimer, M., A Brief History of Psychology, New York 1970.

Westhoff, H. u. Roes, J., Seelische versus geistliche Fürsorge. Die Rolle der psychohygienischen Bewegung bei der Transformation des niederländischen Katholizismus im 20. Jahrhundert, in: Kirchliche Zeitgeschichte, Jg. 7, 1994, S. 137–160.

Wirtz, H., Katholische Gesellenvereine und Kolpingsfamilien im Bistum Münster 1852–1960. »Gott zur Ehre und den Gesellen zum Vorteil«, Münster 1999.

Wohlrab-Sahr, M. u. M. Krüggeler, Strukturelle Individualisierung vs. Autonome Menschen oder: Wie individualisiert ist Religion? Replik zu Pollack/Pickel: Individualisierung und sozialer Wandel in der Bundesrepublik Deutschland, in: ZfS, Jg. 29, 2000, S. 240–244.

Wolf, H., Zwischen Fabriksirene und Glockengeläut. Zur Alltags-, Sozial- und Mentalitätsgeschichte der Pfarrei St. Johannes Frankfurt-Unterliederbach, in: Archiv für Mittelrheinische Kirchengeschichte, Jg. 49, 1997, S. 179–209.

Wothe, F.J., Wilhelm Maxen. Wegbereiter neuerer Großstadtseelsorge, Hildesheim 1962.

Zeisel, H., Zur Geschichte der Soziographie, in: M. Jahoda u.a (Hg.), Die Arbeitslosen von Marienthal. Ein soziographischer Versuch über die Wirkungen langandauernder Arbeitslosigkeit, Frankfurt/M. 1982, S. 113–148.

Zenz, E., Geschichte der Stadt Trier in der ersten Hälfte des 20. Jahrhunderts, Bd. 1: 1907–1914,Trier 1967.

Zerfaß, R., Was sind letztlich unsere Ziele? Pastoralpsychologische Thesen zur Motivationskrise in der Pastoral der Kirchenfremden, in: Katholische Glaubens-Information (Hg.), Erfahrungen mit Randchristen. Neue Horizonte für die Seelsorge, Freiburg/Br. 1985, S. 43–64.

Ziemann, B., »Im Hexenkessel« oder Das Differenzierungsproblem der Gesellschaftsgeschichte, in: Zeithistorische Forschungen, Jg. 1, 2004, S. 106–110.

– Auf der Suche nach der Wirklichkeit. Soziographie und soziale Schichtung im deutschen Katholizismus 1945–1970, in: GG, Jg. 29, 2003, S. 409–440.

- Codierung von Transzendenz im Zeitalter der Privatisierung. Die Suche nach Vergemeinschaftung in der katholischen Kirche, 1945–1980, in: M. Geyer u. L. Hölscher (Hg.), Die Gegenwart Gottes in der modernen Gesellschaft. Transzendenz und religiöse Vergemeinschaftung in Deutschland, Göttingen 2006, S. 380–403.
- Die Institutionalisierung des Tatsachenblicks. Katholische Kirche und empirische Sozialforschung in der Bundesrepublik 1950–1970, in: Mitteilungsblatt des Instituts für soziale Bewegungen, Bd. 34, 2005, S. 107–125.
- Die Soziologie der Gesellschaft. Selbstverständnis, Traditionen und Wirkungen einer Disziplin, in: NPL, Jg. 50, 2005, S. 43–67.
- Krose, Hermann A., in: T. Bautz (Hg.), Biographisch-Bibliographisches Kirchenlexikon, Bd. 24, Herzberg 2005, Sp. 983–986.
- Öffentlichkeit in der Kirche. Medien und Partizipation in der katholischen Kirche der Bundesrepublik 1965–1972, in: F. Bösch u. N. Frei (Hg.), Medialisierung und Demokratie im 20. Jahrhundert, Göttingen 2006, S. 163–190.
- Missionarische Bewegung und soziale Differenzierung im Katholizismus. Die Praxis der Gebietsmission in der Bundesrepublik 1950–1960, in: Kirchliche Zeitgeschichte, Jg. 18, 2005, S. 419–438.
- Opinion Polls and the Dynamics of the Public Sphere. The Catholic Church in the Federal Republic after 1968, in: GH, Jg. 24, 2006, S. 562–586.
- Organisation und Planung in der katholischen Kirche um 1970. Das Beispiel der Diözese Münster, in: Schweizerische Zeitschrift für Religions- und Kirchengeschichte, Jg. 101, 2007.
- The Gospel of Psychology: Therapeutic Concepts and the Scientification of Pastoral Care in the West German Catholic Church, 1950–1980, in: Central European History, Jg. 39, 2006, S. 79–106.
- Zwischen sozialer Bewegung und Dienstleistung am Individuum: Katholiken und katholische Kirche im therapeutischen Jahrzehnt, in: AfS, Jg. 44, 2004, S. 357–393.
Zulehner, P.M., Wie kommen wir aus der Krise? Kirchliche Statistik Österreichs 1945–1975 und ihre pastoralen Konsequenzen, Wien 1978.
- Was gewinnen Beratung und Seelsorge durch ihre wechselseitige Beziehung?, in: Katholische Bundesarbeitsgemeinschaft für Beratung (Hg.), Beratung als Dienst der Kirche, Freiburg/Br. 1981, S. 105–120.

Personen- und Sachregister

Kritische Studien
zur Geschichtswissenschaft

Vandenhoeck & Ruprecht

Kritische Studien zur Geschichtswissenschaft

V&R

Vandenhoeck & Ruprecht